JN235816

STAINED GLASS

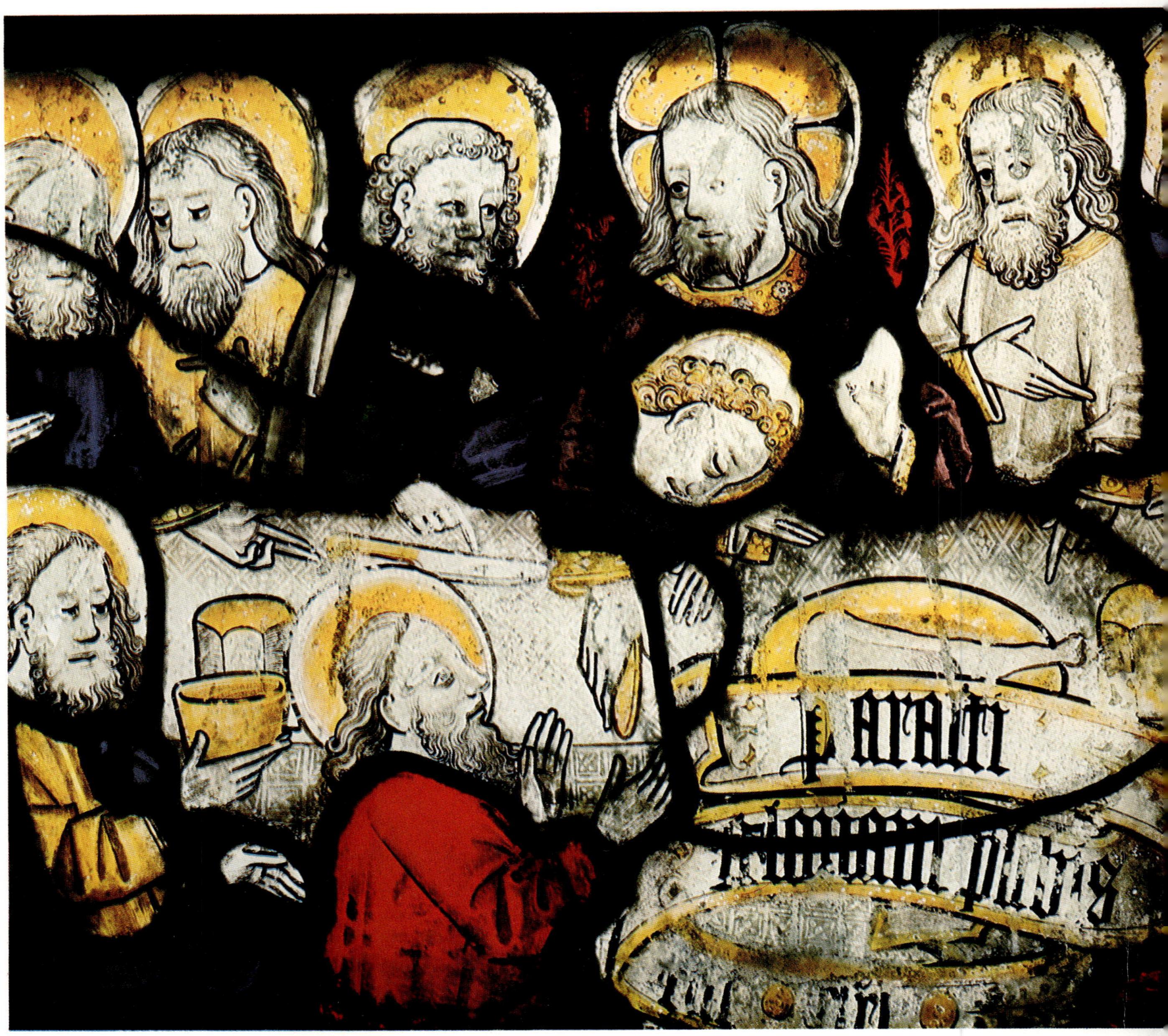

STAINED GLASS

黒江光彦　訳

ローレンス・リー
ジョージ・セドン
フランシス・ステファンス　著

ソニア・ハリデー
ローラ・ラシントン　撮影

朝倉書店

Stained Glass was edited and designed by
Mitchell Beazley Publishers Limited,
87–89 Shaftesbury Avenue, London WIV 7AD

© Mitchell Beazley Publishers Limited 1976
All rights reserved

Editor Daphne Wood
Art Editor Sue Casebourne
Assistant Editor Susie Courtauld
Editorial Sue Farr, Jinny Johnson, Yvonne McFarlane, Sarina Turner, Lira Winston
Design Michael Rose, Kevin Maddison
Picture Research Jan Jones, Susan Pinkus
Editorial Assistant Margaret Little
Production Hugh Stancliffe

Publisher Bruce Marshall
Art Director John Bigg
Executive Editor Glorya Hale

Consultants
Michael Archer, Victoria and Albert Museum, London
Dr Rüdiger Becksmann, Deutscher Verein für Kunstwissenschaft, Stuttgart
Yvette vanden Bemden, Corpus Vitrearum Medii Aevi, Brussels
Stephen Bridges, Stained Glass Association of America, New York
Alfred Fisher, Chapel Studio, England
Dr Ulf-Dietrich Korn, Landeskonservator, Westphalia-Lippe
Dr Dietmar Lüdke, Augustiner-Museum, Freiburg
Professor Roy Newton
Françoise Perrot, Corpus Vitrearum Medii Aevi, Paris
Dr Elisabeth Schürer-von Witzleben
Richard Sharpe, Trinity College, Cambridge
The late Professor Hans Wentzel

Reproduction by Gilchrist Brothers Limited, Leeds
Printed in the Netherlands by Smeets Offset B.V., Weert

まえがき　6

ステンドグラスの世界
　ローレンス・リー

素材としてのガラス　8
古代のガラス　10
芸術的な形のはじまり　12
教会堂とそのプラン　14
建築的挑戦　16
光による絵画　18
石の網　20
円とバラ窓　22
霊感の源泉——聖書　24
霊感の源泉——聖と俗　28
善と悪の霊　30
象徴の言語　32
聖者とその表徴　34
キリストの家系樹　36
キリストの顔　38
寄進者——自己保全と信心　40
ガラスの縁飾り　42
自然の世界　44
紋章学の伝統　46
ガラスの紋章の芸術　48
時代の反映——建築　50
時代の反映——日常生活の情景　52
時代の反映——ファッション　54
変貌する肖像芸術　56
ステンドグラスの捧げ物　58
芸術と芸術家　60

ステンドグラスの歴史
　ジョージ・セドン

11, 12世紀
大聖堂の時代　64
13世紀
ゴシック芸術の時代　72
14世紀
騒乱と改新の時代　84
15世紀
過渡期　100
16世紀
衰退の時代　124
17, 18世紀
不毛の歳月　142
19世紀
復興の時代　146
20世紀
広がる地平の時代　158

ステンドグラスの窓の製作と修復　176
　フランシス・ステファンス

地名ガイド　195
用語解説　199
索　引　200
謝　辞　206
文　献　207

ステンドグラスは，芸術形式のうちでも，ガラスと光との間にある関係によって，ユニークな存在である．物の表面に塗布された色彩がみえるのは，光の反射によっている．それに対して，ステンドグラスでみえる色彩は，ガラスを透過してくる光によっている．ガラスの発色が反射光によっては妨げられ，ステンドグラスに光が当らなくなったときには，窓は生彩を放つことができない．

　本質的にダイナミックに変動する太陽光線の下で存在する芸術であるステンドグラスは，光との相関関係によってエネルギーを与えられ，時刻や季節や天候に従って変化する．これらのすべてが，知覚された映像に対して，ときに精妙にときに劇的に，作用する．なぜならばステンドグラスは，可変的芸術（キネティックアート）の最も古い巧妙な表現形式であるからである．

　世界を可視的な存在にもたらす非可触的な現象たる光は，太古の昔から，象徴的に，善とか天啓とか美とかとみなされ，それゆえにまた，人間の哲学と宗教の焦点となってきた．たとえば，旧約聖書の創世の第一日目の記述は，「神光あれと言いたまいければ光ありき，神光を善と御たまえり，神光と暗を分ちたまえり」から始まっている．新約聖書では，福音書記者聖ヨハネはキリストを真の光，世界の光と記している．

　中世時代におけるステンドグラス芸術の開花は，プラトンやネオプラトニスムの影響として跡づけることができる．ネオプラトニスムの〝光の形而上学〟は，5世紀に，シリアの神秘的な神学思想家偽ディオニシウスによって広められ，その著作が7世紀ののち，ゴシック建築の父たる修道院長シュジェールに，パリ近郊のサン・ドニ修道院教会堂の「きわめて輝かしい窓」を作ることによって「人間の心を照らし，その光によって神の光へと思い至ることができる」ようにという理念を吹きこんだのである．かくして，ゴシック建築とステンドグラスの黄金時代が始まるのであった．

　光の精神性の概念は，ユダヤ教にも深く根ざしているのであるが，ユダヤ教教会堂の中で祈る人たちが空を仰ぎみながら崇敬の念に心を満すことができるように透明なガラスが窓にはめられるようになったのは，比較的近年のことである．中世のキリスト教教会は，色彩が精神性をもつと同時に感覚的なアピールをももちあわせていることを認識して，慎重に色ガラスを用いたのであった．現代の人々にとってさえ，太陽の光の分光である虹は，ひとつの驚異である．そして創世記によれば，虹とは，大洪水の後の人間と神との契約なのである．

　教会堂建設のブームが始まった暗黒時代（中世）末期には，教会堂や大聖堂がステンドグラスの色彩によって燃えさかってい

った．その効果はさぞやめくるめくものであったに相違ない．教会堂に行くということは，精神的な教化や慰めというばかりではなく，魔的な自己充足的な世界へ足を踏み入れるという意味をもっていた．ある面では，ステンドグラスは中世時代の映画のようなものであったが，他の面では，人間がよりいっそう神を受けいれやすくさせる神秘的体験の手段であった．それは，昔と同様いまもなお，本質的に環境芸術なのである．フランスの小説家ルネ・バザンが書いているように，ステンドグラスの窓は「一つのイメージである前に一つの雰囲気」なのである．

中世時代以来，ステンドグラスとステンドグラスの窓は，多くの盛衰を経てきている．窓は，戦争や偶像破壊運動や暴虐や無関心によって破壊され，「修復」と称して逆に駄目にされてしまった．17，18世紀には，この芸術自体が，技術家たちによってその価値を低められてしまった．ガラス面にエナメルでほどこす描画技法が，ステンドグラス固有の透明な色感を犠牲にしてしまったからである．

しかしながら20世紀中葉から，みごとな復活がみられるようになった．フランスとドイツから始まり，アメリカに広がり，その新しい動向の影響は，エチオピア，オーストラリア，日本など，ステンドグラスの伝統のない国々を含む世界各地にみられる．もはや宗教芸術に限定されることなく，しだいに世俗的な領域に広がっていく．

本書『ステンドグラス』は，たんなる回想的な本ではない．しばしば過去に筆をとどめているにもかかわらず，挿図や解説を担当する筆者たちは，現代の作品に対して熱意をもやし，未来を確信しているからである．本書は，むしろ，ヨーロッパの教会堂や大聖堂に遺されている豊かな芸術遺産とともに現代の秀作の案内書といってよい．これは，この興味津々たる芸術の源泉と開花，その衰退と復活とを図示するものなのである．

本書をいろどる数多くの写真を集めるために，ソニア・ハリデーとローラ・ラシントンは4年にわたってヨーロッパ中をくまなく歩き，有名なステンドグラスはもとよりなじみのうすい珍しい作品まで撮影して回った．9世紀間に及ぶ作品の写真は，この芸術のきわめて印象的な本質とそれが表現する驚異にみちた映像とを明らかにしている．

ガラスによる宗教世俗両様の画像，その知的社会的美的文脈と，それらが織りなす象徴的ないし聖なるデザインが，ローレンス・リーの担当した「ステンドグラスの世界」の主題である．ガラスそのものの分析や古代文明において果した役割の記述から，彼はキリスト教的なこの芸術形式の源泉を暗示している．また彼は，この芸術の教会堂の建築的象徴主義に対して果したこの芸術の役割と，建築と光とに対する関係や，その画像の一部であると同時にその豊かな象徴性を示す日常生活の細部にも筆をすすめている．

ジョージ・セドンが担当した「ステンドグラスの歴史」は，11世紀から今日に至る美術史と歴史との魅力的な究明である．さまざまな時代と国々におけるステンドグラスの様式と主題は，当時の哲学や歴史的事件や技術上あるいは美的な改革などに依存していることが明らかにされている．ステンドグラスは芸術上孤立して存在するのではなく，これに併行して行われ，その展開に影響を与え，さらに逆に影響を受けたりした絵画や写本装飾画やタピスリーや版画との関連のもとに考察されている．

他の数多くの芸術形式以上に広汎にわたって，ステンドグラスは技術者の技巧に依存しており，本書の第3部は，この観点から取上げられている．フランシス・ステファンスは，最初のスケッチから建物にはめこまれるまで，窓の制作の実際を記述している．修復の章節では，カンタベリー大聖堂で完成された業績と現代技法が記述される．ステンドグラスの損傷の原因とそれらの細心な修復方法が語られている．

本書『ステンドグラス』は，ようするに，きわめてダイナミックな表現手段として，ステンドグラスをその置かれた環境の中でみるときの貴重な体験の案内書である．ステンドグラス以上に直接的に精神的な役割を果した芸術形式はほかにない．その画像はたんに絵柄を表しているだけではなく，光によって生き生きとした活力を与えられている——この現象こそ，かつて神聖なるものとみなされたのであった．ステンドグラスを収めるべくデザインされた建物とともにみられて，ステンドグラスは，人為ならざる力によって調整された明るさや色彩の情感的な変化のうちに，超自然的なドラマのごときイリュージョンを創り出し続けている．

素材としてのガラス

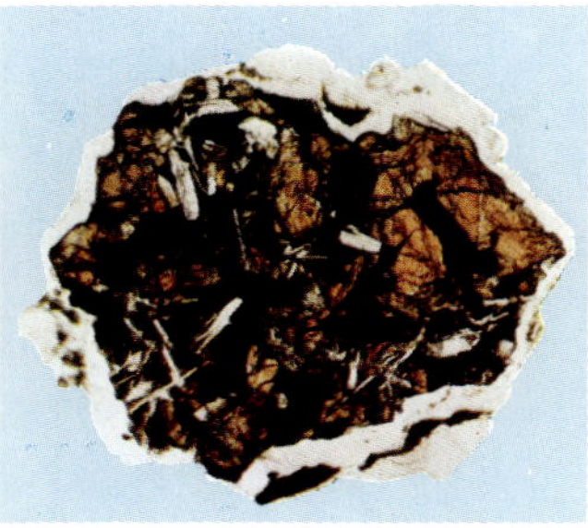

地球の表面の何千年にもわたる侵蝕の間に集積された砂をとかして作られたこの物質とは、どういうものであろうか。人類最初の宇宙飛行士たちの足に踏まれてさらさらと塵になってしまうまでは誰にもふれられたことのない、月の表層に小さな大理石のように大量に横たわっていた物質とは何であろうか。彼らが調査したところ、驚いたことには、この大理石状のものがガラスであったことが判明した。

ガラスとは、天然の物質で、過冷却された珪酸塩の液体、すなわち通常の融点を示すことなくかたまった液体である。天然のガラスは、宇宙のほとんど至るところに見出されるようである。事実、それは偶然に他の空間から地球に流星となって飛びこんできてシリカ（二酸化珪素）の小粒の球になっている。これは、大気圏に突入した際に生じた高熱によってとけてガラスになったのである。これらの小球はテクタイトとよばれている。天然のガラスは、月面上では、火山活動と表面に撃突する隕石によって、形成される。地球上では、天然のガラスは、珪酸分の多い溶岩の急激な冷却によって形成されることが多い。落雷でも一種のガラスが作られる。これは閃電石といわれ、金属の鉱石が砂を通して被雷した際に砂をとかしてできる。

人工のガラスは、4000年以上もの長い歴史をもっているにもかかわらず、現在ですら、科学者たちにはこの謎の多い物質の正確な素性がわかっていない。彼らにいえることは、せいぜい、ある種の鉱物をとかして結晶が生じるのを避けながら冷却することによって形成され、過冷却状態の液体をなしており、きわめて粘性が大きく、固体の性質のほとんど全部を具備したものである、ということである。

ほとんどすべてのガラスの主成分はシリカであり、砂、石英、あるいは火打ち石などである。しかし、純粋なシリカは、1700℃でしかガラス化ないし熔融ガラスにならないから、これはもっぱら特殊な耐熱ガラスを作るのに用いられる。通常の用途のほとんどすべてのガラス（ステンドグラスに用いられるものも含まれる）には、融剤（ふつうはソーダ）と安定剤（石灰石など）がシリカに添加され、ついでこの混合材は1480℃くらいの比較的低い温度で熔融される。この熔融を助けるために、カレットあるいはガラス屑が加えられることがある。

これらの原料は、熱せられるにつれて、しだいに分解をはじめ、ガスが発生し、気泡を含んだ液状を呈し、この中でシリカの粒子が最後には全部とける。この液体を形作る方法は幾種類もある——プレス（押型）、吹き、伸ばし、フロート、鋳造、圧延など。そして無限といえるほどの形を作り出すことが可能である。大部分のステンドグラスは、とけたガラスを吹いて気泡状の形にしてから板状にされる。この気泡状のガラスは、とかしたり引き裂いたりして円筒形に形作られるか、あるいはぐるぐる回転されて、ステンドグラスに特徴的な筋目や気泡や厚みの変化のある円盤状にされる。

最後の冷却あるいは焼なまし（徐冷）は、ガラス製造の重要な工程である。ガラスは、液体であるから、外側が急速に冷える傾向があり、このことから圧力が生じてガラスが壊れやすくなる危険がある。こうした脆弱な物質を取扱うすべての場合と同様、冷却は、徐々に調節しながらすすめなければならない。

シリカとソーダと石英との純生混合によって作られたガラスは、無色透明である。板やカンヴァスなどの固体に描かれた絵のように光を反射する場合とは違って、ガラスの分子構造は、光のエネルギーを直接に透過させることが可能であるから、板ガラスが真っ平らならば、光線は、屈折することなく入射角と同じ角度で透過し、かつ入射前の輝きを失うことはない。しかし、厚みの違いやガラス中の気泡やひびなどが光線を屈折させ、光束を収斂ないし拡散させるこうした諸変化から、魅力ある変幻自在な光の効果が生まれうるのである。こうした理由から、ステンドグラスは意図的に不完全な工程を用いて作られる。

ガラスを着色するには、ガラスを透過する光から特定の波長を透過させないようにする物質を添加しなければならない。吸収されないで透過した波長の光がガラスの色というわけである。おそらく、ガラスの着色は偶然に得られたものであろう。古代ローマ時代までには、銅やコバルトといった着色剤が、青や緑を得るのに常用されるようになっていた。今日でさえ、ガラス着色法の化学は複雑である。原料の混合の具合や、熔融の工程のどの時点でどのようにして色あいを出し調子を整えるか、そのタイミングと方法に、その多くを依存している。

ガラス着色法には二つの基本的な方法がある。ある種の金属の酸化物はガラスにとけこませることができ、この液体が、ある色の波長を吸収するような分子構造をもつようにする。たとえば、鉄の酸化物が入ったガラスは緑になる。もう一つの方法では、着色剤の分子が液体の中に分散ないし浮遊している状態にする。これらの分子が、光の波長とほぼ同一の大きさをもつ場合には、特定の色だけがガラスを透過し、他の色は吸収されて透過しない。たとえば金の粒子はガラスの中に分散して、ステンドグラスに特徴のあるルビー色を作り出す。

歴史のきわめて早い時期に、人類が完全にといっていいほどのガラスを開発したことは、奇跡に近い。これは、ダイアモンドのような光を放ち、オパールのように変幻し、ルビーのように深い色に染めあげることができる。ステンドグラスの窓が表す物語や画像を別にしても、ステンドグラスを独特の芸術品にするのは、ガラスの宝石のような資質なのである。

隕石にたたかれて、月の玄武岩がガラス球のようになる。球の周りをガラス質の塵がおおっている。月面の岩の断片の顕微鏡写真（上図）は、高温でガラス化した珪酸カルシウムと珪酸アルミニウムを示す。

テクタイト（上図）は、地球のごく限られた地域で発見された天然ガラスである。シリカと、ソーダ、石英、鉄などの副次的な成分とがガラス化したもので、その大きさは微小のものから10cm以上のものまである。これらは地球の外部から入ってきたものであろう。

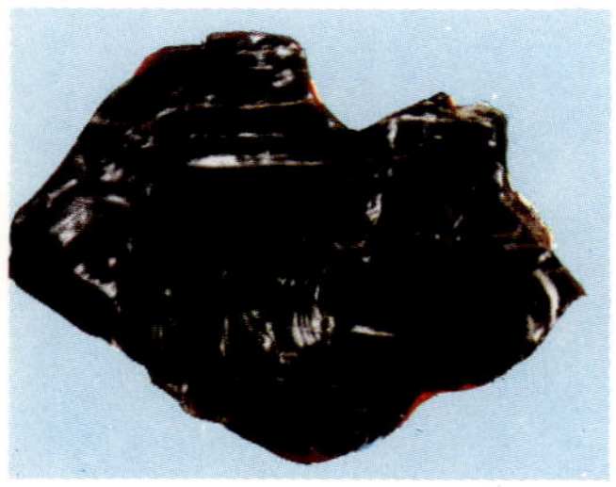

黒曜石（上図、火山の爆発で作られた黒ないし暗赤色のガラス）は、地球上のいくつかの地域で見出される。窓ガラスより硬く、これを打剝った場合、つねに平滑で鋭い縁をした曲面を呈する。原始人はこれを矢じりに用いた。

石英（二酸化珪酸の結晶）は、人工ガラスの原料として最も広く用いられる鉱物である。上図は3倍に拡大したもので、数多くの変種の中の一例である。プリズムのような白色の結晶が黄銅鉱の中に収まっている。

市販の板ガラスは、とけたガラスをローラーの間を通して機械的に製造される。ローラーには型模様をほどこしておくことができる。たとえば波ガラスの場合、ローラーの一つにうねがほどこされる。

市販の透明な波ガラス

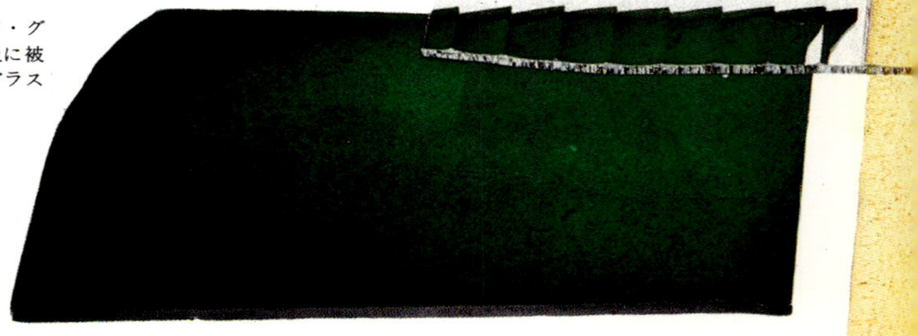

白いマフ・グラスの上に被せた緑ガラス

黄色いマフ・グラスの上に被せた赤ガラス

色ガラスを被（ふ）せたガラスは2層ないしそれ以上の色の層をなす。通常、濃い色の薄い層の「フラッシュ」（被せる方のガラス）は、淡い色ないし無色ガラスの上に重ねてはりつけられる。とけた濃い色のガラスの小さな滴が寄せ集められ、徐冷され、淡い色のガラスの壺の中に浸される。ついでこの滴を吹いてガラス球にすると、はっきりとした層をなして広がる。

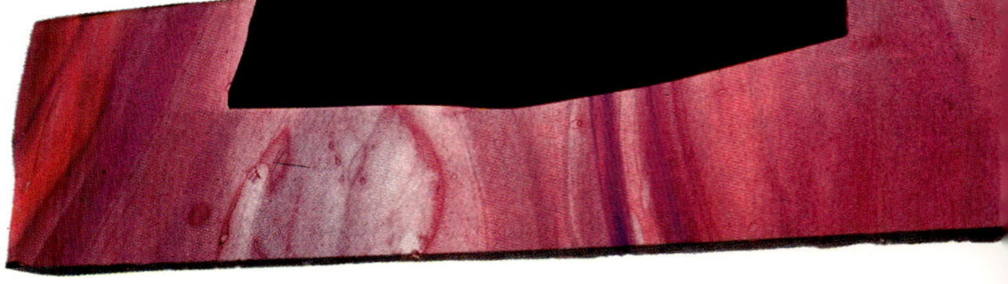

淡い縞目のある桃色のマフ・グラス

マフ・グラスは、アンティック用のステンドグラスで、いまでも中世時代と同じように手作りである。これはしばしば円筒ガラスの名で知られる。とけたガラス滴を吹き棹の先に集め、細長い球状にふくらます。このガラス球の両端を切取り、円筒にして、側面を縦に切り、熱して、開いて平らな板にする。この板ガラスには、肌あい、厚み、色に無限の変化がある。

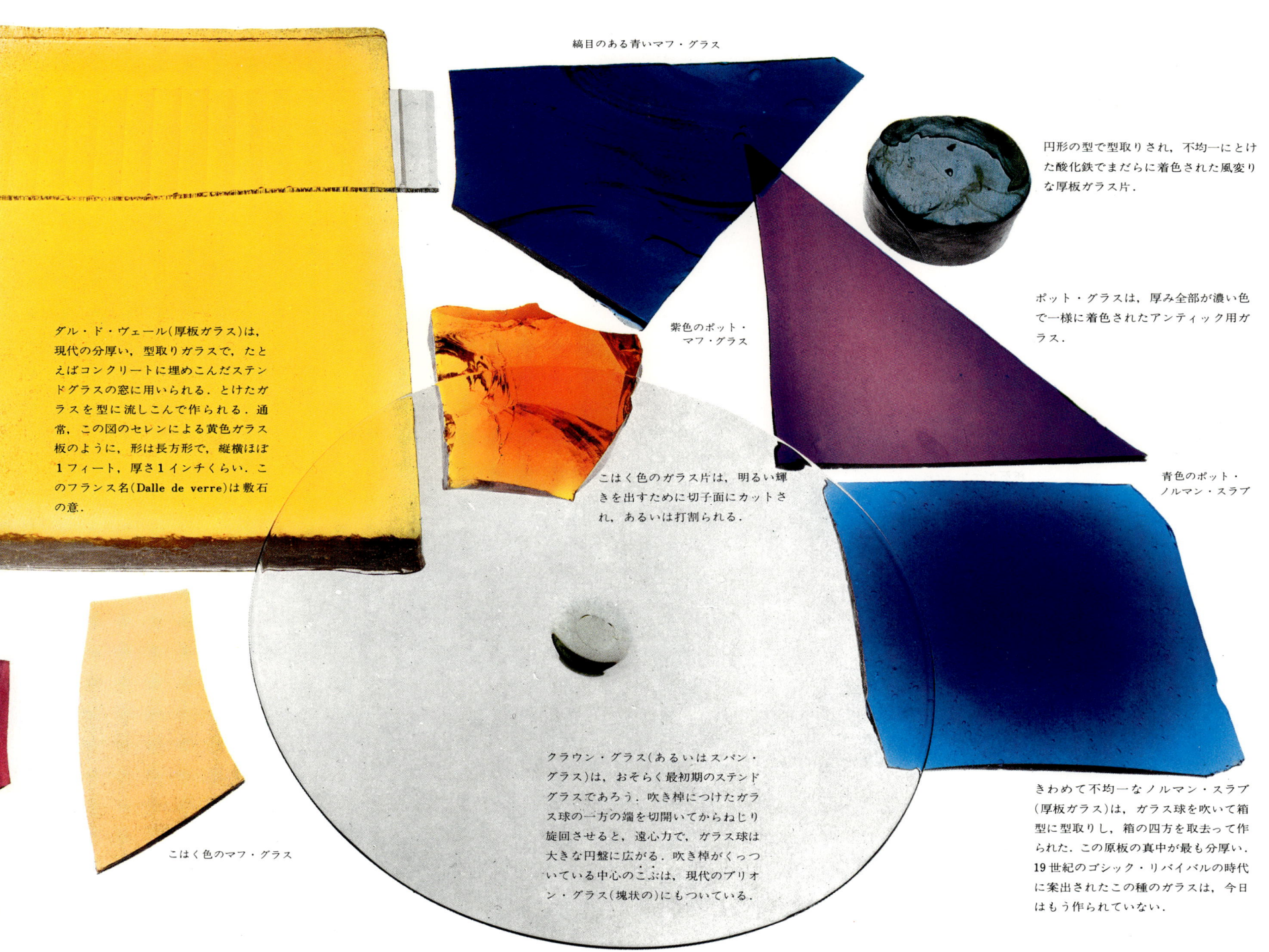

縞目のある青いマフ・グラス

円形の型で型取りされ，不均一にとけた酸化鉄でまだらに着色された風変りな厚板ガラス片．

紫色のポット・マフ・グラス

ポット・グラスは，厚み全部が濃い色で一様に着色されたアンティック用ガラス．

ダル・ド・ヴェール(厚板ガラス)は，現代の分厚い，型取りガラスで，たとえばコンクリートに埋めこんだステンドグラスの窓に用いられる．とけたガラスを型に流しこんで作られる．通常，この図のセレンによる黄色ガラス板のように，形は長方形で，縦横ほぼ1フィート，厚さ1インチくらい．このフランス名(Dalle de verre)は敷石の意．

こはく色のガラス片は，明るい輝きを出すために切子面にカットされ，あるいは打割られる．

青色のポット・ノルマン・スラブ

クラウン・グラス(あるいはスパン・グラス)は，おそらく最初期のステンドグラスであろう．吹き棹につけたガラス球の一方の端を切開いてからねじり旋回させると，遠心力で，ガラス球は大きな円盤に広がる．吹き棹がくっついている中心のこぶは，現代のブリオン・グラス(塊状の)にもついている．

こはく色のマフ・グラス

きわめて不均一なノルマン・スラブ(厚板ガラス)は，ガラス球を吹いて箱型に型取りし，箱の四方を取去って作られた．この原板の真中が最も分厚い．19世紀のゴシック・リバイバルの時代に案出されたこの種のガラスは，今日はもう作られていない．

ガラスの構造

純粋な形でのガラスはシリカすなわち二酸化珪素である．化学的には，この組成は，ガラスの各分子は，一つの珪素分子と二つの酸素分子から成り立っていることを意味する．シリカは固体であるが，そこでは分子は厳密に秩序立てられている．ガラスの場合には，右図のように，過冷却の液体であるから，分子は不規則に配列されている．

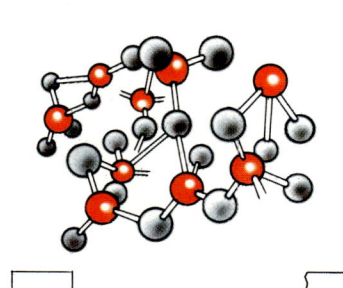

1650℃以上に加熱されると，純粋なシリカの分子は完全なガラスになろうと再編成される(1)．しかしローマ人が発見したごとく，石灰とソーダを添加すると(2)，もっと低い温度でガラスが形成される．50％の石灰とカリ(3)により，中世時代のステンドグラスは簡単にガラス化するが，侵蝕されるのも早い．

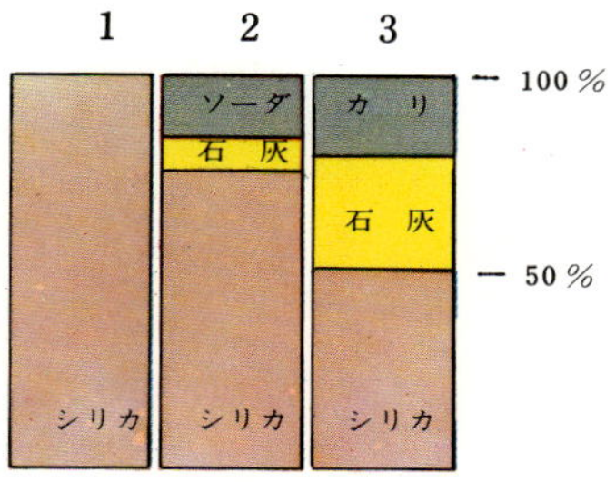

透明な固体につき当ると，光は反射する(1)．光が平行で平らな面の透明ガラスに当った場合，まったく変化することなく，入射した角度とまったく同じ角度で透過する(2)．ガラスが平らでない場合には，光は違う角度で透過してきて，集光するか拡散するかする(3)．金属の酸化物がガラスの中にとけこんでいる場合，ある波長は吸収されて色がみえる．酸化鉄は赤の光を吸収して緑色にみえさせる(4)．ガラスは，また，その中に分散させられた分子の粒子が光を吸収することによっても着色される．たとえば，セレン化カドミウムがオレンジ色を作り出す(5)．

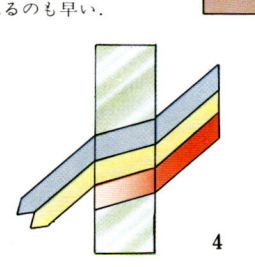

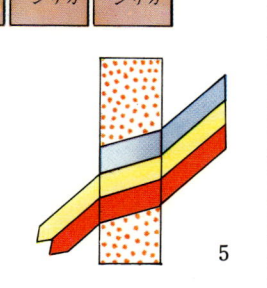

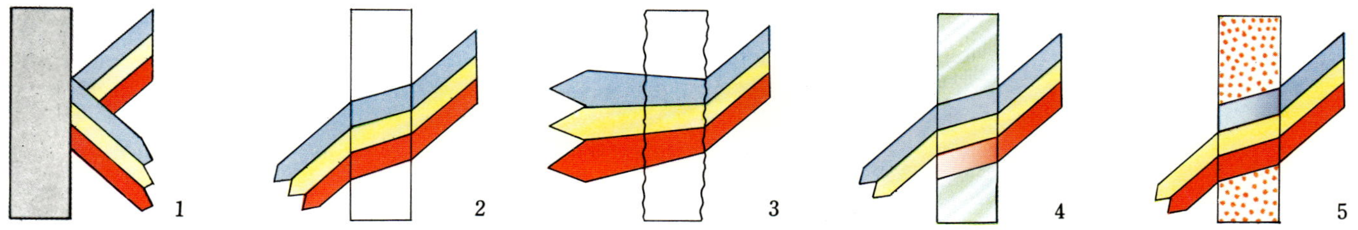

リーミー・グラスは，不規則な波状の条をもち，硬度の違うガラスを混合して作られる．ふつうは，透明ガラスに色ガラスを混ぜる．この青い円筒は，側面を縦に切り，熱い炉に入れながら開いて，マフ・グラスの平らな板にする．

古代のガラス

このガラスの来歴は不明であるが，紀元前1400－1200年頃のエジプト王家の人を表した断片である．現在，ロンドンの大英博物館に所蔵されている．おそらく神殿の象嵌の一部であろう．

　人類を種の進化の過程で際立てている特徴は，道具の使用である．人類は，道具を作る者であり，必要から限定された解剖学的構造を進化させるというよりは，道具を用いて腕や手の力の及ぶ範囲を身の周りから広げていくことができる．きわめて高度に発達した頭脳は，人類に予知能力や想像力をもたらすのであるが，それは，あらゆる道具の中で最も洗練されたものということができよう．そして人類が，物質を自分の意志によって形を変えるために道具を使用する術を学んだとき，狩猟者であると同時に芸術家となった．なぜならば，火を使って武器を作る技術は物を加工する技術に発展したが，これが芸術の起源であったからである．

　道具による人間に適合したこの応用能力は，とりわけガラスに発揮された．粘土が必要な形に作ってのち焼くことができるのに対して，とけたガラスは，手でじかに形作ることができないからである．このきわめてめざましい物質の歴史は，ビーズをあしらった小さなガラス玉から，型取りした器物や吹きガラスや現代の完全にオートメーション化されたガラス瓶製造に至るまで，もっぱら道具によって綴ることが可能なのである．

　ガラスは，一般に，紀元前3000年頃に発明されたと考えられている．その発見は偶然であったであろう．プリニウスの『博物誌』Historia Naturalisの中の，海岸でたき火をした燃え残りの中にガラス質の物を発見したフェニキアの水夫の話は，作り話であろうが，紀元前3000年代にエジプト人やシュメール人やインダス河流域の住民たちが，ファイアンス（釉薬で包んだ不透明な砂のねり物）を作ることができたことが明らかに知られている．彼らは，アルカリ性の珪酸塩が金属のようにとけ，このような珪酸化合物がシリカ（砂，火打ち石，石英など）を，木を燃やしてできる灰あるいはエジプトの西の砂漠で見出された鉱物の天然炭酸ソーダと一緒に熱して作られるという化学的発見をした．紀元前1554年から同1075年の間に，エジプトの職人たちは，金属のように熱でとかして鋳型で処理できる透明ガラスを作る方法を発見した．このガラスは鋳型で細長い棒にされ，熱いうちに砂を心型にして型取りすることができた．こうして作られた器物は，富裕な人々の間では陶器よりも高価なものとみられていた．これと同じ工程が，宝石の模造にも用いられた．

　ガラスに関する用語は紀元前2000年代の楔形文字の粘土板中世の働くガラス工が，ジョン・マンドヴィル卿の『旅行記』の15世紀のフランドル派の写本に描かれている．炉の壁にはいくつかの開き口があり，それを通じて，火が調節され，坩堝が調整され，とけたガラスが，鉄棒を用いて引出される．12世紀のドイツの修道士テオフィルスは，その著『諸芸提要』の中で，吹きガラス工に「鉄パイプを口にあてがい，静かに吹き，ただちに口から離し，それを頬の近くに置くこと，さもないと息を吸いこむときに炎が口に吹きこむことがあるかもしれない」と忠告している．

に見出される．釉の処方やガラス製造法の記述が，紀元前7世紀のニネヴェで発見された粘土板に記録されている．3種類の炉が記されている．すなわち，「金属用の炉」，「床と眼のある炉」（おそらく地下のタンクから金属を集めるための孔であろう），「アーチの炉」（焼なましのための熱せられた小室）である．浅い耐火性のるつぼが，原料をとかすための容器の最初の形式であったらしい．そしてエジプトのテル・エル・アマルナでアメンホテップ4世の治下（紀元前1379－1362年）に用いられたと信じられている．

　近東から，ガラス工たちが，エーゲ海をわたってキプロス島，クレタ島，ギリシャ，イタリアと，しだいに地中海地方の至るところに工房を広めていった．アレキサンダー大王の征服者たちが，エジプトとアジアをギリシャの文化・経済圏に対して解放した．アレキサンドリアをはじめとして設置された植民地が，ギリシャやヘレニスム圏の官吏や銀行家や商人や職人を定着させた．このことから，古典古代世界とオリエント世界の文化的交流が生まれ，これは明らかにこの時代に作られた品々に反映している．

ファイアンスの暗緑色のビーズ（石英のねり物から人工的に作った最初のガラス）はエジプトの一女王の墓から発見されたワシの首飾りの一部に用いられている．年代は，紀元前20世紀．

エジプトの第18王朝（紀元前1570－1320年）の膏薬用の壺は，砂の心型に注入したガラスで作られた．色ガラスの紐を対照的に用いて，"櫛けずる"ようにジグザグ模様を作り出している．

赤色の型ガラス製の2人の王女のリラックスしたポーズから，エジプトのアマルナ王朝（紀元前1379－1362年）の，自然主義的な様式を特徴とする時代のものであることがわかる．

悪魔の眼から守るために身につけられた黄金虫（スカラベ）は，古代エジプトの神聖な虫である．このガラスのねり物の黄金虫は，紀元前600年頃のミイラと一緒に埋葬されていた．

エジプト出土の，この紀元前7世紀の吹きガラスの杯は，環状の把手を取付けられている．つまんだような形の装飾模様は，とけたガラスをはさみ道具で作り出したもの．

おそらく紀元前2世紀にシリアで発明されたガラス吹き用の鉄パイプ(吹き棹)によって，まったく新しい分野が開けた．金属を"寄せ集め"，それを吹いて中空の球にし，それを炉の入口のところで再び熱して，必要な形状に応じて幾度も吹き直す方法から，多様な装飾模様や把手のついた瓶や皿など，さまざまな種類の器物の製造が可能になった．

紀元後1世紀までに，もともと不透明で，火度が低く不純物によって偶発的に着色されていたガラスは，無色透明になり，あるいは偶発的ではなく計画的に着色することができるようになった．この頃に，ガラスをはめた窓が，とくに北ヨーロッパの裕福な人々の家々にはめられて目をそばだてるようになる．プリニウス(小)の手紙の中にラウセンティウムにあった自宅の詳しい描写がある．推論によって，窓にはガラスがはめこまれ，木枠かブロンズの枠にはめられた板ガラスからなる格子窓であったろうと考えられる．彼の記述によれば，"……家の両側には窓がある．海に面する方の窓数が多く，庭側では，径間一つおきに一つの窓がある．これらはみな晴れた風のない日は開け放たれ，嵐のような天候のときは，風を避けて安全に閉めることが

できる……"．

イタリアでは，ガラスの透し彫りの技法が発達した．そのみごとな作例は大英博物館にあり，5世紀初頭頃の「リュクルグス杯」とよばれるものである．厚い緑色の器を土台に用いて，ブドウの樹の中に一人の人物がきわめて精妙に彫り出されていて，透過光でみるときには，地も彫り出された絵柄もともに赤色を呈し半透明になる．反射光でみるときには，杯全体が，緑色で不透明になる．ブドウのつるの切りこみの技術はみごとである．

4，5世紀のローマ帝国の崩壊の時代に，各地のガラス工はその商売をやめることなく発展させ，7世紀までに，キリスト教教会がヨーロッパに基盤を確立したとき，南ヨーロッパでは伝統的な技術と結びあってめざましい発展がみられる．考古学上の証拠から，近東からライン河やローヌ河流域を通じて北フランスへ，ときにはイギリスに至るガラス製造の伝播がたどられる．リヨンで発見された墓石には「アフリカ国籍のガラス工とカルタゴの市民」の記銘があり，これはガラス製造の驚くべき波及を証明するものである．

5世紀のローマのディアトレタ(籠形コップ)の特異な視覚効果は，ガラスの中にマンガンが混入し，金がコロイド状に分散していることから生じたもの．手品のように，この器は，反射光でみるとき緑色で不透明であるが(右上図)，透過光の場合には，深いルビーのような赤色に変る(左上図)．網状の装飾は，型吹きガラスをカッティングし研磨して作り出してある．杯の側面に描かれたギリシャ神話の一場面は，リュクルグス王が葡萄酒の神ディオニソスの手にとらえられて死に瀕しているところを表している．

古代ローマの花模様ミルフィオリ・グラスは紀元前1世紀のアレキサンドリアで完成されたモザイク技法から発展した．ねじったガラスの紐で縁を飾る．

1世紀の腐蝕ガラスによるローマの壺は，フランスのランスで発見されたが，玉虫色のような効果を示している．首と把手が手で形成されたほかは，残りの部分は型吹きの手法で作られている．

1世紀シリアのガラス器は，この小さな不透明な器の中央部の周りにみられるように，しばしば"蛇の通り跡"で飾られる．首のところまでは型を用いて吹いて作られ，最後は手で仕上げた．

有名なポートランドの壺は，1世紀のローマの作．カメオ・グラスの美しい作例で，吹きガラスの黒い地に対して，白ガラスの彫りこんだ表層が浮彫り状に際立っている．

青色の紐状のガラスが，3世紀の，ライン地方のローマン・グラスの兜形のフラスコの"顔"を表す．さらに，うず巻状の透明ガラスによる赤い実をつけた小枝にとまる小鳥で飾られる．

芸術的な形のはじまり

先駆的な作例

金に宝石をはめこむ象嵌の芸術はステンドグラスの最も早い先駆的形式の一つと考えられる．この王冠は，ドイツのコンスタンツ湖のライヘナウ島のベネディクト派修道院の工房により，神聖ローマ皇帝のために，10世紀頃に制作されたといわれる．これは8枚のパネルを蝶番でつないだものであり，そのうちの4枚に，正義，知恵，長寿，謙譲が，金地にエマイユで，聖書的人物像によって擬人的に表現されている．この王冠には宝石がはめこまれており，宝石は，盛上った細線細工（フィリグリー）をほどこした上に金のつめ（留め）あるいはクロワゾンによって固定されている．

「アルフレッドがこの制作を命じた」というこの宝物の上の記銘から，9世紀にアルフレッド大王のために作られたと推定される．エマイユ・クロワゾンネの手法で表された人物像が誰であるのか，この作品の用途と同様に，詳らかではない．薄い金属のリボンで色が分割されているエマイユ・クロワゾンネは，ステンドグラスの誕生のヒントになったと考えられる．

一つの芸術形式としてのステンドグラスは，数多くの着色ガラスからなる装飾的パターンを初期キリスト教の壁や円蓋にほどこす輝くモザイクによって先行された．ラヴェンナのモザイクの壮麗さは，この街を5,6世紀のビザンティン世界の芸術的首都とし，この地位を確立せしめるものである．476年ラヴェンナを征服したテオドリクス皇帝によって建立されたアリウス派洗礼堂には，丸天井の中央に，放射状に使徒たちに取囲まれてキリストの洗礼を表す金のモザイクがある．

イスラムの伝統的な組子細工のすぐれた作例．イスタンブールのトプカピ宮殿にあるこの大理石板をうがって作った窓には，光が透けて入る花咲く植物文様の色ガラスがはめこまれている．生けるものを描いてはならないという回教の戒律は，タイルやカーペットの分野でと同様に，モザイクやステンドグラスの分野でも，精巧な植物や幾何学的なデザインの発達をうながした．

ステンドグラスは，根源的にキリスト教的芸術である．キリスト教時代に至るまでは存在しなかったからである．それは，太い円柱の間の空隙というよりは，窓を精神的な表現の媒体とすることによって，ファラオの神殿やアテネ人たちの神殿からキリスト教の教会堂を根本的に明確に区別する芸術形式だといってよい．ブールジュ大聖堂の東端の窓ガラスによる調和を一目みただけで，教会堂が，古典的な理念を賞讃するためのモニュメントでも，プロポーションの美しい組合せでもなくて，天上のミュージック・ボックス，陽の光を変えるゆえにこそ，光なる神を告げる視覚的な音楽を奏でる手箱であることを理解することができる．

ステンドグラスの起源を，一つの時代や一つの場所に明確に求めることはまったく不可能である．なぜならば，それは，編年上の基準によって歴史的事件が整理されて記述される教科書的なアプローチを許さない芸術形式だからである．あらゆる歴史的証拠が検討されてもなお，その起源のところに空白が残っており，納得のいく発見がなされない限り，その空白は，想像力や，流動的で多角的な面をもつものとして歴史をみることによってしか満されない．

ステンドグラスが最初に発達したのがいずれの時代，いずれの場所であれ，芸術的真空であっては生まれ出るわけではなかった．材料と技法の類似性が，ステンドグラスと，モザイクや七宝焼などの他の中世時代の芸術形式の間に，見出される．最初に，古典古代にあっては，舗床を装飾する方法であったモザイクが，のちになると，キリスト教教会によって，壁面の装飾と円蓋の装飾のために採用された．古代の舗床に使われた堅い化粧石と陶片にかわって，壁面を飾るモザイクには，小さな着色ガラスが取入れられ，これらを接合して大胆で凝集力の大きなデザインを作り出した．すなわちこれは，中世のステンドグラス画工たちによって使われたものと類似した技法なのである．

ガラス片を結合するために鉛の縁取りを用いるというアイデアは，金工細工やエマイユ・クロワゾンネの技法の影響といえるであろう．たとえば，金工細工師が作業をしているところをじっと見ている男があったと想像してみたまえ．新しい実験を尊ぶ科学者の，抜け目のない経験主義的精神をもって，その男は，金工細工師が，クロワゾンといわれる金の細いリボンをガラス片の周りにあてがって易々と曲げて，接合し，一つの装飾文様をなすまとまりを作り出すさまをみているとしよう．中世時代にまで，着色ガラスはかなりの大きさのものも作ることができるようになっていたから，その男は，突如として，金の縁のかわりに，鉛を用いることを思いつく．廉価で展性があるこの金属は，宝石をはめたブローチというよりは，宝石をはめこんだ窓のように，一連の窓ガラスを接合することができた．

七宝焼をほどこす面を取囲むためにエマイユ工たちが用いた金属の細いリボンは，周囲から盛上った輪郭線をなしており，よりいっそう，ステンドグラスの鉛縁を暗示するものであろう．もちろん，被り物の上から見下ろしている聖者の像で飾られたエマイユの聖遺物から，建物の中の透明な仕掛けからのぞきこんでいる聖者像に移行するのには，ほんの一歩踏みこめばよかった．

もう一つの重要な発見がある．技術者は，鉄のやすり屑を粉末にしたガラス（これが溶剤の役割をする）とねりあわせて，これでガラスの表面に顔や手や衣襞などの細部を描き，ついでガラスの融解点よりもほんの少し低い温度で焼入れをするという技法を発見した．

ステンドグラスの萌芽の足跡はきわめて乏しい．シャルルマーニュ大王の像がヨーロッパの貨幣鋳造史の上に登場する以前にさえ，先進的な聖職者の中には教会堂にガラス窓をはめこませた人たちがいた．すでに6世紀に，たとえば聖グレゴリウスがフランスのトゥールのサン・マルタン教会堂の窓に色ガラスをはめさせた．次の7世紀には，675年頃，モンクウェアマス（現

1932年，ドイツのロルシュ修道院の発掘で，9ないし10世紀と推定されるステンドグラスの断片が出土した．ガラスが欠損したまま黒い空隙を示すにもかかわらず，古い断片による再構成からキリストの顔らしいことが暗示されており，絵画的表現をもつステンドグラスの遺例のうちで最も古いものと信じられている．

在のサンダーランドがある地方）の修道院長ベネディクト・ビスコップが，その修道院付属教会堂のためにゴール地方出身のガラス工を雇い入れている．このような初期の窓では，かなりまちまちな形をとっていた．開口部は必ずしも全部を着色ガラスで満されたわけではない．ときにはアラバスター（うすい半透明の雪花石膏）や大理石板や木の板がはめこまれ，それらに孔をうがって着色ガラスがはめこまれる場合もあった．この方法は，初期キリスト教時代に，地中海東部のレヴァント地方で行われた，木や石の装飾的な組模様の中にガラスをはめた格子細工の窓からヒントを得て，取入れられていた．

トゥールの窓は，残念ながら残っておらず，モンクウェアムスで発掘されたガラスには，描きこまれ焼きつけられたデザインの痕跡が残っていない．闇にとざされた歴史の中に，いままでのところちょっと陽が差しこんだにすぎないのであるが，最初のステンドグラス，真正なプロトタイプといえるのは，ドイツのロルシュ修道院に由来する断片，アルザス地方のヴィッサンブール出土のキリストの頭部，そしてアウグスブルク大聖堂にある有名な五預言者像である．これに先立ってどのような技術的発展があったにせよ，アウグスブルクの窓は，これらの窓が創り出されるよりかなり以前からこの芸術が行われてきていたことを示唆するに足るだけの確信にみちた技術と様式を示している．

このようにステンドグラスは，先行する作例は失われてしまったが，独り歩きできるような芸術形式として美術史上に登場したといわねばならない．それまでには，ローマやビザンティンの富裕階級の家に宝石のように，大きさも小規模で，家庭的な範囲だけで窓ガラスが用いられてきたのに対して，事実，教会堂に，無色ガラスではなくて色ガラスがモニュメンタルな規模で突然に使用されたという感じを免れない．

ステンドグラスの起源をたどってきて，われわれは，神聖な画像を表現する古典古代と古代オリエントの定型的方法を変容させてきた他の芸術的領域の創造的な動きに思い至る．漸進的に，一つには芸術家の洞察と，また他方技術的考案とに関わりをもちながら，ビザンティンの強大で儀式ばったパントクラトール（全能の神）の像がやわらいでゴシックの天使の微笑みへと移り，古典古代のとりすました女神像が，慈み深い神の母，たとえばシャルトル大聖堂の「美しき絵ガラスの聖母」に移りかわるのである．

教会堂とそのプラン

大聖堂のある街の上を低く飛んだものと想像してみよう．すぐに眼につくのは，大聖堂の形と，それを取巻く建物の上に高くそびえたつさまである．産業革命まで，宮殿を除けば，街の大聖堂，村の教会堂にまさる大きな建物はなかった．窓からみても，大聖堂の形やプランのみごとな左右相称性は明らかである．

プランという語は，建築家たちが，壁によって輪郭線を表されるような建物の単純な形を表すために用いるものであるが，しかし，この語のかげには，祈りの家に用いられた場合，中世的な精神にとって，聖なる秩序という先験的な概念を内包したより深い意味がある．この秩序が大きさとプロポーションを指示し，建築家たちは，これらを石や木や金属やガラスなどの物質に置きかえるのである．空からみれば，建築家になる訓練なしでさえ，この設計が恣意的になされたのではないことがよくわかる．これは，そびえたつ高さと錯綜しながらも軽やかさと優雅さを示している安定した構築の所産——創造的な技術なのであった．

大聖堂は「神の家」として信仰を奉じてやまない人々によって創られた——暗黒や森の奥の魔力の神のためでも，暴虐な力をふるう神のためでもなくて，完璧な幾何学の神のための家なのである．古代世界では，幾何学を通じて表現された数の研究が，世界を作り出している理想の秩序を理解する手段と考えられた．そしてギリシャ数学の幾何学はキリスト教教会に受継がれ，教会堂設計に大幅に取入れられた．増大する会衆を収容するための大きな建物をデザインする必要が生じたときに，石工の親方が円や三角形や正方形に基いて建物の大きさとプロポーションを決めるために適用すべき原則を設定するのは，教会側であった．この幾何学の伝統に加えて，経験豊かな教会人と石工の親方は，経験から導き出された判断によって，敷地の物理的条件や材料の利用価値の問題を解決していった．しかしさらに重要なのは，工事の過程で，彼らはしばしば想像力を働かせて大胆な飛躍を試み，その結果予知されたことのない新しい形を生み出したことであった．

イギリス，フランス，ベルギー，ドイツ，イタリアなどの中世時代の教会堂や大聖堂の大多数が立脚している形式は，ラテン十字形プランである．二本の腕木を交差した構造をもち，そのうちの短い方の腕木が南北の袖廊（トランセプト）をなしているのである．この十字形プランは，初期キリスト教のバシリカ形式から発展したものであろう．あるいはコンスタンチヌス帝治下に建立された十字形プランの墳墓からヒントを得たものであったろう．その起源が何であれ，このプランは，たえず増大する聖職者と会衆を収容しうるように調節する必要性から，中世時代を通じて修正を加えられた．側廊とか袖廊とか周歩廊（祭壇の後方の教会堂の東端をめぐる通路）あるいは付属の礼拝堂など，さまざまな空間が付け加えられた．フランスでは，礼拝堂はシュヴェ Chevet という名でよばれる半円形を連ねた形（放射状礼拝堂）をとることが多い．二重の袖廊が教会堂の東端につぎたされるが，これはクリュニー修道院で始められたが，カンタベリー大聖堂の内陣を再建した建築家の一人，サンス（出身）のウィリアムによってイギリスに導入された．この形式は，ソールズベリーやリンカーンなど，多くのイギリスの大聖堂にしだいに取入れられた．この改善策は，イギリスでは特に重要であった．というのは，多くの大聖堂は修道院付属の教会堂であったからであり，大ぜいの聖職者，修道士を収容することが予想されたからである．フランシスコ派やドミニコ派の布教活動に熱心な修道士たちが，数多くの会衆を収容するために一部の教会堂では身廊のサイズを大きくしたということは当然の成りゆきと考えられるが，しかしこのことは，宗教改革の結果として，世俗の人々の参加を強調するという事情から，しだいに多くの教会堂にみられるようになったことは確かである．

袖廊と身廊の交差部は，窓がないので暗いが，そこに高窓をもつ塔（頂塔）がのせられた．これはしばしば採光の機能をもつ

中世初期の多くのキリスト教教会堂は，異教の偶像が破壊された後，それと同じ場所に建立された．したがって人々は慣れ親しんだところで礼拝することができた．しかし，神聖な意味は，いままでどおり，聖なる土地を取囲んでいる石や湧き水など，これらの選ばれたる土地に超自然的な力を滲みこませていると信じられる諸々のものに依存し続けている．善悪に対する心構えは，教会堂自体の構造に関わりがあった．たとえば，教会堂の北側は，暗黒と悪に結びつけられ，教会付属の墓地の北側に埋葬されるのは世俗の人々に限られていた．反対に南側は，光明と善の側とみなされたのである．こうした考え方は，のちに教会堂の装飾に反映していて，それぞれの側にそれにふさわしい主題が表されている．フレスコや浮彫りや彫刻やステンドグラスは，いずれもみな，罪を悔いる者の，贖罪への路を示すべくデザインされている．教会堂に入るということは，巡礼にも似た精神的旅路，建物の象徴的構造によって指示された旅に旅立つことであった．多くの大聖堂の入口を優美に飾っている西正面の階段を昇ることは，宗教的な向上を意味した．身廊を歩み進むことは，一つの旅を意味した，内陣に入ることは，天なる領域に入ることを許されたという意味であった．

ので，明り窓とよばれる．しかしフランスでは，袖廊は比較的高くて，この交差部は，先端の壁にあけられた窓から採光された．教会堂の西正面に設けられた塔は，フランスやドイツやイギリスの一部の大聖堂の特徴である．これは，側壁と先端の壁の荷重を二重に受けとめる役割をした．これらの塔はまた，教会堂の西端の，儀式のための入口としての重要性を明示する．新たに就任した司教が初めておごそかに自分の大聖堂に入ってくるのは，この入口からである．この入口から，やはり，幾千もの巡礼者が堂内に入ってきて，身廊の壮麗な景観を眺め，大きな内陣の障屛ごしに合唱隊席を垣間みるのである．ドイツでは西塔は伝統的に世俗的権力の象徴であり，東端に聖職的な権力が集中するのに対抗するものであった．

西から東へ，教会堂の建物は太陽の昇る方向を示す軸にそって配置されて，教会堂の頭部はつねに東を向いている．北側は，悪と結びつけられ，暗く冷たい場所とみられ，旧約聖書の場所となった．それに対して南側は，光と暖かさに恵まれ，新約聖書のために捧げられる．西端は歴史の場所となり，大多数の大聖堂で，入口の上方の彫刻や西窓などによって，「最後の審判」が表される．

20世紀には，伝統的なバシリカ式の長方形プランは，新しい礼拝のあり方に不適当なものとしてしだいに批判を受け，新しい教会堂のデザインは，第2次大戦以降，革新的でしかも奇抜なプランに傾いている．多くの現代の教会堂で，長方形のプランの身廊と狭い通路と東側に固定された祭壇をもつ古い形式が大幅に破棄されて，建物の中央かその付近に祭壇が設置された，円形，正方形あるいは非対称形のプランが好まれるようになった．

教会堂のプランは，有機的な成長を続けてきた．その樹は，ときに無限の変種のある花をつけるが，しかしつねに初期の教会の時代からその種子の中に宿された一つの秩序から生え育ったものである．

ロマネスクの柱頭の浮彫りは象徴的な力を帯びている．シシリー島のモンレアーレ大聖堂のこの図の柱頭では，「聖告」の場面が，古典的なアカンサスの葉の中に組みこまれる．

イギリスの大聖堂の大部分の東端が方形のプランであるのに対して，フランスやドイツの多くの教会堂や大聖堂では，東端は，上図のアルテンベルクの場合のように，シュヴェとよばれる，周歩廊から放射状に突き出した半円形プランの礼拝堂を連ねたプランをとっている．

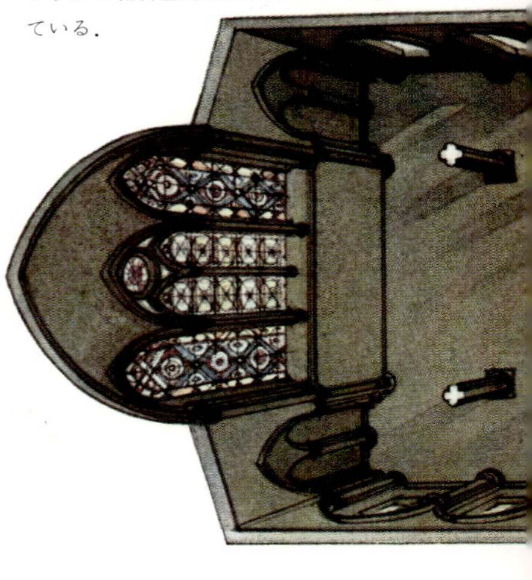

北側は，暗黒と関わりをもち，たとえば，司教の頭部を剣の先に突き刺しているこの人物像のように，ときには教会の敵と結びつけられた．本図は，グロスターシャーのフェアフォードのセント・メリー教会堂の北高窓．

特に内陣では，教会堂の天井は天上界と結びついた．ゴシック教会堂では，天上の象徴が，屋根を支えるリブの交点の突起（ボス）に彫りこまれた．本図は，ノーウィッチ大聖堂の内陣のトランペットを吹く天使．

プランの変遷

初期キリスト教教会堂は，右図のようなローマ時代の長方形の公共建築物であるバシリカ式プランに基いていた．これは一般に，アトリウム（屋根のない前庭），ナルテックス（玄関ポーチ），身廊，側廊，ベマとよばれる一段と高くなった内陣と半円形プランのアプス（奥殿）から成り立っていた．

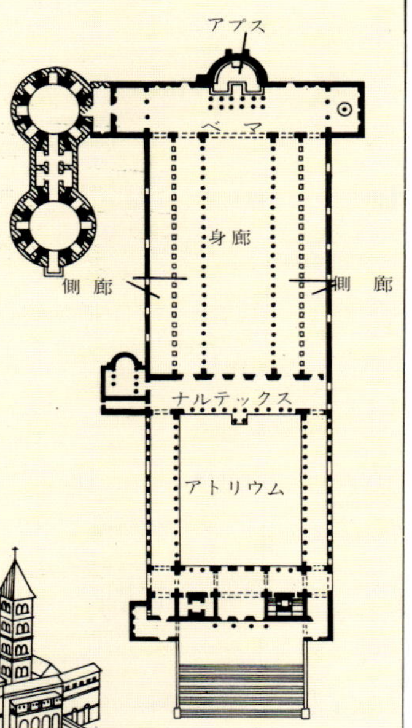

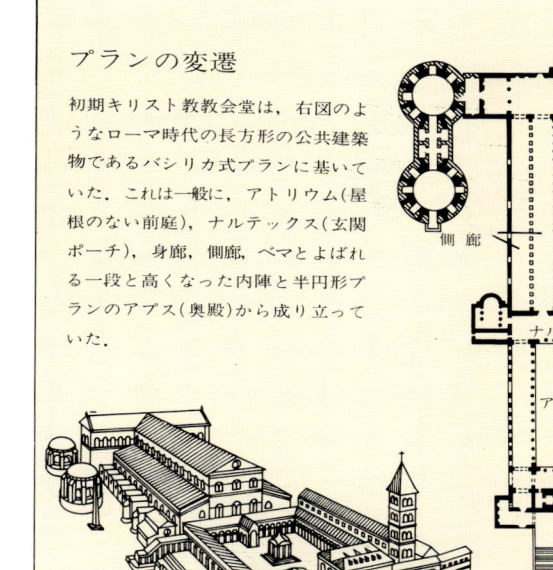

ローマのサン・ピエトロ旧教会堂は，312年にキリスト教を公認したコンスタンティヌス皇帝によって330年に建立された．その建築はバシリカのデザインに基いている．中世時代の十字形プランは，未発達の袖廊を発展させて作り出されたものと考えられている．

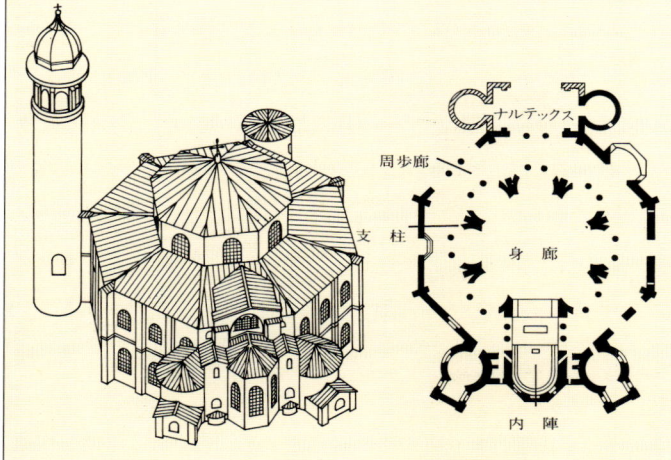

バシリカ式プランに相対するものは，ビザンティン建築に基いたドームをいただく集中式プランである．この種の最も美しい作例の一つは，ラヴェンナのサン・ヴィターレの八角形プランの教会堂である．6世紀皇帝ユスティニアヌスによって建立された．

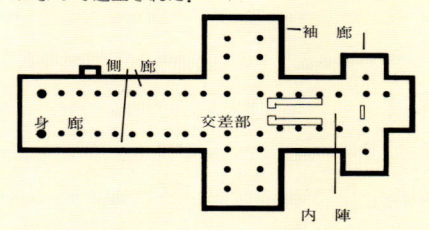

クリュニー派の教会堂に源を発した二重袖廊は，多くのイギリスの大聖堂や教会堂の特徴であった．ヨークの近くにある，13世紀のビヴァリー修道院教会堂（ミンスター）もその例である．袖廊は大勢の修道僧や僧会議員からなる合唱隊や副祭壇のためのスペースとして用いられた．

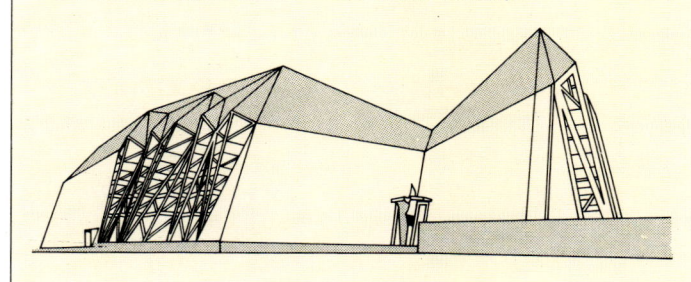

聖者の像は，特に，善，光，新約聖書の側たる南側に描かれる．フェアフォード教会堂からとったこの細部の像は，聖バルトロメウス．この聖者は，皮をはがれたがそのときに用いられたナイフを手にもち，「われ，聖霊を信ず」という聖者の表した教義の一節を唱えている．

コネティカット州スタンフォードの第一長老派教会堂のプランには，伝統的な象徴がとられている．この教会堂は，2世紀以降，キリストを表す象徴の一つとなり，イエス・キリスト，神の子，救世主を示すギリシャ語の頭文字 Ichthus（すなわち魚）からとられた魚の形をしている．

悔い改めへの願いは，「最後の審判」の彫刻によって強調される．パリのノートル・ダム大聖堂のこの作例のように，西正面入口の上部に彫刻される．中世の神学者ドゥランドゥスは，世俗の人人がそこを通って贖罪へと近づいていく西入口を，キリストの言葉「われは路なり」と対応させた．

建築的挑戦

建築は，しばしば「諸芸術の母」とよばれ，この総称的な語は，とくにステンドグラスとの関連においてよくあてはまる．なぜならば，建物の窓の枠組がなければ，存在しえないからである．このきわめてキリスト教的な芸術が出現するまでは，窓は多少とも実利的なものにすぎなかった．窓は光を入れるだけでなく，貧しい人々には空気も入れた．裕福な人々だけが窓にガラスをはめることができた．採光は，単純な格子窓の域を出ず，あるいは東方では洗練の度を加えた木か石の透し彫りの窓枠で，ときとしてそれに小さなガラス片がはめこまれることがあった．けれども採光というよりは，現実にはこのような窓枠は，熱やまぶしさを減ずるために小さな窓が好まれるような国々では，光を和らげあるいは減光する働きをもっていた．

芸術の形式としての窓に光をいっぱい取入れるというのは，おそらく，曇り日の多い北ヨーロッパにおいてのみ，可能であったろう．最適の光量を取入れることが，教会堂と大聖堂の建築家の当然の目標となった．最初期のステンドグラスがロマネスク様式の単純な半円形の頭部を描いた窓のために制作され，こうした窓がやがてかなりのサイズまで大きく成長していったとはいえ，石工たちと同等の地位を占めたガラス画工たちが作り出すようになったのは，ゴシック建築であり，その証明のしるしともいえるガラスの大きな広がりであった．

教会堂ないし大聖堂の諸部分の平面上の配置から，ゴシックの尖頭アーチの発達によって，すばらしい垂直面の発展が可能になった．大きな西正面入口の上にはバラ窓が配された．壮麗にガラス窓で飾られた側廊が添えられた身廊は，大アーケード，トリフォリウム，高窓と重なりあう径間を単位にして分割された．身廊から内陣へと移行する部分から枝わかれした袖廊のそれぞれには窓が列をなし，その両端の壁はしばしばバラ窓で飾られた．障屛で囲まれた内陣や合唱隊席は東端のアプスの高窓から入る光によってたえず照らされて，ビザンティン教会堂のほの暗く神秘的なアプスと対照的である．

こうしたものはすべて，石工の名匠やガラス画工の名匠が高さと光を求めようとする共通の目標をもって働いたがゆえに，実現されたのであった．こうした革新は，突如として出現したのではなく，直観的な改良によって一歩一歩と伝統を積み重ねることによって発展をとげたのである．発明はボーヴェーの場合のように，ときとして向うみずにすぎたことがあった．ここでは，大聖堂の高さがその基礎に比してあまりにも高くのびすぎたために，構築された堂全体が崩壊した．けれども，しだいに複雑さを増す扶壁が穹窿の荷重を受けとめるようになるにつれて，壁は，無数の明り窓からなるスクリーンとなり，それをこれまで類をみないステンドグラスがうめつくすのであった．

中世時代の石工とガラス画工の協力の頂点の時から，少しずつ衰退が始まる．15世紀から世俗建築の重要性が増すにつれ，4世紀以上もの間続いた協力関係が弱体化しだした．ルネサンスがもたらした古典主義の復興の結果，窓は，再び透明なガラスをはめられた面として設計されるようになった．その機能は，円柱や支柱の彫りや豊かに格子で飾られた天井を照らし出すことにあった．18世紀にはゴシックは野蛮なものと考えられるようになり，この態度は，19世紀におけるロマン主義による中世芸術や技術の復活の時に至るまで続けられた．数多くの教会堂や2,3の大聖堂が再び建立されたが，過去の模倣と，質の低いガラスで中世の様式を盲目的にコピーする傾向のあるガラス工房によって作られたために，ステンドグラスをはめた窓は，定型的でときにははなはだ拙劣である．

建築における近代的革新，新しい構築方法と材料の採用——特に強化コンクリート——は，ガラス画工が活躍する舞台を大幅に広げた．これまでになく広大なスペースに，コンクリートや金属の細い枠だけで支えられたガラスのきらめく壁が作られるようになる．再びガラス画工は，形態と光の調和という建築家によって提起された新しい挑戦に遭遇する．

初期キリスト教教会堂は古代ローマの伝統を受継いで建てられ，それはローマの公共建築物，ユスティアヌスのバシリカに基いていると思われる．これらの初期教会堂の窓は小さくて，中には透しのある大理石板かアラバスターの厚板がはめられたものもあった．その窓から穏やかな光が射しこみ，堂内の主たる栄光の座を占めるモザイクを照らし出したのである．キリスト教がローマ帝国内で公認され，国教となると，首都はローマからコンスタンチノーブルに移り，この地でビザンティン様式という名で知られる芸術様式が大教会堂ハギア・ソフィアにおいて頂点に達した．ここにおいて，エンタブラチュアや屋根を支える円柱を採用する古典様式は，円蓋（ドーム）をのせた方形プランというオリエント的伝統と融合した．中央のドームから発する一連の区画が変化にとんだ半円蓋群をいただき，この曲面はさらに多くのモザイクのための媒体となった．窓は比較的小さく，石の格子がはどこされ，中には透明ガラスがはめこまれるものもあった．ロマネスク様式は，その名が意味するように，ヨーロッパに残存するローマ時代の建築から興った様式で，近東から波及したオリエント的概念の影響を受けたキリスト教的建造物によって発展をみた．モザイクがビザンティン教会堂の光栄であるように，精妙な彫刻がロマネスク教会堂の入口や大アーケードを飾った．

ロマネスク教会堂の堅牢で大地に根ざしたごとき様相は，厚さが2.5mにも及ぶこともある壁によって創り出された．紀元1000年ののち，最初の石造りの半円筒穹窿が，ひらたい木骨天井にとってかわり出し，壁が，身廊の上に架けられたこれらの穹窿の荷重に耐えるようにデザインされた．のちに，半円筒穹窿を直交させて交差穹窿を作り出し，この交差線（穹稜）に肋材がほどこされた．これがゴシック時代に盛行した穹窿の原型である．さらに側廊の上のギャラリーでも荷重を支えた．窓は，この壁体構造を弱めるので，最少限にとどめられた．南ヨーロッパでは，たとえばパヴィアのサン・ミケーレ教会堂では，右の断面図のごとく，窓は半円アーチをのせた小さなものである．北ヨーロッパではもっと照明が必要であったから，大きな窓をあけ，ここにステンドグラスが初めて出現する．

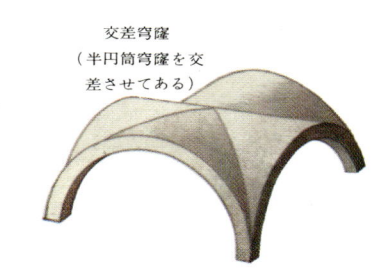

交差穹窿
（半円筒穹窿を交差させてある）

穹窿
ギャラリー
側廊
大アーケード

ロマネスク大聖堂のうちで保存のよい数少ない例の一つであるドイツのシュパイアー大聖堂は，1030年に創建され，11世紀末に改修された．4基の塔と四つの円蓋，堅牢な単純さとモニュメンタルなスケールが特徴をなしている．東から西へ，435フィートあり，シャルトル大聖堂の長さに匹敵する．左図にみる広々とした身廊では，交差穹窿をいただく径間が，東端のアプスに向って連なっている．

"野蛮な"という意味のゴシックという語は，17世紀に，古典的建築様式を拒絶した中世時代の建築に対して用いられた．ゴシック大聖堂の繊細さとそびえ立つ高さは，尖頭アーチ，肋骨穹窿，飛梁という構造上の創意工夫の結合によって実現された．尖頭アーチと肋骨穹窿は11世紀のダラム大聖堂に現れている．飛梁もやはりロマネスク建築に用いられたが，屋根の差掛け小屋の下に隠れてみえなかった．三つの要素が結びあわさった真に最初のゴシック建築といわれるものは，1440年に修道院長シュジェールによって再建されたサン・ドニ修道院教会堂である．光は，ステンドグラスを通して調整され，ダイナミックな芸術形式を創り出し，それが建築の天をあこがれる上昇性と同様に，その時代の熱狂的な信仰を完全に表現しつくした．

ルネサンス建築においては，窓は比較的小さくなり，絵のない透明ガラスとなったが，しかし19世紀のゴシック・リバイバルのときにステンドグラスの枠組として復活した．キリスト教の「黄金時代」へのロマン主義的な先祖返りが，教会堂建築を促進し，多くの中世教会堂の不都合な修復をしばしば引起した．窓はもう一度明るいものとなり，昔日の輝きを競おうとするステンドグラスがはめこまれた．20世紀には，鉄鋼の骨組の使用によってもたらされた建築方法の革新的な変化は，建築の窓の役割を大きく変化させた．壁は支持組織としては事実上不必要となり，壁のところがほとんど全部ガラスになっても差支えなくなった．現代の教会堂は，コネティカット州スタンフォードの「魚」の教会堂から，アフリカの部落を思わせるフランスのロンシャンの礼拝堂に至るまで，さまざまな形をとっている．

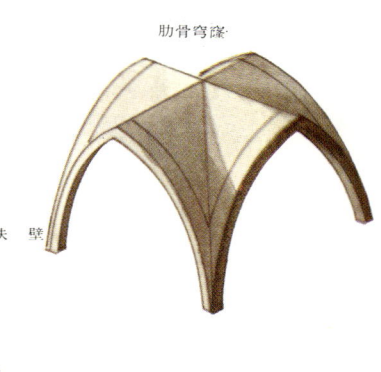

1220-1228年に建立されたアミアン大聖堂（左の断面図）は，最初期のゴシック大聖堂の一つである．分厚い壁体で荷重を受けるのではなくて，穹窿の重みは，飛梁によって側廊を横切って頑丈な扶壁に伝えられる．構造上の安全性は，このシステムによって，壁をより薄くし，窓をより多くより大きなものにすることを可能にした．ギャラリーはトリフォリウムによって置きかえられ，それにガラス窓が設けられることもあった．さまざまな面積の上に架けることのできる尖頭アーチは，建物の高さを高め，アーチを用いた穹窿は，対角線リブと横断リブの肋材の網目によって補強され装飾的効果をもたらされた．

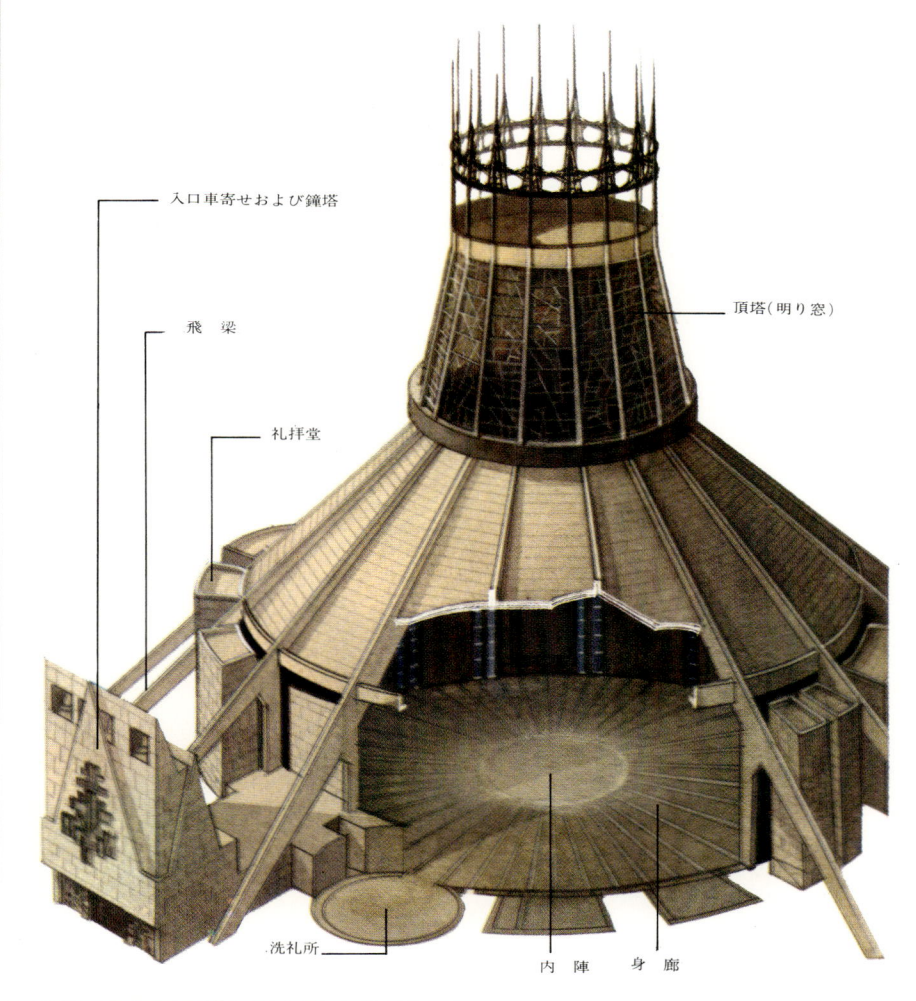

シャルトル大聖堂は，上図の飛梁によって支えられている．その二重のアーチが，放射軸によって補強される．

光は丈の高い高窓から豊かに射しこむ．右図はフランス，ゴシック様式のアミアン大聖堂．その3層構成の身廊の高さは138フィートである．

リヴァプールのカトリック大聖堂のためのフランク・ジバードの円形プランは，聖職者と会衆とをわけへだてる中世建築の聖職的性格をもつ構造とは違っている（上図と左図）．リヴァプールにおいては，会衆も聖職者も中央の祭壇の周りでともに祈る．鉄鋼材で補強されたコンクリートで構築された骨組から，飛梁が伸び，これが大聖堂に，上昇するテントのごとき外観を与えている．これらの機能は，機能的というよりは装飾的なものである．針を逆立てたような王冠状の尖頭群がドーム状の頂塔（明り窓）の上にある．頂塔にはジョン・パイパーとパトリック・レインチェンズが制作したステンドグラスがあり，連続スペクトルを背景に三つの強烈な色彩が配されて，聖三位一体を象徴している．同じ2作者による青の窓は，内陣を取囲む径間*を区切っている．

光による絵画

　ステンドグラス画工が，デザイン，プロポーション，調子のとり方と色彩を含む美術の通常の規準によって判定される前に，ステンドグラス画工の用いる，いわば「キャンヴァス」を理解する技柄を評価すべきである．ステンドグラスは，自然の太陽光線に表現効果を全面的に依存する唯一の芸術形式である．他の芸術形式にあっては，絵画や彫刻から綴織や宝石細工に至るまで，反射光によって鑑賞すべくデザインされる．けれども，ステンドグラスの場合，芸術家は，その表現媒体を透過してくる強力なエネルギーをコントロールしなければならない．彼は，光そのもので絵を作らなければならない．

　窓が，建物の恒久的な枠組の中に設けられたとき，それは，芸術家のコントロールをこえた作用による強度の大きさ変化の問題となる．中世のステンドグラス画工は，この点，20世紀のものよりもはるかに優位に立っていた．彼は，彼ら自身の伝統によって成長してきた窓にふさわしい活躍の場をもっていた．したがって，建築家は，己れの課題をよく理解しており，現代建築にしばしばみかけるような，自分の作品に相反する作用を与える状況にステンドグラス画工をさらすことはなかった．

　ガラスの色は，窓が取付けられたとき，光にさらされて白っぽくなり，その絵画的な表現効果は強い太陽光線によって減少することがある．あるいは，太陽が，窓面の一部分だけに偏って当ることもある．光は，ある色を強め，他の色を弱める．光は，たとえば赤と青のように二つの併置された色を混合させ，予期しない色あいにしてしまう原因になることもある．

　重大な支障が，付近の木や建物によって生ずることがある．これらが邪魔して，窓の下半分だけが暗くなり，反対に上半分が明るくなってしまう．青空か黒雲が，窓の色の張りをすっかり変えてしまう．ステンドグラスの窓は，また固体の周辺に光が漂って，ぼやけた像にしてしまうハレーションという現象のえじきになる．ハレーションの結果，黒い線の周縁が蝕まれてみえ，そのために実際に引かれた幅（太さ）よりも細くみえる．あるいは，まっ黒に囲まれた白色の斑点，色面は，実際よりも大きくみえる．たとえば，ヨーク修道院教会堂では，明るいガラスに囲まれて14世紀の修復された部分があって，明るい調子と競いあうという有害な効果がみられる．これは，修復技術者が美的正確さというよりは考古学的正確さにとらわれて，正しい調子をとるのに失敗しているのである．

　さらに最悪のハレーションは窓の中とか近くから容赦なく差しこんでくる大量の光線すなわちぎらつく光（グレア）である．たとえば，新しいコヴェントリー大聖堂では，10の身廊の窓は，祭壇のところあるいはその近くからしか全部がみれないというくらいに角度がついている．この視点では，西端の透明ガラスの大きな広がりが，身廊の窓のステンドグラスの抑えた光よりも強くて，その対照によって後者を鈍いものにみえさせる原因となっている．眼は，写真家がカメラのレンズの絞りを絞りこむのと同じように，明るい光にあわせることによって問題を解決する．手をかざして白い光をさえぎってみれば，ステンドグラスがみえたよりもずっと明るいということがみてとれる．抑えた光に眼があって調整されればただちに，色彩が輝きはじめ，大きく広がって本当の色価にみえるようになる．

　多彩な色をもつ窓に接近した明るい窓という配置に起因するぎらつく光というこの悪条件は，多くの教会堂や大聖堂でみられる．建築家がステンドグラスを用いしかも教会堂の内部を「明るく」実現する唯一の方法は，窓にグリザイユをほどこしたガラスをはめこむことである——これは，透明なガラスにモノクロームで模様を描き焼きつける手法である．他方，シャルトル大聖堂の窓の壮厳なる衝撃ともいえる強い印象の多くは，広い面積を占めるステンドグラスがすべて同じくらいの明るさをもっており，透明なガラスを透過してくる隣接の明るい光源によって邪魔されていないということに依存する．かかる大聖堂こそ，ステンドグラスにとって完璧な建築的環境といえるのである——これはまさに色ガラスをはめこんだ開口部をもつ巨大な暗箱とでもいうべきものなのだ．

　このガラスによる「キャンヴァス」は，色彩の波長や眼に到達する強度のさまざまな作用から受ける一群のさまざまな刺激に左右される．多様な色彩が透過光として眼に映じたときに生ずる現象の複雑な問題は，多くの理論家によって考察された．最も広く引用される人は19世紀フランスの美術考古学者ウジェーヌ・ヴィオレ・ル・デュックである．彼は，1868年に刊行した『辞典』の「ステンドグラス」という項目中で，中世時代のステンドグラスのすべてにわたって根底に横たわる法則・原理を体系づけようと試みたのである．

　ヴィオレ・ル・デュックが主として関心を寄せたのは，光のにじみ（光滲）の現象であった．すなわち，透明な色を透過してくる光の視覚的効果であり，この光滲現象は，色によって異なる——ある色では弱まり，ある色では強まり，拡大する——というものであった．この現象の最も一般的な例は，赤ガラスでは光のにじみが弱まり，青ガラスでは強まり，しばしば青色の占める面積以上の力を集めるという傾向があるという所説によって示されている．黄色は，中立的であり，強まるとすれば，それは黄色が赤から青へスペクトルの配列に従って変化したとき，すなわち濃いオレンジ色から淡いレモン・イエローに色がずれたときだけに限られる．

　多くの芸術家は，気ままなやり方で，理論家たちの所説を，懐疑的にみたり，尊重しなかったりする．こうした態度は，ひとりの現代の研究者から思いがけなく支持された．アメリカの著名な美術史家ジェームズ・ローザー・ジョンソンは，シャルトルのステンドグラスについて徹底した想像力を駆使した研究を行った．彼はヴィオレ・ル・デュックの「原理」を科学的に美学的に試してみて，これらの諸原理というものが，ある程度，事実が理論に辻つまをあわせられるという昔流の悪弊に染まっているということを明らかにした．

　もちろん，ヴィオレ・ル・デュックの広汎な考察は，色彩が光学的にみてさまざまな色価を呈するという限りでは正しいのであるが，彼も他の理論家も，その違いを説明するのに，もっぱらドグマティックな科学用語をもってするという傾向があった．ジョンソンが指摘するごとく，この問題に関連した例として最も多く取上げられる色，青の影が濃くなればなるほど，青の広がりは減少する．普通，輝きに乏しく濃厚な色をもつといわれる赤でさえも，視覚的にはさまざまな色価をもっている．たとえば，銅を混入して作り出した濃赤色の古代ガラス片を，非金属セレンによって赤色に着色したガラス片と並べてみると，セレンによる赤ガラスの輝きは，古代ガラスに比べて，顕著なものがある．放射能力をかわれて，セレンによる赤ガラスは，周囲の明るい光の中でも運転者の眼をひきつけるという働きをするために，交通用照明に用いられている．この種の輝きは，芸術家が色光のグレアや白色光の明るいグレアを排除するために必要とする色彩の深みや明度とは相反するものである．

　ステンドグラスの窓では，芸術家はモノクロームの塗料（グリザイユ）によって調整された色彩を帯びた光の空間を創り出す．それは，空間の中に瞬時に現れ，音楽が音波の作用によってエネルギーを与えられると同様に，光の波の物理的性質によってエネルギーを与えられた，一種の光の音楽とでもいうべきものを現出させる．すぐれた作曲家のごとく，ステンドグラスの「音楽家」は，光の「音波」がさまざまな色を透過するときに，どのように作用するかを知りつくしている．彼が創り出すものの主題をつぶしてしまわないように，どの「和音」のにじみ具合をどうコントロールするか，その術を知っている．この知識が，長い歳月続いてきた伝統から受継いだ工房の秘訣と，色彩的な映像の己れ自身の本能的な配列の才との絶妙な結びつきなのだ．

ステンドグラスの色は透過光の変化につれてつねに変る．たとえば，ドイツのアルテンベルク教会堂の14世紀の西窓のガラスは，上図のように太陽光線の直射を受ける．太陽が雲にかくれたとき，同じガラスの調子がおちる．

19世紀，フランスの美術考古学者ヴィオレ・ル・デュックは，透明な色のさまざまな光滲を示すための図を考案した．上図では，赤・青・白は，近距離から見た場合，同じ光の滲みを呈するとする．下図では，約15mの距離からは，ガラスは最も強い光滲の力をもっている青色に支配されているようにみえる．したがって，隣接した赤は紫を帯び，鉛線と帯状の白色は青味を帯び，ヴィオレ・ル・デュックの結論は疑わしい．たとえば現代の研究家ジェームズ・ローザー・ジョンソンは，注意深く実験を重ねたが，色彩のひずみをなにひとつ観察できなかった．

20世紀初頭，スペインの建築家アントニ・ガウディはマヨルカ島のパルマ大聖堂の内部を改修して，昔の中世的な効果を取戻した．強い朝の光が，ダビデの星の東窓から射しこみ，側廊や中央アプスの窓と呼応して，光と色彩のハーモニーを創り出す．

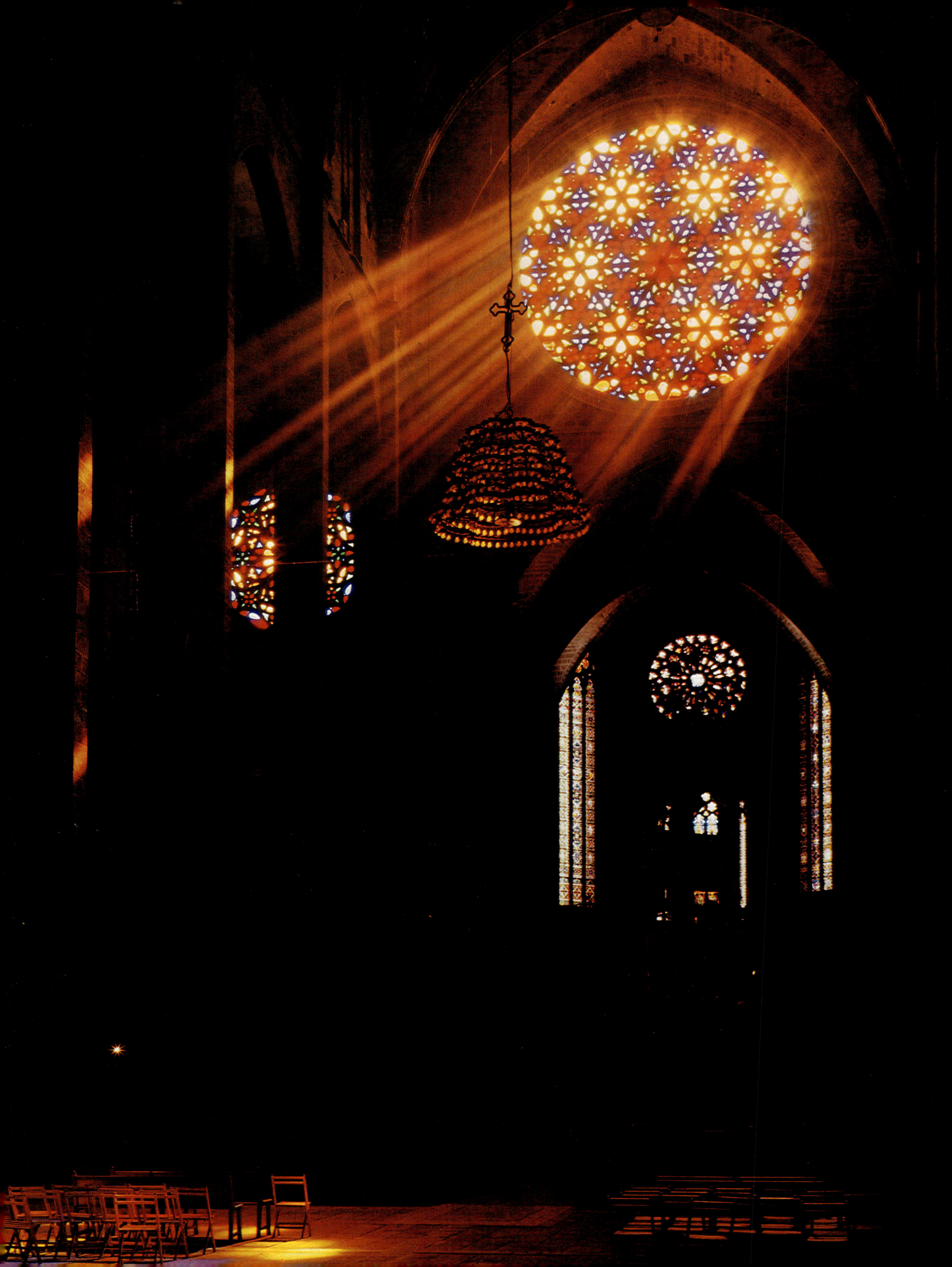

石 の 網

奏楽する天使は，抒情的な魅力に加えて，不規則なスペースに容易に適合させることができるので，しばしばトレサリーに用いられる．この図のような角笛を吹く天使を含めて，天使のオーケストラが，フランスのオータン大聖堂の16世紀の「エッサイの樹」の上に描かれている．

コーンウォールのセント・ネオット教会堂の16世紀の「ノアの窓」のトレサリーは，三つの垂直式の形からなっている．19世紀の中央パネル（上図）には天地創造の象徴を伴った神の姿がみられる．地球の中に昼と夜が並んだ小さな風景が描かれている．

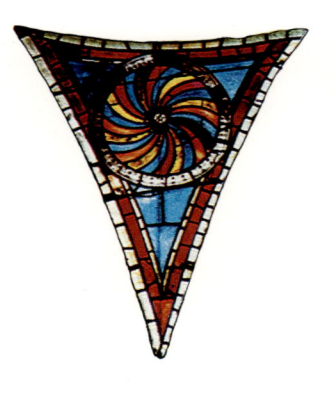

ゴシック建築の特徴をなすトレサリー（窓飾り），装飾的な石の組子は，おそらくビザンティンの窓や透し彫りのある大理石の障壁（スクリーン）から発生したと考えられる．中世のトレサリーは，尖頭アーチの窓枠の中に二つないしそれ以上の窓の縦仕切，すなわち窓を分割する垂直な石の柱を終結させる純粋に実際的な必要性から生まれた．この問題は，ノルマンやロマネスクの円形アーチをいただく仕切なしの明り窓には存在しなかった．しかしゴシック建築においては，二つないし三つのランセット（細長い窓）が組になって一つの窓を形作っており，明り窓の頂部の上や間に不様な空隙が生じる．はじめこの空隙は，小さな円形の四葉文か三葉文の明り窓で埋められた．これらは，二つのアーチの交点にあたる尖端を使用することによって，花弁ないしクローバーの特徴的な形を作り出した．これらの単純な，動きのない形は，まとめて，プレート・トレサリーという名でよばれた．これらがあたかも硬い石の一枚板から彫り出されたような外観をもつからであった．

ランスで，13世紀の初頭，バー・トレサリーという新しい形のトレサリーが出現した．石組は本来の重量があり堅牢な外観を失った．孔をうがつかわりに，それはほっそりとした石の棒ないしは肋材のように薄く削りとられて，プレート・トレサリーで使用された幾何学形の骨組だけをあらわにする．この幾何学形の葉形の円は，形態的な優美さをもって均衡を保ち，無数の開口から文様状の光を透け入らせる．トレサリーは，14世紀には，樹葉や花弁や火焔などに似た彫刻開口部の漸進的な発達の結果，硬さを減じていった．曲がらないはずの石によって逆説的にとらえられた視覚的な動勢は，連続して展開するトレサリーのスタイルの本質であり，概略すれば，流れ状，曲線状，火焔状とよばれた．相互に波及しあう曲がりくねった模様を巧妙に作り出した石組は，衰えることなく，あるいはたんなる繰返しに堕すことなく，自然の成長と動きを暗示する律動のうちに流れ，波打っているようにみえる．

窓の背丈を高くしようとする傾向は，14世紀末期に始まったイギリスの垂直式様式の大きなまとまりをなす複合的な窓において頂点に達した．それはまたトレサリーが流状タイプをやめる方向へ導いた．アーチの背を低めて，アーチの円弧が上昇していく上部，すなわち縦仕切が彫りこまれる部分の面積を減じるこの建築様式は，急速にトレサリーの衰退をうながした．

ステンドグラスは，トレサリーが投げかけた幾分都合の悪い問題に巻きこまれざるをえず，石組によって作り出された模様を強調するか，さもなくぼ巧妙に抑制した．一群のトレサリーの窓は，ステンドグラスの関連したデザインによって孤立化さ

トレサリーの変遷

ムシェットとよばれる円とその細分割が，ゴシック様式のトレサリーの基本である．最初期のプレート・トレサリーは，ランセットの上の石組に開けられた円で構成された．円はしだいに尖端を発展させて四葉形のような葉状形となった．13世紀には，ランセットの上の石組は，細く削られてバー・トレサリーとなり，そのほっそりとした棒状の石は幾何学形をとった．14世紀のバー・トレサリーはいっそうダイナミックになり，網状と流れ状という名

で知られる様式に発展した．両者ともS字形曲線（反曲）を特徴とする．14世紀のフランスでは，この伝統は火焔状トレサリーにおいて頂点に達したのに対して，イギリスではそれに続いて垂直式様式が行われた．曲線は直線に変り，トレサリーはアーチの背丈を抑え，縦仕切を伸ばすことによって，小さなものとなった．のちには，縦長のパネルのバリエーションである直線的トレサリーがランセットの上にのせられた．

円とその細分割

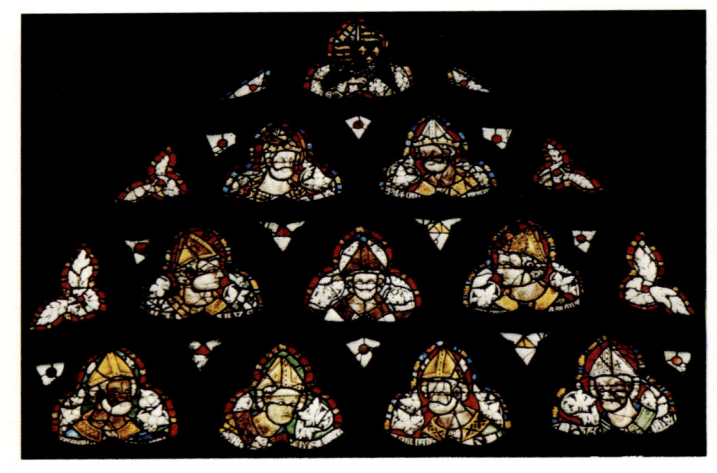

せられることもあった．また他の場合には，独立したパネルの周りの透明ガラスの細帯ないしは細い縁飾りが，石組の一部を蝕むように強く輝く光暈を作り出すことによって，ガラスを強調した．15世紀以後，しだいに石組は重きを置かれなくなり，ガラスはしばしば窓の一つの区画から他の区画へ主題を広げ，トレサリーの中にまで及んでいった．

トレサリーには，しばしば古い窓の当初からのガラスだけがはめられ，その絵柄は魅力ある研究の対象となる．ステンドグラス画工がトレサリーの明り窓の模様を無視するようになる以前には，描きこまれた象徴は，ごくふつうの手頃なモチーフの中から選ばれた．これらは，変った形に適合するようにデザインすることができ，主要な窓の主題に意味深い解説を付け加えることもできた．主要な窓の主題が，たとえば「磔刑」であれば，トレサリーの明り窓には，釘とか茨の冠とか槍などの「受難」のしるしが描かれた．象徴はしばしばしるしを捧げもつとか楽器をもつ天使と結びつけられた．これらの天使は，ステンドグラス画工が創り出した最も魅力あるものに数えられ，造作

ストラスブール大聖堂の南側廊には，14世紀のランセット（細長い窓）の上に，1298年の火災を免れた幾何学的なトレサリーが残っている．濃い赤とオレンジ色で彩られた，星や円や小さなバラ形をあしらった同心円の帯が，中央の「聖母子」を囲み，左右下にはべっている天使も同様に扱われている．同じ窓には上図のような，火の輪のような風変りなモチーフがある．

14世紀の網状のトレサリーの三角形は，均衡のとれた幾何学的と波打つ効果をもった流れ状トレサリーとの過渡的な段階に位置づけられるが，イギリスのウェルズ大聖堂のレディー・チャペルの窓では，司教の三角帽子をかぶった頭部の三角形を反映して無理なく図柄を表している．

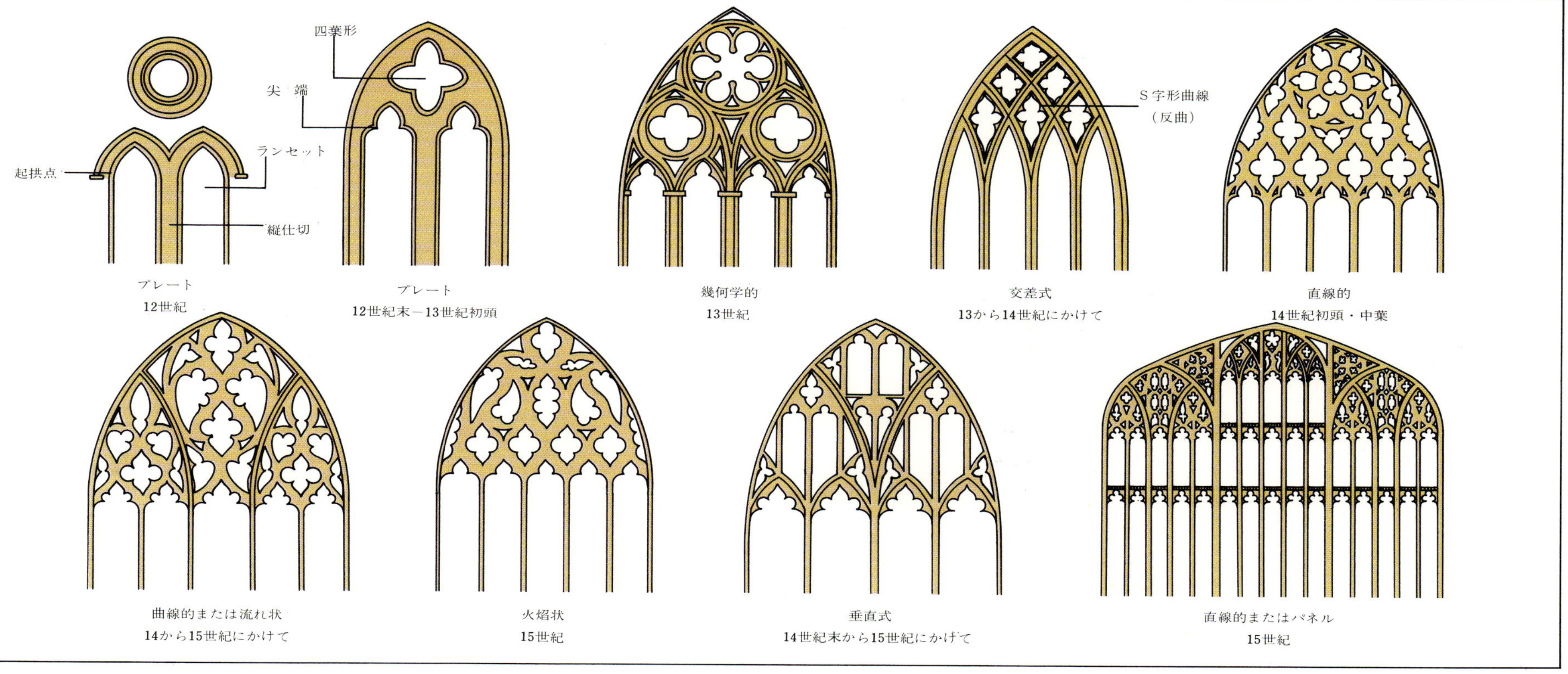

プレート 12世紀	プレート 12世紀末―13世紀初頭	幾何学的 13世紀	交差式 13から14世紀にかけて	直線的 14世紀初頭・中葉

図中ラベル：四葉形、尖端、ランセット、起拱点、縦仕切、S字形曲線（反曲）

曲線的または流れ状 14から15世紀にかけて	火焔状 15世紀	垂直式 14世紀末から15世紀にかけて	直線的またはパネル 15世紀

なくトレサリーの空隙にぴったりの姿形で収められた．

ルネサンスの開花に続く発展として，16世紀における建築は古典主義に復帰するが，これがトレサリーの終焉をもたらした．フィレンツェのパラッツォ・ストロッツィのような有名なイタリア建築の半円アーチをもつ窓にその痕跡がみられよう．そこでは，中央の縦仕切の円柱が，さらに二つの小さなアーチを作り出し，その上の空間は円形で飾られている．しかしこれらは建築上のことにすぎず，ステンドグラスの構成として構想されたわけではなかった．したがってトレサリーは19世紀のゴシック・リバイバルまで死に絶えたのである．19世紀になって，新しい教会堂がゴシック風の様式で数多く建てられたとき，ほとんどの場合，単純なものから火焔状のものまで，ありとあらゆる様式のトレサリーが使用された．

20世紀の初頭は，建築の形と技術における多くの奇抜な様式によって特徴づけられるが，しかし現代建築の外観における最も影響力の大きい要因は，なんといっても，強化されたコンクリート工学の支配ということである．けれども，伝統というものは工学よりも滅びにくく，比較的近年まで，教会堂建築家は「教会堂らしくみえる」教会堂を設計しなければならなかった．このような試みと，より革新的な考え方を否定する試みは，20世紀のある教会堂の窓にみられるごく単純なトレサリー様のデザインへの復帰に反映している．たとえば，三つの明り窓からなる窓においては，縦仕切は単純に，アーチの上昇線を分割し，そのアーチを主要アーチとして用いて，左右へ曲がり，相互に分割しあって，窓の開口部の上部の中におおむねダイアモンド形を作り出している．

けれども，こうした折衷を別にすれば，現代建築の主流は，もう一度トレサリーを排除するコースをとっている．いまだに歴史はどんな予測ももたらしていない．おそらく，コネティカット州のスタンフォードの有名な「魚」の教会堂は，窓ばかりではなく屋根全体を包含する新しいタイプのトレサリーの前駆的な形式となろう．そしてこれは，ステンドグラスが，その明らかなる復活に際して，再び新しい建築を生み出すことを要求するからである．

バーン・ジョーンズによってデザインされたステンドグラスが，オックスフォードのラテン・チャペル・オブ・クライスト教会堂の東窓に掲げられている．幾何学的トレサリーの頂部の円い開口が，このデザインの曲線によって補われている．魂をのせた船が，三日月の下の天使によって導かれている．

波動的なリズムをもつ火焔状トレサリーは15世紀のフランスで最も発達した．エヴルー大聖堂のトレサリーの明り窓（上図）は，典型的な曲線のバーの石組をもち，深紅の地に天使の姿を表している．この色彩がこのトレサリーの火焔のような（フランボワイアン）特徴を強調する．

ケンブリッジのキングス・カレッジ・チャペルの16世紀の東窓の直線的パネル・トレサリーは，縦仕切の背丈を抑えたアーチまでの縦方向の連続によって構成されている．トレサリーの明り窓の中央には，ヘンリー7世の紋章が赤い龍の捧げもつ旗の上にしるされている．

円とバラ窓

円いバラ形や車輪状の窓は，人間の最も神聖な象徴の一つを表している．有史時代の最初期から，円は，さまざまな形をとって，儀式に用いられてきた．新石器時代の岩壁壁画には日輪が表されている．太陽を表す円は，幾多の儀式で礼拝された．永遠の象徴としての円はキリスト教にも存続している．円あるいは曼陀羅は，アジアの神秘主義で重要なものである．スイスの心理学者カール・グスタフ・ユングはその著『人間と象徴』の中で，バラ窓を，曼陀羅のもっともみごとな遺例として記述している．すなわちそれは，ヨーロッパのキリスト教的伝統にあっては，人間の，宇宙におけるそして人間自身における永遠なるものに対する感覚を表すのである．円はまた，幾何学の基本であり，すべての円弧や二等分が展開する出発点である．

ロマネスク時代にはきわめて一般的であった単純な車輪状の窓は，バラ形の最も早い形態である．それらの窓は，小さく丸い開口で，その中に石のトレサリーが中心からスポークのように放射状に出ていて車輪のような効果を現出していた．こうした窓は西入口の上に設けられた．これは，西正面の切妻が，石工とステンドグラス画工に，建物の中で最も大きな平面を提供したからである．車輪状の窓の最古の例の一つは，ヴェローナの12世紀のサン・ゼノ・マジョーレ教会堂の西正面にみられる．

しかし，多くの大聖堂の切妻が，光と色の巨大な円形の網と化したのは，ゴシックの石工とステンドグラス画工の才能が結びあわさった結果であった．ゴシックのトレサリーが発達するにつれ，これらの円形の窓に張りめぐらされる石の模様は，しだいに洗練されてゆき，多弁で火焰状の華のような形をとるまでに発展したのである．

たいていのバラ形や車輪状の窓における絵柄は，必然的に，組合さったトレサリーの放射状の線に従属する．主たる例外はイタリアのオッキオとよばれる「眼の窓」，あるいはスペインのいくつかのバラ窓の形式の一つであるオホ・デ・ブエイとよばれる「牛の眼」といった窓である．石のトレサリーがないために，これらの窓のガラス・パネルは，中心から放射するかあるいは縦横に配された鉄枠で支えられる．これらの窓の円形は抽象的な縁飾りで強調されるが，中央の構図は円形にあわせられず，長方形の開口の場合とかわりないといってもよい．

バラ窓に描かれた最もポピュラーな主題は，キリストと聖母マリアの頌讃と黙示録の審判者としてのキリストの二つのテーマである．世俗的な主題も用いられた．それは「月々の仕事」や「ゾディアック(黄道十二宮)」であり，最も秀れた作例はアンジェ大聖堂の美しい15世紀のバラ窓である．ドイツのステンドグラス画工はバラ窓にしばしばこのような描写的な主題をきらって，葉模様の装飾パターンを好んで取上げた．スペインのバレンシアとパルマの二大聖堂のバラ窓は，「ダビデの星」の形をとるトレサリーをほどこされ，描写的な細部というよりは抽象的な模様のステンドグラスで満されている．

車輪モチーフの論理には，そのうちにおける点対称的なデザインの回転がある．したがって，中心点が存在するために，当然のこととして人物が逆さに表されることにもなろう．人物像は，通常頭部と両肩だけであるが，事実縦位置に描かれることが多い．デザインの回転は，たとえばアミアン大聖堂の西バラ窓にみるごとき，道徳ないし象徴を表すために積極的な役割を果すことができる．バラ窓の上半分の周りは，運命を表す半円形の石の車輪をなし，そこには一群の繁栄する民びとは円の頂上に向ってよじ登っていく．下降するときはもう乞食になるほかはない．

バラ窓のステンドグラスが写実的であるか否かは，重要なことではない．あらゆるものが放射状のスポークとそれらの間の扇形に支配されている．この放射的な分割から精妙な華のようなイメージが形作られる．バラ窓の抽象的な特徴が重んぜられれば，かつてステンドグラス画工兼作家のルイス・デイが，「缶詰のイワシのように」(ぎゅうぎゅう詰め)と述べたような，人物像が中心に向って足をねじまげているといったデザインには少しも無理はないことになる．事実，窓割りは，上下のない，

十字と円の古い形に基くこれらの初期キリスト教の象徴は，6世紀，ユスティニアヌス帝によって建立されたエフェソスのヨハネ教会堂の壁に彫られている．これらは初期のバラ窓のパターンに似ている．

バラ窓の発展

太い石のスポークで分割された12世紀の円窓について13世紀には，開口部の円の構成は大きなバラ形になった．13世紀中葉のバー・トレサリーの発達によって，車輪状の窓が出現し，数多くのほっそりとした放射状スポークによって壮麗に実現された．14世紀からは流れ状トレサリーの曲線が幾何学的な車輪の形を多弁の華形に変化させた．

ロマネスクの車輪状の窓
(アビラ，サン・パウロ教会堂)

13世紀のプレート・トレサリー
(シャルトルの西バラ窓)

13世紀のバー・トレサリー
(ランスの西バラ窓)

16世紀初頭の火焰状の窓
(アミアンの南バラ窓)

イタリアのオッキオ．絵柄を表すガラスの一重の円がはめられる．その特徴はトレサリーがないこと．ウッチェルロはこの「降誕図」をフィレンツェ大聖堂のために彼の絵画の特色をなす純粋な色と遠近法によってデザインした．

リンカーン大聖堂の「司教の眼」は，14世紀，曲線的トレサリーによってデザインされた．二つの大きな葉の形が中心点から放射するのではなく垂直線から枝わかれする石の網目によって作り出される．

シャルトルの西バラ窓のトレサリーのある開口部の外観は，大聖堂内部から眺めた場合と対照的である．大きな華の形に配列されたステンドグラスは，周りの暗黒と対照的に強烈な輝きをみせている．

バー・トレサリーの巧みな用い方によって，大きな黒い十字架は，小さい十字架を交差させて，輝く色彩の中心軸の周りを回転しているようにみえる．ニュルンベルクのザンクト・ロレンツ教会堂の窓．

フランスの16世紀に盛行した火焰状トレサリーが，サンス大聖堂の北バラ窓にみられる．奏楽の天使が描かれる花弁のようなメダイヨンが，中央のキリストの像の周りに，華の形を作り出している．

指向性のない空間に漂うような現象として評価しうるのである．たとえば，パリのノートル・ダム大聖堂のすばらしいバラ窓は，ガラスと石のリズムの中に放射する光の同心円の反復によって創り出されたイリュージョンのようにさえみえる．それはなおも永遠に消えることのない幻影である．

中世のステンドグラス画工は，バラ窓の中のガラスを石組に適合させる必要性を尊重しているように思われる．そして特に石組が複雑になってくると，彼らはガラスの区画を明るい縁飾りで囲んでしまう．この明るい縁飾りは，ハレーション（光暈）を生じさせて，石の網にさらに非物質的な感じを与える．ときには，窓の周りに明り窓の石組の曲線やその尖頭を無視して全面を通じて縁飾りをつけて，円形のデザイン効果を強調する．光によって石組をぼやけてみえさせる原因となるこの種のハレーションは，バラ窓の外側の縦仕切の幅を調べてみて，それを建物の内部からみたものと比べてみることによって観察される．光がいかに開口部を広げ，広大なガラスが，石組の見え方を最小限にとどめる結果となっているかが理解される．

代表的なバラ窓としてどれを選ぶかは難しい．北ヨーロッパやイギリスの大聖堂には多くの美しいバラ窓があり，それぞれがそれなりの美質をもっている．たとえば，19世紀のフランスの作家ユイスマンにとって，シャルトル大聖堂の北バラ窓は明らかに最も好ましい作例であり，彼に記念すべき次のような描写の筆をとらせている——「壁の孔の中に，お伽の国のユキノシタのように伸びる輝く華々によって照らし出されている」．

バラ窓を遠くから眺め，また双眼鏡を使って細部を調べてみるのは，大きな喜びである．はじめ，石工が設定した基本線を把握し，ついで光と色のみごとなアクセントによって，先が細く尖った明り窓の幅いっぱいの直径の円によって，外側の三葉形や同心円を描く帯状の連続や純色のまばゆい小さな孔の中心に位置する円によって，ステンドグラス画工が，いかにこのユニークな芸術表現の挑戦に受けて立つかが理解される．

バラ窓のデザインは，抽象と具象の折衷を示すことがある．レオン大聖堂の西バラ窓の中心では，聖母子像が使徒たちの輪で囲まれている．使徒たちの配列は，円の論理から割出されて，頭を下に逆立ちしているように描かれているものもある．

直径12mの巨大なバラ窓は，ランス大聖堂の高い身廊の西端に，光と色の奔流を創り出した．13世紀中葉に完成されたこのバラ窓は，華形の円から放射状の車輪形に変容させた石のスポークの劇的な体系であるバー・トレサリーによってデザインされた最初の作例の一つである．

霊感の源泉——聖書

言葉と絵画がみごとに結びあった写本装飾は、教化手段の実り多い源泉であった。これらはまた芸術を流布するのに重要な手段であり、これらのデザインの発達は、壁画や板絵やステンドグラスの発展に影響を与えた。初期のイギリス写本装飾制作の中心の一つ、597年カンタベリーに聖アウグスティヌスによって創設された修道院は、8世紀の詩篇（上図、大英博物館蔵）を作り出したと考えられる。ダビデ王とその従者たちの、ステンドグラスの画像を思わせるような硬直的な人体表現は、幾何学や曲線モチーフで飾られた幅広いロマネスク様式のアーチで囲まれている。このやり方は、のちにロマネスクのステンドグラスの窓の幅広い縁飾りに用いられる。

キリスト教が始まったときから、聖書は、初期教会教父たちや教会の学者たちによって著わされた教義書や注釈書とともに、芸術家たちの主題を選び出す基本的な源泉であった。そして、こうした題材が視覚的に表現される方法が、教会によっておおむね決定された。787年という早い時代に、ニケアの第2回公会議すなわちキリスト教教会の第7回世界会議は、「聖画像の制作は、芸術家の主導にまかせられるべきではなく、カトリック教会と宗教的伝統によって定められた原則にのっとって行われなければならない」と規定した。個々の芸術家の作品に、主題の選択とかその取扱い方においていかなる霊感がもたらされようとも、中世時代の画家や彫刻家やガラス画工は、決して自分自身が主導権を握ることはなかった。

中世の技術者たちに教育を受けた者があり、その多くがかなりの教養を身につけていたけれども、彼らが、大聖堂や教会堂の装飾の手引きとして、伝統的な学者の著作に立脚していたことは疑いない。ミケランジェロがローマのシスティナ礼拝堂に絵を描くことを教皇から依嘱を受けたときでさえ、なにものにもとらわれない強い個性をもってしても、描くべき主題は、おおまかにいって、ルネサンス以前の画家たちの主題と同じく「救済」であった。そして初期東方のギリシャ正教は、新旧両聖書のうちどの主題を描くべきかを指示すると同時に、教会堂の壁や円蓋のどの位置に配すべきかを指示した。この規定は19世紀まで厳しく遵守されてきた。

初期教父は、礼拝する者たちに与える美的効果を熱意をもって認めた。そして宗教芸術に、石、木、金、銀、エマイユ、モザイク、ガラスなどに本質的に備わっている魅力を開発することを望んだ。と同時に、彼らは、芸術作品が教化的役割をもつべきであり、画像は図像学的伝統に従って、ただちに了解しうるようデザインされるべきであると考えた。

好んで用いられた教化的工夫はタイプ図像であった。タイプという名でよばれる旧約聖書からとった重要な事件や登場人物は、これらが予表すると考えられる新約聖書の場面すなわちアンチタイプと対応せしめられた。こうした主題に対する学者や聖職者たちの働きは、彼らの教化という明瞭な目的にもかかわらず、しばしば無理な神秘主義的な解釈におちいることがあった。鯨に呑まれたヨナが不思議にも中から出てきた話が、キリストの埋葬と復活に結びつけられるというようなポピュラーな主題がある。また、ソロモン王に捧げ物をするシバの女王は、東方三賢王による幼児キリストの礼拝と結びつけられた。中世のステンドグラス画工はいち早く、この教化的手段を取入れた。早い時期のステンドグラスのタイプ図像のうち最も包括的なものは、パリ近郊にあった12世紀のサン・ドニ修道院教会堂のために修道院長シュジェールによって依嘱された。シュジェール自身が主題を決定したが、その中にはキリストが律法を明らかにすることに対応させて、モーゼの顔からヴェールをとる場面などがある。

新約聖書との関連において用いられるもののほかに、ステンドグラスに用いられた最もポピュラーな旧約聖書場面は、教会の儀式や祈りで取上げられたり、説教の中で指摘される道徳の鏡を表したものであった。イギリスでは、たとえば、犠牲になったイサクが救われる場面や、ライオンの牙から逃れるダビデといった場面が、9世紀、ヴァイキングの侵入の時代に祈り

聖書の事蹟があらかじめ予定されたパターンに従って現れるという中世的な考えは，タイプとアンチタイプの体系に表れている．タイプ（預型）とよばれる旧約聖書の物語と，それらと対応するアンチタイプ（対型）といわれる新約聖書の物語が，カンタベリー大聖堂の13世紀の「貧しい人々の聖書の窓」（部分，右図）に併置されてみられる．中央パネルの東方三賢王に知らせる天使の場面は，右に異教の王エレボアムの忠告，左にロトの約束を守らなかった妻の化石という二つの預型と並んでいる．

約束の地の豊饒さの証拠をもって帰還するモーゼの使者たちは，「磔刑」の預型と考えられた．キリストを意味する葡萄の房は，ユダヤ教徒の象徴である前を歩む使者にはみえないが，キリスト教徒の象徴である後を歩む使者にはみえる．この事蹟は15世紀の「コーベルク聖書」（左上図）や，同じ時代のニュルンベルクのザンクト・ロレンツ教会堂の窓（右上図）に描かれている．

が捧げられたときに，最も人気を博した．こうした場面はつねに神の全能を強調し，その介在の劇的な時点を表現するのであった．

芸術家が選んだ新約聖書の場面は，ステンドグラス，彫刻，絵画のいずれを問わず，芸術作品の目的の一つに，会衆に祝祭の意味を説明するという働きがあるゆえに，主として，大きな教会堂の祝祭と関連があったことが認められる．描かれた諸場面は，14主題を数え，その中には「聖処女マリアの誕生」，「聖告」，「降誕」，「キリストのエルサレム入城」，「受難」，「聖母の昇天」などが含まれる．比較的限られた聖書場面のほかに，ステンドグラス画工はまた「秘蹟」や「美徳と悪徳」や「七つの大罪」といった道徳の比喩なども表現した．湯が煮え立つ大釜やグロテスクな悪魔がうごめく「最後の審判」もポピュラーであった．

新約聖書の場面の生き生きとした細部のあるものは伝統的なものとみることもできるが，その多くは，聖書から引用されるのではなく，聖書外典や中世の神秘思想家の幻視を記録した書物に由来していた．たとえば，最もよく知られた動物の主役，「降誕」の場面の牛と驢馬は，聖書にはまったく出ていない．これらが出ているのは，偽書のマタイ福音書のキリストの誕生の項であり，その意味はイザヤ書1章3節「牛はその主を知り驢馬はそのあるじの厩を知る……」によって強調されるのである．こうした章句は，ベツレヘムの幼児キリストの秣桶の預言と解釈され，ユダヤ人のキリスト否認は，賤しい動物たちによる幼児礼拝と対照されている．これらの動物は，こうした指摘がなされるように，「降誕」の場面に挿入されたのであった．

預言者ヨナ（左図）は，三日三晩巨大な魚の腹の中ですごしたのち，陸地に吐き出された．聖マタイ福音書では，キリストは，自らの埋葬の前兆としてヨナの海上での幽閉を語っている――「人の子も，三日三晩，地の中に在るべきなり」．ヨナの解放はしたがって，「復活」の預言とみなされた．特に鯨とはいわれていないが，この大魚は，オーストリアのザンクト・ランプレヒト修道院から出て，現在グラツ州立博物館にある15世紀の窓の憎たらしい怪物にみるごとき，海の海獣を創り出す機会を芸術家に提供した．

霊感の源泉——聖書

旧約聖書であれ新約聖書であれ，聖書外典であれ伝説集であれ，どの典拠による主題にせよ，その主題のために，中世の芸術家や技術者は，デザインの共通の源泉に頼っていた．中世初期では，絵に表された資料の主たる貯蔵の場は修道院であり，写本装飾の芸術が開花したのは，その修道院にほかならなかった．写本装飾と，壁画やステンドグラスの絵画的表現との間にある様式的緊密な類似性は，これらの芸術形式にわたって同一の芸術家が参与したことがあったことを暗示している．たしかに，人物像を取囲むために円形の小窓や他の半ば建築的な形をしばしば用い，写本や彫刻や絵画やステンドグラスに類似した細部を繰返し用いていることから，一般に同一の源泉からデザインを写すことが行われていたといえよう．

中世初期には，ある程度，様式化や反復はステンドグラスのデザインには避けられないことであった．紙がなかった時代であるから，ステンドグラス画工は自分の画稿を羊皮紙に描き，白く塗りつけた板に原図を引かねばならなかった．羊皮紙の画稿ならば保存はできても，大きな画板を大量にストックすることは現実には難しく，新しい主題を試みるのを避ける傾向があった．中世の窓を注意深く研究してみると，多くの人物像が同一の原図からとられたことが明らかになる．基本的な人物像が，使徒や聖者の場合には，象徴を変えることによって，あるいはときに単純に人物像の左右を反転したり，男女の別を変えたりするなど，変化を与えられたのである．

中世のステンドグラス画工は，同時代の視覚芸術ばかりではなく，ある親方から他の親方へと伝え継がれた大概は書き綴れない大量の伝統の影響を蒙っていた．また教会の大きな祝祭で旅役者たちによって演ぜられた受難劇の視覚的刺激もあった．ある窓には舞台の小さな半円形や役者の表現的な身振りが反映しているように思われる．ウースターシャーのグレート・マルヴァーン小修道院教会堂の窓の綴織状の地は，劇場の書割にヒントを得ているものと考えられている．

二つの技術上の発達が，ステンドグラス画工にとって役立つデザインの源泉を大幅に広げた——すなわち，紙と印刷術の発明である．13世紀，ムーア人の支配するスペインから南イタリアに滲透してきた紙の製法は，しだいに北イタリアを経てドイツ，フランス，イギリスへと波及した．これが原図の準備に革命をもたらした．ステンドグラス画工は，もはや原図を白く塗りたてた板に描くことはせず，巻紙に描いた．これは板よりははるかに保存が容易で，ステンドグラス画工のある世代から次の世代へと手渡し，伝えてゆくことができた．

14世紀における木口木版による印刷術の発達は，「貧しい人人の聖書」Biblia Pauperum といった祈禱書の出現をもたらした．この本は，ステンドグラス画工のためのデザイン資料のかけがえのない源泉であり，新旧両聖書からとった諸事蹟間の預言的な対照の一覧であった．「貧しい人々の聖書」の大部分の挿絵は旧約聖書のタイプ（預型）が周りに描かれた新約聖書場面から成り立っている．

広く用いられたもう一つのデザイン資料の源泉は，「人間の

12世紀の「グトラック巻物」（大英博物館蔵）の絵は，特にステンドグラス画工の手本として使われたであろう．聖グトラックの18場面（その一部，上図）の各々は直径が約6インチしかない．こうした並外れた小さなサイズは，この巻物が写本装飾画工によって，ステンドグラス画工が原寸大の原図（カルトン）を引くか，窓のデザインをするための手本としての一連のメダイヨンとして準備されたという説を裏づけるものと思われる．

劇場の反映

中世の神秘劇に用いられた劇場的な効果や舞台装置は，しばしばステンドグラスの画像に反映している．復活祭後第8日曜日（トリニティーサンデー）ののちの木曜日の聖体を讃えるための祝祭「キリスト聖体の祝日」には，神秘劇が，ヨーク，コヴェントリー，チェスターといった街の路上で，商工業組合のメンバーたちによって上演された．聖書の主題や外典の物語などに基いて，これらの神聖な劇は，神聖なるものをけがす非礼な振舞いに酔いしれる好機であり，喜劇的要素のあまりに強い場面は，ときには教会から弾圧された．18世紀のコヴェントリーで再上演された神秘劇の版画（下図）には，ステージの下に楽屋をもつ移動舞台（屋台）が描かれている．

ノーウィッチのセント・ピーター・マンクロフト教会堂の15世紀の東窓にみられる「嬰児虐殺」（上図）の場面は，剣で嬰児の手足を切りつけているヘロデ王を真中に展開する．王が座す箱形の王座は中世の劇場で使われた建築的な構造と似ており，正面に垂れた幕は，スクリーンとして用いられたカーテンを暗示する．

人間の頭をもつ高慢な姿の風変りな蛇（右図）は，知恵の木にまきついている．16世紀のコーンウォールのセント・ネオット教区教会堂の東窓にある．ふくらんだ巻きの具合や伝説では女性であるのに男のような顔つきをしていることから，この画像が，長い緑の袋に入った役者が扮した劇の蛇からヒントを得て描かれたと推測される．

救済の鏡」Speculum Humanae Salvationis であった．これは写本形式で，少なくとも 13 世紀の年代をもつものである．これは，15 世紀に活字で印刷された最古の祈禱書の一つであり，大いに流布したものであった．「貧しい人々の聖書」よりも幾分規模を大きくしたページには，テキストと挿絵で，サタンの失墜から人間の贖罪に至るまでの聖書の物語が表現されている．

この 2 種類の本の中のデザインに基いた現存するステンドグラスの窓のうち，グロスターシャーのフェアフォードのセント・メリー教会堂には，「貧しい人々の聖書」による救済図を描き出した最も完全な窓が現存する．グレート・マルヴァーン小修道院教会堂のステンドグラス画工はそのデザインを「人間の救済の鏡」の中の木版画によっていると考えられている．

現代はすぐれた芸術の必要条件として独創性を第一に挙げるのであるが，そうした眼からは，中世の芸術家たちが，明らかに唯々諾々として蓄積された題材にすぎないものを描き，他の芸術家の模倣をし，一般にどんな近道も是とし取入れてしまうために，厳しいときには技法上避けにくいルールに固執していることが理解しにくい．己れのアイデアを創り出そうとして止まず，己れのアイデアの独創性によって評価を下される現代の芸術家とは違って，中世の芸術家は，教会という，己れ以外の力をもち，誕生のときから教義が己れのうちにしみこみ，ときには恨みにも思うけれども，何の疑問ももとうとしない社会を

すっぽりおおいつくす組織から注文をうけたのである．もう一つ考慮しなければならないのは，大聖堂や修道院や大きな教会堂の造営にたずさわった工房によって手がけられるべき作品の量である．中世のステンドグラス画工にとって，完成した作品の優劣性だけが自分のとるべき方針にのっとって仕事をしたことを正当化するものであった．そして，個性的な芸術家の成長をみることができるのはこうした初期の窓においてである．

旧約聖書の主題の表現からキリストの「受難」の場面まで，ステンドグラスの窓はキリスト教の教義の視覚的教化手段であった．これは，それによって人間が非物質的な真理を学ぶことができるあらゆる物質的手段を包括している意味において完全であり，その神学思想において深淵ではあるが，それをみるすべての人々に理解されるように象徴や比喩によって表現されるのである．キリストはいま一度肉体を具えた——御言葉によれば肉となった．大ぜいの死を免れることのできない生身の芸術家や技術者によって創り出された，石とガラスと鉛からなる肉なのであった．彼らは，自分の意志をまげて，彼らの用いる物質の意に従い，それを己れのためにではなくすべての人々のために——浅薄なあるいは乾燥した図柄によるのではなくて，芸術品として——語らしめる．多くの場合，芸術家たちは，概念をこえて，物質と技倆と想像力とのいいしれぬ総合である芸術作品を作り出す．これはたんなる教化手段にとどまるものではない——たとえ直観的な美の認識がすべての中で必ずしも最もすぐれた教えではないとしても……．

宗教的なテキストと挿絵の制作は，14世紀の木版を使った印刷術の発明と，それに続く，1450 年頃の活字と印刷機の発明によって大変革をとげた．1499年刊行の『死の舞踏』Danse Macabre に初めて挿絵として描かれた印刷機に，死の化身が現れる．骸骨が，活字のケースの前の文選工や印刷機の側の印刷工や店頭の本売りをつかんでいる．

中世のステンドグラス画工のデザインの二つの主要源泉は『貧しい人々の聖書』と『人間の救済の鏡』であった．その教えは，タイプ画像に従って編纂された．『貧しい人々の聖書』の14世紀の写本（下図）には，「槍で突き刺されるキリスト」が，「エバの創造」と「岩を打つモーゼ」にはさまれて描かれる．『人間の救済の鏡』の15世紀の木版による本の 1 ページ（右図）には，「天に昇るヤコブの夢」が描かれている．

27

霊感の源泉──聖と俗

　教会の規定した教義のほかに，異教の神話や伝説から寓話に至る，そしてのちにはお伽話に至るまで，世俗的な文学の中に，豊富な主題がステンドグラス画工を待ちうけていた．しかし，15世紀まで，教会の影響は絶大であり，世俗的主題は，紋章を例外として，タブーであった．

　厳密な意味で聖書から引かれたわけではない，末梢的な宗教的主題のうち，聖者の生涯や聖母マリアにまつわる伝承は，中世のステンドグラス画工に，創造的な技巧のみならず想像力を発揮する好機を与えるものであった．ヨーロッパやイギリス中の大聖堂や教会堂には，これらの主題を多彩に描き出した窓が満ちあふれ，そしてそれらにはしばしば聖者の殉教や恐しげな場面が描かれるのであった．

　こうした窓の図像に決定的な影響を与えたのは，『黄金伝説』Legenda Aurea であった．これは，ドミニコ会の修道士でのちジェノヴァの司教となったヤコブス・デ・ウォラギネによって1275年頃に編纂された膨大な聖者伝である．これには，聖者や使徒の生涯のみならず，聖母マリアの伝説や教会の祝祭日に関する説話が収められていた．これによってデ・ウォラギネは名声を博した．ウィリアム・カクストンの助手のひとり，ウィンキン・デ・ワーデという名で呼ばれるのを喜んだ男は，これに関して「金が価値において他の金属に勝るがごとく，この伝説は他のあらゆる書物を凌駕する」といった．

　これと類似した，聖書と聖書ではないがそこから派生した主題との中間的な概念に属するのは，ヨークのノース・ストリートの万聖教会堂のユニークな「良心のうずきの窓」である．14世紀のヨークシャーの隠遁者リチャード・ロールの詩に基いて，この窓には一連の生き生きとした細部のパネルの中に，世界の終末につきまとうさまざまな災難が描かれている．

　ルネサンス時代と，宗教改革の時代の北ヨーロッパにおけるカトリック教会権力の衰退のときに興った古典文学の復興とともに，ステンドグラスに世俗的主題を描くことが盛んになった．この傾向は，富裕階級のための邸館の増加によって強められた．このマンションは，防備一点張りの，ときとして質実な城館に

オウィディウスの『変容譚』に登場する宿命的に結びついた恋人たち，ピラムスとティスベが，1551年に制作されたスイスの作品（上図）に描かれている．現在，インスブルックの州立美術館蔵．16世紀のステンドグラス画工に共通してみられる映像的な思いつきの蠅が1匹，死なんとするピラムスの上を飛び回って，メロドラマの情景を見守っている．

美少年であったばかりに死の運命に甘んじなければならなかったガニメデが，16世紀のドイツの窓に描かれる（右図）．彼は鷲に運ばれて，オリンポス山上に住まうゼウスのしゃく取り役となる．富裕な商人トゥッチャー家のために作られたこの窓は，いまでは美術館になっているが，ニュルンベルクの彼らの邸館にいまもなおかかげられている．

イギリスの漁夫たちは，1914年ウィンチェスター大聖堂に「イサク・ワルトンの窓」を寄進した．これは，1653年に出版された『コンプリート・アングラー』の著者ワルトンが，著書の中で讃美した牧歌的な情景の中に魚釣りの道具をもって座っている姿である．

とってかわるものであった．大きなホールや階段室や礼拝堂をもったこうした邸館はステンドグラス画工の創造活動に広い視野をもたらした．

紋章と肖像を除いて，住居としての建物のために用いられた最もポピュラーな主題に，ギリシャ・ローマ神話があった．これらは，家系の繁栄を象徴化したり，流行のイタリア風の油絵と同じものをステンドグラスで表現することに役立った．たとえば，もとは裕福なトゥッヒャー家の邸であったニュルンベルク美術館には，蛇がひく車にのったローマの穀物の女神セレスやギリシャ神話のゼウス神のしゃく取り役のガニメデなど，古典古代の神話からとったさまざまな人物像を描いた窓がある．

寓話，叙事詩，お伽話，アーサー王物語，童話，あるいは子守歌さえもが，ステンドグラス芸術家に主題を提供した．『イソップ寓話』が，グロスターシャーのレンドコム・カレッジの，1867年頃の階段室の窓に描かれている．ルイス・キャロルの生地，チェシャーのダレスベリーの教会堂には，『不思議の国のアリス』から取材した場面を表した20世紀の窓がある．美しく描かれた人物像は，ジョン・テニール卿の挿絵によっている．ピッツバーグ大学のドイツ研究室には『グリム童話』を表した20世紀の窓がある．

世俗的文学がステンドグラス芸術家に霊感を与えただけでなく，逆に，ステンドグラス芸術家の作品が文学者たちの霊感の源泉に用いられることもあった．19世紀のフランスの小説家ギュスターヴ・フロベールは，短篇『聖ジュリアンの物語』を，この聖者の生涯を30のメダイヨンに描いたルーアン大聖堂の14世紀の窓に基いて書いた．ヨーク・ミンスターの13世紀の「ファイブ・シスターズの窓」は，チャールズ・ディケンズの構想をうながし，彼の『ニコラス・ニックルビー』では，この窓がいかにしてこの名を得たかというフィクションが生まれたのである．

ステンドグラスによってよび起された文学作品のうちで最も霊感に満ちたものの一つは，おそらく，マルセル・プルーストの『スワン家の方へ』であろう．彼は，コングレーの教区教会堂の一つの窓を流麗に描写している——「……つぎの瞬間には，このステンドグラスの窓は孔雀の尾のように変りやすい光彩に輝き，つぎにはまたその暗い岩のような穹窿の高みから湿った壁にそって滴一滴としたたり落ちる燦々とした幻想の雨となってふるえ波うち……また少したつと，菱形の小さなステンドグラスのいくつかが，いつのまにか，深い透明度をもち，巨大な昔の胸あてのようなものの上に並べてつけられたあのサファイアの絶対に砕けない硬さをもってしまった……」．

アンジュー公ルネは，1420年ロレーヌのイザベルと結婚した．詩や小説をよくしたルネは1442年にエックス・アン・プロヴァンスに引越し，同地の彼の宮廷は，詩人や芸術家たちの安息所となった．ルネとイザベルの蜜月が，ロゼッティ，バーン・ジョーンズ，マドックス・ブラウンらによるステンドグラスの題材になった．ロゼッティの作品「音楽」（上図）は，建築，彫刻，絵画，音楽に囲まれた空想的な情景を表している．1861年に制作されたこれらのパネルは，ロンドンのヴィクトリア・アンド・アルバート美術館の所蔵．

ルイス・キャロルの『不思議な国のアリス』のためのテニールの挿絵（上図）は，チェシャーのダレスベリーの教会堂のためのジョフレイ・ウェッブによるステンドグラス（右図）に描き写されている．この窓は，1832年この地に生まれたキャロルの生誕百年記念のためのもの．

"Rotkäppchen"の記銘のある「赤頭布ちゃん」の優美な姿（上図）は，グリム兄弟の童話に取材した24枚のパネルからなるピッツバーグ大学のドイツ研究室にある主題の一つ．パネルは，ボストンのコニック工房のオリン・E・スキナー夫人によってデザインされた．

善と悪の霊

昔から，善と悪の霊とか，好運，不運という考えが根強く続いている．初期キリスト教教会は多くの異教的な祝祭や季節の儀式を教会暦の中に吸収し，それらを聖者の祝日とかクリスマスや復活祭といった年中行事におきかえた．中世の教会は，人間の精神に対して絶対的な権威を行使した．動植物，洗礼をまだ受けていない嬰児，病気，自然の災禍，予想せぬ現象などは，その埒外であり，それらは悪魔の支配下にあると考えられた．

宗教における神秘的なものへの傾倒は，迷信を助長する傾向をもった．これには〝古い宗教〟あるいは〝異端〟に心をよせる迷信も含まれ，「教会」によって断罪されたにもかかわらず，その聖域にしのびこんできているようである．それゆえに，中世の多くの教会堂に，入口の怪物やひさしの怪獣の形の樋口，窓の悪魔がみられるのである．

キリスト教と異端の併存がどのように想定されるにせよ，天使に対する考え方において，中世の教会が，現代の教会よりもはるかに重んじたことは確かである．たとえば，シャルトルの高窓の一つに描かれた天使は，たんに翼をもった慰めを与えてくれる存在ではなくして，人間の姿こそしてはいるが他の次元に属する存在としての力強い聖霊である．エホバの「かぜを使者となし焰のいづる火を僕となしたまふ」（詩篇 104 篇 4 節）という言葉は，明らかに，初期キリスト教教会が天上的存在の概念化に取入れた隠喩である．天使の高貴な姿は，ギリシャ正教のイコンの中にみることができる．アンドレイ・ルブレフの作とされる 13 世紀の，旧約聖書に出てくるアブラハムを訪れる 3 人の天使を表す有名なイコンは，最もすぐれた作例の一つである．それとは反対に，田舎の教会堂の素朴な天使でさえも，明り窓から魅惑的な笑みをみせて見下してくれる．彼らはかげりなく飛びかい，楽器を奏し，受難の道具をたずさえ，そして熾天使（セラフィン）の場合には，打ちふるう翼の中に瞳をこらして見つめるのである．

しかし芸術家は，つねに対極に気づいている．あるポジティブな存在は，ネガティブな存在を必要とし，善は悪を予想し，光は暗闇の中に光り輝くのである．中世の芸術家は，黙示録の世界の終焉と魂の最後の審判という「終末」思想によって，このような対極的なものの表現を許された．こうした主題を表現するための場所は，ふつう，西入口の扉の上か内陣アーチであった．グロスターシャーのフェアフォードのセント・メリー教会堂の西窓は，イギリスにおける「最後の審判」の最良の作例であり，芸術家は，明らかに，細部表現とともに赤と青のガラスの劇的な使い方に大きな喜びを感じて制作している．この窓では，堕天使の原型である反逆天使（ルシファー）をしりぞける大天使ミカエルが，魂の重さを秤っている．善き魂は人間の姿をとっているのに対して，悪しき魂は悪魔の姿に変えられている．魂を秤る図は，審判の象徴として，中世のステンドグラスのポピュラーな主題であり，画工はしばしばグロテスクなユーモアを含めて表現した．

宗教は，迷信を浄化されて，文明と同じように，中世の素朴な無知から，進歩してきた——このように 19 世紀の北ヨーロッ

優美に衣服をまとった天使たちは，ラファエル前派の女性美の理想を表現するために最も好まれた題材であった．すぐれた作例の一つ，左図の窓は，イギリスのロッティングディン教区教会堂のためにバーン・ジョーンズがデザインした．

中世の弦楽器レベック（三弦楽器）を奏く天使（右図）．15世紀，ロンドン，ヴィクトリア・アンド・アルバート美術館蔵．羽根の生えたすねあては，神秘劇に登場する天使がつけた衣裳に由来するものであろう．

地獄の恐怖と天国の喜びが、ブルゴーニュ地方のオータン大聖堂を飾った12世紀の彫刻家ギスルベルトゥスの手で力強い浮彫りによって表現されている。ロマネスクの柱頭彫刻は大聖堂付属美術館に移され、細部がよくみえる。上図の柱頭には、翼のある悪魔が、ユダの自殺に立ち合う。

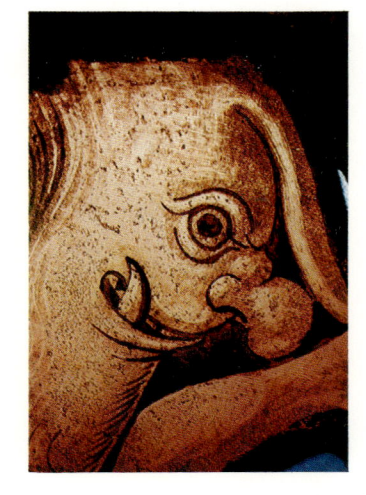

グロスターシャーのフェアフォード教会堂の16世紀の「最後の審判」の窓（左図）に表された地獄の深みには、サタン（悪魔）が住まっている。これは、二つ頭の怪物で、地獄の業火に赤く照らし出されている。ここに示された歯をむき出した顔は、サタンの胃袋である。その上にもう一つの頭があって、堕された魂をその口からつぎつぎ呑みこんでいる。

エヴルー大聖堂の15世紀の北バラ窓の「最後の審判」には、赤い悪魔による魂の捕縛が表されている。窓の下部（上図）には、悪魔の顔と獣の後脚を組合せた怪物がいる。

地獄の柱に鎖でつながれたサタンは、失った耳とロばしのような鼻をもって表されている。ストラスブール大聖堂の聖ローラン礼拝堂の14世紀の「復活」の窓の部分。赤いメダイヨンの中の悪鬼のような顔がいくつもサタンの周りを囲んでいるが、その一つがサタンの肩ごしにみえている。

パでは広く信じられていた。中世時代の天使と悪魔の表現は、喜んで盛んに取上げられ、こうした彼岸に住む霊魂は、一般に、アカデミックに正確に表現された同時代の人物像と比べて、生々しく粗野に表されるべきものと考えられた。

この時代のセンチメンタルな特性に感化されて、教会芸術は、子供たちのお守り役、あるいは愛する人の死に立ちあう悲しみに満ちた者として多くの天使を作り出し、教会の庭に多くの有翼の乙女たちの大理石像や回想的なステンドグラスの窓にも翼のある女人像が数多くみられるのであった。しかしラファエル前派の影響は、19世紀のステンドグラスの多くにみられる病的な雰囲気に新鮮な風を吹きこんだ。ウィリアム・モリスの作った窓のぱっちりと眼を開いた無邪気な天使たちは、悪魔たちもこの世に大手を振って生きていたアルカディアの昔日を思い浮かべさせる。

悪魔は、19世紀の宗教芸術から姿を消したかのようにみえる。セント・メリー教会堂の16世紀の「最後の審判」の窓にみるごとき悪魔は、コミカルで児戯にひとしい、お伽話の世界で登場する存在とみられたのであろう。ギリシャ正教は相変らず天国と地獄を信じ続けているが、その概念は漠然としていた。終末のない、至福の人々の天上で集いあう図とか、あるいはある莫とした「下」の世界で、燃え尽ることのない業火の中の際限のない悲惨の図で表されたにすぎない。キリスト教徒でない人々は、キリストの光なきゆえに、不信心とされ、天国には入れぬ運命のもとにおかれるものとみなされたが、しかし明らかにその異教はヴィクトリア朝の人々の心を惹きつけ、彼らの書きしるした準キリスト者としての信条に影響を及ぼしていることがわかる。このようなヴィクトリア朝初期にみられる信条が人間の意識下から根こそぎにされるとは考えられない。今日でさえ、"善き"キリスト者が、占星術を頼りにし、あるいは"悪魔の眼"をしたジプシーを避けるというおかしな矛盾を否定しきれない。

現代の宗教芸術においては、天使は、天上的な霊魂を象徴するものとして用いられているが、しかし悪魔については依然として一定の形を与えるには至っていない。コヴェントリー大聖堂の身廊の南側の多彩な窓には、『黙示録』に由来する七つの頭をもった生き物の姿が描かれ、紫の窓には、悪魔は大きな黒い矢で表されている。きわめて暗い抽象的な形は、ときには光の否定を暗示するのに用いられるが、サタンやその使命を人格化することは現代の神学思想には受入れられていない。おそらく、現代絵画においてのみ、恐しい形の悪魔の表現がみられるのであろう。たとえば、フランシス・ベーコンの作品は、堕落と分裂の感覚、断罪の路をたどりながら、しかもキリスト教の基本的原理たる救済への望みをもちえない人間を表現している。

象徴の言語

人間がつねに眼にみえる世界の背後に横たわっていると信じてきた眼にみえない真実は、表現するには時として、あまりにも恐怖に満ち、あまりにも神聖すぎ、あまりにも抽象的すぎるために、早くからそれらを象徴の言語によって翻訳してきた。1世紀のキリスト教は、神々を半人半獣の姿や専制的に支配されたオリンポス山上に住むまぎらわしい人間の姿そのままに表現する宗教を否定して、己れの信条を、最も純正で最古の象徴の一つである十字架によって表現した。二つの線を交差したこの単純なしるしから、ローマのカタコンベの中で気づかれぬように偽装した十字架やケルトの十字架や他の多くの発展した形が生み出された。象徴的な抽象化は、キリストのギリシャ語名の最初の三文字を組合せた聖なるキリスト教モノグラムとか、永遠、聖三位一体、救済といった複雑な概念を具象化する円、正方形、三角形などにまで進んだ。

けれども、宗教的な信条を、抽象的な象徴によるというよりは、感覚的で訴求効果の大きな映像によって表現しようとする人間の欲求は、長いこと抑えつけておくことはできなかった。キリスト教が、4世紀、コンスタンティヌス帝の治下に国教として公認されたとき、これを実現しようとする創造的な力が、

17世紀の芸術において、「純潔懐胎」の新しいタイプが発達した。ヨハネ黙示録に出てくる太陽に包まれた懐胎した女の影響のもとに創り出された完全無欠の「キリストの母」は、月の上に立ち、星の冠をいただいている。上図は、トロワ大聖堂の17世紀の窓の作例である。周囲の象徴の大部分は、「ソロモンの雅歌」からとられ、聖母マリアと解釈される花嫁は、百合の花、封じられた泉、閉ざされた庭、バラの花にたとえられる。「知恵の書」の中でマリアがたとえられている「しみなき神の鏡」も表されている。

すばらしいモザイクの領域において、ほとばしり出た。これらのモザイクは、4人の福音書記者に囲まれた、創造主、救済者あるいは善き牧者としてのキリストを表していた。四福音書記者は、聖マタイは天使に似た有翼の人の形、聖マルコは獅子、聖ルカは雄牛、聖ヨハネは鷲の形で表された。動物が、福音書記者に対応する特質を象徴するのに用いられたのである。たとえば、鷲は、先見の明と福音の伝播を表している。このような象徴は、事実、旧約聖書のみならず新約聖書においても、動物の隠喩の使用によって認められた。これは、4人の馬に乗る者、大天使、七つの頭をもつ竜、犠牲の仔羊と御座を取囲む生き物など、ヨハネ黙示録の力強いイメージにまで及んでいる。

象徴的な諸像は、ロマネスク時代の彫刻の、西入口やその周りのファサードや円柱の柱頭などにおいて、頂点をきわめた。神や聖処女マリアや使徒たちの像はより洗練の度を加え、ゴシック時代に近づくにつれて、より人間味を増してきた。様式のこの変化は、遠く離れた、まるで正反対の立場ともいえるギリシャ正教のイコンにみる伝統的な聖画像から、ゴシック彫刻の洗練された彫刻のリリシズムとヒューマニズムへ、キリスト教徒の意識の変遷を示すものである。ステンドグラスにおいて、ビザンティン世界で信徒を畏れさせていた厳しく、ほとんど図形のような姿形の「壮厳のキリスト」は、いまや人間的な悩める人の子となった。これは、理解しやすい比喩を創り出すことによって、概念を伝える深い意味での象徴主義である。

視覚的な定型的表現は、大部分は読み書きのできない人々に対して、正確でなければならず、決して曖昧であってはならなかった。身振りが表現するのは、人物の配置によって、たとえば祝福であったり、あるいは断罪であったりする。司教を表したならば、必ずそれは司教として理解されねばならず、そのためにはベッドに寝ている場合でも三角帽子を着けているのである。そして、堕された魂を表すのに、悪魔として表現するよりにもまして適切なやり方はありうるであろうか。

色、数、文字、幾何学、花、樹などが、宗教の視覚的な教科書では重要な役割を演じている。たとえば、円は、永遠と神聖を表し、正方形は、地上の秩序を表す。ギリシャ文字のアルファとオメガは、「始め」と「終り」を意味する。7という数は、神秘的な数であり、それには、聖三位一体と四福音書記者を表す大切な数、3と4にわけられる。青色は、天上的なものを象徴し、赤色は、殉教者の血であり、白色は純潔を象徴する。

不幸にも、中世の建物の窓全体が完全に残っているものはきわめて少なく、中世の農民にとって容易であったと同じような具合にこの視覚的な物語をたどることは難しいけれども、人物、動物、鳥、魚などの大部分が、芸術家のきまぐれや奇想によって窓の中に配されたのでないことは、もちろんのことである。これらは、しばしば、象徴的な意味をもって、便宜的な表現に従って配されたが、しかし、なじみの主題を新しく解釈して表現するやり方や視覚上の茶目っ気なわきぜりふは、芸術家が決して自己を表現する機会を与えない鉄壁の体系の中にとらわれているわけではなかったことを示している。それでも、彼らは、共通に理解可能な象徴の体系を利用して、その枠の中で比較的自由に動くことができたのである。

読み書きの普及は、象徴主義に頼る必要を減じ、聖者名を文字で添えたり、人物の周りの巻物に聖書の章句の簡略な引用を文字で書きこんだりしたが、象徴は相変らず行われた。象徴の使用は、決して完全に死滅したことはなかった。伝統的な構想でデザインされた窓は、古い象徴を保ち続け、現代の抽象的な作品ですら、デザインの出発点で、常套的な図像を用いている。芸術家が赤ガラスを手にしたとき、それが聖霊を表す火焔でないと否定することは難しい。洗礼の水の純粋さと輝きが、ケルンのザンクト・マリア・ケニギンの20世紀の洗礼の窓におけるほど、想像力をかきたてて表現されたことはなかった。そしてオーダンクール教会堂のレジェの「受難」の象徴は、そのモニュメンタルな単純さのうちにもただちに理解しうるのである。

12世紀から、「父なる神」はしばしばひげを生やした族長の姿をとる。15世紀、ヨーク・ミンスター（修道院教会堂）。

聖痕（スティグマ）を受ける聖フランチェスコの幻影は、便宜的に有翼の十字架像として表される。16世紀、ブリュッセル大聖堂。

純潔の象徴たる百合の花は、この「聖告」の場面でマリアと大天使の間の壺に活けられている。14世紀、シャルトル大聖堂。

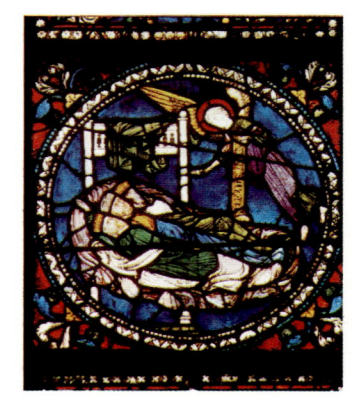

東方三賢王（マギ）は、伝説的に王冠によってみわけられる。彼らは眠っているときにも王冠をかぶって描かれる。13世紀初頭、カンタベリー大聖堂。

聖三位一体はしばしば三つの顔をもつ人物として表現される．16世紀，ノートル・ダム教会堂，シャロン・シュル・マルヌ．

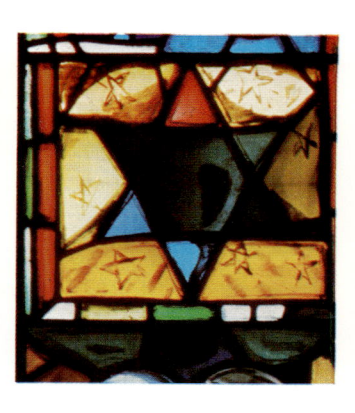

六つの先端をもつダビデの星はユダヤ教の象徴．20世紀，エヴィー・ホーン作，オール・ハロウズ，ウェリングボロー．

神は，しばしば手によって表されるが，モーゼに律法の碑文を与える．12世紀，ゲルラクスの画匠作．ミュンスター州立美術館．

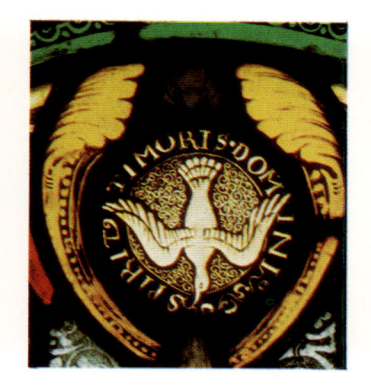

鳩は，伝統的に聖霊を表す．12世紀，ゲルラクスの画匠作．ミュンスター州立美術館．

キリストの象徴の犠牲の仔羊は，復活の象徴である旗をもっている．13世紀，ダルムシュタット美術館．

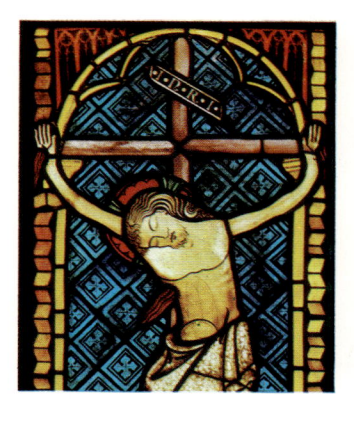

木の枝のように曲がっているキリストの両腕は，生成を象徴する．14世紀，コンスタンツ大聖堂にあったが，現在フライブルク大聖堂にある．

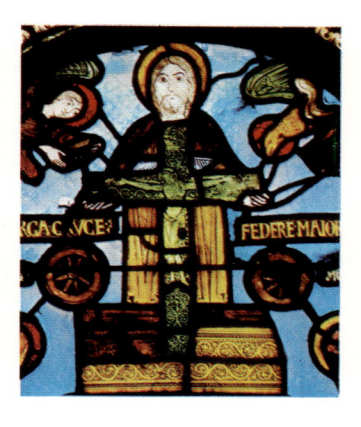

植物のように緑色の「磔刑」の十字架は，成長と再生を意味する．12世紀，サン・ドニ修道院教会堂（パリ）．

神性を象徴する十字形のある頭光を帯びるキリストは，右手で祝福の身振りをする．14世紀，フライブルク大聖堂．

7本の剣で突き刺されて表された悲嘆のマリアと受難の象徴．16世紀，セント・メリー教会堂，シュルースベリー．

悔い改めない盗人の邪悪な魂をつかまえようと待ちかまえている悪魔の伝統的表現．16世紀，ノートル・ダム教会堂，シャロン・シュル・マルヌ．

獅子は，ソロモン王の王座に続く階段に座って表されている．14世紀，ミュンスター州立美術館．

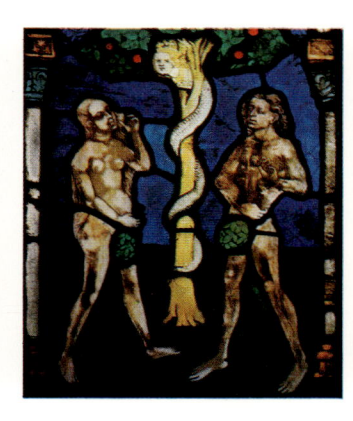

女の頭部をもつ蛇は，悪の伝統的な具象化であるが，エデンの園で，アダムとエバを誘惑する．15世紀，ウルム大聖堂．

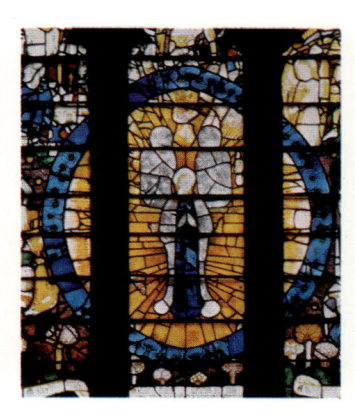

巴旦杏形の光暈が，聖処女マリアから放射している．16世紀，グレート・マルヴァーン小修道院，ウースターシャー．

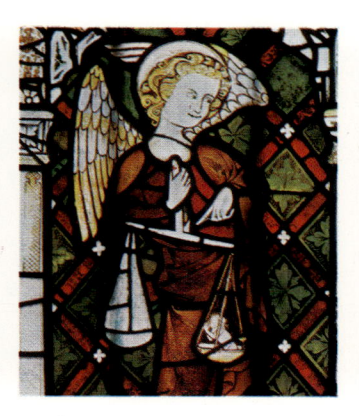

魂は，しばしば小さな裸の子供の姿で表されるが，それを大天使ミカエルが秤ではかっている．14世紀，イートン主教教会堂，ヘリフォードシャー．

「出エジプト記」に記される七つの枝をもつ燭台は，旧約聖書を意味する．20世紀，エヴィー・ホーン作，オール・ハロウズ，ウェリングボロー．

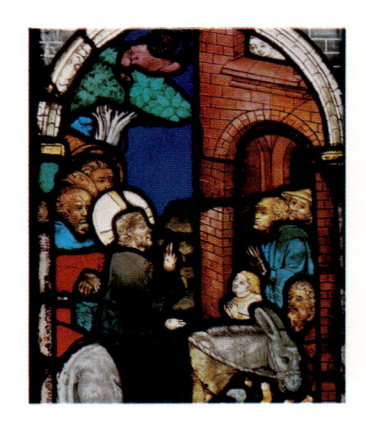

キリストをみようと木に登る小男は，キリストの「エルサレム入城」の場面にきまって表現される．15世紀，ウルム大聖堂．

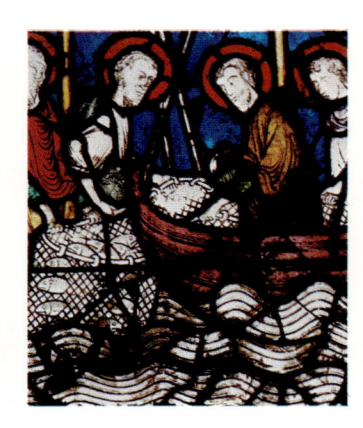

波状の線は，「神秘の漁り」の場面のように，水を表す様式化された常套的表現である．13世紀，カンタベリー大聖堂．

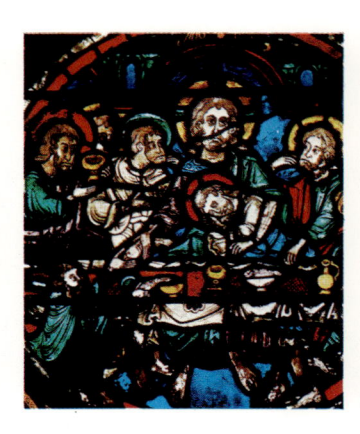

キリストを象徴する魚を手にとるユダが，伝統的に「最後の晩餐」の場面に描かれる．13世紀，ブールジュ大聖堂．

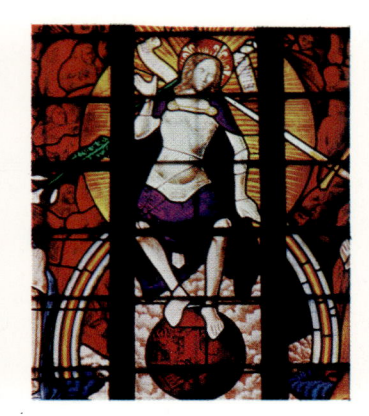

3色の虹は，聖三位一体を象徴し，キリストの御座を形作る．16世紀，フェアフォード教会堂．

使徒聖マタイによって語り伝えられる番兵は，伝統的に，キリストの墓のかたわらに眠る姿で描かれる．14世紀，万聖教会堂，ノース・ストリート，ヨーク．

聖者とその表徴

聖者の称号は，初期キリスト教時代の狭い意味から，幾世紀を経るにつれてその意味を広げてきた．聖者に関してはキリストやその弟子たちによって言及されていないけれども，2世紀までには，聖母マリアや福音書記者や使徒たちは，聖者と認められるようになった．しかし聖者の称号は，はじめ，信仰のために生命を投げ出した男女，すなわち初期キリスト教時代の殉教者の栄誉を称えて与えられたものである．313年，コンスタンティヌス大帝のミラノの勅令とともに始まったキリスト教公認の時代に，ローマ人によるキリスト教徒の迫害は終り，聖者の称号は，ローマの法廷で信仰を告白しながら死を免れた「聖証者」（信仰告白者）にまで拡大された．異端に対してキリスト教を防衛した司教たちは最初の聖証者のうちに数えられる．聖者の列に加える方式は，10世紀頃までは定まっていなかったが，その頃までには聖者の聖遺物崇拝と巡礼がポピュラーに行われるようになっていた．

中世の人々は，ステンドグラスをみるとき，現代の人々よりも優位に立った．教会の導きのもとに生まれ育った彼らは，その時代の図像に精通し，窓を眺めたとき，その中に描かれた聖者や場面の多くを理解することができたであろう．年若い女性を抱きしめている成人した女性の表現をみたときには，中世の人々は，これが聖母マリアの母の聖アンナであると語られているに違いないし，王冠をつけているゆえに王と認められる人が立琴を奏でているのをみたならば，それはダビデ王であることがわかったのである．

ステンドグラスや他の芸術分野で一見名前のわからない聖者の名をいいあてる方法は，彼らの明確な表徴を認識することにある．すべての聖者が頭光を帯び，似たような衣服を着ている——司教は長衣を着用し，兵士は兜をつけ，王は王冠をかぶり長衣を着ける——けれども，それぞれの聖者の特徴を示すのは，その持物（アトリビュート）である．殉教者が，非殉教者と区別されるのは，英雄的な行為によって獲ちえた永遠の生命を意味する「冠」と，死をもって得た殉教の勝利を表す「棕櫚の葉」によっており，しばしば殉教に用いられた道具によって明示される．殉教者でない聖者は，それぞれの徳を表徴する物によって表されることがある．

キリストの母，聖母マリアはつねに，聖者の位階の中で最上位を占める．聖母マリアが表徴をもたなくとも，聖母を表現する常套的な叙述法によって，ただちに認めることができる——すなわち，髪に花を飾るマリア，衣服をつけ死せるキリストを嘆く「マテル・ドロローサ」（悲哀の聖母），あるいは天使に囲まれ冠をいただき笏をもち，あるいは十字架つきの宝珠をもつマドンナなど．

天上の位階で聖母マリアのつぎは，4人の大大使である．そのうちの2人，ミカエルとガブリエルが，よりポピュラーで多くの窓に描かれる．ミカエルは，「最後の審判」の天使で，ふつう，正義と魂を秤る表徴の剣と天秤によって表される．「聖告」の天使のガブリエルは，百合の花をもち，つねにといってもよいほど，救済を告げる役である．人類を護るラファエルは，

福音書記者聖マルコ．コーンウォール，セント・ネオット教区教会堂の16世紀の窓．彼の象徴は，ふつうは翼のある獅子で，力と王者の権威の表徴である．

動物と人間の形が組合せられた福音書記者とその表徴．ニュルンベルクのザンクト・ロレンツ教会堂の15世紀の窓．「化体」の教義を表したこの作品で，四福音書記者は，聖体の薄焼きパンを器械の中に投入すると，パンがキリストの聖体として現れてくる．

使徒兼福音書記者の聖マタイ．コーンウォールのセント・ネオット教区教会堂の16世紀の窓．有翼の人の形の象徴は，キリストの人間的側面を強調する．キリストの系譜は，「マタイ伝」の冒頭に語られている．

使徒の表徴

6世紀頃から芸術に表れた，12使徒の生涯やその死に関する象徴や表徴は，彼らのもとの職業に関わりをもつ——ガリレアの漁師であったペテロの魚，徴税吏であったマタイの財布など．あるいは彼らの殉教に用いられた道具——たとえば，小ヤコブの毛織物の仕上げ工の棍棒——に関係がある．

| 鍵または魚 聖ペテロ | 斜め十字架 聖アンドレア | 巡礼の衣裳 大ヤコブ | 蛇の巻きついた聖杯 聖ヨハネ | 建築家の物指またはほこ 聖トマ | 棍棒 小ヤコブ |
| 司教杖または小さな十字架 聖フィリッポ | 皮剥ぎナイフ 聖バルトロメウス | 財布 聖マタイ | 鋸 聖シモン | ほこやりまたは槍 聖ユダ | 槍 聖マッテア |

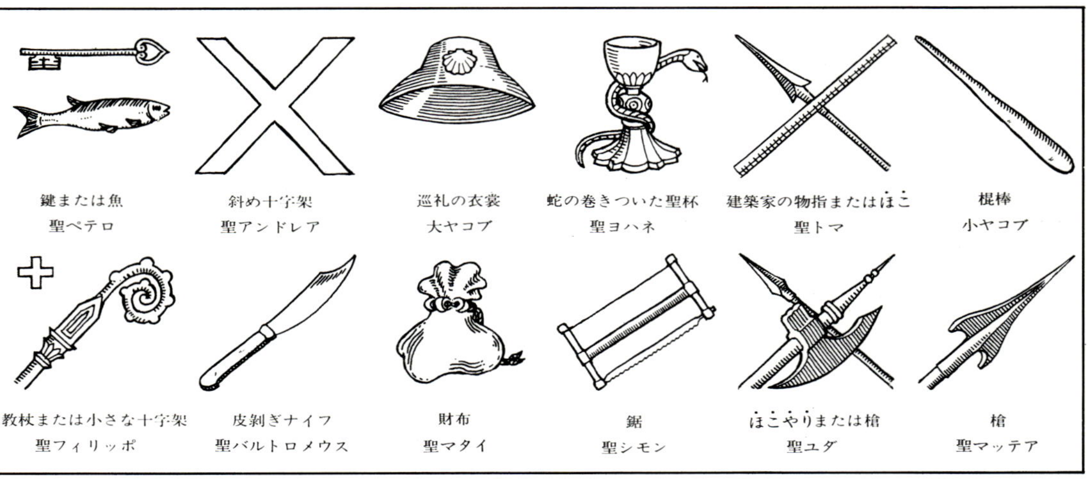

巡礼の杖をもち，聖書外典の「トビト書」の中の若者の守護者としての役割を示すために，トビアを引連れて表されることがある．裁きと預言の解釈者として知られるウリエルは巻物と書物をもっている．

「黙示録」の第4章の幻影の中に記されている四つの神秘な生き物は，福音書記者たちの表徴として採用されている．聖マタイは有翼の人間の形，聖マルコは有翼の獅子，聖ルカは有翼の雄牛，聖ヨハネは数多くの教会の聖書台を飾る鷲として表現される．12使徒は，やはりあらゆる時代のステンドグラスにおいて目立った存在であるが，しばしばちょうどよく12の明り窓に分割されたトレサリーの中に見出される．使徒はそれぞれ，生涯の役柄に関わる，あるいは殉教の道具などの特定の表徴を帯びている．

特定の活動や国に結びつけられた聖者たちは，キリスト教徒の守護聖者として知られている．龍を退治した騎士として伝説に語られる聖ゲオルギウスは，イギリスの守護聖者である．椰子の杖をもつ聖クリストフォルスは，永い間旅人の，そして近年では自動車の運転者の守護聖者である．ディオクレティアヌス帝によって弓による射殺の刑を宣告された聖セバスティアヌスは，射手と針のメーカーの守護聖者で，広く彼の表徴の矢とともに描かれている．しかしながら，この矢は彼の殉教に用いられた道具そのものではない．というのは，彼の矢傷は回復して，ぶたれて死に至らしめられ，ローマの下水道に投げこまれたからである．

聖母マリアについで，ポピュラーな女性の聖者は，マグダレのマリアであり，香油の瓶と長い波打つ髪の毛によって，ただちに見わけられる．中世から，この聖女は悔い改めた罪人の守護聖者で，彼女の悔悟は，カトリックの悔い改めを象徴するものとなった．他のポピュラーな聖女はアレキサンドリアのカテリナで，学生や科学者や神学者や車大工の守護聖者である．彼女はふつう，彼女の責め具として用いられ殉教に至らしめた車輪を手にして描かれる．

カトリック教会によって認められた聖者の数は，数百にも及ぶ．中世時代のデ・ウォラギネの『黄金伝説』から，1890年に刊行されたアンナ・B・ジェームスンによる名著『聖書と伝説の芸術』に至るまで，聖人伝の資料は限りなく列挙される．同一の聖者に対してさまざまな名前がつけられて混同が生じることは避けられず，存在したことのない聖者に伝説がまつわりついたりする．1969年にいくつかの名前が典礼暦から追放されたにもかかわらず，ある疑問のある人物が依然としてカトリック教会によって認められた無数の聖者の中にとどめられている．存在しない聖者の中で最も奇妙なのは，おそらく，聖デシミルであり，公式に聖者の列に加えられたことはない．プロヴァンス地方で，デシミルの名を刻んだ墓石が発見されて，祈禱書がその名をもつ人の栄誉のために書かれたのであった．その後，この石は墓石などではなくて，著しく風化したゴール地方までのローマ時代の道標であることがわかったのである．

福音書記者聖ルカ．コーンウォール，セント・ネオット教区教会堂の16世紀の窓．この聖者の表徴の犠牲の雄牛は，「ルカ伝」の冒頭のザカリアの犠牲を暗示する．

巡礼の盛行

聖者の霊廟やその他の聖地への旅は，中世のキリスト教世界でよく行われた．巡礼の主な目的地には，カンタベリー，ローマ，聖地エルサレム，サンチャゴ・デ・コンポステラがある．巡礼は，神聖な仲裁を願い，あるいは悔い改めや帰依や感謝の行為として，発心された．

聖レオデガルの恐怖の切断と殉教．フライブルク修道院教会堂の13世紀の殉教者の窓．司教レオデガルは7世紀，フランクの強大な領主エブロアンによって処刑された．

少年と金の杯が船から落ちる（下図）．聖ニコラウスの奇跡の一場面．バッキンガムシャー，ヒルスデン教会堂の16世紀の窓．

スペインのサンチャゴ・デ・コンポステラのロマネスク様式の大聖堂は，中世時代以降，巡礼の中心地である．左図のファサードは17世紀の年代をもつ．

下図のリモージュ産の13世紀の鍍金銅製聖遺物箱は，エマイユ・シャンルヴェの手法で飾られている．ロンドン，ヴィクトリア・アンド・アルバート美術館蔵．

中世の巡礼者は，聖職者の祝福を受けてから，上図の14世紀のフランスの写本挿絵にみるような巡礼者大ヤコブの姿で例示されるごとき，特徴のある服装をして，旅立った．そして帽子に聖地のしるしをつけ，あるいは聖遺物をたずさえて帰還した．広範囲にわたる聖遺物崇拝から，聖者の遺物が術策と暴力に訴えてまでも分割されて獲得されるに至った．

「宗教」を暗喩する船のかたわらに立つ原型的な巡礼者（下図）．15世紀の写本装飾画．

使徒兼福音書記者の聖ヨハネ．コーンウォール，セント・ネオット教区教会堂の16世紀の窓．この聖者の表徴は鷲であり，これは力と勝利を例示し，聖なる霊感を書きしるすことによって天駆ける．

キリストの家系樹

「エッサイの樹」の最初の作例の一つに、この12世紀初頭の、ディジョンのサン・ベニーニュ聖書の写本装飾画がある。頭文字Vの曲線の中に横たわって、眠れるエッサイが樹を支えている。七つの枝の各々には、聖霊を表す頭光をもつ鳩がとまっている。

12世紀中葉のブロンズ浮彫りの装飾的な「エッサイの樹」は、ヴェローナのサン・ゼノ・マジョーレ教会堂の西扉口の扉を飾っている。枝は、当時の典礼用の燭台と類似している。

シャルトルの聖母大聖堂のモニュメンタルな「エッサイの樹」(右図)のステンドグラスの全体的な効果は、朗々と響きわたるものである。青が紫にとけこんで、いわば"色の交響楽"を創り出している。1140年から1150年の間に制作された身廊の西端にあるこのランセット(細長い窓)は、パリのサン・ドニ修道院教会堂の最初の「エッサイの窓」ときわめて類似している。縦3列のパネルのうち、中央のパネルにはデザイン中最も重要な人物像が描かれる。樹を支えて横たわるエッサイと頂点で7羽の鳩に囲まれたキリストとの間には、下から順次、4人の王と聖母マリアが挿入される。キリストの精神的な先祖を表す預言者たちは、隣接する半円形メダイヨンの中にあって、その系譜の主題を連呼している。

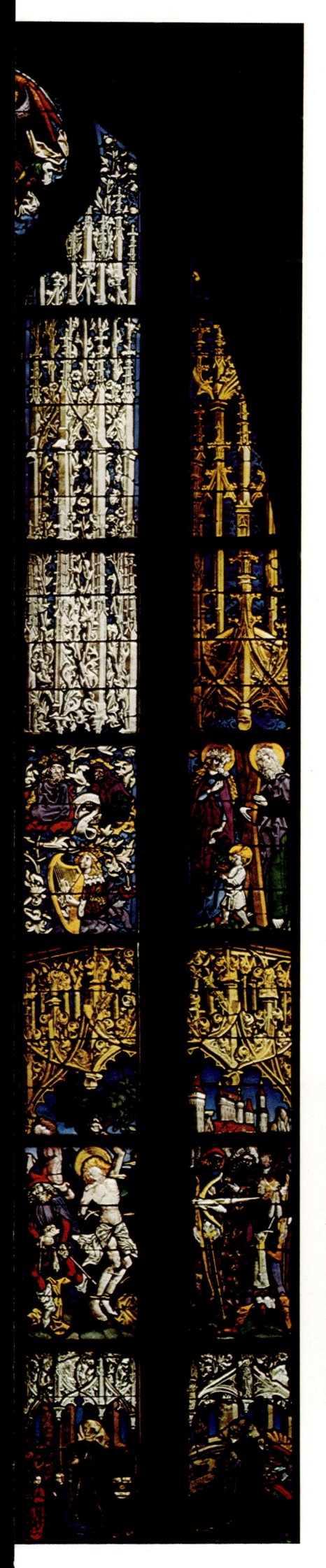

エッサイの樹は，中世芸術のうちで最もポピュラーな主題の一つであるが，ダビデの王家の血筋から救世主が現れるというイザヤの預言に由来する．すなわち「エッサイの株より一つの芽いで　その根より一つの枝はえて実をむすばん」（イザヤ書11章1節）．イザヤの預言の芸術的翻訳は，エッサイを茎あるいは根に，マリアを枝ないし若枝に，キリストを果実ないし花に表現した．この樹はキリストからダビデの父エッサイまで遡ってたどる系統樹なのである．

　聖書の中で「知識の樹」として初めて出会う一本の樹の象徴は，おそらく，自然と超自然の生命とを象徴する原始的な神話と結びついているであろう．アーロンの杖は，やはりモーゼが投じた棒が蛇に姿を変えたごとく，奇跡の枝を暗示する．"樹の上"におけるキリストの死は，やはり生命の樹，あるいは救済の翻訳ということに帰着する．中世的精神は，つねに類似性，併行性，預言の成就を求めるゆえに，樹の概念を，救世主としてのキリストの権威を表現することに結びつけた．

　旧約聖書の燃える茂みの中に出現する神は，キリストの誕生の預言的表現（預型）の一つであるが，これもまた樹のイメージを惹起させるものと信じられ，そして「ヤコブの夢の物語」の中で横たわるヤコブの姿は，家系樹の根もとに身を横たえるエッサイの姿に変ったものであろう．キリストの言葉「われは葡萄の樹，なんじらは枝なり」（ヨハネ伝15章5節）は，救済の根と枝の基本的で包括的な隠喩を強調している．それゆえに，多くのエッサイの樹が，葡萄の"枝"のような太い幹と掌状の葉をもった樹冠によって表現されるのであろう．

　12世紀前半のサン・ドニ修道院の院長ジュジェールは，ステンドグラスによって「エッサイの樹」を表現しようというアイデアを出した人と考えられている．サン・ドニの窓をモデルにして，12世紀のシャルトルの「エッサイの樹」が作られたのであった．13世紀のステンドグラスの「エッサイの樹」は，ストラスブール，ルマン，ボーヴェー，アンジェ，トロワ，ソワッソンの各大聖堂やパリのサント・シャペルにみられる．

　この主題を表した最初期の窓では，最下部にエッサイが眠っており，様式化された枝々の間に諸王がおり，頂上に冠をつけた聖母マリアが君臨する形をとっている．キリストはさらにその上のアーチの中に座し，その周りを聖霊の資質を象徴する7羽の鳩が取囲む．預言者の像が両側の半円形のメダイヨンの中に並んでいる．13世紀までに，この樹は，あるものは四角っぽく，あるいは丸味のある形など，さまざまな変化をみせる．多くの窓では，背景の色が交互に配される――ある色が両側のメダイヨンに用いられれば，他の色が中央のメダイヨンに使われるというふうに……．人物像自体は，芸術家が表そうとするキリストの系譜の特色に従って変化した．14世紀の「エッサイの樹」では，枝々は様式化を弱め，ときには窓の縦仕切を横切って伸び広がる．人物像は硬さを減じる．これから，15世紀の自然主義的なデザインと3次元的表現が出現する．

　12世紀から15世紀まで，白色ガラスとシルヴァー・スティン（銀着色法）の使用が普及するにつれて，次第に，当初の深い色彩のモザイク状の窓から，人物や背景の色の豊かな色斑が樹葉や枝々や，描画と着彩の精巧にほどこされたこまごまとした装飾文様と対照的に配された銀着色法による絵画に至るまで，「エッサイの樹」の様相が変化する．

　ときどき，樹の形態は，キリストの先祖とは違った主題を表すための考案として用いられることがあった．たとえば，フランスのヴィッサンブールやドイツのメンヘン・グラトバッハでは，旧約聖書と新約聖書の各場面が，互いに，幾段にもわたって相対する．ある窓では，動物が，象徴として姿をみせたり，先祖の王が配置される位置に描かれる．現在ウィーンの近くのブルク・クロイツェンシュタイン・コレクションにその断片が所蔵されているが，コルマールに由来する聖書の窓は，13世紀の動物寓話に基いて作られた．寓話の登場"人物"のうち，自分の血でひなを育てる「慈愛のペリカン」は「磔刑」の自己犠牲による贖罪を意味するものであった．息を吹きかけて赤ん坊の仔ライオンを蘇生させる親ライオンによって象徴される，キリストによる死者の蘇りもまた，リヨン，ブールジュ，ルマンの大聖堂にみられる．

　シャルトルの「エッサイの樹」は，建築的背景，デザイン，色彩の交響の総合を示す最高の作例である．この総合的な魅力によって，ステンドグラスは，卓越した精神性を有する芸術へと高められるのである．これは，「視覚的音楽」という言葉がまさしくあてはまる数少ない窓の一つなのである．窓の頂上のキリストの像が，窓枠のリズムを打ち破っている．樹の枝という主題あるいは「主旋律」が美しいアラベスクの中を上昇してゆき，聖霊の7羽の鳩のところで破裂する．しかも全体の動きは，幅広い文様を描きこんだ縁飾りのきらきらとするアルペジオによって支えられている．この窓こそは，青の調性による奏鳴曲ということができるであろう．

　枝々がダイナミックに上昇していく樹の形態に内在する視覚的可能性は，多くの古代宗教に共通する知恵の樹あるいは生命の樹を想い起させる原初的なイメージを創り出すために用いられた．シャルトルの「エッサイの窓」のごとき芸術作品において，樹は，力強い象徴と化している．

繁茂するような天蓋が，ニュルンベルクのザンクト・ロレンツ教会堂の「エッサイの窓」（左図）を支配している．15世紀のドイツの代表的なステンドグラス画家ペーター・ヘンメル・フォン・アンドラウの制作になる．デザインの豊かさは，預言者とムーア人の王の部分（上図）にみられる．

ステンドグラスと石の浮彫りが結びあって，オックスフォードシャーのドーチェスター修道院の15世紀のユニークな「エッサイの樹」ですばらしい効果を作り出している．旧約聖書の石彫りの預言者が，ステンドグラスのキリストの先祖の繊細な表現と対照的に並んでいる．

北フランスのサンスは，中世時代には，「愚者の祭」で有名であった．キリスト教の典礼を諷刺したお祭の主役たる驢馬が，16世紀のサンス大聖堂の「エッサイの樹の窓」の部分（上図）に描かれている．

キリストの顔

峻厳であるが催眠術にかかったような，この11世紀のキリストの顔は，装飾的な単純さをもってデザインされた．アルザス地方のヴィッサンブール修道院教会堂から発見されて，現在，ストラスブール大聖堂付属のルーヴル美術館に所蔵されている．破損せずに現存する最も古いステンドグラスのキリスト像．

イエス・キリストの顔は，われわれにはまったくわからない．キリストは神の子なりというキリスト教信者たちの主張はさておき，そして歴史の流れを急に変えた偉大な人物という視点からキリストを考えてみれば，同時代の人々によって語られた容貌についての記述が残っていないという事実は，特筆に値する．あるいは口伝にて伝承されてきた確かな記述が，その没後数十年後に書かれた使徒の書簡や福音書の中に具体的に現れていない．多くの偽書はあるが，割引きして受取らねばならない．のちに，キリストの神聖がしだいに認められてきたとき，キリストが人間の肉体をもった聖霊以外のなにものでもないとするような異端の考えと戦うために，キリストはやはり人間そのものだということを確立するようになったし，その必要にせまられたのであった．

一般に親しまれ認められているキリストの顔は，単純な推論に基いた想像上の肖像から生まれたものにすぎない．彼はパレスチナ系のユダヤ人であり，したがってひげをはやし，色白ではなく，頭髪を長くのばしていたと考えられるだろう．このような仮定を推し進めていくと，エルサレムの街中で今日みうけられるような，数多くの若いユダヤ人の顔と何ら変りないことになる．あとは，彼が語り，彼が行動したことに基いて作り出された憶説にすぎない．すなわち，彼は善良な人であったがゆえに，すぐれた顔立ちの男であったに相違ない．彼の説教は，数多くのさまざまな人々を惹きつけたのだから，ダイナミックな表情をしていたに違いない．彼は，精神的物質的な誘惑・試練を乗越えた人であったのだから，したがって精神的な力や高潔さに溢れた顔をしていたに相違ない，などなど．けれども，こうしたことからは，彼の顔貌の解剖学的な特徴が引出されるわけではない．彼の鼻の大きさは？ 眉の形は？ 口の恰好は？ こうした質問に答えがありえようはずがない．実際は，芸術家たちは，人間の象徴的存在に対して，各自が創り出した顔を与えるほかはないのである．

こうした推測されたキリストの顔は，つねに芸術家たちの生きた時代を反映している．キリスト教が異教的世界の中に確立し始めた紀元後数世紀の間には，キリストは，ひげをきれいにそった，若々しく男性的なギリシャ・ローマの神のように表現された．すなわち，第二のアダムあるいは第二のアポロンのごとく考えられたのではないだろうか．時折，彼は肩の上に仔羊をのせたアルカディアの牧羊神ヘルメスそっくりに描かれたが，これは羊たちの真の牧人，「善き牧者」であることを指し示すのである．4世紀に至ると，また新しいイメージが現れてくる．すなわち，畏怖に満ちた苦行者の相をもつ，ビザンティン芸術の影響を受けた征服者キリストである．これは，厳しい表情と威厳のあるひげを生やした顔の至高の支配者という理念を反映している．この型に基いて，幾世紀もの間，芸術家たちの描くイメージが作り出されて，主流をなしたのである．

中世時代のヨーロッパでは，13，14世紀には，キリストの顔の表現は，微妙な変化を示し始めた．フランシスコ会派の人間主義的な影響が，教会と国家の勢力を蝕み始めたより深遠な動向と相まって，ジオットなどの芸術家たちにより人間的なキリスト像を描くことをうながした．アッシジのサン・フランチェスコ教会堂上院のジオットの壁画にみられる表現的なキリストの顔は，明らかに，ビザンティン芸術の伝統的なキリスト像との断絶を示している．

15世紀，フラ・アンジェリコがフィレンツェのサン・マルコ修道院の装飾にたずさわったとき，キリストは，やさしさにあふれた人の子イエスとなった．この展開から，おのずと，苦しみと死とを味わった人類の象徴的存在たる悩めるキリストのイメージが生まれてくる．ステンドグラスにおける「人間的キリスト」の展望は，素材そのもののみならず，遠距離からも「読取れる」ことを要求されてしばしば極端に様式化されるモニュメンタリティのゆえに，必ずしも明らかに現れてはこない．けれども，「受難のキリスト」は，14世紀からすでにポピュラーな主題であり，その頃までに，キリストははやくも人間であり，もはや象徴ではなかった．

ヨーロッパのキリスト教世界ばかりではなく，キリスト誕生以前の高度に発展した古代ギリシャ・ローマ文明を相続して生まれた人間の自我意識の確立への動きと合致し，あるいはそれを反映して，キリスト像は，古典古代世界の人間的な美しさへの情熱を蘇らせて，また新しい変貌をとげた．ルネサンスのキリストは，その苦悩を語ることよりも，より完全に人間であることを表現している．芸術家は，キリストの教えや受難よりはむしろ，正確な解剖学と建築と遠近法の諸原理を結合した美的効果に心をくだいた．

歴史の振子のような反復効果が，反宗教改革によって示されている．すなわち，この時代，イエズス会の主張のもとに，カトリックの芸術家たちは，たとえば，裸体のための裸体表現は禁ぜられ（その結果，純粋な理想美の追求は抑圧された），宗教改革の波及を押しとどめるために教会の教義を広めるように仕

厳格さ，苦痛，柔和さ，勝利，こうしたものすべてがキリストの顔の中に表現されている．ローマのカタコンベの壁の上に迫害を受けたキリスト教徒たちが描いた絵画では，キリストは謹厳な教師，神のごとき若者として表されている．ビザンティンのモザイクでは，その神性を表す十字架のついた頭光を前にきっと見すえた世界の王として描かれている．壮厳な審判者のイメージは，ロマネスクからゴシック時代に至るまで存続したが，キリストはやがてしだいに衰弱した犠牲者として表現されるようになる．ルネサンスには古典世界の英雄のように変貌し，19世紀には感傷的な表現をみせ，20世紀のキリストは，再び深い悲しみに沈む人として表され，その表現性においてはほとんどビザンティンのキリストかと見まごうばかりである．

2世紀の壁画．ローマのカタコンベ，聖ネレウスと聖アシレウスの墓

11世紀のモザイク．ギリシャ，ダフニ修道院教会堂．

13世紀のステンドグラス．ブールジュ大聖堂．

14世紀のステンドグラス．スイス，ケニクスフェルデン教会堂．

15世紀，フラ・アンジェリコの絵画「我に触れるな」の部分．フィレンツェ．

15世紀，ハンス・アッカーのステンドグラス．ウルム大聖堂．

16世紀のステンドグラス．ゴウダ，シント・ヤン教会堂．

17世紀，オランダのエマイユ．イギリス，アディントン教会堂．

19世紀，ホルマン・ハントの絵画「世界の光」の部分．オックスフォード．

19世紀，ゴーギャンの「オリーブ園のキリスト」の部分．カリフォルニア．

20世紀，エヴィー・ホーンのステンドグラス．イギリス，イートン・カレッジ礼拝堂．

向けられた．カラヴァッジオなどの画家たちによってみごとにマスターされたキアロスクロ（光と陰影の取扱い方，明暗法）は，熱情や帰依の表現における芸術的可能性の幅を著しく増大した．スペインの画家たちは，暗い背景の中に鋭く照明をあてて物をとらえる手法を，病的なまでに追求した．この時代を代表するのはエル・グレコである．彼の描く「ゲッセマニ園の苦しみ」のキリストは，人物や雲や岩や守護天使たちの諸形態を画面全体に巻きこむように描きこんだ結果として，神と人間の意志との間にある危機感を語りかけているように思われる．だが，エル・グレコのキリストの顔は，人間のものである．

少なくとも理論上は，プロテスタント（新教徒）は聖書に書かれた章句のみに立脚し，恩寵の手段あるいは教化的手段としての芸術を拒否した．カトリックの「偶像崇拝」に対する烈しい反感が鎮まったとき，プロテスタントは，旧約聖書も主題に取上げるようになった．モーゼの律法は彫像を禁じていなかったであろうか．その結果，キリストの肖像が数少ないのであった．とりわけレンブラントの作品のように，キリストが描かれたとき，多くの場合，家庭的な場面を設定しているが，それは福音書に語られる日常性を強調している．

19世紀のゴシック復興のときまで，キリストは形式的な天帝として現れることはなかったし，その時でさえ中世の作品をモデルにして模倣的に表現されたにすぎない．19世紀のキリストはおだやかな顔立ちの「慈悲深いキリスト」となった．

20世紀の芸術家に対するキリストの個性の挑戦は，錯綜している．あるときには避けられない殉教に立向う情熱的な革命家として描かれ，またあるときは，既成の宗教感情にショックを与えることを意図した異端の示威的表現の口実として表現されるにすぎないこともある．今日，キリストを描くことは，画家や彫刻家の個々の胸にあるキリスト像を投影するという傾向がある．

ひとりステンドグラスの領域において，依然として教会の注文に依存するところもあって，キリストについて人間的な救済者というよりは，伝統的（聖職的）な救済者という意味あいをもった公に認められた概念が，ある程度生き残っている．しかし，もう一度歴史の振子が動いても，その一振りの円弧は，人間のキリストに対するさまざまに変化する観念をコメントするにすぎない．彼の顔貌は，依然として謎のままなのである．

寄進者——自己保全と信心

神権的政治支配が，中世初期に君臨した．神の栄光と真理の教えが最重要であり，ステンドグラスの窓に生きた人間の姿が登場することは，たとえ少しも出しゃばりでなくとも，ほめられたことではないと考えられた．しかし12世紀末になると，窓を寄進した聖職者や世俗の人が，窓の最下部やトレサリーの明り窓などに描かれ始めた．これらの像は，主題となる人物や場面に比べて，小さく表されるのがつねであった．

しかし世俗階級の人々が描写されることは，とにもかくにも，聖職的権威から独立して教会へ窓を寄進するに充分な権力と富をもった個性が存在した——たとえ聖職者たちの積極的な協力のもとにであったであろうが——ことの証拠である．13世紀，14世紀初め，これらの寄進者は，依然として，窓の宗教的機能に従属することで満足していた．彼らは，たいていひざまずいて祈りを捧げており，ときには妻や子供たちを従えていた．13世紀以降，同業組合もしばしば窓を寄進した．窓の主題の選択に影響力をもっていたとはいえ——たとえば，シャルトルの同業組合の窓が，パネルの下部にさまざまな職業の場面を描いているように——，寄進者個人の姿が表現されることはきわめて稀である．

寄進者を表す最も簡単な技法的形態の一つに，無色のガラスに絵柄を描くことがある．これは，サマーセットのウィンズコム教区教会堂の14世紀の窓で例示される技法である．この幾分質朴な手法は，イギリスの窓一般にみられる．おそらく，中世時代には輸入せねば手に入らなかった色ガラスの使用を節減しなければならなかったためであろう．大きなガラス片は主要人物にあて，端役の寄進者の像には断ちおとしの小さな色ガラス片が用いられる場合もあった．

この様式の窓の中で興味あるものの一つに，ランカシャーのミドルトンのセント・レオナード教会堂の窓がある．サー・リチャード・アシュトンが1520年頃に，フローデンの戦いからの凱旋を記念して寄進したものである．同卿と妃，そして従軍牧師，それに17人の射手が描かれている．射手は各人，手に大弓を握り，大弓には各々の名前が銘記されている．おそらく裕福な領主サー・リチャードがフローデンの戦場にこれらの射手を率いていったからであろう．

14世紀および15世紀のイギリスの窓はあらゆる階層の寄進者にめぐまれ，その多くはじつに洗練されたデザインと技法を示している．その代表作は，ノーフォークのイースト・ハーリング教会堂の15世紀の東窓や，サフォークのロング・メルフォード教会堂の同じく15世紀の窓の遺例である．イースト・ハーリング教会堂の東窓の両端の区画の下部に，武具をつけた人物たちがひざまずいている——左にはガータ勲爵士サー・ロバート・ウィングフィールド，右にはエドワード4世の宮廷の大目付サー・ウィリアム・チェンバレン．サー・ロバートはこの教区からその氏名をうけた古い家系の一人アンヌ・ハーリングの最初の夫であり，サー・ウィリアムは彼女の第2の夫である．この地から遠からぬロング・メルフォード教会堂には，家紋を帯びたマントを着て，ひざまずき，手をあわせて祈るすばらしい貴婦人たちの姿がみられる．これらの窓は，ともに，15世紀に至ると，いかに寄進者たちがデザインの中ですでにかなり重要な位置を占めるようになり，事実，主要主題の人物像とサイズの点でも等しいほどに大きくなってきていることを示している．

ヨーロッパの教会堂においても，14世紀から17世紀にわたって，小さなサイズの寄進者像から大ぜいの寄進者の群像——ときには紋章を飾り立て，正装に身をかためた王や王妃の肖像の場合もある——への展開を示す窓が数多くみられる．より簡略で経済的な手法がイギリスの多くのステンドグラスの流派の作品に続いているのに対して，フランスやドイツの作品は，より急速に自然主義の理想へと展開していった．これには高度の肉付け法によるガラス絵の技法が伴っており，イギリスの作品のように線描本位ではなく，再現的描写をねらいとする危険な流れへと向っていった．やがて，よりすすんだリアリズムがステンドグラスにおける寄進者の表現でも明らかになる．これらの表現はもはや定型的ではなく，個々の特徴やその時代の流行の衣裳をつけたリアルな肖像画となった．たとえば，モンモランシーのサン・マルタン教会堂では，フランス国王シャルル8世およびルイ12世の侍従長，顧問官であったギョーム・ド・モンモランシーの，きわめてすぐれた寄進者の肖像の作例がある．この頭部の肖像は，パリのルーブル美術館にある同時代の絵画をもとにしていると思われ，その容貌は酷似している．

ルネサンスまでには，人間の作り出した成果を強調する傾向に従って，寄進者の重要性とサイズが大きくなり，窓全体を占めるまでになった．たとえば，ブリュッセルのサン・グデュール大聖堂の16世紀の袖廊の窓では，高貴な人々の大きな姿が，一種の広い礼拝堂の中で祈るようにひざまずいている．その礼

ステンドグラスの寄進者はしばしば自分の寄進した窓の小さな画像を，その窓自体の中に描かせる．14世紀，エヴルー大聖堂に寄進したグリザイユの窓の中で，僧会会員ラウール・ド・フェリエールは，彼の寄進した窓を，幼児イエスに乳を与える聖母マリアに捧げている．

16世紀の寄進者たちの〝出しゃばり振り〟は、右図の、フランスのモンモランシーのサン・マルタン教会堂の窓によって例示される。寄進者ギー・ド・ラヴァルは、中央の枠にひざまずき、したがって「磔刑像」は右枠に押し出され、小さめに描かれる。ラヴァルの豪華な衣服は彼の後に立つ聖ヒエロニムスのぼろをまとった姿と対照をなす。この聖者は十字架を熱烈にみつめ、己れの胸を石で打続けている。

小さな寄進者とその妻は、聖処女や天使やあるいは百合の花よりも小さい。下図は、16世紀のネーデルラントの「聖告」の場面で、現在はロンドンのヴィクトリア・アンド・アルバート美術館にある。敬虔な謙譲さを表現するかわりに、〝小人の国〟の住人のように表された2人の姿は、ややコミカルな感じもする。縮小されたスケールは、16世紀の作品にしては様式的には変っている。ふつう、その時代の特にフランドルのステンドグラス作品では、寄進者たちは大きく描かれるからである。華麗なルネサンス建築の下、聖処女と大天使の劇的な出会いの上を象徴の鳩が舞う。

拝堂のみごとな技倆で表現された繊細な建築は、窓の全部の区画にわたって広がって、帰依する姿というよりは、現世的な華麗な盛儀といった印象を作り出している。ここにおける宗教的主題、聖フランチェスコはまったく目立たないものになっている。

寄進者の研究を広げてゆくと、窓のデザインや絵画の分布と展開を、類似した形のもとに、説明することができるかもしれない。そこには、人物のデッサン、肖像、社会的宗教的態度の変遷、紋章学、建築、人物の枠取法、衣裳、そしておそらく窓の他の要素以上に、ステンドグラス芸術がモニュメンタルな絵画作りへと堕ちていく過程が含まれている。

中世時代の宣伝

中世の職人たちは、競争におびやかされて、排他的な商業組合ないしはギルド（同業組合）を作った。こうして彼らは独占的に特定の取引を行い、協同一致という傘の下に繁栄し、顧客の選択を制限しながら、自らを守った。彼らは、教会堂や大聖堂にステンドグラスの窓を寄進することによって神に対して彼らの忠節を表明し、窓の中に、象徴とか叙述的な作業場面を描くことによって、彼らの職業を宣伝した。彼らの「署名」はしだいに聖なる主題を侵蝕し、ときには入れかわることさえあった。

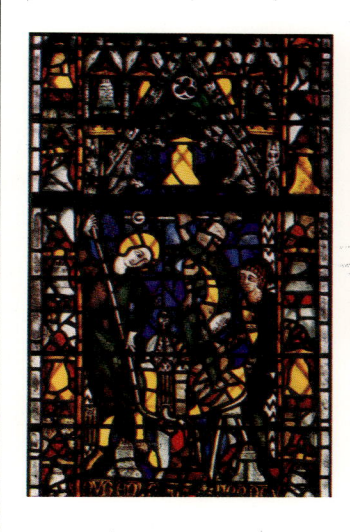

黒い腸詰、豚の足、ハムが、15世紀の窓の寄進者の1人の豚肉屋の前に並べられている。フランス、スミュール・アン・オクソワ教会堂。

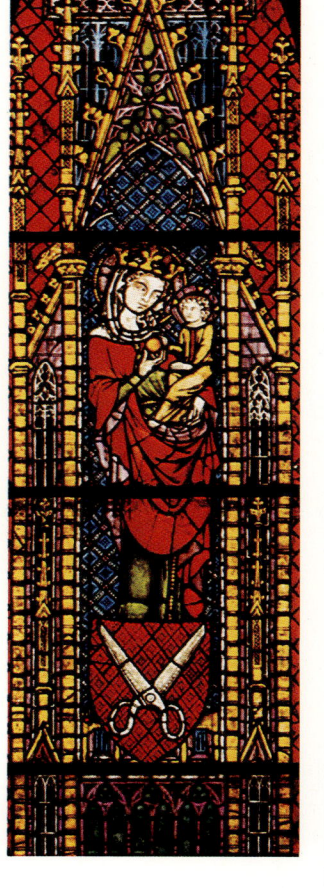

14世紀のヨークの鐘鋳造業者リチャード・タノックは、ヨーク・ミンスターに寄進した窓によって商売を促進させた。縁飾りに金と白の鐘をあしらい、上図の中央パネルに彼の贈物を捧げているところが描かれている。鐘鋳造の技術は、さらに下の三つのパネルで宣伝されている。すなわち、鐘が鋳こまれ、音色を調整され、ヨークの守護聖者聖ウィリアムによって受理されている場面である。

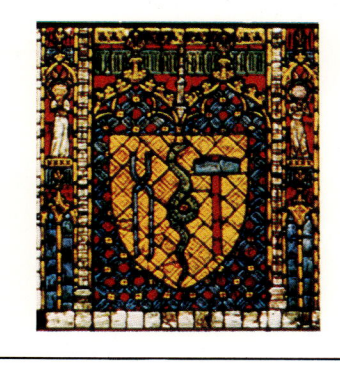

上図では、仕立て屋がはさみで、左図では鍛冶屋がハンマー、やっとこと、火の象徴と信じられていた緑の生き物によって表されている。これらの窓は、14世紀、フライブルク大聖堂にさまざまなギルドによって寄進された。

ガラスの縁飾り

　ステンドグラスの窓の縁取りは，美的機能と実用的機能を兼備えている．美的には，縁取りは，窓を支えている石組の形を反復しながらガラスの枠組としての役割をもっているから，窓の装飾が本質的に具えている建築的な性格を強調する．縁取りは，窓に組みこまれて，開口部に対してぴったりなサイズにするのに役立ち，したがって，石の溝にはめこむのを容易にする．フィレといわれる幅の狭い縁取りの実用上のもう一つの利点は，窓を組変えるために取りはずさねばならないときに，窓に手を入れることなしに，フィレを難なく解体することができることである．

　ステンドグラスの窓に縁取りを用いることは，もちろん他の造形手段からの遺産である．縁取り装飾は，たとえば，写本装飾の最もすばらしい成果の一つである．縁取りはまたビザンティン時代のモザイクにもみられる．12, 13世紀の縁取りのパターンのすぐれたモザイク的効果は，実に，モザイクやあるいは宝石細工のごとき，ステンドグラス芸術の祖型のあるものから派生したと思われるのである．

　しかしまた，初期のステンドグラスの縁取りのモザイク的様相には，さらに実際的な理由がある．すなわち，制作中に出る断ち屑や破片がステンドグラス工にたくさんのガラスの細片を提供し，それを用いて縁取りを作ることが可能であった．初期の縁取りの全体的な効果が規則的で左右相称的であるにもかかわらず，葉模様や地文などのさまざまな要素は，一枚一枚の樹葉の形や，同じような形の小さな地文を一つ一つ区別して形作られたガラス片から成り立っている．

　初期のモニュメンタルな人物像の窓の縁取りには，きわめて幅広いものがあり，ときには開口部の半分以上をも占めるほど大きなこともあった．こうした縁取りやメダイヨンを取囲む縁取りは，これらの初期の窓の抽象的で装飾的なスタイルを創り出す手助けをした．

　まず，最古の窓であるアウグスブルク大聖堂のいわゆる5人の預言者群をみると，縁取りはない．けれども，人物の名前を書きしるしたラベルは曲線を描いてアーチの形に即応し，さらに人物の両側に垂れて，縁に併行に続き，窓の下部にまで達している．この中に細い縁取りが付け加えられ，それが軸線と人物の背後の一種のがん（龕）のアーチを形作っている．制作上の言葉でいえば，建築との視覚的結合を保ちながら，背景を孤立させるすぐれた方法といえる．

　珠模様のフィレ，すなわち玉模様を描きつけた細い帯状の透明ガラスは，12, 13世紀の窓のデザインに頻繁にみられるが，これは，ガラス画工の仕事台に残されたほかには用いられない断片を利用する工夫にほかならない．透明ガラスを細い帯状に切ってから，それに特徴的な玉模様を描くことができた．こうして鈍い白っぽい帯状のガラスが，きらきらするダイヤモンドのような縁取りに様変りするのである．さらに，数多くの鉛縁が，玉模様の間の黒い仕切によって隠されているので，その効果は連続的な線，あるいはメダイヨンを囲む場合には，きらめく光の点の円環のような様相を呈する．

　14, 15世紀のゴシック時代中期までに，ガラス吹きと裁断の技術の発達の結果，サイズのより大きなガラス片の使用が可能になった．縁取りは，窓枠と人物を取囲む建築構造の描写という新たに導入された天蓋状の装飾との間の外周の空間として発達した．縁取りと天蓋を結合した最も単純な形態の一つは，グロスターシャーのディアハーストのセント・キャサリン教会堂の聖女カテリナの窓にみられる．赤地の上の人物像は天蓋の円柱と切妻に取囲まれ，その切妻の上方に白の方形に距てられた赤と緑が交互に配列され，黄色い玉模様のフィレのある縁に連なっていく縁取りがある．これは明らかに大きな面積の背景にガラスをはめる経済的方法であった．

　ひとたび基本的なデザイン構成が確立すると，縁取りにおける機能と美の融合が多くの可能性を生み出すようになる．縁取りは，文様化された葉模様からなるパターンから，バラ模様や

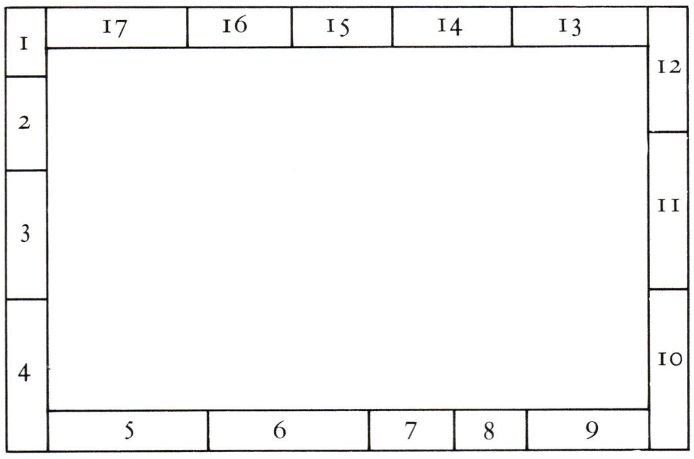

1　装飾的樹葉と葉模様．12世紀，「マリアの生涯の窓」，アンジェ大聖堂．

2　文様化された樹葉と結合した円環．12世紀初頭，「ソロモンの裁判の窓」，ストラスブール大聖堂北袖廊．

3　楓の葉のモチーフ．13世紀，ケルン大聖堂聖物保管室．

4　交互に，フランス王家の金色の百合とイギリス王家の金色の獅子．14世紀，「聖フライデスワイドの窓」，オックスフォード，クライスト・チャーチ．

5　装飾的な花の連続模様．14世紀，「聖マタイの窓」，レーゲンスブルク大聖堂．

6　葡萄の葉と葡萄の房．14世紀，「聖カテリナの窓」，オックスフォード，クライスト・チャーチ．

7　アーチの下に巻物をもつ預言者．14世紀，「受難とエルサレム入城の窓」，ストラスブール大聖堂南側廊．

8　文様化された百合の花と装飾的な樹葉．14世紀，エヴルー大聖堂東端のトリフォリウムの窓．

9　幾何学的な縁取り．14世紀，「聖

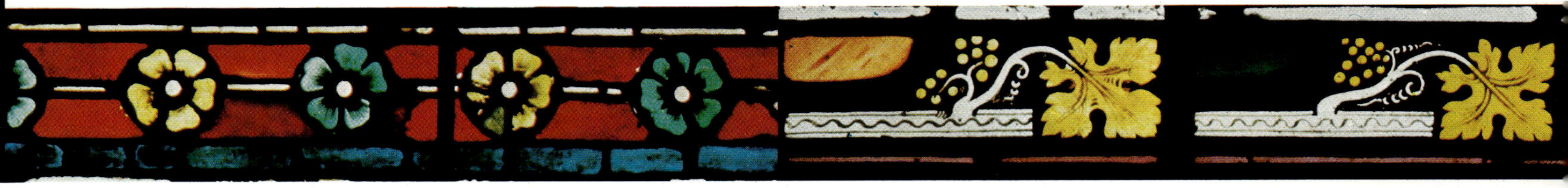

王冠や動物や紋章や人物像などをアクセントに用いた主題の精巧なバリエーションにまで，急速に発展する．同じような発展は，天蓋の円柱がより洗練されていくにつれて，それらの円柱によって創り出される副次的な縁取り的効果にも反映していく．たとえば，ニュルンベルクのザンクト・ロレンツ教会堂の周歩廊の「リーターの窓」では，縁取りは，枝と人物がみえかくれして，その上に天蓋上におおい被さる樹葉にわかれる一つの樹の形を表している．

純粋に装飾的で機能的な縁取りから，16, 17世紀の天蓋の円柱へとしだいに洗練の度を増していく「ガラスの建築」への推移は，ガラス画工たちが，ルネサンス末期の壮大な絵画を模倣し始めるにつれて，彼らの芸術的規準の衰退をさらに証拠立てるものである．人物像は，個々の窓を併合して広がる，陰影表現の強い古典的なファサードの一部として，がんの下に描かれる．縁取りがある場合には，それは装飾的な縁取りにすぎない．

縁取りは，19世紀のゴシック復興とともに，中世の作品の幾分隷属的な模倣として蘇った．大多数は，定型的なパターンで，手本の不揃いさがもつ精妙なニュアンスを欠いている．19世紀末の典型的な教会用の窓には幾種類もの縁取りがあり，そのそれぞれが樹葉，花，王冠，モノグラムなどの文様的要素をただ機械的に反復使用するにすぎないが，形の正確さと規則的な繰返しのゆえに，それらが与える印象はおおむね生命感のないものである．

多くの現代の窓の抽象的なデザインと大きなスケールが，縁取りの使用を排除している．とはいうものの，縁取りは，ハンガリーのステンドグラス画家エルヴィン・ボサニイ作のカンタベリー大聖堂の「平和の窓」のような具象的な表現をとる窓には，依然として採用されている．重く垂れた麦の穂は，窓の主要部分に描かれた人物が表す満足感と平穏さを反映している．そしてまた窓の縁取りは伝統的な意味でのデザインを具備するのである．

フランチェスコの窓」，スイス，ケニクスフェルデン教会堂．
10 百合の花と聖三位一体を取囲む王冠．15世紀．ヨーク・ミンスター．
11 がえ（龕）の中の天使と建築的モチーフ．14世紀，「鍛治屋の窓」，フライブルク大聖堂北側廊．
12 帯模様と百合の花．14世紀，「聖ヨセフの窓」，エヴルー大聖堂．
13 猟犬．16世紀，フランドルのパネル，ロンドン，ヴィクトリア・アンド・アルバート美術館．
14 絡みあう樹葉．16世紀，トルコ，マニサ，ムラトの回教寺院．
15 文様化したドングリのモチーフ，19世紀．「聖マタイの窓」，バッキンガムシャー，チェトヴォウド教会堂．
16 百合の花のように文様化した樹葉．19世紀，「モーゼの窓」，リンカーン大聖堂．
17 抽象的な縁取り．ヤン・トルン・ブリッカー作，20世紀，「聖ヤコブ（大）の窓」，ケルン，ザンクト・ゲオルク教会堂．

メルトン・カレッジ礼拝堂の13世紀の窓の頂部の百合の花の形には，フランス王家の百合の花とカスティーユ（カスティリャ）家の城が交互に配列された縁飾りが連なっている．

自然の世界

アッシジの聖フランチェスコの言葉に魅せられて、動物や鳥たちは、この聖者の前で従順になったといわれた。聖フランチェスコの小鳥への説教の中で、神を讃えるように説いたところ、小鳥たちは十字形の編隊を組んで空へ舞い上ったといわれている。彼が兄弟姉妹と呼びかけた野性の生き物たちとの伝説的な親和力を表す作例に、スイスのケニクスフェルデン修道院教会堂の14世紀の断片（上図）がある。

エデンの園の知恵の樹とその誘惑者たる蛇から、モーゼの燃える茂みと青銅の蛇や、エゼキエルの幻の中に現れる鳥に似た熾天使や、イザヤの幻に現れる殺された仔羊に至るまで、旧約聖書には、動植物のイメージが豊富に登場する。新約聖書では、キリストは、葡萄、穀物の取入れ、野の百合、彼が導く羊などのイメージを借りた比喩や隠喩を用いている。そして新約聖書の最終巻には、世界の終末の黙示録的な預言の中に数多くの動物のイメージが集められている。

初期キリスト教美術の図像の大部分がよりどころとしているのは聖書であり、動植物の表現を促しているのも聖書であった。それらの細部は、しばしばユーモラスな〝端役〟として登場しているが、写本装飾画の縁飾りや柱頭彫刻や丸彫り彫刻やステンドグラスの窓の一隅に、格別の魅力を添えている。

5世紀の昔、動物物語集（半ばリアルに半ば想像的に動物を描いた暗喩的な博物誌の本）が、芸術家の情報源として用いられた。既知の動物については、動物物語集では、プリニウスやときにはアリストテレスの著作からとられたような、さまざまな典拠から抜萃されたかなり正確な記述がなされている。しかし、旅行者の話に記録されただけとか、想像上のみなれない獣は、しばしばびっくりするような属性を与えられ、きわめて秘儀的な象徴主義の口実を提供した。

架空の動物の中には、アンフィスビナ（身体の両端に頭のある有翼の蛇）がある。ギリシャ人には、これが、ペテンの象徴となった。中世芸術では、二つ目の頭が、しばしばどんな怪物にもつけられている。カラドリウスは、未来を予言する白い鳥であった。伝説的な動物の多くは、紋章の中に取入れられた。すなわち、グリフィン（ライオンの胴体に鷲の頭と翼をもつ怪獣）や飛龍や龍などである。不死鳥（フェニックス）は、身を滅ぼした火の灰の中から蘇る力をもつといわれるがゆえに「復活」を表すよく知られたキリスト教の象徴となった。

動物のイメージは、特にイギリスで、教会堂や大聖堂の僧席の裏にたたみこまれた持送りに盛んに用いられた。複雑な彫物が、座席の脚に物語を表現する中世の彫刻家たちの技倆を証明しているが、これらの彫刻は、年老いたあるいは虚弱な聖職者たちに、長い儀式の間、ある種の心の支えを与えた。

ステンドグラス画工は、聖書的な動物の象徴を用いる彫刻家たちの確立された伝統を受継いだ。4人の福音書記者の有翼の生き物はポピュラーであり、同じく、聖霊の七つの恵みを象徴した鳩、キリストの犠牲の象徴である過ぎ越しの祝いの仔羊もよく知られている。動物は、聖者の生涯を表した場面にしばしば登場する。たとえば聖ヒエロニムスは、その足もとにライオンをはべらせて描かれる。それは、よく知られた寓話によれば、ライオンの足にささったとげを抜いてやり、それからライオンはこの聖者の献身的なお伴になったからである。アッシジの聖フランチェスコは、中世時代にイタリアの町グッビオを襲った狼と一緒に描かれることがある。この聖者はのちに狼を手なづけたのである。

13世紀初頭の聖フランチェスコの説教は、動物の世界をそれ自体価値あるものと認め、神の創造物として考えるべきであることを人々に訴えた。しだいに、交易が拡大し、ヨーロッパ人たちがアジアやアフリカや両アメリカの中心部まで踏み入っていくにつれて、動物王国についての知識も増大した。13世紀、すでにルイ9世は十字軍遠征から象を持ち帰ってきた。15, 16世紀には多くのルネサンスの貴顕たちが動物園を所有していた。異国の獣の絵が添えられた新たに発見された土地の地図は、必ずしも正確とは限らないが、やはり情報源となった。これに照応するステンドグラス画家の技倆の発達は、動物をさらに確信して取上げ、象徴的役割を弱めてむしろ自然界に棲む存在としての比重を増し、かなり写実的な風景の中に描く傾向を強めさせた。たとえば、キリストの「降誕」には、しばしば写実的な羊や雄牛や他の農家の生き物たちが姿をみせている。神話的な動物はしだいに姿を消し、紋章の意匠や紋章を両側で捧げもつ

一対の役目として用いられるにすぎなくなる.

植物は,ステンドグラスにおいては,動物よりも豊富には描かれなかった.けれども,植物は文様に適応しやすいものであり,特に窓の縁取りでは,特定の象徴主義をぬきにして,広く用いられた.「エッサイの樹」でさえも,ステンドグラス画家にとっては芸術的意図をもっており,劇的な象徴主義と同じほどの重要性をもっていた.すなわち,樹の形は,枝と葉とともに主要主題グループの配置の構成そのものを提供し,その装飾模様によってデザインを完結させるのである.

ある植物は,教会の教義と不可分に結びついている.その図柄は,神学者たちによって教育のない人々を教化するのに用いられた.たとえば,葡萄の樹は,エッサイの幹とキリストの真の葡萄の樹と結びついて,いち早く「エッサイの樹」の概念に吸収された.百合の花は,広く聖処女の純潔さを表すものとして「聖告」に結びつけられてきた.百合の主題の想像力豊かな発展は,サフォークのロング・メルフォード教会堂の小さな窓ガラスにみることができる.百合は,磔刑を象徴している.その花房がキリストの周りに群がっている.十字架自体は生命の樹であり,説教家の創意豊かな精神のうちなる楽園の樹と結びつけられる.

16,17世紀のジェラルドとパーキンソンの植物標本の中の素描は,デザイナーに,ルネサンスとそのつぎの時代の著しく説明的な窓における正確な表現の手本を提供する.ヴィクトリア朝時代までに,福音書による物語といった主題(その多くは風景画を作る口実を与えた)を描いた芸術家は,動植物の写真といってもいいほどの再現的描写に技倆を発揮した.この感傷的な自然観は,また花や鳥の洗練された背景にも反映している.これに引続き,このような主題にある程度の様式化を与えようとするラファエル前派の試みは,ステンドグラスをもう一度,彼らにとって本筋であるものに引きもどそうとする関心,すなわち本質的に装飾的な芸術の,もう一つの例証なのである.

鳥は,菱形や正方形やダイヤの形のガラス・パネルによくみられる.上図の,現在はヤーントンのセント・バルトロミュウ教会堂にある15世紀の菱形ガラスには,当初旅籠屋にあったことを示す記銘がある.

中世芸術では,動物表現はしばしば誇張され,滑稽味を帯びる.たとえば下図の14世紀イギリスの動物物語集からのラクダの挿絵や,右図のグレート・マルヴァーン教区教会堂の15世紀の窓の「ノアの方舟」に描かれた動物にみられる.

寄進者の足もとに眠ったりあるいは横たわっている犬は,ゴウダのシント・ヤン教会堂の16世紀の窓にみられる平凡なモチーフである.上図,一つの窓の細部に描かれた犬の生き写しのポーズは,その当時広く行われていた写実主義の典型的な例作.ガラスの外側の面にほどこされた黄色の着色が,犬に褐色がかった色を与えている.

芸術にみる花の伝統

反復した花模様は,下図のもとエアフルト大聖堂にあり,現在ダルムシュタット美術館にある13世紀のドイツのステンドグラスにみるごとく,中世芸術の循環的な装飾的特徴の一つである.ゴシック時代に高まっていく自然主義は,自然の世界の直接的観察から興ったもので,その本質的な美しさは,当時の大発見の一つであった.

サウスウェル・ミンスターの13世紀の僧会館は,その柱頭を飾る,豊饒な,本物とみまごうばかりの樹葉で有名である.右図の装飾的なゴシックの石の葉が,高度に洗練された彫刻技術を示している.

描かれた植物標本はかつてステンドグラス画家にとって一般的な手本であった.色彩の清澄さ,デザインの単純さが,茜,ベラドンナ,スウィートピーの描写を特徴づける(上図,16世紀のフランドルの子供のための植物標本).

上図の,アルブレヒト・デューラーによる,1503年の有名な水彩画と,左図の,ケルン大聖堂の「受難の窓」の同時代の細部にみる,草花に対するより写実的なアプローチは,16世紀の初めまで行われていた伝統的な定型的技法から抜け出している.

紋章学の伝統

先祖伝来の紋章を盾の中央に体系的に使用するという紋章学は長い歴史をもっている．紋章の形式の記述のルールは，ノルマンのイギリス征服ののちまで発展しなかったとはいえ，盾に紋章を描くやり方は，古代ギリシャ・ローマにまで遡る．

身分・家系を証明する形式の体系として，紋章学は，西欧の中世的封建社会にその源を発した．この社会の支配階級の言語であった中世フランス語から，紋章学の命名法が発生したのであるが，なかには明らかに十字軍遠征の影響をじかに受けてペルシャ語にその語源を求められる名称もあった．幾世紀にもわたって，紋章学はヨーロッパ中に広がり，さらに海外移民と帝国主義の影響のもとに，アメリカ，アフリカ，オーストラリアへと伝播した．12世紀には，貴族と騎士が，自分自身と装備とりわけ盾を，明快な形と対照的な色彩を用いた単純な表徴を使って，識別しだした．11世紀のバイユーの綴織にはこのようなモチーフを描きしるされた盾をもつ戦士たちがみられるけれども，この時代のその用法には規則がなかった．世襲というのは，主として紋章の体系化にとって重要な作用をもったのである．第一にこのことは，端的に，ある家系を他の家系から識別するための表徴の連続性を意味した．

13世紀における顔をすっぽりとおおう閉じた大きな兜の出現とともに，紋章的な表徴が，戦場にあって戦士の識別を容易にするがために，実用的な機能を確立した．騎士が己れを認めさせんがための紋章の選択は，どう猛，高貴，熟練，敏捷さといった動物の属性を暗示するものによって左右された．かくして，のちに紋章の主たる構成要素として発展する盾の形に，実在や架空の鳥獣から武器に至るまで，ありとあらゆる種類や複雑さをもった紋章的なしるしが描きつけられ，あるいは装飾的にほどこされた．一つの盾の上にいくつかの記章を紋地の上に配列する手法から発展した単純な紋をつけた最初期の紋章から，盾を一つないし複数の線で分割する必要が生じた．これらの分割には，それぞれ，バー（盾形の中央の横線），チーフ（紋地の上部1/3の部分），ペール（盾形の中央の縦筋），ベンド（斜帯），シェブロン（山形）などといった名前がつけられている．1340年，盾は，紋章を帯びる者が権利として主張する二つあるいはそれ以上の紋章を示すために四分されるようになった．

やがてヘルメット（兜）も，馬上槍試合のために，騎士が兜の上に兜飾り（クレスト）という名でよばれる，はじめは皮製の，のちには木製の記章をつけたときには，識別の手段となった．危害や陽光から首を守るために，マント（兜の被布，ランブルカン）が兜につけられた．戦いの最中，このマントはしばしば破れ，リボン状に垂れさがったが，これは，騎士の勇敢さを証明する誇らしい記念のしるしであった．兜飾りとマントの間には，2色の渦形（トルス）がある．

騎士の紋章を描きこんだ盾と兜飾り，マント，渦形のついたヘルメット（兜）は，個人を識別する表徴の構成要素となった．これは，紋章（コート・オブ・アームズ）という名で知られるようになるが，この言葉は，中世の兵士たちが鎖かたびらの上に着用した家紋を縫取った外衣から派生した．したがって，紋章

しばしば細部まで描かれている軍隊の記録簿には，戦場や馬上試合に臨むにあたって帯びた紋章が記載されている．15世紀の紋章記録からとられた上図の部分は，試合中の戦闘騎兵と乗馬がつけた補助的な表徴を示している．

ステンドグラス工および同画家の信心会の紋章

イギリスのステンドグラス工（当時はグレーザー〈ガラス屋〉と呼称されていた）のギルドは，1634年に完全な紋章を認可された．ヘルメットと兜飾りの下の盾には，初期の職業上の道具である交差した鉄の平板と交差角の間につまった釘が描かれる．ライオンは，半身のデミ・ライオンの形でも表されるが，これは，王家の後援を受けていた時代を想い出させる．サポーター（盾持ち）の青年のもつ松明は，ガラスの焼成を暗示する．

盾は，紋章の中で最も重要な部分であり，もともと騎士の識別モチーフを描いた盾を想起させるものである．

もとは，中世の騎士の馬上試合の服装の識別用の道具立てであった兜飾り（クレスト）は，いまでは北欧・中欧の大部分の紋章の標準的構成要素である．

2本の絹紐をねじりあわせて作った色のある渦形は，14世紀に，ヘルメットに装着されたマントを保持し，兜飾りを支えるために導入された．紋章では，その機能は装飾である．

馬上試合の兜（ヘルメット）は，15世紀初頭，特に上流階層に属さない紋章に，広く用いられた．

戦士の兜の頂部から垂れ下っている被布のマントは，頭と肩を保護した．紋章に編み入れられて，時代時代の流行に従って，襞や折り目や，16世紀には樹葉形などに，発展した．

チャージ（紋章モチーフ）は，中世時代には，一般に単純化された動物や鳥であった．幾世紀にもわたって，チャージの性格は，多様化して，機関車などをも包含するようになり，あるいはここにみるようにガラス工の用いる釘や交差した鉄の平板なども用いられるようになった．

モットー（標語）は，古い家柄の勝ちどきから，ラテン語や各国語のあまり好戦的でない言葉に至るまで，さまざまである．ガラス工のモットーLucem tuam da nobis Deus は "神はわれわれに光を与えたもう" の意．

サポーター（盾持ち）は，その名が示すごとく，紋章を捧げもっている．動物や架空の獣や人間など，一般に1対の盾持ちがみられる．

コンパートメント（ここでは草地）は，盾持ちのためのベースとして用いられる．

LUCEM · TUAM · DA · NOBIS · DEUS

という意味のこの語は，防護用コートという意味をもっていた．

サポーター(盾持ち)は，一般に，動物か人間で，盾の両脇に位置する．これらは，イギリスでは，上院に列する貴族やナイト・グランド・クロス叙勲者といった人々に限って用いられるのがふつうであり，スコットランドやヨーロッパのある国々では，厳密に区別しないで用いられている．

紋章の盾のバックは地とよばれ，カラー(色彩)か金属(メタル)か毛皮のいずれかで表される．これらの色彩・金属・毛皮はティンクチュアー(色)と総称されるが，厳格な法則に従って用いられる．紋章は，元来，戦場で識別を容易ならしめるものであったから，赤(紋章学上はグールズと称される)，青(アジュール)，緑(ヴェール)，黒(サーブル)，白(アージェントないしシルヴァー)といった明瞭で強い色彩だけが用いられた．金(オール)，銀(アージェント)は，紋章学上は金属として規定されるが，これらも用いられた．ふつう用いられる毛皮の中には，白てん(アーミン)が白地に点じた黒い尾で識別される．もとはりすの毛皮を縫いあわせて作った毛皮紋(ヴェア)は，白と青の盾形を交叉に並べた模様である．毛皮が採用されるのは，おそらく，昔，盾が実際に毛皮でカバーされたことによるものであろう．

中世時代の紋章の単純な機能から，18，19世紀の洗練され，ときには濫用気味の調製に至るまで，紋章が大幅にステンドグラスに用いられ，その色彩とデザインの明快さによって，紋章はステンドグラスにまさにぴったりの表現手段なのである．

色

紋章の盾の地は，金属(メタル)，色彩(カラー)あるいは毛皮の，三つの色(ティンクチュアー)の一つをとる．その名称は中世フランス語とペルシャ語に由来する．金属のオール(1)とアージェント(2)は，黄色と白で表される．五つの主要カラーはアジュール(3)，グールズ(4)，ヴェール(5)，パープル(6)，サーブル(7)．図案化した毛皮には，白地に黒い斑点の白てん(8)やリス(ヴェア)(9)がある．

分割

一つの盾は，異なった色の地に分割できる．分割と色の組合せで，グールズとアージェントのバー・ペイル(縦2分割)(1)，オールとサーブルのバー・フェス(横2分割)(2)，オールとグールズのバー・ベンド(斜線による分割)(3)，オールとサーブルのバー・ソールタイア(X字形による分割)(4)，ヴェールとオールのクォータリー(十字形による分割)(5)，グールズとアージェントとアジュールのバー・ポール(Y字形による分割)(6)などがある．

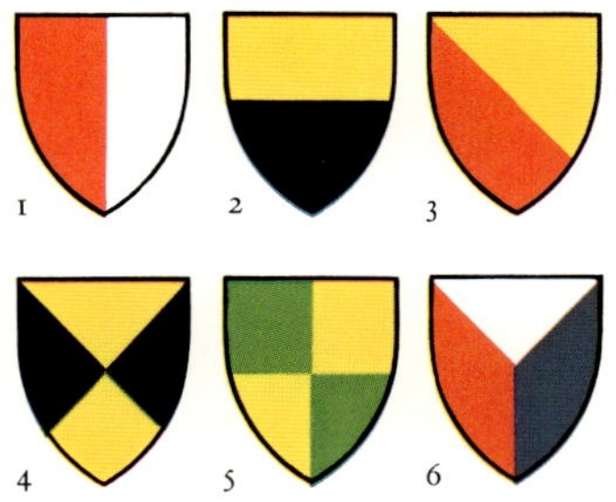

オーディナリーズ

オーディナリーズとは，盾の地に用いられる幾何学図形のチャージ．盾の紋章学的記述法は，第1番目に地のティンクチュアー(色)，つぎにオーディナリーズの名称とその色である．右図の盾は，アジュール・チーフ・アージェント(1)，オール・フェス・グールズ(2)，アージェント・ペイル・サーブル(3)，アジュール・ベンド・オール(4)，ヴェル・シェヴラン・オール(5)，アジュール・ポール・アージェント(6)，グールズ・ソールタイア・アージェント(7)，オール・クロス・グールズ(8)，オール・パイル・パープル(9)．

盾の形

紋章の主構成要素である盾(シールドないしエスカッシャン)は，13世紀の単純な形(1, 2, 3)から，14世紀のイタリアやドイツのより不規則な形(4, 5)まで，種々の形をとる．15世紀と16世紀の単純な盾(6, 7, 8)に続いて，17世紀のカルトゥーシュ(9)や19世紀の優美な線の盾(10)が現れた．

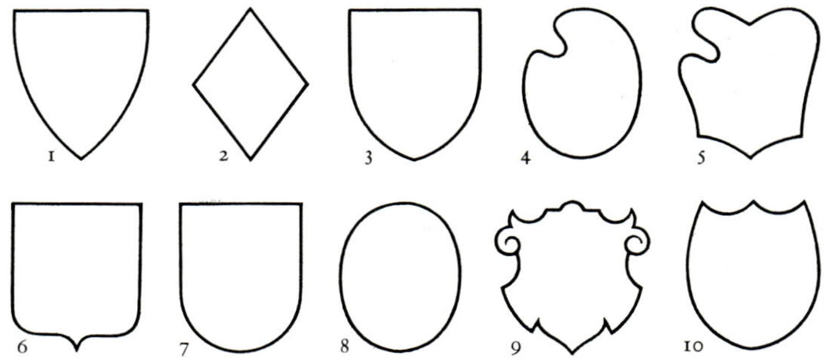

チャージ

盾は，生物や非生物などの図形によって装飾される(チャージされる)．一般的なモチーフのライオンは，しばしばパッサント(歩いている)(1)やランパント(立ち上っている)(2)の姿勢で描かれる．鷲も描かれる(3)．足のない鳥(マートレット，第4子の紋章)(4)，百合の花(6)，星形(9)，バラ(10)などが，子供の生まれた順位を示す分家の家柄を表す表徴として用いられる．帆立貝(5)は巡礼のバッジであり，五葉のクローバー(7)と城(8)は，しばしば自治都市の紋章に用いられた．

ヘルメット(兜)

樽形の兜(1)とスコットランドの郷士の兜(2)は13世紀の年代をもつ．15世紀には，馬上試合のヘルメット(3)が，条のあるヘルメット(4)にかわった．アルメット(頭を全部おおう兜)(5)は騎士と貴族が着用し，面頬でおった兜(6)は郷士が着用した．17世紀には，礼服(7)が盛行した．イギリスの貴族の紋章には，いくつもの兜が描かれる(8)．

公用の表徴(インシグニア)

公用の表徴(識)が，紋章に用いられることもある．たとえばフランスの元帥の指揮棒(1)など．宗教上の表徴は，尼修道院長の単純なパターン(2)や，イギリス国教の司教のストールと三角帽子(3)や，カトリックの司教の帽子と紐飾り(4)から，教皇の壮麗な三重冠(5)まで，数多い．宝冠は，王室の紋章に組み入れられている．たとえばフランスのルイ18世(6)やオランダの女王ユリアナ(7)の紋章など，市の紋章の中には市の城壁による冠(8)がある．

盾持ち(サポーター)

動物や人間などの盾持ちが，盾の両脇に立っている場合が多い．イギリス王室のライオンと一角獣(右図)は，動物の盾持ちの中で最も有名なものの一つである．最右図の白鳥のように，一つの盾持ちで支えられる盾が稀にはみられる．イギリス以外の地では一般的に用いられているが，イギリスでは，盾持ちは，貴族とある種の結社の特権である．

ガラスの紋章の芸術

強大な勢力をもつナッサウのヨハンネス1世と単純に描かれた彼のチャージ．14世紀のパネル，現在，ミュンスター州立美術館蔵．

ジョン・オブ・ガーントの紋章，セント・アルバンス大聖堂．

先祖の紋章をつけて，ケルンの大司教フィリップ・フォン・ダウンが，聖ペテロの足もとにひざまずいている．これは，彼が，ケルン大聖堂に寄進した16世紀の「聖ペテロとエッサイの樹の窓」に描かれている．豪華な衣裳をつけたこれらの人物に相対して，やはり当時の衣裳をつけた聖セバスティアヌスが立っている．右下のパネルに，フォン・ダウンの母方の家紋のうち，フォン・サルム家の名をもじった紋章がみられる．チャージは，名前の文字通りの意味"鮭"から作り出されている．

ステンドグラスの技術的芸術的展開をより深く理解しようとするのに紋章以上にすぐれた手段はない．紋章的な方法は，ヨーロッパのステンドグラスにきわめて早い頃に出現した．シャルトルにおいては，毛皮商のギルドが寄進した13世紀の窓に，一人の人物が，マントを手にしているが，その縫いあわせ方は，まぎれもなく，紋章の毛皮であるりす（ヴェア）のものである．また別の例では，装飾をほどこされた盾をもった騎士と紋章で飾った馬衣をつけた乗馬とが，側廊の窓に現れている．イギリスでは，ステンドグラスにおける紋章の使用は遅れるが，しかし14世紀に流行したときには，紋章は，寄進者を識別するのに広く用いられていた．

直截な紋章のためのポピュラーな選択は，家名をもじった紋章であった．これでは，チャージ（図柄）は紋章の持ち主の名前の文字通りの意味から生み出された．イギリスのシェレイ家の盾には，貝殻（シェル），ウェルウッド家の盾には，井戸から生えた樫の木が描かれている．家名をもじった紋章は，紋章の歴史の中でも当初から国際的なスケールでポピュラーになってきた．

戦士や領主や君主による早くからの使用をはじめとして，15世紀までに，紋章の模様は，教会や地主階級や自治都市当局や同業組合や研究などの機関，協会へと広まっていった．大きな窓をもった宮殿や郊外の居館の数が増すにつれ，私的なガラス窓の普及することが，直系の権威のしるしとしての家の紋章の使用を刺激した．当時の貴族たちが家紋を誇りをもって所有したことは，シェイクスピアの『リチャード2世』（第3幕第1場）のボリングブロウクの言葉が雄弁に語っている——

その間おまえたちは，わが領地を食いものにし，
わが猟園を勝手に共有地とし，
わが山林を乱伐し，
わが邸の窓にかかる先祖伝来の家紋をはぎとり，
紋章を削りとり，わが家柄を世に示すしるしは

……なに一つ残さぬ……

16世紀には，ヨーロッパの宗教改革の到来とともに，カトリック教義への激しい反動が宗教芸術の広汎な破壊をもたらし，その結果の一つとして，ステンドグラス画工が宗教的図柄をまったく払拭したガラスに注目した．紋章の窓が自律的に教会堂や私邸や公共建造物のために制作されだした．

200年間，スイスの職人は，世俗的なステンドグラスの生産において傑出していた．15世紀の終りから，彼らは家族や州やギルドの紋章を，しばしばハンス・ホルバインやアルブレヒト・デューラーなどの版画をデザインの手本としながら作り出していた．事実，ホルバインは，紋章の窓ガラスをデザインしたことが知られている．

寄進者の明示によって，世間的な見え張りが，キリスト教的な紳士の道に固有の謙譲のかわりに幅をきかせ，宗教的主題が，一群の紋章からその数を減じ，あるいはまったく姿を消した．虚栄心からとはいえ，16，17，18世紀の紋章の窓は，多くの同時代の「絵画的な窓」の鈍い不透明さと対照的に，色彩の豊かさとすばらしさを発揮している．これはおおかたは，紋章学上の色彩の使用が指示する紋章のティンクチュアー（色）の厳しい法則によって，ステンドグラス画工に課せられた要求を遵守した結果にほかならない．盾の分割やチャージがしだいに複雑になっていくのは，幾世紀にもわたるステンドグラス画工の天賦の才と芸術的技倆を証明するものである．またステンドグラスの美的性格も，あざやかな色彩と単純で大胆なデザインを要求する紋章の取扱い方の中にはっきりと現れている．

無地のガラスに被せた色ガラスの部分を除去する研摩の技法の最初の採用は，たとえばイギリスのテューダー王家の紋章にみるように，四分した盾の上に小さなチャージを描きこまねばならなかったために，必要にせまられたものと思われる．この場合，盾の2/4のパターンは，赤地に3頭の金の

テューダー王家の紋章．デヴォンのコーウィンク小修道院の16世紀の窓．現在，ロンドン，ヴィクトリア・アンド・アルバート美術館蔵．

フォン・サルム公爵夫人の紋章．ケルン大聖堂の聖ペテロとエッサイの樹の窓．

フェルディナンドとイサベラの牧師，枢機卿フォンセカの紋章，トレド大聖堂蔵．

ゴウダのシント・ヤン教会堂の16世紀の紋章．シルヴァー・ステイン（銀着色法）の黄色の星がみられる．

ライオンであるが，これは非常に複雑であるために，それぞれの色を鉛縁で結合するのはきわめて困難であった．文字通り，ベースの無色ガラスに至るまで，被せた色ガラスを摩耗させる研磨の技法によって，まずチャージのだいたいの形が無色ガラスの上に出現する．ついでチャージは，細部の図柄を描き加えられ，金を表す黄色が，ガラスの裏面に着色法（ステイン）によってほどこされ，かくして1枚のガラスに2色を重ねあわせた効果が現出する．モチーフの縁線が不規則なところでは，黒色の輪郭線をガラスの表面にほどこすことができる．

16世紀には，ガラスの上に引いてから黒色の着色材と同じように焼きつけるエナメルあるいはすりガラスの手法の発明によって，画家たちには，地の地色だけを彩色することができるようになっただけではなくて，人物や動植物の自然な色を写実的に表現することも可能になった．不幸にも，このエナメル着色法は多くの場合，耐久性が乏しく，18世紀の，地やチャージをもつ紋章ははげ落ちてベースの無色ガラスに戻ってしまっているのがふつうである．19世紀には，より有効な酸による腐蝕法が採用された．これは，地色をビチューム塗料で防蝕処理をして，露出した部分にフッ化水素酸をほどこす方法である．酸が色ガラスを腐蝕したらすぐに防蝕剤を除去する．今日では，それぞれの色彩を鉛縁でつなぐやり方が可能な限り用いられている．酸による腐蝕法やエナメル法は，あくまでも最後の手段にすぎない．

最もすぐれた紋章のステンドグラスでは，あざやかな色彩と明確な紋章の図案が，ステンドグラス画家の手で真価を発揮せしめられている．これらを自分の表現手段に加えるにあたって，鉛縁を用いて明確に輪郭線をほどこされた豊かな色面を駆使することによって，ステンドグラス画工は，紋章の科学から新しい芸術形式を効果的に作り出すのであった．

17世紀のパネル「ムーア女」，ストラスブールのギルドの間．

紋章マニア

15世紀末，隣あったスイスの町や州相互に，紋章のステンドグラスの小さなパネルを交換するのが慣しとなった．このやり方は，宗教的背景においてガラスが用いられるという伝統から，会議場や旅館や市庁舎やギルド館などに飾られるようになる出発点となった．つぎの200年間，スイスのステンドグラス工は紋章のステンドグラスの世俗的使用を専門とするようになる．

神聖ローマ帝国の表徴を旗印にしたチューリッヒ州の紋章（上図）は，チューリッヒ市の区の紋章に囲まれている．この円盤は，1585年，スイスのステンドグラス画工ハンス・リュッターによって制作された．

一連の州の紋章パネルの一つ，ギブルクの紋章（左図）は，16世紀初頭，スイスのステンドグラス画家ルーカス・ツァイナーの作．

時代の反映——建築

芸術作品は，二つのやり方で，それを生み出した時代を反映する．第一に，芸術家が無意識のうちに吸収した諸々の影響の結果として，構図やデザインの様式は，分析するよりははるかに容易に認めることのできる時代の証明を明示する．なにかがある時代ではなく一つの特定の時代に属しているという直観的な認識は，しばしば，形態の巧緻な神秘性に依存するほかはないということがある．それがために，成功した芸術作品は，物理的にそれを生み出した時代に属するが，しかし精神的には時代をこえるかもしれない．さらに外見からは，芸術作品は，同時代の建築や衣裳や諸々のものを描くことによって，その時代を反映できるのである．

その歴史を通じて，ステンドグラスは，ビザンティンの壁画の様式をもつ初期のステンドグラスや15, 16世紀のフランドル絵画の影響を受けた同じ時代の窓の細密な写実主義から，ルネサンス芸術を受継いだ古典主義への回帰のときに至るまで，同時代の絵画と併行して展開した．ルネサンスを中世芸術から画然と区別する遠近法的表現が，とりわけ建築の表現の中に反映している．

ステンドグラスは，その縁取りに関しては現実の建物に従属しており，そのデザインにおいても建築のイメージを反映する．建物がステンドグラスの窓の中に初めて描かれたのは13世紀である．それは，人物像を縁取る装飾化された天蓋あるいはがん（龕）の形で現れている．神秘劇の小道具のように，これらのがんは2次元的に表現されていて，遠近法を欠いている．イギリスやフランスでは，これらは一般に透明ガラスに描かれて，装飾的縁取りとしてと同時に光を取入れる工夫をして用いられた．

14世紀には，天蓋はしだいにより写実的になり，同時代の建築をより正確に写しだすようになった．グロスター大聖堂の14世紀の東窓は，建築構造と細部が描写されている窓のすぐれた作例である．14の小窓からなり，がんの中に収めた人物を横に5列に並べ，窓の幅全体は，ガラスの祭壇画のような観を呈し，天蓋の構造は大聖堂自体の建築様式を反映する．このような天蓋の展開はシルヴァー・ステイン（銀着色法）の技法的革新と以前よりもより大きな板ガラスが製造可能になったことから容易になったのではあるが，しかし，ステンドグラス画家が建築的プロポーションの原理をよく理解することができるようになったということを証明するものである．

人物像を取囲む単純な枠から，ステンドグラスの窓における天蓋は，しだいに幅を広げて2本の側柱で支えられるようになり，ときにはより小さな人物像を収めた副次的ながんが付け加えられた．はじめの単独の尖頭アーチは，数を増して複数の小尖塔や唐草模様の浮彫りのこぶし花をつけた天蓋となり，ゴシック的伝統にのっとってそびえたって，ときには窓の上の半分以上もの面積を占めている．ルネサンス芸術の影響を受けて，これらのゴシック様式の天蓋は古典建築の貝殻型のがんに置きかわり，1人の人物像を収めるというよりはむしろ窓全体の背景を形作っている場合がある．

16世紀，ステンドグラスの窓に描かれる建築は，同時代の建物の形をとることが増え，ついにはデザインの様式や構造を支

天蓋の展開

もともと尊像の壮厳化であり，しだいに採光手段となったステンドグラスの天蓋（右，上図）は，同時代の建築を写すようになった（右，下図）．13世紀のステンドグラスの人物像の上にかかげられた単純な形から，14世紀には，装飾様式の建築にみられるアーケードに類似した洗練された堂塔のような形に発展した．新たに考案されたシルヴァー・ステイン（銀着色法）で彩られたこれらの精巧なデザインは光を取入れたが，人物を小さくみえさせることがあった．しかし天蓋の水平方向の帯は，一群のランセット（細長い窓）を統一し，ともすると空間に漂い出すようにみえる人物像に枠取りを与えた．垂直式の建築様式はステンドグラスの天蓋の高さを助長し，垂直方向の印象は，しばしば小さな人物像が収められる幅の狭い側龕によって強められた．真鍮のような黄色は，ところどころ，明るい灰色か透明ガラスで置きかえられ，天蓋の構造は淡いシルエットを呈した．遠近法のマスターと，古典建築への回帰が，ルネサンス時代の天蓋を特徴づける．貝殻形のアルコーブ（入りこみ）をもった大理石の建物を写実的に表現して，その堅牢な外観は，縦に細長いゴシック様式の特色を否定した．

| シャルトル大聖堂 13世紀 | テュークスベリー修道院 14世紀 | エヴルー大聖堂 15世紀 | オーシュ大聖堂 16世紀 |

| リンカーン大聖堂，東ファサード 13世紀 | フライブルク大聖堂，西入口 14世紀 | チェスター大聖堂，内陣聖職者席 1390年頃 | ベネチア，パラッツォ・コルナロ，がん（龕），16世紀 |

援する意図をまったく失ってしまう．それ自体，絵画的構成全体の一要素に組入れられたのである．16世紀のヨーロッパをフランドルの画家たちが支配するに及んで，絵画的建築へと推移していく傾向を強め，ついにはたとえば，オックスフォードのユニバーシティ・カレッジ礼拝堂の，アブラハム・ファン・リンへ作の「マルタとマリアの窓」において，壁の大理石のすじ目の中に包含されてしまうに至って，完全に絵画化した．

奥へ後退していくアーケードや窓をもつ写実的な建物の中に人物を表すことから，人物を風景の中の建物によって取囲んで表現するやり方（フランドル絵画をもう一度想い起させる背景）に移行するには，ほんの一歩踏みこめばよかった．16，17世紀の窓の魅力的な情景の多くは，都会や田舎の建物や当時の田園の印象をほうふつとさせる．

19世紀には，ゴシック建築がもう一度ステンドグラスの中に描かれたが，それは昔の天蓋の紋切型の模倣にすぎないことが多い．ステンドグラスにおける建築的形態の創造的開発へと眼を向けたのは，ラファエル前派であった．彼らはそれらを構図全体にとけこませ，窓の建築的場面と窓のデザインそのものの間に調和を作り出した．

20世紀，現代のステンドグラスはほとんどすべての可能性をもってきた．現代の建築を反映するというよりは，建築自体に不可欠な一部になりきっている．コヴェントリー大聖堂の「洗礼の窓」やリヴァプール大聖堂の明り窓や，西ベルリンのカイザー・ヴィルヘルム記念教会堂のガブリエル・ロワール作のガラス壁（ダル・ド・ヴェール）が，その作例である．

デルフトの町の尖塔と屋根，そしてその向うの水没した平原に浮かぶ平底の舟が，ゴウダのシント・ヤン教会堂の「ライデンの救援の窓」に細かく描かれている（上図，部分）．1574年のスペイン侵攻軍に対する勝利を記念して1603年に制作されたこの窓は，オランダのステンドグラス画家の絵画的アプローチを例証する．

アブラハム・ファン・ライへによって珍しく冷たい色調で制作された，オックスフォードのクライスト・チャーチ大聖堂の17世紀の窓は，後悔に包まれたニネヴェの町の前に無念の思いで座るヨナを表している（右図，部分）．人影がなく不気味なこの町は，細密に描かれているが，特定の建築様式を指摘できない．

時代の反映──日常生活の情景

1月，祝宴と奏楽．フランス，16世紀末，ルーアン地方美術館蔵．

2月，炉辺で暖をとる．イギリス，15世紀，グラスゴー，バレル・コレクション蔵．

3月，樹の枝はらい．イギリス，15世紀，ノーフォーク，ブランディストン・ホール蔵．

中世のステンドグラス画工は，神聖な事象の象徴的あるいは絵画的な場面を描き出したとはいえ，紀元1世紀の東地中海から，彼らが生きた時代のヨーロッパに舞台を移さなければならなかった．そうするうちに，彼らは同時代の世俗的世界を描き表すのであった．

初期のステンドグラスにおいては，日常生活の反映は，たんに宗教的な主題をより直截にわかりやすくするために偶然に取上げられたにすぎない．したがって「降誕」の場面では当時の建物や農家の道具のこまごまとしたものが偶然に表現されたりした．ガラスのサイズや色彩が限られたから，これらの細部は活写したものではなく様式化されており，その背後にひそむ象徴的意味を強調するためにしばしば尺度を無視して表された．

バークシャーのイースト・ハグバーン教会堂の14世紀の「降誕」のステンドグラスは，初期の画工たちが物語を表すのにいかに最小限の細部を用いているかを例示している．単純な縁取りの中に，聖母子が粗末な寝台に横たわり，その手前に食器棚のような秣桶が置かれている．この場面全体は青いひし形の地紋を背景にして，2次元的に描かれている．

15世紀のステンドグラス画家は，しだいに強まる同時代の絵画の写実主義の影響を受けて，より写実的なデザインを試みている．これは，次の世紀にはエナメルの着色材料によって促進された発展の一つの方向である．芸術家の世界の高度に絵画的な表現は，シモンの家のキリストを表した．現在ロンドンのヴィクトリア・アンド・アルバート美術館にある小さな16世紀のフランドルの小円盤（小円窓ガラス）によって要約される．この小円盤は，エナメル着色材の使用に関する技術的完成の極を示すものであるが，16世紀初めの富裕階級の食堂が，完璧な遠近法によって表されたテーブルから美しく襞を垂れている掛布や背景の彫刻のある軒蛇腹に至るまで，どのように家具調度が整えられていたかを正確に示している．

中世時代の日常生活や慣習を垣間みようとすれば，職人の同業組合によって寄進された窓をみればよい．あるいはまたさらに意外なことに，初期教会時代の聖者たちが世人の訴えによって死に追いやられた野蛮なやり方を描いた窓をみればよい．同業組合の窓では，小さなパネルに寄進者たちの職業が示されることが多い．聖者の窓では，皮剥ぎのナイフ，斧，焼網といったさまざまな道具は，責め具として描かれ，あるいはおだやかに殉教の表徴として聖者がもっている．

しかし，世俗世界が現実に北ヨーロッパの教会堂や家庭内のステンドグラスの中に登場したのは，月々の仕事を表したパネルによってであった．一年のうちの各月に割りふられた労働で，地方，国の慣習によって違いがみられる．唯一の社会的記録をなす，生き生きとまたしばしば魅力的に記録されたこれらの労働は，農民の活動も貴族の活動も等しく詳細に描き出している．これらの仕事図は，時禱書として知られる写本装飾画のポピュラーな主題であり，裕福なパトロンによって注文された魅惑的な挿絵本は，ステンドグラスのデザインの源として画工たちによって採用されたに相違ない．

「月々の仕事」は，一般に個人の住宅やカレッジやギルド館などの小円窓ガラスか小さなパネルに描かれたが，教会堂のた

7月，刈入れ．イギリス，15世紀，ノーフォーク，ブランディストン・ホール蔵．

8月，収穫．フランス，16世紀末，ルーアン地方美術館蔵．

9月，葡萄摘み．イギリス，15世紀，ノーフォーク，ブランディストン・ホール蔵．

4月，狩猟．フランス，16世紀末，ルーアン地方美術館蔵．

5月，草刈り．フランス，16世紀末，ルーアン地方美術館蔵．

6月，中庭での沐浴．イギリス，15世紀，ノーフォーク，ブランディストン・ホール蔵

めに制作されたものもあった．これらはしだいに洗練された様式のものになり，16世紀までには，当時の農業や家庭内での諸道具，設備の表現に関して高度の正確さと洗練された細密描写を示している．

中世の日常生活の印象は，冬の日の炉の上でぐずぐず煮え立っている大釜とか，裁縫をする人の枝編みの籠などの，数少ない単純な小道具によって表現される．16世紀の宮廷生活と田園生活との諸場面が対照的に詳細に描かれ，様式的には，エナメル着色材の使用によってもたらされた自由闊達な筆致がみられる．数多くの人物の姿がより小さく描かれ，風景や建物により多くのスペースを与え，同時に行われている他の活動を描きこむ．5月の草刈りの場面の背景では，裸の人たちが河を泳ぎ渡っている．宴会場で貴族たちが一月の新年会のあとでくつろいでいる場面では，音楽師たちや球乗りや綱渡りの猿が演じている．

現代の窓は主として抽象的デザインであるために，こうした具象的な世俗的細部は，20世紀のステンドグラスでは比較的稀である．しかしアメリカの画家ポール・マリオニの多くのステンドグラスには，飛行機，自動車，洗面器といったまぎれもなく20世紀のイメージが描かれている．おそらく20世紀生活の反映の最高の好例は，オハイオのレストランのためにウィンテリッチ工房が作った窓であろう．各窓にはポピュラーなスポーツが描かれている．ある窓には，大きな肩あてをした巨大なアメリカン・フットボールのプレイヤーたちが描かれる——それは，中世やルネサンスの月々の仕事に劣ることなく，創造された固有の時代を呼び起す．

象徴から事物へ

初期のステンドグラスにおいて象徴的ないしは叙述的な手立てであった日常的な事物は，しだいにそれ自体，存在価値のある主題として興味の対象とみられるようになった．カンタベリー大聖堂の「カナの祝婚の宴」のメダイヨン（左図，部分）では，水瓶が，13世紀のステンドグラスの特徴として，ぶっきらぼうに描かれている．これと対照的に，16世紀のシャロン・シュル・マルヌのノートル・ダム・アン・ヴォー教会堂の「マリアの降誕」（右図）では，構図の重要な部分は，聖アンナの豪華な寝床である．

10月，種播き．イギリス，15世紀，ロンドン，ヴィクトリア・アンド・アルバート美術館蔵．

11月，あられを避ける．イギリス，15世紀，ノーフォーク，ブランディストン・ホール蔵．

12月，祝宴．イギリス，15世紀初頭，ロンドン，ヴィクトリア・アンド・アルバート美術館蔵．

時代の反映──ファッション

13世紀から17世紀まで、ステンドグラスに描かれた人物像はしだいに同時代の衣裳をつけて表されるようになった。上に並べた図はこれらの時代のヨーロッパの衣裳の変遷をたどったものである。

13世紀
フランス（1, 2）、イギリス（3, 4）

14世紀
イタリア（5, 6）、イギリス（7, 8）、フランス（9）

15世紀
イタリア（10, 11）、フランドル（12）、ブルゴーニュ（13）、ドイツ（14）、ベネチア（15）

16世紀
イタリア（16）、イギリス（17, 18, 19）、フランドル（20）、スペイン（21, 22）、フランス（23）、イギリス（24）

17世紀
スペイン（25）、フランス（26）、イギリス（27, 28）、オランダ（29）、フランス（30）

11, 12世紀の単純な様式化の強い窓から始まって、ステンドグラスが、創られた時代のファッションを反映していることがしばしばある。

最初期の叙述的な窓のステンドグラス画工は、容易に識別可能な人物像を描くことをねらい、そのためにこれらの人物の衣裳の細部についての注意は二の次にされた。衣服のある部分を表すとしても、人物の地位を指示するに足るものと考えられた。たとえば司教はいつも三角帽子を被り、王は冠を着けたが、彼らが登場する状況にはおかまいなしであった。その結果は、きわめて装飾的ではあっても、初期のステンドグラスであればそれだけ、まったく紋切型の表現となった。画工たちは、個性というよりは類型を描こうとしたのである。

12世紀末までに、西欧と東方の要素を総合した特別な世俗的な服装が作り出された。これは十字軍の時代であり、西欧の服装に対する東方の全般的影響の結果、社会のあらゆる階層の人人にとって、これまで見たこともない外見を呈した。これが当時のステンドグラスに反映した服装なのである。女性は長いローブをつけ、公衆の前ではきまってヴェールをするか頬を隠した頭布をかぶった。男性はしばしば長い"尻尾"のように先が伸びているフードのついただぶだぶの袖なし外套を着用した。この"尻尾"はのちにリリパイプに発展した。

13世紀末から15世紀末まで、細長く伸びたスタイルが流行した。これは先端の尖った帽子とドレスを組合せたエナン hénin によって最も明らかに例示されるが、ゴシック建築によって実現されたそびえ立つ上昇性に対応するファッションにほかならなかった。15世紀末には、この様式に続いて、建築と衣裳の横幅を強調するスタイルが現れた。たとえばウェストミンスターのセント・マーガレット教会堂の16世紀の東側にみられる貴婦人が麗々しく被っているイギリスのチューダー王朝スタイルのフード（被り物）は、当時の住宅の破風に類似している。同様に、ヘンリー8世治下の詰物をしたような大仰な衣裳は、テューダー朝建築の堅牢性を反映する。靴もまたこの時代に形を変えた。ポーランドから来たといわれている長い"クラコウ"（その先端の長さは地位を表しており、それをはく貴族は膝の高さにまでそびえ立たせていた）は、より横に幅の広い、角型のつま先の靴にとってかわり、それは16世紀末まで一般に行われていた。

15世紀末までに、交易が施行が盛んになった結果、他の国々の衣裳の情報はヨーロッパのステンドグラス画家に知れわたっ

左図の公爵夫人の衣服の頭飾りで強調されるすっぽりと身を包んだ外観は、中世の衣裳の東方の影響を示す。この14世紀のパネルはバイエルン地方のゼリゲンタル修道院のもの。

柔かい襞の垂れる、しなやかな毛織物の衣裳"スカーレット"を着た2人の人物（右図）。スイス、ケニクスフェルデンの14世紀の窓。

1450年頃から1520年までドイツの中、上流階級の女性に大いに愛好されたのは、ビロードや皮やどんす製の男っぽいスタイルのベレー帽であった。帽子のつばは、上図のように、帽子の山の部分にピンで留めるか、帽子の自然な曲りにまかされた。この部分図はハプスブルク王家の妃マリアで、16世紀半ばのステンドグラスによる。現在、ニュルンベルクのゲルマン国立美術館蔵。

ブルゴーニュの田舎の人々は、粗末な毛織か麻地の典型的なだぶだぶの衣服を着て、村の菩提樹の周りで踊っている（左図）。この15世紀末のパネルは、現在、ブールジュ美術館にある。

ていった．この情報は，ときには誤報もあったが，聖書に出てくる預言者や高位聖職者といった人物の表現を変え，彼らにパレスチナ人の伝統的な衣服を着けさせることとなった．ステンドグラス画家は，また，イタリアのルネサンスの画家たちの素描力の影響を受けた．衣裳の描写はより写実的になり，衣裳は人物の身体を包んで本物らしく表現されるようになった．

切りこみのある袖と半ズボンのドイツやスイスのスタイルは16世紀を通して流行し，次の17世紀にも行われた．16世紀半ばから，スペインの宮廷で着用された礼服の形が優勢になった．この時代は，フォーマルな襞襟と，硬いトルソ（胴着）とふくらませた腰と骨輪で広げたスカートの時代であった．

17世紀半ばには，膝までの長さの半ズボン，幅広のブーツ，ふんだんに羽根をあしらった帽子と垂らした襟という生粋のフランス衣裳が，内乱の時代のチャールズ1世の王党員たちによってイギリスでも取入れられた．その対抗者たる清教徒たちは，当時のオランダ人の服装に似たあまり飾らない衣裳をつけていた．17世紀後半になると，かつらと三つ折りの帽子，ぴっちりとした半ズボンとストッキングにチョッキとコートを着用する新しい服装が，イギリスとフランスで確立された．

ステンドグラスの中で服装を写実的に描く傾向は，18世紀末に，古代ローマのスタイルを回想させるような飾り立てたローブ・デコルテをつけた女性像を表す大構図によって頂点に達した．その後，ラファエル前派は，デザインの源泉を求めて，中世時代とりわけ15世紀に回帰したが，それは過去の盛観を少しでも取戻そうとする努力であった．この中世主義的アプローチは，ダンテ・ガブリエル・ロゼッティによるデザインから1862年頃にウィリアム・モリスの工房によって制作された「ゲオルギウスと龍の窓」（現在ロンドンのヴィクトリア・アンド・アルバート美術館蔵）によって例示される．

20世紀の数多くのステンドグラスの抽象的デザインには，衣裳をつけた人物の入りこむ余地はない．聖書場面の比較的わずかな具象的な表現において，登場人物は，中世時代の叙述的窓の影響のもとに，たっぷりとした衣服をつけて描かれるのがつねである．たとえばウェストミンスター・アベーのヒュー・イートン作の「バトル・オブ・ブリテンの窓」のように，現代の服装をつけて人物が現れるのはごく稀にしかない．将来は，ステンドグラスのただでさえ乏しい作例から20世紀の衣裳をみつけだすことはほとんど不可能であろう．

第2次大戦中のロイヤル・エア・フォース（イギリス空軍）のサージの青い制服を着たパイロットがウェストミンスター・アベーの「バトル・オブ・ブリテンの窓」に描かれている（下図）．1947年，ヒュー・イートンによって制作されたこの窓は，1940年夏の大ブリテン攻撃の際に戦死した空の勇士を記念するものである．

半ズボンの腰から膝にまで達する縞状の誇張された切りこみは，16，17世紀にヨーロッパの兵士たちに特に好んで取入れられたスタイルであった．上図，ドーヴァーのメゾン・ディウの19世紀の窓の若者は，切りこみのある半ズボンの上に胴よろい型の胴着を着けている．

羽根で飾り立てた帽子，大きな垂れた襟，鈍黄色のもみ皮の胴着と半ズボンに幅広いブーツは，イギリスの市民戦争中に王党派の連中のいでたちであった．上図，1645年チェスター包囲戦の際にチャールズ1世を支持したウィリアム・オブ・チャートンが，チェシャー，ファーンドンのセント・シャド教会堂の同時代の「王党派の窓」に描かれている．

変貌する肖像芸術

写実的に似かよっているという意味での肖像画は，中世芸術にはまったく存在しなかった．ステンドグラスにおいては，ある点ではこの表現手段の技法的特性からの要請によって決定されるのであるが，初期の作例にみられる単純な線による表現は，すべての顔を大胆に様式化して表す傾向があった．なぜならば，描かれた人物の目鼻立ちは，そびえ立つ高さにある明り窓の中でもはっきりとみえなければならないからである．その時代の宗教的立場からも，個人の写実的肖像は生まれなかった．

ルネサンスと宗教改革は全般的に芸術的態度を変化させ，肖像画も例外ではなかった．人間主義の新しい原理が個人としての自己意識を高め，この個性化が肖像画に反映している．ホルバイン（子）やレンブラントらを含む16, 17世紀のすぐれた肖像画家は，明確な個性の表現を作品の中に実現すると同時に，その後の肖像芸術の発展に深い影響力を及ぼすことになる透徹した写実主義を確立した．

中世時代には，ステンドグラスに描かれた肖像は，司教やほかの聖職者や王侯や窓の寄進者のものに限られた．本人に似ることはまったくなく，人物たちを識別するには大幅に衣服，記銘，背景に依存した．16世紀になるまで，形似性を重んじたステンドグラスの肖像は作られなかった．窓は，しだいに油絵の模倣となり，これがステンドグラスの伝統的芸術の衰退をうながす気運の中で，ステンドグラスの肖像画の写実性と描写の繊細さが可能となった．

着色エナメルによる画法を含めて，この技法上の変化は，教会堂の窓の熱烈な帰依のモチーフがしだいにその数を減じていったことと一致している．より好まれたのは，肖像画を通じて，生存中の寄進者とか，国王や王妃や貴族，戦士，聖職者，商人といった近く物故した高位貴顕を記念することであった．ステンドグラスの中に世俗的な主題を描く傾向は，ある種の宗教的画像を禁止し，それに伴って祈りの場において芸術作品を制限するという措置に出ることとなった宗教改革によって強められた．

新しい写実的なアプローチは，ステンドグラスのデザインの準備のために肖像画家や画家が協力し連座することによって大いに促進された．オックスフォードのマグダレン・カレッジにあるチャールズ1世とその妃の美しい画像は，17世紀の肖像画家でありステンドグラス画家であり模写の専門画家であったリチャード・グリーンベリーの作品である．同じように，ケンブリッジのトリニティー・カレッジ図書館のためのアイザック・ニュートンの徹底して写実的な肖像画は，イタリアの版画家ジョヴァンニ・バッティスタ・チプリアーニによってデザインされた．

この時代のステンドグラスの肖像画の正統性は，しばしば，他の表現手段による同一主題の絵画が存在することによって証明することができる．たとえば，ニュルンベルグのザンクト・ゼバルド教会堂の16世紀の窓のマクシミリアン1世のステンドグラスの肖像画の形似性は，アルブレヒト・デューラーによるマクシミリアン1世の2枚の油彩による肖像画によって裏づけられている．

19世紀の写真機の発明とともに，ステンドグラスでパトロンや同時代の有名人や窓の寄進者の物故した親族の肖像画を描き表すことは容易になった．写真から作品を作り出すやり方は，ある点では興味深いが，またむしろ恐ろしい結果を招いた．イギリスでは，第1次大戦後，多くの記念の窓が，聖ゲオルギウスの愛国的主題を用いて制作された．これらのうち，あるものは，聖ゲオルギウスの英雄的な顔に，窓によって顕彰される兵士の顔が使われた．あるいはまた別の例を挙げれば，聖アンナと聖処女マリアを描いた場面で，聖アンナの顔に，窓が注文された当の故人となった婦人の顔が用いられる．こうした場合，つねに，人物の頭部と，それ以外の部分の定型的なスタイルとの間に，描画上の大きな違いがみられる．頭部は，モデルの写真から描き出した，商業的ステンドグラス工房の中でも最高の地位をもつ，"フレッシュな画家"の作品に違いないからである．

1950年代になると，この嘆かわしいやり方は，カンタベリー大聖堂でも行われた．北袖廊の西壁のニニアン・コンパー卿作の窓には，イギリス王室のメンバーが，カンタベリー大司教ジョフレー・フィッシャー博士とかノーフォーク公などを含む当時の有名人に取囲まれて描かれている．胴体の上にぎこちなくのっている頭部は，デザインの大きさやステンドグラスのモニュメンタルな造形手段における頭部肖像に固有な手法を少しも理解することのない肖像画家が，写真によって描いたものである．これはステンドグラスの"写真的"肖像の最悪の例である．

大戦後のステンドグラスの多くが抽象的であるために，幸いなことに，このような異常事態は稀になった．寄進者や著名人を讃える窓でさえも，一般に，写実的な形似性をねらったものはなく，肖像芸術は，現代ステンドグラスではすっかり姿を消している．

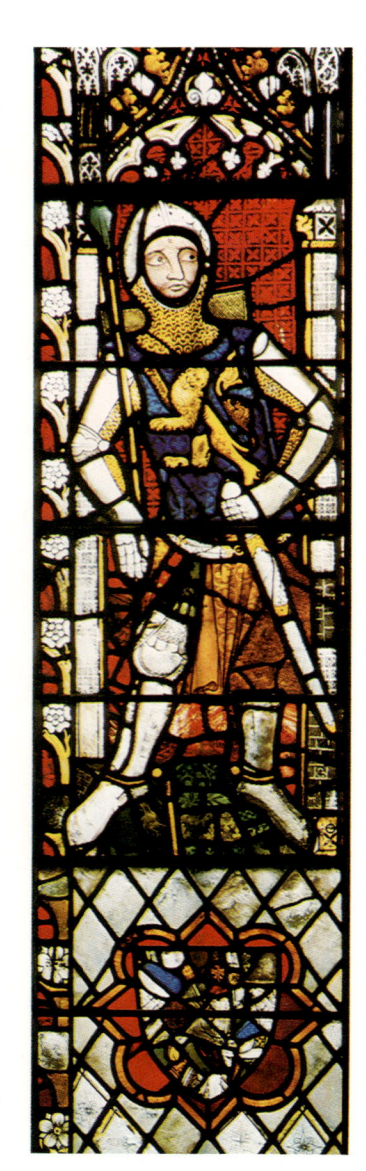

14世紀の様式化された肖像画の好例である騎士像（上図，グロスターシャー，テュークスベリー修道院の窓）は，その衣服と紋章から氏素性がわかる．この人物は，テュークスベリーの領地を所有したド・クレール家とル・デスペンサー家のメンバーを表す窓に描かれた4人のうちの1人である．

ニュルンベルクのザンクト・ゼバルト教会堂のマクシミリアン皇帝の16世紀のステンドグラスの肖像は，個々の人格の正確な肖像表現における中世以後の発達を証明するものである．アルブレヒト・デューラーの手法でデザインされ，この地方のステンドグラス画家の家系から出たファイト・ヒルスフォーゲルによって制作されたこの作品の形似性は，右図に示すデューラー自身によるマクシミリアン皇帝の素描によって裏づけられる．

ルイ13世の肖像が，フランスの歴史の街トロワの，現在は市立図書館にあてられている17世紀の建物の世俗的なステンドグラスの窓に描かれる．このルネサンス様式の肖像画の縁飾りには，甲冑やヘルメットや武器が細密に描かれる．

ハンプシャーのヘイル教会堂の窓の聖書人物ヨシュアの英雄的な顔（右図）は，実際は，ボーア戦争で倒れた士官を記念する肖像画である．この窓は，個人を聖書ないし聖者の物語の中に描き出すことによって故人を顕彰する一例である．

20世紀最悪の写真方式の肖像は，1954年，ニニアン・コンパー卿によってデザインされ，ケントのフリーメイスンによって寄進された，カンタベリー大聖堂の窓が，端的に明示する．ここには王室のメンバーや1937年と1953年の戴冠式に関係のあった高官や聖職者たちが描かれている．下図に国王ジョージ6世とエリザベス王女がみられる．

キリストの先祖のうちのルツとボアズが，ガーンジーのセント・ピーター・ポートのセント・ステファン教会堂の「エッサイの窓」（上図）に表されている．この窓は，1864年にウィリアム・モリスとフィリップ・ウェッブによってデザインされた．モリスは，この窓でルツの顔に，彼の妹メイの素描（右図）を巧みに取入れている．この素描は，ラファエル前派のロマン主義的なスタイルの特徴を例示する．

ステンドグラスの捧げ物

チューリッヒの国立美術館蔵の16世紀のスイスの作品に描かれた，同国の英雄ウィリアム・テルは，自分の息子の頭の上のリンゴをねらっている．遠景にルツェルン湖がみえる．

1887年ヴィクトリア女王の50年祭が，ウースターシャーのグレート・マルヴァーン小修道院から出たパネルにおいて祝賀されている．ウェストミンスター・アベーにおける女王と外交使節の姿がみられる．

トロワ図書館の17世紀のパネルにおいて，ナヴァール公アンリは，フランス宗教戦争の際にスペイン軍がパリから追い出されるのを満足気にみている．

カナダ・インディアンに虐殺されたフランスの宣教師イザク・ジョグが，指を切断された姿で，ニューヨーク，セント・パトリック大聖堂の，ポール・ウッドロフ作の20世紀のパネルに描かれている．

　イングランドの女王マティルダは，1153年の王女の結婚に際し，お祝いにステンドグラスを贈った．しかし，このような記念のステンドグラスは，中世初期には例外であった．当時，採光という機能に加えて，ステンドグラスは，新しい教会堂ないし大聖堂の建物を完成させるに必要な方策にすぎないと考えられていたからである．建物自体は聖書を記念するものであったが，そのステンドグラスは，その彫刻や木彫りや壁画と変ることなく，とりたててなにかを記念するという役割をもたなかった．

　中世時代のステンドグラスにおいて追悼に価するとみなされて選び出される数少ない人々の中には，聖者，とりわけ教会堂が献ぜられた聖者や，創設者や寄進者があったが，いずれもできるだけ目立たないように描かれた．ときには窓がある著名な人物や事件を記念することもあるが，これらは明らさまに描写されることはなかった．たとえばグロスター大聖堂の大きな東窓は，一般に，1346年のクレシーにおけるイギリス軍の勝利を記念するものと信じられているが，戦闘場面が描かれているわけではない．

　15世紀以降の世俗的権力の増大とともに，窓において強調されるのは，キリストの御業あるいは聖者の業績を讃えることから，当時の人々の信心，善行，自尊心を記念するものに変貌し，16世紀になると宗教的事象が影をひそめることさえあった．この時代にはまた，プロテスタントの宗教画像の忌避の結果，世俗的主題の窓が著しく増大した．歴史的主題は，比較的害のないものとみられて，ステンドグラスに広く受入れられた．歴史的パノラマを描いた窓で最も目をそばだてるものの一つは，ゴウダのシント・ヤン教会堂の「ライデンの救援の窓」である．1574年スペイン軍に攻囲されて，ライデン市民は，オラニエ公ウィレムの指揮のもと，あえて堤防を破壊して町を水没させて，糧食をボートで配らなければならないようにした．風車や糧食を運ぶボートなど，あらゆるものがこまごまと描かれている．

　記念的窓の寄進が盛んだったのは17，18，19世紀であり，今日もなお続いている．ワシントン大聖堂における，ジョージ・ワシントン，ロバート・E・リー，フローレンス・ナイチンゲールといった著名人を讃える窓から，マルク・シャガール作の海難に遭った若い女性の記念の窓に至るまで，数多くの作例が拳げられる．ケントのタデレー教会堂のサラ・ダヴィドール・ゴールドスミドを記念する窓は，サラの乗馬好きを反映すると同時に静穏で幸福な感じを表現するところの，赤い馬に少女が乗っているイメージなどを含めて，いくつかの回想的な映像を適当に織りこんでいる．

　歴史的であるとともに記念的な作品が，20世紀に入っても，やはりケントのペンシャースト教会堂に実現されている．この窓のステンドグラスは，この教区の800年間の村の生活を記念して，1970年に制作された．最初に着任すべき聖職者は，カンタベリーの大司教トマスであり，その殉教の数週間前に就任したのであった．この聖者の姿が窓の最下部に描かれた教会堂のそばにみられ，その上方に彼の暗殺が描かれている．一群の人物像，紋章，教区民にとっての重大事件の数々が，地方史を綴っている．

　これと対照的に，コヴェントリー大聖堂のステンドグラス群では，格別に記念的なものを指示するものがない．1950年代に注文されたことから，神の大いなる頌讃のために建築的な構成を完成させるというステンドグラスの最初期の目的への回帰が運命づけられたのである．

国連事務総長であったダグ・ハマーショルドを記念して，ニューヨーク国連本部ビルのために，マルク・シャガールは，青い光がさざめき，平和の主題に結びつくさまざまな映像からなるこの窓をデザインした．

イギリス本土空襲とイギリス空軍の戦死者の記念のために，ウェストミンスター・アベーに，ヒュー・イートンのデザインにより，1947年に設置された右図の窓は，68の飛行中隊のバッジを組合せている．

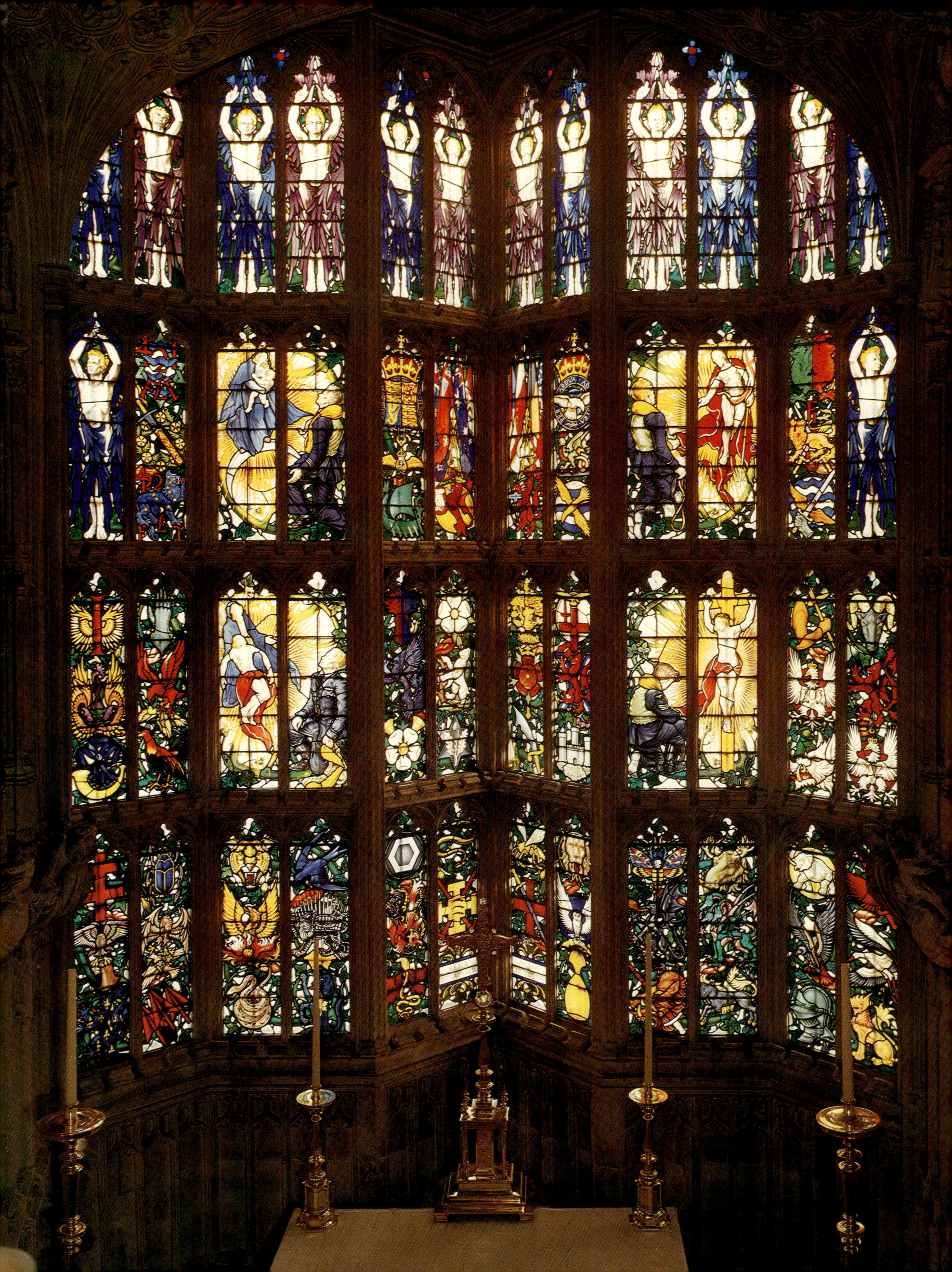

芸術と芸術家

　大芸術家の概念には，めったにステンドグラス画家は含まれることはないが，この巨匠という概念が，ステンドグラスの衰退を予告する時代であるルネサンス期に発展した．ルネサンス以前の彫刻家，ステンドグラス画工，画家は，いずれも自他ともに職人とみられていたが，彼らは，仕立工，靴屋，パン屋やその他の商人と，職業上，同等の階層に属していた．手仕事から切り離せない芸術は，なんら特別の意味をもたず，芸術家は，めったに作品に署名をせずに，芸術的没我の伝統に甘んじていた．彼らは教会の従僕にすぎなかった．市民階級や宮廷の後援は，14世紀に至るまで，一般化していなかった．そしてその時期が到来しても，お気に入りの芸術家が宮廷に登用された場合，彼の成功は，創造的能力というよりは，王様を喜ばせる才能により大きく依存していた．しかし，ルネサンスにおける人文主義的理想が叫ばれた結果，芸術家の低い地位は変化した．神聖な霊感によって信望をあつめ，教養豊かなエリートたちからもてはやされて，造形芸術家は，詩人や科学者や学者や哲学者と同等になった．

　ルネサンスの個性崇拝と中世の匿名性の伝統との対照から，中世芸術の過小評価と非人間化とが生まれた．文字通り作者の名前がわからないために，ステンドグラスを含めて中世の芸術作品は，芸術的画一性を非難されてきた．けれども，迷信的な敬虔の画一的な表現というよりは，中世の芸術作品は，ステンドグラスからフレスコに至るまで，別趣の烈しさやユーモアや抒情性あるいは献身によって際立ったものであり，かくして，その名がつまびらかではないといえ創造者の個性を反映しているのである．

　ガラス製造者ないしステンドグラス画工の肩書が，中世の記録において数多くの人につけられているにもかかわらず，これらの職人は謎のままで，特定の窓に結びつけられることは稀であり，透明ガラスの窓をはめたガラス職人であったりさえする．中世初期の正体を自らの手で暴露している稀有な例は，ミュンスター州立美術館に現存するパネルの中に描かれた12世紀のドイツのステンドグラス画工ゲルラクスの自画像と，ルーアン大聖堂の13世紀の窓のシャルトルのクレメンスの署名である．

　けれども16世紀までには，ステンドグラス画家の姿ははっきりとしてきている．フランスのアングラン・ル・プランス，イギリスのガリヨン・ホーンとディルク・ヴェレルト，アルザスのファレンティン・ブッシュは，なかでも著名なステンドグラス画家としての呼び声が高かった．不幸にして，この新たに知った知名度の高さは，ある意味では，あまりに遅すぎた．芸

芸術家と医者の守護聖者である聖ルカは，画家で，聖母マリアの肖像を描いたと信じられた．この考えは，6世紀から現れていて，絵画やステンドグラスに影響を与え，画室の中で制作中の福音書記者ルカの姿が描かれる．シュトラウビンクのヤコブ教会堂の15世紀の窓の部分（上図）は，聖ルカの描いた絵画の一つを5世紀のビザンティンの王妃聖プルケリアへ捧げている場面である．

象徴的な署名

初期のステンドグラスでは稀であるが，ステンドグラス画工の署名は19世紀に盛んに行われた．イギリスのステンドグラスで最も古い署名は，14世紀に現れた．そこではオックスフォードのトマスが，自らを，ラテン語で，「トマス，このガラス絵の作者」としるした巻物をもった姿で描いている．15世紀には，ジョン・ソーントンが，ヨーク・ミンスターの東大窓に，自分のモノグラムと制作年を記している．19世紀の例には，「パウエル・オブ・ホワイトフライアーズ社」の"白衣の修道士"（カルメル派），「クリストファー・ウェッブ社」の"聖クリストフォルス"，「クレイトン・アンド・ベル社」の創設者アルフレッド・ベルの表徴がある．ヴィクトリア王朝時代の芸術家ケンペは，彼の家の紋章からとった"麦束のしるし"で署名している．

トマス・オブ・オックスフォード
ウィンチェスター・カレッジ

ジョン・ソーントン
ヨーク・ミンスター

チャールズ・イーマー・ケンペ

パウエル・オブ・ホワイト
フライアーズ社

ゴダード・アンド・ギブス社

アルフレッド・ベル社

クリストファー・ウェッブ社

ニニアン・コンパー卿

術家の地位を引上げたルネサンス時代は，しだいに芸術形式としてのステンドグラスをおびやかし衰えさせた．ステンドグラスは，絵画の写実主義と3次元的な錯覚的空間表現とを模倣しようとして成功したとはいえなかったが，しだいに絵画に従属するようになった．ステンドグラスがひたすら透過光に依存するということは，絵画とは根本的に異なるものであるということを意味しており，ステンドグラス画家がこれを認識しそこなったことが，その地盤沈下を招いたのである．

ルネサンスの大きな芸術的変動にステンドグラスがついていけなかったことは，15,16世紀にはまだ表立ってはみられなかったが，しかし手始めに，窓にみられる現実の再現は，2次元的な中世的様式の束縛からの解放とみられた．13世紀末のドゥッチオや14世紀のアンドレア・ダ・フィレンツェなど，画家によって作られた初期のステンドグラスの孤立的な作例があるにもかかわらず，「大画家」が己れの才能を一つの建物を装飾することと結びつけたのは，15世紀になってからであった．初期イタリア・ルネサンスの指導的な画家・彫刻家たちが，フィレンツェ大聖堂の窓の傑出した美しさと活気に満ちた輝きを創り出すのに貢献した．彫刻家ドナテルロと画家アンドレア・デル・カスターニョとパウロ・ウッチェルロは，中世的芸術形式を発展させるよりも，ブルネレスキの円蓋を尊重することにより強い関心を抱いたことであろう．しかし，ゴシック的伝統に共感をもった彫刻家のロレンツォ・ギベルティは，彫刻に熱中しきっていた．

1500年頃に，北ヨーロッパの画家たちは，流行のイタリア芸術の理念に同化し始め，ゴシック末期の既存の北方様式と融合した．ドイツの画家兼版画家のアルブレヒト・デューラーはイタリアに旅して制作し，その地で芸術に対する科学的態度と芸術家の地位に対する新たな尊敬を体得した．デューラーと彼の有名な弟子ハンス・バルドゥンク・グリーンとハンス・フォン・クルムバッハは，ステンドグラスのデザインをし，ステンドグラスにおける新しい写実主義を促進させるのに力を貸した．16世紀のステンドグラス画家もまた，15世紀のフランドルの大画家ヤン・ファン・アイクとロヒール・ファン・デル・ウェイデンの現実そのものとみまごうばかりの描写力に魅せられて，細密に描出した風景画や室内情景を表した窓を作るようになった．これらの影響の結果，細部表現がステンドグラス画家の度のすぎた強迫観念となった——これが，ステンドグラスの長い間忘れられていた抽象的性格を減退させたのである．

ステンドグラス芸術そのものの概念も急激に変化した．中世時代のステンドグラスの親方——技術面ばかりではなくデザインの面でも親方であった——は姿を消し，それとともに，装飾的な，2次元的な絵画を構成する平面としての独特な表現手段としてガラスを使用することの原理が失われたのである．この伝統は，写実的な絵画的表現によってとってかえられ，この場合になると，鉛枠は，構成に有機的に組みこまれた部分というよりは，たんなる「必要悪」となった．ステンドグラス工は，

上図の，フィレンツェ大聖堂の輝くオッキオ（円窓）は，フィレンツェの画家ウッチェルロがステンドグラスを制作した巧みさを示している．この「降誕」の窓は，東方三賢王が，暗褐色の空間を背景にして，キリストを礼拝しているところの，一般にウッチェルロの作とされる左図の絵画作品に対して，平坦で輝かしい色彩によって，際立った対照を示している．

16世紀のドイツの版画家アルデグレーファーの名が，コンクのサント・フォア教会堂の16世紀の内陣の窓の黄色のマント（右図）にはっきりと記されている．しかしいかにも作者を表しているようなこの証拠は誤りのもとである．サント・フォア教会堂のこの窓やその他の窓も，アングラン・ル・プランスの弟子の1人ロメン・ビュロンによって制作された．アルデグレーファーの名が引かれたのは，たんに，この版画家の影響に対するビュロンの感謝からである．

フランスの13世紀の署名の唯一の例 "クレメンス，シャルトルのステンドグラス画工" は，ルーアン大聖堂の側廊の窓にラテン語で書かれている．しかし，この窓も，周りの窓も，そのデザインは，シャルトルの作例とは似通っていない．クレメンス（クレマン）の作品は，ルーアンにしか遺っていないことがわかっている．

芸術と芸術家

もはや，望ましくない黒い鉛縁の問題に取組むことはあっても，窓のデザインや構図を注文されることはなくなった．そのかわり，彼らは，画家の下絵をそっくり模写することを要求された．

新古典主義の様式の流行の影響のもとに，ステンドグラス芸術は，18世紀に，ジョシュア・レノルズ卿のステンドグラスにおけるぽってりして青ざめた道徳的な人物像によって例示されるように，最悪の事態に達した．古典的イメージのアカデミックな模倣が，19世紀のゴシック復興主義者たちの目標となったが，ステンドグラスをアカデミックな凹みから救い出し，その生気のない古代風のイメージを克服しようとするゴシック信奉者たちの正しい意図にもかかわらず，この芸術は崩壊した．

成功をみなかったが，このような救済の試みの一つに，強力な政府の後押しを得た，フランスのセーブル陶器工場のステンドグラス工房の設立が挙げられる．エナメルを扱う技術をもった陶器の絵付け画家が，ウジェーヌ・ドラクロワやジャン・アングルといった画家のデザインをもとにして制作するのに登用された．バイエルン公ルードヴィッヒ1世の奨励のもとに，ドイツでも同様な実験が行われたが，ミュンヘンの工房で，同様に味気ないステンドグラスが大量に制作されたにすぎない．

ステンドグラスは，19世紀後半に，ラファエル前派によって，息のつまるような思いの感傷性から解き放たれた．ラファエル前派の画家たちは，前の世代の人々のように，熱烈な中世主義者であったが，しかし彼らは，ゴシック復興主義者の抑圧された継受的な様式を避けた．象徴的内容の重視，自然の観察，正しい職人気質への関心，これらは，鉛縁の線をデザインの一要素とみなすという正統な態度を含めて，ラファエル前派の原理であった．ウィリアム・モリスとエドワード・バーン・ジョーンズは，この原理をステンドグラスに応用し，かくしてステンドグラスの特質と透明性を回復したのである．

単純化され，2次元的な形態と平らで純粋な色彩からなる初期のステンドグラスの特徴は，20世紀の抽象画家のねらいと緊密な関係がある．特にフランスでは，ブラック，レジェ，マティス，シャガールといった画家たちが，ステンドグラスに革新的な影響を与えた．キュビスムの創始者ブラックも，またブラックのキュビスムを機械の世界にまで拡張したレジェもともに，彼らが熱中した芸術的意図をステンドグラスの窓の要求する特性に適応させた．控え目な色調で描いた分析的な静物画のかわりに，ヴァランジュヴィルのサン・ドミニック礼拝堂のブラックの窓は，大胆で明るく平坦な形を描き出している．オーダンクールの聖心教会堂の窓で，レジェは，彼の絵の幾何学的な現代の機械や鈍重なロボットのような人物をやめて，キリスト教的象徴と織りなされた大きな有機的形態を作り出している．形態の単純さと非写実的な色彩は，アンリ・マティスの絵画とステンドグラスとを明確に区別する．ヴァンスのドミニコ派の尼僧のためのロザリー礼拝堂では，マティスの輝く窓は，グリザイユをほどこされていない明るい色彩のガラスによる花の装飾パターンを描き出している．これが強い太陽の光に照らし出されて，礼拝堂の床の上にも同じ色彩を点じている．

シャガールの絵画の幻想的なイメージは，アッシ，メッツ，エルサレム，チューリッヒ，タデレー，ニューヨークにある彼のステンドグラスの窓にただちに認められる．マティスとは違って，シャガールは，ガラスの表面に絵柄を描きこんでいるが，しかし彼の窓はその輝きをなんら失っていない．そして彼の鉛縁の線は，彼のエーテルのような青い色調でおおわれたガラスの広がりの中に飛びかう人物や光の輪や奇妙な獣たちのリズムを巧みに強調する．

それとは反対に，ステンドグラス画工として修業をしたことのある画家ジョルジュ・ルオーは，アッシ教会堂の窓を制作したとき，彼の絵画において表現主義的な手法としての中世の窓

18世紀の折衷派の画家ジョシュア・レノルズ卿は，ステンドグラスのデザイナーとしては平凡であった．たとえば，右図のごとき，彼の描く女優アービングトン夫人の肖像の生気と細部の正確な描出力は，彼がオックスフォードのニュー・カレッジ・チャペルのためにデザインした「正義」と「分別」という二つの美徳の女人像（左図）にはみられない．おざなりの天蓋の下に立っているこれらの不透明な女人像は，表現しようとする美徳の特質を鮮明に表してはいない．これらの窓は，トマス・ジャーヴェスがグリザイユによって描いたものであるが，ジャーヴェスは，ステンドグラスが透明でなければならないことを理解していなかった．

のごとき外観を，意図的に模倣している．道徳的宗教的信条に燃え立って，彼は，堕落し，あるいは苦悩する人物を描き，深い烈しい色彩で彩り，太い重い黒い線で輪郭をほどこしている．ルオーは，二つの伝統的に相いれない芸術形式をあえて結合しようとしているようにみえるにもかかわらず，ただ，ステンドグラスの魅惑的なアルカイスムを摂取しきっているのである．

20世紀においては，芸術家たちは，ステンドグラスに対して，革新的で力強い効果を与え，一個の独立した芸術形式として，それを復権させるのに貢献している．20世紀のステンドグラスの秀作は，中世的な様式やイメージに依存するのではなく，中世のステンドグラスのデザインの原理との現代画家の親和力によって，中世的なものが大幅に復活されたのである．

夢幻的な清澄さと豪奢な人工的な色彩によって際立っているプラハ大聖堂のこの窓（下図）は，チェコスロバキアのアール・ヌボーの画家アルフォンス・ムシャのデザインによる．ボヘミアの王子ヴェンセスラスとその祖母を表す輝く金色の中心部を包みこむ緑っぽい青と紫の縁取りが，ムシャの描いたポスターの一つで，ロレンツォ・デ・メディチに扮したサラ・ベルナールの曲線的な姿態（右図）を想わせる頽廃的な世紀末の美ととけあっている．

20世紀のハンガリーの画家エルヴィン・ボサニイは，ステンドグラスの表現的でダイナミックな特質をわきまえて，カンタベリー大聖堂の南内陣の窓をデザインした．下図の，彼の絵画作品に現れた民衆芸術の素朴さが，彼の作った「平和の窓」（最下図）の象徴主義によって染め上げられている．数多くの民族の子供たちがキリストに捧げた花が，切子面をもつガラスで作られていて，太陽の光が当ると，平和を象徴する白い光となって閃くのである．

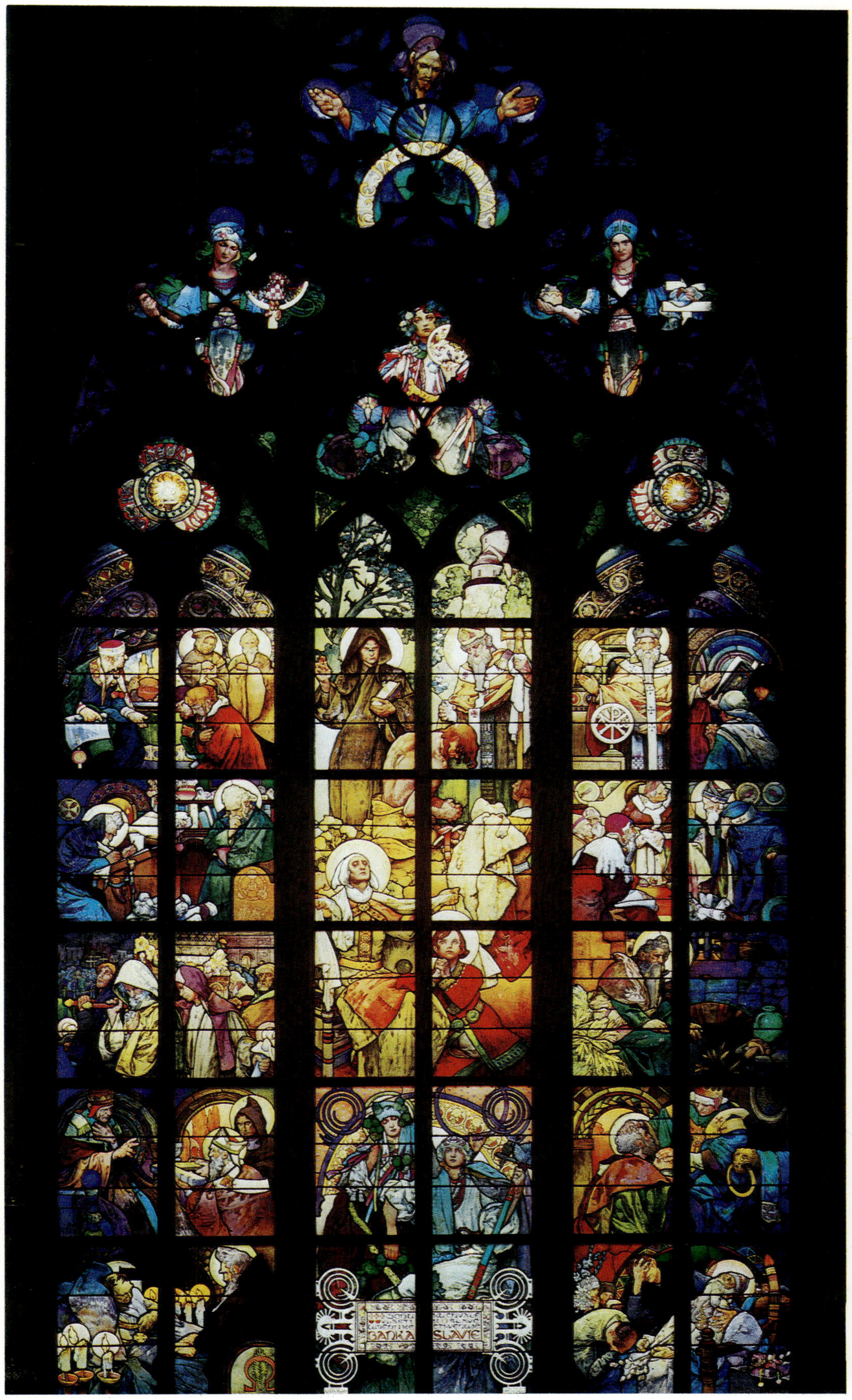

11, 12世紀

大聖堂の時代

10世紀は中世時代をわける分水界であった．その向う側にローマ帝国の凋落に引続くバルバロイの衰微の500年間がある．そしてその手前には，ヨーロッパの新しい文明が横たわる．

しかし，この夜明け前の暗黒のときにあって，西欧のキリスト教圏は，先立つ5世紀のどの時代よりも，侵略的な遊牧民に悩まされていた．回教徒が南からヨーロッパの中心部を襲ってきた．ヴァイキングが北と西から，フン族とスラブ族が東から攻めてきた．しかしそのような時代にあっても，強力な基礎が築かれ，その上に輝かしい未来が築かれようとしていた．すなわち人口の増大によって，742年のいまわしい黒死病による人口の激減から，すっかり立ち直ることができた．より平和に満ちた時代の到来とともに，また天候の好転と相まって，この人口の増加は，農業の復興をもたらした．これは，封建領主と教会に大いに利するものであった．商業の拡大もさらに顕著にみられ，社会の新しい裕福でより強力な階級である商人を創り出した．

中世文明の開花を可能ならしめたものは，ほかならぬこのような物質的進歩であった．その形は，これがキリスト教的であるということによって決定された．暗黒時代を通じて，教会は，弱体であろうとも，その影響力を失わなかったし，信者たちは信仰を失いはしなかった．11, 12世紀には，不信仰ということは中世的精神にはまったく関わりがなかった．神や天使や聖者や教会を信じなくて，人間はどんな希望をもちえたであろう，たえず悪魔とその軍勢によって包囲されているような状態の中で……．11, 12世紀に，教会はこれまでのどの時代よりもより大きな権力を得，すべての人々の生活の中のより大きな部分を占めるのであった．

村や町がより大きくなり人口も増大するにつれ，教会堂建設のブームが始まった．14世紀中葉まで，300年間も続いた．これらの時代に数千もの教区教会堂と80の大聖堂が西欧世界に建立された．この建設ブームに拍車をかけたもう一つの要因は，紀元1000年が世界の終末であるとかたく予言されていたことであった．これが間違いであるとわかったとき，心は晴れ，その効果は驚くべきものであった．ディジョンのサン・ベニーニュ大聖堂の僧ラウル・グラベールは，「1000年後の第3番目の年を迎えるにあたり」いかに修道院や大聖堂や村の教会堂の大再建工事が始められたかを記述している．「キリスト教徒らは，互いに，美しく豊かな教会堂を建立するのを競いあった．あたかも世界中が一つに合一し，その古い衣をぬぎ捨てて，教会堂の白い衣を新たにまとったようであった」．大聖堂が富裕な町のステイタス・シンボルとなり，修道院はしだいに宗教的芸術的活動の主要中心の場であることをやめた．大聖堂の広い身廊で，商人たちは集会をひらき，商取引が行われた．多くの大聖堂は，学問の中心でもあり，シャルトルのように，付属の学校をもっていた．これらの学校から，12世紀，最初の大学が発展していくことになる．

真の宗教的熱情が，教会からのなんらかの圧力とともに，金銭の欠乏知らずの状態を作り出した．王侯貴族，騎士，郷士，商人そして聖職者たちが互いに競いあって，教会堂にお金を惜しげもなく寄進した．こうすることで，生きている間，神の恩寵をうけ，死後，魂のやすらぎを見出すであろうことを希って……．かくして，神への帰依は，大聖堂の時代すなわちステンドグラスの開幕の時代を創り出す新たな富と結びついたのである．

11世紀，多くは12世紀に建てられた大聖堂の大部分は，ロマネスク様式であった．これはローマの伝統に基いた力強い建築様式であるが，ビザンティンや近東やアジアの影響も受けていた．特徴としては，ロマネスク様式の教会堂は，半円アーチと分厚い壁体をもっている．荷重を支えるために，アーチも壁も，大きな窓をあけて弱体化するような真似はできなかった．したがってロマネスク時代のステンドグラス画工の様式は，必然的に，12世紀末，13世紀に建てられたゴシック大聖堂の大きな窓の枠組の中で制作することになるつぎの世代の芸術家の様式とは異なっていた．

この初期のステンドグラスで最もポピュラーな様式は，メダイヨンの窓と人物の窓であった．メダイヨンの窓では，新旧両聖書や聖者伝からとられた場面が表された．これらはふつう，見やすい場所である側廊に配置され，表現内容を誤解されないように巧みに慎み深い表現をとった．四角か円の形に加工された鉄枠がそれぞれのメダイヨンの場面に取りつけられた．絵を取囲む縁飾りは，特に幅広く，なかには窓幅の1/6に及ぶものもあった．

人物の窓は，ふつう，重々しい表情や大げさな身振りの，本物らしくないポーズのモニュメンタルな単身像を描き出していた．これらの像はしばしば明り窓（高窓）に配置されるが，そのような高いところでさえ，人物像はその大きなサイズのゆえに迫真的な力をもっている．アウグスブルク大聖堂の5人の預言者は，この種の窓で最古のものであり，ドイツの最もすぐれた芸術遺産の一つに数え挙げられる．イギリスでは，キリストの系譜を描いたカンタベリー大聖堂の84の人物像のうち数点が遺っている．しかし，最も驚くべき人物の窓は，シャルトル大聖堂に遺っている12世紀半ばの傑作「美しき絵ガラスの聖母」である．

マリア崇拝が最高頂に達した中世末でさえも，シャルトルほど，聖母マリアを崇めたところはない．伝説によれば，最初の大聖堂の建物は紀元前100年頃のドゥルイド教の洞穴の上に建立され，virgo paritura（子を産んだ処女）に献堂された．聖母マリア自身，ヘブライ語で，シャルトルに福音をもたらした殉教者たちに，教会の女王として戴冠することに同意すると書き与えたといわれている．シャルトルにおける聖母崇拝は，876年，シャルルマーニュの孫シャルル禿頭王がこの大聖堂に，キリストが降誕したときにマリアが身につけていたといわれる上衣（パラディウム）を寄進した頃，9世紀に大きな力を与えられた．この神聖な遺物は，「美しき絵ガラスの聖母」とともに，ロマネスクの大聖堂を破壊した1194年の火災を免れた．シャルトルの町の人々は，この奇跡を，聖母マリアが，大聖堂が崩壊するのを許すことによって，より大きく壮麗な大聖堂を建てることを望んでいることを表明し，しかも聖遺物を救うことによって，信者たちへの愛を示したしるしと解釈したのであった．

大聖堂が壮麗なゴシック様式で再建されたとき，「美しき絵ガラスの聖母」は内陣周囲の放射状礼拝堂の一つに設置され，いまでは，13世紀の天使に囲まれて，大きな窓の中央に収められている．これは7フィートの高さの，膝の上に右手をあげて祝福を与える御児キリストをのせた聖母の座像である．御児は左手に本をもち，開いた本のページにはイザヤ書からの引用「すべての谷は滅びん」と記されている．この中世のガラスの色の透明感は，それ以後には実現できなかったものであり，「美しき絵ガラスの聖母」をかくも傑出せしめているのは，このルビーやバラ色によって際立てられた，信じがたいような輝く青である．

ロマネスクの大聖堂は特に火災で焼失する傾向があるように思われた．たとえば，カンタベリーでは1174年，シャルトルは1194年に火災を蒙り，ストラスブールは1176年，100年間で4度目の火災に遭った．他の大聖堂も崩れ落ち，あるいはより大きな建物にかえられて，好みの変化とともに，ゴシック建築様式が，北フランスに出現し始め，ステンドグラス芸術に劇的な効果をもたらすのであった．

まことにふさわしいことであるが，「美しき絵ガラスの聖母」の名で知られるステンドグラスの聖母子像は，伝統的に聖母崇拝と関わりの深いシャルトル大聖堂にある．13世紀に制作された天使に囲まれたこの聖像は，この窓の中央の四つのパネルに描かれている．それは1194年の大火を奇跡的に免れたものである．

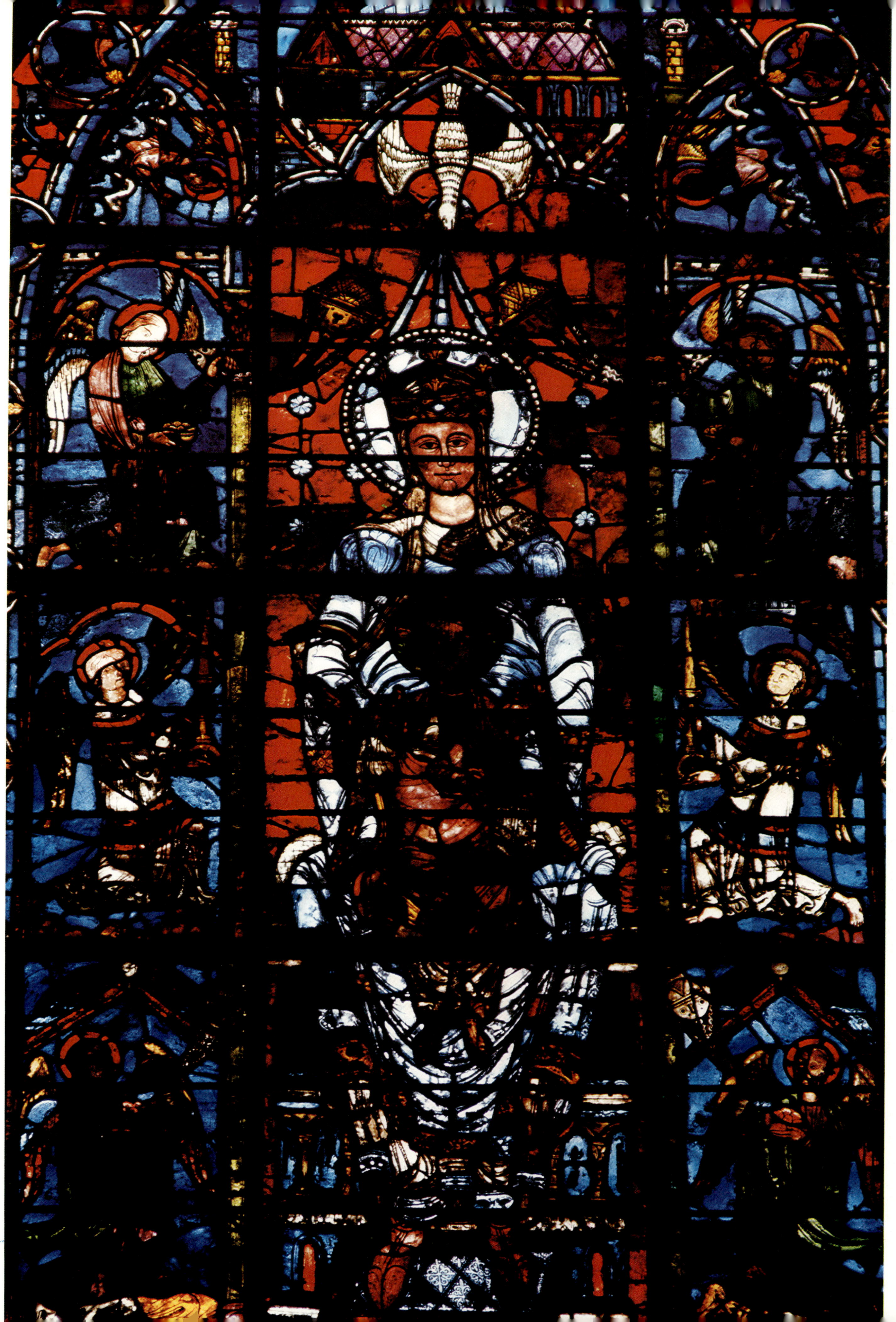

11,12世紀ドイツ
世界最古の窓

ステンドグラスは脆弱であり，人間と自然は破壊的なものである．火災，戦争，革命，清教徒，実利主義者，復古主義者，芸術破壊者——いずれも，目減りの原因となっている．だから，こうした多くの損失を嘆くよりも，これらの手ごわい相手に抗して幾点かのステンドグラスが11，12世紀から生き残っているというのは，おそらく感謝すべきものといった方がよいとしなければならない．

　しかし，ドイツの大聖堂は手ひどく荒されたのであった．たとえば，シュパイアーにロマネスクの大聖堂が1030-1061年に建てられたが，その建物とそのつぎに建てられたものは，1137年，1159年，1289年，1689年，1794年，第2次世界大戦と火災や戦争で破壊された．けれどもドイツは，1世紀，ローマ人によって創設された古いアウグスブルクの大聖堂に，世界最古の完全な形の窓を遺しているという栄誉をになっている．

　11世紀の終り頃に制作されたこれらのステンドグラスの窓は，5人の旧約聖書の人物，モーゼ，ダビデ，ダニエル，ホセア，ヨナを表している．もっと多くの人物群の中からこれだけが残ったのである．これらは，おそらく当初からの位置である身廊の高窓（明り窓）にあるが，彼らが収められた縁取りは，後代のもので，おそらく当初のものよりも小さくなっている．これらの人物像のいくつかは窮屈そうであり，ほかのものは，端を断ち切られているからである．さらにこれらは修復されており，たとえば帽子の部分などのガラス片は取替えられたものである．

　ロマネスク様式の人物像は，サイズにおいてモニュメンタルであり，それ自体印象的な表現を示している．これらは，厳格な旧約聖書人物であり，8フィート以上もの背丈があり，やぶにらみの目にもかかわらず，じっと正面をみつめている．これらの表現の緊張感は，顔がプロポーションを破って大きいために，いやが上にも大きい．預言者は各自ラテン語の銘を記した巻物を一方の手にもっている．外に開いた足には，様式化の強い先の尖った中世の騎士の靴をはいている．

　これらの窓の色彩は，12世紀のイギリスやフランスのステンドグラスとは大いに異なっている．輝く青やルビー色のかわりに，アウグスブルクの人物像は，茶，金，黄色，緑，ワイン色が主となっていて，ごくわずか青を用いられているところはくもった灰色を呈している．これらは，ロマネスク時代やそれ以前の多くのドイツの教会堂を支配した色彩である．

　アウグスブルクの人物像は大胆にデザインされ，その年代の古さにもかかわらず，決して稚拙ではない．これらは，技倆のいい，経験のある，才能の豊かなステンドグラス画工の作品である．この技術は，ステンドグラス工房が栄えたテゲルンゼー修道院までたどっていくことができる．11世紀にテゲルンゼーからアウグスブルクに赴いた修道僧たちは，ステンドグラスの技術もたずさえていったことは疑いない．この修道院の影響は，バイエルン地方やさらに遠く西の方まで広まった．アウグスブルクの窓と似通った様式をもつものが，ほかに二つ現存する——スイス東北地方のフルムスから出て，チューリッヒのスイス美術館にあるマドンナと，アルザス地方のノイヴァイラーから出て，パリのクリュニー美術館にあるティモテウスの窓である．

　修道院と修道僧たちのロマネスク芸術に対する貢献を過大に評価してはならないが，様式はおおむね彼らの創り出したものである．彼らのうず巻く創造力は，強力な修道院長の改革の熱情の結実であった．彼らは，修道僧たちが世俗的ないし快楽主義的な活動にひきこまれないようにするために選出されたのである．かつては浪費するにまかせたエネルギーを，彼らはいまや芸術へと傾注した．これはとりわけベネディクト派のクリュニー修道院において行われ，その影響は，ヨーロッパ中で最も重大なものとなった．ドイツでは，シュヴァルツバルト地方のベネディクト派のヒルザウ修道院であった．修道院長ヴィルヘルムの改革の指導のもとに，クリュニー傘下の修道院群の主導的な芸術の中心となり，ドイツのロマネスク芸術の展開に決定的な影響を及ぼしたのである．ザンクト・ペーター・パウル修道院教会堂は，ドイツ・ロマネスク様式の原型であり，その有名な写本装飾は細密画におけるヒルザウ派を形成した．

　アウグスブルクの人物像とヒルザウの細密画の人物像との間に，直接的な様式上の関連がある．事実，すべてのロマネスク建築や他の視覚芸術は，ローマとビザンティンの要素を共通項として形成されている．この場合，ステンドグラスが絵画に影響を与えたのであるが，奇妙なことに，のちのヒルザウの細密画は，アウグスブルクの人物像よりも木偶のようにぎこちない．

　ヒルザウの細密画はまた，いかに絵画がステンドグラスに影響を及ぼしたかを例証する．「天上の花嫁」を讃えることによって乙女たちを教育するために，ヒルザウの修道僧コンラッドは「乙女の鏡」を編纂した．この12世紀の写本の扉絵は，ダビデ王の血筋をひくキリストの系譜を示す絵である．これは，「エッサイの樹」の主題であり，のちの数多くの美しいステンドグラスの主題であるが，しかし細密画に初めて出現したのは，12世紀の聖母崇拝の展開によって刺激されたからである．

　修道院によって伝播された芸術的才能が最大の表現を見出したのが13世紀の大聖堂においてであったというのは，おそらく皮肉といわねばならない．大聖堂はやがて，過去の広大な修道院教会堂の壮麗さをしのぐからである．修道院は，道徳的に最も頹廃していた時期にさえ，強大で裕福であり，修道院付属の教会堂はその地位を反映していた．これに比べて，大聖堂は，貧しく小さい場合がしばしばであった．しかしこの立場は，12世紀，大きな町——大聖堂の町——がより裕福により強力になり，真の政治的経済的宗教的中核になったときに，逆転し始めた．大聖堂と修道院の対立はしばしば烈しいものであったが，そのときまで，中世の職人＝修道僧の才能は，多くの大聖堂に捧げられたのである．

　ドイツは，フランスとイギリスがゴシック様式に移行してのちも長い間，ロマネスク的伝統に執着し続けた．けれども一つの点で，1人の注目すべきドイツ人を，革新者とみなさなければならない．彼のクリスチャン・ネームはゲルラクスで，姓の方はつまびらかでない．彼の制作した12世紀半ばの「モーゼの窓」（現在ミュンスター州立美術館蔵）の最下部のパネルに，制作中の自分の姿を描きこんだ．これは，ステンドグラス画工による最初の自己宣伝であった．

ビザンティン芸術とアウグスブルクの預言者の窓の強い影響を受けた，シュヴァルツバルト地方にあるヒルザウ修道院の修道僧たちによって制作されたこの写本装飾画は，12世紀のドイツで発展した新しい絵画様式の作例である．「乙女の鏡」Speculum virginum の扉絵であるこの「エッサイの樹」は，エッサイの祖父で，樹の一番下に描かれているボアズまで遡ってキリストの系譜をたどっている点で，珍しい．また別の珍しい特徴は，美徳を人像化した6人のオリエント風の女性像と，聖霊の七つの恩恵を象徴化した，キリストの頭部から放射した葉叢である．この「鏡」は，下部の円盤の中に描かれた長老ペレグリヌスと乙女テオドラとの対話の形で，綴られている．

見開いた目で，まるで驚いたような烈しさでみつめ，豊かな色彩の衣服に輝く，5人の預言者の名で知られるアウグスブルク大聖堂の旧約聖書人物像は，完全な形で遺っているステンドグラスのうちで世界最古のものである．11世紀末期に制作された．ここではそのうちの三つの窓が示されている．左から右へ，ホセア，ダビデ王，ダニエル．

ライン地方のステンドグラス画工ゲルラクスによって制作されたパネルで，自己宣伝と宗教的画像とが組合されている．12世紀のおびただしい匿名の画工の中でただ1人名前がわかる芸術家ゲルラクスは，パネルの最下部に自分の姿を描いた．彼の作品に語呂合せしたような記銘によって，王中の王たる神に，芸術家に光の恵みを与えたもうことを祈願している．彼の上の場面には，神性の象徴である十字形の頭光を伴って表された神が，燃える茂みの中からモーゼに語りかけている．モーゼの杖は，神の存在の奇跡のしるしたる蛇に形を変える．

12世紀フランス

ゴシック時代の曙

ルマン大聖堂の12世紀のステンドグラス．キリストの「昇天」を見守る聖母と6人の使徒の，上を向いた顔と縦に長く伸びた形によって，精神的熱望が表現されている．彼らがみているキリストの姿は，失われている．これらのパネルは，6人の使徒を描いた下段のパネルとともに，1145年頃に制作されたもので，フランスのステンドグラスの最も早い作例の一つである．

誰か，「ゴシック建築の父」と呼ぶべき人がいるとするならば，それは「フランス君主政の父」とも称せられる人に相違ない——シュジェール，その人は，1122－1151年に，パリ近郊のサン・ドニ修道院の院長であった．ゴシック建築が誕生したときを，1144年6月11日とすることができるだろう．その日，シュジェールのサン・ドニ修道院教会堂がフランス国王ルイ7世，同王妃，諸々の大司教，司教，修道院長の臨席のもとに献堂された．列席の人々の多くは，任地に戻るにあたってシュジェールの理念を真似しようと心に誓うのであった．

シュジェールは非凡な人物であった．卑賤の出であったが，彼は王侯とともに歩んだ．学校で，ルイ6世（ルイ肥満王）と出会い，生涯の友となり，その顧問となった．彼はまた，エレアノール・ダキテーヌの不運な夫君ルイ7世にも仕え，国王ルイが第2次十字軍に赴いたとき，摂政としてフランスを治めた．彼は背丈は小さかったが，壮大な夢を夢みた．王家の菩提修道院サン・ドニの院長として，シュジェールは，神のより大いなる栄光とフランス王政と彼自身のために，これらの夢を実現する力と富をもちあわせていた．

彼が修道院長のポストに就いて5年ののちに，物質主義的で道徳的に弛緩していた修道院の改革に着手した．しかし彼は，修道院を修道僧だけの場所にしようという心づもりはなかった．厳格なシトー派のクレルヴォーの聖ベルナールとは違って，シュジェールは世俗の人々ができるだけ多くフランスの守護聖者聖ドニの聖遺物を所有するこの修道院に来ることを歓迎した．事実，1135年頃，修道院の建物の拡張に着手した理由の一つは，より多くの群衆を収容しようとすることであった．教会堂の内部で「神聖が尊ばれるよりも美が讃えられる」というごとき虚栄に対して激怒した聖ベルナールとはまたまた違って，シュジェールは，人間が創り出すことができる唯一最善のものは神の家に値するものであると信じたのである．

シュジェールは明らかに美しいものをみることを楽しんだが，ディレッタントではなかった．彼の新しいサン・ドニ教会堂との関わり方は，全的で実践的であった．彼が再建に関して詳細に書き記した記録には，彼がいかにして，新しい屋根に用いるに充分な長さの木材を見出す問題を処理したかを明らかにする記事がある．森番たち全員がそのあたりには高い木を見つけ出せないといいきっていたのであった．ある朝，未明，彼は造営にたずさわっていた大工たちを集めて，森番たちの笑いものではあったが，彼らとともに「信仰の勇気をもって」森の下草をわけ入って進んでいった．9時頃までには，彼の信仰はむくわれていた．彼らは，必要とする12本の木を見つけ出したのである．

多くの新しいステンドグラスの主題を考え出し，「さまざまな地方から来た多くの親方たちの絶妙な腕前によって」制作されるようにアレンジしたのは，シュジェール自身であった．窓は，シュジェールの計画の主要な要素であった．彼が膨大な記録の中で明らかにしているごとく，彼は，光の象徴的精神的意義を深く思慮していたからである．「最も輝かしい窓の驚くべき妨げられることのない光によって満される」べき教会堂を建てるにあたって，彼の目的は，「人間の心を照らして，その光を通じて神の光の理解へと導かれていかれるようにする」ことであった．これを成就せんがために，のちゴシック建築として知られる新しい建築様式の技術的改革に助けを求めた．この新しい技術は，大部分の壁の空間にガラスをはめこむことを可能にしたのである．彼の新しい創造を自慢して，シュジェールは，窓を寄進している自分の姿を，窓の一つに描かせた．

サン・ドニの窓は，不幸にも，1793年，フランス大革命の最中に大幅に破壊された．これらのあるものは，1848年，フランスの美術考古学者・建築家のヴィオレ・ル・デュックによって修復された．

シュジェールの修道院は，幾分派手に，建築とステンドグラスの新しい様式の始まりを画した．しかし，フランスにおいてさえ，これでロマネスクがただちに滅ぶということにはならな

ゴシックの壮麗さ

修道院長シュジェールのゴシック時代の傑作サン・ドニ教会堂は，この当時の最も華麗な教会堂の一つであった．可視的なものは，神の光を映し出すと説く5世紀の著作家ディオニシウスの影響を受けて，シュジェールは，彼の教会堂を宝石をちりばめた工芸品やステンドグラスで満した．これらの造形を瞑想することを，彼は聖なる霊感の根源と考えたのである．

修道院シュジェールのサン・ドニ再建の第1の目的は，狭い入口を新しい西ファサードで置きかえることであった．尖頭アーチが，ゴシック建築の原型となった．

「エッサイの樹」の窓は，シュジェールが修道院教会堂のために注文した「壮麗に変貌する新しい窓」の一つ，そこに窓を寄進するシュジェールの姿が描かれている．

かった．フランスの大聖堂に残存しているロマネスクのステンドグラスはわずかにすぎないが，しかしすばらしく美しいものである．最古の窓の一つは，ルマン大聖堂の「昇天」を描いたもので，そのうちの4枚のパネルが現存する．ほっそりと優雅な聖母マリアが，赤地に青い衣を輝かせながら，昇天するキリストを見上げている（キリストはいまは失われている）．両側に，青地の上に，3人ずつの使徒が仰ぎみている．下段には，赤地と青地が交互に配され，黄色や緑を主調にした衣服が強い対照をなしているが，さらに，顔を上に向けた6人の使徒が並ぶ．これらの人物像の単純さと優雅さは，明らかにビザンティンの影響を示すが，しかしその感情は，伝統的に西欧的な態度で表現されている．アウグスブルクの預言者に比べて，ルマンの使徒たちは，動きに満ちている．

フランス・ロマネスクのステンドグラスの傑出した作例は，1162年頃のポワティエの大きな「磔刑の窓」である．青色の頭髪のキリストは，赤い十字架の上に，頭をかしげ，腰のところで身体を曲げた典型的なビザンティン的ポーズをとる．中央の「磔刑」図の上方に，小さな「昇天」の場面があり，ルマン大聖堂の人物群に似通った使徒の群と聖母マリアが並ぶ．

フランス・ロマネスクのステンドグラスのより後年の段階は，アンジェ大聖堂の身廊にみられよう．主題は，「聖母の死」，「聖カテリナの生涯」，「聖ヴァンサンの殉教」である．幅の広い様式化された装飾的な縁取りは，ポワティエのものに似ているが，人物像は，縦長に伸ばされてはおらず，顔はよりやさしく，衣裳はもっと流れるように表現されている．

フランスのステンドグラスの未来は，ロマネスクにではなく，サン・ドニの修道院長シュジェールのモニュメントにみる新しい様式に根ざしている．1200年は，黙示録による2度目の終末の予言によって世界が滅びることなくすぎたところで，ヨーロッパ，特にフランスは，ステンドグラスの最初の黄金時代に足を踏み入れつつあった．

右図のポワティエ大聖堂の「磔刑の窓」の忘れがたい美しさは，優美な人体像と色彩感覚の豊かさとキリストの頭部の青い髪とか強い赤色の十字架など非凡な色彩の用法によって創り出されたものである．十字架の両側に，槍とスポンジをもった2人の兵士が立っている．彼らの攻撃的な姿勢は，聖母や聖ヨハネの平静で曲線的な肢体と対照的である．同じく表現的なのは，窓の上半分である．ここには，魂を奪われた使徒たちが，蘇ったキリストを取囲んでいるうず巻くような形の天使たちの方へ引上げられていくかのようにみえる．太陽と月の象徴像が，樹葉の文様からなる縁飾りの中に，目撃者として姿をみせている．

12世紀イギリス

二つの文明の結合

殉教，火災，戦争といった歴史上の事件，そして1世紀の間に，サクソン式建築からロマネスクあるいはことによったらゴシック建築に至るカンタベリー大聖堂の建築上の変化を引起させたすべてのものは，基本的には今日も存在する．ローマ人の時代にカンタベリーに教会堂があった．600年頃，教皇グレゴリウス1世によってイギリスを改宗させるために派遣された聖アウグスティヌスによって，献堂し直された．

ノルマン征服のすぐのちに，古い建物は取壊されて，最初のノルマン人の大司教ランフランクは，7年間で新しい大聖堂を建立した．様式の点で，これは，ノルマン人がケントに建てたノルマン的な大聖堂以外のなにものでもなかった．20年後，ランフランクの後継者のアンセルムは，2倍の大きさの建物に建てかえ，ステンドグラスと壁画で壮麗に飾り立てた．大司教トマス・ベケットが暗殺されたのはこの大聖堂であった．これはカンタベリーの地に，その地を西方キリスト教世界の巡礼の名刺にした1人の殉教者を生み出したのである．1174年，ベケットの没後4年，聖人に叙せられてから1年後，内陣は火災を蒙った．

フランス人，サンスのウィリアム（ギョーム）は，この大聖堂再建の長に選ばれて，高さを増し，聖トマスを讃えたトリニティー・チャペルを付加することによって内陣の長さを拡張した．彼が採用した様式は，すでにフランスで普及していたが，イギリスではまだ行われていない，新たなポスト・サン・ドニのゴシック様式であった（特にウェルズなど，すでにいくつかのイギリスで発生したゴシック建築はみられたけれども……）．サンスのウィリアムが足場から墜落して傷ついたのち，イギリス人のウィリアムがあとを継いだ．彼もまた外見はフランス流であった．

1174年，カンタベリー大聖堂の東端（上図）は火災に遭い，フランスの建築家サンスのウィリアム（ギョーム）が再建の指揮をとり，イギリスにゴシック様式をもたらした．1178年，ウィリアムは負傷し，トリニティー・チャペル，ベケット廟納骨堂，ベケットの頭皮を納めるために建てられたコロナ・チャペルを含むこの造営は，イギリス人のウィリアムによって同じ建築様式で完成された．

カンタベリー大聖堂北東の袖廊にある，イギリスに残存する唯一の12世紀のバラ窓の主題は，律法と預言者である．外周の四葉形は新しいものであるが，中央の円（右図）は1178年頃のもの．アーチの下に，モーゼとシナゴーグを表す目かくしをした女性は，律法の象徴をもっている．その周りに，四つの美徳がそれぞれの表徴をもって描かれている．

1184年，火災からわずか10年後に，大聖堂の再建は完了した．

ステンドグラス画工は，疑いもなく，石工たちに劣らず活動的でエネルギッシュで決然としていた．ステンドグラスの主題と様式を決めた人は誰かという問題は，繰返し議論されているが結果は出ていない．しかし議論の余地のないところは，カンタベリー大聖堂のステンドグラスの主題と制作の驚くべき質の高さである．

最も早いステンドグラスをはめた北バラ窓は，1178年までには完成していたようである．その主題は「律法」である．中央の四角い区画には，石の銘板をもったモーゼと，シナゴーグ（ユダヤ教教会）を表す律法の板を手にして目かくしをした女性像が描かれる．周りの四つの三角形のパネルには，物差をもった正義，剣をもった剛勇，鳩と竜頭の蛇をもつ分別，松明と水瓶をもった自制の四つの枢要なる「美徳」が描かれている．これらの周りに，4人の預言者イザヤ，エレミア，エゼキエル，ダニエルが並ぶ．このバラ窓の他の部分は，のちに付け加えられたものである．南のバラ窓では，繊細な樹葉の地模様は当初からのものであるが，人物像はヴィクトリア王朝時代のものである．

しかしながら，「系譜の窓」の大人物像は，注目に値する．キリストの祖先を表し，もともとは，高窓を飾るためにデザインされた．かつては84体あったと思われる．それらのうち現存するのは，たった9体で，高窓に遺っている．他の人物像は，身廊の西窓，袖廊の南西と北東の窓にある．メツセラは，族長ヤレドやアダムと同様に，力強く様式化された注目すべき画像である．

イギリス最古のステンドグラスはカンタベリーではなく，ヨーク・ミンスターにある．ここの大司教はカンタベリーと長い間，国内での覇権を争っていた．このミンスターの「エッサイの樹」の断片は，おそらく1150年まで遡ることができるであろう．アウグスブルクの預言者像よりも100年後という早い時期といっても差支えなかろう．いまでは，多量の13世紀のグリザイユの窓の中に不釣合いなままに混ぜられているが，「ファイブ・シスターズの窓」として知られている12世紀のステンドグラスのパネルは，ライオンの洞穴の中のダニエルを表している．

ミンスター（修道院）自体の歴史は，627年に始まる．ノーサンブリア王エドウィンがキリスト教に改宗してまもなく，創設したのだった．最初の建物は木造であった．まもなく石造で再建され，7世紀には大司教ウィルフリットが改修したが，鳥や雨から守るためにガラス窓をととのえさせたのであった．その建物は1069年焼失した．そこで大司教トマス・オブ・バイユーが建て直し，12世紀には一部を大司教ロジャー・オブ・ポン・レヴェークが建てかえた．カンタベリーのものとは違って，このミンスターの建築家はゴシック様式の採用に遅れをとったが，しかし，13世紀から14世紀にかけてゴシック様式によって再建したとき，ロマネスク様式の一切の痕跡は消えうせてしまった．最も早い時期のステンドグラスは，現在身廊の高窓にある二つの小さなパネルといくつかの縁取りだけではあるが，かなりよく残っている．

12世紀のイギリスとフランスのステンドグラスの間には，驚くべき類似性がみられる．シャルトルとサン・ドニの類似は最も顕著である．ともに，フランスやイギリス，特にカンタベリーやヨークの窓の様式に影響を与えたステンドグラス工房がたずさわっていた．たとえば，ヨーク・ミンスターの「エッサイの樹」の断片は，サン・ドニやシャルトルの「エッサイの樹」と似通っている．確実な証拠はないけれども，ノルマンの征服以後，フランスのステンドグラス画工が，建立されつつあった大きなノルマンの大聖堂の窓を作るためにイギリスに来たと思われるのである．

12世紀のステンドグラスは，しかし国民的な芸術ではなかった．それは宗教芸術であり，一つの「教会」の芸術なのであった．明らかに国民的で地域的な様式の出現にはいまだ至らなかった．

イギリスに遺る最古のステンドグラスは，ヨーク・ミンスターの身廊の窓にあるこのパネルと考えられている．これは，「エッサイの樹」の枝の間に座る王と考えられる図柄を表す．この作品の同時代のシャルトルやサン・ドニのパネルとの類似性は，12世紀中葉に制作されたことを暗示する．

もともとカンタベリー大聖堂の内陣高窓の周囲に一つのまとまりを形作っていたキリストの先祖を表す窓．この高窓に遺る九つの窓の一つには，ノアの息子のセム（左奥図）が，12世紀の作品の特徴である力強い様式で表される．エデンの園を追放されたのちのアダム（左図）も同じシリーズに属するが，西窓に移された．

13世紀

ゴシック芸術の時代

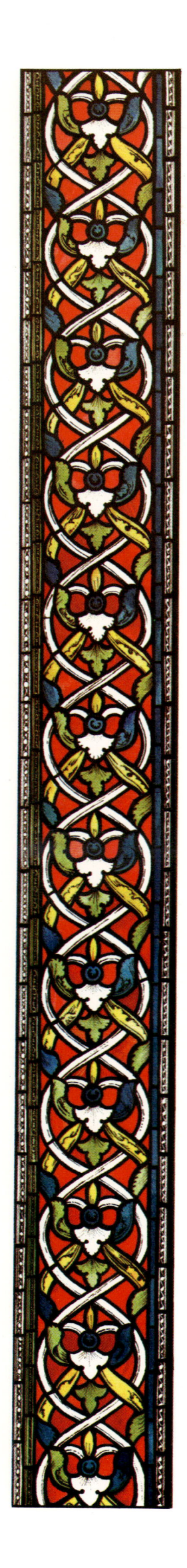

　ゴシック建築は，12世紀のサン・ドニの修道院長シュジェールによって構想され，13世紀には，コレラの伝染速度のごとくすみやかに西欧中を席巻した．この時代に，着工され完成されあるいは工事中であったゴシック大聖堂の数はおびただしい．フランスが先頭をきり，そのゴシック時代の傑作にはシャルトル，ラン，アミアン，ブールジュ，パリのノートル・ダム，ランス，ルーアンがある．ソールズベリー，ウェルズ，リンカーン（火災による場合が多いが，ここでは地震のために崩壊し，その後再建された），ウィンチェスター，ヨークの一部が，イギリスにおける主要なゴシックの作例である．ドイツでは，ゴシック建築はフランスやイギリスよりも遅れて始まったが，ケルン，フライブルク，レーゲンスブルク，そして当時のドイツ帝国に含まれた都市であったストラスブールの大聖堂が建設された．スペインではブルゴス，トレド，レオンにこの様式の大聖堂が建てられ，イタリアで最も美しいゴシック建築はシエナ大聖堂である．

　これらの大聖堂建築をゴシックと呼称したのは，それらを建てた建築家たちではなかった．このレッテルは17世紀までは用いられなかったのである．新しい様式が流行した当時は，オプス・モデルヌム（現代様式）とか，その発生した国を指示するためにオプス・フランキゲヌム（フランス様式）と記述された．（ゴシックが取ってかわった建築や芸術を表すのに用いられるロマネスクという語は，ゴシックという語よりもさらに遅れて導入された．なんと19世紀になってからである）．

　ゴシックという語は，壮麗な尖頭アーチと飛梁（フライングバットレス）をもつ壮大な大聖堂を想い起こさせる．しかしゴシックの本質はその外見上の特色以上のものである．ゴシック建築は，暗黒時代の繋縛からの逃避，新たなる冒険的な外観，人間精神の溢出を表現する．15世紀まで，この若々しい冒険に満ちた気運が自足的な中世にまで成長したとき，その寿命をまっとうした．

　ゴシック様式がフランスからヨーロッパ中に広がるにつれて，はじめは模倣され，ついで諸々に応用された．本家のフランス人は，大胆に，さらに高くそびえ立つ大聖堂を建てることを可能にした諸技術によって実験を重ねた．ランの控え目な78フィートの穹窿の高さから，シャルトルの120フィート，ランスやブールジュの125フィート，アミアンの139フィート，そしてボーヴェーの157フィートへとそびえていった．最後のボーヴェーでは，「穹窿の野心」は技術的にいきすぎて，穹窿は崩壊した．フランスのゴシック大聖堂を建てた人々が高さに対して力を尽したのに対して，イギリスの建築家たちは，長さに対して，スペインの人々は幅に対して情熱をもやした．ドイツは，側廊の高さが身廊や内陣の高さとほとんど同じで，トリフォリウムないし高窓がないという特徴をもったハレンキルヒェによってゴシック様式に対して貢献した．典型的で，最古の例の一つは，マルブルクのザンクト・エリザベート大聖堂である．

　しかし，ステンドグラスの発展に影響があったのは，国民的な好みと，気象条件であった．フランス，イギリス，ドイツの建築家に共通して認められるガラスの壁の建物の理想像は，スペインやイタリアの建築家のわかちもつことにはならなかった．これらの国々では，南国の太陽があまりにもまぶしく熱いために，広い面積のガラス窓では耐えにくいからであった．事実，早い頃の大きな窓で，のちにふさがれてしまったものもあった．

　北ヨーロッパでは，窓がしだいに大きくなり，ガラスの色，特に青色が暗くなっていった．その目的は，大聖堂を暗くすることではなかった．ときにはそういう結果になっているものもあったが……．そうではなくて，光に神秘的な感じを与えようとするためであった．今日，800年近くもの，数多くのオリジナルなステンドグラスが失われ，残存するものも長い歳月の間に損傷を蒙っていて，中世の祈る人々の心をかきたてたに相違ない，感覚に訴える宗教的感情を想い起こそうとしてもほとんど不可能である．しかしこのような体験は，フランスではシャルトル，スペインではレオンで，なおも可能である．

　13世紀にはこれとは反対の展開がみられる．すなわちグリザイユの窓が盛んになっていくのである．ごくわずかだけ着色されたガラスを使って，これらの効果は，色彩と形象というよりは光とデザインに依存していた．はじめ，グリザイユの窓は単純であったが，のちにより洗練の度を加え，メダイヨンがそれらに導入された．形象的なステンドグラス芸術が頂点に達したときに，グリザイユのガラスが好まれるようになった理由を説明する所説はさまざま提案されている．ある説明では実際的な理由を挙げる．すなわち，ステンドグラスはあまりに高価であるというもの．また，新しい窓の面積を満すに充分なだけの着色ガラスがなかったというもの．教会堂が，特に陽光の乏しい北ヨーロッパで，暗くなりすぎたという理由など．しかしこれらのもっともらしい説明は，シトー派の創立者で禁欲的な聖ベルナールを中心とする神学的論争とからみあって錯綜する．

　1134年，シトー派の僧総会は，シトー派修道院の窓は，色と十字形（「磔刑」の表現を意味する）のない，無色ガラスを用いるべしと，定めた．この禁令は，シトー派のガラス画工に対して欲求不満を起させたに相違ない．彼らは，無色ガラスをはめた鉛縁のきわめて美しいデザインを創り出すことによって，禁令に答えた．数少ない遺品のうち，南フランスのテュールの教区のオバジーヌ修道院教会堂に美しい作例がある．しかしこれらの窓の魅力は，情動的というよりは知的なものである．

　シトー派修道院は厳格であったけれども，聖ベルナールは，不承不承に，司教は，大聖堂の中に教養ある者にも無知なる者のためにも備えなければならないから，「世俗的な人々は精神的なものによっては不可能であることをみれば，物質的な装飾によって彼らの帰依の心を喚起せねばならない」ことを認めた．しかしそれでも，過度に陥ってはならないことが強調されたのである．

　グリザイユのガラスははじめ，当時ステンドグラスが隆盛をきわめていたフランスよりもイギリスの方で多用された（たとえば，ヨーク，ソールズベリー，リンカーン大聖堂など）．グリザイユの使用が，どの程度，シトー派の影響の結果であるかを明言することは不可能である．シトー派の修道院はヨーロッパ中に広がった．聖ベルナールが1153年に没したとき，300を数えたが，その数は，12世紀末までの500よりも増加した．しかしその頃までには，シトー派はその規則をゆるめて，窓に形象の使用を許したのであった．

　フランスとイギリスでは，13世紀に，メダイヨンの窓が前の世紀の人物像の窓を駆逐しだした．この時代にはまた注目すべきバラ窓がいくつかある．円は，垂直的なゴシックの伝統にはないのであるが，しかし無視しえない基本的な形でもある．すぐれたゴシックのバラ窓には，シャルトル，パリのノートル・ダム，ラン，リヨンの作例がある．この時代のイギリスのバラ窓のごくわずかの例は，リンカーン大聖堂の北袖廊にある．多くの手が加えられているが，しかし大部分はオリジナルと考えられている．司祭長のいる大聖堂にちなんで「司祭長の眼」とよばれるが，この名称と結びついて，「最後の審判の日」と「天上の王国」を表している．

　大聖堂だけが，13世紀の驚きではなかった．小さな礼拝堂もまた，この時代に建てられた．大きさの点では大聖堂と競うべくもないが，しかしその壮麗さにおいて大聖堂を凌駕する場合もしばしばである．イギリスでは，エドワード1世によってウェストミンスター宮の一部として建てられたセント・ステファン・チャペルがある．ルイ9世がパリのシテ島の宮殿の中庭に建立したサント・シャペルは，巨大な宝石のごときものとして傑出している．着色ガラスの鳥籠のようなこの礼拝堂は，実にこの色彩豊かな世紀の縮図である．

パリのノートル・ダム大聖堂の北バラ窓は，13世紀フランスのステンドグラスのダイナミックな壮麗さを要約して示している．輝きを際立てる黒々とした石の枠線に分割された，青と紫の色調が支配する同心円の帯が，中央に描かれた「聖母子」の周囲に放射状に広がって，巨大な車輪を形作っている．

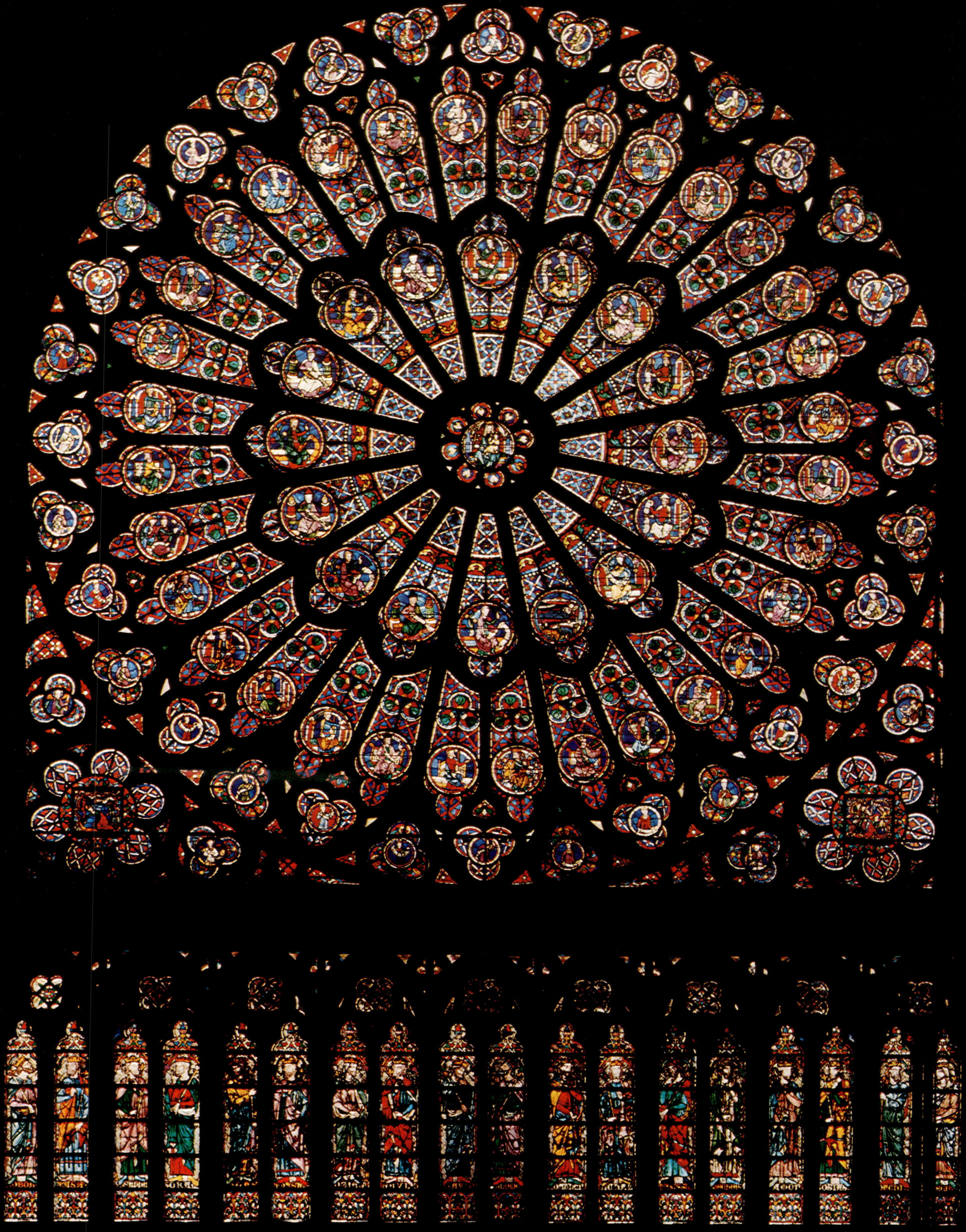

13世紀フランス

大聖堂の女王

　シャルトル大聖堂に関するほとんどあらゆるものが、通常の所信をこえている。それに関するありのままの事実とその伝統のより風変りなことが、非現実的な様相を呈する。けれどもそこには、当時、悪魔ではなくてシャルトルの守護聖者たる聖母の崇拝によってとりつかれていた一つの街の石とガラスによる具現が認められる。

　シャルトルの丘の上には、幾世紀にもわたって、一種の教会堂のようなものがあった。743年にアキタニア公によって、858年にはデンマーク人によって、火を放たれた。962年、1020年、1194年にも火が街を破壊した。シャルトルでは全部で6度、どの場合にも再建された。信仰の勝利と抑えきれないエネルギーとが、ヨーロッパ最大の傑作の一つに結集している。

　9世紀以降、この大聖堂の聖遺物である聖母の上衣が、シャルトルを巡礼の町とし、その繁栄と名声と充実した図書館と国際的な一群の学者をもった学問の中心としての地位とを付け加えた。シャルトルは、有名な町だけではなかった。それには強意の協同的な一体性と統一性とがあった。それは肥沃な農業地の中心にあり、その豊かさはしだいに交易の中心としての成長ぶりに依存するようになる。この町を活気に満ちたものにする多くの要因は物質的である。これらを宗教的な熱情に変える触媒は、聖母マリアであった。

　1145年にこの大聖堂が拡張されたとき、この異常なほどの熱情の注目すべき事例がある。それは「荷馬車の崇拝」として知られるようになった。モン・サン・ミッシェルの修道院長は「シャルトルの人々は、石材や木材や、小麦やその他新しい教会堂に必要な物資を積んだ荷車を、自分たちの肩に引具をつけて引張りだした」と記録している。この驚くべき活動を、ノルマンディーやイル・ド・フランスに広がった大苦行運動の一つとして記述したものもある。他の記録では、むしろ、工人たちのために材料を集める際の友情ある競争に市民たちとともに喜々として参加したと書かれている。長くは続かなかったが、教会への奉仕のために社会のあらゆる階層が心を開いて結集した。

　1194年の火災で大聖堂の大半が焼けおちたにもかかわらず、聖母マリアの上衣が救い出されていたことがわかったとき、同じような熱狂的な市民の一致団結がみられた。再建のために、フランスの内外から、王侯貴顕、大司教や司教や教会のほかのあらゆる位階の人々から、商人やギルドや職人や百姓たちから、贈物が流れこんできた。贈物はまた新たな寄進をうながした。聖ベルナールが「金は金をもたらす。なぜか私にはわからぬが、裕福な人々がみられるところで、寄進が最も活発に行われている」といっているように……

　1222年までには、新しい大聖堂の主要部分が完成し、彫刻やステンドグラスが設置されて、1260年の献堂式を待つばかりとなった。事実、窓の大部分は、1215年と1240年の間にステンドグラスをはめこまれている。数多くのガラス画工が働いたとはいえ、すばらしい成果であった。彼らの技倆は確かでみごとなものであった。彼らは、光がガラスを透過したときに初めて現出するものがみえるように窓を創り出しており、彼らの技倆をこえたさまざまな技術を駆使することができたからである。さらに、想像をめぐらすことは当然のこととはいえ、遠距離からみられたときに窓がどんな効果をもつか、できあがってみるまで実際にはみることが不可能であったのだ。

　しかし彼らの作品の予想しえない性質にもかかわらず、シャルトルのガラス画工は、畏敬の念を生起させ続ける精神的な聖域を創り出すのに力があった。窓は、広大な空間の抑えられた光のうちに調和的に輝き、石組の対比的な暗さに枠取りされて、空間の中に漂っているようにみえるのである。

　色彩、特に青の精妙な多様さは、光のたえまなく変化する特性によって生み出されている。直接射しこむ太陽の光によって創り出された輝かしい空の青さが、太陽が移り去りあるいは消え去るにつれて、紫色へと色調を深めていく。曇り空の場合、窓は神秘的な薄暗い輝きを呈するが、陽光に射し貫かれたと

天使や鳩や王や預言者を表したさまざまな形のメダイヨンが、シャルトル大聖堂の北バラ窓の中央のバラ形の窓の「聖母子」の像を中心にして配列されている。下のランセット（細長い形の窓）には、聖アンナと4人の代表的な旧約人物が並ぶ。彼らは、ネブガドネザルやエレボアムの偶像崇拝や紅海におけるファラオの溺死やサウルの自殺など、異教と災難の場面を足蹴にして、誇らしく立ちつくす。

き，その菱形模様の縁飾りはきらりと光り，そのダイアモンドや三葉形や円形などのすばらしいパターンは，柔かな黄色い光の細い帯によって繊細に強調される．

光と影の万華鏡のような効果は，色や形を現れたり消えたりさせて，高窓のランセットにおいて最もドラマティックにみられる．高窓には背の高い聖書人物が，粗削りな表現性とおごそかな身振りを突如として照らし出されて，生き生きとしてみえる．

シャルトルへの寄進の規模と寄進者の幅の広さが，窓にも反映している．寄進者の姿が4000ほど，人物のメダイヨンに表されている——王族，貴族，聖職者，商人，職人など，中世社会のパノラマをみるおもいがする．いずれの場合にも，町の中での地位や富を示す約70の同業組合の「署名」がある．ダビデ王やエゼキエルの下方に，肉屋が斧で牛を殺しているところが描かれる．モーゼと燃える茂みの下に，2人のパン屋が焼きたてのパンをもって表される．葡萄酒造りの窓は，ミサで葡萄酒が用いられることを表している．毛皮商は，「ローランの歌」を表すシャルルマーニュの窓を寄進した．彼らの「署名」は，お客に毛皮の外套を勧めている1人の毛皮商人の姿である．

当然ながら，多くの窓は，聖母マリアに捧げられた．そのうちには，聖母礼讃が描かれている北袖廊のバラ窓と五つのランセットがある．これらは，聖王ルイ（フランス国王ルイ9世）の母后ブランシュ・ド・カスティーユの寄進であった．中央のランセットには聖母マリアの母，聖アンナが幼児マリアを抱いている．

聖アンナは，シャルトルで崇拝されるもう1人の聖者となった．この聖女の頭蓋骨が，十字軍によってコンスタンティノープルから持ち帰られて，シャルトル大聖堂に贈呈されてまもなかったからである．もう一度，シャルトルは，14世紀になってようやくヨーロッパに広まり，16世紀になって初めてフランスに普及した新しい信仰の指導的地位にあった．

シャルトル大聖堂の側廊や周歩廊の42の窓は，この町の裕福な同業組合によって寄進された．寄進者は，聖書や伝説的な物語を表した教化的なメダイヨンの下部に，さまざまな仕事ぶりを描くことによって，各自の贈物に〝署名〟した．右図の「聖母マリアの死と被昇天」は，靴屋が寄進したものであった．そのうちの1人が，下図の線図で示したように，最下部の中央のメダイヨンに，働く姿で表されている．靴屋の上方に，窓の中央の円と四葉形のメダイヨンが象徴的に交互に重なっていく．聖母マリアの死，葬式，埋葬，被昇天，戴冠が表されている．裸の子供で象徴的に表されたマリアの魂を，下の方の四葉形の一つに描かれたキリストが受けとめている．

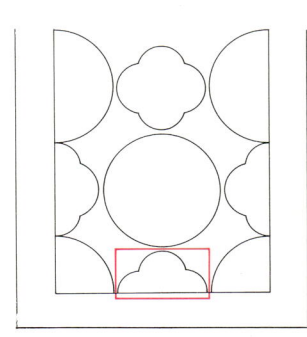

商業活動と宗教的画像との関係が，いくつかのギルドの窓によって確立されている．そこでは，職人の仕事が，ランセットの中に展開する聖書場面と照合する．身廊の北側廊の「ノアの窓」を寄進した大工や樽造りや車大工の姿は，ノアが箱舟を建造している場面を描いた一つのメダイヨンに反映している．左図の車大工は，「ノアの窓」の最下部に，そのギルドのしるしとして描かれている．

13世紀フランス

シャルトル——輝く色彩の大聖堂

シャルトル大聖堂のステンドグラスは，凌駕すべくもない美しさの176の窓の約22000平方フィートの面積をおおっている．堂内を満す宝石のごとき輝きの強烈さと非地上的な多彩な色光に圧倒される．建築，というよりは大聖堂全体が，はじめガラスの枠組だけにみえてくる．最古のステンドグラスは，西正面入口の上，すなわち西大バラ窓の下の三つの窓と，1150年頃の有名な「美しき絵ガラスの聖母の窓」にある．残りのステンドグラスの大部分は，1215年から1240年の間の年代をもつ．

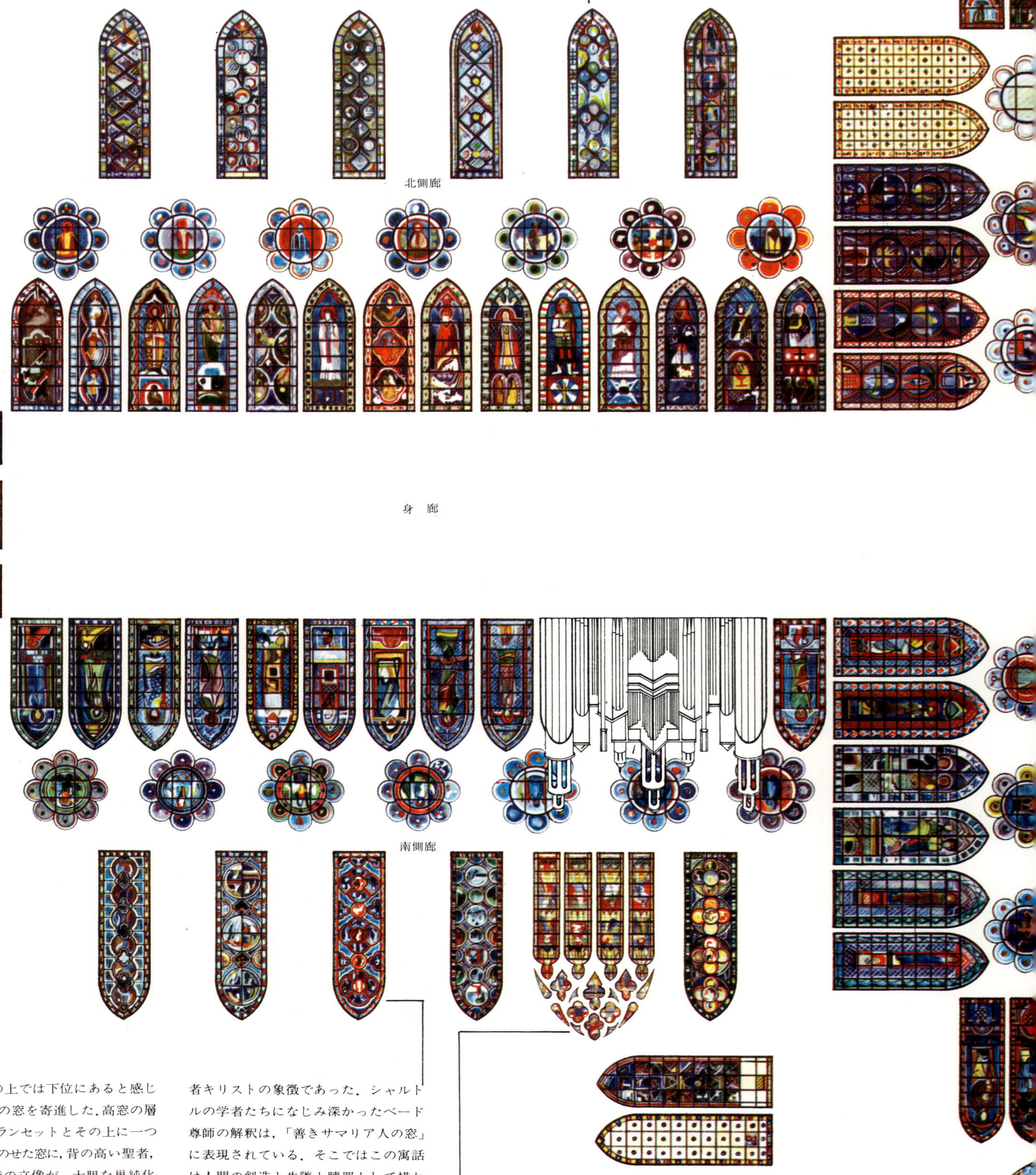

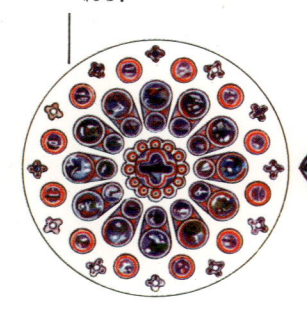

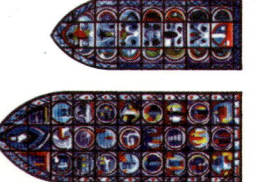

西バラ窓のメダイヨンの間の広い黒い面は，北や南のバラ窓のより線的なデザインと際立った対照を示す．西バラ窓は，その下にある，より古いランセットよりも色彩が控え目であるが，「最後の審判」を表す．中央の傷つけるキリスト像の周りには，天使たちと福音書を象徴する四つの生き物がある．上には，選ばれた者とともにアブラハムが，下には，魂を秤にかけているところがみられる．左右に，12使徒が並ぶ．放射状に並ぶ二つ1組のメダイヨンの外周よりの円の中には，「受難」の道具と，トランペットを吹く天使たち，蘇る人々，起き上る死者と地獄が描かれる．

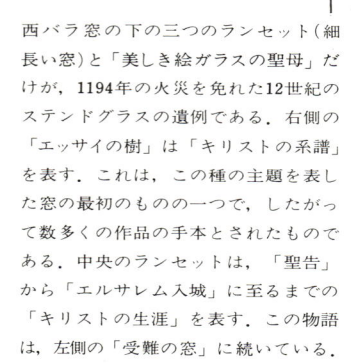

「聖ニコラウスの物語」は都合よくあいまいで，したがって多くのポピュラーな伝説を生み出す源泉であった．シャルトル大聖堂では，三つの窓が，この聖者の架空の奇跡に基いて作られた．これらの窓の一つで北側廊にあるものには，ヨーク・ミンスターの最古のパネルの源泉と考えられているのと同じ主題であるユダヤ人と不正直なキリスト者の伝説と，メッツ大聖堂に恐ろしげに描かれているのと同じ主題の虐殺された学童たちの伝説が表されている．

北側廊

身廊

西バラ窓の下の三つのランセット（細長い窓）と「美しき絵ガラスの聖母」だけが，1194年の火災を免れた12世紀のステンドグラスの遺例である．右側の「エッサイの樹」は「キリストの系譜」を表す．これは，この種の主題を表した窓の最初のものの一つで，したがって数多くの作品の手本とされたものである．中央のランセットは，「聖告」から「エルサレム入城」に至るまでの「キリストの生涯」を表す．この物語は，左側の「受難の窓」に続いている．

南側廊

伝説，聖者の生涯，聖書から引用された物語が，大聖堂の側廊と周歩廊の低い階層にある．したがって"読取りやすい"場所に振りわけられた64組のランセットと小バラ窓に描かれている．教会の権威のもとにおける中世社会の結束は，シャルトルの職人たちの寄進になる数多くの窓によって証明される．窓は，ステイタス・シンボルであるとともにPR（宣伝）の一形態であった．あるギルドでは，たとえばパン屋の組合は営業成績の上では下位にあると感じて，いくつもの窓を寄進した．高窓の層では，二つのランセットとその上に一つの小バラ窓をのせた窓に，背の高い聖者，預言者，使徒の立像が，大胆な単純化をもって描かれる．これらの大像は，老いた顔の中に白く見開いた眼光の強烈さによっていや増す峻厳な力の印象を創り出す．イギリスの神学者ベード尊師の説くところによれば，「善きサマリア人」は，罪に堕ちた人間の救済者キリストの象徴であった．シャルトルの学者たちになじみ深かったベード尊師の解釈は，「善きサマリア人の窓」に表現されている．そこではこの寓話は人間の創造と失墜と贖罪として描かれている．

1417年，イギリスに捕われていたヴァンドーム伯ルイ・ド・ブルボンは，解き放たれた暁には，聖母マリアに礼拝堂を捧げようと祈ったのであったが，のちにその誓約を実行した．建築家ジョフロワ・ド・セヴェストルによって建てられた明るい色彩のステンドグラスをもつヴァンドーム礼拝堂は，身廊の南側の13世紀の暗いランセットと釣合わない．ルイ，その妻，その他一門の人々が，守護聖者と紋章とともに描かれている．

北バラ窓すなわち「フランス王家のバラ窓」は，ルイ9世の母后，尊大で聡明で美貌のブランシュ・ド・カスティーユの寄進になる．ルイの紋章の金色の百合の花が，バラ窓に描かれ，またすぐ下のランセットには，ブランシュ家の紋章とともに描かれている．

「聖ステファヌスの窓」の下部には，その窓を寄進した靴屋が，彼らの贈物の小さな画像を捧げている．窓の他の部分は，聖書場面や最初の殉教者聖ステファヌスの伝説の場面を表している．窓の下半分は，「使徒行伝」に基いているが，聖ステファヌスがユダヤ人に説教し，石を投げつけられているところを表している．彼の頭の傷が赤いガラス片を用いて写実的に描かれている．伝説は窓の上半分の典拠となっていて，聖ステファヌスの遺品のコンスタンティノープルへの移送，聖者の遺体を載せた船を難波させようとして失敗した悪魔の試み，聖ステファヌスの魂の天国への昇天を表す．

あらたかな聖母マリアの上衣が，十字軍戦士でフランク族の皇帝のシャルルマーニュに，コンスタンティノープルの皇帝から贈呈された．「シャルルマーニュの物語」を表す窓には，アーヘンで行われた上衣の捧献の場面が描かれる．これがこの地からシャルトルに移されたのは876年であった．

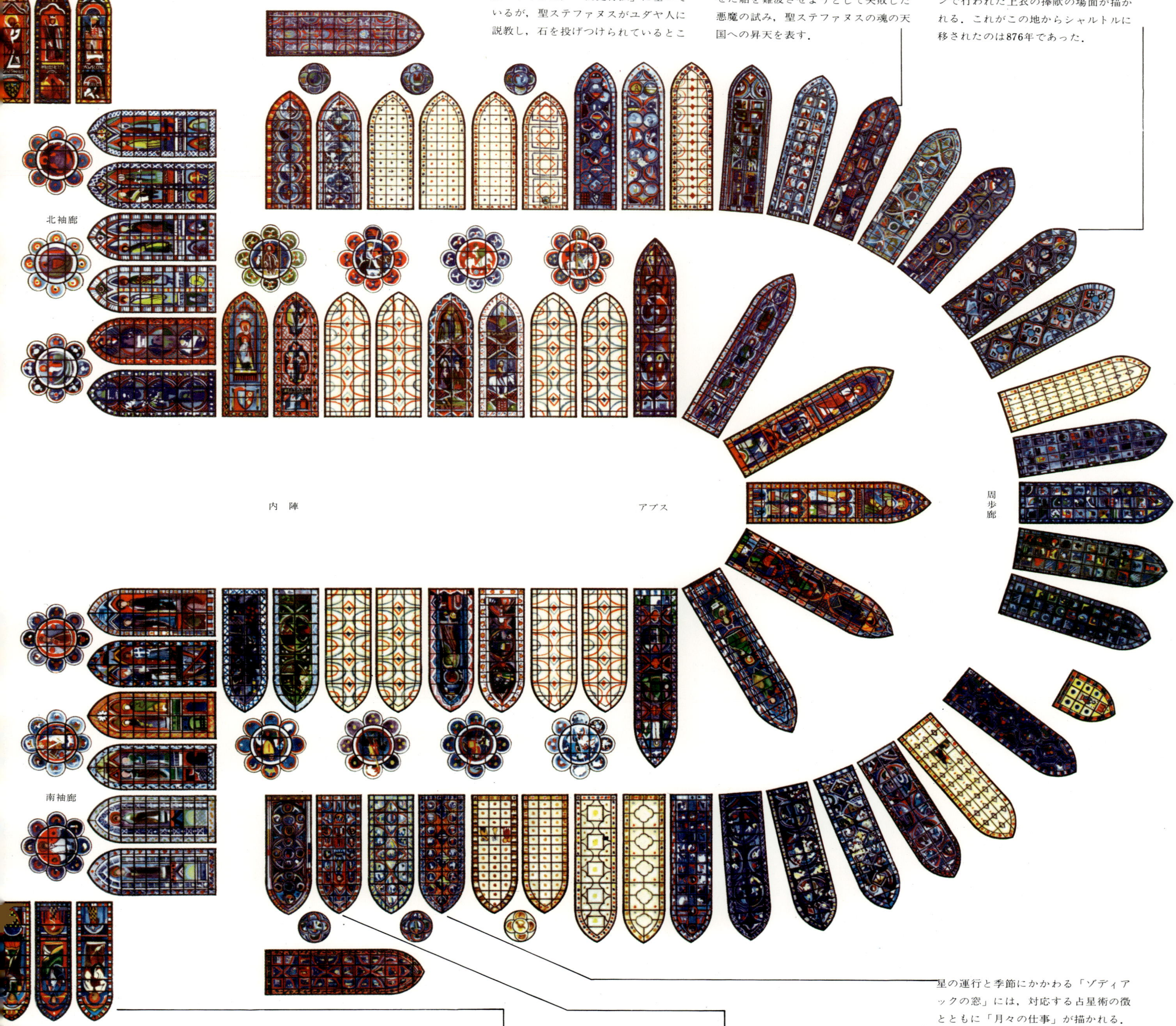

北袖廊

内陣　　　アプス　　　周歩廊

南袖廊

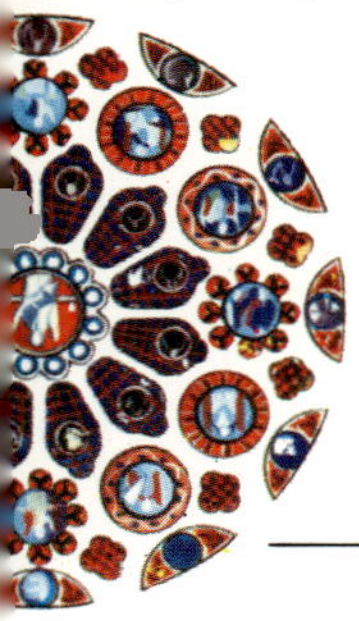

南バラ窓は，1世紀の終り頃にパトモス島で体験し，「黙示録」に記録した聖ヨハネの幻を表している．キリストが窓の中心に描かれ，その周りを四つの象徴の生き物，天使たち，族長たちが囲む．

バラ窓の下の五つのランセットは，聖母と，それを囲んで4人の預言者イザヤ，ダニエル，エゼキエル，エレミアを表す．預言者の肩の上に，より小さなサイズで4人の福音書記者が乗っている．後者の縮小されたサイズは，彼らが旧約聖書の教えに依存していることを象徴的に表現する．

「美しき絵ガラスの聖母」の水色の衣服は，この窓の他の部分の深い青色と際立った対照を示している．有名な明るい青の聖母を形作る4枚の12世紀のパネルが，天使やカナの祝婚宴，キリストの誘惑を表す13世紀のステンドグラスの中にはめこまれている．

星の運行と季節にかかわる「ゾディアックの窓」には，対応する占星術の徴とともに「月々の仕事」が描かれる．過去，現在，未来を表す三つの顔をもつ男を描いた1月から始まって，各月が，リアルに表現されている．8月は，乙女座と対応し，小麦を刈入れる男，4月は，雄羊座と対応し，花を摘む乙女，11月は，射手座と対応し，豚を屠殺する農夫を表す．

13世紀フランス

フランスのガラスの栄光

シャルトルは、ルイ9世が洗礼を受け、最も愛した大聖堂であったが、しかしなんといってもサント・シャペルは、小さいながら、ルイ9世自身がコンスタンティノープルの皇帝から購入した聖なる遺品の「茨の冠」と「十字架片」を納め崇めるために建立した魅力あふれる王家の礼拝堂である。これらの二つの建築は、13世紀のフランスのステンドグラス、すなわちフランスのステンドグラスの最も栄光に満ちた時代に、支配的な影響力をもったのである。

13世紀前半、主題と様式の両領域で、絶頂をきわめたシャルトル大聖堂の影響は、ブールジュ大聖堂にみられる。建築は広大で高く、シャルトルに続いて、13世紀初期のステンドグラス中、最も広汎な体系を示している。シャルトルと同様、使徒や預言者が壮厳にうち並び、またブールジュの司教たちを描いた当初の26の窓のうち八つが現存する。数多くの窓にみられる人物の顔は、同一の特徴を示している。すなわち、様式化された高い鼻、大きな口、類似した髪の形、見開いた眼、こうした共通性は、一つのモデルを使って全部が作られたことを暗示する。

けれども「黙示録の窓」はまったく違っていて、アンジェやポワティエやルマンのロマネスクの伝統を思い起こさせる。アイデアの交配は、この時代には一般にみられ、ブールジュ自体が、シャルトルに倣いながら、オーセールやサンスのステンドグラスにその足跡を残している。

ほかの地域にも、同じように重要なステンドグラスの中心があった。北ではソワッソンとラン、中部フランスではリヨン、東ではトロワと、王家の大聖堂のランスである。伝説によれば、496年のフランクの王クロヴィス1世の塗油の儀式が、ランスをフランスの国王たちの戴冠式の正統的な場所として決定づけたとき、聖なる油は、1羽の鳩によって天からまっすぐに運びおろされたという。1200年、この大聖堂は焼失した。早速に再建が始められたが、完成するまでに長い歳月を要した。1429年の、ジャンヌ・ダルクが強行させたシャルル7世の戴冠式にようやくまにあったにすぎない。大聖堂と国王との結びつきの結果の一つとして、彫刻でもステンドグラスでも、一群の王たちが印象的にみられる。かつて、初代から36人のフランス王と、彼らに冠を授けた大司教とが組になって描かれていた高窓のステンドグラスは、甚大な損傷を蒙ったが、そのうち8人の国王と8人の大司教が現存する。

ランスの西バラ窓は、壮麗で、歴史的な重要性をもつと同時に、フランスのバー・トレサリーの最も早い作例として重要である。それに先行するプレート・トレサリーの場合、開口部は石の硬い面をうがって作り出された。石の細い棒を組立てて骨組状に作られるバー・トレサリーは、より繊細である。このバー・トレサリーが愛好されたごとく、バラ窓はとりわけ細線細工のごとき印象を与えるのであった。

13世紀中葉にかけて、ステンドグラスの新しい様式がパリ一帯に現れ始めた。これはサン・ルイ様式の名で知られ、一つの大きな影響力をもつものとして、しだいにシャルトルで確立した様式に置きかわった。サン・ルイ派の色彩は、依然として青と赤を主調としているが、紫、黄色、暗緑色などが加えられて色の幅を広げた。しかし主要な変化は、たとえば、ブールジュにみるように、細々とした素描をほどこすガラスのかわりに、すばやい描線で快活な人物像が創り出されている点である。

この様式は、パリのサン・ジェルマン・デ・プレの聖母礼拝堂の窓から生まれたが、その栄光の絶頂に達するのは、1243年から1248年の間に建てられたサント・シャペルにおいてであった。サント・シャペルの窓は、最大の構想をもつものの一つである。現在修復箇所は多いが、1000をこえる個々のメダイヨン

ゴシック建築の霊妙な性格は、パリのサント・シャペルによって要約される。この13世紀のステンドグラスの礼拝堂は、ルイ9世によって、コンスタンティノープルの皇帝バルドウィン2世から購入した聖遺物を奉納するために建てられた。

審判者にして贖罪者たるキリストが,両刃の剣を口にくわえて,ブールジュ大聖堂の「黙示録の窓」のメダイヨンの一つに現れる.この窓は,「黙示録」に語られる聖ヨハネのみた幻影を表している.このデザインは,数年前に制作したシャルトルの窓の影響をうけている.同じような円形や四葉形のパターンが,おぼろげな形と深い光の色とを取囲む.初期キリスト教時代から神聖とされた数,七つを数える象徴は,ヨハネの幻影を通じ,左図の細部に,繰返し表される.キリストは,ヨハネが書くべしと告げられた七つの教会を象徴する七つの燭台の真中に立っている.その左手に教会の天使を表す七つの星をもち,その右手に七つの封印をもつ1冊の書物をもっている.

やパネルがあり,それに旧約聖書,預言書,キリスト,福音書記者聖ヨハネ,洗礼者聖ヨハネの生涯からとられた場面が描かれている.フランスと国王ルイ9世の百合の花と母后ブランシュ・ド・カスティーユの城の紋章が,縁飾りにくっきりと描かれる.様式と状況の証拠をもとにして,芸術家が少なくとも10人,三つの大工房がオリジナルなステンドグラスの制作にたずさわったと信じられている.

この礼拝堂は,穹窿を支える支柱の間の壁のかわりに窓があけられ,はめこまれたガラスによってできているようにみえる.メダイヨンの中に物語を表している人物たちは細長いプロポーションをもつ.鉛縁の線は力強く,色彩は輝かしい.イギリス国王ヘンリー3世がこの礼拝堂をみたとき,うらやましく思い,全部を車に積んで運んでいくことができたらと言ったと伝えられている.現在でも,ガラスの多くが失われ著しく修復をうけているが,サント・シャペルの効果は,依然として霊妙で催眠術的な魅力をたたえている.

サント・シャペルの影響は,パリのノートル・ダムの袖廊の二つの大きなバラ窓に見出すことができる.13世紀中葉の北バラ窓は,巨大な放射状の車輪の中央に,御児を抱いて玉座に座る聖母が描かれている.旧約聖書からとられた80に及ぶ司祭や士師や王たちが,「神の母」を取囲む.北バラ窓より10年後に完成されたと考えられる南バラ窓は,キリストを礼讃する.キリストは使徒,聖者,天使に囲まれている.

19世紀の美術評論家ジョン・ラスキンは,つぎのように書いている――「描かれた窓の真の完全さとは,ひらめく宝石のように,澄みわたり,強く,きらめくものである.容易に読取れる古風な趣のある主題に満ち,絶妙な精細さをもちながら調和において単純明快なるものである……この完璧さは,12,13世紀のフランスの,人間の芸術によって再び到達されることはあっても決して凌駕しえないデザインにおいて,完成された」.

13世紀も終りになるにつれ,フランスは100年戦争の経済的社会的激変に近づきつつあった.芸術への甚大な影響もあった.貴族や君主は,倹約する金もなく,その多くは戦争に注ぎこまれた.その結果,つぎの世紀には,それまでフランスを芸術と建築において卓越せしめた創造的目的の衰退がみられるようになる.

王家の大聖堂ランスの穏やかながら壮大なこの君王の像は,初代から36代までのフランス国王と彼らに冠を授けた大司教を組合せた13世紀の一群の作品の遺例の一つである.当初は,高窓の層全体が,これらの人物像で満されていた.

13世紀ドイツ

ロマネスクからゴシックへ

強く様式化された樹葉の模様の幅広い縁飾りと，半円アーチをもった，ケルンのザンクト・クニベルト教会堂の13世紀初期の「聖チェチリアの窓」は，まぎれもなくロマネスクである．けれども，この聖女のほっそりと若々しい身体つきと穏やかな表情には，すでにフランス・ゴシックの影響の跡がみられる．聖チェチリアは左手に剣をもっている．聖女はその剣で殉教したのであった．

　故人の聖遺物は，中世教会にとっての活力であった．聖遺物崇拝は，4，5世紀まで遡るが，しかしはじめはただ東方教会において普及したにすぎない．コンスタンティノープルとかアンティオキアといった大きな都市には，殉教者の遺体の大規模な発掘によって聖遺物の大収集が形成され始めた．西方教会は，墓荒しとみなされた行為を嫌悪する気持ちを結局は克服して，9世紀までに聖遺物の取引が東と西の間で盛んに行われた．ローマには，ヨーロッパ中の教会に対して聖遺物の発掘，売立て，配送を取仕切る組織さえ存在した．十字軍の時代には，幾千もの聖遺物が，聖なる戦利品として持ち帰られ，中世末までには，殉教者の聖遺物を献ぜられない祭壇は稀有なほどであった．

　1164年，戦利品として，ケルンは，ミラノから有名な聖遺物を獲得した．それらは，ベツレヘムの御児のもとに贈物を捧げにいった東方三賢王（マギ）の骨として，名高かった．マタイ福音書の中に語られる東方から来た賢者マギについては詳しくは知られていない．彼らに冠をのせたのはポピュラーな伝統にすぎない．西の教会がマギの数を3人とするのに対して，東の教会は16人といった．彼らの名前やベツレヘムにどこの国からやってきたのか，所説は一致しなかった．

　東方三賢王（マギ）の骨は，この種のものではヨーロッパ最大の壮麗な聖体容器に納められ，ケルンを巡礼の一大中心地にした．1248年に古い大聖堂が焼けおちたときから，より大きくより壮麗な建物の再建がただちに開始されたが，驚くなかれ，完成したのはようやく1880年になってからであった．かくしてケルン大聖堂は，その存在性について歴史的証明がまったくない三賢王たちの骨の上に築かれたのである．信仰は，山を動かすだけではなく，すばらしい芸術作品を作り上げることもする．ケルン大聖堂の芸術作品の中には，聖体容器のほかに，「東方三賢王の礼拝」を描いたいくつかの窓もある．

　13世紀半ばの年代をもつ最古のものは，「三賢王礼拝堂」の「聖書の窓」である．この窓はケルン大聖堂の中で最も早い作品であり，高さが45フィート以上もあり，11のパネルに分割されたランセット二つからなり，各パネルには約400のガラス細片が含まれる．20の主題は，旧約聖書から取られたタイプ（預型）と新約聖書から取られたアンチタイプ（対型）である．「エバの創造」は「マリアの誕生」に対応する．「ソロモンへの贈物をもつシバの女王」は「幼児キリストに贈物を捧げる東方三賢王」に対応する．「海辺に打上げられたヨナ」の対型として「復活」がある．これらの聖書場面の背後に緑色の生命の樹があり，その巻きひげ状の樹を対になった王と預言者が抱きあっている．

　13世紀のタイプ図像の窓はドイツにはごくわずかしか遺っていないが，「東方三賢王礼拝堂」の「聖書の窓」と同様に，ケルンにはより活気にみちた人物像からなるもう一つの作例がある．ドイツの哲学者・神学者アルベルトゥス・マグヌスとケルン大司教ジークフリート・フォン・ヴェステルブルクの両者の寄進になるこの窓は，当初は，ドメニコ派の「聖十字架教会」にあったもので，19世紀になってからケルン大聖堂に移されたものである．

　この大聖堂は，バシリカ式のフランス・ゴシック様式で建てられたドイツで最初のものである．ドイツの多くの教会堂は，特にフランスの影響の及ばない東の地域では，依然としてロマネスク建築に固執していた．ケルンでさえも，13世紀までロマネスク教会堂が熱心に建て続けられてきた．最後の作例たるザンクト・クニベルト教会堂は，新しいゴシック教会堂が着工される1年前に，ようやく献堂されたのであった．

　ザンクト・クニベルトには，ドイツにおける13世紀ロマネスクのステンドグラスで最もすぐれたコレクションがある．ここの窓は，幅広く半円アーチをもち，縁飾りの幅は広く，樹葉の模様は様式化されている．色彩はフランス人が好んだ青と赤を主調とするのではなくて，かなりの割合で黄色と緑色を含んでいる．さらに，この教会堂の守護聖者の聖クニベルトの生涯を描いた窓の場面を囲む洗練された幾何学的な縁取りは，まったくドイツ的なもので，これと類似するものは，フランスのステンドグラスでは決してみられないものである．

　この窓に描かれた人物像は，ほっそりと優雅で宮廷的な性格をもち，「騎士の時代」の趣きを完全にとどめている．これには，ドイツの世俗芸術に対応するものがある．1200年から，2世紀間，ドイツでは，献身あるいは愛というミンネの騎士的な徳を讃える宮廷的な抒情詩が熱狂的に迎えられた．はじめは，ミンネジンガー（吟唱詩人）として知られる演者は，一般に，手の届かぬ貴婦人に対する献身の詩の中で高らかに歌いあげた地位の低い貴族たちであった．しかし，のちには，この遊興は，社会のあらゆる階層に広がり，その献身の昇華の度は，それほどでもなくなってきた．多くの絵画的表現の作例は，詩から生み出され，これらの中で描かれた騎士的なみやびさはザンクト・

クニベルト教会堂の人物像と合致する．

ザンクト・クニベルトには，また処女たちを描いたすぐれた単身像の窓がある．そして処女たちは東方三賢王と同じようにケルンの宗教的民話の主題なのであった．描かれた聖者の1人に，幾分あいまいな存在の聖ウルスラがいる．聖ウルスラは，この聖女に捧げられたケルン教会堂にある記銘のある石碑に従えば，4世紀に仲間の処女たち——その数はなんと11人から11000人まで，さまざまに伝えられる——とともに殉教した．もう一つの伝説では，彼女たちは，1世紀くだって，フン族に追われてきたイギリスの処女たちという．しかし処女たちが何人であれ，その数がいくつであれ，彼女たちはなおも，東方三賢王の三つの王冠とともに，ケルンの紋章である11の火焰によって記念されている．

13世紀のフランス・ゴシック様式の影響を受けたドイツの大きな教会堂や大聖堂の中には，これらのほかに，マルブルクのザンクト・エリザベトや，フライブルクとストラスブール（当時はドイツ帝国領であった）の大聖堂が，すぐれた13世紀のステンドグラスの作例を所有している．マルブルクの最古のステンドグラスは，依然としてロマネスクの伝統下にあり，「創世記」の場面を表すその窓の上には聖エリザベトの記念碑的な大像とその聖女の生涯の場面が描かれている．ストラスブールとフライブルクのステンドグラスの様式は，ロマネスク末期からゴシック末期まで変化しているが，フライブルクでは様式の変遷は，著しい修復のために，明らかにはわからない．

次の世紀には，ドイツの遺例にしばしば際立ったものがある．ドイツがロマネスク建築を諦めることができないでいたと同じように，建築とステンドグラスの両方の領域で，ヨーロッパのほかの諸国よりも長い間，ゴシックの伝統に忠実であった．

上図の15世紀の木版画にみられるように，未完成の大聖堂の上に動かずに架けてあるクレーンは，中世のケルンでおなじみの光景であった．16世紀までに，内陣と西端のかりの壁が完了したにすぎなかった．1800年代に，ケルン大聖堂は，キリスト教的ドイツ統一国家の象徴となり，それが造営の継続を促して，1880年に完成をみるに至った．

彩り豊かなエマイユや細線細工や宝石で飾られた金のほのかな輝きをみせる東方三賢王の聖遺物を収めた「三賢王の聖遺物箱」は，中世世界の巡礼をひきつける最大の呼び物の一つであった．予言者と使徒の彫像が聖遺物箱の側面を飾る．正面と背面には，「キリストの生涯」の場面が表されているが，上図にそのうちの「東方三賢王の礼拝」がみられる．ケルンの聖遺物が崇拝を受けたことから，「東方三賢王の礼拝」は，中世のケルンの美術の最もポピュラーな主題の一つであったことは，驚くべきことではない．それは，ケルン大聖堂の最古の窓のステンドグラス，すなわち三賢王礼拝堂の13世紀中葉の「聖書の窓」（下図）に最初に出現した．三賢王の年齢はまちまちであるが，これは中世の図像における伝統的な表現法であった．

フランスのシトー派の修道僧によってラインラントに導入されたグリザイユのガラスは，特にアルテンベルクの修道院教会堂やケルン大聖堂において，ドイツのガラス画工が取入れ発展させた．右図のケルン大聖堂のグリザイユと形象的な窓では，真中の色彩を中心に花模様があり，さらに赤と青の帯がそれを飾っている．繊細に描かれた樹葉が，花模様の中の幾何学形を満し，縁飾りにも繰返されている．これらのパネルはもともとケルンのドミニコ派教会堂にあった．

13世紀イギリス

中世の奇跡

巡礼者の町

「あらゆる州の隅々からカンタベリーへ，人々は聖なる殉教者を求めて足を運んだ」。中世時代に情熱的に開始されたカンタベリーへの巡礼は，ジョフレー・チョーサーの『カンタベリー物語』によって永遠化されている．詩には，ベケットの墓を詣で，カンタベリーの富を増大させ，とりわけ殉教を記念する祭日や，地下聖堂から「トリニティー・チャペル」へ聖遺物を移す日などに，寄進をしたさまざまな人々が写し出されている．この町の名は，いろいろな言葉に入っている．「カンター」（ふつうかけあし）という語は，ギャロップとトロットの中間の速度の「カンタベリー・ギャロップ」（騎馬の参詣僧たちが馬を進めるゆるゆるとした速さ）からきている．「カンタベリー・ベル」は，巡礼の馬がつけた鈴の形からその名を得ている．

高潔，勇気，善行の人として信奉者の尊敬を受け，ヘンリー2世によって「国賊」とよばれ，彼が突如として世界を否認したことからある人からは狂信者とみなされるベケットには，しかし謎が残る．カンタベリーの肖像画がどれだけ似ているのか断言はできない．類似性への一つの手がかりは，三角帽子の写実的な表現である．

ベケット崇拝の商業的利点は，カンタベリーの店屋によって利用された．錫と鉛の合金の土産物のバッジは，13, 14世紀に「反物小路」（マーサリー・レイン）で巡礼者たちに売られたさまざまな肖像の一つであった．

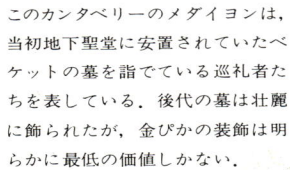

このカンタベリーのメダイヨンは，当初地下聖堂に安置されていたベケットの墓を詣でている巡礼者たちを表している．後代の墓は壮麗に飾られたが，金ぴかの装飾は明らかに最低の価値しかない．

ロチェスターのボビーの蘇生は，ベケットの数々の奇跡の一つであり，「トリニティー・チャペル」のメダイヨンに描かれている．わがままな子供ボビーは蛙に石を投げつけているうちに，メドウェー河に落ちて溺れてしまった．その子の親たちは，子供の遺体をもってベケットの墓を詣でたが，この殉教者の血を塗られた遺体は息を吹き返した．

　中世の教会堂で，それ自体の聖遺物や聖者や殉教者を誇ることのできるものはまさに幸運であったし，ステンドグラスを作り出すには奇跡で充分であった．これらは巡礼や栄光や利益にこと欠かなかった．

イギリスでは，カンタベリー大司教トマス・ベケットが，その大聖堂に，著名な殉教とつぎつぎに行った一連の奇跡を提供した．これらの奇跡は，「トリニティー・チャペル」の窓に描かれて祀られている．ここには，聖トマスの金と宝石をはめこんだ聖体容器が1538年まで安置されていたが，その年，ヘンリー8世によって取去られ移されてしまった．

かつてヘンリー2世の親友であり顧問であったトマス・ベケットは，大司教として王権に対して教会の権力を断固擁護したときに，国王の敵意を招いた．このため彼は死に遭遇した．彼の暗殺の3年後，ベケットは聖人に叙せられたが，彼の死後の奇跡の名声はすでに響きわたっていた．

礼拝堂の12の窓すなわち「奇跡の窓」のうち八つが，13世紀のステンドグラスである．これらは当時のイギリスの服装と家具の比類なき記録であり，中世精神の顕現である．この聖者は人々のために奇跡を行ったが，フランスのルイ7世から農民や職人に至るまで社会のあらゆる階層にわたっている．奇跡の及ぶ範囲は，歯痛の治療から死からの蘇生までと幅広い．

たとえば，これらの窓には，水と暗殺されたベケットの流した血を混ぜて作った聖トマスの水によって密猟者の矢で打たれた傷を癒された森番アダムが描かれている．大工は斧で脚を切ったが，聖トマスが夢の中で彼のもとに現れたときに治った．1人の農夫が癩病に悩んでいたが，墓の前に蹲って祈ったら治った．盲目的な聖遺物信仰は，現在ではおそらく愚直であろうが，当時はそうではなく，奇跡は中世社会の検証であった．

もう一つ，興味深いのはカンタベリーの13世紀の一群の窓で，「貧しい人々の聖書の窓」とよばれている．「タイプ図像の窓」ともいわれるが，当初12あったうちの三つが遺っているにすぎない．新約聖書の場面（対型）と旧約聖書の場面（預型）との対照図像は，中世の挿絵本においてポピュラーな手法であったが，この概念がステンドグラスにも広く取入れられたのである．たとえばカンタベリー大聖堂の窓の一つに，聖母の膝に座り，贈物を手にした東方三賢王の礼拝を受ける幼児キリストがある．これに対して一方では，エジプトの臣下から金銭の貢物をうけるヨセフが，他方には，ソロモン王に贈物を携えるシバの女王が対応する．

同時代のものに，ヨーク・ミンスターの北袖廊の五つの大きなグリザイユのランセット群がある．チャールズ・ディケンズは，内容豊富な中世のステンドグラスに劣らぬ豊かな想像力をもって，この窓がどうして「ファイブ・シスターズの窓」と呼ばれるか，まったくのフィクションでそのゆえんを書き綴った．伝説によれば，5人の姉妹たちによって創られた綴織が，一番年下の妹の死を悼んでステンドグラスに写されたという．

この窓のさらに後代の歴史は，いっそう風変りである．第1次世界大戦の間，安全のために取りはずされたが，再びもとに戻す前に鉛縁にはめ直す必要があった．しかし，ヨークには鉛もお金もなかった．1924年，ヨークシャーのリヴォルクス修道院の発掘で，1539年の修道院の廃止以来埋蔵されていた鉛が出土した．鉛縁にはめ直すに必要な費用は，1人のヨークの婦人がこの修道院教会堂で体験した幻影の結果，調達された．ある日の夕方，彼女は，ずっと前に亡くなった彼女の2人の姉たちにステンドグラスのはずされたままの窓の方へ誘われた．その幻が消えると，また別の幻が現れた．5人の婦人たちがディケンズの物語のように庭の中で針仕事をしていた．彼女には，窓を復旧するのは，大戦中に亡くなったイギリス帝国の女性を記念することになるというアイデアがひらめいた．数週間のうちに3万人の女性が彼女のアピールにこたえて，募金を行ったのであった．1925年窓は復旧し，きれいにされ修復された――中世のガラス画工が奇跡の窓を作り出したかのように……．

グリザイユのガラスは13世紀のイギリスで盛行した．その作例は，リンカーンやソールズベリーの大聖堂でみることができるが，しかし世界最大の規模で，イギリスで最も美しいグリザイユのガラスがみられるのは，ヨークである．遠くからみると，「ファイブ・シスターズの窓」として知られるこの大きな五つの明り窓は，灰色がかった緑のちらちらする光の面にみえる．しかし近づいてみれば，窓は，褐色で描かれた樹葉の繊細な網模様と，上図の細部にみるような色ガラスの装飾文様が現れてくる．

14 世紀

騒乱と改新の時代

ヨーロッパは，騒乱の暗黒時代から出現し，そして中世時代が終焉へと近づくにつれて，もう一度，危機へと突入していった．大規模な自然の災禍があった．厳しい冬と洪水が，その世紀を開いた．1315 年から 1317 年にかけての大飢饉の結果，イープルのような人口の多い町々で住民の人口の 1/5 が失われた．600 年後の 1348 年から 1350 年まで再び黒死病に見舞われ，ヨーロッパ大陸の人口の 1/3 が失われた．さらに人間の作り出した災害があった．すなわち，イギリスはフランスと交戦状態に入り，それが間欠的ではあるが，100 年間も続いた．農業と交易が衰えた．インフレーションがはびこった．イタリア系の大きな銀行がつぶれた．その中には，ロンドンからエルサレムやコンスタンティノープルまで 24 銀行のネットワークをもっていたバルディ家の銀行もあった．

ヨーロッパ中がなんらかの悩みをもっていたが，なかでもフランスは最大の被害者であった．14 世紀初めに，フランスはキリスト教世界で最も文明のすすんだ国であったが，堕落し弱体化した封建諸侯と実行不能の財政組織に悩まされて，フランスはイギリスとの戦争の苦しみに耐えるには備えがなっていなかった．戦争はイギリスの地で行われなかったから，イギリスへの影響は最小限にとどまり，ステンドグラスを含む芸術が花咲いた．

美術史と同じく技術上の進歩は，14 世紀のステンドグラスの展開に作用した．最も価値ある発明であるシルヴァー・ステイン（銀着色法）は，偶然に起ったことであった．典拠の定かでない伝承の一つによれば，ガラス画工の上衣からとれてガラスの上に落ちた銀のボタンが，焼きこんでいる間に，ガラスを黄色に着色した．酸化銀によるシルヴァー・ステインの発見は，ガラス画工が，ガラス片に淡黄色から深いだいだい色に至るさまざまな黄色系の陰影を与えることを可能にした．その成果の一つに，窓に必要な鉛縁の量を減ずる効果が挙げられる．たとえば，顔の周りに頭光を描き加えたいときには，ガラス画工は，頭光を鉛縁で仕切って付け加えるかわりに，これからは，ガラス片 1 枚の上に直接頭光を描き加え着色することができた．シルヴァー・ステインはグリザイユのガラスの装飾模様を豊かにするためにも用いられた．14 世紀の初め，フランスはいち早くこの方法を採用し，イギリスもすぐに続いたが，ドイツでは一般的に用いられるようになったのは 14 世紀中葉になってからである．しかし 14 世紀末までにはシルヴァー・ステインは，至るところでさまざまに窓に生彩を与えるために用いられていた．

色彩の範囲をより幅広くしより輝くものにするもう一つの発明は，二重に色ガラスを被せるヴェール・ドゥブレあるいはフラッシュド・グラスであった．この被せガラスの技法は，ガラスがまだとけているうちに一つの色にほかの色を被せて，第 3 の色ないしより鮮明な色を創り出すことができた．たとえば，緑は，黄色に青を被せることによって作ることができたし，真紅色を被せた透明ガラスは，濃くて暗い赤にならない，より明るい赤を作り出した．

ステンドグラス画工の技術はさらに洗練の度を加えて，1380 年頃に，点描技法を導入することとなった．すなわち，ガラスの表面にほどこした塗装が乾いた上に細かい点を作り出して，陰影により大きな変化を作り出すことを可能にし，図柄の線描法に特に価値のある発明であった．

14 世紀は，さまざまな国のガラス画工がいろいろな道をたどったことで注目される．イギリスでは，流麗な装飾式の建築様式から，きちっとして身動きできないような垂直式の様式へ移行したが，これがステンドグラスの窓に新しいアプローチを課した．フランスはグリザイユを多用した．一方，13 世紀にグリザイユが流行したイギリスでは色ガラスを多用した．ドイツは前の世紀の濃い色を依然として好んだ．ドイツでは，アルテンベルクの修道院教会堂の窓のごとく，グリザイユさえも豊かに彩色された．フランスでもイギリスでも，人物像を縁取る，採光のための装飾的建築的デザインである天蓋の背丈が，より高くなった．しかし色の淡い，ときには色のない大きな面積になってしまったガラスは，黄色の着色によって光彩を添えられた．

フランスは 13 世紀の芸術的な高さから凋落したとはいえ，この時代，特にノルマンディーの，エヴルー大聖堂やルーアンのサン・トゥーアン教会堂に，いくつかの美しいフランスのステンドグラスの作例がある．この地方には 14 世紀の初めから著名な大きな工房があった．サン・トゥーアンの窓は，天蓋装飾とグリザイユの使用によってより明るい内部空間をめざすフランスの傾向のすぐれた作例である．族長，使徒，聖者，聖職者などの人物像が架空の動物で埋められた大きな建築的モチーフの天蓋の下に立っている．窓全体の色彩は淡く，銀白色が主調である．

エヴルーでは，早い年代の天蓋は，夢想的で装飾的で，写実や遠近法の試みはまったくない．この様式は，この世紀の終りにかけて変化し，特に内陣のいくつかの窓で目につく．1376－1383 年にエヴルーの司教であったベルナール・カリティによって寄進された二つの窓は，様式の点ではほとんど 15 世紀といっていいほどである．遠近法の下にみえる人物の上に穹窿があるばかりではなく，彼らが立つ市松模様の床もある．14 世紀末の内陣の窓すべてにおけると同様に，人物は肖像画としてきわめて写実的で，顔ははっきりと個性的に描きわけられている．伝統的な縁飾りさえも，写実的な建築によって置きかえられた．

窓をうっとうしくしないで，建物の内部をより明るくするために用いられた一つの工夫は，窓全体にわたって色ガラスの帯をほどこすことであった．窓の残りの部分には，四角いガラスがはめられ，あるいは色ガラスの縁取りか装飾的な色ガラスの打出し模様などがあしらわれたりした．このようなサン・トゥーアンやエヴルーの窓は，オックスフォードのメルトン・カレッジ礼拝堂の技術と類似していた．

14 世紀には，寄進者の像がヨーロッパの窓にどっと出現した．これは，やはりメルトンやエヴルーに共通にみられる傾向であった．メルトンでは，1 人の寄進者が，24 回も描かれ，エヴルーでは，窓から窓へ，さまざまな聖職者か貴族の寄進者の像が際立って目につく．そのうち最も魅力的なものは，僧会会員のラウール・ド・フェリエールの肖像である．彼は，彼の寄進した窓のモデルのできばえを聖母に改めてもらおうと手にもって，天蓋の下にひざまずいている．隣の窓では，背の高い優雅な聖母が，御児に乳をのませている．人物の上方の天蓋がほとんど同じ高さであるにもかかわらず，聖母の背丈は，当然，敬虔な嘆願する僧会会員の 2 倍である．

これは依然としてゴシックの世紀であるが，しかしルネサンスの最初の光が現れ始めつつある．一つの兆候は，線遠近法と肉づけによって量感と空間の奥行を表そうという試みであった．それは，イタリア絵画に源を発して，アルプスの北に広がり，ステンドグラスでは，チューリッヒ近傍のケニクスフェルデンのハプスブルク修道院に最初に現れた．

ステンドグラスに反映した，中世の終焉とルネサンスの誕生をしるすことになる視野の変化の，もう一つのより明瞭な前兆がある．幾世紀もの間，中世芸術は，個人個人の視野というよりは集団的な見地というものを反映して，匿名性を守ってきた．しかし 14 世紀には，ガラス画工も含めて芸術家が，匿名性をかなぐり捨てだした．個性を発揮する時代が，手の届くところにあった．

きらめく色彩の弓状の段列が，ケルン大聖堂の聖ヨハネ礼拝堂の「万聖の窓」いっぱいに広がっている．1315－1320 年に「内陣の窓の工匠」とよばれる不詳のガラス画工によって制作されたこの作品は，聖者や天使の天上における位階を表している．聖者のがん（龕）の頂部は三葉形の繰形で，天使のは五葉形の繰形で区別されている．赤と青，交互の背景をもつ弓状の 8 段のそれぞれには，天上の調和と正義を象徴する数 8 にちなむ 8 人の像が描かれる．殉教者は，下方の 2 段に描かれ，彼らの上には序列に従って，聖証者，王，司教，預言者，教皇，使徒が表される．窓の最下部には，寄進者の紋章がある．

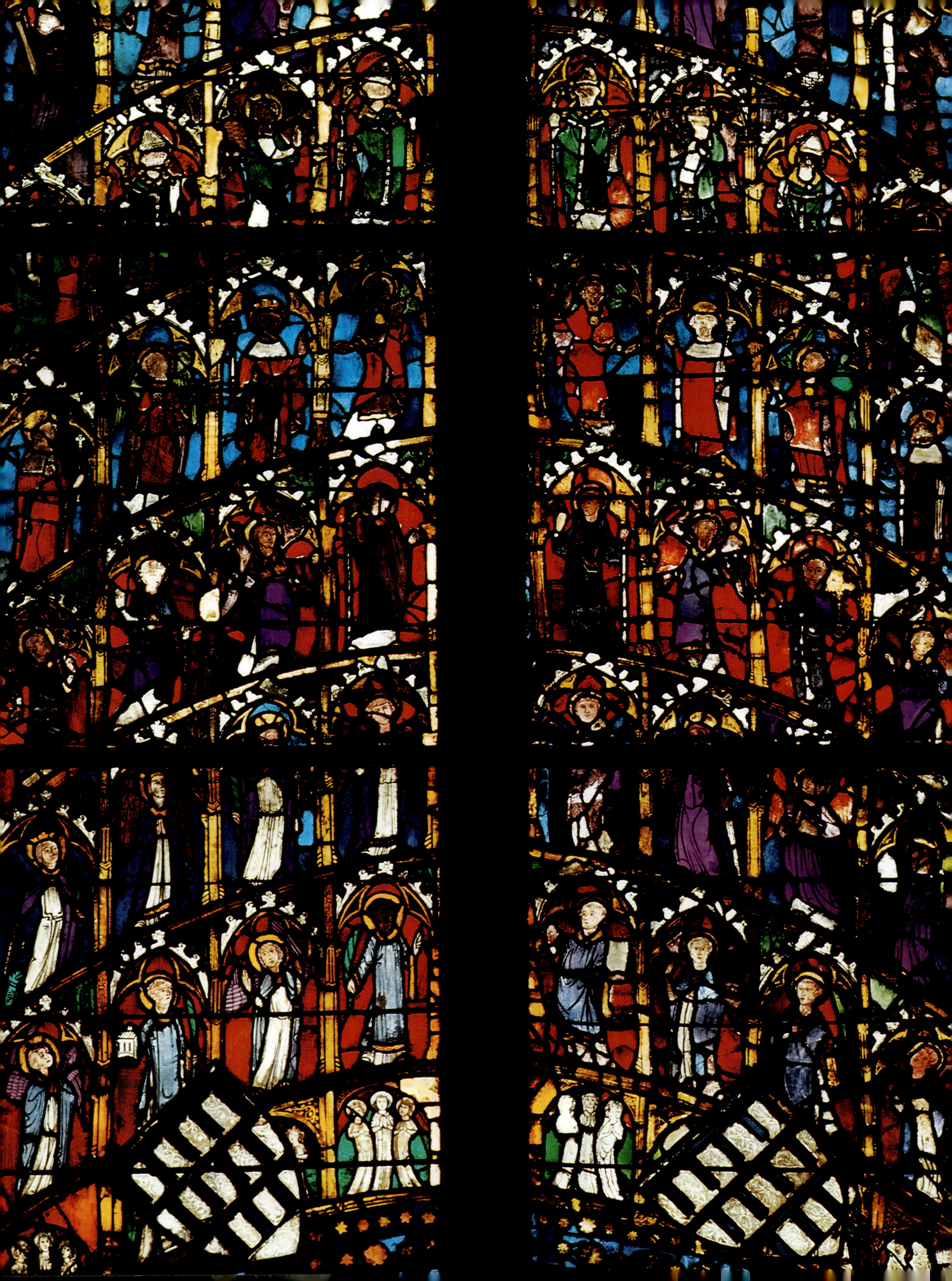

14世紀イギリス

ヨーク──ステンドグラスの町

　ヨークの町は、7世紀にわたるステンドグラスの生きた美術館である。ヨークにおけるガラスをもつ教会堂の窓の伝統は、ヨークの大司教聖ウィルフリッドの伝記作家によれば、彼が7世紀末にその教会堂の窓にガラスをはめさせたという理由から、さらに遡るのである。8世紀までにはヨーク大聖堂の付属学校と図書館の名声は高まっていた。そしてノルマン征服の時代には、この町は人口においてロンドンについで第2位であった。

　中世時代末期、ヨークには数多くの繁昌したステンドグラス工房があった。ガラス画工の多くは、フリーマン（自由市民）という特権的な肩書を与えられるに充分な地位を得ており──1313-1540年に100人の自由市民が記録されている──、市民生活において傑出した者もあった。ステンドグラスのヨーク派の作品は、この街の教会堂や大聖堂にとどまらず遠くまで広がっているが、しかしヨーク自体に満足するに足る──あるいはしばしば飽き飽きするほどの──数があった。量は莫大で、質はさまざまであるが、ガラス作品の多くは芸術的価値においてみるべきものがある。作品は、ヨーク・ミンスター（修道院教会堂）のみならず、オール・センツ、ノース・ストリート、ホリー・トリニティー・イン・マイクルゲイト、セント・ドゥニ、サン・マルタン・ル・グランなどの多くの教会堂に見出される。

　ヨーク・ミンスターのステンドグラスは、それ自体が学校である。たとえば、1335年の「西大窓」のごとき14世紀のステンドグラスと、「聖ウィリアムの窓」や「聖カスバートの窓」のような15世紀初頭のものと比べてみれば、装飾式ゴシック様式と垂直式ゴシック様式との間の違いは、ただちに明らかにみてとれる。装飾式の時代には、幅の広い窓が細い縦仕切によって、上にトレサリーが配置されたいくつかの明り窓に分割される。垂直式の時代には、縦仕切はトレサリーの上までまっすぐに伸びていって、窓を長い縦長の条に分割する。

　ヨーク・ミンスターの傑出した14世紀のステンドグラスの中では、「紋章の窓」が、その色ガラスとグリザイユの変化や、豊富な王家の紋章と紋章をちりばめた縁飾りや、イギリスでは最初に用いられたと思われるシルヴァー・ステイン（銀着色法）の使用によって、注目すべきものである。

　高さ54フィート、幅25フィートの「西大窓」は八つの明り窓からなり、天蓋をいただくパネルの三つの区切には大司教と使徒たち、さらに「聖告」、「降誕」、「復活」、「昇天」が描かれている。この窓は、ヨークシャーのハートとして広く知られている様式化されたハート形を包含したデザインの豊麗な曲線的なトレサリーによって、さらに印象が高められている。

　「鐘鋳造師の窓」には、ステンドグラス画工とセント・ウィリアム教会堂に鐘を寄進した鋳造師たちが伝統的に住んでいたストーンゲイト街の住人リチャード・タノックという寄進者が描かれている。当時の服装で鐘を手作り鋳こんでいる職人の場面がある。天蓋の鐘と縁飾りの鐘の間には、楽器をいじっている猿がちらされて描かれる。

　ヨークのガラス画工は、地方的な場面や慣習を描くことを好んだ。実際、全体の感じがきわめて世俗的で地域的な傾向を示している。たとえば、この町のミンスターの縁飾りには、鹿狩りに出かける大地主が描かれている。ガラス画工はまた、特に北イングランドから来た聖者たちの生涯や奇跡を盛んに取上げた。彼らはまた芸術の古い主題である動物の葬式などを含むグロテスクや「死の舞踏」のような無気味なものに精通していた。悲しみに打ちひしがれるさまざまな動物が、ストラスブール大聖堂の彫刻に現れ、13世紀初頭のイースト・アングリカン・ゴールストン・プサルター教会堂には、不似あいなほどに美しい兎の葬送の行列がある。ヨーク・ミンスターの縁飾りは猿の葬列を表している。4匹の猿が遺体を運び、ほかの猿は十字架、もう一匹の猿は鐘をもち、雄鶏が聖書台に向って日課の祈りの言葉を読んでいる。

　高さ76フィート、幅32フィートの「東大窓」は、このミンスターのほかの窓における聖書的な場面の欠如を補っている。天使、族長、預言者、聖者の161のトレサリー・パネルの下に、各々3フィート四方の大きさのパネルが27あって、「天地創造」の第1日目から始まり、アブサロムの死に終る旧約聖書場面が描かれる。そして9段のパネルが続き、壮大な黙示録的主題を展開する「ヨハネ黙示録」による恐ろしい預言と最後の審判が描かれる。最下部の2段には、寄進者ダラムの司教スカーロウがイギリスの諸王、聖者、大司教に囲まれてひざまずいている。双眼鏡なしでは個々の場面の細部はみえないから、中世時代の信者たちはそれらをみて多くを学びとったとは思えない。けれども、今日ここを訪れる者と同様に、彼らは彩られた光の壁の全体的な効果に圧倒されたであろう。

　「東大窓」は、ヨーク人の作品ではない。ジョン・ソーントンがコヴェントリーから呼ばれて制作にあたった。おそらくこの作品を企てる能力のある経験をつんだヨークのガラス画工が黒死病によって死に絶えてしまったからと思われる。彼とそのチームは、約束通り3年がかりでこれを完成し、ヨークにおいて彼が他に制作を依頼されたことはありえなかったにもかかわらず、その影響力は大きかった。彼は衰えたヨーク派を生き返らせ、その最初の効果は、ヨーク・ミンスターのほっそりとそびえる「聖ウィリアムの窓」と「聖カスバートの窓」に明らかにみとめられる。

　聖者の中でも最も位の低い聖ウィリアムはこのような窓を受けるに足るとはほとんど考えられない。ウィリアム・フィッツァーバートは、1カ月間はまぎれもなくヨーク大司教であったが、そのうちの1週間は臨終の床にあり、生涯の終りには、その神聖さよりもそのけんか好きで特筆された。しかしヨークは聖者を必要とした。カンタベリーの聖トマスの人気に及ぶべくもなかったが、ついにはビヴァリーやダラムやリンカーンの大聖堂への巡礼者の群をひきよせる聖者たちと張りあうことができるよう期待されるに至った。没後、奇跡が突然に現れて、とうとう教皇はこれに説得されてこの大司教を聖人の列に加えたのである。窓に記録される数々の奇跡の中には、カンタベリーの「聖トマスの窓」のそれのように奇妙なものもある。蛙に呑みこまれてのち助かった少年、頭の上に石が落ちてきて負傷してのち治った男、梯子から落ちてのち蘇った男など。しかし、これは奇跡ではなくて、この大司教が聖人に叙せられたことが、ヨークの町とヨーク・ミンスターに巡礼者と富とを引きよせるという目的を達成したという単純なる事実なのであった。

特に中世時代には、動物が人間の弱点や愚かさを嘲る手段として用いられた。特に猿は、伝統的に異端や異教と結びつけられて、上図の動物物語集の挿絵のごとく、人間の模倣本能やその愚かな虚栄を表現するようになった。下図のヨーク・ミンスターの身廊の窓の一つの縁飾りの猿の葬列は、14世紀に盛行したヨークの神秘劇でポピュラーな演し物であった「聖母の埋葬」の伝説のパロディーである。

東大窓

ヨーク・ミンスターの「レディー・チャペル」の最東端を占有して，古いステンドグラスをもつ世界最大の独立したまとまりの空間の一つ「東大窓」がある．この広大なガラスの壁にステンドグラスをほどこすのに，驚くべきことに，1405年から1408年まで，たった3年しかかからなかった．コヴェントリーのジョン・ソーントンの作品であり，彼はその仕事に対して当時ではかなりの額の56ポンドを受取った．

トレサリーの頂点の神の手の聖書が，ヨーク・ミンスターの「東大窓」の主題 Ego Sum Arpha et Omega（われは始めなり，終りなり）を確立する．トレサリーの明り窓の区切の天上界の天使群が，地上における神の調停におけるごとく，神の万能の数々の表現を取囲んでいる．3段のパネルには，旧約聖書によるこのような事蹟が描かれる．これらの下方の，9段のパネルには，新約聖書の最後の書「ヨハネ黙示録」による場面が，すぐれた腕前によって表現される．最下部のパネルには，聖職者と王侯が描かれている．

- 天上の天使群
- 旧約聖書の場面
- 黙示録の場面
- 聖職者と王侯

1　世界創造の第5日の鳥と魚．

2　アダムとエバと人頭の蛇．

3　いなごとさそりを予告する5番目のトランペットの響き．

4　海から現れた獅子のような怪獣が聖者たちに襲いかかる．

5　火の湖の中に墜される霊魂．

6　オーレリウス王，アンブロシウス，ルシウス，アーサー王．

14世紀イギリス

中世のミンスター

ヨーク・ミンスターは，130の窓をかぞえる，イギリスの中世のステンドグラスの最大のコレクションをもつ．12, 13世紀に遡るものもあり，それにはグリザイユの「ファイブ・シスターズの窓」が含まれる．しかし大部分の壮麗な窓は，豊かな色彩をもち，14世紀初頭の装飾様式かあるいは15世紀中葉の垂直式様式のいずれかによって制作された．ヨーク・ミンスターの西端と東端の窓は，広々として壮麗であり，より小さな窓の数々にはすばらしい美しさとユーモアがある．ある場合は誤謬を犯し，ある場合は賞讃すべきものであるが，しばしば修復をうけているけれども，中世時代の本質は損われることなくとどまっており，心を魅了してくれる．

出っぱりの上に立つとか支柱と尖塔の間に立っている小さな人物が，ヨークにおける天蓋つきの窓に共通してみられる．これらの人物は14世紀初頭の，王族や貴族の一員として「紋章の窓」に現れたもので，いかにも似つかわしく豪華に紋章で縁取られた衣装をまとっている．予言的に天使の像が，これらの建築モチーフによるがん（龕）に収められることがしばしばあったが，しかし15世紀には，ひげを生やし帽子をかぶった奇妙な老人の姿になった．身廊の「ウルヴデンの窓」にはこうした一寸法師のような人物が散見する．

50フィートをこす高さの，13世紀の「ファイブ・シスターズの窓」の五つで一群のランセットは，10万個のガラス細片から成り立っている．赤，黄，青などの斑点が，グリザイユの抑えた色の上にあざやかに点ぜられて，中央のランセットの最下部の明るい12世紀のパネルの色と呼応している．イギリス最古のステンドグラスの一つと信じられているこのパネルは，天使によってライオンの洞穴におろされ，預言者ダニエルに力を借す預言者ハバクを表している．

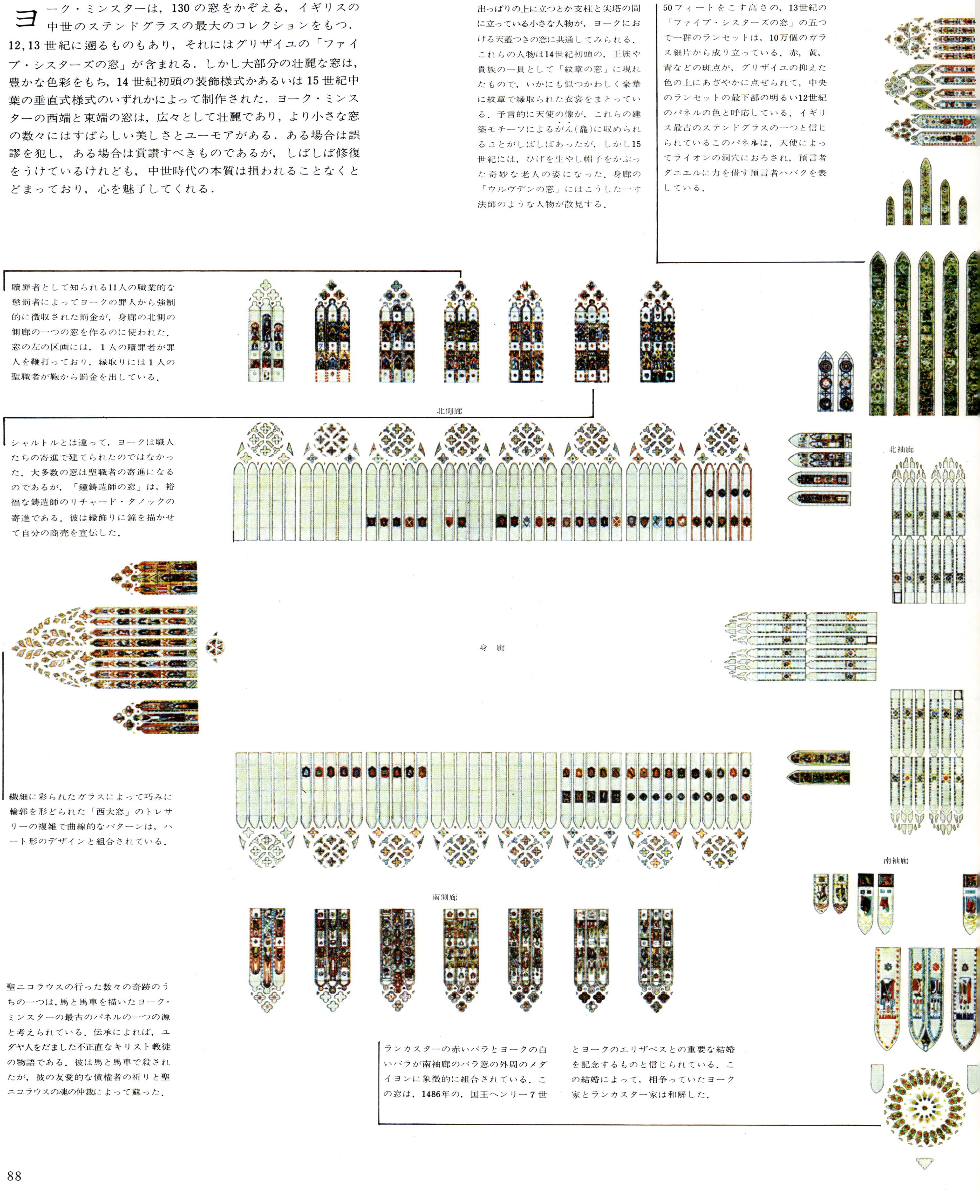

贖罪者として知られる11人の職業的な懲罰者によってヨークの罪人から強制的に徴収された罰金が，身廊の北側の側廊の一つの窓を作るのに使われた．窓の左の区画には，1人の贖罪者が罪人を鞭打っており，縁取りには1人の聖職者が鞄から罰金を出している．

北側廊

シャルトルとは違って，ヨークは職人たちの寄進で建てられたのではなかった．大多数の窓は聖職者の寄進になるのであるが，「鐘鋳造師の窓」は，裕福な鋳造師のリチャード・タノックの寄進である．彼は縁飾りに鐘を描かせて自分の商売を宣伝した．

北袖廊

身廊

繊細に彩られたガラスによって巧みに輪郭を形どられた「西大窓」のトレサリーの複雑で曲線的なパターンは，ハート形のデザインと組合されている．

南袖廊

南側廊

聖ニコラウスの行った数々の奇跡のうちの一つは，馬と馬車を描いたヨーク・ミンスターの最古のパネルの一つの源と考えられている．伝承によれば，ユダヤ人をだました不正直なキリスト教徒の物語である．彼は馬と馬車で殺されたが，彼の友愛的な債権者の祈りと聖ニコラウスの魂の仲裁によって蘇った．

ランカスターの赤いバラとヨークの白いバラが南袖廊のバラ窓の外周のメダイヨンに象徴的に組合されている．この窓は，1486年の，国王ヘンリー7世とヨークのエリザベスとの重要な結婚を記念するものと信じられている．この結婚によって，相争っていたヨーク家とランカスター家は和解した．

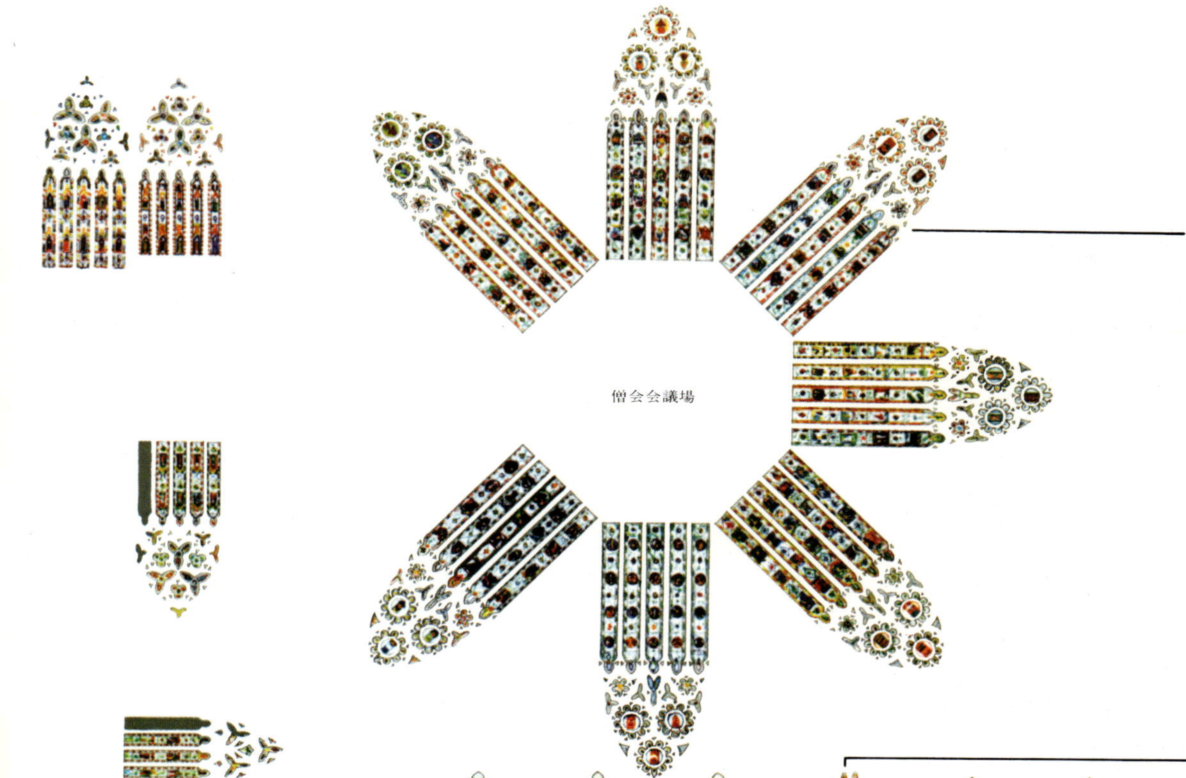

僧会会議場の窓は，一つを除いて，すべて14世紀のステンドグラスである．これらは，イギリスの装飾様式の建築の装飾的で壮重なスタイルの好例であり，これらのトレサリーはこの時代の幾何学的な最初の段階の典型的なパターンを示している．これらの円や三葉形のパターンは，中に紋章のバッジを描きこまれ，背の高い細いランセットの上に優雅な形に配列されている．聖域外の建物に収められているにもかかわらず，これらの窓には，隣接するミンスター自体の窓の大部分のものよりももっと多くの聖書的主題が描かれている．これらの多くは聖パウロの生涯の場面を表しているが，これらの輝かしいメダイヨンは，つる状に巻いたグリザイユの樹葉にからみあわされ，ガラス全面に豊かな暖かい色彩を与えている．

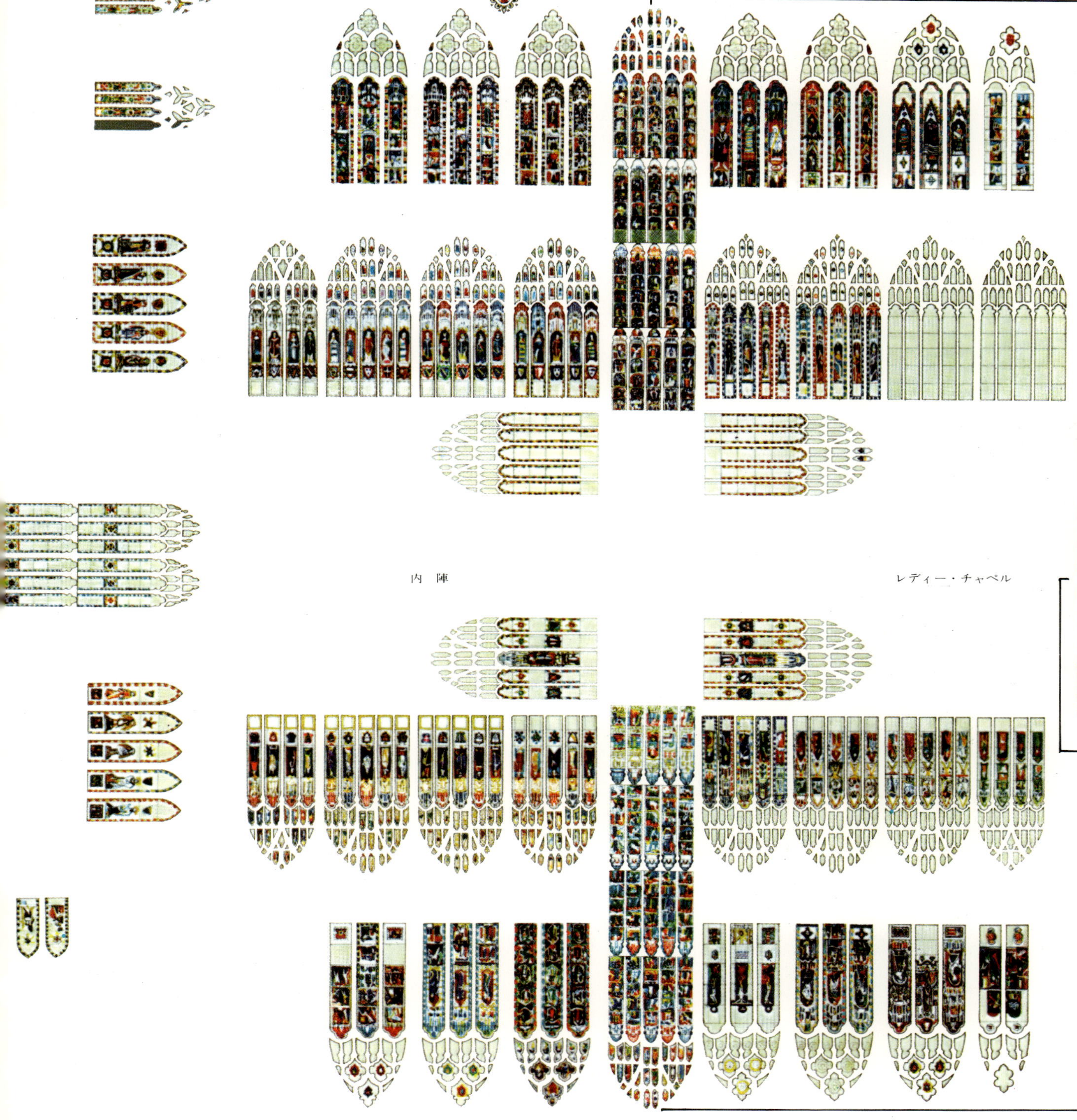

ヨークの特異な聖者ウィリアム・フィッツァーバートが聖者の列に加えられた結果，大々的にこの町に巡礼者を引きつけ，かくしてその富を増大せしめた．ウィリアムは当然，無数の奇跡を行ったと信じられ，典拠のあやしい彼の霊験の物語が，ガラス画工にアピールした．それらは想像をめぐらして数々のパネルを満すために自由に取入れられえたからである．「聖ウィリアムの窓」は，15世紀のヨークのステンドグラスの地方的性格の典型を示している．それにはオース河やマイクルゲイト・バーの吊し門やミンスターや，ジョフレイという名のちんばなどを含む，この町になじみの目じるしがあわせて描かれている．富と帰依の心をひきつけたウィリアムの豪奢な墓は，窓の中に23回も繰返し表現されている．

僧会会議場

内陣　　　　　　　　　　　レディー・チャペル

地獄堕ちの恐怖と天上の至福を表した常套的な主題がヨークのステンドグラスにみられるのは，珍しい．しかし「東大窓」は，聖書を芸術的霊感の源泉として再確認した．聖書的場面が，天上界の位階を表したトレサリーの区画の下の108のパネルを満している．

ダラスに遺骸が葬られた聖カスバートは，ダラムの司教トマス・ロングレイによって，1440年にヨーク・ミンスターに寄進された窓によって記念されている．内陣の南側廊を支配する広い面積のこのステンドグラスは，ランカスター公国を治め，聖カスバートの信奉者であったヘンリー6世への贈物としてデザインされた．この窓は，ヨーク公国の王エドワード4世がこの町を訪れたときに政治的紛争の種になった．

鳥や動物の機智に富んだ小さな素描が，ゾウシュ・チャペルの南壁のダイア形の四角い区画に描かれる．的確で単純な描線で描かれたこれらの絵の中には，クモをねらっている鳥とか猿の行列とか蜜蜂の巣に頭をつっこんでいる熊がみられる．

ゾウシュ・チャペル

この礼拝堂の名が由来する大司教ゾウシュの寄進になる東窓は，15世紀末のパネルである．2人の大司教が国王ヘンリー6世を礼讃している．

14世紀イギリス

花咲く伝統

14世紀のイギリスは，チョーサーのイギリスであった．一つの方向をみれば，この100年間は，フランスとの戦いにあえぎ，来襲するスコットランド人によって脅かされ，封建諸侯との力のシーソーゲームに明け暮れた，疲弊し，浪費する気違いじみた王たちの時代にみえる．住民の大部分は，貪欲な貴族と教会のぜいたくに腐敗した権威を恨み，その恨みは百姓一揆やウィックリフのロラード主義の運動のときに爆発した．なかんずく，この国の400万の人口の半分をなめつくした黒死病の時代であった．しかし14世紀は二つあった．もう一つの14世紀は，イギリスの建築やほかの視覚芸術，とりわけ写本装飾や建築彫刻やステンドグラスなどの美術史上最も輝かしい時代の一つなのであった．

繰返しいうが，この世紀には，ガラス画工は，建築様式の変化に適応しなければならなかった．12世紀のロマネスクないしノルマン様式の単独の窓から始まって，13世紀末と14世紀初頭には，それらは縦仕切で分割された装飾式のより大きな窓に順応した．ついで窓は垂直式の時代のより縦長の窓に直面したが，それは16世紀初頭まで続いた．

こうした展開は，窓のトレサリーに例示されている．通常1290年から1350年まで続いたとされる装飾式の時代の始まりに，幾何学的として知られるトレサリーは，単純な円か葉模様化した円から成り立っていた．ついでトレサリーは曲線的となり，極端に複雑になった．しかし装飾式の様式が放縦のきわみに達したとき，反動が起り，より厳格な垂直式様式が現れた．垂直式の窓では，縦仕切はトレサリーまで立ち上り，トレサリーは下の主たる明り窓に適合した横が直線的なパネルとなった．

グロースター大聖堂には，ウェストミンスターのセント・ステファン・チャペルに源を発した様式が発展した垂直式の窓の最もすぐれた初期の作例がある．この大聖堂（当時はまだ修道院であった）は，一つのキリスト教的な慈善の行為の報酬を受入れた．1327年，ほかの修道院が嫌がったときに，殺害された国王エドワード2世の遺体のための安置場を提供した．この聖者に擬せられた王の墓はたちまち巡礼を引きつけ，その供物によって大聖堂の大部分が再建されたが，その中には建築とガラスの壮麗な結合である1350年頃の「大東窓」も含まれた．

高さ70フィート，幅38フィート以上ものこの窓には，アーチまで達する2本の太い石の縦仕切がある．石組のその他の部分は格子状のパネルとなり，トレサリーは極度に少ない．窓の主題は「聖母の戴冠」である．聖母は，使徒たちや聖者たちを従えているが，彼らは当時の典型的な誇張したS字形のポーズで立っている．彼らの上の銀色の天蓋は，細長く背が高く，この大聖堂の建築を華やがせている．三出複葉やハート形の葉や木の実などの，多様な架空の樹葉がみられる．人物の下には一連の円形盾や紋章の盾が並ぶ．紋章の多くは，百年戦争の早い頃のイギリス軍の勝利に終ったクレシーの戦いで戦った人々のものである．

グロースター大聖堂は，時代の先頭をきって垂直式様式に移ったが，この国の多くの場所では装飾式の様式が14世紀の末まで存続した．「エッサイの樹の窓」は，装飾式の時代の最も特徴的な窓の一つで，14世紀を通じて少しも変化しなかった．明るい黄色とオリーブ色の緑が支配的なウェルズ大聖堂の「黄金の窓」は，最も顕著なものの一つである．

天蓋の下に人物を配した窓は，装飾式の時代にポピュラーであったが，垂直式の時代にはほとんどのところでみられるようになった．天蓋の下の人物像はしだいに大きく優雅になり，目鼻立ちはこまごまと描かれ，衣服はよりゆったりと流れるように表現された．天蓋が初めて導入されたとき，人物像は窮屈そうであったが，しかしのちには，テュークスベリー修道院にみるごとく，のびのびと洗練されていった．しかしそれすら，オックスフォードのニュー・カレッジ礼拝堂前室の窓の2段の立像の上のファンタスティックな天蓋にはかなわない．これらの窓がステンドグラス画家オックスフォードのトマスの作であ

顔がほとんどわからないが，小さな人物が棒とボールでゲームをしている．グロースター大聖堂の東大窓の最下部の14世紀の小円盤．このゲームをする人は，ゴルファーとよばれているが，しかしゴルフというゲームは15世紀以前にはその存在を知られていなかった．もしその名称が正しければ，このステンドグラスはおそらくゴルフの最古の証明といえるであろう．

キリストと，香炉や燭台や受難の道具をもった天使たちが，上図のウェルズ大聖堂のレディー・チャペルの14世紀の東窓の三葉形を用いたトレサリーの頂部のピラミッド形の中に巧みに配置されている．ランセットの天蓋には旧約人物，聖母子，2匹の蛇が収められている．蛇の一つは人間の頭をした誘惑者．もう1匹の蛇は，蛇にかまれたイスラエル人を治すためにモーゼが作った青銅の蛇である．

るにもかかわらず，ここではドイツの影響が働いているようである．天蓋は，「胡椒壺」形の小塔や銃眼のついた豪華な胸壁をもち，イエロー・ステインで彩色されている．オックスフォードのトマスは，ウィンチェスターの「エッサイの樹の窓」も制作し，それにひざまずいた自画像を描き入れた．トマスは，資産家であったが，それでもステンドグラス画家が生前に窓に描かれるというのは，異例なことであった．

謙譲さをもちあわせない寄進者たちの場合は，こうではなかった．メルトン・カレッジの評議員で，1311年にオックスフォード大学の名誉総長，1315年リンカーン大聖堂の司祭長をつとめ，「メルトンの窓」を寄進したヘンリー・ド・マメスフェルドは，寄進した窓の中に，ときにはひげをそり，ときにはひげをつけ，24度ほども，自分の姿を表現させている．この窓自体は，14世紀に一般化したタイプの作例である．すなわち，豊かな色彩のガラスによる一群の天蓋をいただく人物像と，自然主義的な樹葉で飾られたグリザイユのガラスとが対比的に並んでいるやり方である．

エレアノール・ド・クレアは，もう1人の有名な寄進者であった．彼女は，テュークスベリー修道院の東端の窓を，殺害された夫君ヒュー・ル・デスペンサーの記念のために寄進した．ド・クレア家とル・デスペンサー家の武具をつけた騎士たちが，みごとな絵画的手法で表現されているばかりではなく，エレアノール自身も，東の窓の中にひざまずいて身を露わにして描かれている．

14世紀は急速な移行の時代であった．その末期にはイギリスは一つの建築様式を発展させ，その後約150年もの間，それに愛着を持ち続けることとなる．やはりこの時期までには，「大聖堂の時代」がイギリスでは終りを告げ，教区教会堂の時代が始まったのである．

ヒアフォードシャーのイートン司教教会堂の東窓に，御児キリストを抱きあげてかわいがっている姿の優雅で人間味あふれる聖母マリアは，イギリスの14世紀のステンドグラスの最も独創的で美しい特徴を示す．聖母像にはもはや初期の窓におけるような生硬さと稚拙さはないが，しかしなおも大胆な様式化と単純化がみられる．しなやかな容姿は，くつろいだS字形のポーズによって作り出されている．ごく自然な細部表現や生き生きとした写実主義的な表情は，情景に魅力と個性を付け加える．窓の上部の人物像の上方に，さえずる小鳥たちが，天蓋の頂上の尖塔の上にとまっている．

オックスフォード大学

1270年，ロチェスター司教ワルター・ド・メルトン（上図）によって創設されたメルトン・カレッジは，14世紀にオックスフォード大学によって達成された科学的精神的卓越性に多大の貢献をした．メルトン・カレッジ・チャペル（右図）の窓は，豊かな色彩の広い幅の帯と澄明なグリザイユによるステンドグラスがはめられた．

ウィンチェスターの司教ウィリアム・オブ・ワイクハム（上図）は，1379年，オックスフォードのニュー・カレッジ（もとはセント・メリー・カレッジ）を創設した．流行の垂直式の様式で建てられた礼拝堂前室は，1393年から1404年の間に，イギリスで名前のわかる最古のステンドグラス画家の1人，オックスフォードのトマスによってステンドグラスをはめられた．右に彼の作ったモーゼの像が示される．

オックスフォード大学の名誉総長，のちにリンカーン大聖堂の司祭長となったヘンリー・ド・マメスフェルドは，イギリスのステンドグラスの中に描かれた，名前のわかる最古の寄進者である．1298年から1311年の間に彼が寄進した窓に，20箇所以上も，彼の姿が描かれている．窓の三つの仕切のうち一つを除き，その中に彼のひざまずく姿が預言者の左ないし右のいずれかの隣に描かれる（左図）．ラテン語の巻物の銘は，「ヘンリー・ド・マメスフェルド，制作を命じた」と読めるが，彼の寛大さを強調する．

14世紀アルザス

文化の十字路

　ストラスブールの最初の町は，ケルト人のものであった．町は，1世紀，ローマ人に征服され，5世紀にはフン族によって破壊され，フランク族（当時はドイツ人でもフランス人でもなかった）によって拡張再建された．4世紀間ののち，ストラスブールは，東フランク族（のちドイツ人になる）に分配された．923年，町は神聖ローマ帝国に包含され，ついで1205年，皇帝ないしゲルマン王を除いてなんの権威にも従属しない帝国内の自由都市となった．15世紀，プロテスタントに接収されたが，1681年カトリックになりフランス領となった．1870年ドイツに占領され，1918年から再びフランスの統治するところとなったが，第2次大戦中ドイツに占領された．

　ストラスブールは，フランスとドイツの影響の最も完全な融合を示す，ヨーロッパで最も瞠目すべき大聖堂の一つを誇りとする町である．1176年，たびたびの火災ののちについに崩壊した古い壮麗な大聖堂の再建は，ロマネスク末期の様式で始められたが，半世紀ののち，建築は突如フランス・ゴシック様式に変えられた．現在の大聖堂のうち最古のステンドグラスのパネルは，再建時のロマネスク時代のものである．それらは典型的にドイツ的で，強いビザンティンの影響を示している．1200年頃の年代をもつ二つのパネルは，洗礼者聖ヨハネと福音書記者聖ヨハネを描いたもので，ライン上流地方とコンスタンツ湖の修道院工房で栄えた様式を示している．人物像は彫刻的で角ばっており，緑，青，白のデリケートな陰影が支配的である．

　「ソロモンの裁判」を表した同時期頃の三つのメダイヨンでは，人物像はより活気があり，身振りも多様である．もう一つの，より後年の「ソロモンの裁判」は，それぞれに大きな天蓋の下に1人の人物を収める四つの背の高いランセットからなり，劇的なコントラストをみせている．様式の相違は，二つの窓を距てる150年という歳月よりもさらに大きいように思われる．ここには疑いもなくフランスの影響がみられる．

　ロマネスクからゴシック様式への推移は，8世紀のピピン短軀王（シャルルマーニュの父王）から13世紀のルドルフ・フォン・ハプスブルクに至る「ドイツ諸王の窓」において，たどることができる．現在ストラスブール大聖堂付属のルーヴル・ノートル・ダム美術館にある，12世紀末に制作されたこれらの窓の最古のものの一つは，シャルルマーニュを描いたものとされている．人物は座像で，豪奢な衣服に身を包み，十字架つきの宝珠と笏をもっている——モニュメンタルで，2次元的表現のビザンティン的人物像である．この人物は，ガラス画工が眼を際立たせようと周りに鉛縁をまわした結果，まっすぐ前をしっかりとみつめている．この窓は，このような表現法の最も早い作例である．13世紀半ば頃の「王の窓」には，ロマネスクには珍しい写実主義的なタッチがみられる．それはコンラート2世とその息子，のちのハインリヒ3世（黒王）を表している．この少年は斜視で鼻が曲がりゆがんだ口をしている．他の「王の窓」は，14世紀のものである．人物像自体にはビザンティンと幾分ロマネスクの影響が残っているにもかかわらず，ゴシックの特徴がしだいに滲透している．

　ストラスブール大聖堂は，1298年またもや火災を蒙り，多くの窓が壊れた．これらにとってかわったものは，アルザスのステンドグラスの主要な第2期を代表する．1331年から1332年の間に建立された聖カテリナ礼拝堂の窓は，この時期に属する．14世紀半ばに制作されたこれらの作例は，当時ストラスブール大聖堂のために働いたステンドグラス画家で名前のわかる唯一の人物ヨハンネス・フォン・キルフハイムの作と一般に信じられている．彼のドイツ系の名前にもかかわらず，6箇の高い窓はまったくフランス的である．ここには使徒たちが表されている．各人物は，その背丈の3倍以上もの高さの大きな天蓋の下に立っている．青と赤の交互の地模様を背景にしたグリザイユの天蓋は，2次元的に表されているが，使徒の立つ台座は，部分的に遠近法によって表現される．スイスのケニクスフェルデンのハプスブルク家の礼拝堂を経てイタリアの影響が広

聖カテリナ礼拝堂の14世紀の背の高い窓の中に，使徒たちは，ファンタスティックですらりとした尖塔の下に描かれている．グリザイユの尖塔をいただく天蓋は，隣接するフランスのステンドグラスの影響を示す，赤と青の菱形模様を背景にして，きらめいている．

ゴシック彫刻の傑作

ストラスブール大聖堂の南扉口の，「教会」と「シナゴーグ」（ユダヤ教教会）を表す女性像（下図）は，現在，大聖堂付属のルーヴル・ノートル・ダム美術館にある彫刻の模作である．車輪状の西バラ窓の上の外部のアーケード（右図）は，1276年エルウィン・フォン・シュタインバッハによって描かれた建築図面（右下図）に忠実に従っている．

冠をかぶった人物は，眼をひらかれた「教会」を表す．

眼かくしをする人物は，いまだ開眼しない「シナゴーグ」を表す．

まった．15世紀初頭になって初めて，遠近法的表現がストラスブールでマスターされたのである．もとこの街のドミニコ派教会堂にあった大聖堂の廻廊の窓に，遠近法のすぐれた作例がある．

聖カテリナ礼拝堂の窓と対照的なのは，身廊の反対側にある聖ラウレンチウス礼拝堂の窓である．「キリストの生涯と受難」による場面を表す二つの窓は，同じくドミニコ派教会堂にあったもので，1830年代になってから大聖堂に移された．デザインと色彩の点で，これらはドイツ的であるのに対して，聖カテリナ礼拝堂の方はフランス的である．

南側廊のステンドグラスは，14世紀に新しく作り直された．12世紀の預言者が，聖母とキリストの生涯による場面を表す窓にかわったのである．ある窓では人物像が混みあっているので混乱しているようであるが，ほかの二つの窓はより簡潔でより効果的である．これらは「最後の審判の窓」と本堂に接続する「ミゼリコルド（免戒堂）の窓」である．その中に表されるキリストは，寒さと飢えと渇きと病いにさいなまれ捕われの身となっているのであるが，それを縁飾りに描かれた小さな天使たちが同情をもって見守っている．1325年に制作されたこの窓のステンドグラスは，当時ドイツではまだ珍しかったシルヴァー・ステイン（銀着色法）の使用によって注目される．

ストラスブールには，5世紀にまで遡る概念である「美徳と悪徳の争い」を表した窓の断片がある．「美徳」は，冠をかぶり優美な衣服をまとった若い優雅な女性の姿で表されるが，彼女らは，一般に粗末な衣服と被り物をつけた女性の姿で表される「悪徳」を，槍で突き刺しているという，その姿には似つかわしくないような野蛮な行為を示している．

幾世紀にもわたって，ストラスブールがヨーロッパ中，なかんずくフランスとドイツから受けた影響やアイデアは，誇らしげにストラスブール風に変化させられていった．しかしいくたびとなく交替した統治者のもとで，これほどまでにその特異性を維持し続けた一つの町を，期待しえなかったであろう．

聖ラウレンチウス礼拝堂のキリストの没後の場面は，緑，赤，黄色を組合せている．この色調は，しばしばドイツのステンドグラスの特徴となっている．キリストの「埋葬」と「冥土降り」が，樹葉の形のメダイヨンの下に描かれる．メダイヨンの中には壮厳のキリストが表される（上図）．

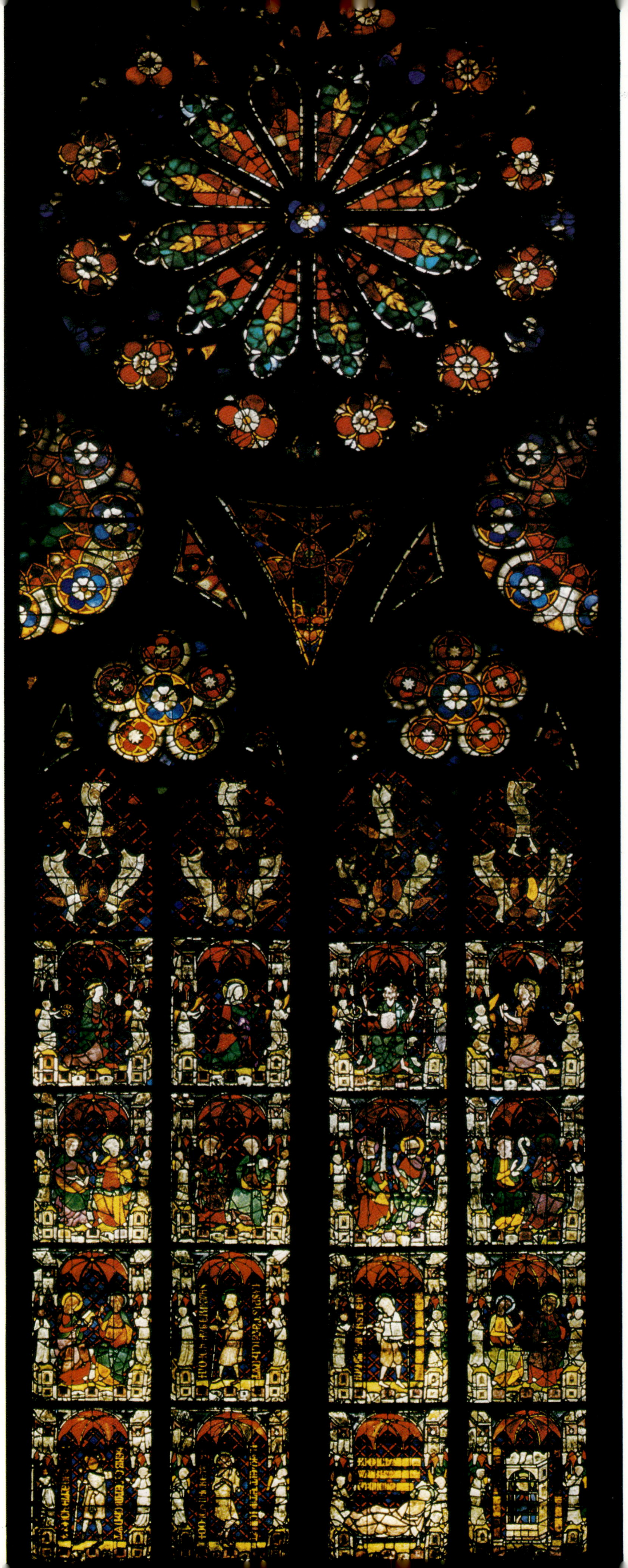

花弁と円のパターンでデザインされたバラ窓と小バラ窓が，南扉口の「最後の審判の窓」の上にある．最上段では，下の方に泳ぐようにみえる3人1組の天使たちの下に，聖カテリナと聖マリアがキリストの前にひざまずいている．下段には，2人1組の使徒と，善行をしている人物たちが描かれている．

14世紀イタリア

方向転換

トスカナ平野を見下ろす丘の上に壮麗に建てられたアッシジの広大で上下2段のサン・フランチェスコ教会堂(左図)は聖フランチェスコが葬られたところである。1228年から1253年の間に建てられた教会堂の上院・下院は、ともにフレスコとステンドグラスで飾られている。その多くは聖フランチェスコの生涯から想を得ており、その人間主義と敬虔に名をかりた豪華さの否定は、ルネサンスの芸術家たちの理念に意義深く貢献した。

　ステンドグラス芸術がイタリアに根をおろしたのはフランスやイギリスやドイツに比べて、より遅く、また開花し消え去ったのは逆に速かった。これには多くの理由がある。第一に、イタリアの陽光のまぶしさが、容易に観察できる二つの効果をもたらした。グリザイユは、北方の光量のより乏しい空を補う手立てとしてそれが必要なイギリスとは違って、一般には使用されなかった。また、イタリアの窓は、イギリスやフランスにより多くの光量を入れるための工夫であった天蓋装飾によってその上部を占領されなかった。そのかわり、イタリアでは、窓の構成の一部として建築的要素が用いられ、それを表現するのに無色ガラスのかわりに色ガラスが用いられた。しかしイタリアのステンドグラスが非常に異なってみえる基本的な理由は、北ヨーロッパではガラス画工の芸術であったのに対して、画家の芸術という性格が強かったということである。

　イタリアの、アッシジのサン・フランチェスコの二つの教会堂の初期のステンドグラスが、ドイツのガラス画工によって創られた。彼らは、その技術を熟知し、豊かな色彩感覚をイタリア人とわけあっていたからである。彼らの窓はまた、聖フランチェスコへの適切な貢物であった。西欧芸術へ自然主義を導入するのを手助けしたのは、この聖者の教えの人間主義であったからである。

　裕福な家に生まれた聖フランチェスコは、20歳そこそこで精神的な幻影によって悔い改めるまでは、アッシジの若者たちの中でも群を抜いたプレイボーイであった。彼は、財産を投げ打っ

1231年にパドゥアで没してその町の守護聖者となった聖アントニウスは、フランシスコ派の修道士ですぐれた説教家であった。伝説によれば、海岸を独りで歩きながら、彼は、他に聴衆がいなかったので魚に説教をしたという。この物語が、サン・フランチェスコ教会堂下院の聖アントニウス礼拝堂の14世紀の窓の2枚の左手のパネルに描かれている(右図)。窓の四つの区画は2人のガラス画工によって制作された。左の図版では、人物が比較的平板な背景を背にして中央の位置を占めている。それに対して右の図版では、人物は、遠近法的に描かれた周囲の建物と視覚的には同等の重要さをもって扱われている。

アッシジのサン・フランチェスコ教会堂下院のジオット作の14世紀のフレスコの一つ「エジプトへの逃避」は、このフィレンツェ出身の画家の革新的なレアリスムを示している。彼は、芸術を、その凍てついた中世的様式化から解放した。

芸術的な豊かさ

豪華なフレスコとステンドグラスが、もう一つの14世紀の画家たちの教会堂であるフィレンツェのサンタ・クローチェ(下図)を飾っている。ジオットは、フィレンツェ・ゴシック様式で建てられたこの広々とした教会堂の四つの礼拝堂を装飾したが、そのうち2面のフレスコが遺されている。聖フランチェスコの生涯からとった場面を描いたバルディ礼拝堂のフレスコは、アッシジにおいてジオットの作とされるフレスコの様式に近似している。フレスコとステンドグラスは、バルディ礼拝堂とトシンギ・スピネルリ礼拝堂にあって、おそらく相互に関係をもって構想されたに違いない。ともに聖フランチェスコ礼讃のための壮大な体系の一翼を担っている。窓では、バロンチェルリ礼拝堂の人物像(右図)で例示されるモニュメンタルな聖者像が、フレスコから引継いだアイデアである単純なゴシック式の尖頭アーチの下に立っている。

てフランシスコ派を創立し、残りの人生の大部分を旅回りの説教に費やした。サン・フランチェスコ教会堂は、彼の没後2年して建立され、その聖遺物を収めている。

この教会堂の上院は、フランス・ゴシック様式で建てられたが、多くのバジリカ式のロマネスク様式の窓は、13世紀中葉のドイツのガラス画工の作品である。13世紀末の窓は一般に行われたフランス・ゴシック様式を反映している。現存する窓のいくつかは聖フランチェスコを讃えている。

2人のフィレンツェの画家と2人のシエナの画家が、ビザンティン的なロマネスクからイタリアのゴシック様式へ転換する芸術的道標を樹立した。ジョヴァンニ・チマブエ(1240頃—1302)は、純正なビザンティン様式で制作したが、アッシジの教会堂の上院、下院の壁画は、特に「磔刑図」において、すさまじく情動的な力を帯びている。彼はジオットの師匠といわれている。しかしジオットは、まもなく2次元的なビザンティン様式から脱却して、当時革命的であった自然主義を発展させた。ジオットと、2人のシエナの芸術家——ドゥッチオとそのよりフランス・ゴシック的な後継者のシモネ・マルティーニ——の影響を通じて、ステンドグラス画家は、肉付け法と遠近法を用いて、量感と奥行を表現するようになった。アッシジでは、こうした展開は、ジオットの壁画とジオット的な窓と、さらに驚くべきものは「聖アントニウスの窓」にみることができる。

イタリアのガラス画家が、この時代のフランス、イギリス、ドイツのガラス画工と同じような表現効果を実現することができなかったのは、イタリアでは壁に絵を描くことに執着したからである。したがって、窓のための大きな面積を作り出すゴシック建築は、イタリアでは真剣には取入れられなかった。とはいえ、装飾の領域では、ゴシック・ルネサンス様式と記述されうるようなものに数多くの傑作を生み出した。北方ではトレサリーは、円形の窓のデザインの一部であったのに対して、イタリアでは、しばしば石のトレサリーがなく、支えるのに必要な最少限の鉄の枠組しかなかった。オッキオとよばれる円窓は、事実、円形の絵画をガラスに置きかえたもので、数多くの有名な画家が腕をふるった。

フィレンツェのサンタ・マリア・ノヴェルラのファサードには、アンドレア・ダ・フィレンツェによる壮大なオッキオ(円窓)がある。中央の場面は「聖母の戴冠」を表している。2人の壮重な人物が、彼らを飾る奏楽の天使と対照的である。豊かな動勢と色彩のこの喜びに満ちた窓は、真にイタリア的なものである。この形には、北方から学んだものはなに一つない。まさしく、ゴシックに対する情熱が衰え始めたとき、北方の様式に影響を与え始めたのはイタリア人であった。

伝説によれば、聖アントニウスがフランスのプロヴァンス地方のアルルのフランシスコ派修道士たちに説教をしているときに、現実には臨席できるはずもない聖フランチェスコが、修道士たちの前に幻影となって現れた。このアルルにおける出現は、サン・フランチェスコ教会堂下院の聖アントニウス礼拝堂の14世紀の窓の右の二つのパネルに、遠近法的に描かれている。そのうちの1枚が左図に示されている。聖フランチェスコは、磔刑のキリストのように両腕を広げて地面から宙に浮いているように表されている。彼の両手に聖痕がみられる。

14世紀スイス

殺害された王の記念

ヨーロッパ中で最も強大でしばしば最も嫌われた王朝の一つ，ハプスブルク家は，チューリッヒの北西，ケニクスフェルデンのすたれた修道院の人里離れた教会堂にある11の壮麗なステンドグラスの窓によって記念されている．スイスのアルガウ地方の方言で，"鷲の城"という意味のハビヒツブルク城に由来する名をもつハプスブルク家は，13世紀までには，アルザス，スイス，オーストリア，カスティリャの各地の大君主権を確立していた．1273年，国家の権力と地位は，ハプスブルク伯ルドルフ4世がドイツ国王ルドルフ1世として戴冠したことによってさらに増大した．

1308年，ケニクスフェルデン修道院の地で，ルドルフの子アルブレヒト王が，その甥の手で殺害された．王の献身的な未亡人エリザベートは，そこに，神と聖者と，「アルブレヒト王とその祖先たちの魂の救済のために」，小さな僧院を建て，王妃としてエリザベートのあとを継いだ王女アグネスは，それを拡張した．やがて，その命運は衰えた．それはスイスの手におち，1528年に修道院が解体されたとき，病院と精神病棟になった．19世紀に，当初からの建物は大幅に取壊された．祭壇はなく，ハプスブルク家の墓はあばかれて，ただがらんとした教会堂だけが遺っている．

高くそびえる窓の全部のガラスが遺っているのではない．この建物が経てきた栄枯盛衰を顧みるに，遺っているということ自体が驚くべきことなのである．七つの窓が当初ハプスブルク家4代に捧げられた．彼らは家紋の傍らにひざまずいて祈る姿に描かれている．4枚のパネルだけが遺っている．内陣の11の窓は運がよくて，その2/3のガラスがオリジナルである．調和した色彩体系がすべての窓に一貫してみられる．赤と青の背景に場面が，赤，黄，紫，緑の豊かな色調で描かれている．ある窓では，天蓋をいただいた人物像が仕切られたランセットに隣あって立ち並ぶ．その他の窓ではメダイヨンの中に描かれた場面が窓全体にわたって展開する．その効果はともに等しくドラマティックである．

アプス（奥殿）の三つの窓は，キリストの頌讃である．主題は，北壁の窓の「聖告」や「キリストの降誕」から，東壁の窓の「受難」，そして南壁の窓の「復活」と「聖霊降臨」に及んでいる．これらの三つの窓には，聖母マリア，使徒，聖アンナ，聖カテリナ，聖クララを含む聖者たちに捧げられた，内陣の両側に四つの窓が連なる．殺害された王の子供たちが近親の者たちからなる寄進者たちが，これらの窓の五つのパネルに描かれている．

1人以上の，複数のガラス画工の手になるにもかかわらず，窓は，1人の輝かしい独創的な工匠が存在したことを証明している．この工匠はデザインをしながら，教会堂をめぐる彼自身のやり方をしだいに確信していったのであった．「受難」の窓は，おそらく最初に完成されたもので，ここには「埋葬」の場面の石棺に遠近法を示そうとする意図が，アーチが左からみられるに対してその上の持送りが右からみられているという，風変りな結果を生み出している．より年代のくだる，技巧のすぐれた「聖アンナの窓」のイタリア風の建物の背景は，ガラス画工がこの窓に到達した時期までには，遠近法の使用において長足の進歩をとげたことを示している．

これらの窓に責任のあったガラス画工の正体はわからないが，かつてステンドグラスには欠けていた空間の奥行の暗示的表現の起源については，推論の域を脱しない．この果敢な革新の明らかな源泉は，イタリア絵画であった．それは，フィレンツェ派やシエナ派の影響がハプスブルク家の町ウィーンですでに確立していたからである．

ハプスブルク家に捧げられたこのようにも美しい，ステンドグラスの歴史の指標たるモニュメントが，15世紀までに，ハプスブルク家の支配から脱け出した人々の住む国に遺っているというのは，皮肉であろう．

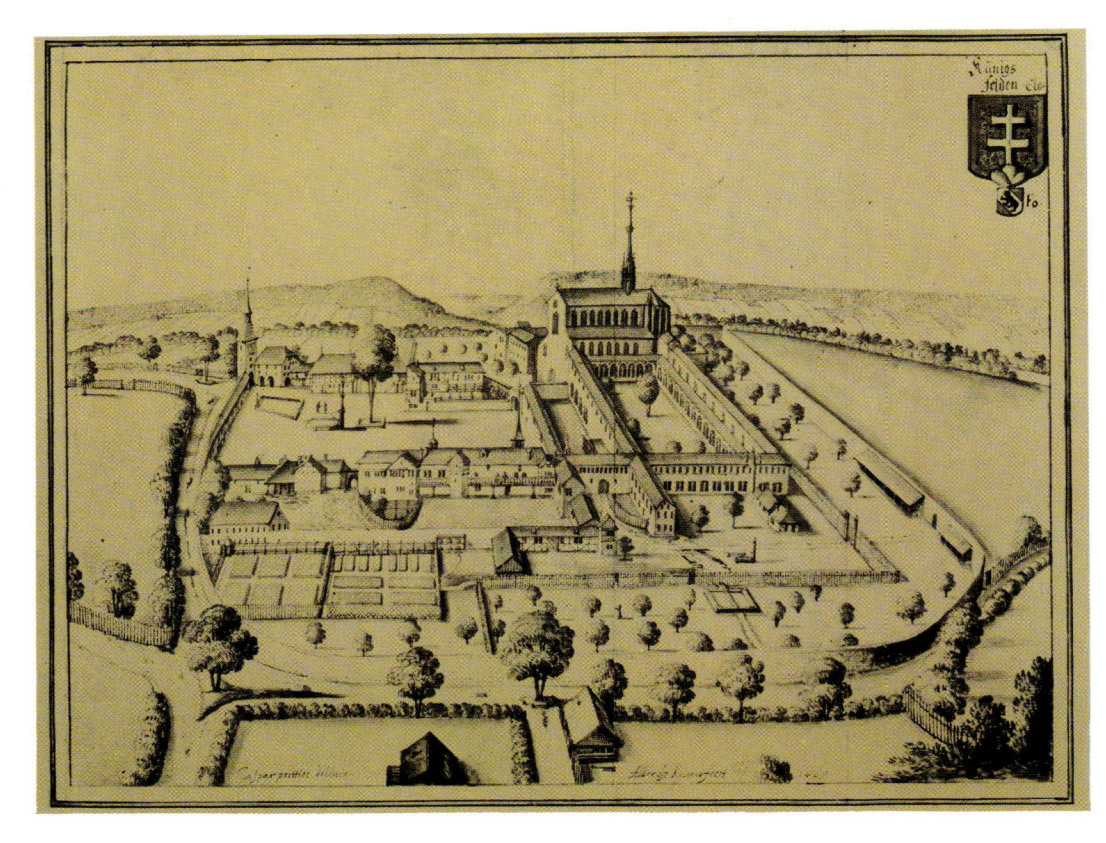

ハプスブルク家の王アルブレヒト1世を記念して建てられたケニクスフェルデンの霊廟が修道院になった．もともとの建物は，のちに病院に転用されたが，この17世紀の挿図に示されている．

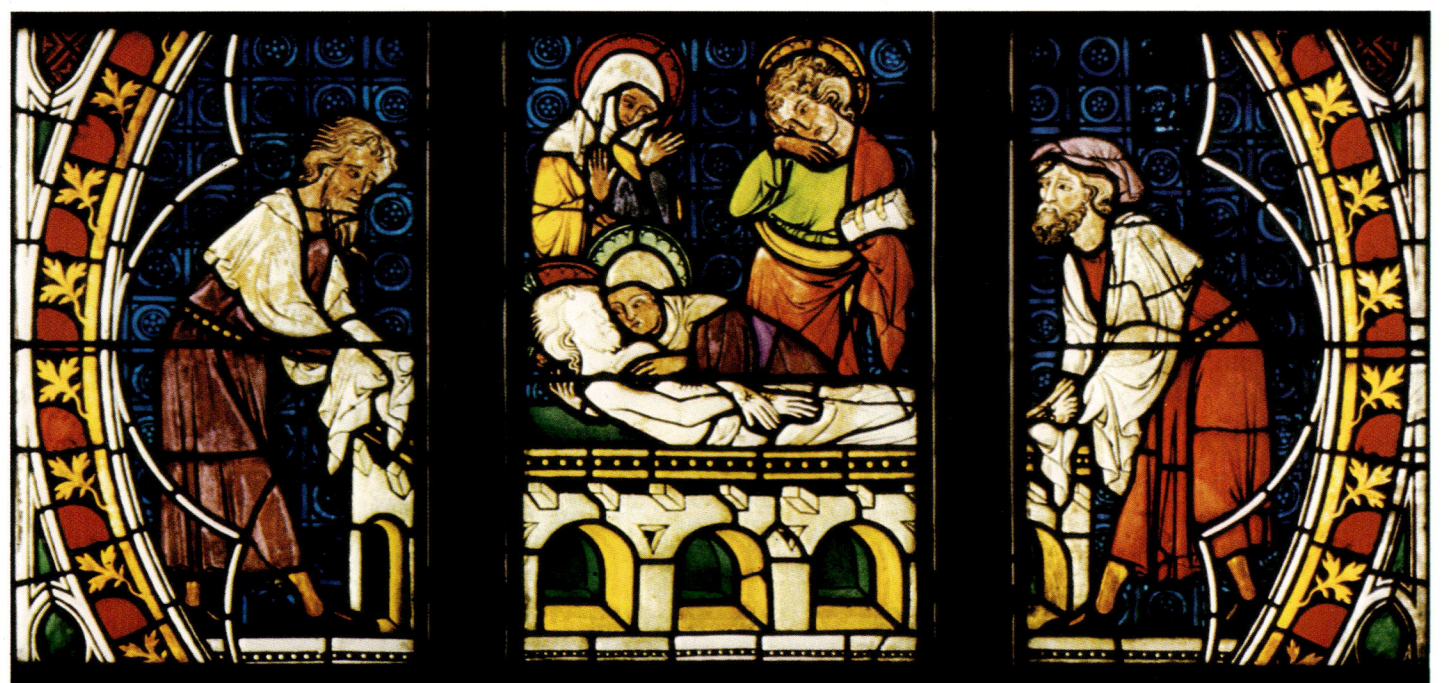

遠近法は，ケニクスフェルデンの14世紀の窓で，アルプス以北のステンドグラスに初めて出現した．「受難」の窓の「埋葬」の場面（左図）で，ガラス画工は，石棺のアーチによって暗示的に表現される空間の奥行を，その上の持送りを逆方向に突き出させることによってぶち壊している．遠近法は，のちの聖アンナの窓のイタリア風の建物によって，いっそう常套的に表現されている（上図）．

14世紀ドイツ

完璧なきわみ

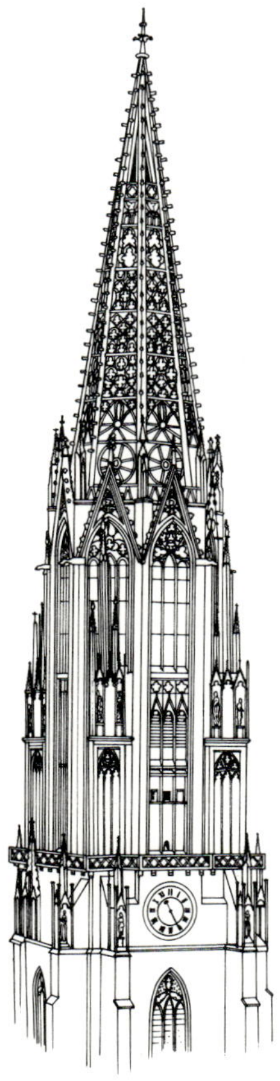

ドイツは，ゴシック建築の追求の点では遅れてスタートしたかもしれないが，しかしそのゴシックがよりゴシック的になっていくにつれて，14世紀の間に，遅れを取戻したことは確かである．ゴシック様式は，とどまっているものではなかった．試行がその存在の基本であったがゆえに，その性格自体に矛盾をもつものであった．ゴシック末期の建築は，ゴシック初期の率直さをもちあわせないかわりに，様式をその極点にまで押上げたものは，頽廃というよりはむしろ中世的想像力の豊かさであった．フランスではフランボワイアン様式のゴシックが出現した．イギリスでは独自の垂直式のゴシックが生まれた．ドイツにおいては，空間と垂直性と運動感の同時進行的展開が，ゾンダーゴティック（風変りなゴティック）と称されるものとなった．各国のステンドグラス画工が，石工の親方によって展開されるこれらの建築様式の変化に順応したことはもちろんである．

パルラー家は，勢力のあった石工の親方の一家であった．14世紀，彼ら，あるいは彼らの弟子たちは，ヨーロッパのドイツ圏内の主要教会堂の数多くの建設にたずさわっていた．彼らは，ほかの建築家以上に，ゾンダーゴティック様式と関わりが深かった．パルラー家はステンドグラスの窓をデザインしたり制作したりしたことはなかったけれども，彼らの建物と彫刻に及ぼした影響が窓のデザインに作用して，叙述的な物語の窓の復活をうながした．

パルラー家の影響は，ケルンで名声を確立したハインリヒから始まった．彼の息子で有名なペーテルとヨハン，その孫のヴェンツェルや，生まれや結婚によって一門のメンバーとなった人々が，ケルン，プラハ，ウルム，フライブルク，ミラノなどの多くの大聖堂や無数の小さな教会堂を建てるのに参加した．

ドイツは，14世紀のステンドグラスが豊富である．その卓越した質，緑，黄，赤が主調をなす色彩の暖かさは，北ヨーロッパのどこにもみられないものである．この豊かな色彩の使用こそが，ドイツのガラス画工をしてイタリア・スペイン両国において快く迎え入れせしめたのである．

グリザイユのガラスは広く用いられたわけではなかったが，制作されたものは，色ガラスの場合と同じように奇妙な暖かさを感じさせた．ドイツ人は，フランス人やイギリス人とは違ったふうに透明ガラスを用いたのである．彼らは，窓の下の部分の方に豊かな色ガラスを用い，上の方にはグリザイユを用いた．のちには，おもしろいことに，窓のグリザイユの部分は幾何学的なパターンでデザインされるようになった．これがさらに発展すると，色彩の帯の最上端の色を薄くして，しだいに透明ガラスの画然とした分割を柔げるようになる．光量をより多く取入れるために，グリザイユがこのような具合に用いられたことはなかったろう．ドイツの14世紀の建物では，多くの窓が前の世紀よりも背丈が高くなったために，ガラスをはめるにはより多くの費用がかかるようになり，より幅狭くなったためにデザインは難しくなった．これらの問題は，窓を透明なガラスと着色ガラスとに分割することで解決することができた．

14世紀のドイツのガラス画家は，イギリスのガラス画家の場合と同様に，ガラスをはめられるのを待ちつつあった数多くの壮麗なゴシック大聖堂に恵まれていた．その中には，フライブルク，レーゲンスブルク，エアフルトの大聖堂やエスリンゲンのザンクト・ディオニシウスとザンクト・マリアがある．14世紀の一時期に活動していた少なくとも六つのステンドグラス工房とともに，エスリンゲンは，スワビア地方で最も重要なステンドグラスの中心地であった．エスリンゲンで最も古いザンクト・ディオニシウス教会堂は，ロマネスク末期の様式で着手されたが，建設工事に幾世紀もかかっているうちにゴシック建築に変更された．内陣の高い窓には，等身大をこえる人物像があり，単純な円から複雑な樹葉形に至るまで多様なメダイヨンがある．

窓の主題には，キリストの生涯，殉教者，慧き乙女と愚かなる乙女，「貧しい人々の聖書」の場面がある．プラトンとアリストテレスの姿が殉教者や乙女の間にみられるのは，中世末期におけるギリシャ哲学への関心を証明している．窓ガラスへの侵入者は，ギリシャ人のほかには鳥たちがある．ある窓では，緑と灰色の鳥たちの群が，緑と黄色の樹の上にとまっている．エス

ドイツ・ゴシック建築の最も美しい表現の一つ．1250年から1320年に造営された，繊細なトレサリーの実頂をもつフライブルク大聖堂の塔は377フィートの高さにそびえる．

「悲しみの人」キリストが，フライブルク大聖堂のパン屋の窓のトレサリーの小バラ窓の中に，14世紀初頭の特徴である優雅な簡潔さをもって描かれている．キリストの周りには「受難」の道具がある．

一般に用いられる金色というのではなく，赤い頭光で飾られた聖処女マリアは，エリザベツと抱きあっている．フライブルク大聖堂の鍛冶屋の窓の「訪問」の場面．中央の柱は，かつてアーチが人物像の上にあったことを暗示している．

14世紀ドイツ

完璧なきわみ

リンゲンのザンクト・マリア教会堂には，それ以上数多くの鳥が描かれている．あざやかな色彩で，燕のような尾をもち，きちんと2羽ずつ一つがいに並んでいる．14世紀中葉頃から，ハインリヒ・パルラーがこの教会堂の建設に加わるようになって，多くの窓——ザンクト・ディオニシウス教会堂よりも年代が下り，エスリンゲンの最良の時期に属している——は，パルラー家が再び好みだした叙述的な諸場面を示している．

現在は東ドイツであるが，エアフルトほどパルラー家の影響をはっきりと示しているところはない．この地は地方的な伝統やステンドグラスの流派をもっていなかった．この町の大聖堂は，すべての中世ドイツの叙述的物語の窓の最も広汎なプログラム——640のパネルからなる——の一つを収めていた．内陣の背の高いほっそりとした窓には，いまも14世紀末と15世紀初頭のステンドグラスがあって，暖かい色彩と大胆なデザインと想像力豊かな細部描写によって傑出している．主調となる色彩は，緑，黄色，黄褐色，赤の芳醇な融合をみせる．ガラスのデザインは，縦仕切を気にすることなく，物語の場面の列を窓の四つのランセット全体に広げている．場面を区切っている建築的な枠組の中に，下でなにが起っているのだろうとのぞいている小さな人影を含む無数の細部が展開する．

フライブルクは，12世紀末に向って，裕福な町でさえも二の次に考えていた野心的な大聖堂の建設に乗出したときには，依然として重要視されるような町ではなかった．資金はすぐ底をつき，13世紀の半ばにまた建築が始められた頃までにゴシック様式が到来して，ロマネスク様式が残存していたところをすっかり占領した．

最初のゴシック様式の窓は，北袖廊のファサードにある．ストラスブールで修業をつんだ工房の作品である．この工房はフライブルクで独立して，ついで南側廊の東端の窓のステンドグラスを制作した．この側廊の西端の窓は，14世紀中葉になってようやくステンドグラスをはめられたが，その頃になるとフライブルク派が独自の様式を発展させるようになった．これらの窓の多くは，葡萄耕作者，靴屋，小売商，パン屋，鍛冶屋，鉱夫たちといった同業組合によって寄進された．

フライブルクで有名な14世紀の窓の一つに，上に「子育てのペリカン」を伴う「十字架上のキリスト」がある．贖罪者としてのキリストの象徴であるペリカンは，ルネサンス時代に最もポピュラーであったが，中世末期の芸術にもしばしば現れる．その起源は，ペリカンはひなを育てるときに自分の胸から吸い出した血を飲ませるという民話である．それは，おそらくペリカンの胸の羽毛が赤味を帯びた茎をもち，くちばしの先が赤いということから作り出されたイリュージョンであろう．

レーゲンスブルクもまた独自のステンドグラス工房をもって

エスリンゲンのザンクト・マリア教会堂の「貧しい人々の聖書の窓」の「降誕」の場面では，14世紀のポピュラーな象徴的な表現手法に従って，幼児キリストは，通常の秣桶の中ではなくて，ゴシック様式の窓の飾りのある祭壇の上に寝かされている．この祭壇は，キリストの至高の犠牲を暗示するものである．

石工の親方

14世紀のドイツの石工の中で最も有名なパルラー家は，ドイツのゴシック末期の建築と彫刻に活力ある影響を及ぼした．彼らは主として南ドイツとボヘミア地方，特にプラハで活躍した．パルラー家の人々によって彫刻に導入された新しい写実主義は，プラハ大聖堂のトリフォリウムにあるペーテルの自刻像（左図）によって明らかに示されている．

放射状のシュヴェと尖塔をいただく飛梁をもつプラハ大聖堂の壮麗な内陣（左図）は，その造営者ペーター・パルラーの天才を雄弁に証明する．

パルラー家が制作した数多くの教会堂の一つ，エスリンゲンのザンクト・マリア教会堂（右図）は，建築と彫刻の両領域で，ドイツ・ゴシックの傑作である．

おり，14世紀，東西ヨーロッパの間の交易路に町が作られて以来，西欧の影響を受けやすかったことは当然のことである．幾世紀もの間，レーゲンスブルクは，王や公爵や司教の町であり，その政治的重要性が，その文化的名声と一致していた．最初の大聖堂が作られたのは8世紀にさかのぼり，11世紀のはじめにロマネスク初期の様式の建物にとってかわった．火災・再建と中世時代におきまりの記録にのっとって，ロマネスクの大聖堂は1273年ついに灰燼に帰し，ついでゴシック盛期の様式で再建された．

この大聖堂は，建築上特に注目されるものではないが，ロマネスク時代の大聖堂から残っているものをも含む，数多くの中世のステンドグラスのために，奇妙に心を動かされるものがある．この色彩の万華鏡の中で，典型的にドイツ的な緑，豊かなオレンジ色と黄色によって暖かな感じが創り出されている．

ガラス画工が実に幅広い色調をいかに巧みに用いているかは，内陣の窓をみればよくわかる．「キリスト降誕」の描写の中で，秣桶は暗い青い地を背景にして明るい緑色で表される．「復活」と「聖母の戴冠」では，抑えたオリーブ色と明るい青が，金色の星をちりばめた暗青色の背景とコントラストを作っている．「父なる神」は，赤地に白の枠取りの中に表され，暖かい茶色の翼と赤い頭光をもつ天使たちによって捧げもたれている．

一つ一つみても，全体の効果をみても，レーゲンスブルクの窓は，14世紀のドイツのガラス画工が到達した完璧さの頂点を例証するものである．この優秀な水準は，15世紀にも持続される．なぜならば，ドイツでは，ほかのヨーロッパの多くとは違って，14世紀末は，ゴシック的感性の衰微をみなかったからである．

一般に「聖ペテロの解釈者」とみられる聖マルコはしばしば物書きをする姿で表される．下図のパネルは，もとエアフルト大聖堂にあり，いまはバイエルン・ナツィオナル・ムーゼウム蔵．

豊かな彩りの緑と赤の衣服を豪奢にまとい，左手にその象徴たる鍵をもっているこの壮大な聖ペテロは，レーゲンスブルク大聖堂の中に描かれた一連の聖者像の一つである．

過渡期

15世紀は，好みに応じて，中世のたそがれともルネサンスの曙とも名づけることができる．たそがれであれ曙であれ，それは長く続いた．中世の人々は死に絶えたわけではなく，夜が明けるとルネサンスとして生まれかわり，そしてヨーロッパの各地で中世的な様相が16世紀まで存続したのである．芸術作品に現れた新しい人文主義の早い兆候は，ごく限られたエリートの態度に反映するだけで，多くの人々は依然として変っていない．

けれどもどんな名でよばれようとも，この世紀は途方もない情動の時代であった．ヨハン・ホイジンガ教授が，1924年に出版された『中世の秋』で要約しているように，「生活は，激しく多彩であった．生活は，血の匂いとバラの香りをともに帯びていた．地獄の恐怖と子供っぽい戯れとの間，残忍な無情さと涙もろい心のやさしさとの間を，この世のさまざまな楽しみの完全な放棄と，富，歓楽へのあくなき執着との間，惜しみと気のよさとの間を，当時の人々は揺れ動いていた．極端から極端へと走ったのである」．

黒死病がないだけで，15世紀のシナリオは，戦争を背景にして，14世紀のそれと変りなかった．1人の殉教者がフランスを救った．百姓娘のジャンヌ・ダルクは，異端者，魔女としてイギリス人によって火あぶりにされ，100年間戦ったのちにカレーを除いてフランス全土がイギリス軍の手に渡るのを防いで，国を救った愛国者の象徴となった．イギリスはここで挫折したが，血なまぐさい戦争ごっこからは逃れられず，ただちに国内のバラ戦争へとおちこんでいった．イタリアでは，15世紀前半は，ミラノ公とそのライバルのベネチア共和国やフィレンツェ共和国との間の戦いによって空費されたが，15世紀後半の芸術の栄光は，これらの失われた歳月を償った．ローマ教会を2派に裂き，それぞれに教皇を擁立したほぼ40年間の「大空位」は，1417年解消したが，しかしボヘミアで，宗教改革のプレリュードをなす宗教戦争が始まった．スペインでは，中世時代を通じて，モスレムとキリスト教の二つの文明が覇権を争い，キリスト教が優位に立つのは15世紀の終りを待たなければならなかった．

この世紀の底にペシミズムが流れていたとしても驚くべきことではない．けれども，イタリアやフランドルばかりではなく，ドイツ，イギリス，あるいはフランスでさえも，諸芸術が花咲いたのである．14世紀の推進力は衰えてはいたが，かろうじて生きながらえて，そのままじっと横たわっていた古いアイデアの誇張的な洗練がそのかわりに台頭した．こういう状況ではあっても，人文主義と結びついた自然主義が知らず知らずのうちに興り，久しく前から人文主義的精神が新しい推進力となっていた．

費用の欠如によって芸術が衰退していく危険は確かになかった．15世紀は資本，貿易，利潤，高利に基いた繁栄の時代であった．豊かさが社会に広く流れ出すことはなかったが，芸術上の観点からは，そのパトロンになるのは，商人や銀行家であって貧乏人ではなかったから，なんら差支えがなかった．かつては，芸術の擁護は広く王侯貴族や教会によっていたが，いまや銀行家や企業家と結びついた．

15世紀の最も有名な企業家の1人クリストファー・コロンブスは，「金はすぐれたものだ．人がそれを所有すれば，この世で欲するものすべて，魂を天国へ運びこむことさえもできる」と書いた．このすぐれた手段に手を置くことができた人に，フランス王シャルル7世の財務大臣のジャック・クール，フィレンツェで権勢をふるったメディチ家，ドイツの主導的な商人・銀行家フッガー家，イギリス国王ヘンリー4世にその王女の嫁入り道具のために7000ポンドも貸与さえしたロンドンのリチャード（ディック）・ウィッテントン卿がいる．商人でありまた銀行家であった人々は，教会が利子を認めるようになると，その多くは教会と緊密な関係をもっていたが，金ばかりではなく，芸術品や芸術家を集めるようになった．特にイタリアと低地地方（ネーデルラント）の芸術は，彼らの自由都市の富の上に築かれ，15世紀中葉のイタリアとフランドルの影響は，ステンドグラスに深い効果をもち始めた．

15世紀の前葉には，ステンドグラスは，依然として14世紀末に発展した優美で洗練されたゴシック様式で制作された．この様式は，当時の写本装飾画と一致しており，当時の宮廷のぜいたくさを反映していた．（ステンドグラスを通してみると，中世時代は，当時の民衆にとって，実際以上にバラ色にみえてくる．）このような洗練された窓は，ヨーロッパ中に作例がみられる——フランスでは，ブールジュやルマンやエヴルーの大聖堂，ドイツでは，ウルム大聖堂のベッセラー礼拝堂，イギリスでは，ワーウィックのセント・メリー教会堂のボーシャン礼拝堂である．

しかし1430年から，フランドル絵画，とりわけヤン・ファン・アイクの様式が，ステンドグラス画家のアプローチを大きく変化させた．ファン・アイクは細部のマスター（あるいは逆に奴隷）であった．彼が絵画の中で実現した写実主義は，イタリアの古典主義的な写実主義に負うものではなかった．それは彼が生まれた中世フランドルの地の産物であった．しかし，ガラス画工が，当時盛行した技法によって，この賞讃をうけた辛抱のいる写実主義をステンドグラスに焼直すことは不可能であった．鉛縁によってデザインの一部としてガラスに絵を描くかわりに，鉛縁を利用するというよりは無視して，ガラスの上に絵を描き出した．こうして伝統的なステンドグラスは衰退しだし，フレスコや板絵の模倣に変じ，ときには着色ガラスの本質である透明性を損うことさえもあった．この傾向は，ギベルティ，ドナテルロ，ファン・アイク，ファン・デル・ウェイデンなどを含むイタリアやフランドルの画家たちがしばしば窓のデザインをしたことから，しだいに明らかになっていった．

15世紀でもう一つ重要な傾向は，教会堂の窓にしだいに世俗的主題が選定されるようになったことと，家庭内にステンドグラスが大幅に用いられるようになったことである．事実，13世紀の早くから宮殿や修道院の居住部分にステンドグラスが用いられた証拠があるが，世俗建築の中に普及したのは15世紀になってからである．ステンドグラスは高価であったが，取りはずしができたから，移動可能な資産とみなされたのであった．

日常生活の窓は極力光を取入れるよう要求されたから，教会堂の窓の多彩なやり方では制作されなかった．したがって，それぞれの窓の大部分は，ふつう，四角や菱形のパネルをはめられ，装飾がほどこされるにしても多くの場合は紋章が描かれた．円いガラス，小円盤もポピュラーで，イギリスとフランスで愛好された主題は，「月々の仕事」であった．また別のポピュラーな主題には，「9人の徳の高い征服者」があった．この9人は，3人の聖書人物，3人の古典古代の人物，3人のキリスト教の騎士からなっていた．

日常生活の場における窓の大きさが小さいために，描かれる面積には，教会堂におけるよりもさらに効果的に描きこむことができた．その大多数は失われてしまったが，皮肉なことに，あるものは教会堂の窓に残っている．オックスフォードシャーのヤーントン教会堂のものは，明らかにある旅籠屋から出たものである．足で大きなコップをつかんでいる1羽の鳥が描かれていて，銘文にはこう書いてある——「このエールを誰かとがめん」．

世俗的なガラスや聖職的なガラスの両分野でしだいに写実主義的になっていく傾向が，大聖堂建設の時代に現れずに，引続いて起ったことは，幸いであった．フランス，イギリス，ドイツの教会堂の窓は，中世的芸術形式の傑作ですでに満されていて，それが，ほかの視覚芸術からヒントを得ていた場合でも，決してそれらを模倣しようとする必要がなかったのである．

ノーウィッチのセント・ピーター・マンクロフトの東窓のこのパネルでは，天使たちが，星の光を入れるために家畜小屋のわらぶきの屋根を裂いている一方，聖母マリアが，隣接したパネルに描かれているひざまずく東方三賢王に御児キリストを示している．ヨセフは，同じ窓の「降誕」の場面にも描かれている円い背のある椅子にうずくまってかけている．

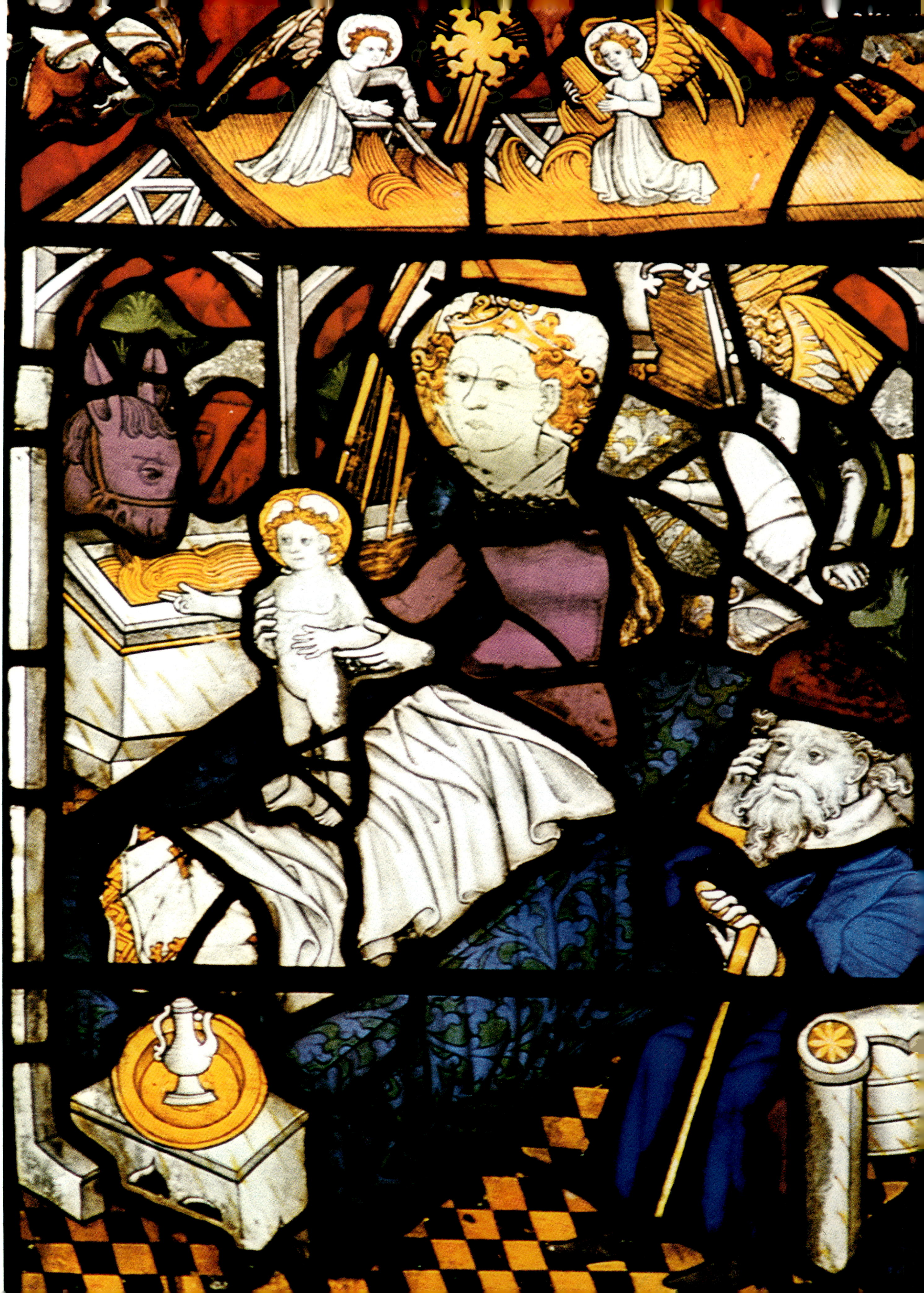

15世紀フランドル

フランドル伝統の誕生

ひげを生やした縮絨工と見習い工が，ハルのシント・マルティヌス教会堂の2枚の呉服商のパネルの一つに描かれている．単純な人物像と彼らの仕事の大きな器械が，あざやかな真紅の背景と布の豊かな青色に対して際立っている．右手隅にみえる紡錘は，彼らの職業のシンボルである．おそらくブリュッセルの呉服商によって寄進された2枚のパネルは，その様式化された優美さのうちに強いフランスの影響を示している．

15世紀は，低地方（ネーデルラント）の芸術の全盛期であった．古代スカンジナヴィア人たちの侵入以後6世紀経っており，その時代，今日，オランダ，ベルギー，ルクセンブルクとなっている地域は，ヨーロッパにおける交易の一大中心地の一つに発展した．そのまた中心はフランドルで，そこは歴代の伯爵家の統治のもとに，強力で商業的にも財政的にも自治的な領地として併合された．

低地方の財政の豊かさは，羊毛から生まれたが，諸芸術における豊かさはブルゴーニュ公国に多くを負っている．1419年から1467年までブルゴーニュ公であった，野心的で華麗で豪壮なものを好むフィリップ善良公は，シャルルマーニュ大帝以降，低地方における初めての連合体の長であった．このひとまとまりの領土には，ブルゴーニュ，フランドル，アルトワ，ブラバント，ルクセンブルク，ホーラント，ゼーラント，フリースラント，エノーが包含された．彼は，芸術や芸術家とりわけフランドルの大画家ヤン・ファン・アイクの惜しみないパトロンであった．ファン・アイクは，公の宮廷画家であり，従者であり，「明らかにしてはならない遠隔の地」への秘密の旅行を含む特命を帯びた使者であった．彼は，明らかにすることができる旅行の一つとして，フィリップ善良公とポルトガルの王女イサベルとの結婚を商議する使命と，イサベルの肖像画を描く使命を帯びて，ポルトガルに赴いた．

フランドル芸術が，ゴシック時代にブルゴーニュ公家の統治のもとに全盛期を迎えたにもかかわらず，フランスの影響が，ずっと早くから及んでいた．フランスに隣接していることから，建築のゴシック様式が，低地方北部よりも南部の方ではるかに早く採用された．北部ではドイツに隣接しているためにロマネスクがより長い間存続した．

ベルギーのトゥールネ大聖堂の建築において，12世紀のロマネスクの身廊と塔と，広々とした13世紀半ばのゴシックの内陣との間に，著しい対照がみられる．現在袖廊にある興味深い2群の15世紀の窓があって，そこには大逆と司教の外交的手腕の結果として，当初の大聖堂がいかにしてその富を獲ちえたかが記録されている．6世紀の末に向って，西フランク王国ヌストリアの王は，シルペリック1世であったが，トゥールのグレゴリウスによって当時のヘロデとネロをあわせたような暴君であったことが記述されている．東の王国オーストリアから，自分の兄弟のジゲベルトを追放しようとして戦いに破れ，彼はトゥールネの司教に保護を求めた．しかしその后は，執拗にも2人の暗殺者を雇ってジゲベルトを殺そうとした．テルポン・シルペリックは王権を奪って，司教に報酬として司教区から税金を徴収する権利を与えた．窓の七つの場面に，ジゲベルトの勝利，シルペリックの逃亡，后の暗殺計画，ジゲベルトがテントで眠っている間の暗殺，司教に特権を与えるシルペリックが生き生きと描かれている．これらの叙述的な場面の上の五つのパネルは，いかにして，この教会が后の不道徳な行為から恩恵を受けたかを示しているが，トゥールネのスヘルト河にかかる橋の上で通行税を集めたり，市場で商品から税金を徴収している白い衣を着た官吏の姿を描き出している．

窓のほかのシリーズでは，それより5世紀のちに起った大聖堂にまつわる物語のもう一つの大きな事件を取扱っている．7世紀に近くの町ノワイヨンの司教区へ，トゥールネの司教区が併合されたことが，幾世紀にもわたって，恨みの種となってきた．北袖廊の窓に一群になった10の場面が，12世紀に，教皇エウゲニウス3世とともにその影響力の大きかったクレルヴォーの聖ベルナールの協力を巧みに得ることによって，トゥールネの町が再び独自の司教区を獲ちえた物語を伝えてくれる．

これら2群の窓は，ともにアルント・ネイメーヘンあるいは

フィリップ善良公

強力な影響力をもったフィリップ善良公（下図にその紋章が示してある）はブルゴーニュ公国を15世紀のヨーロッパにおける強大な勢力にした．彼は，1419年から1467年までブルゴーニュ公として統治した．攻撃と外交によって，彼はフランドル周辺の地域を統合して低地方に一つの連合体を創り上げた．彼は豪奢な宮廷生活を満喫し，当時のすぐれた芸術家たちの熱烈なパトロンとして多数の作品を注文した．フランドルの画家ヤン・ファン・アイクは，彼の身辺に仕えていた．

フランドルは，15世紀には綴織で有名であった．3番目の「一角獣の綴織」の細部（上図）は，トゥールネ大聖堂の同時代のステンドグラス（左図）に及ぼした綴織の影響を示している．この司教区の歴史事件を描いた袖廊の窓の一つに，司教アンセルムが，ノワイヨンの教団会員と並んで驢馬に乗り，ローマからトゥールネに帰ってきたところが描かれている．ローマで教皇は，かつてノワイヨンの管轄下にあったトゥールネを独立した司教区として復活させ，アンセルムをその司教に任じたのである．

アルヌート・ニメーグないしアルトゥス・ファン・オルトの名で知られるガラス画家の初期の作品である．この時期には彼の様式は本質的には依然ゴシック的であった．その数年後にはルーアンで制作して，ルネサンス的な性格をもつ様式に変っている．ネイメーヘン自身はトゥールネの窓の全部を手がけたわけではないが，デザインは彼のものであった．窓のゴシック盛期の様式と当時トゥールネが注目され，有名な中心地アラスとさえ競いあっていた綴織との間に，類似性が判別される．

フランドルにおいては，北ヨーロッパのほかのところよりも増して，14世紀，ギルドの数が増し，強力となった．ギルド間の競争がしばしば熾烈となった．織物工業では，織工と布を仕立てる縮絨工がときおり相互に虐殺する騒ぎをさえ引起している．ステンドグラス画家・画工たちは，初めは諸芸術にかかわるほかのギルドに属していたが，やがて彼ら独自のギルドを形成し，その威信も高まった．

15世紀，低地地方のギルドは，とりわけ寛大なステンドグラスの寄進者であった．ハルのシント・マルティヌス教会堂の広大なゴシック様式の建物の中に，ラシャ屋が仕事をしているところを表した2枚のパネルがある．それらはいずれも15世紀初頭の窓の遺例であり，ブリュッセルの呉服商が寄進したと考えられている．2人の縮絨工が布を仕立て，1人の見習い工が糸を紡いでいる．

この世紀の終りにならないうちにフランドルのステンドグラスに起った突然の様式の変化は，「聖母の戴冠」を表した，リールのシント・ゴメール教会堂の窓に例示される．多くの箇所が修復されているけれども，中世のベルギーのステンドグラスの一つの傑作である．ファン・デル・ウェイデンの影響は，とりわけ天使の表現的な顔において，疑いもなく認められる．ファン・デル・ウェイデンの宗教的主題の絵画は，ファン・アイクの冷徹な写実主義とはまったく違った情動のうずの中に巻きこんでいくような感じを伝えている．

ファン・アイクとファン・デル・ウェイデンとその後継者たちの影響は，池の中の波紋のように，ヨーロッパ中に広まっていった．フランス，ドイツ，スペイン，ポルトガル，イタリア，いずれもがその衝撃を感じたが，それは絵画に限らず，すべての視覚芸術によって吸収されたのである．

シルペリック王によってトゥールネの司教に与えられた特権の，税の割当てと税の徴収が，トゥールネ大聖堂の袖廊の五つの窓に描かれている．このシリーズの最後（上図）は，徴税吏が醸造業者のもとを訪ねているところ，その背景では，作業員がビールを作り，大おけをいっぱいにしている．活気に満ちたこの租税の窓は，アルント・ネイメーヘンの作品である．

中世ベルギーのステンドグラス中最も美しい作例の一つ，リールのシント・ゴメール教会堂にあるこの窓は，父なる「神」と「神の子」による「聖母の戴冠」を表している．白いガラスの優雅な人物像の繊細さを補うのは，背景の豊かさである．ロヒール・ファン・デル・ウェイデンといった15世紀のフランドルの画家の作品の影響は，ファン・デル・ウェイデンの「聖告」の細部で例示されるごとく，流れる衣裳と聖母の表情や身振りの優雅さにおいて明らかである．

15世紀フランス

裕福な寄進者

王家に連なる公爵と1人の企業家が，ブールジュ大聖堂の中にあるフランス中で最も美しいステンドグラスの幾点かをもって，その地位にしかるべき人物と認められるのである．両者とも，中世的な生き方をこえて生きた．フランス国王の叔父にあたるベリー公ジャンは，ブールジュの近くのムアン・シュル・イェーブルの宮殿に宮廷を構え，学者やポール，エンヌカン，エルマンのランブール三兄弟を含む芸術家に囲まれていた．三兄弟は，公爵のために写本装飾画を描いたが，その中で最も有名なものは「いとも豪華なる時禱書」であった．彼らは，公に仕えているうちに裕福になり，パトロンに逆にお金を貸すこともできるほどになった．

宮廷は，磁石のように芸術家をひきよせる．そして彼らの芸術が，彼らのパトロンが王侯貴族であるという事実に影響を受けているということは疑いをいれない．これらのフランコ・フラマンの芸術家は，生涯を屋根裏部屋ではなくて宮殿ですごし，おそらく少なからぬ追従をもって彼らの居心地のよさをあがなわなければならなかったであろう．彼らが暮らし働いた環境が，作品に宮廷的な洗練を与えた．この世紀の有名な写本装飾画ほど，これを明らかにしているものはない．

ベリー公は，華やかに生きたが，しかし彼は，宮廷の浪費の時代に目立った存在であったにすぎない．けれどもブールジュのほかのパトロンは，それとまったく違った鋳型で形成された．1395年頃に生まれたジャック・クールは，中世末期の新しい資本家の一人であった．おそらく毛皮商か皮なめし業者か，商売人の息子であった．百年戦争で疲弊したモンペリエの町の貧しい境遇から始まって，戦争によってフランスが失った交易を蘇生させ，莫大な富と権力を獲得したのである．

彼は船主となり，布や貴金属を東地中海沿岸諸国へ輸出し，かわりにアフリカから奴隷，アラビヤやそれ以遠の地からカーペットや絹や香水や香料を持ち帰った．彼は，鉱山の持主となり，銀行家，王の造幣局長官となり，教皇の許しを得て，聖地巡礼のための旅行業者となる一方，かたわらでエジプトへの銃砲火薬類の密売をやった．フランス国王への貢献のために彼は貴族の列に加えられ，彼の親族縁者たちは，明らかにクールの影響によって司教に叙せられた．彼自身買収に弱かったから，彼は，他を買収するのにたけていた．その中には国王や国王の寵妃アニェス・ソレルの名もあった．彼女は，彼の破滅の原因となった．なぜならば，国王は彼が彼女に毒を盛ったとその罪を責め，裁判にかけて彼の財産を没収して投獄した．けん疑が晴れたかどうかは，定かではない．クールは脱走してローマの教皇のもとに飛び，教皇は彼に艦隊をまかせてトルコと戦うべく船出させた．彼は1456年ギリシャのキオス島で没した．

彼が，凋落の少し前にブールジュ大聖堂に寄進した「聖告の窓」では，クールは奇妙にも自分を抑えている．彼も彼の妻も描かれてはおらず，そのかわりに彼らの守護聖者の聖ヤコブと聖カテリナが表されているからである．「聖告」の場面は，縦仕切を無視して窓全体に展開しているが，いくつかの点で特異である．聖処女マリアは，天使の出現とお告げに驚いた表情に描かれるのがふつうであるが，ここでは聖務日課書を読んでいるように構成されている．さらに，この場面は，様式化された天蓋の下に表されるのではなくて，フランス王家の青と王家の金色の百合の花のパターンによって描かれた写実的なゴシック穹窿をもつ豪華な建物の内部に設定されている．技法上の革新は，淡紅色の地に色ガラスを被せて研磨する手法の使用である．赤いガラスの上にとけこんだ青の薄い層が取去られて，まだらな紫色の効果が創り出されている．

建築と衣裳における細密描写は，おそらくフランドルの影響の結果と思われる．これはまたランブール三兄弟の写本装飾画の特徴でもある．写本装飾画における三兄弟の青の精妙な使い方がステンドグラスの影響を暗示するゆえに，細密画とステンドグラスの間にはアイデアの相互交流があったであろう．

ジャック・クールはまた，15世紀の裕福な人々の間でポピュラーになっていった世俗的なステンドグラスの初期のパトロンの1人でもあった．ブールジュに自分自身のために建てさせた「ジャック・クールの家」という豪壮な居館（現在は市庁舎に使われている）に，帆を全開にした彼の持ち船の一隻を描いた魅力あふれる窓がある．

ブールジュのステンドグラスへのベリー公の遺贈は，彼が埋葬されている地下聖堂のそれぞれ四つの区画をもつ五つの窓である．これらはもとは，いまは失われている公家のサント・シャペルのために作られた．20のランセットには，白とピンクの衣服をまとい，金色の台に立つ預言者や使徒の姿が描かれた．各窓の中央の二つの人物像は，様式化された天蓋の下に立つが，外側の2人は，模擬的な支柱の間からみえてくるように表されている（この手法はヨークのガラス画工も用いている）．公爵自身は，キジのような翼とクラゲのような髪をした天使が捧げもった紋章によってガラス窓の中に表されている．

15世紀初頭のブールジュ大聖堂へ窓を寄進したほかの2人は，公の侍医であったシモン・アリグレと，ポワティエの司教となったピエール・トゥルーソーである．大聖堂の窓の多くは，寄進者がひとりひざまずいている姿を表しているが，トゥルー

進取の気に富み，野心的なブールジュのジャック・クール（左図）は，成功をおさめた商人にとどまらず，15世紀フランス政治の鍵を握る人物であった．彼はたまたま寵愛を失って逃亡したが，しかし栄えていたときには，芸術の物惜しみしないパトロンであった．彼はブールジュ大聖堂に一つの窓（右図）を寄進し，自分の邸館にステンドグラスをはめこんだほど，充分に裕福であった．

世俗的な華麗さが，15世紀の中頃にジャック・クールによって寄進されたブールジュの「聖告」の窓（上図，部分）に認められる．大天使ガブリエルは，豪奢に刺繍された衣裳をつけ，聖処女マリアの住いの青い穹窿が，ナザレの一室というよりはフランスの宮殿の一室を想い起させる．この場面の宮廷的な豪奢さは，ほとんど放心したような無表情な顔の御使いによってやわらげられている．その静穏さは，同時代のフランドル絵画の人物に似通っている．細部への気の配りは，これまたフランドル芸術の特徴であるが，鳥の羽の枝さえもみえるような天使の翼の羽毛（上図）によって例示されている．

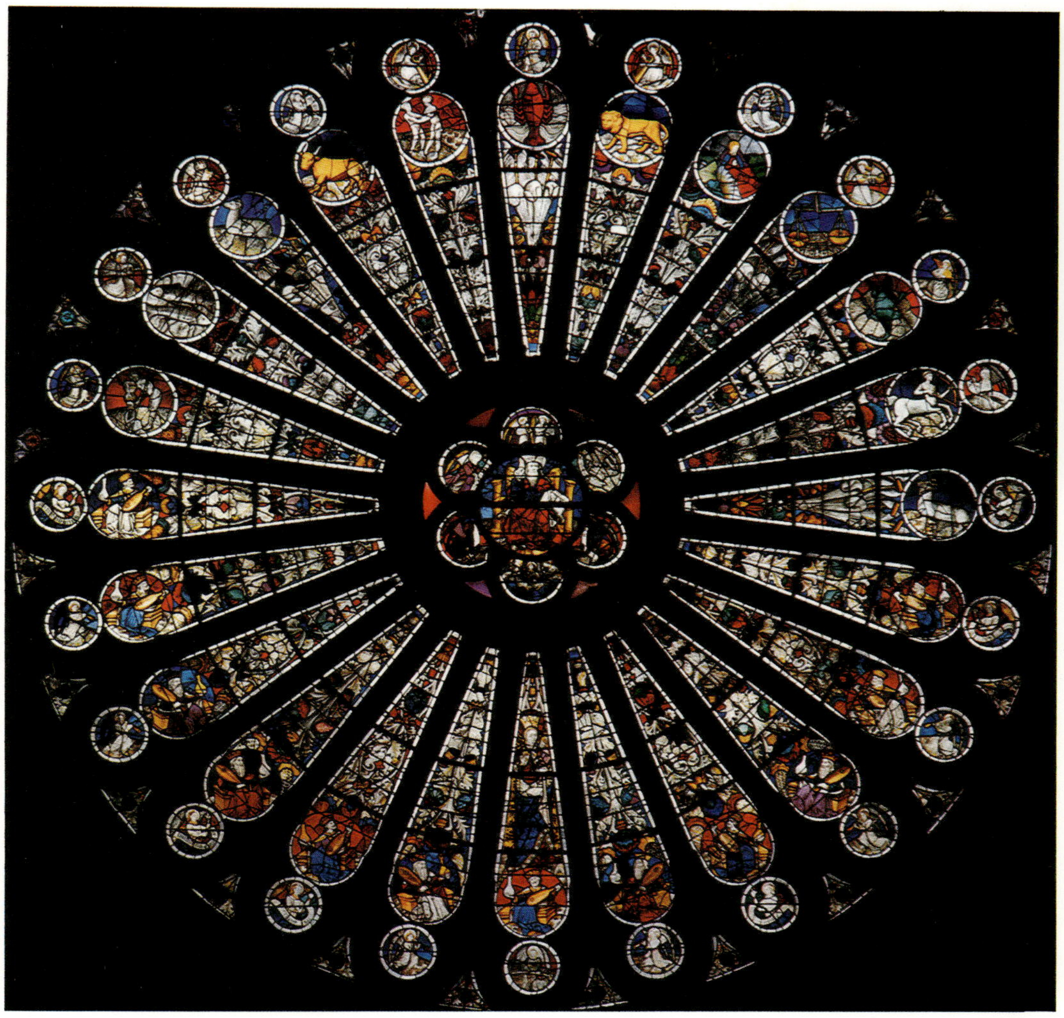

獅子座，乙女座，天秤座の徴（上図，部分）と他の 九つのゾディアックの象徴が，アンジェ大聖堂の南バラ窓（左図）の周りの上半分に放射状に並んでいる．15世紀中葉に制作されたこの窓は，「月々の仕事」を表す北袖廊のバラ窓と向いあっている．これら「月々の仕事」は，装飾画のある中世の時禱書の中では，しばしばゾディアックの徴と併置されることがある．15世紀の「ベッドフォードの時禱書」では，天秤座（右図）が，秋の色の金褐色の衣服をつけて天秤をもっている女性像によって表される．

ソーの窓には，その姉と 2 人の兄弟も描かれている．ルマンの北袖廊の窓には，寄進者アンジュー公ルイ 2 世が，家族とともに描かれ，その多くはその上の宗教的人物と同じスケールで表される．このような家族の集団肖像は，のちに数を増して，窓の中に幾世代ものために場所をとるまでになる．

スミュール・アン・オークソワのノートル・ダム教会堂では，服屋のギルドは一切の謙虚さをかなぐり捨てて，窓全体を私用に供していて，そこには聖なる要素はまったく描かれていない．人物像については繊細さがあり——別のギルドの窓に描かれた牛の頭を割らんとする肉屋の姿にさえその感じがあるが——，これがこれらのパネルにガラスにおける細密画という様相を与える．

アンジェ大聖堂にあるいくつかの美しいステンドグラスは，非宗教的主題への 15 世紀のガラス画工の興味を典型的に示しており，一種の写実主義が認められる．袖廊の二つの 15 世紀中葉のバラ窓は，アンドレ・ロバンの作で，彼のこの大聖堂における作品は半世紀にわたってみられる．北袖廊の窓の主題は，世界の終末の 15 の兆候というものである．一つのメダイヨンには，死者が墓のおおいを押し上げている「死者の復活」を表す場面があり，窓の中央のパネルには，「最後の審判の日のキリスト」が描かれる．実に奇妙な対照を示しているのであるが，メダイヨンの外周の環には，月々の仕事に従事する農夫たちが描かれる．たとえば草刈りや麦刈りなど，彼らは世界が終ることなどにまったく無関心であるかのように働いている．

南袖廊のためのロバンのデザインは，宗教的主題と世俗的主題を同時に対照させている．主要な主題は，「栄光のキリスト」であるが，黙示録の長老や必ず描かれる天使たちにまじって，ゾディアックの徴がみられる．

世俗的主題と表面的といえそうな写実主義が，15 世紀の終りのフランスのステンドグラスの進むべき路を見出しているにもかかわらず，窓のデザインの過去の様式は相変らず優勢であった．真の創造性が取戻されるのは，つぎの世紀になってからである．

フランスの守護聖者で殉教者の聖ドニは，パリの近郊のサン・ドニ修道院教会堂の埋葬された場所まで，自ら斬られた首を運んでいったという．斬り落とされた頭部をもったこの奇跡的存在は，エヴルー大聖堂の15世紀初頭の窓からとられたこの部分に表されている．彼は，左側に正確に描出されたひざまずくフランス国王シャルル 6 世を聖母マリアに推挙している．通例の天蓋をいただく人物像は，同時代のブルゴーニュの細密画の様式の特徴である写実主義によって描かれている．

105

15世紀スペイン

国際的な時代

　スペインの中世芸術は、「沖積的」芸術と記述されたことがある．しかし事実は、ムーア人やフランス人やイタリア人、ドイツ人、フランドル人が遺した豊かな文化的堆積物は、しだいに変貌をとげ、スペインの風景の中の一部になっていった．スペイン人は、建築や芸術に課せられたほどには、新しい様式を取入れなかった．そのうちに、ゆっくりと彼らはそれを応用するのであった．

　ロマネスクは、11世紀にフランスを風靡し始めたクリュニーのベネディクト派の修道僧によってスペインにもたらされた．この様式は、500マイルごとに道標をつけた、フランス国境からサンチャゴ・デ・コンポステラまで続く巡礼路にそって移動した．サンチャゴ・デ・コンポステラは、聖大ヤコブ（福音書記者聖ヨハネの兄）の遺体を安置する有名な場所であった．その遺体は、エルサレムから北西スペインの人里離れた地に奇跡的に運ばれてきたのである．9世紀には、巡礼は一般に地方的なことがらであったが、ベネディクト派の宣教の結果として、その霊廟は、エルサレムやローマのごとく、重要な巡礼の中心地となり、ロマネスクの大聖堂は、遺体を祀るために建立された．

　クリュニー派を追うシトー派は、宗教建築に厳格なゴシック様式を導入して、彼らはそれゆえにヨーロッパの至るところで注目された．しかし、フランスやイギリスの大規模な大聖堂の壮大なゴシック様式はスペインには遅れて到来し、この様式で建立された最初期の大聖堂は、ブルゴス、トレド、レオンの三者であった．スペインの最古の大規模な大聖堂であるブルゴスの早い時代の箇所は、1220年に着工され、まったくフランスの伝統を引いている．レオン大聖堂の造営に赴いたのも、同じ建築の親方エンリッケと思われる．トレドでさえも、後代のスペイン的な外層の下にフランス・ゴシックが認められるのである．

　ゴシックがスペインの土壌に根づいたところに、雑種が芽を出した——セビリャにおけるごとく壮麗に、あるいはアビラにみるごとく混沌と……．これらの雑種的な建物は、ガラスの壁をもった北方のゴシック大聖堂よりも、数少なく小さな窓をもつのがふつうである．しかも、これらのスペイン・ゴシックの大聖堂のステンドグラスは美しいものであるにもかかわらず、レオンやトレドの"フランス風"の大聖堂には全体から受ける緊張感が欠けている（ブルゴスは1813年の半島戦争の間に、フランス軍が退却するときに火薬庫を爆発させたために古いガラスの多くを失った）．

　スペインのステンドグラスの最も印象的な作品群の一つは、230の窓に750枚近くのパネルをもつレオン大聖堂のものである．あるステンドグラスの年代は13世紀であるが、14世紀のものはごくわずかで、15世紀のものが多数ある．無数の聖書場面と聖者、預言者、聖職者の像の中に、奇妙なことにそして愉快なことに、中世の生活を描いた世俗的な情景がはめこまれた窓がみられるが、しかしこれらはもとは破壊されたレオンの王宮にあったものである．特に狩猟場面には、いろいろな種類の野生の動物を追いかける貴族たちの姿が描きこまれ、圧巻である．

　15世紀には、スペインの驚くべき栄光の時代の幕あけがみられる．幾世紀もの間、スペインは、レオン、カスティリャ、アラゴン、ナバラと相互に反目しあい、グラナダのムーア帝国と争いあった孤立的な王国の寄集めであった．戦争と婚姻によって、しだいに、諸王国はアラゴンとカスティリャの二つに減り、アラゴンの後継者フェルディナンドが、カスティリャの女王となるべきイサベラと結婚したときに、両国は結ばれた．これらの二つのカトリック君主国の下に、ムーア人はついにスペインから追放された．

　新しい時代は、最も国際的な基礎の上に築かれた．外国の企業がスペインの保護のもとに栄えた．たとえば、イタリアの探検家クリストファー・コロンブスは、彼の企てた遠征の話をよそで断わられたあげくに、女王イサベラに資金を出してもらった．

　視覚芸術におけるパターンも同様であった．ステンドグラスの分野では、諸流派が、ブルゴスとかバルセロナとかセビリャなどに中心を置いていたが、しかしいずれの流派の場合も外国の影響が支配的であった．ブルゴスでは、フランドル人やフランス人のガラス画工がまじっていた．レオンではフランドル人、バルセロナではフランドル人、フランス人、ドイツ人、イタリア人のガラス画工がいた．セビリャではガラス画工はフランドル人とドイツ人であった．多くのガラス画工はほとんど移動して回っていた．しかし幾人かのガラス画工の名前が、一二の大聖堂と特に結びついている．

　この世紀の初頭、最も有名な職人は、トレドで働いた人々を別にすれば、フランス人のジュアン・ド・アルクルで、レオンとブルゴスで活動した．この世紀の終りに最も重要な名前はエンリケ・アルマンであった．ドイツ人の彼はセビリャ大聖堂の17の窓を依頼されている．これには、その巧みな人体像と想像力豊かな色彩の用い方のゆえにしばしば彼の代表作とみられる有名な「四福音書記者像」も含まれている．この窓のための下絵のあるものは、彼が最晩年の最も活動的な歳月を送ったトレドで再度用いられている．

　ガラス画工がどこの出身であれ、彼らの様式は、スペインの太陽の下で変化をとげた．光線は、彼らの大部分が来た北方の地よりもずっと強くまぶしく、彼らが用い始めた色彩はより強烈であった．彼らの描く絵はより華やかによりドラマティックになり、（スペイン的気質の矛盾のごとく）よりメランコリックになった．加うるに、彼らはスペインのムーア的伝統にもひかれていった．ムーアの非具象的芸術の影響は、トレサリーや地紋や縁飾りの幾何学的パターンによくみられる．

　15世紀末までに、外国人のガラス画工はガラス画家の家系の礎を置いた．彼らのルーツは外国であるが、しかし彼らの実らせた果実はスペイン的であった．彼らは、つぎの世紀に、原動力が、ムーア人の下に啓発されもし黙認されもしたスペインの中にある偏狭さが増大することによって抑圧されないうちに、輝かしい活躍をみせたのである．

スペインの統一

幾世紀もの間、左の地図に示した孤立した王国の寄集めであったスペインは、二つの最後の王国アラゴンとカスティリャの統合によって、15世紀に一つの国家として台頭した．この結びつきはアラゴンのフェルディナンドとカスティリャのイサベラの1469年の結婚によって、フェルディナンドがアラゴンの王位について10年ののちに、実現された．「カトリックの諸王の聖母」という絵からとった部分（右図）にみられる2人の君主は、1492年スペインからムーア人を排除する責務を遂行した．

1 レオン　2 カスティリャ　3 アラゴン　4 ナバラ　5 グラナダ

レオン大聖堂の東端の壮麗に飾られたアプスは，スペイン・ゴシックの氾濫する豪奢さを端的に示している．高い主祭壇には，15世紀，ニコラス・フランセスによって制作された黄金の祭壇画が安置される．13世紀の中央のランセットを除いて，背の高い窓は，14世紀，狭い開口部に身体がおしつぶされたような2段の細長い使徒たち（下図）のステンドグラスがはめられた．

力強く深い色彩は，バルセロナ大聖堂の窓の特徴を示し，とりわけ薄暗い内部に光を投げ入れる．キリストとマグダレのマリアの間にくり広げられる「われに触れるな」の場面を描いた15世紀の窓（上図）では，人物像は丸味を帯び，レオンの窓の初期の生硬な感じの使徒たちと，あざやかな対照を示している．

一般に行われるように，黒くよごさないで抑制した色彩が，レオン大聖堂の「幸運の聖母」として知られる15世紀の窓の特徴である．左の部分図は，鳥の頭の紋章のかたわらにひざまずく1人の司教を表している．彼が見上げる聖母マリアの大像のように，彼は，暗褐色の色面によって一部を隠され，市松模様の背景から不思議な効果をもって現れている．

107

15世紀スペイン

スペイン芸術の宝庫

一度は貧しく身分の低い僧侶であったトレド大司教ヒメネス・デ・シスネロスは、枢機卿に叙せられ、1507年には宗教裁判所長に任ぜられた。のち、カール5世の摂政として、当時最も大きな影響力をもつ政治家となった。

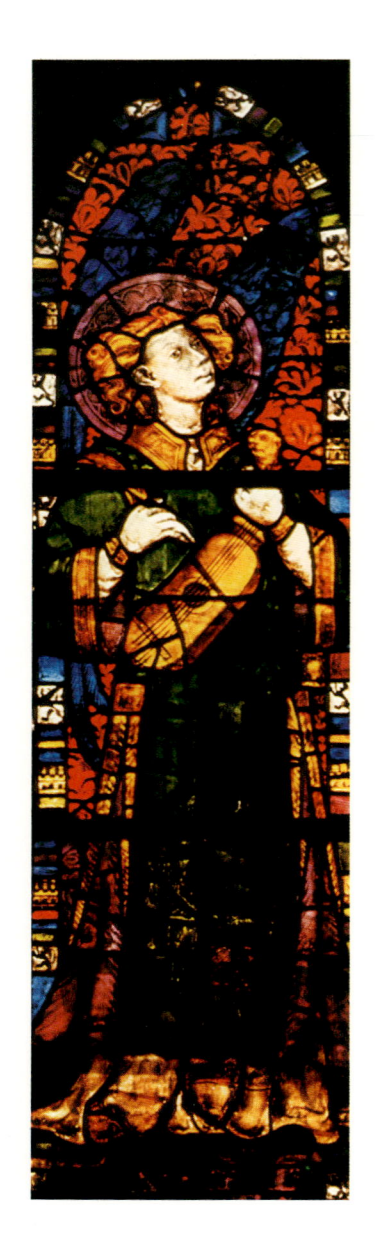

トレド大聖堂のこのランセットの輝かしい色彩は、15世紀のスペインのステンドグラスの典型を示す。この謹直な奏楽者は、1418年から1427年までトレドの首席ガラス画工であったフアン・ドルフィンによって制作された窓に描かれた天使と聖者の五つの像の一つ。

　トレドは、最も壮麗な大聖堂、最も聖者らしい聖者、最も奇跡的な奇跡、最も権威のある司教を誇ることができる。この町の歴史を認めるには、疑惑をもつことをやめる必要がある。

　濠のようにめぐるタホ河ぞいの丘の上にあるトレドの町は、ローマ人たちにとって、5世紀にスペインを侵略したヴィジゴート族にとって、8世紀にスペインの大部分を征服したムーア人にとって、そして1085年ムーア人から奪回したキリスト教徒にとって、強力な要塞であった。事実、トレドは、587年、スペインで最初にキリスト教に改宗した町であったごとく、再征服のときに最初に取戻された町であった。7世紀までに、町は1人の聖者イルデフォンススを得た。この聖者はコンポステラの聖ヤコブと同じくらい熱心に崇敬されている。彼のトレド司教としての名声は、聖処女マリアの純潔とそれにまつわる奇跡に投げかけられた疑いに対する彼の徹底した反証によっている。

　最初の奇跡は、300年も前に死去していた聖レオカディアの教会の礼拝式での出現である。聖母マリアは、ひとりでに開いた墓から現れ、そこに戻る前に司教イルデフォンススは、聖母の長いヴェールを剣で切りつけてどうにかして聖遺物を得ようとした。翌週、聖母マリアは天使を従えて朝課に現れた。天使は内陣で歌を歌った。座って説教にじっと耳を傾けてから、聖母は司教に天使たちが作った式服を贈り、立ち去った。このできごとは、この大聖堂の西正面の浮彫りに記念的に表されている。

　ムーア人の下に、この大聖堂は回教寺院に変えられ、奇跡が再び始まったのは、トレドの再征服になってからであった。いくつかの奇跡は、ヴィジゴート風のミサをグレゴリー聖歌にかえることによって起った激しい論争に集中した。係争を鎮定しようと王によって開催された試合で、親ゴート派の騎士は反対派を殺し、親ゴート派の雄牛もそうした。最後のテストとして、両者のミサ典書が火に投ぜられた。グレゴリー・ミサ典書が焔で燃えつき、ゴートのミサ典書は燃えなかった。しかしそれでは片がつかなかった。ゴート風のミサは廃されることとなり、この大聖堂には聖グレゴリウスのミサを描いた窓がある。

　1495年、百姓の若者を権勢をほしいままにするトレドの司教にたたしめたのは奇跡ではなく、狂信と王の庇護であった。ヒメネス・デ・シスネロスは、女王のざんげ聴聞僧であったが、彼を宰相と摂政に任じたのは女王であった。しかし彼の名は、スペインの異端裁判の最も怖れられた宗教裁判所長として、歴史に残っている。

　1227年、1226年に破壊された古いキリスト教＝ムーア建築のあった場所に、新しい大聖堂が起工されたが、内外ともに完成されるのは18世紀を待たねばならなかった。したがって、建築様式が基本的にはフランス・ゴシックによっていながら、その様式は一部分はルネサンス、一部分はバロックであり、ムーア建築様式の大きな影響もまた残っている。

　トレド大聖堂の75のステンドグラスの窓は、洗練された彫刻のある内陣障壁、彫刻をほどこされた驚くべき祭壇そして主祭壇の後に立てられる華やかなバロック様式の透し彫りの後屏といった過剰な美しさと張りあって目をひきつける。しかしながら、窓の色彩の豊かさは、繁茂するようなほかの芸術作品を補うものであり、あらゆる不均衡に抗して、5世紀にもわたる数多くの手になる異質なさまざまな創造が、一つの統一を実現している。

　トレドのステンドグラスは強い印象を与える。三つの大バラ窓が際立っている。南袖廊の窓は、16の花弁をもった凝りに凝ったバラ窓である。北袖廊の、14世紀のより古いバラ窓の中央には、「十字架上のキリスト」があり、ほとんど全部が真紅の背景に白い身体を浮かび上がらせている。ほかの18の先の尖った円からなる窓は、青を主調とする。「磔刑」を取囲む六つの円には、聖母マリアと聖ヨハネと4人の天使が描かれる。それらの周りに、キリストに集中して12人の預言者がいる。15世紀初頭の西バラ窓はそのトレサリーによって注目される。トレサリーは、中心の円窓の周りにさまざまなデザインの七つの環を形作り、その中央の円には人物像ではなくて、司教の表徴が描かれている。

　身廊にそって、水平に3層の窓があり、そのいくつかには透明ガラスがはめこまれる。最上層の高窓は、さまざまな形を呈する。礼拝堂の上の側廊の壁の窓は、第2の層をなす。ここには聖書場面が描かれる。アダムとエバの楽園追放から始まり、旧約聖書が東の方に続いている。身廊の両側ともデザインは同じであるが、窓の色は驚くほど違っている。北壁の五つの窓は豊かな青を主調とするのに対して、南壁の窓は、明るい青とあ

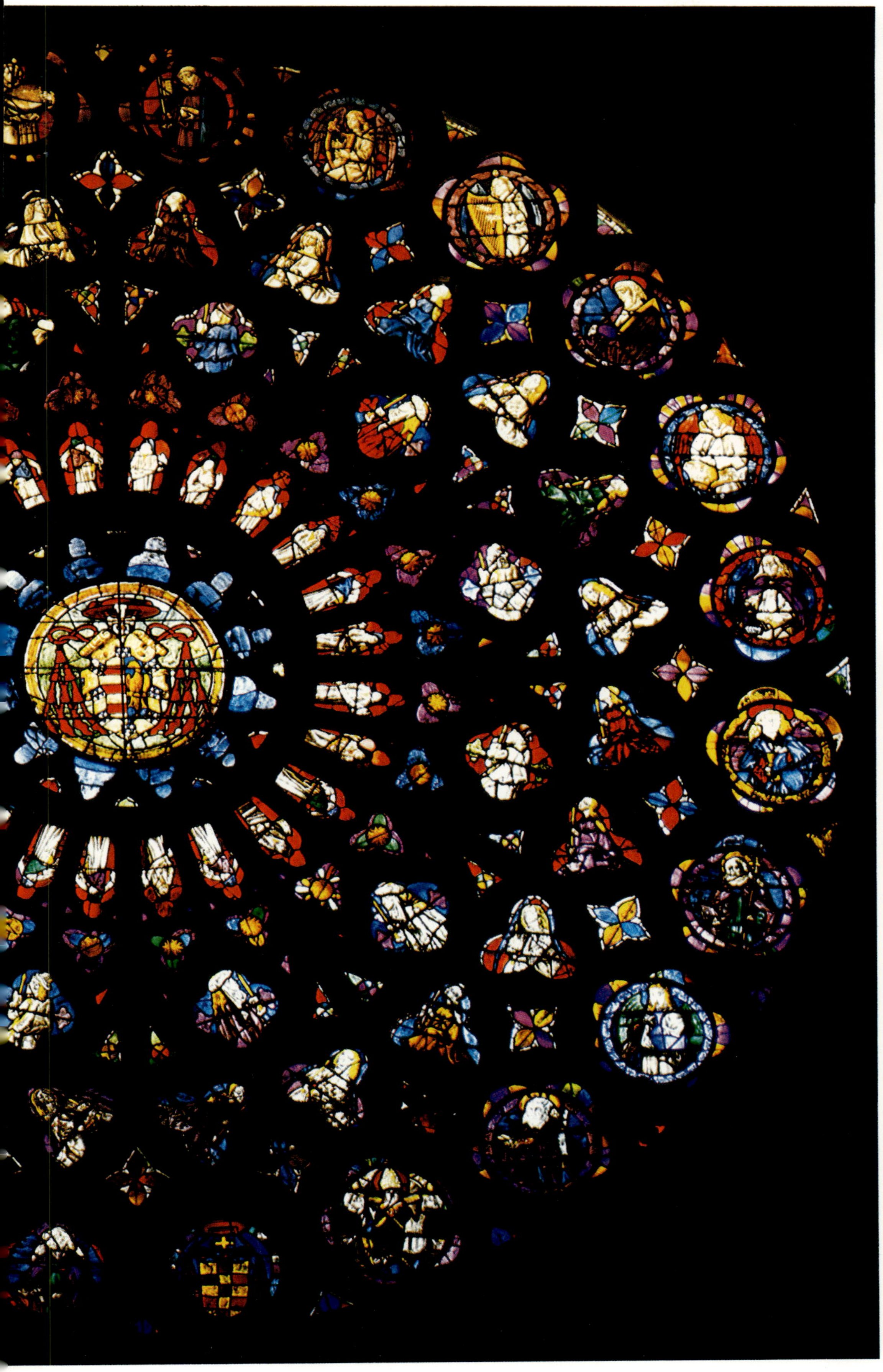

トレド大聖堂の西バラ窓は、さまざまな形とデザインの小さな宝石のような小窓を環状の同心円的に7重に配列した複雑なトレサリーによって、特筆される。ある小窓には、人物像と頭部が描かれるのに対して、他の小窓には色彩豊かな抽象的な装飾がはめこまれる。バラ窓の中央の円には、司教帽を組合せたこの大聖堂の大司教の表徴が表されている。

大聖堂と、もとは要塞であったアルカサルが、タホ川を見下ろす丘の上にあるトレドの町の主要な目印である。

「幾何学」と「天文学」（下図）は、トレドの南袖廊の大きな窓の下段の明るい色のパネルの主題である。芸術と科学を表す8人の象徴像のうちの二者である。

ざやかな赤である。最下層は礼拝堂の窓から成る——主として北側は透明ガラス、南側には新約聖書場面がはめこまれる。

トレドのステンドグラスの様式は全体的にまぎれもなくスペイン的であるにもかかわらず、そこでは、スペインのほかの地と同様に、外国人のガラス画工が働いている。大聖堂の窓の制作が1418年に始まったときの首席ガラス画工は、フアン・ドルフィンであった。彼はおそらくフランス人と思われる。10年後、彼のあとをその助手のロイス・コウティンが引継いだ。1485年から、1492年の没年まで、首席ガラス画工は、セビリャで働いたエンリケと同一人物と思われるドイツ人のエンリケであっ

た。彼は、助手とともに、20の窓を制作した。ガラスも、ガラス画工と同様に、国外から輸入された。エンリケの契約書によれば、「フランドルないし良質のガラスが見出される希望のほかの地に赴いて」買いつけることと記されているのである。

トレドには、カスティリャ王国の首都であったときから、統一スペインのカトリック的君主フェルディナンドとイサベラの宮廷が置かれたが、その15世紀に、トレドの町は全盛を迎えた。しかしその大司教の尊大さが、フェリペ2世の権力を上まわるようになった。16世紀、フェリペ2世はその宮廷をマドリッドに移すと、やがてトレドはゆっくりと衰え始めていく。

15世紀スペイン

トレド——柔かい神秘の光の大聖堂

トレド大聖堂は，75のステンドグラスの窓をもち，その多くは15世紀と16世紀初頭の年代をもつ．これらの輝かしい窓の大部分はフランス人やドイツ人のガラス画工によってフランドルのガラスを用いて制作されたにもかかわらず，まぎれもなくスペイン的な様式の出現をしるしている．身廊にそった幾層かの窓，袖廊の大窓，アプスのランセットや円窓は，ほとんどすべて，並外れて豊かなガラスで満され，ドラマティックで戦慄的な壮大な効果を創り出している．フランスの作家テオフィル・ゴーティエは，1840年にトレドを訪れて，『スペイン紀行』の中に，「リングの中にはめこまれた宝石のように，石にはめこまれたエメラルドやサファイヤやルビーがきらめく窓から，柔かい神秘の光が射しこんできて，君を宗教的な恍惚感へと運んでいく」と書いた．

大きく色彩豊かな身廊の高窓は，四つを除いて，それぞれが2層になっている六つのランセットをもち，その上にさまざまなデザインのトレサリーの小窓をいただいている．司教，聖者，使徒の像が，それぞれ華麗な天蓋の下に立つ．スペイン独特の様式によって，装飾的な細部に満ちた天蓋によって囲まれた，人物の頭上の空間が処理されている．身廊の西端に遺る四つの窓は，様式は同じであるが，上層に黄色の枠取りの中に人物像を描いた3枚の幅広いパネルをもつ．身廊の北側の窓は，ペドロ・ボニファチオ，クリストバル，フリアル・ペーテルの作品と考えられている．南側の窓はドイツ人のエンリケ・アルマンの作である．

旧約聖書場面が，側廊の窓に描かれている．いずれも同一の画然たるデザインによっている．装飾的な背景の六つの聖書場面が，二つのランセットを区切る縦仕切で分断された三つの円で枠取られている．デザインは同じであるが，南北両側廊の窓は，色彩において劇的な対照を示している．五つの北側の窓は深い青で暗く，南側の六つの窓は，赤を主調としてあざやかである．

トレドのすばらしい15世紀の西バラ窓は，より早い時代のバラ窓の放射的な効果よりも，集中的なパターンをもっている．このバラ窓は，外部からはみえない．前室あるいは玄関によって隠されているからであるが，しかしその影で大聖堂内部の輝かしさが妨げられることはない．

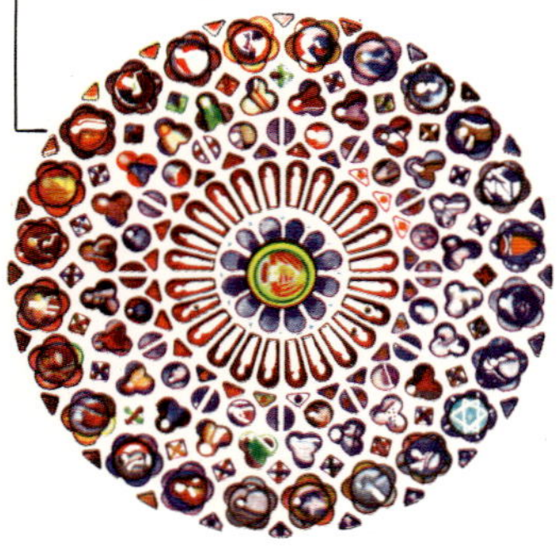

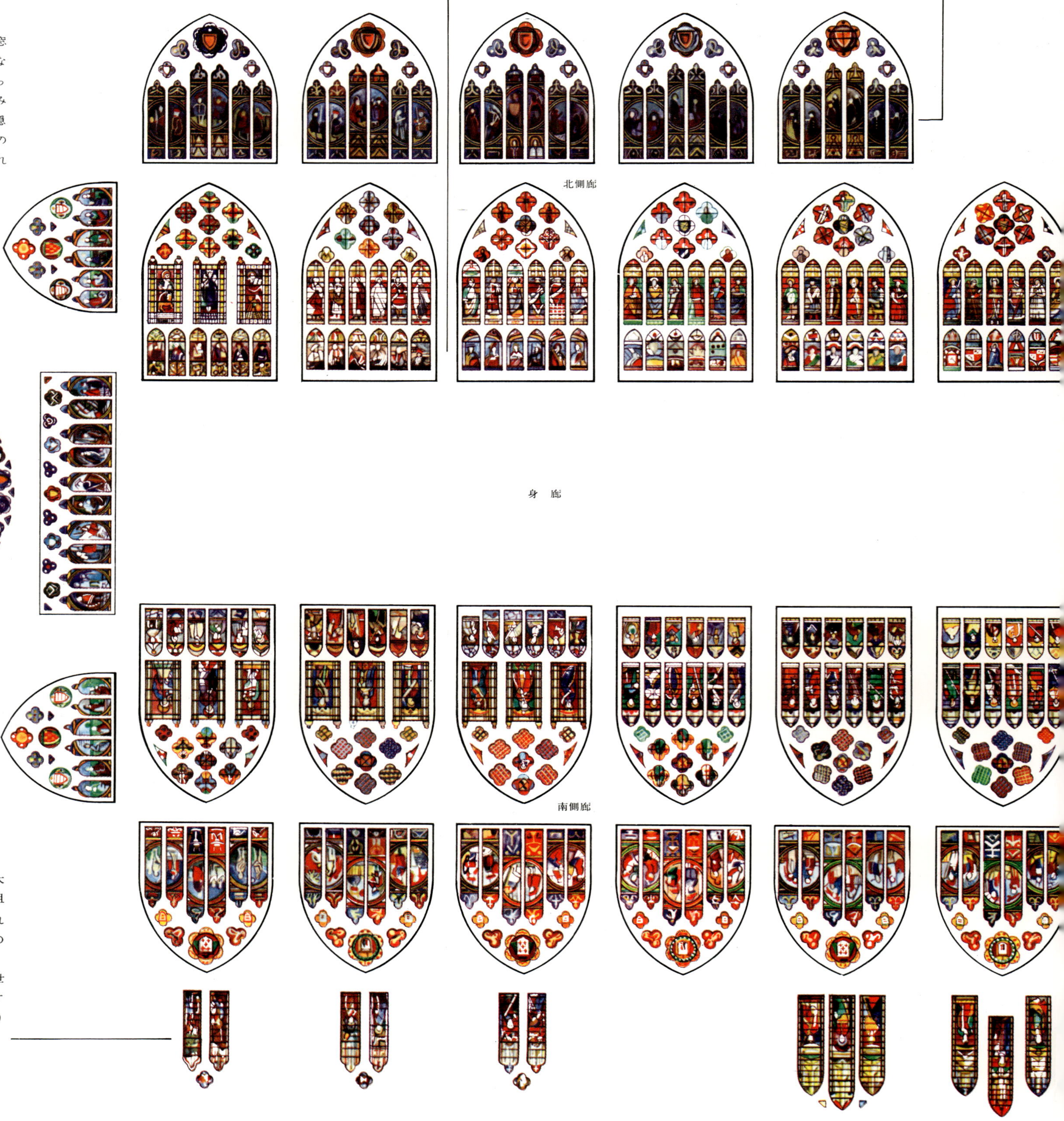

身廊の北の礼拝堂に入るべき光は，大聖堂の北側に立てられた回廊によって阻まれている．そこで，例外的にこれらの窓は透明ガラスである．南側の礼拝堂には，「降誕」，「聖霊降臨」，「公現」の場面を描いた興味深い15世紀の窓がある．ペドロ・ボニファチオの作と考えられる「降誕」の窓がとりわけ美しい．

北側廊

身廊

南側廊

スペインで最も華麗な窓の一つ，北バラ窓は，14世紀の作で，トレドの最も早いステンドグラスの窓に属する．「磔刑」がその中央に描かれ，その周りに六つの小窓があって，聖母マリア，聖ヨハネ，4人の天使が描かれている．さらに外周の12の小窓は，12人の預言者である．18の小窓の青い色調は，中央の画像のドラマチックな赤と白を引立てる．

トレド大聖堂で最大の窓は，袖廊の西壁にある窓である．これらはそれぞれ2層のランセットをもち，洗練された細部の豊かさと濃厚な色彩をもつ．聖者と，トレド大司教ヒメネスを含む司教たちが，上層に描かれ，下層には紋章，有名な学者，美徳を表す人物像，芸術，科学といった主題が描かれる．より小型で様式も単純ではあるが，東壁の窓の生き生きとした人物像と天蓋のある窓も，同様に興味深いもので，その多くは14世紀の作と考えられる．ある窓は他の教会堂から移されたものと推定される．

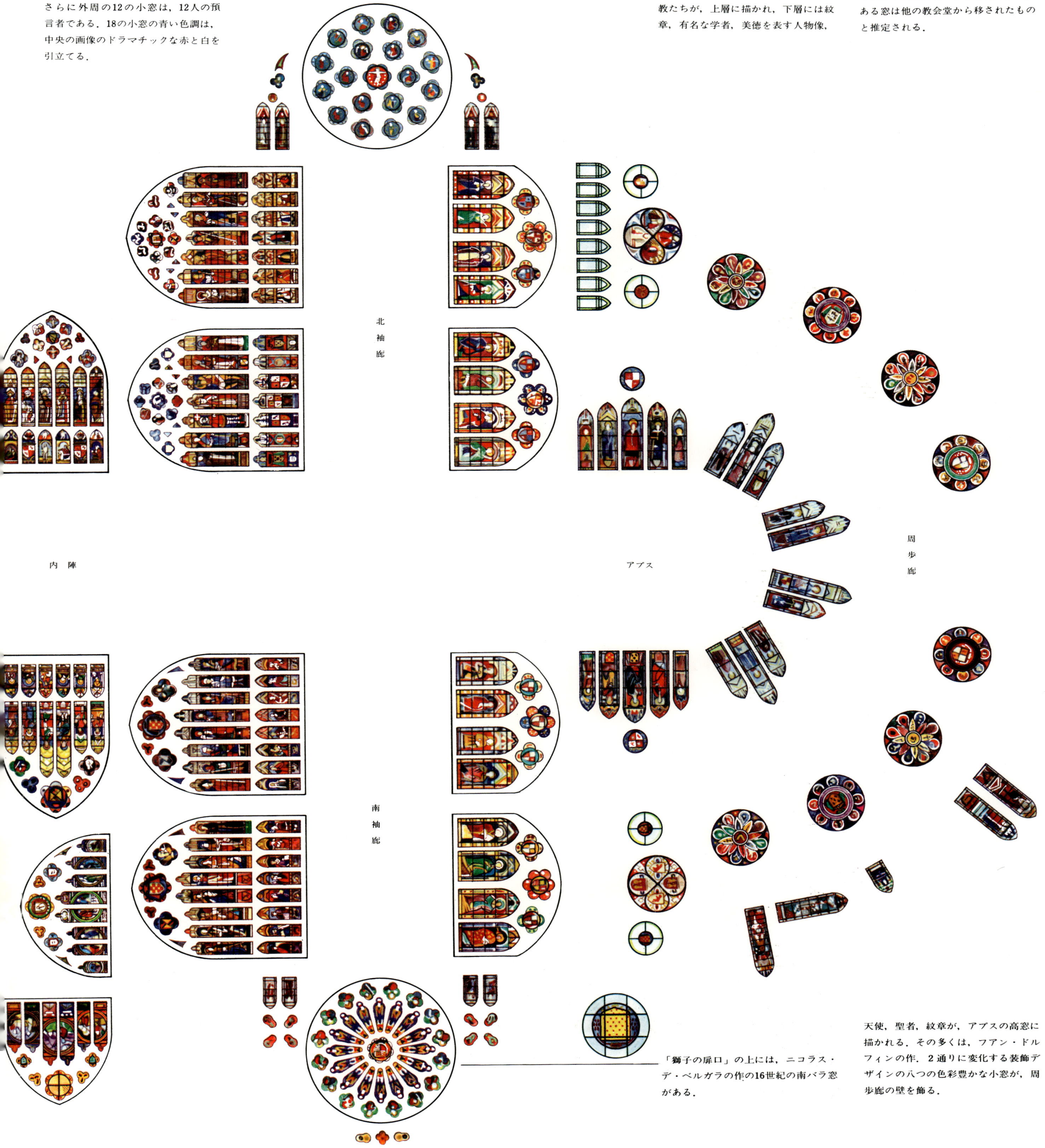

内陣

北袖廊

アプス

周歩廊

南袖廊

「獅子の扉口」の上には，ニコラス・デ・ベルガラの作の16世紀の南バラ窓がある．

天使，聖者，紋章が，アプスの高窓に描かれる．その多くは，フアン・ドルフィンの作．2通りに変化する装飾デザインの八つの色彩豊かな小窓が，周歩廊の壁を飾る．

15世紀イギリス

教区教会の時代

肉体に関する慈悲深い行いとして知られる七つの温情あふれる行為は、15世紀のステンドグラスにしばしば描かれる。「渇いた人に飲み物を与える」(上図)は、ヨークのノース・ストリートのオール・センツ・チャーチの北側廊の窓に遺る六つの場面の一つである。

ワーウィック伯リチャード・ボーシャンは、ワーウィックのセント・メリー教会堂のボーシャン礼拝堂を建てる費用を遺贈した。この礼拝堂の西窓に現存する華麗なガラスには、1447年頃の聖トマス・ベケットと聖アルバンの像(右図)も含まれている。リチャードは、同時代の写本装飾に幼児ヘンリー6世と彼が建てた別の礼拝堂を手にもった姿に描かれている。

百年戦争とバラ戦争にもかかわらず、イギリスは15世紀に繁栄した。この富をいまなお証明するものは、当時の大聖堂やミンスターのみならず、多くの教区教会堂や市民建築の中にみることができる。なかでも羊毛貿易が栄え、イギリスで最大かつ最も美しい教区教会堂のいくつかは、ノーフォーク、サフォーク、コッツウォルズ、ヨークシャーなどの牧羊地帯の「羊毛教会」とよばれる教会堂なのである。

地方の誇りは、大聖堂を建設すること以上に、小さな教会堂を建てることの方にはるかに大きな関わりをもった。住民のあらゆる階層からお金が寄せられたものである。領主が、館のある教区のために教会堂を建てようとすると、しばしば教区民や地方のギルドが発起人となり、お金や家畜を供出したり、労働をかって出たりして費用を分担した。

羊毛の一大集散地であるヨークには、いまもなお19の中世時代の教区教会堂があって、その多くにはたくさんのステンドグラスがある。ヨークは、またそのステンドグラス工房でも有名であるから、驚くべきことではない。最も壮観な15世紀の窓は、ノース・ストリートのオール・センツ・チャーチにある。とりわけ美しいのは、大部分がオリジナルのガラスで、肉体に関する慈悲深い行いを描いている。これは中世時代にポピュラーな主題で、六つの慈悲の行い——"飢えた者に食物を供する"、"渇いた者に飲み物を与える"、"裸の人に衣服を着せる"、"旅人に宿を提供する"、"病人を見舞う"、"とらわれた人を慰めに訪ねる"——がいまも残っているが、第一の行いすなわち"死者を葬る"は失われている。

死が、この教会堂の有名な窓のもう一つに君臨している。これは、ヨークシャーの隠遁者リチャード・ロール・オブ・ハンポールがノーサンブリアの方言で書いた詩に基いている。彼が書き綴った量は膨大であったが、最も知られている作品は、「良心のうずき」と題する詩で、生、死、浄罪、世界の終りの日、地獄の苦しみ、天国の喜悦を歌ったものである。この窓は、世界の終りの7日間に集中して、おどろおどろしい死の舞踏を思わせるような場面には、海からあがってきた怪物が地や海や木を火でおおいつくし、地震と焔が終末の日にあらゆるものをのみこんでしまうところが描かれている。

ヨークの町には、セント・ドゥニス(その窓の一つには手回しオルガンをもっている1人の天使が描かれる)、サン・マルタン・ル・グラン、ホリー・トリニティー・イン・マイクルゲイトなどの各教会堂に、15世紀のすぐれたステンドグラスがある。ノーウィッチの32の教区教会堂は、ヨークのそれよりも数多く、なかでもセント・ピーター・マンクロフト教会堂が最も美しい。最も興味深いステンドグラスは、15世紀の東の窓にあり、42の聖書場面から成る。「キリスト降誕」のパネルで、アングル人のガラス画工は、おそらく冬の冷たい東風が沼沢地帯の上を吹きぬけてくるのを身にしみて知っているためか、ベツレヘムの秣桶のかたわらに考え深く火鉢を用意した。火鉢に向って、1人の女が幼児イエスの産着をかざしており、ヨセフはそのかたわらの肘掛椅子にうずくまっている。居ついている家畜と訪れた天使が、この特異な場面を見守っている。

サフォークの大きな「羊毛教会堂」の一つは、ロング・メルフォードにある。もともと窓には、この地方の富裕なクロプトン家の寄進になるステンドグラスがはめこまれていたが、その多くは16,17世紀に破壊された。クロプトン家やほかの寄進者の像が多く残っていて、いまは教会堂の下の部分のいくつかの窓にはめこまれている。これらの人物像は、15世紀末に向ってステンドグラスの中に描かれるとき、どんな衣服をつければふさわしいかを明らかにしている。貴婦人のマントには、精妙な紋章のデザインが刺繍されているが、そのいくつかはクロプトン家の家紋である。被り物の中には、頭の後半に伸びる針金のフレームの上に被せたヴェールから成る、エドワード4世治下にポピュラーであった飾りたてた蝶々スタイルがみられる。男性は、寄進者にとって厳しく要求されたひざまずく姿勢をようや

くとれるほどの板金よろいの上に紋章つきの陣羽織をつけている.

　人物像の窓は，15世紀のイギリスでは，ヨーロッパのほかの地と同様に，最もポピュラーな窓の形式であった．縦に長く幅の狭い垂直式のランセットに収めるために，人物像の背丈は高く，その上の天蓋はさらに高く伸ばされさえした．ポーズはゆったりとしていて，衣襞は流れるようであった．色彩はより明るく輝かしくなり，初期の汚しをつける陰影法のかわりに点描的陰影法の導入以後は，絵画はより繊細に描かれるようになった.

　15世紀における多窓教会堂の与える印象は，教区教会堂ではなくて，ウースターシャーのグレート・マルヴァーンの小修道院教会堂から得ることができる．この教会堂の再建が146年に完了してまもなく，その40の窓にステンドグラスがはめられ，かなりの分量がいまも残っている．窓には，暗い青，小さな赤，数多くの黄色，茶褐色，白のガラスが用いられている.

　ワーウィックのセント・メリーのボーシャン礼拝堂は，精華を誇りさらに壮麗であったに相違ない．ワーウィック伯爵で，ジャンヌ・ダルクを捕えたリチャード・ボーシャンは，遺言で礼拝堂を建設する費用を提供した．王のガラス画工ジョン・プリュード・オブ・ウェストミンスターは，窓の制作の契約をし，最良質の豊かな色彩の外国製ガラスのみを用いることと定められた．ジョン・ブリュードが四角いガラスをはめる最低料金は，1フィートにつき8.5ペンスであり，簡単な人物の場合には，1フィート当り1シリング2ペンスであったが，ボーシャンの窓に対しては，1フィートにつき2シリングの費用を要求した．金額に応じた値打ちの作品を作り出すのだが，しかし，トレサリーの中で天使たちが歌う讃美歌の調べまでガラスによって表現した．これはまさしく単声聖歌であり，いまもなお時々この教会堂で臨終の人によって歌われる．翼のある天使が，バックパイプを含むあらゆる種類の楽器を奏している．当初窓にはめられたガラスで残存するものは，いまは東窓にみられ，この礼拝堂の当初の壮厳さをかろうじて遺している.

　15世紀は，中世のステンドグラスの最盛期のイギリスにおける終幕をしるす．つぎの2世紀には，宗教の名において，傑作が創り出されるよりも破壊される方がはるかに多くなるのであった.

いろいろな大きさに描かれた風変りな細部や人物は，ノーウィッチのセント・ピーター・マンクロフト教会堂の15世紀の西窓の，特色ある魅力的でユーモラスな「降誕」の場面を創り出している．小さな助産婦が小さな火鉢に布をかざして暖めており，一方，これと比べて大きく描かれた聖母マリアは御児キリストに乳を飲ませているところである．老人にみえるヨセフは，中世時代の寝室の描写によくみられる低く円い肘掛椅子のようなものに座っている．小さなサイズの2人の天使のうち，1人は羽根におおわれ，もう1人は衣服をまとっているが，彼らは，この情景をうっとり見守っている.

サフォークのロング・メルフォード教会堂は，15世紀に，この地方の富裕な呉服商ジョン・クロプトンによって建てられた．北側廊の窓には彼の家族が描かれている．下図，左から右へ，ワルター・クロプトン卿夫人のエリザベス，ワルター・クロプトン卿，トマス・クロプトン卿，同夫人キャサリン.

サフォークのロング・メルフォード教会堂のクロプトン家供養礼拝堂にある小さな15世紀のパネルは，象徴的に，キリストが釘で打ちつけられている十字形の百合の花を表している．苦悩の主題は，植物のイメージによって，再生の主題と結びつき，キリストの「磔刑」は聖母マリアと純潔の象徴である百合の花に結びつく.

サフォークのロング・メルフォード教会堂の北扉口上部の小さな15世紀の小円盤に描かれた3羽の兎（右図）は，片方の耳だけ三つでつながっている．それでも1羽ずつみれば2本の耳がついているようにみえる．この奇妙なイメージは，同時代のデヴォンシャーにある木彫にもみられるが，「聖三位一体」を象徴する三角形を形作っているのである.

113

15世紀ドイツ

商人の町のガラス画の工匠

リュネブルクの市庁舎は、ドイツで最も早い世俗的なステンドグラスを誇っている。15世紀前半に制作された窓には、上図の部分にみるように、紋章をつけた盾をもった9人のドイツの王が描かれている。

ペーター・ヘンメル・フォン・アンドラウの様式の多くの極印が、ストラスブールのサン・ギョーム教会堂の「聖カテリナの窓」の部分（右図）にみられる。青い刺繍模様の背景、衣服の入念な肉付け、拷問を加える人々の残忍な目つきから、処女聖カテリナの平静さまで、得心のいく顔の表情が、彼の特徴である。

　ペーター・ヘンメル・フォン・アンドラウは、15世紀のけたはずれに多産なドイツのステンドグラス画家であったが、歴史の上で彼を取上げるやり方の点で、きわめて不運な芸術家であった。ごく最近まで、彼は、モノグラムの混同から、誤ってハンス・ヴィルトとみられていた。彼の数多くの作品が火災で失われるか、修理によって損われたりした。しかも彼について論じた専門家は、作品の質を認めた場合でさえ、彼があまりに多作であったと非難しているようにみうけられる。
　フォン・アンドラウは、1420年頃、アルザスに生まれた。彼は、まだ20代の始めの頃にストラスブールの金持の未亡人と結婚して同市の市民となった。これは抜け目のないやり口であった。彼は妻をめとると同時に、画家であった前夫の工房をも手に入れたからである。彼はまた義理の娘を得たが、やがて画家と結婚し、自分自身の娘も同様に画家のもとに嫁ぎ、こうして、父も子も義理の息子も一緒にこの工房で働いたのである。のちには4人のほかの独立したステンドグラス画家がこの企業の中にかかえられて、「ストラスブール様式」をもって、国際的名声を博したのである。
　中世のガラス画工の親方はまぎれもなく移動工房の主であったにもかかわらず、フォン・アンドラウの工房は、ストラスブールにしっかりと根をおろした。ここで彼とその工房は、ストラスブール、ウルム、ニュルンベルク、アウグスブルク、テュビンゲン、ミュンヘン、ザルツブルク、フランクフルト、フライブルク、メッツや、おそらくはミラノの大聖堂や教会堂の窓を制作した。フォン・アンドラウの窓は、主題——最も多く取上げられたのは「聖母の生涯」と「エッサイの樹」であった——の点でも、手法の点でも、まぎれもない同一性を発展させた。さまざまな紋章や寄進者像が、それに変化を与えるにすぎなかった。とはいえ、彼の作品は15世紀後半のドイツのほかのどのステンドグラスよりもすぐれている。
　ウルム大聖堂の1480年頃の二つの窓は、修復や大きな損傷を免れてきたが、彼のストラスブール様式の面目を示している。一つは、寄進者のギルドから命名された、キリストの生涯の場面を表した「小売商の窓」である。それには「エッサイの樹」

植物の細密描写が、ペーター・ヘンメル・フォン・アンドラウの窓には多くみられる。もとはストラスブール大聖堂にあっていまは大聖堂付属美術館にある作品の部分（左図）には、アダムが、繊細に描かれた樹葉と野の花の典型的に精巧な背景を前にして描かれている。

ウェストファリアのソエストのヴィーセンキルヒェの「最後の晩餐の窓」では、宗教的な食事の好みが聖書の伝統を上回っていて、いのししの頭（上図の部分）とか、隣のランセットではライ麦のパンなど、独特なメニューを作り出している。大幅なイエロー・ステインの使用によって写実的効果が高められているこの窓は、ウェストファリア地方のステンドグラスの第一級の作品である。

があって，精巧な形式の枝と樹が，12人の預言者やハープを奏するダビデなどの諸王を包みこんでいる．市参事会が寄進した，隣接の「ラッツフェンスター」(市会の窓)は，フォン・アンドラウのトレードマーク同様の精巧な金銀の天蓋の下の青と赤の地の上に聖書場面を繰広げる．彼の作る美しい人物像は，目立ったポーズをとらず，優雅にごく自然に立っている．彼は窓に写実的な草花や愛くるしく描いた動物を盛りこむ——秣桶の中で親指をしゃぶっている幼児キリストをのぞきこむ仔牛や羊，「訪問」の場面の中で聖処女マリアの足もとで戯れる白い野兎など．色彩は，特に青と赤が，あざやかに輝いている．

ウルム大聖堂自体もまた，市民的な誇りのもう一つのモニュメントである．造営は1377年，建築親方の家系の創始者ハインリッヒ・パルラーによって開始され，パルラー一門のより若い2人のメンバーがそれを引継いだ．ウルリッヒ・フォン・エンジンゲンがその幅を広げ，その後継者マテウス・ベブリンガーが塔をより高くしたが，基礎がしっかりしているか否かを確かめていなかった．崩壊のきざしがみえたところで，28名の建築親方が会議をひらき，見落としが修正された．この大聖堂へさらに加えられた打撃は，1530年ウルムがプロテスタントの町になったことで，60をこえる祭壇と多くの芸術品が破壊された．建物は，1890年まで完成されなかったが，今日では町のルター派の教区教会堂であり，中世の市民たちが意図したカトリックの大聖堂ではない．

この大聖堂には，フォン・アンドラウのほかにもすぐれたステンドグラスがある．最も早いものは，内陣にある——二つの背の高い窓は，聖母マリアの生涯と，その伝説上の母聖アンナの生涯に捧げられ，幻想的な建築の支配する背景を前にして描かれている．ウルムの画家の一門アッカー家が，内陣の「聖ヨハネの窓」とともにこれらの窓をデザインしたと考えられている．

アッカー家で最も才能のあるハンス・フォン・ウルムは，この大聖堂の優美な小さいベッセラー礼拝堂の窓のステンドグラスを制作した．この礼拝堂は，ウルリッヒ・フォン・エンジンゲンがデザインし，その造営費を負担した家の名にちなんで命名されたものである．この礼拝堂の小ささは，大聖堂の身廊の広大さと極端な対照を示している．その窓は，みごとなもので，洗練された稚拙さとでもいうような奇妙な雰囲気をもつ．

たとえば，ノアが，方舟のデッキの上に作られた小さな赤い屋根から身をのり出して，鳩を迎えている場面がある．ノアの子供たちが，窓から灰色の海をみている．この情景の上には，2頭の獅子が描かれる．1頭は歯をむいて笑い，もう1頭は立腹した顔をしかめている．パネルの最下部の乾いた場面が，ワタリガラスがなぜ方舟に戻らなかったか，兎を捕えたから，と説明している．

この礼拝堂の窓の多くの驚くべき細部描写が，描きこまれている「復活の日の窓」でさえも決して情景を支配していない．パネルの下部には，墓から起きあがり，祝福を与えられる者と地獄に落とされる者とに区別される死者が描かれている．上方には，30人くらいのひざまずく寄進者が並び，頂上には焰のような赤い背景にキリストが描かれ，トレサリーを天使たちが飛びかう．ゴシック的精神がヨーロッパの各地で死に瀕しているとき，ここでは確かに息づいているのだ．

対抗する大聖堂

フライブルクやストラスブールの大聖堂を凌駕しようと計画されたウルム大聖堂は，多くの石工や大工の親方たちの作品である．その中にはウルリッヒ・フォン・エンジンゲンもおり，彼は市民の誇りの完全な表現である，大きな西塔をデザインした．彼はまた，周歩廊と身廊の東端の間に，ウルムの商人アイテル・ベッセラー(右図)によって寄進された小さなベッセラー礼拝堂のデザインもした．

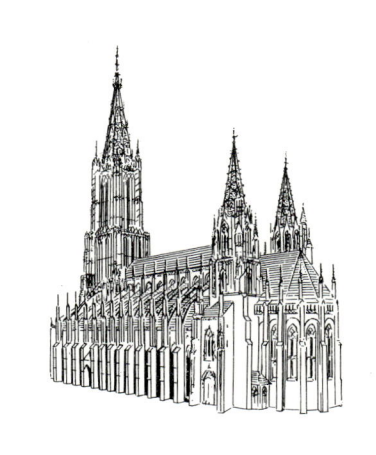

ハンス・アッカー作のベッセラー礼拝堂の窓のパネル(上図)には，鳩がオリーブの葉をくわえてノアのもとに戻るところが描かれている．それは，洪水がおさまったしるしであり，神の怒りが鎮まった証拠であった．これと同じような表現が，いろいろな形で，13世紀の細密画(右図)にみられる．たとえば方舟こそ異なるが，波は両者に共通して，同一の様式化された定型的表現に従って力強く描かれている．

15世紀ドイツ

ニュルンベルク——北のベネチア

　ステンドグラスを豊富に所有するということが，中世時代の市や町の繁栄を証明する一つの雄弁な指標であった．シャルトル，ヨーク，フィレンツェが，それぞれの町の商人階級が全盛をきわめた頃に豊かなステンドグラスを獲得した．いずれの町もそれぞれフランス，イギリス，イタリアの典型的な例である．ドイツでも事情は同じで，リュベック，ウルム，ニュルンベルクなどの豊かな商人の町によって証明されるのである．

　ニュルンベルクは，11世紀と12世紀に，特にバイエルン公とフランケン公の領有要求をしりぞけて独立のために長い間戦ってきた．13世紀には，神聖ローマ帝国皇帝フリードリッヒ2世から独立した自由都市としての地位を確立した．ニュルンベルクは商業的にも芸術的にも繁栄し，15世紀までにはそうした数少ない都市しか得られなかった国際的名声を獲ちえたのであった．イタリア人は自国の繁栄した諸都市になぞらえてこの町を北のベネチアとか北のフィレンツェと表現するようになったのだが，この町は，金銀細工師，彫刻家，画家，職匠歌人，教会音楽家で有名であった．11世紀，人々は，フランコニアの聖セバルドゥスの墓をめざしてニュルンベルクに集まって来た．14世紀からは，人々を引きつけるものは，この町に移されていた皇帝の宝石であった．これらの巡礼は，町の繁栄の一因となったのである．

　ザンクト・ロレンツ教会堂の造営は，13世紀末にかけて開始

ニュルンベルクのザンクト・ロレンツ教会堂内陣の15世紀末の窓（左図）の細密に活写された部分には，エジプトから逃亡するイスラエル人の場面が描かれている．この「出エジプト記」を絵画化した無名の芸術家は，文字通りに翻案しているので，紅海を表すのに赤いガラスを用いているほどであった．上図のパネルでは，人々は，中世のユダヤ人の服装の特徴であった黄色いとんがり帽子をかぶっている．「リーターの窓」の名で知られるこの窓は，ニュルンベルクの金持のリーター家が寄進した．

され，完成するまでに200年の歳月を要した．時々建物の本体のための資金が不足したことはあったようであるが，祭壇や彫刻や窓や一つの礼拝堂全体をさえ，喜んで寄進しようという人々にこと欠かなかった．最初期の寄進者のうちに皇帝バイエルンのルードヴィッヒがあった．14世紀初期に行われた彼の寄進は，カール大帝のざんげ聴聞僧デオカルスの遺骨であった．植物学，錬金術，天文学に熱心な皇帝フリードリッヒ3世と后ポルトガルのエレアノールは内陣の中央の窓を寄進し，その中に記念に彼らの姿をとどめている．教会堂の造営を発起した市参事会のメンバーも寄進をし，銘板や窓に惜しみなく公示されている．数多くのこのニュルンベルクの名門の名前が教会堂の中にみられ，窓の多くは，寄進者の名前がわかるのがふつうである．

ザンクト・ロレンツ教会堂の内陣のオリジナルな窓のほとんど全部が，無傷のまま遺っている．ステンドグラスがはめられ始めたのは，内陣の建物が半分もできあがっていないときからで，工事が行われなかった期間をはさんで，1480年直後には完成した．窓は，全体として一貫した主題をもたない．おそらく寄進者によって選ばれた主題には明らかにふつうには取上げられない珍しいものもある．たとえば「リーターの窓（リーテルフェンスター）には「出エジプト記」の場面があり，「ヒルスフォーゲルの窓」（第2次大戦中被害を蒙ったが修理された）のためには，初期の教皇聖シクストゥスの生涯が選ばれた．そしてかつてこの教区の牧師であった学者コンラッド・クンホファー博士の名にちなんだ「クンホファーの窓」には，修道院の羊飼いの幻が描かれている．

多くのガラス画工がニュルンベルクで働いていた．一つの移動工房が，ペーター・パルラーのギルドと関係をもって，ザンクト・ロレンツ教会堂では二つの窓，ザンクト・ゼバルド教会堂では九つの窓，ザンクト・マルタ教会堂では一つの窓を制作した．ザンクト・ロレンツ教会堂には，ペーター・ヘンメル・フォン・アンドラウによる「エッサイの樹の窓」がある．その樹は，伝統的な図像表現ではエッサイの脇腹から生えて上方に伸びていくのであるが，ここでは胸から生えている．しかし大部分の窓は，ニュルンベルクの画家であり版画家であったミハエル・ヴォルゲムトの監修のもとに地方の工房によって制作された．彼の弟子の中にアルブレヒト・デューラーの名があった．

15世紀以前と同じように，ステンドグラスの様式は地方によってかなりの変化がみられ，諸工房は，ドイツ全土を通じて，東のシュテンダルから東のケルン，北のリュネブルクまで，数多く活動していた．シュテンダルが全盛期を迎えたのは，15世紀中葉，その町の大聖堂の多くの窓の制作のために，仕事をしたいと望んでいたドイツのガラス画工が大挙してやってきたときであった．1000枚をこえるパネルがいまも遺っている．それとは対照的に，ケルン大聖堂では15世紀の窓はわずかに三つしか残っていない．「秘蹟の礼拝堂」の「キリストの生涯」の二つの窓と，北袖廊の「慈悲の座の窓」である．これら三つの窓とも，もとはケルン市内の別々の教会堂にあったものである．同時代のケルン画派の影響が手や顔に見出され，フランドルの影響は，「キリストの生涯の窓」の背景として描かれた風景に明らかである．

15世紀を通じて，フランドルの影響を受けた写実主義が，地方差こそあれ，つねになんらかの形で随所に滲透している．風景が，まったく装飾的な背景という役割をもつようになりだす．建物は遠近法的に表現される．貴族風の淑女紳士が，鼻の曲がった庶民と一緒に登場する．

しかし，さらに大きな変化が到来しようとしていた．この世紀の終りに，デューラーがイタリア旅行から帰り，新しい芸術の先駆者として活躍を始めるからである．この芸術は，彼の生まれたドイツのみならず，北ヨーロッパ一円に大きな影響を与えることになるのであった．

上図の16世紀初頭の絵画にみられるごとく，森と城塞に囲まれたニュルンベルクの町は，15世紀ドイツで最も繁栄した町の一つであった．この町はまた工芸技術で有名であり，世界で最初の地球儀と懐中時計が，ニュルンベルクの市民の手で製作された．巨大なアフリカの地形がみられる地球儀（右図）は，1492年地理学者で旅行家のマルティン・ベハイムによって作られ，時計（最右図）はピーター・ヘンラインによって作られた．両作品とも，ニュルンベルクのゲルマニッシェス・ナツィオナル・ムーゼウムに所蔵されている．

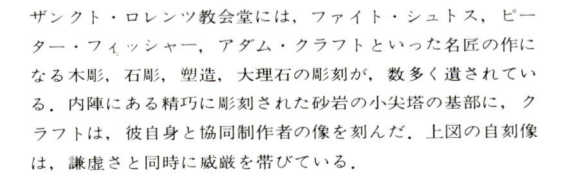

ザンクト・ロレンツ教会堂には，ファイト・シュトス，ピーター・フィッシャー，アダム・クラフトといった名匠の作になる木彫，石彫，塑造，大理石の彫刻が，数多く遺されている．内陣にある精巧に彫刻された砂岩の小尖塔の基部に，クラフトは，彼自身と協同制作者の像を刻んだ．上図の自刻像は，謙虚さと同時に威厳を帯びている．

ザンクト・ロレンツ教会堂の芸術的な宝物の中で最も美しく喜ばしいものの一つは，ファイト・シュトス作の金箔で飾られた菩提樹の「聖告」であり，巨大な花環のように，内陣の大アーチから吊り下げられている．聖処女マリアと大天使ガブリエルの周りに，バラの花環がめぐり，それに七つのメダイヨンが取付けられて「マリアの生涯」の場面が表される．

15世紀イタリア
ルネサンスの町

ウッチェルロの「復活」（上左図）とデル・カスターニョの「十字架降下」（上図）.フィレンツェ大聖堂の円蓋の円窓のステンドグラス.

　フィレンツェは，その歴史の多くの局面で，イタリアの主導的な町の一つであった．事実，ローマ人たちがその地に根をおろしたとき，名づけた名前，豊かさを意味するフロレンティアは，意味深いものであった．ローマ人による征服ののち，オストロゴート，ビザンティン，ゴート，ロンバルト，フランクと，次々に諸部族によって領有された．しかし13世紀に，この町は独立し，経済的文化的活動が復活した．13世紀末までには都市共和国であったフィレンツェ共和制の指導者たちは，新しいフィレンツェにふさわしい大聖堂を建設しようと決意した．1300年きっかりに起工された大聖堂造営は，ゲルフ家とギベリーニ家の2派やしだいに力をもちだしたギルドと職人たちを巻きこむ，戦争や市民闘争を背景にして，中断しながら辛うじて続けられた．この結果，建築は，ロマネスクでも初期ルネサンスでもない，かといってゴシックでないともいいきれない様式となった．

　15世紀の20年代，直径140フィートもある巨大な円蓋を大聖堂の上に架けようとしたとき，誰にもその工法がわからなかった．その基部の幅が，アーチやドームを構築するのを助けるための水平な梁とその上に架ける木組からなる迫（せり）わくを支えるには，あまりにも大きすぎた．さらに，円蓋の推力と荷重が，飛梁を補強しないことには，もちこたえられなかった．金工師，彫刻家，建築家で，古代ローマの建築法を学んだフィリポ・ブルネレスキは，頂部が尖った円蓋を設計することで解決した．その横方向の推力は，半球形の円蓋の場合よりも小さくなるからであった．この案ははじめ拒否されたが，やがて受入れられて，円蓋は14年を要して完成された．それは，迫わくに要する木組を使わずに平らな足台を作って築かれ，上部には，石よりも軽量な煉瓦が用いられた．フィレンツェにとって幸運なことに，ブルネレスキはこの町で活動を続けて，サント・スピリトやサン・ロレンツォの教会堂やピッティやカラテジの宮殿を設計した．彼の影響は，2世紀にわたって，イタリア中に及んでいる．

　フィレンツェ大聖堂には，11のオッキオとよばれる円窓がある．そのうちの10の窓に，15世紀の主導的な芸術家によってデザインされたステンドグラスがはめられている．西正面の三つの円窓はロレンツォ・ギベルティのデザインで，そのうちの中央の大きな窓――「聖母の被昇天」――から着手して，1405年に完成した．聖母マリアは奏楽の天使に囲まれている．天使の翼は，エビの脚のように先が細くなっていて，それが驚くべき動勢を作り出している．背景は濃い青で，中央に向うほど深い色になっている．図形的で精巧な縁飾りの中に描かれた使徒や預言者の胸像が，情景に花を添える．両側のより小さな円窓は，10年後に制作され，聖ラウレンチウスと聖ステファヌスの就任式を表している．

　円蓋の造営が完成した頃，ギベルティは円窓のステンドグラスのデザインに着手した．しかし「聖母マリアの戴冠の窓」のための最初のデザインは拒否され，そのかわりにドナテルロが起用された．彼の完成した作品には，ギベルティの西窓のもつ大胆さも繊細さもない．円蓋の円窓の完成を依頼されたウッチェルロとデル・カスターニョの2人の画家は，以前にこの素材で制作したことがなかったにもかかわらず，大成功を収めている．ウッチェルロは三つの窓のデザインをしたが，その一つは失われている．ほかの二つ――「キリストの復活」と美しい「降誕」――は，聖書的主題に写実主義的なタッチを導入する注目すべき才能を示している．ウッチェルロはまた，彼の絵画作品の純粋な色彩をステンドグラスに移しかえるために巧妙に処理している．アンドレア・デル・カスターニョは，「キリストの十字架降下」を描く円窓を一つ，大胆なデザインで作り上げた．

　円蓋の円窓で残る三つは，ギベルティの円熟期の作品である．「昇天」と「ゲッセマニ園の祈り」は1444年に，「宮詣り」は1445年に完成した．「ゲッセマニ」の場面は，樹木とエルサレムの前を背景にして，ひざまずくキリストと，眠る一群の弟子たちを表した，みごとな均衡をみせる構図である．

　この六つの円窓のかたわらに，ギベルティはアプスと礼拝堂の中に，11は確実に，17は推定であるが，それぞれの窓のデザインをした．これらの窓に描かれた預言者や聖者は，大きなス

15世紀のすぐれた彫刻家ドナテルロは，フィレンツェの力と権威を象徴するこの獅子の巨像（現在，バルジェルロ美術館蔵）を彫刻した．この獅子は盾をもっていて，そこに市の紋章である百合の花が刻まれている．春の花に囲まれて，フィレンツェの町は，花の町として名高い．

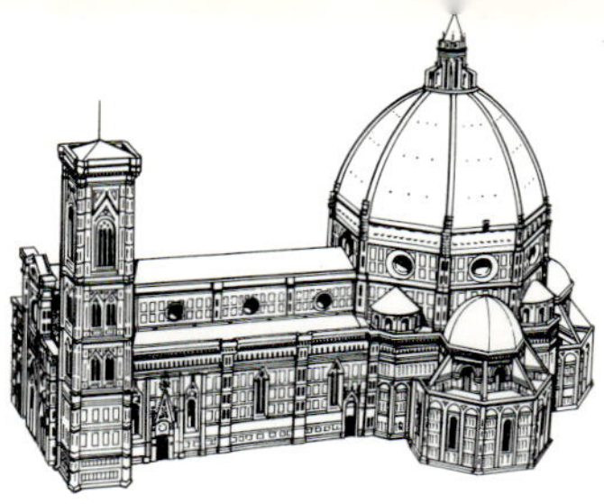

ギベルティの「宮詣り」（上図），同じく「ゲッセマニ園での祈り」（上右図）．二つとも，フィレンツェ大聖堂の円蓋の円窓のステンドグラス．

ケールで，彼らの与える印象の強さは，デザインの大胆さと，色彩の輝きに負っている．多彩な色彩は，人物に，イタリア風に改めた東方的な飾り縫いのある贅を尽した衣裳をまとわせることによって作り出された．建築的な部分でさえも色彩に満ちており，縁取りもまた豊かである．

大聖堂とともに，フィレンツェには，15世紀の美しいステンドグラスをもついくつかの教会堂がある．オールサンミケーレ教会堂の多彩な色彩の窓の主題には，当時にしては珍しい主題である「聖母マリアの奇跡」を表す12場面がある．物語の一つは，1人の教皇の物語で，かつて愛したことのある女性にその手に接吻を受けて色欲を感じた彼は手を切り落したが，彼が眠っている間に聖母マリアが元通りにしてやったという話である．

他の二つの教会堂で，フィレンツェの2人の有名なフレスコ画家ドメニコ・ギルランダイオとピエトロ・ペルジーノが，ステンドグラスにもすぐれた才能を発揮している．ブルネレスキの最も美しい教会堂サント・スピリトの「聖霊降臨」の円窓は，ペルジーノによって，深く烈しい色彩をもって制作された．サンタ・マリア・ノヴェルラのアプスの窓のギルランダイオの手になる三つの窓は，同じく色彩豊かであるがより明るい．この画家はここにすでにフレスコ画も描いたことがあった．いくつかは聖者像の窓であるが，最も生気に満ちたものは「割礼」を描いた窓である．

15世紀初頭のフィレンツェは，大きなギルドの寡頭政治の掌握下にあった．15世紀末，この町は，メディチ家の支配するところとなり，その一族の人々は銀行家や商人や金に糸目をつけない芸術のパトロンであったために，町には幸いであった．メディチ家の金力と，ボッティチェルリ，レオナルド・ダ・ヴィンチ，ブルネレスキ，ドナテルロ，ギベルティ，ミケランジェロ，マキアヴェリといったフィレンツェの天才によって，この町はイタリア・ルネサンスの先鋒となり，この町が，フレスコや彫刻やステンドグラスの傑作に恵まれた15世紀イタリア芸術の中心となったのは，なんら驚くことではない．

芸術のパトロンたち

名高いメディチ家は，銀行家で金貸し業のジョヴァンニ・デ・メディチが14世紀末に蓄積した莫大な富と政治的な機敏さによって，15世紀のフィレンツェで勢力を得た．メディチ家は，芸術家や学者たちの物惜しみしないスポンサーであり，彼らの成しとげた成果がフィレンツェをしてイタリア・ルネサンスの中心地にしたのであった．ジョヴァンニの曽孫で，コシモの孫であるすぐれたロレンツォは，メディチ家の中でも最大の影響をイタリア芸術の上に及ぼした．

コシモ・デ・メディチ．ドナテルロやブルネレスキらの芸術家のパトロン．

ロレンツォ．"偉大なロレンツォ"とよばれ，芸術家たちの友人であり，パトロンであった．

1402年，彫刻家，建築家，ステンドグラス画家のロレンツォ・ギベルティは，フィレンツェの洗礼堂の扉口のデザイン・コンクールで勝った．ミケランジェロが「天国の門」といった東の扉口の10枚のパネルの叙述的な旧約聖書場面（上図，部分）とともに，彼の自刻像（左図）が，ブロンズ浮彫の中に表されている．

15世紀イタリア
芸術家たちの大聖堂

　フィレンツェ大聖堂は，その壮麗な色彩の窓によって，芸術的才能の驚くべき融合の場である．15世紀前半に2段階で完成されたこれらの窓は，おおむね4人の芸術的霊感によっている．そのうちの第一人者は，ロレンツォ・ギベルティで，全部の窓の半分以上のデザインをし，その中には六つの巨大な円窓（オッキオ）を含む．彼は，金銀細工師，ブロンズ鋳造家，彫刻家，画家，建築家であった．近代彫刻の父ドナテルロは，聖歌隊席の喜びに満ちた浮彫りや彫刻とともに，一つの窓をこの大聖堂に捧げた．パオロ・ウッチェルロとアンドレア・デル・カスターニョは，この大聖堂のためにフレスコを描き，円蓋の円窓のデザインをした――これは彼らにとって初めてのステンドグラス制作であった．これらのきらめく才能は，デザインによって実際に制作した多くのガラス工のすぐれた技倆によって高められた．これはまさに芸術家たちの大聖堂なのである．

　ロレンツォ・ギベルティは，アプスとその礼拝堂のために，2層の窓を1組にしたデザインを考え出した．上層のランセットの各々には2組の預言者が描かれ，下層では，礼拝堂の二つの窓を除いて全部に，2人の聖者像とその上に大きな聖者像を組合せて配した．ギベルティがすべての窓のデザインをしたか否かは詳かではないけれども，彼の影響は，至るところに明らかである．上層と下層のランセットの間の様式の差異は，距離の違いに起因するものである．上の方に位置する預言者像は，形態と空間を伝達する単純なデザインである．礼拝堂の窓の聖者像は，距離が近いために，細部まで描きこまれている．これらの人物像は，上層下層とも，古い様式の生硬なアルカイスムをなんら示していない．たとえば，13世紀のシャルトルの預言者とは違って，これらの像は，優美にくつろいでおり，がん（龕）によって仕切られるのではなくて，わずかに相互に向いあう気配をみせる．これらの華麗な衣服の異国情緒をたたえた色彩の強さは，深い青色の背景やモザイクを思わせる幾何学模様の縁飾りによって，際立てられている．

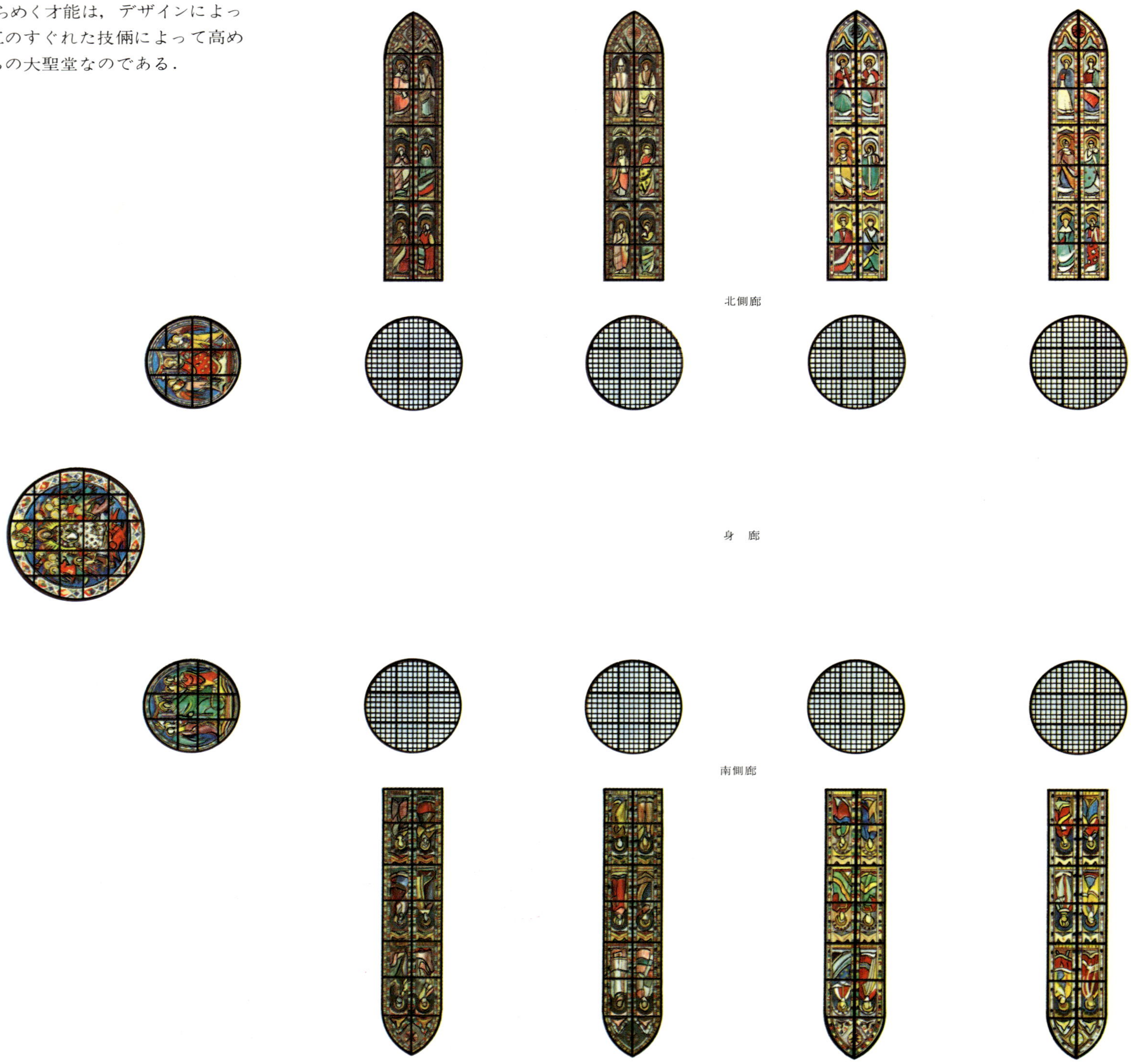

オッキオとよばれているイタリアの円窓は，ヨーロッパで通常行われているバラ窓につきものの石造のトレサリーのパターンでふさがれていないのがふつうである．バラ窓の放射状ないし円環的な効果と比較して，垂直と水平の格子で分割されたこれらの円窓は，平穏な均衡の印象を創り出している．これは，ゴシック的精神というよりはルネサンス的精神を暗示する．

北側廊

身廊

南側廊

西ファサードの三つの円窓は，フィレンツェの彫刻家ロレンツォ・ギベルティによってデザインされた．彼はその才能をステンドグラスという素材にみごとに応用した．最初に完成された中央の円窓は，「聖母の被昇天」を表し，フィレンツェのサンタ・マリア・ノヴェルラ教会堂のアンドレア・ディ・ボナイウトの「聖母の戴冠の窓」と，様式の上で類似し，かつすぐれている．ギベルティの窓は，聖母の刺繡のある衣服を運び上げる舞いとぶ天使たちの律動的で華やいだ構図のうちに，抒情的な輝きを実現している．窓の中央の深みを増していく青によって創り出された円蓋のような効果をもつ空は，明らかに画家ナルド・ディ・チオーネの影響である．青の強さは，天使の翼の赤や頭光や頭髪の金色を際立たせている．

西ファサードの二つのより小さな円窓は，中央の円窓を完成してから10年ののちにロレンツォ・ギベルティによってデザインされ，様式的には中央の円窓に結びついている．花模様のあるマントをつけた北側の円窓の聖ステファヌスと南側の円窓の聖ラウレンチウスは，青い背景の前の玉座につき，あざやかな色の翼の天使たちにかしずかれている．

身廊の造営中のプランの変更から，大聖堂の内部と外観とに明らかな矛盾が生じている．身廊の各壁には，内部からみた場合には四つの窓があるようにみえ，外部からみた場合には六つの窓がみえる．しかし実際には，内外とも，二つの東よりのランセットにしか，ステンドグラスははめこまれていない．外側の両側にみえる六つの窓のうち四つは，その裏側に，ステンドグラスにみえるように巧みにモザイクをはめこんだ二つの擬似ランセットを設けた，建築的なトリックである．モザイクに調和するように，身廊の両側に実際にステンドグラスをはめた二つの窓は，この大聖堂の他の部分で用いられる純粋で輝く色彩と比べてみて，暗い感じのする抑えた色調でデザインされている．四つのランセットには各々，6人の聖者像が2人1組3段に配されて，精巧な天蓋の下に立っている．これらの窓は，強い陽光のゆえに，天蓋という採光のための工夫をめったに必要としない国における天蓋の使用の珍しい例である．

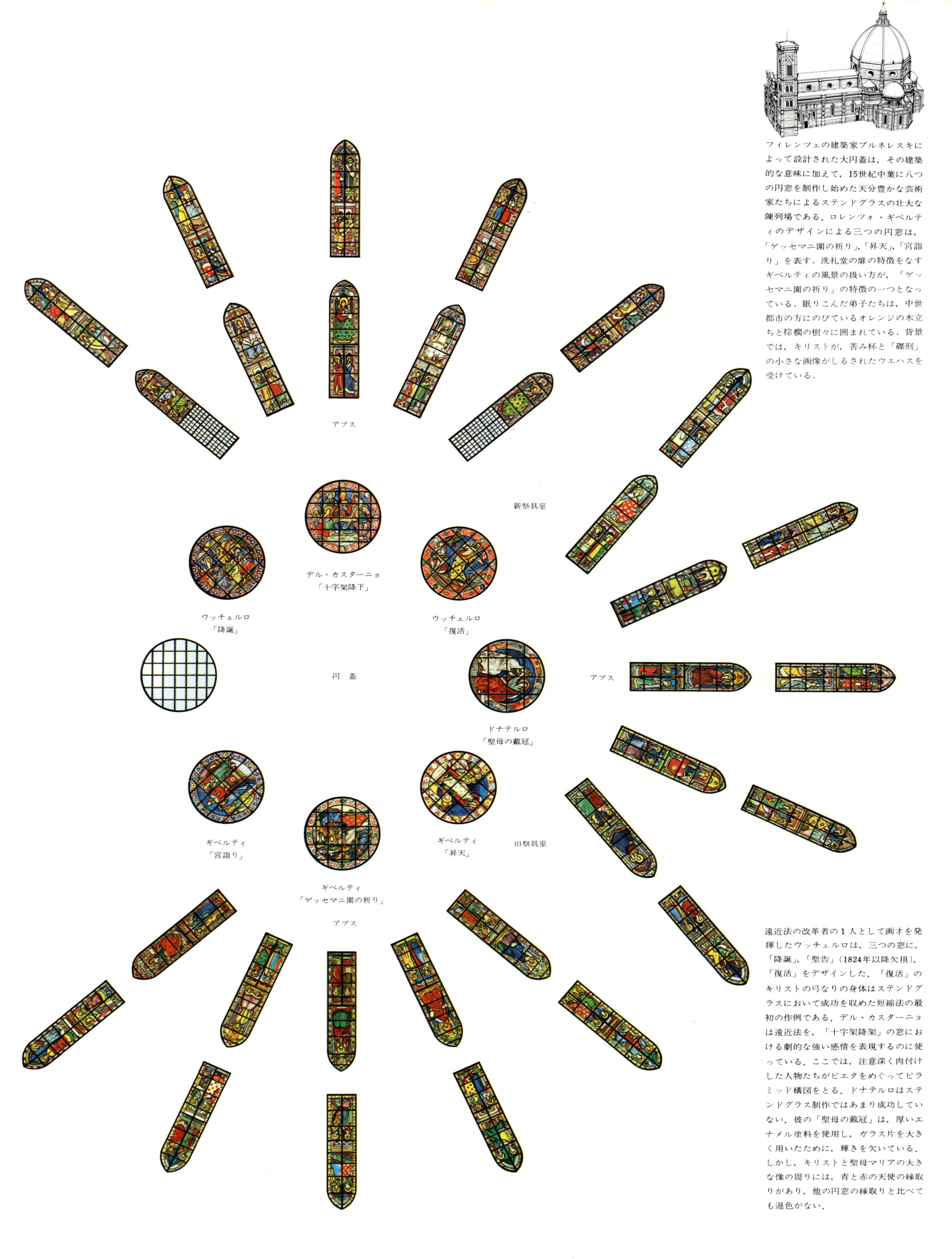

フィレンツェの建築家ブルネレスキによって設計された大円蓋は，その建築的な意味に加えて，15世紀中葉に八つの円窓を制作し始めた天分豊かな芸術家たちによるステンドグラスの壮大な陳列場である。ロレンツォ・ギベルティのデザインによる三つの円窓は，「ゲッセマニ園の祈り」，「昇天」，「宮詣り」を表す．洗礼堂の扉の特徴をなすギベルティの風景の扱い方が，「ゲッセマニ園の祈り」の特徴の一つとなっている．眠りこんだ弟子たちは，中世都市の方にのびているオレンジの木立ちと棕櫚の樹々に囲まれている．背景では，キリストが，苦み杯と「磔刑」の小さな画像がしるされたウエハスを受けている．

アプス

新祭具室

デル・カスターニョ
「十字架降下」

ウッチェルロ
「降誕」

ウッチェルロ
「復活」

円蓋

アプス

ドナテルロ
「聖母の戴冠」

ギベルティ
「宮詣り」

ギベルティ
「昇天」

旧祭具室

ギベルティ
「ゲッセマニ園の祈り」

アプス

遠近法の改革者の1人として画才を発揮したウッチェルロは，三つの窓に，「降誕」，「聖告」（1824年以降欠損），「復活」をデザインした．「復活」のキリストの弓なりの身体はステンドグラスにおいて成功を収めた短縮法の最初の作例である．デル・カスターニョは遠近法を，「十字架降架」の窓における劇的な強い感情を表現するのに使っている．ここでは，注意深く肉付けした人物たちがピエタをめぐってピラミッド構図をとる．ドナテルロはステンドグラス制作ではあまり成功していない．彼の「聖母の戴冠」は，厚いエナメル塗料を使用し，ガラス片を大きく用いたために，輝きを欠いている．しかし，キリストと聖母マリアの大きな像の周りには，青と赤の天使の縁取りがあり，他の円窓の縁取りと比べても遜色がない．

15世紀イタリア
偉大なるミラノ

　フィレンツェが、メディチ家にルネサンス期のパトロンを得たと同じように、ミラノはヴィスコンティ家とスフォルツァ家にそのパトロンを得た。貴族のヴィスコンティ家（その家名は子爵の意）は、14世紀初頭に覇権を確立し、それが150年にわたる専制政治と繁栄と虚栄的な芸術擁護とを開始させた。叔父を追い出してミラノの支配権を掌握した野心家ジアン・ガレアッツォのもとに、1387年、この町は、他にまさって光彩を放とうと意図された大聖堂の造営に乗り出した。

　ヴィスコンティ家の最後の当主で実子のなかったフィリッポ・マリアは、義理の息子に家督を譲り、彼が大聖堂の工事を継承した。その後継者ガレアッツォ・マリアは、猛烈な専制と放蕩の限りをつくした10年の末に暗殺されて、その子に引継がれ、彼は、ヴィスコンティ家の伝統にしたがって、1481年、叔父のルドヴィコによって地位を奪われた。彼自身、芸術家、文筆家、経済学者、農政研究家、そしてルネサンスの芸術と芸術家のパトロンであったルドヴィコは、ミラノ大聖堂の造営に全面的に参画するようになった。けれども彼がフランス国王ルイ12世にとらわれて没したとき、内陣と袖廊だけが完成したにすぎなかった。身廊は、19世紀にようやく完成し、今日ですら建物の細部は完成していない。

　そのスタートから、大聖堂建設にはさまざまな問題がからんでいた。相談を受けた数多くの外国人建築家は、ゴシック建築として構想したのに対して、イタリア人たちは、ゴシック建築を語っているにもかかわらず、古典様式の線で考えを進めた。激しい論争がまき起り、外国人の顧問は誰も長くとどまっていなかった。すぐれたドイツの建築家ハインリッヒ・パルラーが雇い入れられ、そして解雇された。フォン・エンジンゲンがウルムから来ては、6か月後には去った。ジャン・ミニョーの指導のもとに来訪したフランスの相談役たちは1年は続いた。彼らは第一、ミラノに来なくてもよかったのである。なぜならば、イタリア人たちは、自分らのやり方で、ゴシックの専門家にいわせれば建築的には乱れた（500年もの間、それは続いているとはいえ）大聖堂を建て続けたからである。

15世紀のロンバルディアの指導的芸術家とみなされるヴィンチェンツォ・フォッパは、ミラノ大聖堂のアプスの「新約聖書の窓」のデザインにたずさわった。この「聖告」のパネルは、フォッパと同時代のサンドロ・ボッティチェルリの作品と様式的な類似を示している。

特に塔頂部の未完成のところと、塔の上で働く人物の部分に、黒いエナメル塗料が巧みに用いられていて、「バベルの塔のパネル」の不吉な雰囲気をかもし出す。このパネルはもとは大聖堂の中にあったが、現在では大聖堂付属美術館に所蔵されている。

芸術のパトロン、不節操な外交官とはいえ領民には献身的であったジアン・ガレアッツォ・ヴィスコンティは、ミラノにフィレンツェやベネチアの富と力とに匹敵する都市国家を創り上げた。これは、彼の新しい大聖堂によって証明される。

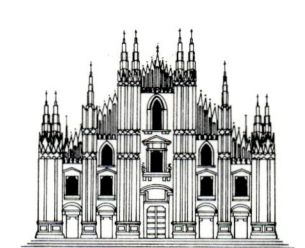

その結果は，偉大である．この大聖堂は広大で，中世の大きな大聖堂の中で，サイズの点ではセビリャにひけをとるにすぎない．基本的なゴシック様式――たとえば垂直方向の線など――を否定するやり方は慎重に弱められて，華麗なゴシック様式のような印象を与えるところがユニークである．

　身廊の窓は幅が狭くて細長いにもかかわらず，アプスの三つの窓は，背丈も高く例外的に幅も広くて，ともにイタリア最大，あるいはヨーロッパでも最大の面積をもっている．それぞれの窓には，一つの欄間窓が横切っているが，12のランセットがあり，各ランセットには，10ないし11の場面がある．左方の窓は旧約聖書，中央の窓は黙示録のエピソード，右方の窓は新約聖書に，それぞれ捧げられる．15世紀初頭のガラスはほとんど遺っていないが，しかし，19世紀にはなはだしい修復を蒙っているとはいえ，15世紀後半のものは数多く遺っている．

　イタリアの大聖堂では珍しく，いくつかの窓は，団体やギルドによって寄進され，関連した商売や職業の守護聖者に献ぜられている．たとえば，「聖エリギウスの窓」は金銀細工師組合によって，「ダマスカスの聖ヨハネの窓」は薬種商組合によって，「福音書記者聖ヨハネの窓」は公証人組合によって寄進された．

　15世紀にこの大聖堂の窓の制作に当ったすぐれたガラス画家の中に，クリストフォロ・デ・モッティスの名がある．彼のヨハネ福音書による物語の窓はまったく無傷のまま伝わっている．またニコロ・ダ・ヴァラロは，聖エリギウスとダマスカスの聖ヨハネに捧げられた窓を描き，ヴィンチェンツォ・フォッパは，新約聖書場面を制作した．彼の「聖告」「最後の晩餐」と大きくて壮観な「磔刑」が特に注目される．

　ステンドグラスは，本質的に北イタリアの芸術形式であった．ミラノやフィレンツェのほかに，北イタリアのボローニャといった町々でもステンドグラス工房が発達し，その中で北イタリアのガラス画家やガラス工たちが15世紀に，これまでイタリアに乏しかったステンドグラスを埋めあわせて余りある豊富なステンドグラスを創り出した．

金銀細工師組合は，ニコロ・ダ・ヴァラロの制作になる，彼らの守護聖者聖エリギウスの生涯の物語を描いた窓を寄進した．幼児の頃の聖者が初めて産湯を使うところを表したこのパネルは，ヴァラロの日常生活への関心を明らかにしている．

黒い肌のために「ムーア人」とよばれたルドヴィコ・スフォルツァ（右図）は，兵士でミラノのスフォルツァ子爵家の初代当主フランチェスコの息子であった．ルドヴィコは，容赦のない統治者ではあったが，レオナルド・ダ・ヴィンチを含む芸術家の擁護の点では惜しむことを知らなかった．

ミラノの15世紀のすぐれたガラス画家の1人クリストフォロ・デ・モッティスは，「福音書記者聖ヨハネの窓」を制作した．このパネルには，聖ヨハネが若者たちに働くように勧めているところが描かれている．建物と緑の丘に遠近法が用いられていて，ロンバルディアの芸術家たちの作品の特徴をなしている．

123

16世紀

衰退の時代

　中世のステンドグラス芸術は，カトリック教会の所産であった．それは，11世紀の北ヨーロッパで生まれ，大いなる大聖堂の時代にそのすばらしい青春を送り，成熟するにつれて南ヨーロッパにも広く旅をし，16世紀にゆっくりとルネサンスに毒されて，ついに宗教改革によってその背後を刺し貫かれたのである．中世のステンドグラスはきわめてカトリック的な芸術であったがゆえに，とりわけ16世紀の，キリスト教を引裂いた宗教的動乱の時代に弱体であった．信心深いカトリック教徒の霊感の源泉であった聖書の物語や聖者やその奇跡を描かれた窓は，新教徒（プロテスタント）によって腐敗した偶像崇拝や迷信の表現とみなされた．

　カトリック的教義や儀式に対する反動が最も烈しかったのは，イギリスとネーデルラントにおいてであり，ここでは教会の芸術的な宝の破壊が行われた．イギリスでは，1530年代にヘンリー8世の修道院廃止令の結果宗教施設は閉鎖され，衰退し始めた．「偽りの奇跡や巡礼や偶像崇拝や迷信」を表した教会の一切の絵画や窓の破壊に与する法案が可決された．

　ネーデルラントでは，1566年，この地の宗教裁判の主たる標的であったカルヴィン派は，この国の至るところの教会堂を襲撃して，偶像的とみなした芸術的な宝を打ち壊した．画家たちもまたフランドルの偶像破壊主義者の列に加わった．ドイツでは，ルター派が，宗教をこの国の主たる先入主とみなし，かつて繁栄していた芸術は沈滞し始めた．

　ステンドグラスに関する限り，使われていた窓の破壊は，宗教改革の結果だけではなかった．新教（プロテスタンティスム）が確立されるところでは，新しい教会堂の中で宗教的画像はほとんど完全に無視され，紋章や歴史的主題に置きかえられた．こうした例の教会堂の内部での驚くべきものは，ネーデルラントのゴウダのシント・ヤン教会堂である．宗教的場面と王家や聖職者の寄進者を描いた22のカトリック的な窓は，ゴウダの町が反乱を起してカルヴィン派に変わったときに完成された．最初の新教の窓が制作されるまで20年ほどの歳月が流れ，窓はすっかり，紋章に変っていた．それに続いて作られた窓の大部分は，オランダのスペイン・カトリックからの独立に関するエピソードを，ときには聖書場面との対応性を混じえながら，描いている．

　16世紀，フランスもスペインもカトリックにとどまっていたが，ともにステンドグラスの分野では多産な光輝の時代を迎え，スペインにおいてはつぎの世紀まで続いていく．しかしフランスでは，この芸術は16世紀末までには滅びた．この国では，50年間も宗教戦争が続いたにもかかわらず，宗教改革のせいではなかった．フランスのステンドグラスは，霊感の乏しい過剰な様式化によって衰弱した．イタリアにおける中世芸術の終焉に対して，宗教改革は関与しえなかった．というのは，ルネサンスの理念とルネサンス建築にどっぷりと浸ったこの国では，ステンドグラスにさく余地がまったくなかったからである．

　ステンドグラスの中に遠近法を用いて自然主義の写実主義を大幅に導入し，人々の姿をより個性的に描き上げることによって，イタリアの様式は，あまりに静穏な芸術に初めて新しい生命をとけこませた．しかし絵画の原理がステンドグラスの原理にかわったとき，変調した．ステンドグラス芸術の本質は，鉛縁の間に保持された着色ガラスの区切られた細片を用いることによるデザインの創造ということであるが，ガラスの細片の大きさが増大し，鉛縁が尊重されなくなり，絵画を模倣するようになって，本質が失われた．

　変化を可能ならしめたのは，ある点では新しい技法の発明であった．14世紀のシルヴァー・ステイン（銀着色法）の導入は，ガラスに描かれた絵画への大きな第一歩であったにもかかわらず，従来のアプローチをおのずと追放することにはならなかった．けれども，16世紀後半のエナメル塗料の大幅な使用が変化をうながし，それが必然的な衰退を招くようになった．幾世紀もの間，黒っぽいエナメルだけが，ガラスの上に目鼻立ちなどの細部を描くのに用いられてきた．しかし，褐色，赤，コバルト青，緑，紫といった新しいエナメル塗料が導入されると，ガラス画工は，1枚のガラス片にさまざまな色彩を塗り，それらを焼付けることができるようになった．このようにして描かれたガラスはその透明な輝きを著しく失い，また時が経つにつれてエナメルがはがれてしまう．フランス，オランダ，スイスのガラス画工はこの新しい技法を大いに開発したが，しかしスペインの人々はこのエナメルの使用にはより慎重であった．このことが，スペインにおいてはステンドグラスの質の低下がほかのところよりも急速には訪れなかった一つの原因なのである．

　新教がステンドグラスに宗教的画像を拒否したことと，エナメルの技法の発達とが結びついて，世俗的な用途に小さなパネルを用いるという，新しい絵ガラスの領域がポピュラーになった．このようなパネルを贈物にするというやり方が，15世紀末にスイスで流行し始め，17世紀末まで行われた．パネルを贈物にする機会は，大きな市の行事から家族の結婚式に至るまで，数多い．当初は，パネルには主として市参事会とかギルドといった，個人ないし集団の贈主の紋章が描かれた．のちには，贈主の画像が窓に登場しだし，ついで彼らの妻子の姿が描かれるようになって，紋章は副次的に扱われるようになる．フリーズがパネルの上に導入された．これらのフリーズには，宗教場面や歴史的な場面が描かれたが，僭政君主を倒したスイスの伝説的な英雄ウィリアム・テルが描かれたのは当然のことであった．

　これらのパネルのデザインをした画家の中にホルバイン（子）がおり，その影響によってかつてこれらの絵を囲んでいたゴシック建築の枠取が，ルネサンス建築や植物文様にかわった．精巧に描かれた巻物や遠近法的に表された建物が，のちの枠取デザインに現れた．パネルの性格は，ルネサンス的装飾の導入とともに変化したが，しかしその変化は，エナメルの大幅な使用による方が大きかった．透明ガラスの上に複雑なデザインが容易に実現されるようになり，目をみはるような数多くの作品が作り出された．

　パネルの絵ガラスがスイスから南ドイツに広がり，アウグスブルクやニュルンベルクがこの製作の主要中心地となり，やがてラインラントにも波及した．ドイツでは，世俗建築のために企画された場合でも，主題は主として宗教的なものであった．スイスと同じように，有名な芸術家たちが熱心にそのデザインに手を伸ばした．

　ネーデルラントでは，小さなパネルの絵ガラスが作り始められたのは遅く，15世紀になってからであるが，ほとんど200年近くの間，大規模に続けられた．これらのパネル画の様式はスイスのものとは違っているけれども，純ゴシックから，ゴシック風とルネサンス風の組合せ，純ルネサンスまで，そして黒っぽいエナメルによる絵付けやシルヴァー・ステインによる描画から，多彩な色のエナメルの使用まで，その歴史的変遷は同様であった．パネル画の流行はイギリスとフランスにも広がったが，スイス，ドイツ，ネーデルラントで大きな工業にまで発達していたのに対して，ここではそうはならなかった．そして技術的にも発展をみなかった．

　ゲーテは，スイスのパネル画をステンドグラスの最高の完成品とみている．彼の時代には，それらはすでに，コレクター間は別として，流行をすぎていたとはいえ……．ステンドグラスの愛好家でゲーテに賛成する人は少ないであろうが，この絵ガラスの領域が，17，18世紀における完全な衰退からステンドグラス芸術を守るのに力があったことは確かである．

新教的な怪物によって「僧侶粉砕機」にかけられるカトリックの修道士と司教たちが，身もだえする恐ろしげなシロモノに変っているところが，16世紀のスイスのパネル（現在，チューリッヒ国立美術館蔵）に描かれている．宗教改革の敵も味方もともに嫌われているのであるが，この諷刺的なパネルには署名と年記があり，ハンス・ヤコブ・キルヒスペルガーの作であることがわかる．

Was Korn ist also wirts Mäl.

Hans Jacob Ritschsperger. 1566.

16世紀ネーデルラント

フランドル・ルネサンスの芸術家たち

16世紀の大半，ネーデルラントでは残虐な宗教的迫害が行われた．カール5世もその子フェリペ2世も，彼らの支配する領土から新教の異端者を根絶やしにすることを決意し，最も暴虐な施策も辞さなかった．1567年から1573年の6年間，アルバ公とその「血の委員会」は，18000人の男女を処刑し——それをみせしめにした——10万以上もの人々をイギリスに強制的に移住させた．ついには，頑迷なるハプスブルグ家はフランドルをカトリックのままに保って領有し，新教的なオランダ共和国となる北部諸州を失った．

それでもなおかつこの恐怖に満ちた世紀は，その絵画において特筆すべき時代であった．すぐれた画匠でもない画家の手になる作品でさえも，その技術的水準は高かった．さらに芸術家たちは，ただたんにカンヴァスの画家にとどまらず，タピスリー（綴織）やステンドグラスにも腕をふるった．たとえば，ベルナルド・ファン・オルライは，16世紀初頭にローマに赴き，ラファエルのもとで学んだ．ブリュッセルに戻って，彼は宮廷画家に任ぜられ，その後の多忙な生活を，絵を描き，肖像画を描き，綴織のデザインをし，年をとっていくにつれてステンドグラスのデザインをしてすごしたのである．彼はひらめきのある才能の持主というよりは，有能な芸術家といったタイプであったが，それでもブリュッセル大聖堂の大きな「カール5世の窓」に大作を遺している．この窓では，王と王妃は，精妙に描かれた巨大なアーチの下に配されるがほとんど見失うほどである．構図全体が完璧なイタリア・ルネサンスの精神に貫かれていて，グリザイユとシルヴァー・ステインといくつかの強い色彩とが巧みに効果的に組合されている．

ファン・オルライの弟子の1人ピーテル・クッケ・ファン・アールストは，画家，建築家，文筆家，そしてステンドグラスと綴織のデザイナーであった．その師匠と同じく，彼もまた天才的というタイプではなかったが，ホーフストラーテンのシント・カテリナ教会堂の輝かしく多彩で豊かなルネサンス風の「オランダ諸公の窓」によって，その資質を証明している．

ことのほか宮廷に寵愛され，異端裁判で宣告された息子を10年の刑から救うことさえできたミヒール・コクシーもまたファン・オルライの弟子であったが，画家としてまた綴織とステンドグラスのデザイナーとして有名になり，そして金持になった．92歳のとき，アントウェルペンである絵を修理している際に，梯子から墜ちて死亡した．

イタリア・ルネサンスの様式を基本にしてデザインをしたファン・オルライとその2人の門下とは違って，16世紀初頭最も人気のあったガラス画家のニコラース・ロンバウツは，イタリア様式に大幅に転向したあとでさえ，建築や紋章の細部など，ゴシック的伝統を続けた．彼は，アントウェルペンやモンスでステンドグラスの窓のデザインをし，リールのシント・ゴメール教会堂の一連の「王家の窓」のデザイナーと考えられている．

15世紀末のトゥールネ大聖堂の窓を作ったとき，アルント・ネイメーヘンは依然としてゴシック様式を守っていたが，1513年フランスからアントウェルペンに戻る前にイタリア・ルネサンスに転向した．もっとも彼は，この様式で制作した大半の芸術家よりもさらに生粋のガラス画家として制作し続けている．この時期の彼の作品は，国外に遺っているだけである（リッチフィールド大聖堂とロンドンのハノーヴァー・スクエアのセント・ジョージ教会堂がその遺例）．多数のフランドルのガラス画家は，スペイン，ポルトガル，イタリア，フランス，イギリスなど外国で制作したが，その中の1人ディルク・フェレルトの制作した窓（たとえばケンブリッジのキングズ・カレッジ・チャペル）は，ベルギーにはめったに遺っていない．

この世紀には，15世紀と同じく，同時代の絵画が，フランドルのステンドグラスに影響を与えた．これは自律性をもった自由な身のこなしの人物像が，情景の中でそれぞれ一つの役割を演じている，そうした絵画的な窓の中で最もよくみられる．背景の風景や装飾の建築的な枠取や紋章もしばしばみられる．王や貴族の寄進者たちを描いた窓では，様式はより生硬さを増している．窓は，人物に当時の豪奢な衣服を着せることによって輝くような色彩のショーを現出させるのに対して，人物たちの性格は，芸術家たちが形式張った威厳を要求する宮廷肖像という型にはまるがゆえに，失われている．

フランドルの芸術家は，私的な邸館のためにもステンドグラスのデザインをした．これは，ヨーロッパの各地と同様，ネーデルラントでも流行するようになった．透明ガラスに黒いエマイユとシルヴァー・ステインで描かれた小さなサイズの円盤は，特に15世紀末からポピュラーになった．この小円盤の主要なアントウェルペンのデザイナーは，自画像も描いているディルク・フェレルトと，誇張したイタリア様式を用いたピーテル・クッケの2人だった．小円盤は小型で眼の高さに置かれるのがふつうであったから，デザインはきわめて複雑にすることができた．多くの作品が，装飾写本や版画の模写のようにみえる．16世紀初頭，最もすぐれた作品が生み出された．

事実，あらゆるタイプのステンドグラスでも，16世紀の後半には，質量ともどもに漸次的な衰退がみられた．その注目すべき例外は，スペインに反抗した北部諸州で，やがて独立してオランダとなる地にあるゴウダのシント・ヤン教会堂の窓であった．ここでは，ディルクとワウテルのクラベト兄弟が14の窓のステンドグラスを制作した．これは，16世紀のステンドグラスの最高の作品の一つである．

聖ニコラウスの誕生の伝説が，この16世紀初頭のステンドグラスのパネル（現在，ロンドンのヴィクトリア・アンド・アルバート美術館蔵）に描かれている．伝説によれば，この聖者は，生まれた日に浴槽の上に立って祈ってみせたという．アムステルダムのヤコブ・コルネリツのデザインによるこの驚くべき構図は，フランドル絵画の特徴をなす正確で写実的な室内画の影響を受けていることはあきらかである．

ベルナルド・ファン・オルライは、上図の「アリマテアのヨセフ」を描き、また下図のブリュッセル大聖堂の「カール5世の窓」のデザインをした。古典主義的な建築と装飾に支配されて、この作品は、ルネサンス様式で統一的に作り出されたフランドルのステンドグラスの最初のものである。

「エリマスの盲目」（右図）は、1516年から1519年にブリュッセルで織られたシスティナ礼拝堂の綴織のためのラファエルによる下絵の一つである。フランドルに広くみられるラファエル作品の強い影響力は、フランドルのステンドグラスを、ゴシックからルネサンスへと移行させた。

16世紀ネーデルラント

宗教を変えた教会

ワウテル・クラベトは、兄と同じく、すぐれたステンドグラス画家であった。彼の代表作は生まれ故郷ゴウダのシント・ヤン教会堂にある。イタリアに旅行したことがあると考えられ、ルネサンス様式の影響をとどめている。

クラベト兄弟の兄の方のディルクは、コルネリス・ケタルのもとで絵画を学び、デューラーやジャン・クーザンの作品の感化を受けた。彼のステンドグラスは、ゴウダで制作した窓に典型的にみられるように、壮大である。

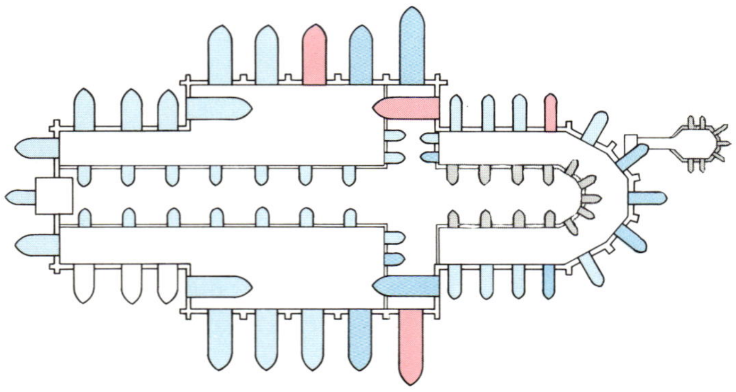

シント・ヤン教会堂は、1552年に火災で破壊された13世紀の教会堂の敷地に建てられた。オランダで最も長大な教会堂の一つで、ゴウダの中心に位置する。木の穹窿をもつ簡素な内部は、ネーデルラントで最も美しい16世紀のステンドグラスで飾られている。

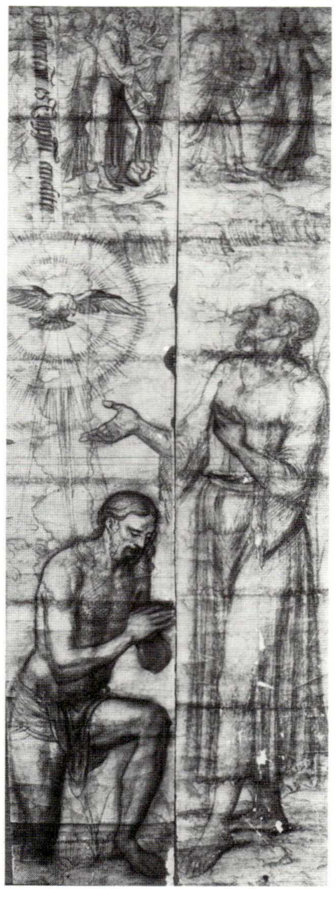

- ▧ 16世紀初頭
- ▨ ディルク・クラベト（1555－70頃）
- ▨ ワウテル・クラベト（1555－70頃）
- ▨ 16世紀末
- □ 20世紀

ゴウダで最初の窓「イエスの洗礼」（右図）は、1555年ディルク・クラベトによって制作された。このすばらしく絵画的なステンドグラスの寄進者は、ユトレヒトの司教ジョルジュ・ファン・エグモンドであり、この窓の下半分に彼の守護聖者聖マルティヌスとともに描かれている。もとは司教は聖三位一体の画像の前にひざまずいていたが、聖三位一体は、宗教改革のときに除かれた。イエスと洗礼者ヨハネの窓の上半分には、見物人がむらがるヨルダン河岸が描かれている。二つの主要人物の下絵が左図である。窓の上部に、「神の子」を祝福する「父なる神」のドラマチックな座像がある。神の像は、新教徒の手で黄色ガラスに置きかえられたが、のちに修復された。これらの場面の人物は、美しく構成されており、これはディルク・クラベトの画家およびステンドグラス画家としての技倆を証明している。

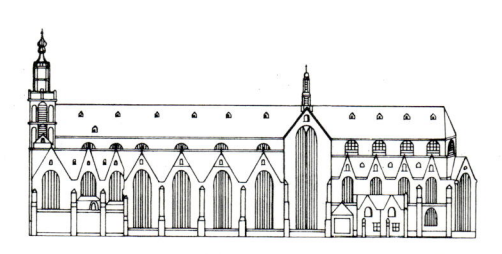

大聖堂が建造され，ガラスがはめこまれている間に，大聖堂によっては建築とステンドグラスがロマネスク様式からゴシック様式へと変化した．あるところでは様式が，ゴシックからルネサンスに変った．しかし造営が進められている間，オランダのゴウダのシント・ヤン教会堂は，その宗教の形式を変えた．ネーデルラントで最も美しい 16 世紀のステンドグラスは，22 の旧教の窓と九つの新教の窓からなっている．

初めの教会堂が，1552 年に落雷に遭って焼落ちたとき，ゴウダの市民は，300 フィートをこえる長さの広々として殺風景で大帆船のような建物を再建するのに野心を燃やした．中には60 フィートもの高さのある 31 の大窓と，33 のより小さな窓が，ステンドグラスを予定された．寄進者は，王侯，貴族，聖職者のうちから求められた．最初の三つの窓の寄進者は高位の聖職者であった．これらの窓はディルク・クラベトのデザインと製作になった．彼は，有名な兄弟のうち兄の方で，それに続く 16 年の間，この教会堂の 14 の大きな窓の制作にたずさわった．

ディルクとワウテルのクラベト兄弟の私生活については奇妙なことになにもわからず，また彼らは技術に関しては秘訣をもらすのを恐れるあまり誰にも話したがらないという定評があったために，制作法もなおさらわからない．ちんばのピーテルの名で知られる彼らの父は，ゴウダのガラス着色工とか市場の掃除夫とか，いろいろに記録されている．ディルクとワウテルは，修道士たちから芸術を学んだといわれているが，彼らの生涯の大部分を，ゴウダでステンドグラスを制作しながら，送った．両人ともパリを訪ねたことがあるらしいが，ワウテルの方はイタリアにも出かけたことがあると考えられる．彼らへ影響を与えたほかの事実についても同様にわかっていない．ディルクは，宗教裁判を避けてフランスとイギリスに数年すごしたことのある（そして晩年は足で絵を描くことに没頭した）ゴウダの画家コルネリス・ケタルを知っていた．ワウテルの方は，アントウェルペンの画家フランス・フロリス（落ち目になってからは，酔っぱらって弟子たちにベッドにかつぎこまれた）を知っていた．ディルクは明らかにデューラーの作品の影響を受けており，ワウテルはラファエルからの影響を蒙っている．ディルクは独身をまもり，ワウテルは結婚したが，その後裔は，その幾人かは共和派支持者であったが，18 世紀にかけて公的な活躍をした．

最も早い窓は，アプスの中央にあり，この教会堂の守護聖者の聖ヨハネから洗礼を受けるキリストを表している．その側の窓の一つは，ヨルダン河――オランダの河のようにみえる――の岸で説教をするヨハネを表し，ほかのもう一つの窓は，同じ河岸で説教をするイエスを表している．寄進者は，各窓の 1/3 以上を占め，ユトレヒトのプロフォーストが彼の守護聖者の聖ヴィンセンシオと一緒に描かれているパネルには，この聖者が死に至らしめられた炎と苦しめられた鉤と，海に投げこまれたときに聖者を縛りつけた道標がみられる．これらは宗教裁判がオランダのカルヴィン派の増大する信者の中に殉教者の数を増やしている時代にあって，巧まずして皮肉な情景となっている．

ワウテルが最初の窓を作ったのは 1561 年であった．それはシバの女王がソロモン王に迎えられているところを表している．弟がこの主題を企画したときいてディルクは「この若造のうぬぼれめが！　なにさまと同じとうぬぼれていやがる」といったと伝えられている．

ディルクの制作した 60 フィートの高さをもつ窓の一つには，下半分に「最後の晩餐」が描かれている．寄進者フェリペ 2 世は，記銘によって「国の父，最も慈悲深く信仰心の篤い王」と記されており，イギリス女王の王妃メリー・チューダーとともにひざまずいている．ディルクの作った驚くべき「寺院の浄め」の窓には寄進者像がない．これは 1561 年オラニエ公ウィレムによって寄進されたものであるが，しかしこの時までに完成されておらず，8 年ほどものちに，ウィレムが慈悲深いフェリペ 2 世に対して反抗の烽火をあげ，政治的に亡命することを選んだ．したがって彼は，窓からも身を隠したのである．ウィ

レム公はまもなく自分はカルヴィン派の 1 人であると名乗りをあげ，「浄化」の主題は彼の寄進した窓にはふさわしいものと考えたに相違ない．ちょうどゴウダの魚屋たちが「ヨナと鯨の窓」を寄進し，肉屋たちが「バラームとろば」を寄進したときに，似つかわしいと考えたと同様に……．

1571 年，ディルクは最後の窓を作った．これは外典からとったきわめて血なまぐさい場面を描いたものである――ユディトとアッシリアの包囲軍の司令官ホロフェルネスの首が表されている．すなわち，ユディトが司令官が酔ってテントにいるところを殺害したのである．これはディルクの最後の作品というばかりではなく，カトリックの最後の窓となった．1572 年にはゴウダは，ロッテルダムやフルシンクと並んで，フェリペ 2 世と宗教裁判に反抗して立ち上がったからである．窓は全体的には破壊されなかったけれども，たとえば父なる神や聖三位一体などの新教の教義に反する画像は排除された．

1581 年までには，オランダ共和国が建国されたが，しかし1591 年ようやく新教徒がステンドグラスのプログラムを再開し，1603 年にやっと完成されたのである．最初の新教の窓は紋章であったが，やがて自由への戦いに関する窓が現れた．「思想の自由の窓」では，「思想の自由の女神」が「僣政」を征服して勝利の馬車を御している．「サマリアの救援」が預型と対型のタイプ図像のように，「ライデンの救援」と対になって表される．ここではついにオラニエ公ウィレムが現れて，前景で，ライデンの救援とスペインからの解放の指揮をとっている．

これらの窓は，344 年ののちに，ナチによるオランダ占領の終焉を記念して，もう一つの「解放の窓」と結びあわさった．

「シバの女王を迎えるソロモン王」は，ゴウダのシント・ヤン教会堂のために1561 年に作られたワウテル・クラベトの最初の窓の異国情緒豊かな主題である．ワウテルは建築的背景と遠近法の扱い方にすぐれていた．この窓は，下図の飾りをつけた王の脚のような細部の豪華さとともに色彩が生き生きとしている．顔の表情と衣服には，明らかにルネサンス的気分がある．

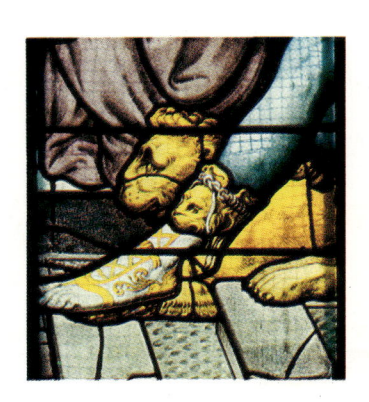

16世紀ネーデルラント

ステンドグラスの中の歴史

16世紀フランドルのステンドグラスには寄進者が数多く描かれた。寄進者自身やその夫人や夫，その先祖ないし子孫，彼らの守護聖者や，かなりの分量の印象的なルネサンス様式の建築のためにスペースがさかれたのちには，広々とした窓の中には宗教的な場面のための面積がほとんどなくなってしまっている．聖書の登場人物や聖者の縦長の背丈の高い人物立像のスペースがないことは明白であった．その場所には，多くの芸術家は，窓の幅いっぱいに並んで座っている12人の使徒のいる「最後の晩餐」を描くことの方を選んだ．

「フランドルの窓」の人物は，王，王妃，王侯，貴族，高位聖職者である．もちろん，これらの貴顕中最高位の存在は，「最後の騎士」と称された皇帝マキシミリアン1世，その容姿端麗で悦楽を好む子息のカスティリャ王フェリペ1世，その知恵の足りない義理の娘カスティリャのヨアンナ，彼女の両親すなわちカトリック的なスペインの君主フェルディナンドとイサベラ，彼らの祖父カール5世などである．これらは，憎悪によるたびたびの干渉によって変転するみじめで悲劇的な政治的陰謀の歴史，ヨーロッパの未来を動かす歴史の主役たちであった．事実，フランドルの「王家の窓」は歴史の絵入り本である．

マクシミリアンとフェルディナンドは，和平条約の一端として，彼らの子女の結婚を計った．マクシミリアンの王子フェリペは19歳，フェルディナンドの王女ヨアンナは16歳，彼らの結婚式は，リールのシント・ゴメール教会堂で挙行され，いまもなおそこの祭壇の上方のステンドグラスの中に息づいている．ヨアンナもフェリペもスペイン宮廷の厳格さや窮屈な生活を好きにはなれず，フェリペはもう我慢ができなくなって，気難しく神経症的に多感なヨアンナを置き去りにしてひとりネーデルラントに戻ってしまった．ヨアンナが母后の監督の手から逃れて，夫君のあとを追ってブリュッセルに来たとき，夫君は宮廷の一婦人との情事に巻きこまれていた．嫉妬に狂って彼女はフェリペの愛人を襲い，しばしば金切声をあげるに身をまかせ食事を受けつけなかった．イサベラの没後，フェリペとフェルディナンドはスペインの統治権を争ったが，彼らは，ヨアンナを気違いと公言しようとしていたから，スペインを治めるのはヨアンナであってはならないという点で合意した．けれども，ヨアンナが以前に発狂したか否かを問わず，彼女が，フェリペの28歳の若さを突如として襲った不可思議の死によって気違いに追いやられたことは確かであろう．彼女は旅行中，夫の遺骸を持ち歩いたという．1509年，スペイン北部のトルデシラスですごしたとき，その地で子供たちに地位を奪われて，76歳で没するまで監禁された．

アントワープのシント・リール教会堂の小さな「ブルゴーニュ礼拝堂」の窓にみられるヨアンナとフェリペの壮重な肖像には，この悲惨な身の上は微塵も表れていない（礼拝堂は，彼らの結婚ののちにこの夫妻のために準備されたものである）．あるいは，アントワープのノートル・ダム大聖堂や，ブリュージュの聖血教会堂から出て，現在ロンドンのヴィクトリア・アンド・アルバート美術館にある一つの窓にも同夫妻像があるが，やはり同様にみじめな生涯の影はみあたらない．

彼らの王子カール（カルロス1世）の生涯も悲劇的であった．彼が父王を失ったかわりに，ネーデルラントを手中に収めたのは，6歳のときであった．16歳のとき，母方の祖父フェルディナンドが亡くなってカスティリャとそのアメリカ大陸の領地とアラゴン，カタロニア，シシリア，サルディニア，ナポリ，北アフリカの一部を継承した．19歳のとき，父方の祖父マクシミリアンが没したとき，彼に遺されたのは，オーストリア，ティロル，南ドイツの一部であった．彼の宰相が，「神は世界の君主国へ通じる路を王のために設けられるのです」と語りかけても，それは誇張していっているのではなかった．彼が痛風を病んでちんばとなり，自分の帝国を無傷のままカトリックにとどめることに失敗したことを悔やんで，1555年（彼の母后の没年）退位するまでに，この神の御業を嘆く者の数は多かった．

カールの像は，ベルギーの教会堂の多くの窓に描かれている．リールのシント・ゴメール教会堂やモンスのシント・ヴァウドリュ教会堂で，彼が弟君フェルディナンドとともに子供として描かれたのがみられる．成人となった姿では，つねに金羊毛騎士団の襟飾りをつけているが，たとえばホーフストラーテンのシント・カテリナ教会堂の窓やブリュッセルおよびトゥールネの大聖堂の窓に描かれている．

フランドルの貴族は，窓の中に，王族と同じほどきらびやかに描かれた．アントウェルペン大聖堂の「最後の晩餐」の場面では，寄進者のエンゲルベルト2世（フェリペ恐怖王の下でネーデルラント総督であった）が見物人として描かれている．ホーフストラーテンの16世紀のシント・カテリナ教会堂は，地方の富裕なララン家によって建立され，六つの窓があるが，そのいずれもが，同家の諸氏，その妻たち，それぞれの守護聖者と家の紋章を描き表すのにあてられている．

リールのシント・ゴメール教会堂のアプスの五つの「王家の窓」は，栄光ある肖像ギャラリーのごときもので，その中の3窓が上図にみられるが，マクシミリアン皇帝とハプスブルグ家の他のメンバーを表している．各窓に，二つの宗教的人物が描かれている．その中のある者は，中央の区画の足下に位置する王家の2人物の守護聖者である．各窓の下半分には，寄進者の紋章と領地がとりわけみごとに描かれている．1519年にこの教会堂に収められた五つの窓は，ガラス画工ニコラース・ロンバウツの作とされている．

歴史を作った人々

ネーデルラント史の中で傑出した8人の人物が、ホーフストラーテンのシント・カテリナ教会堂の「オランダ諸州の窓」の下半分に描かれている。上図の4人物は、左から右へ、ブルゴーニュ公国のフィリップ善良公、マクシミリアン皇帝、マクシミリアンの息子のカスティリャ王フェリペ、またその息子の神聖ローマ皇帝カール5世である。いずれも1度はホラント伯の肩書をもった人々で、ホラント伯の紋章をもって描かれている。

ゴウダのシント・ヤン教会堂のワウテル・クラベト作の窓に描かれたカール5世の妾腹の王女パルマのマルガレーテはブリュッセルで成長し、パルマ公と結婚した。彼女の義理の兄弟にあたるスペイン国王フェリペ2世は彼女を1559年にネーデルラント総督に任命し、彼女はスペイン支配に反抗する闘争の国王の片腕となった。

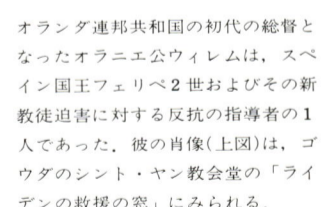

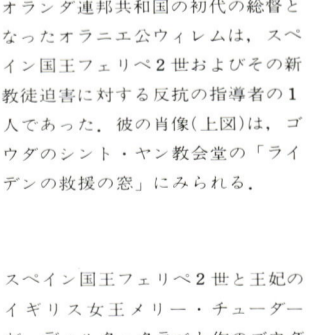

オランダ連邦共和国の初代の総督となったオラニエ公ウィレムは、スペイン国王フェリペ2世およびその新教徒迫害に対する反抗の指導者の1人であった。彼の肖像(上図)は、ゴウダのシント・ヤン教会堂の「ライデンの救援の窓」にみられる。

スペイン国王フェリペ2世と王妃のイギリス女王メリー・チューダーが、ディルク・クラベト作のゴウダのシント・ヤン教会堂の窓に描かれている(左図)。ハプスブルグ家の一員であるフェリペは、新教徒に対抗してカトリック信仰を守るために頑固で骨身惜しまず働いた統治者であった。

シント・ゴメールの三つの窓の場合、聖職者の寄進者とそれらの守護聖者は、宗教場面の一部として表される。トンゲルロ修道院院長アルノルト・ストライテルスは、枢機卿の聖ヒエロニムスを伴って、キリストの頭上の「茨の冠」をみつめている。フィレル修道院院長デニス・ファン・ゼフェルドンクが聖ドニとともに「十字架上のキリスト」をみつめる。シント・ベルナルド・アン・スヘルデ修道院院長マルクス・クロイトとその守護聖者聖マルコは、「十字架降下」の目撃者として描かれている。

しかし群を抜いた寄進の点では、エルサレムの聖墳墓教会堂のプランをもとにしてブリュージュの街に一つの教会堂を建立したアドルネス家にかなう者はいない。そこでは六つの窓全部が一門代々のメンバーと守護聖者と家の紋章に供されている。謙虚さというもののしるしは、寄進者の富や系図や気前のよさを誇示するという大目的のために、一切合財打ちすてられた。教会堂自体は幅30フィート、長さ40フィートにすぎない。

16世紀スペイン
スペインのステンドグラスの黄金時代

フランスとの度重なる戦争や，フランドルの新教徒やスペインのムーア人による帝国内での反乱や，宗教裁判の恐怖や，イギリスによる無敵艦隊アルマダの屈辱的な崩壊によってしるされるごとく，スペインの16世紀は，黄金時代と呼ばれるにふさわしいとは思われない．しかし文化的にはまったくその通りなのであった．

この世紀の終りのリベラやムリリョやベラスケスといった巨匠たちの多くがスペイン生まれであるのに対して，この世紀の初めの芸術家たちはほとんどがフランドルないしオランダ出身であった．彼らはイタリアからルネサンス様式を吸収し，それにフランドル風の解釈を与え，スペインで働いたときにさらに活用した．セゴビアとサラマンカの新しいゴシック様式の大聖堂や，グラナダのルネサンス様式の大聖堂には，広い面積の窓ガラスがあった．セビリャ，トレド，アビラの大聖堂にも，これからステンドグラスを収めるべき窓が数多く残っていた．

セビリャで，2人の兄弟アルナオ・デ・ベルガラとアルナオ・デ・フランデスが，スペインのステンドグラスに新しい様式を創り出すのに力をつくした．セビリャにおいてエンリケ・アルマンが制作した15世紀の窓の様式がフランドル流の写実主義的なものであるのに対して，デ・ベルガラが1525年の後にセビリャで最初に制作した窓は，フランドルとイタリアの影響の入り混じったものであった．その後彼の弟が一緒になって制作した窓においては，ラファエルの影響が顕著である．この新しい様式は，セビリャのアルナオ兄弟の後継者たち，カルロス・デ・ブルハスとビセンテ・メナルドによって受継がれている．

アルナオ・デ・ベルガラによって制作された窓で特に興味深いのは，聖セバスティアヌスに捧げられた窓である．これはこの聖者が壮重なルネサンス様式の建物の下に厳かに立っている姿を示す．聖者は外衣と胴着をつけ，頭光の下には1530年頃にスペインで流行したクレスピネットのついた帽子をかぶっている．彼は，剣と笏と矢をもち，ひげをたくわえたその姿は，カール5世に似せて表したような感じがする．

最初から，アルナオ・デ・フランデスは，兄の方よりもよりルネサンス様式に忠実な画家であった．彼はセビリャ大聖堂で23年にも及ぶ期間にわたって働いたが，しかし彼の窓は決して類型的なものにならなかった．なかでも1543年から1552年の間に作られた一連の聖者像が挙げられる．これらはエンリケ・アルマンによる15世紀の作品群を受継いだものであるが，その様式は，おびただしい古典的装飾と建築要素と，力強く表現的で個性的な顔立ちをもち，しっかりと形を描き上げられた人物像による盛期ルネサンス様式に変化している．彼が聖者像を完成したとき，アルナオは「キリストの生涯」を表す一連の窓に着手していたが，わずか4年で完成されたこれらの作品の印象は前作に比して弱い．作品の質が，制作の速さにわざわいされているのである．

アルナオ兄弟はこの大聖堂で長い年月にわたって制作したにもかかわらず，大聖堂僧会と彼らの関係は必ずしも円滑ではなく，その頃のガラス画工につきまとった諸問題のいくつかが例示されたことは疑いない．1534年の契約で，兄弟は各々1年間に四つの窓を制作しようとした．2年の後，彼らは，4か月にわたって，彼らが当然受けるべき賃金を支払われていないと訴えている．そして彼らは，僧会側がガラス画工にどんな物語を描かせようか決定できなかったために，制作の割当を完遂できなかった．のち，アルナオ・デ・ベルガラは制作をやめるよう命ぜられ，支払いを受けられず，短期間グラナダに赴いた．

1552年，アルナオ・デ・フランデスは，あらゆる費用が倍増したことを理由に，支払いの増額を申し出た．アメリカ大陸の領土からスペインに流入する富がインフレの問題を増大させていた．要請は認められ，アルナオのみならず，アルナオと同額の賃金を受けていたデ・ブルハスとメナルドも恩恵に浴した．

フランドルのステンドグラス画工もまた，スペインの他の各地，すなわちセゴビア，サラマンカ，グラナダ，トレドで活躍

ニコメディアの聖ユリアナ（上図）は，彼女を誘惑しようとして打ち負かされた悪魔を導いている．この殉教した聖女は，レオン大聖堂のディエゴ・デ・サンティリャナによって制作された窓に描かれている．

二つの区画に分割されて天と地を表したこの円窓（左図）は，セビリャ大聖堂にあり，「キリストの昇天」が描かれている．アルナオ兄弟によってデザインされ，その様式はセビリャのステンドグラスの頂点をしるすものである．

していた．セゴビアとサラマンカにはスペインで最後の大規模なゴシック大聖堂があるが，これらはゴシック建築がほとんど絶滅した時代に建立されたものである．大規模なプランがセゴビアの92の窓のために立案され，さまざまな画工たちが，それぞれの窓の制作を委嘱された．ある窓はニコラス・デ・ホランダ，アルナオ・デ・ベルガラ，ニコラス・デ・ベルガラ（父）の制作になるが，アントウェルペンから取寄せられたものもあった．サラマンカの大聖堂僧会は，大聖堂のステンドグラス制作が多額の費用を要することがわかって，フランドルにより安いガラスと労働力を求め，フランドルの渡り職人のガラス画工アルベルト・デ・ホランダとその息子ニコラスを雇い入れた．彼らはアビラでも働いた．

グラナダにも，16世紀のスペインの大きな大聖堂があり，ルネサンス建築であるにもかかわらず，40以上もの窓がすぐれたルネサンス様式によって豊かに飾られた．ここでも，いくつかの窓はフランドルから取寄せられたが，その他の大部分は，オランダ出身のテオドロとジャン・ド・カンピンが制作した．彼らはしばしば画家・彫刻家・建築家のディエゴ・デ・シロエの下絵によって制作した．

スペインは，バラ窓のトレサリーによって分割されない大きな円窓の愛好をイタリアとわかちあった．スペイン語でオホ・デ・ブエイといわれるこのような円窓（"牛の眼の窓"）では，セビリャでアルナオ兄弟が作った「聖告」が特に美しい．トレド大聖堂にも，15世紀末と16世紀初頭のフランドル・スペインのガラス画工たちが，この円形の窓に一つの場面をあてはめる技倆を示す窓が数多くある．彼らは縦仕切を無視し，窓の二つの区画をこえて円形にし，際立った色彩の細いガラスの帯で取巻いて，その丸さを強調した．

スペインでは，絵画の栄光の時代が，17世紀前半を通じて持続した．しかしその頃までには大聖堂の造営は終結し，それとともにステンドグラス画家の大きな活躍も終りを告げた．

トレド大聖堂の側廊の窓の聖書場面は，円いメダイヨンの中に描かれる．その形は垂直方向のランセットの巧妙な対照的な存在である．一連の物語は，南西隅のアダムとエバ（上図）から始まる．

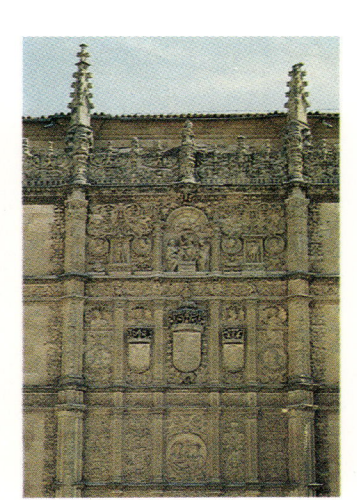

セビリャ大聖堂の16世紀の窓（右図）では，金，濃い赤，藤色が聡明に組合されて，驚くほど豊かな効果を創り出している．制作者アルナオ・デ・ベルガラは，カール5世に似た聖セバスティアヌスの堂々たる像の下に，モノグラムによって署名している．窓のモール風のアーチの中に，神が，聖者を見下ろして，祝福を与える身振りをとる．聖セバスティアヌスの豪華ながん（龕）の細線模様状の装飾は，16世紀のスペイン建築を特徴づけるプラテリアとよばれるスペインの銀細工に似通ううず巻形の彫刻と類似する．この装飾性は，サラマンカ大学のファサード（上図）に典型的にみられる．

16世紀イギリス

自国の伝統の死

チューダー王朝の創始者、ランカスター家の国王ヘンリー7世の注意深く計算高い性格は、1505年に制作され、現在ロンドンのナショナル・ポートレート・ギャラリーにあるこの肖像画に暗示されている。ヨーク家のエリザベスとの結婚によって、ヘンリーは、ランカスター家と敵対関係にあったヨーク家を結びつけて、イギリスに平和を回復した。彼は、交易、特にフランドルとの交易を促進し、ルネサンス的美意識の影響を受けていたフランドルやドイツのガラス画工を移住させるのに力があった。彼は、ケンブリッジのキングズ・カレッジ礼拝堂の窓の制作費用を寄進した。

垂直式のステンドグラスの窓の上に広がり、ケンブリッジのキングズ・カレッジ礼拝堂の高いけれども床面積の狭いところにかかる天井は、イギリスの扇形穹窿の最も美しい作例である。16世紀初頭、ベリー・セント・エドマンズのジョン・ウェステルによって設計された。各々の扇形は、一つの中心から放射する同じ長さの等間隔の肋材に支えられた石造りの凹面の円錐である。この穹窿の蜘蛛の巣状のパターンは、トレサリーによって縁取られた水平な装飾的な肋材によってしめくくられる。

　ルネサンスと宗教改革の間に、イギリスの中世のステンドグラスの衰退が促進された。ルネサンス様式は、少なくとも表面的な形では、16世紀前半に大陸からイギリスに移入された。しかしゴシック様式の背後にある精神が決してイタリアに根を下ろさなかったように、ルネサンスの思想はイギリス精神には結びつかなかった。16世紀のイギリスにおける注目すべきルネサンス様式のステンドグラスは、外国人によって制作された。彼らは、イギリスの中世のガラス画工がガラスを用いあるいはガラスそのものによって絵を作った画家というよりは、ただガラス板の上に絵を描く画家にすぎなかった。

　ルネサンス時代のイギリスのステンドグラスがフランドル人やドイツ人によって支配され、新しいイタリア様式の彼ら流の解釈に左右されたのは、一重にヘンリー7世によっていた。15世紀後半、イギリスとフランドルの間の政治的経済的連鎖が強まるにつれ、フランドルの芸術家やガラス工の流入がみられ、ヘンリー7世とその宮廷のフランドル芸術愛好家によってその傾向はますます助長された。ガラス画工は、「シティー」の管轄権外にあるサザク地区に住みついたが、そこでは在留外人たちは他の外国人労働者を雇い入れることを禁じられた。しかしサザク地区は13世紀以降イギリスのガラス画工の一つの中心地であったから、土地の者は移住者の流れに対して激しく憤慨した。50年近くもの間、彼らとロンドン・ガラス工およびガラス画家ギルドとの間に抗争があったが、しかしフランドル人たちはヘンリー7世とヘンリー8世の庇護を享受していた。

　フランドル人とドイツ人はサザク地区に集まっていたけれども、彼らの作品と影響力はこの国の各所にみとめられる。主な例は、ケンブリッジのキングズ・カレッジ礼拝堂である。建物自体は1515年に建立されて、壮麗なゴシック様式である。石組は壁の部分のわずか1/3だけで、多彩なガラスを通して壁の上に太陽の光が当ると、26の巨大な窓の延長のようにみえさえする。ウィリアム・ワーズワースは、キングズ・カレッジ礼拝堂を詠じたソネットの中で「石組はほのかに光り、まどろむ光の柔らかな市松模様に染まる」と表現した。最も早いガラスは、1515-1517年の年代をもち、様式はおおむねゴシックであるが、大部分は1526-1531年に制作され、若干のゴシックの名残りがあるだけで、明らかにルネサンス様式である。

　窓の多くは、アントウェルペンの画家・彫版画家のディルク・フェレルトによってデザインされたが、この人は身元が確認された唯一のデザイナーであった。1505年、王のガラス画家に任命された最初のガラス画工でしかも外国人は、ネーデルラントないしドイツ出身のバーナード・フラワーであった。オランダ生まれ、フランドル育ちのガリヨン・ホーンは王のガラス画家としてフラワーを後継し、1520-1531年の間に彼の多くの見習い工とともにこの礼拝堂の窓に働いた。他のガラス画工で

フランドル人のディルク・フェレルトによってデザインされ、フランドルで修業したと考えられるオランダ人のガリヨン・ホーンによって制作された、聖バルナバスと聖パウロの頭部は、キングズ・カレッジ礼拝堂の窓のもので、16世紀のフランドル芸術の力強い写実主義を例示する。

は、サイモンド・サイモンデはイギリス人であろう。リチャード・バウンドとトマス・レイヴはロンドンっ児である。そしてフランシス・ウィリアムソンとジェームズ・ニコルソンは外国人である。ニコルソンは、実に多芸であった。キングズ・カレッジ礼拝堂で制作したのち、彼はオックスフォードのウォルセイ枢機卿に雇われた。1530年頃、つまりウォルセイの逮捕と死の頃に、ニコルソンは新しいルター派の教義に興味をもち、ステンドグラスから版画に転向して、聖書や異端とみなされた著作のいくつかの版画による作品を出版した。

　キングズ・カレッジ礼拝堂のほかにも、フランドル人による作品はイギリス各地の絵画的な窓にみられる。たとえば、グロスターシャーのフェアフォード教会堂(ただし絵ガラスの質よりも量の方で注目される)、バッキンガムシャーのヒルスデン教会堂の聖ニコラスの八つの奇跡を表した色彩豊かで生き生きとした窓である。

　一般に、このようなフランドル・ルネサンスの影響は、ステンドグラスにより大きな写実主義をもたらした。天蓋のような人工的な常套的表現は姿を消す傾向をもち、遠近法に対する関心を示す建築や風景がそのかわりに登場した。表現された人物は、一般にみられる人々の姿をとるようになったが、このような展開は、すぐれたヴィクトリア王朝期のステンドグラスの美術史家ウェストレイクが「美的頽廃」と決めつけるところであった。彼は「一般的な性格は、粗野であった。男どもは馬車馬のように太い腕や腿をもち、女どもは健康のための運動やどのような種類の知的な熱意も無視したように、肥満している」と書いている。さらに、彼らが着ている衣服は、「だぶだぶで、おそらく、厚地の生地を着、下着をたくさん着こむ習慣によるものであろう」。

　ルネサンス様式は、イギリスではほとんど確立されるチャンスがないままに、宗教改革によって打ち負かされてしまった。破棄されるべき第一のステンドグラスは、修道院の中にあった。

世俗的な流行

16世紀のステンドグラスの多くは、紋章という安全な世俗的主題によっている。その典型は、ロンドンのヴィクトリア・アンド・アルバート美術館に所蔵されているチューダー家のバッジである冠をのせた赤いバラである。

ウェストミンスター修道院院長ジョン・アイスリップの姓が、ウェストミンスター修道院から出て現在グラスゴーのバレル・コレクションにある16世紀の菱形ガラスに描かれている。眼とスリップという語の間に、「私は滑りおりる」かのように、1人の男が木から降りてくる。

家の紋章は、16世紀に教会堂や私邸で盛んに用いられた。1550年の年代をもつベッキンガム家の紋章が、ケントのビショップスボーンのセント・メリー教会堂の窓に描かれている。

1534年のヘンリー8世のローマとの断絶の直後、いわゆる修道院やその他の宗教施設の解体が開始された。当時、800以上もあったが、はじめに槍玉にあがるのは小さなものであった。禁止令に定められた口実は、おそらくはごくわずかしか真実ではなかろうが、これらの宗教施設が「明らかなる罪悪、邪悪で物欲的で嫌悪すべき生き方」の中心になってきたというのであった。本当の理由は、国王が金を必要とし、修道院の資産が王権のためにあてられたということであった。ついでより大きな修道院が解体され、1540年までには壊滅していた。屋根や窓からとられた鉛はとかされ（その一部は砲弾に用いられた）、建物は、雨ざらしになって廃墟と化した。

修道院の禁止と併行して、墓廟や聖遺物に対する風当りも強かった。それらは偶像崇拝や迷信を助長するものとして攻撃され、その結果、巡礼が行われなくなった。国家はより世俗的となり、教会は貧しくなった。1547年教会は「あらゆる墓廟、墓廟のおおい、テーブル、燭台、蠟の巻き棒、絵画類、その他偽りの奇跡、巡礼、偶像崇拝、迷信のモニュメントを、破棄し廃絶すべし。壁、ガラス窓、その他においても同種のものの名残りがあってはならない」と命ぜられた。その結果、数多くの窓が壊された。しかし「古美術のモニュメント」特にステンドグラスを守るべしという後の勅令によって、数多くのものは生き永らえた。はずされてひそかに隠されて遺ったものもあった。

16世紀後半にステンドグラス芸術が生きのびたのは、ただ一重に、イギリスや外国人のガラス画工が宗教画像ぬきのステンドグラスを作ることに転向したからにほかならない。この世俗的なステンドグラスは、花や動物や特に人間と関わりをもった鳥や鳥の生態を描かれた菱形のガラスから成っているのが多かった。比較的遺っているものは少ないけれども、たくさんの紋章の窓は教会堂にも私邸にも作られた。宗教的画像は非合法的で危ぶまれたのに対して、紋章は相変らず安全でポピュラーな主題であったからである。けれどもその性格は、16世紀の間に変化した。しだいにエナメルが、怪奇な物と一緒に精巧な紋章を透明なガラスの上に描くのに用い始められた。

かくして、16世紀には、イギリスにおけるステンドグラスの偉大な中世的伝統が幕を閉じた——はじめはルネサンスの囁きとともに、そして宗教改革の結果としての爆発音とともに……。

フランドル人のガラス画工は、聖ニコラウスの奇跡を描いた、バッキンガムシャーのヒルスデン教会堂の細密な表現をした窓を制作した。左のパネルでは、後悔した盗賊が、盗んだ金をその正当な所有者のユダヤ人に返している。この和解の場面で終るこの伝説は、教会堂から聖ニコラウスの像を盗んできて、その力を家中の見張りに使って財産を守ろうとしたユダヤ人の話である。このユダヤ人は家に泥棒が入ったのを知って、怒って聖像を打ち壊すが、盗賊たちは傷つき血を流しながら、盗んだ金を返すように語りかける聖者の幻をみた。金を受取ってすぐ、このユダヤ人はキリスト教に改宗した。

16世紀ドイツ

画家たちの芸術

デューラーの木版画「ライオンを殺すサムソン」（上図）は，たしかにケントのパトリックスボーンのセント・メリー教会堂にあるパネル（右図）の16世紀のドイツ人のガラス画工によって模写された．デューラーの自然主義の影響を受けて，このガラス画工は花や葉や岩や背景にみえる町などの原画の風景の細部の多くを写している．美しい金色のライオンのふさふさとした毛並みは，ガラス画工の色彩の用法と原作者の形とが成功裡に結合している．

人間主義的な自画像が左図に示されているアルブレヒト・デューラーは，ドイツで最も重要なルネサンスの芸術家であり，16世紀のヨーロッパのステンドグラスに大きな影響を与えた．北方の中世的な伝統の個性的表現を拒むことなく，デューラーの作品は，イタリア芸術の客観性と自然主義を同化した．「芸術は自然の下に隠されている」という彼の格言は，彼の銅刻版や素描や木版画の中に反映しており，その中では暗喩的伝説的主題でさえも，細々とした写実主義によって表現されている．

16世紀は，ドイツでは芸術にとっては幸先よくスタートした．15世紀の印刷術の発明以降，そのすぐれた本，絵画，版画，彫刻によってドイツの名声はヨーロッパ中に知れわたった．そして騎士的で容姿端麗な皇帝マクシミリアン1世によって奨励されて，芸術が花咲いた．しかし教会は，その巨大な富と堕落した聖職者階級制度によって腐敗していた．それを改革しようというマルティン・ルターの運動が16世紀により烈しくなるにつれて，ドイツの人々は，芸術よりも宗教により心を傾けるようになった．

皮肉なことに，ドイツの宗教改革が大聖堂の時代とそのすばらしいステンドグラスの費用をまかなうのに大きな役割を演じたカトリック教会の儀式から起った．これは，信者たちに罪の免除のために金を寄進させ，赦免を売ることである．教会の収入として絶対に間違いのない財源であったが，その濫用は前からスキャンダルになっていた．ルターにとっては，ローマのサン・ピエトロの造営の費用を作るために教皇レオ10世によって発せられた大規模な免罪符の発行によって，起爆点に達した．抗議として，彼はヴィッテンベルクの教会堂の扉に95箇条を書きしるして打ちつけたが，それによって，ヨーロッパにおける100年にわたる宗教的抗争が開始されたのである．

宗教改革のスタートはまた，ドイツにおける芸術や建築のゴシック様式への長い間の執着の終焉をしるすものでもあった．主としてフランドルとイタリアに源を発する新しい影響が働き出して，16世紀末までには，ステンドグラスの様式は急激に変化した．しかし，その変化に主導的な役割を演じたのは，ドイツの芸術家アルブレヒト・デューラーであった．有能ではあったが，しかし特別に成功したともいえないハンガリア出身の金銀細工師の息子として1471年ニュルンベルクに生まれ，この町の才能ある息子たちの中でも最もすぐれた人物になるべく運命づけられた．画家・版画家のミハエル・ヴォルゲムトのもとで見習い修業を終え，ドイツを広く遍歴したのちに，彼は1494年初めてイタリアに旅をした．この地で彼は，イタリア・ルネサンスの概念に精通したが，彼の芸術は，それを北ヨーロッパに伝播することになったのである．

57歳で没したとき，彼は1000点近くの素描と200点の木版画と100以上の銅刻版を遺した．彼の著作には「築城術について」，「人体のプロポーションについて」がある．若い頃，デューラーはステンドグラスに大変興味をもち，数多くの窓をデザインしたが，その中には，ニュルンベルクのザンクト・ロレンツのシュミットメイヤー礼拝堂のためのものもあった．しかし彼の間接的な影響力の方がさらに重要であった．ヨーロッパ中の教会堂には，デューラーの木版画や銅刻版に影響を受け，あるいはたんにずうずうしく模倣したりした，16世紀のステンドグラスがあるからである．

デューラーの影響はまた，彼の弟子を通じて作用した．最もすぐれた弟子は，宮廷画家のハンス・バルドゥンク・グリーンで，ステンドグラスや織物のデザインも手がけた．晩年，彼は，しばしば官能的でエロチックな美しい木版画を作った．彼の最

高傑作はフライブルク大聖堂の主祭壇である．この祭壇の制作中に，彼はこの教会堂の内陣の窓のための下絵も作ったが，これは，ストラスブールの親方ガラス画工ペーター・ヘンメル・フォン・アンドラウの仲間のハンス・ギチュマン・フォン・ロプスタインによって制作された．しかしこれらの窓が完成された1528年よりも数十年後には，この大聖堂のすべての窓は，ステンドグラスへの興味が衰えてきた結果でもあるのであるが，熟練した注意を欠いたことから，無視される兆がみえ始めた．

デューラーのもう1人の弟子のハンス・フォン・クルムバッハは，きわめて独創的な画家であり，深い人間主義によって対象を描いた．彼はニュルンベルクのザンクト・ゼバルド教会堂の内陣の二つの驚くべき窓のデザインをした．これは，親方ガラス画工ファイト・ヒルスフォーゲルの工房で制作された．一つは，「マクシミリアンの窓」で，皇帝とその最初の妃マリー・ド・ブルゴーニュ，その王子フェリペ美王とその気の触れた未亡人ヨアンナ（政治と悲惨の犠牲者）の像が描かれている．

ニュルンベルクと同時に，当時の絵画の影響は，16世紀のドイツにおけるステンドグラスの最も多産な中心地の一つケルンにおける工房によって制作された窓においても，歴然たるものであった．この町の大司教の2人と，1人の伯爵が，この町の大聖堂の北側廊に絵画による五つの窓を寄進した．1508年頃の作である．これらのうち三つは，その主役として聖母マリアを描き，聖母は他の二つの窓にも登場している．「東方三賢王礼拝堂」にある13世紀の「聖書の窓」の「三賢王の礼拝」の場面と，北側廊にある16世紀初頭の「三賢王の窓」と比較するのもおもしろい．初期のモニュメンタルな単純化は消え失せて，縦仕切を無視して三つの区画にわたって広がるこの場面は，劇場的で宮廷的になり，また色彩も豊かになっている．しかし，事実は，これらの16世紀の窓は絵画の模倣であり，豊かな細部，遠近法，色彩のすべてはガラス画工の技法ではなく，画家の技法によって実現されたものであるから，厳密には比較できない．

版画家J・A・デュスローの様式でデリケートに素描されたおもしろい場面が，現在ダルムシュタット美術館にあるガラスの上に描かれている．

彼の師デューラーと同じように，アルザス出身の芸術家ハンス・バルドゥンク・グリーンは，素描力と強烈な情動の表出とか気味の悪い暗喩的な主題とを巧みに結びあわせた．「十字架の下で嘆き悲しむマリア」という格好な感情表現の主題（左図）は，バルドゥンク・グリーンのデザインにより，ガラス画工ハンス・ギチュマン・フォン・ロプスタインによって制作された窓の一部である．フライブルク大聖堂の当初の場所から移されて，いまは同市のアウグスティン美術館にある．ストラスブールのルーヴル・ノートル・ダム美術館にあるバルドゥンク・グリーンの素描（最左図）は，キリストの脇腹の傷に触れている疑い深いトマスを表している．

ニュルンベルクのトゥヒャー美術館の「聖告の窓」（左図）は，デューラーの弟子のうちで最も有名な弟子の1人で画家のハンス・フォン・クルムバッハによってデザインされた．彼はまた，16世紀のニュルンベルクで最も裕福なトゥヒャー家の庇護を受ける幸運に恵まれた．フォン・クルムバッハの満ち足りた若いマリアは，百合の花や鳩や頭光などの常套的な象徴に囲まれて，ハンス・バルドゥンク・グリーン上図の悲しみに満ちた人物像と対照的である．両方のマリアとも手こそ同じように肉づけされてはいるが……．

16世紀フランス

ルネサンスの傑作

フランスは，スペインのごとく16世紀の争乱によって悩まされた．まさに，半世紀以上もの間，これらの二つのカトリック勢力は互いに戦争していた．フランスにとって，後半の50年が特に悲惨であった．寵妃ディアヌ・ド・ポワティエに牛耳られていたアンリ2世は3人の王子によって継承されたが，フランソワ2世は病身であり，シャルル9世は神経を病み，アンリ3世は頽廃的であった．けれどもフランスを統治したのは彼らの母后カトリーヌ・ド・メディシスであった．彼女に関するおそらく唯一の美点は，彼女の芸術，とりわけ絵画と文学に対する関心と欠点のない趣味であった．この肥満した食道楽で執念深く愛におぼれた母后の下に，フランスはユグノー派との宗教戦争に突入し，この争乱はこの世紀の終りまで続いた．カトリーヌ自身は，パリや各地方で数千の新教徒が殺された「聖バルトロミーの虐殺」を仕組むのに手を借した．

カトリック的スペインと同じく，カトリック的フランスにおける動乱にもかかわらず，ステンドグラスは花咲いた．13世紀以降，これほどまでに制作されたためしはなかった，けれども違いがあった．13世紀にはフランスのステンドグラスの固有の様式が，諸外国の様式に影響を及ぼしたのに対して，16世紀のフランスのステンドグラスは，イタリアとフランドルの影響を受けたことの顕著な証拠を示しているのである．

15世紀末，フランス国王シャルル8世の軍勢は，イタリアからイタリア・ルネサンスの直伝の知識を持ち帰り，これがまもなくフランスの建築――ロワール地方の王家の城館や北フランスのガイヨンの司教館など――に反映した．ステンドグラスにみられる建築的細部も変化した．15世紀の垂直な天蓋は，イタリアで愛好された古典的な貝殻形のがん（龕）にかわった．

フランドル様式は，1502年トゥールネからルーアンに来たフランドルのステンドグラス画家アルヌー・ド・ニメーグによってフランスに導入された．彼は時々ノルマンディーの窓には自分の名をアルヌート・ド・ラ・ポワントと署名し，フランドルではアルトゥス・ファン・オルトないしアルント・ネイメーヘンという呼称で知られていて，一定していない．トゥールネ大聖堂で，15世紀末に，彼はゴシック様式で歴史的主題の窓を制作した．ノルマンディーでは，彼はルネサンス的な形態に着手し，これらと中世的図像を結合した．ルーアンのサン・ゴダール教会堂にある彼の「エッサイの樹」には，預言者とユダヤの諸王の大きな像が描かれているが，これらはデューラーの初期の木版画「黙示録」と「受難」と類似している．

ド・ニメーグはまたルーアンのサン・トゥーアン教会堂にある，諸聖者中の天才，13世紀のハンガリーのエリザベトを含むさまざまな聖者の物語を描いた，八つの様式化の強い窓をデザインした．この聖女は，4歳にして婚約し，14歳で結婚し，成人してからは祈りと施しで大部分の時を過ごし，夫王ルイ4世が十字軍で戦死したとき，20歳で未亡人となり，24歳で死去するという，善行や禁欲の典型であった．没後4年で彼女は聖人の列に加えられた．

1513年，ド・ニメーグはフランドルに戻ったが，ステンドグラス画家のノルマンディー派との接触を保っていて，彼らに深い影響を与えた．1520年頃，アントウェルペンから，彼はルーヴィエのノートル・ダム教会堂に「3人のマリアの窓」を送り，16世紀半ばまで彼はまたノルマンディーの弟子たちのために下絵を提供した．

16世紀の高位高官の姿をとった異国情緒豊かな肖像とアングラン・ル・プランスという芸術家自身の自画像が，ボーヴェーのサン・テティエンヌ教会堂の「エッサイの樹の窓」のキリストの祖先たちを表している．ル・プランスの作品の特徴をなす巧妙にほどこされたイエロー・ステインは，輝く金色の衣や宝石や笏杖，芸術家の頭髪やひげ，そしてエッサイが眠る装飾的な岩屋を創り出している．その栄華は野の百合に劣るといわれたソロモン王は，窓の中央に老いさらばえたやせこけた男に描かれている．皮肉にも，聖母子を包みこんだ輝く白百合が，窓の頂部のハートの形のトレサリーに花開く．

この世紀のはじめの頃にノルマンディーのガラスに与えたもう一つの決定的な影響は、ボーヴェーの有名なル・プランス兄弟——アングラン、ジャン、ニコラ、ピエール——の工房であった。ネーデルラントの影響は、彼らの作品、とりわけやはりデューラーの晩年の作品との一致を示しているアングラン作の窓にあきらかである。このすぐれた一家のうちアングランは天分豊かであったが、彼の作った窓や、墓碑から没年の年号1531を除いては、彼の生涯についてはなにも知られていない。けれども、ボーヴェーのサン・テティエンヌ教会堂の並外れた「エッサイの樹の窓」に自画像を描いている。16世紀のフランスの王たちの顔を想わせる容貌のキリストの祖先たちは、樹に咲く花のようにみえる。彼らの中に混じってアングランがいるが、彼の袖に頭文字のENGRが記されている。彼の波打つ金髪や巻きひげと金色の上衣は、アングランにイエロー・ステインをいかに輝かしく使いこなしているかを示す好機を与えた。ちょうどアルヌー・ド・ニメーグが血の色の赤を使うことに没頭したのと同じように、アングラン・ル・プランスは金色の使用に没頭した。この窓で彼の隣に並ぶのは歯の抜けた老人のソロモン王である。彼の複雑に刺繍された衣服や飾りのついた帽子は、アングランの完璧主義者的な技巧すなわち多彩な細部への細心な気遣いを示すもう一つの表れである。

　サン・テティエンヌ教会堂や、ノルマンディーのほかにはパリとかモンモランシーにも、ル・プランス家による美しい窓がある。最も劇的なのはルーアンのサン・ヴァンサン教会堂のために制作され、現在ルーアン市立美術館にある「凱旋車の窓」である。アングランとジャン・ル・プランスの合作になるこの大窓は、キリストの誕生によって原罪に打勝った聖処女マリアの勝利を描いている。「純潔の勝利」を描いた窓の上半分には、凱旋車を引くのにアダムとエバが2人の美徳すなわち信仰と剛毅を助けている。この窓の下半分では、悪魔が勝ち誇っていて、アダムとエバが、鎖につながれて凱旋車の先頭を歩かされている（アダムとエバがルーアンの橋と大聖堂をすぎて歩いている背景が信じられないくらい写実的で細密に描き出されている）。ストラスブール大聖堂の中世のステンドグラス画工が「美徳」を美しい女性像、「悪徳」をふつうごくありふれた女性像で表したのに対して、ル・プランス兄弟の場合には、ルネサンスの画家の影響をうけて、正反対の視点に立って、たとえば豚にまたがる大食とかライオンに乗る高慢など、七つの大罪を表す女性像を、誘惑的な美しいものとした。ル・プランス兄弟の影響は、30年ほどの間、広く行われた。この兄弟のほかには、アングランの最も才能のある後継者ロメン・ビュロンは、コンクのサント・フォア大聖堂のすばらしいルネサンスの窓の中でも最もすぐれた多くの作品を制作した。

　この世紀の初頭の影響力の強いステンドグラスの中心地トロワは、のちにシャロン・シュル・マルヌによって競われるようになったが、そこではマティウ・ブレヴィルが指導的なステンドグラス画家として出現した。彼は、シャロンのノートル・ダム・アン・ヴォー教会堂の美しい窓のいくつかを制作した。最も記憶されるべきものは、スペイン人をムーア人に対抗してかりたてたクラビホの戦いの間にヨハネの兄の聖大ヤコブが現れたという伝統的な、群集の群がった烈しい場面を表した窓である。ブレヴィルの署名は、1頭の馬に記されている。彼は細部に鋭い眼を描くなどすぐれた素描家であったにもかかわらず、彼の華やいだ様式はルネサンスの窓の冷やかな優雅さのために流行遅れにみられた。この世紀の中葉以降、トロワは、繊細な色彩のエナメルと彫刻ガラスの中心となり、深いゴシック的な色彩はついに破棄されるに至った。

　メッツの町は、ストラスブールと同じく、交互にドイツ領、フランス領となった。3世紀にキリスト教に改宗し、6世紀にフランク族に占領され、メロヴィンガ朝の王たちの王座が置かれた。この町は、13世紀に神聖ローマ帝国領の自由都市となったが、1552年にフランスに帰属した。サン・テティエンヌ大聖

フランスの著名なパトロンたち

ルネサンス様式のシャンティー城（上図）は、16世紀の著名なモンモランシー家のものであった。有名な武人でステンドグラスのパトロンであったアンヌは、数多くの家族とともにエクアンとシャンティーの礼拝堂や、モンモランシーに、父ギョームが1523年に創設したサン・マルタン教会堂に、永遠に描かれている。

ギョーム・ド・モンモランシー
（1452－1531）

アンヌ・ド・モンモランシー
（1493－1567）

みごとに描かれた毛並みの兎が、モンモランシーのサン・マルタン教会堂の窓の中に、聖母の足もとの花々の間に座っている（下図）。この窓にはボーヴェーのガラス画家アングラン・ル・プランスの署名がある。

ルネサンス芸術の中でポピュラーなキューピッドが、プシケをたぶらかして抱いている（左図）。ラファエルの弟子の1人でエナメルで描かれたこの情景は、シャンティー城の、この1組の男女の伝説上の奇跡を描いた44枚のパネルの一つである。

16世紀フランス

ルネサンスの傑作

堂にある，巨大な13世紀から20世紀にわたる年代をもつステンドグラスは，この町の歴史の二重性格を反映している．

16世紀前半に制作されたすばらしい大きな窓は，当時の多くのガラス画工のようにはガラスの絵画に堕落することなく，後期ゴシック様式に依然として忠実な1人のガラス画工によって創られた．彼はアルザスのファレンティン・ブッシュといい，宗教改革の偶像破壊がガラス画工の生活を生きにくいものにしたときに，ストラスブールからメッツに移ってきた．工房さえもが，その中に聖母マリアの像が隠されていないかと探りを入れられたりした時代であった．ブッシュの初期については知られていないが，たとえ全面的にはイタリア様式に誘いこまれず，相変らず風景よりも大きな単身像の方を好んでいるとはいえ，彼の作った窓を証拠にしてイタリアへ旅行したと考えられる．1520年彼はメッツ大聖堂の専任のガラス画工に任命され，その晩年は，同大聖堂の内陣や袖廊の窓やこの町の他の教会堂の窓の制作にたずさわった．

彼がこの大聖堂のために制作した窓では，ブッシュのすぐれた才能が，南袖廊のトレサリーの中の「教父」の早い頃の胸像や，これらの窓の主要部分の聖者の群像のモニュメンタルな人物像など，人物を表現するのに向いていることが明らかである．劇的な緊張が，特に衣服などの細部の巧みな使用によって生み出されている．たとえば，南袖廊の窓の司教職をつとめた聖者たちの法衣に対して，他の聖者の人物像は，精巧に描かれた刺繍をもって表現されている．

ブッシュのステンドグラス制作法が基本的には油彩画技法の拒否という点で中世的であり，彼の様式はゴシック末期的であるにもかかわらず，彼の作品にはルネサンスの影響が現れている．彼の聖者の顔は，きわめて人間的なルネサンスの肉体を示す．彼の装飾は，貝殻形のがんや異国的な植物などルネサンス的モチーフが豊富である．一方では，ペーター・ヘンメル・フォン・アンドラウ派の綾織模様や建築的背景が依然として用いられている．ブッシュは，中世の画家たちに匹敵するような愉快なユーモラスなタッチをもちあわせながら，ルネサンス様式で制作している．たとえば南袖廊の窓の司教像と競いあって，樹葉や建築の中に曲芸のように離れ技を演じている無数の奏楽のケルビン（小天使）が描かれている．

ブッシュは1541年に没したが，最晩年まで衰えることのない技倆で制作した．メッツの町の他の教会堂のために彼が制作した窓の大部分は，破壊された．彼は流派を形成することはなかったが，彼のドイツ的影響は，ロレーヌ地方の他の地域の数多くの窓にみられる．

16世紀の初期には，数多くのステンドグラスが，パリ地方で，フランス人や外国人の手で制作されたが，この世紀中葉以降，フランスの他の地方のステンドグラスと同様，数量は急速に減少した．16世紀中葉の少ないながら重要な作品の一つは，ヴァンセンヌ城の礼拝堂にある聖ミカエル騎士団の勲章をつけた，いまでは損傷のはなはだしい一連の騎士たちである．その中にはアンリ2世がみえる．その寵妃ディアヌ・ド・ポワティエは聖殉教者たちの中に姿をみせている．

パリ地方のこの時代の最も興味ある窓は，最良の作とはいえないけれども，モンモランシー家と関連のある作品である．これらの窓の数は無数ある．モンモランシー伯，フランス国元帥アンヌは，ステンドグラスの中にその妻と5人の息子と7人の娘とともに，姿を描かせるという気の弱さをみせているからである．アンヌ（奇妙なことにルイ12世の2番目の妃にならって自ら名乗った名である）は，2度はスペインに，1度はユグノー派に，計3度捕えられたとはいえ，ひときわ目立った注文主であった．彼は，フランソワ1世の首席顧問の1人であり，フランソワ1世の妃カトリーヌ・ド・メディシスの主導的な対立者であった．彼は，エクアンのサン・タクーユ教区教会堂の窓に，ひざまずく姿で描かれているが，そこでは5人の娘だけを伴っている．モンモランシーのサン・マルタン教会堂では，7人の娘全部が描かれている．かつてエクアン城の礼拝堂にあって，いまはシャンティーの礼拝堂にある窓や，メニール・オーブリー教会堂では白髪の姿で，描かれている．

モンモランシーのステンドグラスは，キューピッドとプシケの冒険の44の情景によって完結する．これらは，エクアン城の家族のために作られたが，しかしフランス革命の間に姿を消し，いまではシャンティー城にある．これらは著しくイタリア的で，ラファエルに由っている．これらは，16世紀後半にフランスのステンドグラスに起ったこと，すなわち不毛な古典主義によるあらゆる独創性と人間性との窒息を予告する．

聖アウグスティヌスが暗喩的に，キリストを葡萄搾り器の中でつぶされた葡萄の房に喩えて語ったけれども，16世紀のフランスのガラス画工はしばしば，キリスト自身の身体が搾り器にかけられて血を流しているところを表現した．しかし，コンクのサント・フォア大聖堂のこの窓は，この主題をあまり血なまぐさくないように描いている．十字架のような葡萄搾り器にかかって立っているキリストは，葡萄を踏みつぶしている．汁が桶の中に流れこむ．

16世紀イタリア

死に瀕した芸術の蘇生

　ドイツのガラス画工が，13世紀にイタリアにステンドグラス芸術をもたらした．16世紀には，フランス人ギョーム・ド・マルシラと，ドイツ人コンラッド・ムッフが，イタリアのステンドグラスの死に瀕した芸術にわずかながら新しい生命を吹きこんだ．ともかくも，この芸術は，盛期ルネサンスの建築の装飾的な内部とは相容れないことが証明されたがゆえに，イタリアでは死の運命を定められた．

　ギョーム・ド・マルシラは，ある男を殺害したために罰を逃れるために僧になった芸術家であった．16世紀の10年代に，彼は，教皇ユリウス2世によってローマで制作するように勧められた．ド・マルシラ作の窓はたった二つだけが，ローマに遺っており，いずれもサンタ・マリア・デル・ポポロにある．ド・マルシラは1506年ローマを離れ，コルトナにおいて一時働いてのちアレッツォに赴いた．ここの大聖堂に，彼の最良の作品がある．

　2区画1組の五つの窓には「キリストの生涯」による場面が描かれるが，そこでド・マルシラは，人物と建築の両面で，ステンドグラスの絵画性における頂点に到達した．寺院から金貸しを放逐するキリストと姦淫の女との出会いを表した一対の窓の背景には，巨大な古典的な建築が細々とした細部まで描き出されている．人々の姿もまた細密に表現されている．彼らの顔は，驚き，恐怖，嫌悪，諦め，憐みをはっきりと表現している．衣服のスタイルや材質は，きわめて写実的である．死から蘇って墓から裸で出てくるラザロは，刺繡の一針一針が細かく表現された豪華なガウンをまとい，頭光をつけた女性たちに迎えられている．

　アレッツォ大聖堂の窓や，同市のサン・フランチェスコ教会堂やサン・アヌンシアータ教会堂のド・マルシラによる窓も同様に，精巧に制作されているが，しかしこれらはステンドグラスとはいいがたいのである．これらはガラスに置きかえられたフレスコ画のごときものであり，色彩エナメルの使用による技巧のゆえに成功したものにほかならない．彼の後継者たちがもちえなかったのは，この技巧であった．奇妙なことに，アレッツォ大聖堂の穹窿に描いたド・マルシラのフレスコは，ステンドグラスほどの成功を収めておらず，ルネサンスの画家ピエロ・デルラ・フランチェスコによって制作されたサン・フランチェスコ教会堂のフレスコによって，完全に光を失わされている．

　ド・マルシラが享受した名声の多くは，ド・マルシラのまぎれもなき弟子で，アレッツォの市民，建築家，画家，著作家，興行主であった同時代の人ジョルジョ・ヴァサーリの著作から出ている．ヴァサーリとその後継者たちは，16世紀中葉のフィレンツェのロレンツオ図書館にあるようなアトラクティヴな世俗的ステンドグラスを誇りにしている．これら一連の窓には，神話的情景，小天使，鳥，グロテスク，メディチ家の紋章などがもっぱら描かれ，いずれもエナメル技法とシルヴァー・ステインによって描かれている．

　ドイツ人のケルン出身のコンラッド・ムッフは，イタリアではデ・モキスという名で知られていたが，ガラス画工の長として1544年ミラノに招かれ，ミラノ大聖堂のいくつかの窓をデザインした．彼が関与した作品は興味深く，「方舟」や「水浴のバテシバ」，「カナンの葡萄の房」の単純で大胆な色彩豊かなデザインを示すにもかかわらず，ほどなくして，多くの窓が制作された速さの結果として，芸術的手腕はひらめきのないものとなり，技倆は平凡なものとなった．ルーベン出身のフランドル人ファレリウス・ディーペンダレは，デ・モキスを引継いだが，16世紀末に彼が離任するや，全制作は中断された．

　以上が，イタリアのステンドグラスの歴史の概要である．これは，13世紀のイタリア人が野蛮な北方のものとみなしたことに起因するのであった．イタリアでは，イタリア的な興味性に近いものに変えられたのである．そのかわりに，新しい様式が，アルプスをこえて北へ移動し，それとともに不可避的な衰退の種子を運んでいった．

キリストが金貸しを追い出す寺院の混乱した場面は，フランス人の芸術家ギョーム・ド・マルシラがアレッツォ大聖堂のためにデザインした五つの窓の一つに描かれている．顔の表現は，きわめて明確である．金貸したちは，壮大な古典様式の寺院から逃れながら，自分の財産を握ってはなさない．

姦通した女が，エルサレムの寺院の中に連れてこられる場面は，アレッツォ大聖堂の中のギョーム・ド・マルシラ作の窓の主題である（上図）．集まったパリサイ人たちは，嫌悪して背を向けているが，姦婦は，16世紀の裕福な市民の特徴である襞のある装飾的なエプロンをつけ美しいビロードのガウンをまとって，左手のランセットに描かれているキリストの前におちついて立っている．

17, 18世紀

不毛の歳月

5世紀もの間にわたれば，どんな国でもステンドグラスにとってよい時代も悪い時代もあるのは避けがたいのが当然であった．けれども，17,18世紀ほど至るところで，芸術が滅亡に近づいたことは，それ以前にはなかった．事実，宿命が共謀して，これをステンドグラスにとっての不毛の時代にするかのようにみえた．この200年間に，この芸術はその制作者によって衰えさせられ，昔の傑作は，かつて少なくともカトリックで結びあっていたキリスト教が，カトリックとプロテスタントが戦いあうヨーロッパに路をゆずったごとく，厳正主義の嫌悪とペリシテ人のごとき無関心によって，破壊された．

破壊は，16世紀に始まった．ネーデルラントでは，カルヴァン派はスペインの圧政に対して教会堂を奪うことによって反撃した．イギリスでは，ヘンリー8世の1534年のローマとの絶縁は，宗教的動機からする芸術破壊を引起した．新教徒が反対したのはステンドグラスそのものではなくて，それに描かれている宗教的画像であった．「祝福された聖処女」と「十字架上のキリスト」の像は，特に多くの人々にとって禁制のものであった．ヘンリー・シャーフィールド・オブ・ソールズベリーのような基本主義者もいた．彼は，宗教的画像が描かれる方法に反対するのであった．1632年，シャーフィールドは，ソールズベリーの市裁判官の公的地位を占めていたが，町の教会堂の一つの窓を打ち壊した．その理由は，それを「天地創造」の冒瀆的な表現とみなしたからであった．すなわち，「父なる神を表すのに，青と赤の衣服をまとい，手足はむき出しの背の小さな老人」が描かれていたのである．彼はまた，これを描いたガラス画工は誤って，神が日月を創りたもうたのが，第4日ではなしに第3日にしていると非難した．さらに，エバが，アダムの肋骨の1本から，彼が眠っている間に創られた時に，裸の男から，半ば裸のままで立ち上がっているように表現されてはならないと主張した．ともあれ，法を犯した市裁判官は重い罰金を課せられ，獄舎につながれた．

けれども，市民戦争とクロムウェルの共和政の間の1642年から1653年までの歳月に，破壊はイギリスで最も苛烈をきわめた．1643年と1644年にイギリス議会は聖母マリアと聖三位一体の一切の画像を撤去すべきことを命じ，行政官と議会の視察官が，この法律が遵守されているか否かを調べるために任命された．多くの人々はそれをおもしろそうに実行した．視察官ウィリアム・ダウシングの右に出る者はなかった．彼はイースト・アングリアを巡行したときに復讐の日記を書いたが「ベッドラス精神病院の患者のようだ」と記述されている．カンタベリー大聖堂ははなはだしく損害を受け，その上，狂信的な厳格主義者の教区牧師のリチャード・カルマーは，「青色艦隊」のごとしと述べている．彼は，大司教ベケットの像を襲ったときの詳細な記述を残している．当時，その像は，大きな北袖廊の窓にあり，「60段ほどの梯子の頂上」から，手に槍をもって，「尊大なベケットのガラスの骨」をがらがらと突きおとし，「偶像崇拝の成果と誘因」を破壊することを名誉と感じた．

リンカーン・リッチフィールド，ピーターボロー，チェスターなどの大聖堂は，頭髪を短く刈った議会党員派の兵士たちによって奪い去られ，ウィンチェスター大聖堂では，初期のアングロ・サクソンの王たちの骨を納めた容器を投げつけて窓を壊した．ヨークはこれよりもまだよかった．ヨークのミンスターや教会堂のガラスは議会党員派の軍司令官トマス・フェアファックスに対する市民戦争におけるヨーク市の降伏条件の一部として割愛された．感謝のうちに，ヨーク市は，フェアファックスに「略奪の標的」，スペインの葡萄酒や「フランスの葡萄酒の大樽」を与えた．他のところのある教会堂では，ガラスは取りはずされ隠されて，救われた．

反宗教改革はまた，直接間接に，ステンドグラス芸術の死の原因となった．ささいなことで始まって，ヨーロッパのカトリックとプロテスタントとの対立抗争にまでに発展した30年戦争の間に，ドイツやフランスの多くのステンドグラス工房が破壊された．1636年，枢機卿リッシュリューとその傀儡ルイ13世は，ロレーヌ地方を征服してから，その地方のあらゆる宮殿や城館を破壊すべしと執念深く命じたのであったが，それらとともにガラス工房も消え去った．ロレーヌ地方はポット・メタル・グラス製造の中心地であったから，その喪失は，ヨーロッパにとって甚大な損失であった．1640年までには着色ガラスは稀少なものとなり，やがてまったく入手しえなくなった．

この広範囲にわたる着色ガラスの払底の結果として，教会堂の窓に透明ガラスが用いられるか，あるいは新しいエナメルのやり方による透明ガラスの上に描かれた絵という二つの手法の発展がみられた．イギリスでは，絵ガラスが，1660年の君主政の復古ののちに再び始められたときに，ガラス画工は，色彩を放棄するよりはむしろ透明性を犠牲にしてさらにエナメルを使用する方へ方向を転じていった．けれども，フランスとドイツは，透明ガラスに転じているが，これは着色ガラスの欠乏という理由からだけではなかった．反宗教改革と結びついた芸術様式は艶麗なバロックであり，ついでさらに放恣なロココであった．バロックはイタリアからスペインに広がり，17世紀末に，ドイツやオーストリアに伝播して，これらの地できわめてポピュラーなものになった．フランスでは，より古典主義的原形を発展させ，イギリスではまったく前進させなかった．

バロック様式の建物の内部は，壁をおおう絵画や彫刻の豪華さをみせるために輝かしい光を必要とした．したがって，ステンドグラスが新しいバロック教会堂の窓にはめられなかったのは当然のことであった．けれども，悲しいことに，着色ガラスは，特にパリにおいて，古い教会堂からも姿を消し始めた．これは，照明が流行的なものに変化したゆえであった．実際，あるフランスの批評家によれば，反宗教改革の芸術がヨーロッパの多くの地域で勝利を収めたことによって，新教徒と同じくらいにステンドグラスに損害を与え，30年戦争と同じくらいの効き目をもってドイツやロレーヌ地方のガラス工房を破壊した．

ヨーロッパのステンドグラスの窓が新教徒の手で損害を受けたのは，イギリスの場合よりも少ない．しかしイギリスは，フランス革命に続く大規模な破壊を免れた．ヨーロッパ大陸で二つの主要な大聖堂が，革命派の人々の手に陥ちた．ケルンの未完成の大聖堂は略奪され，干し草の貯蔵のために使用された．ストラスブール大聖堂では，損害の中には，1週間で300点の彫刻が含まれており，建物は「理性の女神の神殿」に変更された．有名な466フィートの尖塔はかろうじて避難の口実がみつかった．革命委員会の地方の官吏は，尖塔の高さが平等の精神に反すると難詰した．しかし尖塔の頂部を，鉄板のおおいで隠してしまうという折衷案に到達した．

大革命の間にヨーロッパのステンドグラスは損害を蒙ったけれども，多くのものが救い出された．あるものはイギリスに逃れ，そこの教会堂や私有コレクションに蔵されている．1802年ロンドンでステンドグラスの大展覧会が開催されたが，18世紀の90年代にフランス革命派によって閉鎖された教会堂から，イギリス人によって収集されたものであった．売りに出された多くの窓は，パリから出たものであるが，しかし，いまはヨークのミンスターにあり，当初はサン・ニコラ教会堂から出た「訪問」の窓を含むルーアンから出た作品もあった．

伝統的なステンドグラスを制作する技倆が衰退したと同様に，それに対する趣味も消失してしまった．至るところで，ステンドグラスの窓は，注目を引かずに滅びていった．カンタベリーにおけるごとく，ある作品は著しく修復を受け，ソールズベリーのように，向う見ずに放擲され，ヨークにおけるごとく，あるものは盗まれてしまって行方知れずである．

ルネサンス後期のステンドグラス芸術が衰退すると，中世の想像力に火をつけた聖書物語は無気力に表現されるようになる．金の雄牛の偶像をあがめるイスラエル人を描いた，イギリスのグレート・ウィットレー教会堂のヨシア・プライスの18世紀の窓(右図)の様式は，擬似的な古典主義である．

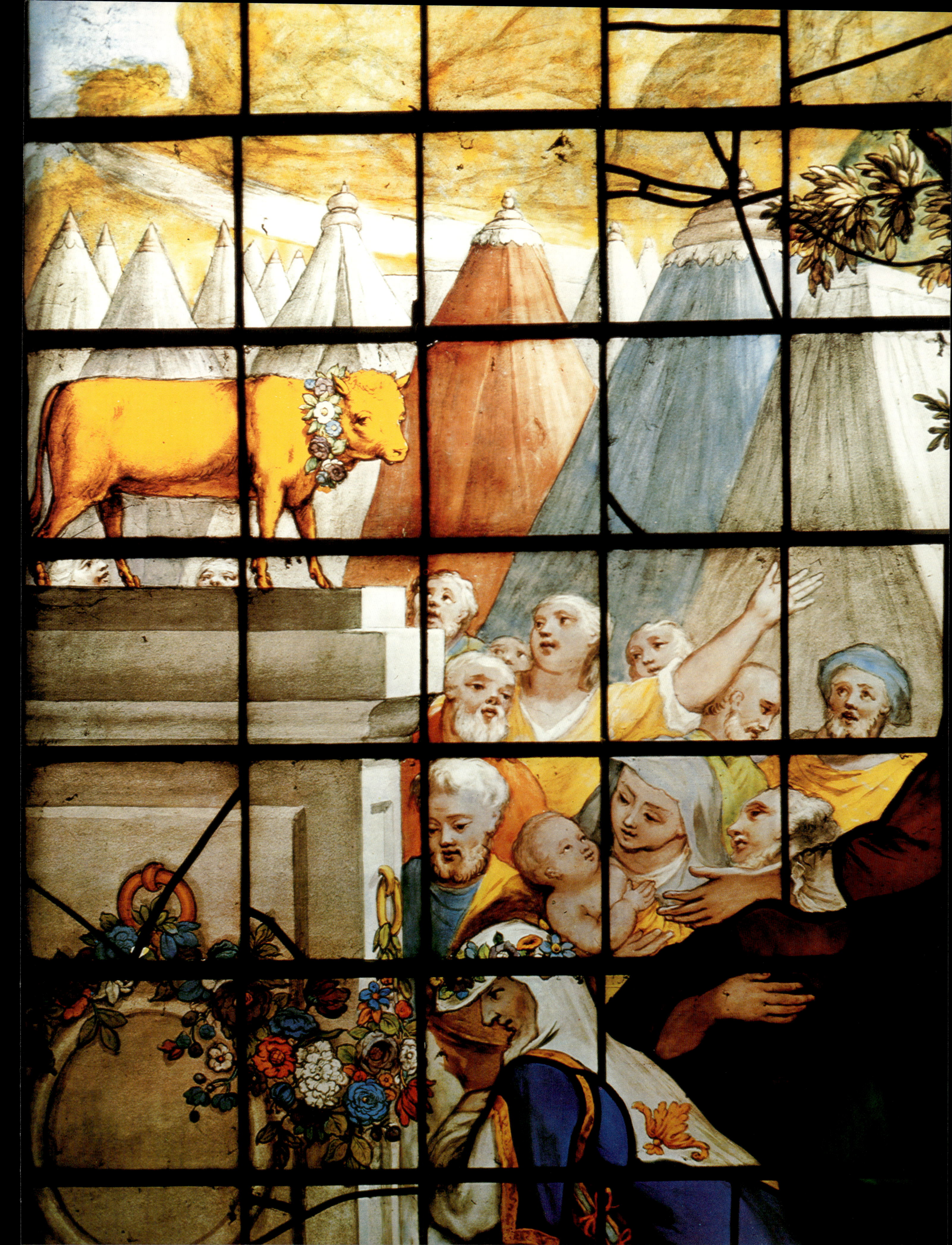

17, 18世紀

骨董品と模倣作品

17世紀に制作されたかなりの量のイギリスのステンドグラスやより多産とさえいえる18世紀の所産の中には，偶像破壊主義者の手で破壊されたものをいくらかでも埋合せするものがあった．16世紀の偶像破壊と17世紀中葉の市民戦争の偶像破壊の間に，イギリスではごく短い間絵ガラスの再出現がみられた．その主導的なパトロンは，カンタベリー大司教でチャールズ1世の側近のウィリアム・ロードであった．事実，ロードはステンドグラス愛好のせいで，断頭台へ引かれていった．彼の敵は，ステンドグラスは教皇制信奉者的なものであると信じこんで，彼の奨励を，彼がイギリスを再びカトリックに戻そうと試みている兆候だとみなしたのであった．

この短期間のリバイバルのステンドグラスの大部分は，オックスフォードとケンブリッジの大学のために制作された．ロードは，1630年にオックスフォードの名誉総長に任命されて，ステンドグラス熱に関して，ピーターハウス・カレッジの修士カジン司教のいるケンブリッジ大学と縁組みをした．ピーターハウスの礼拝堂の美しい東窓を注文したのはこのカジンであったが，これがのちになって，ロードが反逆罪を問われた裁判の間，彼に対する反証として言及されたのである．

オックスフォードには，この時期のステンドグラスが数多くある．窓の多くは，エンデンのステンドグラス画工の家族の一員であるアブラハムとバーナードのファン・リンヘ兄弟によって描かれた．アブラハムの最良の窓は，同大学のカレッジ・チャペルにあるが，バリオールとクウィーンズ・カレッジの礼拝堂にも作品があり，青，緑，黄色が満ちあふれているクライスト・チャーチ大聖堂の窓も彼の作であった．エナメルで描かれ，フランドル派の特徴である細密描法によるこの窓には，ふくべのつるの下に座って，ニネヴェの町の港の向うを眺めている預言者ヨナが描かれている．バーナードは，ワダム・カレッジの礼拝堂とクライスト・チャーチ大聖堂の窓を制作した．

17世紀の第3四半期にイギリスにおけるもう一つのリバイバルがあったが，教会堂内での絵画的な窓に対する聖職者たちの偏見のために，ガラス画工は他のはけ口を求めた．たとえば，この時期の多産なヨークの職人のヘンリー・ジャイレスは，「紋章・日時計・歴史・風景などのステンドグラス（窓ガラスの絵）」と宣伝している．しばらくの間，日時計を描いたステン

スイスのステンドグラスの世界最大の私有コレクションは，ヨークシャーのラグビー教会堂にある．1790年代末のフランスによるスイス侵略と，それに続いて起ったこの国の貧困化のために，多くの古美術所蔵家は，それを売却せねばならなかったのであるが，現在ラグビーにある489枚のパネルは，熱心なイギリスのコレクター，ヨークシャーのノステル小修道院のウィン氏が購入するところとなった．紋章，寄進者銘，色あざやかな聖書場面や伝説の場面が，17, 18世紀の八つの小円盤（右図，各々直径6インチ）に描かれている．左から右へ，風景の中の聖母子，魔王ルシファーを打ち負かす聖ミカエル，乞食にマントをわけ与える聖マルティヌス，ヤコブの天へ昇る梯子の夢，磔刑，十字架降下，トビトの盲目を治癒するトビア，洗礼者聖ヨハネの斬首．

17世紀の典型的なオランダのステンドグラスで，現在ケントのビショップボーン・チャーチにある小円盤の群集場面（下図）は，「嬰児虐殺」を表したものである．

光と時

ステンドグラスの日時計は，ヨークの職人ヘンリー・ジャイレス（上図）によって"偶像的な"宗教的な窓の害のない代替物として，デザインされた．その世俗的な機能にもかかわらず，オックスフォードのユニヴァーシティ・カレッジの日時計（右図）は，光をキリストにみたてている．その足もとにはSum vera Lux（われは真の光なり）の銘がある．

ドグラスの大流行がみられたが，ヘンリー・ジャイレスは，一つの窓全体を注文したお客各々に，一つの日時計を無料にした．ジャイレスのデザインは際立ったものではないが，2人のすぐれた才能の弟子——ウィリアムとジョシュアのプライス兄弟——をもった．この2人は，彼らの弟子とともに，18世紀で最も活発に活躍したガラス画工であった．

プライス兄弟の作品の多くは，オックスフォード大学のために作られた．同じ名をもつウィリアムの息子ウィリアムは，ニュー・カレッジ・チャペルの南側廊に聖者，族長，司教を描いた大きな窓を作ったが，それらは一部14世紀のステンドグラスを使い，また一部にはフランドルから移入したものもあり，また他の一部には新たに作ったものを使って，組立てられた．彼はまた，ウェストミンスター・アベーの西窓を制作した．

大いに求められた18世紀のもう1人のガラス画家はウィリアム・ペキットであった．彫刻家・箔置師からステンドグラス画家に転向し，おそらくウィリアム・プライス（子）のもとで学んだらしい．ペキットは，リンカーンとエクゼターの大聖堂，ヨーク・ミンスター，ケンブリッジ・カレッジとオックスフォード・カレッジの窓を制作したが，これらの大部分は色彩やデザインの点でプライスの作品には及ばない．面目をほどこした点では，彼は着色ガラスの製法の数々の実験を行っていることが挙げられる．被せガラスの製法という失われた芸術を再発見した人と信じられるほどである．

オックスフォードのニュー・カレッジの礼拝堂のペキット作の窓は，イタリアの芸術家ビアジオ・レベッカのデザインによるもので，アダムとエバの像が含まれる．これらははじめ「創世記」に従ってイチジクの葉だけで作られたが，のちにヴィクトリア朝時代の道徳を満足させるべく，アダムは豹の毛皮をつけられ，エバはビロードの服を着て描かれている．

18世紀は，ニュー・カレッジにとって美的には幸福な時代ではなかった．この礼拝堂の中世のステンドグラスは，宗教改革と市民戦争の間の破壊から免れたが，プライスとペキットの窓に取りかえられた．そして礼拝堂前室では，見るかげもない「美徳の窓」が中世のステンドグラスのかたわらに設置された．この窓は，上流階級の肖像画家のジョシュア・レノルズ卿によってデザインされ，いまでは汚れた褐色になっているが，ダブリン出身のトマス・ジャーヴェスによってエナメルで制作された．これらの作者たちの姿が，「降誕」の場面の羊飼いのような服装をして，描かれている．

もう1人のダブリン出身のジェームズ・ピアソンは，ペキットと同じように，ガラスの着色法の改良によって貢献した．彼は，18世紀の書店主と競売家サミュエル・パターソンの娘で妻のエグリントン・マーガレットの手助けを受けた．義父パターソンは，ロンドンで海外からのステンドグラスの最初の競売を催した人であった．

芸術家フランシス・エジントンにとって，絵ガラスの制作はまるで大きな商売であった．彼の最良の作品の多くは海外，特にオランダに流出したが，彼のバーミンガムの工場は，イギリスやアイルランドの多くの建物の窓を作り出した．この中にはサセックスのアランデル城の正餐の間のための「ソロモン王とシバの女王の窓」が含まれていた．王や騎士たちを描いた，ウィルトシャーのフォントヒル修道院のために制作した窓に対して，彼は12000ポンドの支払いを受けた．

エナメル技法は，大きな絵画的な窓を制作するには適していないけれども，小さなサイズの複雑な紋章にはすぐれた表現手段であった．紋章のパネルは，小円盤を用いて描くスイスの画家の水準にはたとえ及ばなかったとはいえ，イギリスの17, 18世紀の最もすぐれた作例に数え挙げられる．

18世紀までには，スイスの趣味はガラスに彫刻する方法に変化し，もはや流行遅れになった小円盤は，大量にイギリスのコレクターの手にわたった．多くの小円盤はオランダにもわたり，そこで17世紀に大量に生産された．

18世紀の芸術収集家・愛好家・文学者のホレイス・ウォルポール（上図）は，ゴシック様式を特に愛好した．彼の趣味は，トゥウィッケンハムの近くのストロベリー・ヒルにある，中世のステンドグラスの窓をもつ別荘に反映している．同時代のステンドグラスに対しては彼は批判的であった．たとえば，ジョシュア・レノルズ卿の作ったオックスフォードのニュー・カレッジの窓について「ジョシュア卿の気のぬけた美徳像」とのべている．

バロック様式のアーチの下に18世紀の王宝を帯びて立つソロモン王（上図）は，ヨーク・ミンスターの南袖廊の窓のために18世紀で最も活躍したガラス画家のウィリアム・ペキットによってデザインされた．

生命力の乏しい，弱々しい形と色が，ジョシュア・レノルズ卿のステンドグラスの特徴である．オックスフォードのニュー・カレッジ・チャーチの，鉄格子が目立つ，活気のない「降誕」の場面（右図）は，レノルズによってデザインされ，1778年トマス・ジャーヴェスによって制作された．

19世紀

復興の時代

　ステンドグラス芸術にとって，17, 18 世紀は，破壊の時代であった．しかし 19 世紀は，反対に，復興の時代であった．この復興の過程には，文学，歴史，芸術，科学のさまざまな要素があった．作家や芸術家や建築家といった，文字通りあらゆる芸術の分野の実践家たちが参加した．しばしば彼らが不満をもらし賛同しなかった時でさえも，各人は，ステンドグラスの漸進的な回復になんらかの貢献をしたのである．

　始めに，原材料であるガラスの質を改良した人々があった．幾世紀もの間，着色ガラス製法の技術的改良が，意地悪くガラスの輝きを弱める効果をもってきた．いまや，できることなら，中世のステンドグラスの輝きを再発見する問題が提起されたのである．イギリスでは，この点で最も貢献した人は，チャールズ・ウィンストンであった．彼の職業は法廷弁護士であったが，趣味の上で考古学者，芸術特にステンドグラスの愛好者であった．彼の理論は単純であった．すなわち，ステンドグラスの窓は，もしその光る部分が透明で明るくないならば，鈍くみえる．同じように，窓は，もしそのかげった部分が透明でなかったならば，不透明にみえる．そして光よりも陰が多かったならば，暗くみえる——というものである．エナメルの塗膜は，確実に光をさえぎる方法なのであるから，中世のガラスと輝きが等しいポット・メタル・グラスを作る方法を見出さねばならない．したがって，ウィンストンは，ガラスで無数の精密な化学的実験を行い，ジェームズ・パウエル・アンド・サンズ社のホワイトフライアーズ・ガラス製造所と協力して，時々中世時代のガラスよりもすぐれているガラスを作り出した．同じ線上で研究したバーミンガムのガラス製造技師ウィリアム・エドワード・チャンスは，数年の実験ののち，1863 年「アンティック・グラス」を作り出すのに成功した．特に彼の赤ガラスは，中世のガラスよりもすぐれているとみなされた．他のガラス工場でもこれらの先導によって，良質のガラスの供給量が増えるに従い，ガラス画家はもはや着色エナメル塗料を用いる必要がなくなった．

　フランスでは，新たに設置された古建造物保存局の調査官ウジェーヌ・ヴィオレ・ル・デュックもまた，中世のステンドグラスの優秀性の理由を理解しようと研究した．彼は，国中の無数のステンドグラスの窓の修復の責にあったために，大いに研究の機会に恵まれた．彼の科学的説明は今日では異議を唱えられているにもかかわらず，彼の基本的結論は，ウィンストンのものと同一であり，同様に単純明快であった．すなわち，効果的なステンドグラスは，純粋な色彩に依存するというものである．この単純な理論は，ヴィオレ・ル・デュックによれば，「12, 13 世紀のステンドグラス画工によって完全に理解され用いられていたが，14 世紀からは無視されてきた．そしてのちには光が視覚の根源であるにもかかわらず軽蔑された」．

　アメリカは，19 世紀中葉には品質の劣るガラスを生産していて，さらに品質の悪いガラスをヨーロッパから輸入していた．ジョン・ラ・ファルジュとルイス・コンフォート・ティファニーによって品質の追求が行われていた．両者とも，ステンドグラスを表現手段として制作し，アメリカやヨーロッパで入手できるガラスに満足できないでいた．彼らは，オパルセント・グラス（乳白ガラス）を作る実験をし，とけたガラスの中に色の筋が導入された．不幸にも，ステンドグラス制作にとってガラスを活力あらしめる要因に反する不透過性が，ここにまた導入された．けれども，他のあまり知名度の高くないアメリカのガラス製造所が，伝統的なポット・メタル・グラスの製造に大きな進歩をとげた．

　19 世紀末までに，より品質のいいガラスの製造が可能になった．ステンドグラスのデザインや新たな制作や修復の実際的な面では，この進歩の跡はあまりはっきりしていない．イギリスでは，ウィリアム・モリスの会社が制作したステンドグラスが 19 世紀後半を支配した．しかし技術的には，初期の窓は貧弱であった．エナメルの施工は不手際で，鉛縁の使用の特徴は生かされていない．しかしモリスは急速に学びとった．『イギリスのステンドグラス』の中で，イギリスの美術史家ハーバート・リード卿は，モリスの 1870 年代，1880 年代の絶頂期についてつぎのように書いている——「彼の色彩の選択と配置はみごとで，これまでの時代に知られなかった効果を実現するために新しい色彩を用いることを恐れなかった．デザインを強調するための鉛縁の使用において，彼は熟達しており，これに匹敵する作品を求めるのに 13 世紀に遡らなければならない」．これらの窓の多くは，モリスのパートナーのエドワード・バーン・ジョーンズの手になるのであるが，それらのデザインは，中世の人々の大胆なアプローチと比較すべくもないとはいえ，この時代の多くのデザイナーが耽溺した宗教性を加味したセンチメンタリズムの泥沼をはるかにこえたものであった．

　事実は単純で，ヨーロッパにもアメリカにも，ガラスをはめるべき窓があまりにも多くあり，しかも才能があり腕のいいガラス画工があまりにも少ないということであった．ゴシック・リバイバル（復興）と教会堂の復興熱とが一緒になって，中世時代以来匹敵するものがなかった宗教的なステンドグラスを必要とするような要求を生み出した．また，大量の世俗的なガラスを作り出し，再び起ったステンドグラスに対する公衆の関心を開発する多くの工房があった．あるイギリスの工房のカタログでは「ステンドグラスのさまざまな表現力……マンションの装飾のため，ホール，廊下，階段などの窓のために絶妙な装飾を提供し，多くの場合，家の裏の目障りな眺めに効果的にスクリーンをめぐらす」と，広告にこれ努めている．

　19 世紀の悲しい皮肉の一つは，作家や画家や建築家たちが，中世伝説や中世芸術やゴシック建築にとりつかれる一方で，多くの中世の窓が，まがいものの中世的な作品に取りかえられるとか，恐ろしい「修復」と称する行為によって駄目にされてしまっているということであった．これは，イギリス，ドイツ，フランスにおいて，程度こそさまざまではあるが，起っている．誰も中世時代を正しく理解していなかった 中世的な思想は根本的には 19 世紀的精神とは無縁のものだからである．表面的な形は模倣できても，精神はとらえ直されなかった．そしてしかもゴシック・リバイバルは，ステンドグラスが深くとらわれていた後期ルネサンス的な麻痺からステンドグラス芸術を解放するのに役立たなかった．

　ラファエル前派とアール・ヌボー運動によって，ステンドグラスに新しい生命が与えられた．ラファエル前派の影響は，彼らが制作した窓を通じてウィリアム・モリスの会社に直接的に及んだばかりではなく，彼らが芸術に導入した自然主義の概念によっても現れた．抒情的な自然主義は，表現されるときには人工的に現れるかもしれないけれども，アール・ヌボーの基本であった．

　アール・ヌボー運動は短命（20 年をこえるかどうかしか続かなかった）であったとはいえ，その影響は，ヨーロッパとアメリカに見出された．多くをモリスの理念に影響を受けて，この運動は，本質的には機械支配の時代と芸術の世界への機械の侵入に対する反動であった．柔かくうず巻く官能的な形態が，ポスターからステンドグラスの窓に至るまでこの時代の作品の特徴をなすのであるが，それ自体，大量生産的に作られたもののアンチテーゼである芸術的自律性の挑戦的な主張であった．

　19 世紀末には，多くの国における多くの人々の，たとえ足並みはそろわなくても断固たる努力の結果として，ステンドグラスは，諸芸術の中に重要な地位を再び占めるに至った．これと対照的に，20 世紀の幕開きの歳月は，竜頭蛇尾のごとき状況であった．しかし第 2 次大戦後，発酵作用が再び始まった．

ケントのウィッカンブルックス教会堂の東窓の垂直的なデザインは，アリルド・ローゼンクランツの「聖告」の場面の，強壮で脈動的なリズムとまばゆいばかりの色彩によって支配される．ヨーロッパに発注されたアメリカで最も早いステンドグラスとして有名なこの窓は，1896 年にデザインされ，ニューヨークのジェームズ・ガラティン伯によって，その母の記念のために寄進された．

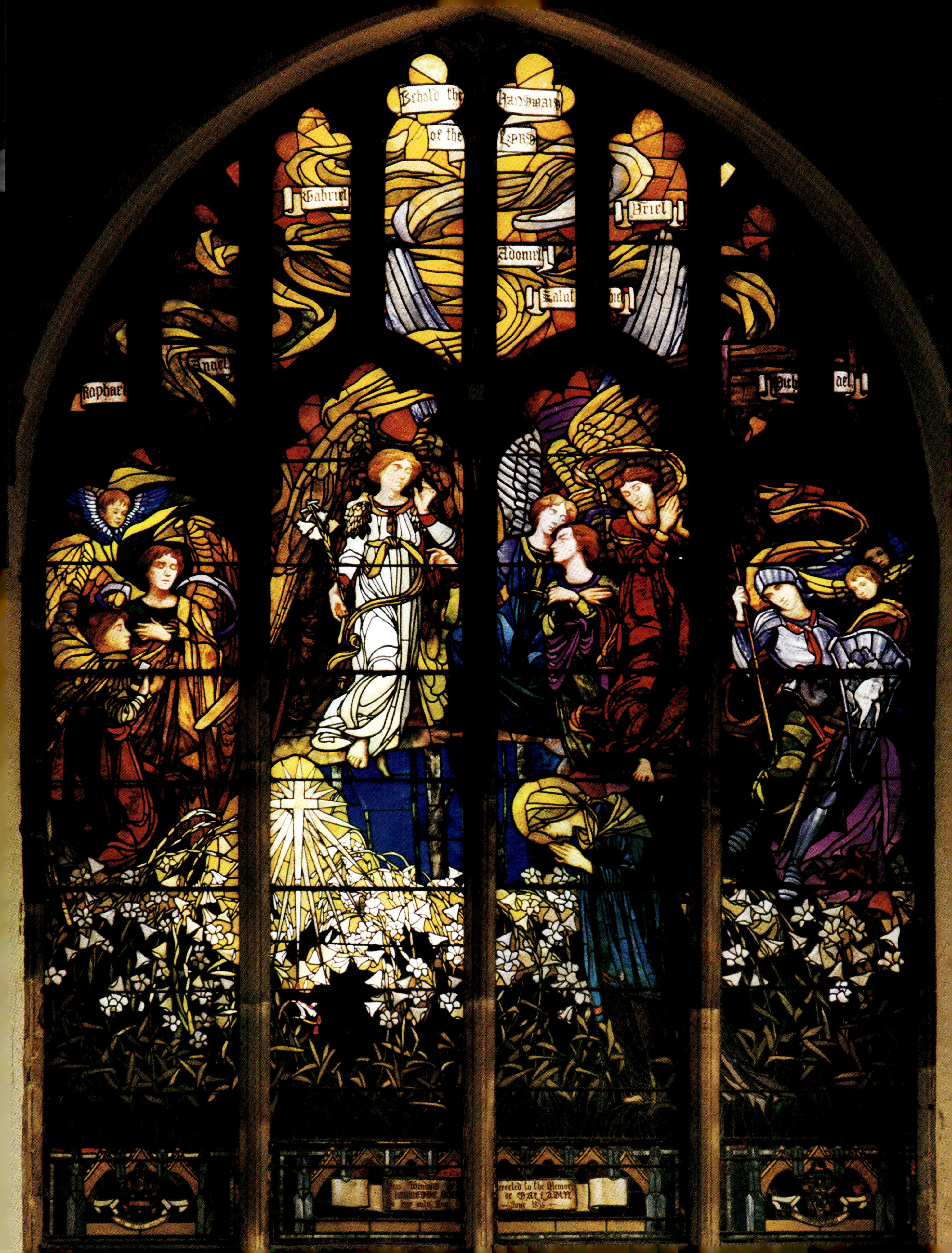

19世紀アメリカとヨーロッパ

復古と大量生産

敬虔な君主で雄々しいフランス王のルイ9世は、ドゥルーの「王の礼拝堂」の二つの19世紀の絵画的な窓に描かれている。二つとも、19世紀中葉、フランスの芸術復興を奨励するために、政府の援助で設立されたセーヴル陶器工場の中の工房で制作された。一つの窓は、肖像画で著名な画家アングルのデザインで、フランス王の盛装をしたルイ9世が描かれている（右図，部分）。もう一つの窓（下図，部分）は、大規模な戦闘場面で名をはせたドラクロアのデザインにより、ヘンリー3世の率いるイギリス軍を打破したタイユブールの戦いのルイ9世を描き表している。

聖アルノルドが、1人の巡礼者の足を洗っている（左図）。ドゥルーの「王の礼拝堂」の窓の部分。1845年、首席ガラス画家ベランジェによって制作されたこの窓は、風俗画家シャルル・ラリヴィエールのデザインによる。

ベネディクト派の修道士ドン・ペリニョンがシャンパーニュ地方の葡萄の収穫を監督している（右図）。エペルネーのモエ・エ・シャンドン工場の窓の部分。この窓は、オーヴィレル修道院の葡萄酒倉主任であったときに同修道士がシャンパン製法を発明したことを讃えて、19世紀に作られた。この修道院はこの窓に「シャンパーニュ地方の葡萄酒の揺籃」として讃えられている。

　ステンドグラスの窓は、清教徒たちが危険な大西洋を渡ってきたあと、アメリカ大陸の地に上陸したとき、彼らの心の中に去来した最初のものであったとはいえまい。彼らの中にいた一握りのガラス工たちは、高価なステンドグラスの画像よりは瓶を作る方を期待された。どだい、初期の移住者は、そうした画像を偶像崇拝的とみなしていたのである。18世紀には、ステンドグラスの窓をしつらえることができた二三の集会があり、彼らはヨーロッパに注文した。一つには、アメリカ様式の成長を妨げたという理由、そして二つには、ステンドグラスの真の芸術が衰退したなれの果てのガラスに描いたエナメル絵画の擬似的な芸術を広げたという理由から、二重に不幸であった。

　初期の植民の中には、ステンドグラス工房を始める者もあったが、長続きする者はなかった。例外の最初の人は、17世紀半ば、ニュー・アムステルダムに定住したオランダ人のエフェレット・ドイキンクの工房であった。彼は大半が紋章であった窓に対してビーバーの毛皮で支払いを受けた。18世紀のガラス画工トマス・ゴットフレイは、フィラデルフィアの独立ホールのステンドグラスの窓に、850ドルというかなりの金額を、本物のお金で支払いを受けた。ドイツの移住者カスパール・ヴィスタールは、真鍮のボタンで稼いでいたが、ニュージャージーでステンドグラスに転向し、もう1人のハインリッヒ・ヴィルヘルム・シュタイゲルは、不動産投機を元手にしてフィラデルフィアにガラス工房を開いた。これらのガラス工場の多くは、アメリカ独立戦争に伴う不景気の間に破産したが、しかし19世紀初頭に繁栄が戻ってくると、新たにガラス画工が続々と輩出した。ステンドグラスの窓は、蒸気船とかニューヨークの金持ちの商人たちの中世風の邸館などのさまざまな場所に要求されるようになった。

　けれども、移住者の職人が数を増すにつれ、同時代のヨーロッパのステンドグラスの劣悪な面が入ってきた。ごちゃまぜの建築ファッションが輸入された。ゴシック復興は東洋芸術好みのファッションのかたわらに根をおろした。

　ステンドグラスに対する最初の明らかにアメリカ的な貢献が、

誤った方向づけを受けたのは，不幸であった．ティファニーやラ・ファルジュによるオパルセント・グラスの使用は，エナメル技法であるだけにステンドグラスの否定であった．しかしながら，ステンドグラスに対するより広い関心の基礎が置かれ，その上に20世紀が築かれていくことになる．

新たに生まれた芸術への情熱が必ずしも芸術の理解と一致するとは限らないのではあるが，ヨーロッパでも事情は同じであった．フランスでは，政府の支援をうけていたステンドグラス工房がセーヴル陶器工場に設置された．25年間，この工房は，古画の模倣か，ジャン・アングル，ウジェーヌ・ドゥヴェリア，ウジェーヌ・ドラクロワなどの有名な画家によるデザインによって窓を制作した．

19世紀の中頃にかけて，建築家や中世研究家のグループが，絵画をステンドグラスで機械的に模写することに反対するという動きが起ったのは当然であった．「科学的ロマン主義者」とよばれた反対者には，ウジェーヌ・ヴィオレ・ル・デュック，バプティスト・アントワーヌ・ラシュス，アドルフ・ナポレオン・ディドロンの名があった．彼らは，才能豊かな小説家プロスペル・メリメの古建造物保存局の中央査察官としてのかけがえのない後ろ楯を得ていた．その結果，1840年から1860年の間に，大規模な修復計画，特にステンドグラスの修復が企てられた．フランスの数多くのステンドグラスの工房は，3から45に増え，これらの工房のために働いた著名な芸術家には，アントワーヌ・リュソン，マレシャル・ド・メッツ，アンリ・ジェラントらがあり，なかでもジェラントはサント・シャペルの窓の修復コンクールに入賞した．

ドイツでは，ステンドグラス復興の奨励は，エキセントリックな芸術パトロンであるバイエルン公ルードヴィッヒ1世からもたらされた．しかしその財源の豊かさにもかかわらず，ミュンヘンの公立工房の作り出すものの多くは，デザインは味気なく，技術の方は貧弱であった．ミュンヘンの窓の多くは，アメリカやイギリスやスコットランドへ輸出された．19世紀の中葉，グラスゴー大聖堂に再びステンドグラスがはめられることが決定されたとき，ミュンヘン派の10人の芸術家がデザインを担当した．彼らの甘ったるいラファエル的なスタイルは，スコットランドの美感覚にはうまく適合せず，スコットランドの気候による塗料の損害が，賠償ないし同情の原因として議論された．

おそらく，19世紀のステンドグラスの"修復"によってミラノ大聖堂ほど，はなはだしく損害を蒙った大聖堂もなかろう．ベルティーニ親子は，1827年にこの大破壊に着手し，連続した批判にさらされながらも，これは7年間も続行された．ジョヴァンニ・ベルティーニは，強引な修復家で，おそらく自分の好き勝手で契約を変えて，修復の不必要な窓を修復し，あるいは自分の作品に取りかえたりした．この制作は，彼よりもさらに才能のない2人の息子によって受継がれた．

このような野蛮な行為は別にして，17,18世紀のステンドグラス画家よりも，19世紀のそれの罪を許す方が，容易である．アメリカでもヨーロッパでも，ステンドグラスはやがて自己を取戻し，ガラスに描かれた絵画という横領者は，王座を奪われる過程にあったことが，のちの歴史からわかるのである．

国外追放にあったウィリアム・ジェイ・ボルトンは，1847年，ニューヨークのブルックリンの聖三位一体教会堂のために「降誕」の窓を完成した（左図）．この窓の上部右手のパネルでおもしろいのは，ヨセフとマリアが投宿するのを拒否された旅篭の記銘INNである．弟のジョンとともに，ウィリアムは，イギリスに戻る前に，ニューヨーク市のいくつかの教会堂の窓を制作した．イギリスに戻ってから彼らは牧師になった．

上図に描かれるバイエルン公ルードウィッヒ1世は，活動的な芸術のパトロンで，1827年にミュンヘン公立工房を設立した．これは19世紀ドイツにおけるステンドグラス復興の主たる中心となった．イタリアの16世紀の芸術家の影響を受けて，ミュンヘン派は数多くの聖書の窓の制作を手がけたが，その多くは海外に輸出された．バッキンガムシャーのストーク・ポージュスのセント・ジャイルズ教会堂の典型的にラファエル的な窓は，この地方のホーワード・ヴァス家の1人の子供の記念として制作された．

19世紀イギリス

ゴシック再生

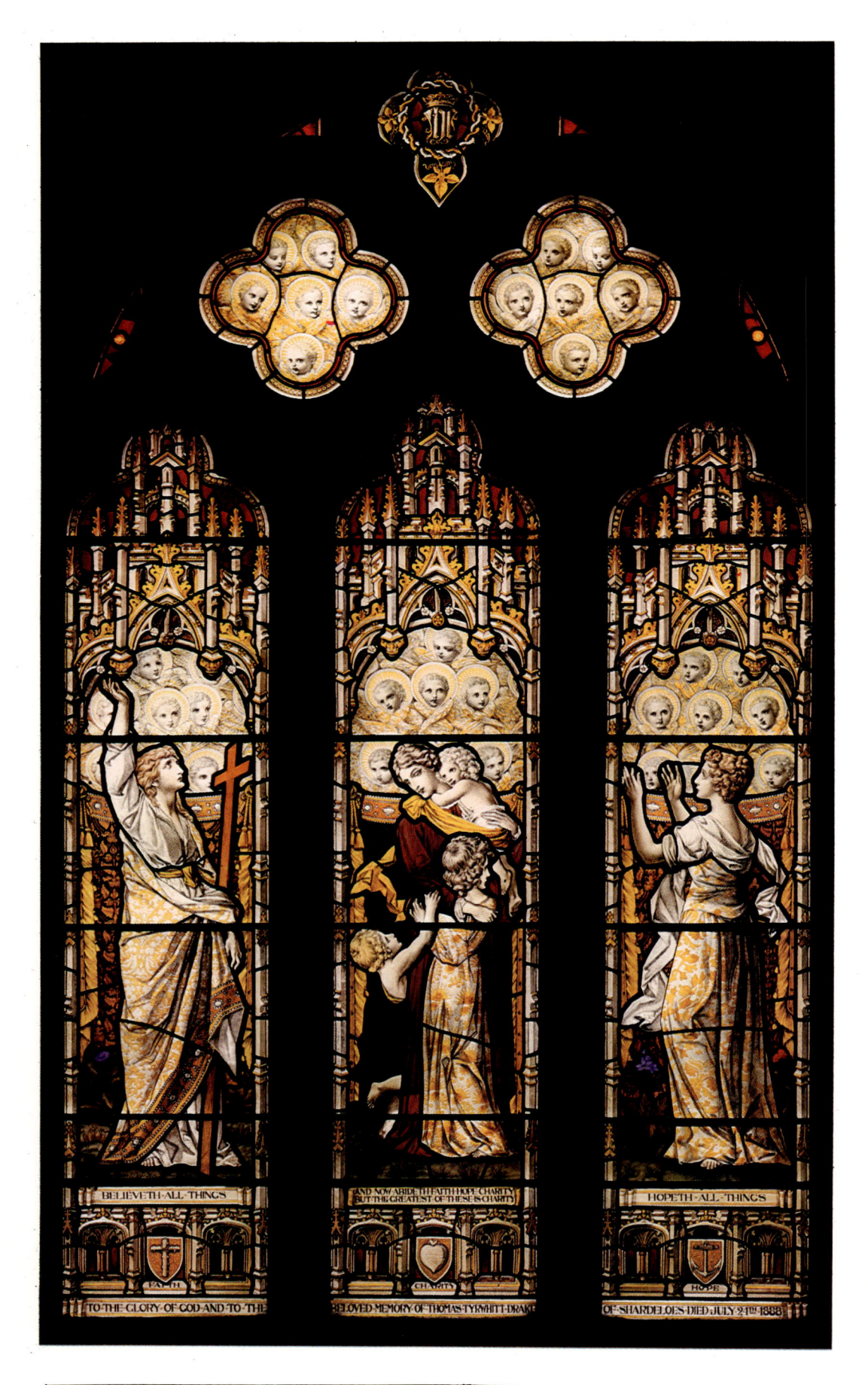

イギリスにとって19世紀とは，産業革命と大英帝国とゴシック・リバイバルの世紀であった．この復興は，ごく自然に始まった．18世紀に，西ロンドンのストロベリー・ヒルにホレイス・ウォルポールの建てた家は，ゴシック芸術と建築を再び流行させ，摂政時代(1811—20)様式のテラス建築からの一つの変化として，有名な建築家ジョン・ナッシュは，金持ちの顧客のために「ゴシック」様式のマンションを建て始めた．1798年，フランスの建築家オーギュスト・シャルル・ピュジェンがフランス革命を逃れて(あるいは決闘を逃れてという可能性もある)ロンドンに着いたとき，ナッシュは彼を雇い入れ，古建築の図面を作製させた．ピュジェンは，この仕事を年若くして才能を発揮した早熟な息子オーギュスト・ウェルビー・ノースモア・ピュジェンに手伝わせたが，息子はその結果，ゴシック教会堂建築を愛するようになり，やがてそれに取りつかれるようになった．

息子のピュジェンは18歳で難破し，19歳で結婚し，20歳で妻と死別し，21歳で再婚してローマ・カトリックに改宗した．3年後彼は有名な『対照』を書き，そこで古典主義を異教と断じ，ゴシックをキリスト教的と讃美した．はじめ彼をカトリックに導いたのは，彼の芸術的な性向であり，彼はゴシック建築の帰依者であることはすべてのカトリック信者の宗教的義務であると信ずるようになった．彼はイギリス中の数多くの教会堂を建てたり修復したりしたし，その中のいくつかのためにステンドグラスのデザインもした．6年余の間，彼はチャールズ・ベリー卿とともに，新しい議事堂のために働いたが，これは，

アマーシャム教会堂の窓(左図)の天使の顔は，16世紀，アマーシャムのシャードロズ荘園に住んでいたウィリアム・トーシルと妻キャサリンの33人の子供を表している．1889年に作られたこのステンドグラスは，トーシル家の最年長の子の後裔の1人で19世紀のトマス・タイルウィット・ドレイクを記念するものである．

ステンドグラスは，19世紀の家庭のポピュラーな添えもので，多くの出版物の中で宣伝された．その中に「家具・金物ガイド」(左図)がある．装飾として注目すべきものと考えられて，パネルはまた見苦しいところをさえぎるスクリーンとしても有用であった．上図のオックスフォードのリルフォード・ロッジの窓の，百合の花で例示されるような花のモチーフの使用は，不可欠であった．

ネオ・ゴシックの最も信用できる表明の一つである。1851年の万国博覧会の美術コミッショナーに任命されてまもなく、ピュジェンは錯乱し、1年を経ずして没した。

ピュジェンの中世精神の認識は、外観にとらわれることなく、深いものがあった。このことは、彼の後継者たちと違うものであった。その中の1人、建築家ジョージ・ギルバート・スコット卿はカトリック的ピュジェンの著作のみならず、ハイ・チャーチ・ケンブリッジ・カムデン・ソサエティに魅せられるようになった。後者は、様式の混淆を取除くために教会堂を〝修復〟しようというヴィクトリア朝時代の熱狂を開始させたグループであった。スコットは1847年、エリー大聖堂の修復建築家に任命され、それ以降没する1878年まで、732の建物を建てあるいは修理したが、その中にはロンドンのアルバート記念館やイギリス本土や帝国内の39の大聖堂と476の教会堂が含まれる。

スコットとその後継者たちによる数多くの教会堂の再建や建立とともに、幾千もの窓にステンドグラスがはめられることになった。15世紀以降、これほど多かったことはなかった。不幸にして、ステンドグラスの古い技術は失われ、19世紀には遅々としたためらうような歩みの下に学び直されたのである。

ウィリアム・モリスの工房は、19世紀のステンドグラス画工のリストのトップに書かれるが、しかししばしば他の多くの人々の作品や名前にイギリス中で出会う。たとえば、ジョン・リチャード・クレイトンやアルフレッド・ベルは共同で40年間窓作りに励み、しばしば才気はみられないけれども、高い水準の技倆を示した。ケンブリッジのキングズ・カレッジ・チャペルの西窓は彼らの作品である。18世紀のステンドグラス画家フランシス、エジントンの息子ウィリアム・ラファエル・エジントンは、シャーロット王女のガラス画家で、国王ジョージ4世と多くの上流階級の人々のために窓を制作した。国王ジョージ4世の「紋章芸術家」であり女王ヴィクトリアの「ステンドグラス芸術家」であったトマス・ウィルメントは、特に紋章のステンドグラスを多く手がけ、すぐれた腕前を発揮した。彼の主要作品は、ハンプトン・コートの大広間のための記念碑的な窓である。チャールズ・イーマー・ケンペは生前はかなりの名声を博したが、急速にかげっていった。彼の最も成功した作品は、ベリー・セント・エドマンズ大聖堂内陣の窓と、バッキンガムシャーのホートン教会堂の「ジョン・ミルトンの窓」である。1927年88歳で没したヘンリー・ホリデーは、オックスフォードのウースター・カレッジの礼拝堂の現世的で多彩な窓をデザインした。彼のこれよりもすぐれた作品はアメリカにあって、特にニューヨークの聖三位一体教会堂のものが挙げられる。

1851年のロンドン万国博覧会は、大衆のステンドグラスへの関心を反映するとともにそれを増大させた。24の工房ないし個人作家が出品し、ハイド・パークの19エーカーを使ったジョーゼフ・パックストン卿の設計した「水晶館」という舞台作りが評判であった。「この芸術が失われた、このようなことではいけないということに人々の注目が集まった。たしかに眠っていたかもしれないが、消え去ったわけではない。すぐれた作品が、今年展示された。現存芸術家の作品がその復興を告げている」と、カタログに確信をもって書かれている。作者たちは現存しているにもかかわらず、彼らの展示したものの大部分は過去に生きていた。「ノルマン時代のステンドグラスと直結するような扱いの」窓があり、あるいはノルマン様式から初期イギリス様式への過渡的な様式とか、あるいは装飾式や垂直式やエリザベス王朝様式など、多くの様式のどれか一つをとったような窓があったのである。出品者は、多芸多才でなかったならば、なんの値打ちもなかった。ハンプステッドのあるガラス画工などは、1人で、ジョシュア・レノルズ卿、ルーベンス、コレッジオ、カルロ・ドルチの様式で作ったステンドグラスを出品した。

ウィリアム・モリスはこの万国博覧会のときには17歳であった。彼は家族と一緒にこれを見物したが、ハイド・パークについたときには、中に入りたくないといった。彼のこの拒否は倦きてしまったからにすぎないのであろうが、今日では預言的な意義をもっているように思われる。

クレオパトラの頑丈そうな像(左図)は、自殺を考えて、毒蛇が嚙むこととなる胸をあらわにする。ヘンリー・ホリデー作のこの窓は、キングス・ラングレーのチャペル・ステューディオにある。

リンカーン大聖堂の多彩なメダイヨンの中に描かれた病気のような顔の元気のないセンチメンタリティ(上図)が、19世紀のステンドグラスの特徴である。

バッキンガムシャーのホートン・チャーチの窓を透してみえる現実の庭園が、盲目の詩人ミルトンの画像の背景になっている。

19世紀

芸術的連帯

ロマン主義的職人

G・F・ワッツが描いたウィリアム・モリス(左上図)とエドワード・バーン・ジョーンズ(右上図)の肖像は、バーン・ジョーンズの作ったステンドグラスの人物像で戯画化されている。彼らの生涯を通じて結ばれた連帯は、オックスフォードに始まった。そこで彼らはロマン主義的なもの、宗教的なもの、伝説的なものに対する趣味をわかちあった。ラファエル前派が描いた中世的なドリームランドに影響を受けたけれども、モリスとバーン・ジョーンズは異国趣味を美術と同様に室内デザインの領域に適用した。1861年、モリス・マルシャル・フォークナー商会が設立された。メンバーの平等性、高い水準の職人気質、自然的形態の尊重といった健全な原則に基いて、のちにモリス商会と改組されたが、この商会は、綴織、壁紙、家具、ステンドグラスを作り出した。バーン・ジョーンズはステンドグラス専門のデザイナーとなり、彼の描く絵画のこの世ならざる雰囲気と物悲し気な美しさを再現した。

1862年の万国博覧会に初めて出品されたこのキャビネット(上図)は、建築家フィリップ・ウェッブのデザインで、彩色はウィリアム・モリスが担当し、聖ゲオルギウスの伝説による情景を描いた。いまは、ロンドンのヴィクトリア・アンド・アルバート美術館で、このキャビネットはモリスの壁紙の前に展示されている。

道徳教育やロマンチックなドラマの材料として、文学的情景は、ラファエル前派の画家たちによって細密に描き出された。シェイクスピアの喜劇『尺には尺を』の恋人アンジェロに棄てられたマリアナは、テニスンの陰鬱な詩に霊感を与えたが、このテニスンが、ジョン・エヴェリット・ミレイズの絵画(右図)に霊感を与えた。けだるい倦怠の気落ちした女は、ステンドグラスをぼんやりと眺めている。ミレイズは、オックスフォードのメルトン・カレッジ礼拝堂のステンドグラスをこの絵の中に写した。

ウィリアム・モリスは、8歳のとき、父に連れられてカンタベリー大聖堂に行った。彼は、まるで天国の門が開かれたようだったとその時のことを想い出している。14歳から、彼はマルボローの学校の図書館にこもって、本で中世建築のことを吸収した。1854年、彼が20歳になって、オックスフォードの神学の学生になったとき、彼は有名な美術批評家ジョン・ラスキンのラファエル前派についての論文を読み、その興奮にかられて親友のエドワード・バーン・ジョーンズのもとに行って、この革新的な絵画へのアプローチの喜びに満ちたよびかけを語った。

ラスキンは、向うみずの論文でつぎのように主張した――「ラファエル前派は、唯一の原理、きわめて微細な細部に至るまで、あらゆるものに働きかけて自然のみから獲得した一切のもののうちの妥協的ならざる真実の原理しかもたない」。これは、1848年、2人の親友ウィリアム・ホルマン・ハントとジョン・エヴェリット・ミレーズが、ダンテ・ガブリエル・ロゼッティとともに創立したラファエル前派の根底にある概念であった。この結社は10年足らずして解散した。

モリスは、この芸術結社のメンバーでもなかったし、事実、ラファエル前派的でもなかった。けれども、彼は反ルネサンス的であった。彼はルネサンスの背後にある「天才の噴出」には一目おいたが、芸術をアカデミックにし芸術を〝無機的〟にしたと非難した。芸術家は、霊感を求めて中世時代のうるわしき日々に戻らねばならないと、彼は信じたのである。

ロゼッティは、モリスとバーン・ジョーンズにしだいしだいに傾倒していくうちに、ラファエル前派を脱退した。この2人は聖職に就こうという希望をもっていたが、それを棄てるかわりに芸術へ生涯を捧げることを誓ったのである。若造の偶然的な感じがつきまとうのだが、ロゼッティによれば、「……冗談以外のなにものでもないのだが、誰かが、われわれは5ポンドずつ出しあって会社を作ろうといい出した」。

かくして、1861年、一つの商会が生まれた。その活動は、壁面装飾、建築彫刻、ステンドグラス、金属工芸、宝石細工、家具、刺繍、〝その他、家庭的用途に必要なあらゆるもの〟を包含するものであった。この商会のメンバーは、あらゆるものを手がけたモリス、フォード・マドック・ブラウンとその友人で衛生技師のP・P・マーシャル、バーン・ジョーンズ、ロゼッティ、建築家のフィリップ・ウェッブ(以上これらのメンバーはいずれもステンドグラスを制作した)と経理をみ、ガラスの炉の火加減の手伝いをしたC・J・フォークナーであった。

仲間全員は平等であったが、作品の美質や技術の水準の点でも均質な者もあった。すべてのメンバーが美を讃美し、相互に美を認めあい、メンバーの多くはお互いに各々の夫人たちに美を認める傾向があった。このことはある種の緊張感を生み出し、ロゼッティのモリス夫人に対する情熱が、ロゼッティの死を惹き起した。彼らは窓の中にお互いの肖像画を遺した。たとえば、モリス夫人ジェーンは、夫と恋におちたロゼッティがデザインした窓に現れ、ロゼッティは、モリスを、キリストとある代官の頭に石を落とす男として描いた。

今日、このグループの情熱や悲劇は喜劇のような面しかみえないけれども、その芸術の点では、彼らは誠実で勤勉であった。ステンドグラス一つをとってみても、モリスとフォード・マドック・ブラウンはそれぞれ150枚の下絵を作り、ロゼッティは36枚、バーン・ジョーンズは数百枚作った。最初の連帯が1875年に解消し再組織されたとき、バーン・ジョーンズとモリスは一緒に残った。バーン・ジョーンズはステンドグラスのデザインの責を負い、それをガラスによって施工するのはモリスの手で制作されるか、その監督で行われるかのいずれかであった。

バーン・ジョーンズの最初期の窓は、1857年から1861年にかけて制作され、モリスではなくて、ジェームズ・ポウエル・アンド・サンズ社によって実現された。バーン・ジョーンズの最初の窓は、ケントのメイドストーンのユナイテッド・リフォ

ーム教会堂の「神なる牧人」を主題としたもので，ラスキンを「喜びで熱狂させた」のであった．キリストは現実的な羊飼いの姿で，"ゴシック的な"丘の上を歩き回るのにまったくふさわしい恰好をしていたからである．

　バーン・ジョーンズの最初期と晩年との対照は，オックスフォードのクライスト・チャーチ大聖堂で明らかである．ラティン・チャペルには，1859年の「聖フライデスワイドの窓」がある．レディー・チャペルには，バーン・ジョーンズが商会のために10年余もの間デザインをしてきていた1872–73年頃の殺害されたある若い学生の記念のための「ヴァイナー・メモリアル・ウィンドー」がある．これらの窓は，モリスが，鉛縁の線の使い方の点でいかに確信的で巧みになってきているかを示している．幾世紀もの間誤って使用されてきたが，ここに再びデザインの重要な役割をもってきたのである．

　モリスは，一つのルールを決めて，滅多に破らなかった．すなわち，モリス商会は教会堂や，「古い芸術のモニュメントである建物」のための窓を作ってはならない，というものであった．「これらの建物にステンドグラスをはめることを，われわれは意図的に企てることが不可能であり，そのようなことをやれば，いわゆる"修復"とよばれる損害を大きくするだけの行為を是認することになるからである」．彼は，決してゴシック復興者ではなくて，腕のいい職人芸から得られる満足を信ずる毅然たる信念をもち，中世主義にのめりこんだ革新者であった．

オックスフォードのクライスト・チャーチ大聖堂の，バーン・ジョーンズ作の「ヴァイナー・メモリアル・ウィンドー」（左図）は，ギリシャで悪漢に殺された1人の若い学生の追悼のために作られた．樹葉模様を背景にして，4人の金髪の青年が立っている——預言者サムエル，ダビデ王，福音書記者聖ヨハネ，テモテ（テモテのためのバーン・ジョーンズの下絵を上に示してある）．人物の下に，四つの伝記的な情景が描かれている——エリに語りかけるサムエル，ゴリアテを斬るダビデ，最後の晩餐のヨハネ，テモテの幼年期．

武人の姿の旧約聖書の族長アブラハム（左図）は，戦いののち，高位聖職者メルキゼデクからパンと葡萄酒を受ける．中世時代には「最後の晩餐」の預型と考えられたこの主題は，19世紀の画家フォード・マドック・ブラウンによって，バッキンガムシャーのミドルトン・シェニーのオール・センツ教会堂の窓のために選ばれた．フォード・マドック・ブラウンは，ラファエル前派に比べてロマン的な理想主義者ではなく，彼らの影響下にあったが，その仲間には加わらなかった．彼は1861年から1874年にモリス商会のメンバーであり，最も才能ある画家の1人として，そのステンドグラスの多くのデザインを手がけた．

世紀の曲がり角

感覚的な優雅のスタイル

アール・ヌボーは，世紀の曲り角で，ヨーロッパとアメリカで流れ星のように閃いて20年の間に燃え尽きてしまった．その最大の衝撃は，建築と日常生活の場における応用美術の領域を襲った．

みわけるのはやさしいのだが，アール・ヌボーを定義するのは難しい．それはさまざまな影響から生まれ，多くの様式を包括し，多くの矛盾対立を内包していた．この様式の本質は，線のエキゾティックな使い方であり，その主たる霊感は植物と女性の曲線から出たものであった．しかし（ここに一つの矛盾があるのだが）植物は様式化され，女性は無性化される．

アール・ヌボーは，ただ1人の創設者が始めたのではない．さまざまな国で，いろいろなやり方で，それぞれ違った名称の

フランスの主導的な建築家・画家ウジェーヌ・グラセによって1884年にデザインされたステンドグラスの窓「春」（右図）は，アール・ヌボーの装飾的様式の好例である．春の諸々の映像がぎっしりと盛りこまれた風景の中に，前景の少女のたゆたう衣服で明らかなように，全体に満ちあふれた運動感が，群れ飛ぶ雲や花咲く樹々の背景に対して掃くようにうごめく春を告げるアイリスの花や燕によって強調される．この窓はパリの装飾美術館にある．

オパルセント・グラス（乳白光ガラス）の乳白色の花と透明ガラスによる深紅の花が対照的である．上図は，ティファニーと同時代のジョン・ラ・ファルジュ作の窓「赤と白のシャクヤク」の部分である．この窓は，1885年頃，ヴィクトリア朝の芸術家ローレンス・アルマ・タデマ卿のロンドンの邸宅のために制作された．現在マサチューセッツ州ボストン美術館蔵．

バルセロナのコロニア・グエルの内部の，すばらしいタイル張りの円柱とファンタスティックなねじれた表面は，アントニ・ガウディによってデザインされた未完成の礼拝堂内部を特徴づける（上図）．左図は，花に想を得た抽象的な窓であるが，この小さな礼拝堂の曲面をなす壁に自由にうがたれているようにみえる．

もとで発展した．この運動の哲学的な基礎は——応用美術を通じて大衆に芸術に対するよき感性を教えこむという——ラファエル前派とモリスのサークルの哲学と大幅に一致していた．けれどもここにもまた一つの矛盾がみられる．アール・ヌボーは，一般にきわめて秘伝的で高費につくものであったから，上流の裕福な人々によってのみ鑑賞され用立てられえたのであった．

イギリスでは1883年に建築家アーサー・マクマードが，曲線的な植物と孔雀で埋めつくされたタイトルページによって，レンの教会堂に関する1冊の本の中で新しいスタイルを予告した．日本の影響が，リージェント・ストリートに新しく開設されたオリエンタル・デパートメント・オブ・リバティーや当時ロンドン在住のアメリカ人画家ジェイムズ・マクネイル・ホイッスラーによってもたらされた．

スコットランドの建築家チャールズ・レニー・マキントッシュは，建物のみならず建物の中に収めるほとんどすべてのもののデザインをした人であるが，ヨーロッパ大陸，特にウィーンにおいては，この運動で最も重要な代表者の1人とみなされた．彼は，アール・ヌボーの女性像にその官能性を取戻したギュスタフ・クリムトなどを含むオーストリアの芸術家たちから，アイデアを取入れた．グラスゴーにあるマキントッシュ作の三つの建物が有名になった——すなわち，美術学校，クランストン嬢の経営するバチャナム・ストリートの喫茶室，ソーチホール・ストリートのウィロー・ティールームである．マキントッシュはウィロー・ティールームのためにあらゆるものをデザインしたが，そこには有名なステンドグラスによる扉口も含まれていた．

アール・ヌボー様式のヨーロッパで第1番に重要な邸宅は，ブリュッセルのメゾン・タセルで，ベルギーの建築家ヴィクトール・ホルタがデザインをし，1893年に完成された．内部装飾にはステンドグラスもあった．同国人のファン・デ・フェルデは，点描派の画家としてスタートしたが，のち建築に転じ，またステンドグラスを含む幅の広い芸術作品のデザインをした．

スペインでは，アール・ヌボーは，アントニ・ガウディの建物においてきわめつきの建築的表現を受入れた．彼のバルセロナにおける活動は，彼のパトロンのスペインの裕福な知的な工業人ドン・エウセビオ・グエル伯の奇妙な邸館，いまなお完成していない浪費的な聖家族教会堂，そして楕円形の花の形の窓をもつ小さなグエル教会堂を含んでいる．

フランスでは，ステンドグラスが，アール・ヌボー運動の中で特に主要な役割を演じた．この「新しいスタイル」は，この国には遅く波及したが，しかし10年間に応用美術を支配した（絵画の領域ではそうではなかったが……）．この影響はきわめて日本的なものであった．日本の美術品は，19世紀の中頃からフランスのコレクターにはポピュラーなもので，その中で最も有名な美術商はサミュエル・ビングであった．彼はアール・ヌボーの芸術家を勇気づけ，すぐれた日本の美術品の供給が乏しくなったときに，1896年，「ラール・ヌボー」と呼称する店を開いたが，こうしてこの運動の名が確定したのである．ファン・デ・フェルデによってデザインされた「ラ・メゾン・モデルン」という，これに対抗する店が2年後に開かれた．両者ともステンドグラスを扱っており，そのために仕事をした人々の中に，当時は無名のイギリス人画家フランク・ブラングインとアメリカ人のジョン・ラ・ファルジュとルイス・コンフォート・ティファニーがあった．

「壮麗，ロンドン」は，ケイクブレド・ロビー会社の高く賞讃された電報用の宛名である．同社はロンドンにあるヴィクトリア朝様式の公共的な建物のいくつかのためにステンドグラスを制作した．1901年頃のこの会社の最良のガラスの一作例は，クラウチ・エンドのクウィーンズ・ホテルにある．大きなアーチのある窓（部分，上図）は優雅な花模様で飾られる．

チャールズ・レニー・マキントッシュが1903－1904年に制作した，グラスゴーのウィロー・ティールームの，鉛縁によるガラスの扉パネル（部分，上図）は，スコットランド派の装飾的な技倆の例証である．マキントッシュの様式は，現在グラスゴーの百貨店デイリーとしてその一部が使用されている有名な続き部屋では，全部にゆきわたっている．というのは，彼は食卓用食器に至るまでありとあらゆるとりあわせのものをデザインしたからである．この結果，色彩，形，デザインに完璧な統一が得られたのである．

ゆるやかな螺旋状の形が，ベルギーのアール・ヌボーの先駆者ヴィクトール・オルタのデザインによるドーム状の天窓を飾っている．規則的で幾何学的ともいえる鉛縁（右図，部分）が，日本の障子のような効果をあげている．この窓はおそらくオルタが1890年代にデザインをしたブリュッセルの邸宅の一つのために制作された．

自然で植物のような形の，鍍金したブロンズの優美なうず巻模様は，ブリュッセルのオテル・ソルヴェーの主階段のマホガニーの手すりを飾っている．ベルギーの建築家ヴィクトール・オルタのデザイン装飾で，1895－1900年に制作されたが，この邸宅は，工業人アルマン・ソルヴェーのために建てられた．

世紀の曲がり角

ティファニー——乳白光の創造者

ルイス・コンフォート・ティファニー（上図）は，ファヴリル・グラスの発明によって国際的に歓迎された．このガラスを用いて，壺やランプやその他の工芸品を作ったのである．彼はその秘訣を「種々の色ガラスの成分を熱いうちに一緒にする」と書いている．このメタリックな紅色は，ティファニーのガラスの品質証明書となった．

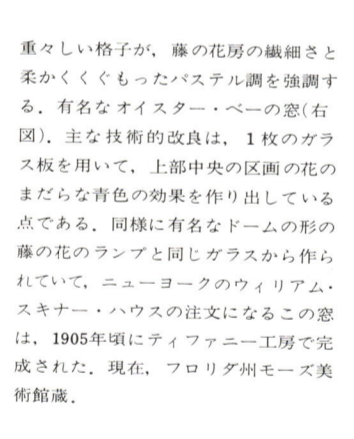

重々しい格子が，藤の花房の繊細さと柔かくくぐもったパステル調を強調する．有名なオイスター・ベーの窓（右図）．主な技術的改良は，1枚のガラス板を用いて，上部中央の区画の花のまだらな青色の効果を作り出している点である．同様に有名なドームの形の藤の花のランプと同じガラスから作られていて，ニューヨークのウィリアム・スキナー・ハウスの注文になるこの窓は，1905年頃にティファニー工房で完成された．現在，フロリダ州モーズ美術館蔵．

　ルイス・コンフォート・ティファニーは，多芸多才な人物であった．彼は自分の作るステンドグラスの窓は，従来のステンドグラスよりもより純粋な表現であると主張した．なぜならば，あらゆる色彩をガラスの中に収めて，どんな顔料を用いても調合可能であるというのであった．彼がみごしたものは，オパルセント・グラスの使用によって，17,18世紀のエナメル画法によるガラス画工が行ったと同じくらいにはなはだしく，中世の窓の魂ともいうべきものであったガラスの透明性を損っているという事実であった．彼は，大衆のための美の創造という信条を主張したが，金持ちの流行を追いかける種族のお気に入りになった．彼の芸術上の影響は，その力が及ぶ前に衰えてしまい，彼の没後の評価は一定せず，ある時は彼の作品は数ペニーまでさがることもあれば，他の場合には競売で競って買い求められたりするありさまである．

　ティファニーは，宝石商ティファニーの息子であったが，家族の会社に勤めて商業主義に汚されるよりも芸術を学ぶ方を選んだ．美こそがすべてであった．彼は始め油絵を学び，オスカー・ワイルドに紹介され，北アフリカとスペインを旅行し，そこで中世のステンドグラスの深い赤も青も彼の感覚からは暗すぎるということを発見した．数年間絵を描き続けたけれども，彼の最初の冒険的な仕事は室内装飾であった．晩年には「装飾的」芸術は「美的」芸術よりも，一つの国民にとってはより重要であると論じた．「日用品を美しくすることに才能を捧げている芸術家は，真の意味で人々の教育者である」と彼はいった．

　1880年代の初め，ティファニーの会社は，ニューヨークの室内装飾家の中でも最も流行の波にのった会社であった．1882年ティファニーはホワイト・ハウスを装飾するために招かれさえした．不運にも，彼の改修の見本であった大きなオパルセント・グラスのスクリーンが，20年ほどのちにセオドア・ルーズヴェルト大統領の命令によって，小さく切られてしまった．

　ティファニーは室内装飾家として活動しているかたわら，彼の関心はしだいにガラスの方に転じていった．1878年，彼はガラス工房を設け，そこでガラスも製造した．ガラス工場では，彼の望む効果を出すガラスを作っていなかったからである．同

1889年にパリで展示されたとき，傑作として迎えられたジョン・ラ・ファルジュの窓の成功に刺激されて，ティファニーは，好敵手を凌駕すべく大きな「四季の窓」をデザインした．各々の季節は，カルトゥーシュの中に象徴的な風景の中に描かれる（左図），チューリップの花は春，けしの花は夏，葡萄とトウモロコシは秋，雪の積もった枝は冬を表している．アール・ヌボーの性格ははっきりしているにもかかわらず，ティファニーの窓は，鉛縁を節しながら明るく鋭い線を作り出し，明るく澄んだ色を用いて，同時代の象徴主義の画家たちの影響を受けている．オパルセント・グラスで作ったこの窓は，1890年パリでセンセーションを巻き起した．後年，分割されて，ティファニーの大きなマンション，ローレルトン・ホールに設置された．4枚のパネルはのち，フロリダ州モーズ美術館が収集した．

虹色のファヴリル・グラスと透明なガラスと彫刻的な形を結合して，ティファニーの手作りのランプは，質の高い職人芸とデザインの創意性が目立っている．下図のドームのような形の孔雀のランプは，銅箔で接合し，孔雀の羽根のような模様を全体に広げている．オパルセントのアクワマリン色のガラスの帯紐は，ねじれた巻きひげで飾られたブロンズの茎の上にのせられた，水に浮かんだ睡蓮の葉の円錐状のランプ（最下図）を飾っている．

年，彼のロング・アイランドのアイスリップのエピスコパル・チャーチのために作った最初の窓でその結果が出た．

ティファニーの評判は高まる一方であったけれども，それに満足せず，ニューヨークのリュセアム劇場の装飾というオスカー・ワイルドに影響をうけた仕事に着手した．そのスタイルは，ニューヨーク・モーニング・ジャーナル紙に「超美学的」と書かれた．この計画は財源的に不運で，ティファニーは欠損を出したことから，否応なしに，自分のビジネスと彼の父親が彼の生活があまりにも速く進むという見方を認識することになった．

続く数年の間に，ティファニーのステンドグラスの名声は頂点に達し，1889年，パリの美術商サミュエル・ビングと提携し始めてから，彼の名はヨーロッパに定着し始めた．彼はつねに新しいもの――1892年のシカゴ万国博覧会のために数千のガラス片で作った乳白の礼拝堂から，1911年，メキシコ・シティーの国立劇場のために作った20トンのガラスを使ったファンタスティックなカーテンに至るまで，新しいものを作り出した．

巨大な計画があったが，しかしティファニーの名は，ティファニー・ランプと称する当時最もポピュラーな品の一つなど，彼の作る日用品によって有名であった．1900年ののち，ティファニーはアート・グラスに熱中し，虹色のファヴリル・グラスはまもなく以前の成果をかげらせてしまった．ビングは，それを「皮のような感触で，絹のようでデリケート」と記述した．

20世紀初頭，ティファニーは，ロング・アイランドのオイスター・ベーに580エーカーの別荘を購入し，自分のデザインでローレルトン・ホールを建てた．これは大きなアール・ヌボーの家で，10年の間，アメリカ中の新聞や雑誌から注目されて議論になった．この家には，84部屋があり，25の寝室，ヨット用の池，ウェストミンスターの鐘と同じ音色の鐘を鳴らす鐘塔などが含まれた．けれども，ティファニーは，しだいにエキセントリックになり，公衆の好みにあわなくなっていった．彼は，1933年没したが，ほとんど忘れ去られ，想い出されだしたのは20年後であるが，ただ嘲笑されただけである．しかし1950年以降，世評は彼に味方し，60年代の末に向って，彼の作品の模倣がはやったが，しかし再び評価は定まった．

157

20 世紀

広がる地平の時代

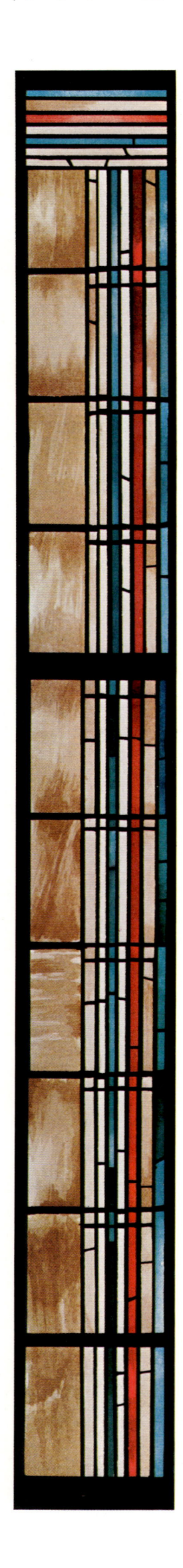

20世紀のステンドグラスは，その初頭のものでさえ，真の歴史的展望の中でみられるにはあまりにも近すぎる．しかし今世紀中葉に，ヨーロッパ各地とアメリカで並外れた創造的時代が始まり，エキサイティングで非凡でしかもしばしば美しいステンドグラスが作り始められたのは明白である．

ステンドグラスは，本質的には建築に依存した芸術である．それは，ロマネスク建築がゴシック建築へ路をゆずったときに栄えた．バロックやロココの過剰な装飾の中には登場する余地がなかった．鉄鋼とコンクリートをベースにした20世紀建築の明快な線と構造上の革新は，ステンドグラス画家たちに，彼らがいままでにもちあわせなかったほどの可能性豊かな機会を与えてきた．これらの機会をフルに利用することができるか否かは，建築家の想像力によっている．なぜならば，現代的な建物の骨組をいかなるタイプの皮膚でおおうかを決定するのは，彼らだからである．ドイツの建築家たちは，ステンドグラス画家たちにガラスをはめる広い壁を与えることによって，誰にも増して関心を示し，その結果は目ざましいものであった．

フランスとアメリカでは，革新的な建築工法は，ビザンティン世界で用いられた基本的技法であった，石組の中に直接分厚いガラスをはめこんで窓を創り出す技術の採用によって著しく開発された．今日，ダル・ド・ヴェールという名でよばれる1インチほどの厚みの厚板ガラス片は，コンクリートないしエポキシ樹脂の中にはめこまれ固められる．このような窓は構造の一部をなしていて，開口部をふさぐ方法というのは当らない．

20世紀の革新と同様に，古い技術の発展もある．その一つは，融着ガラス（フューズド・グラス）である．デザインされた色ガラス片がすべて1枚の透明な板ガラスに融着されていて，鉛縁の必要を生じさせない．現代のステンドグラス芸術家は，またガラスの両面に描き，金箔のデザインをほどこし，プラスチックやモザイクや鏡とガラスを併用する．

しかしすぐれた芸術作品を作り出すためには，技法や革新以上のものが必要である．19世紀，ステンドグラス芸術家は，中世時代の技術に忠実な技法を学び直し発展させようと努力したのであったが，彼らの多くを動機づけた中世的な郷愁は本物ではなかった．20世紀のステンドグラス画家は，中世の工人たちが現代的思考には関わりのない天国と地獄の概念によって支配された宗教から引出した霊感をどこに見出すべきであったのであろうか．もちろん，中世のより暗い時代に必ずしも場違いではないような20世紀の一面もみられた．たしかに，原子力による大破壊の悪夢は，中世の地獄の恐怖に取ってかわるものであった．しかし20世紀のステンドグラス画家は，中世のガラス画工とは違っている．彼は，是認された原理や是認しうる主題の制約の中で仕事をするチームに属する無名のメンバーではない．自己の芸術によって自己を表現する個性をもった存在なのである．

けれども現代のガラス画家は，しばしば芸術制作のチャンスを求めて教会に依存することもあった．20世紀の教会には，第1次と第2次の二つの世界大戦で破壊された幾百幾千もの窓をステンドグラス画家の手で作り直す必要があったからである．第1次大戦後，再建された教会堂の新しい窓は，便宜的で模倣的で凡庸な大戦の記念の窓も少なくなかった．しかし第2次大戦後，新しい建物と教会側に，信仰する宗教に関わりなく，著名な芸術家を起用する用意があるという状況とが結びあって，大胆な実験を始めさせた．フランスが路を拓いた．なかでもマティス，ブラック，レジェなどが，伝統的な意味で宗教芸術ではない教会堂の窓を創り出した．象徴をあしらった抽象や半抽象のデザインが，具象的なアプローチにかわった．ホレイス・ウォルポールが「豊かな聖者たちでふとらされた貧しい窓」と呼んだ時代は過ぎ去った．それにかわったのは，自己主張する芸術作品であった．初め怒っていた大衆もしだいにすぐれた作品が精神的な内容をもっていることを認めるようになってきた．教会芸術の水平線は，世俗的な芸術の現代的概念のみならず，新しい方法でガラスを用いる建築家や芸術家たちの熱意によって拡大された．

フランスとドイツのステンドグラスの復興は，20世紀半ばまでは，順調に進まなかったが，アイルランドでは，今世紀前半に豊かな時代を迎えていた．その指導者は，大御所サラ・パーサー女史であった．彼女は93歳で没するまでアトリエをとりしきっていた．アイルランド派の代表的なメンバーは，ハリー・クラーク，ミカエル・ハーリー，エヴィー・ホーンであった．クラークは伝統と稀有な独創性を結びつけている．アイルランドはじめ世界各地にある彼の作品は，その色彩の暖かい輝きが特徴である．エヴィー・ホーンは，パリの抽象芸術に深くのめりこんでいたが，1930年代にステンドグラスに転向し，彼女が展開した再現的様式の多くをジョルジュ・ルオーに負っている．しかし彼女の晩年のすぐれた作品（最もよく知られた作品は，イートン・カレッジの礼拝堂の窓）は，明らかに彼女独得のものである．1931年に没したハリー・クラークも，1955年に没したエヴィー・ホーンもともに，アイルランドとイギリスの若いステンドグラス芸術家に強い影響を与えた．

フランスやドイツやアメリカのステンドグラス画家と比べて，イギリスの芸術家たちは大胆さを欠いていた．フランス，ドイツでよりも，イギリスでは破壊された教会堂は少なかったから，再建される数も少なかった．しかし新しい教会堂でさえ，建築家も教会当局も，オーソドックスな線を踏みはずすのを恐れていた．二つの大聖堂は特に例外であった．すなわち，ドイツ軍の空襲で破壊された大聖堂を再建したコヴェントリーと，リヴァプールのローマ・カトリック大聖堂である．ステンドグラスは，両大聖堂とも，主要な要素をなしている．リヴァプールの巨大な頂塔全体にステンドグラスがはめられ（ジョン・パイパーのデザイン，パトリック・レインチェンズ制作），抽象的な形で，黄色から赤や青の色の諧調によって聖三位一体が表されている．夜には照明され，灯台のような光が町の上に輝く．

リヴァプールやコヴェントリーで働いた芸術家を含めて，イギリスでは，ブリアン・トマス，モイラ・フォーサイス，そして伝統的な仕事の方ではフランシス・スキート，ラパート・ムーア，ハーコート・ドイルの名が挙げられる．つぎの世代では，アラン・ヤンガー，アンソニー・ホラウェイ，ピーター・ティソー（厚板ガラスが得意），レイ・ブラドリーがいる．特徴のある数多くの窓が，工房によって制作され，これがイギリスのステンドグラスの一つの特徴となっている．

けれども，ステンドグラスの制作に熱意をもつ若いイギリスの芸術家の数はしだいに増えているが，販路が限られているために欲求不満に陥っているのが現状である．ある批評家は，フランスやドイツでは，前の世代を継ぐ天分のある若いガラス画家が数少ないから，ステンドグラスの主導権は，イギリスとアメリカに移ると主張したことがあった．多くのヨーロッパの芸術家たちは，ステンドグラスが教会にそう密接に結びつかないことを望んでいる．日本のように，もしこのような関連がなければ，アメリカのステンドグラス芸術家がすでに示したごとく，建築家や顧客や一般の公衆に対して，ステンドグラスを公共建造物や住宅の本質的な要素として受入れることを納得させるのがより容易であろう．また再び教会が導くとすれば，多くの国々の公共機関と会社は安心して従うことができるであろう．

ジョアン・ミロの顕微的な生命体の超現実的な絵画の影響を受けて，ドイツの芸術家ゲオルク・マイスターマンは，ケルンの5階建ての西ドイツ・ラジオ局のために，ステンドグラスの壁（右図，部分）をデザインした．「音楽の色の調べ」と題された巨大なガラスの広がりは，曲がりくねった黒い線の網目の中に輝く色彩の胚芽的形態を結びつける．

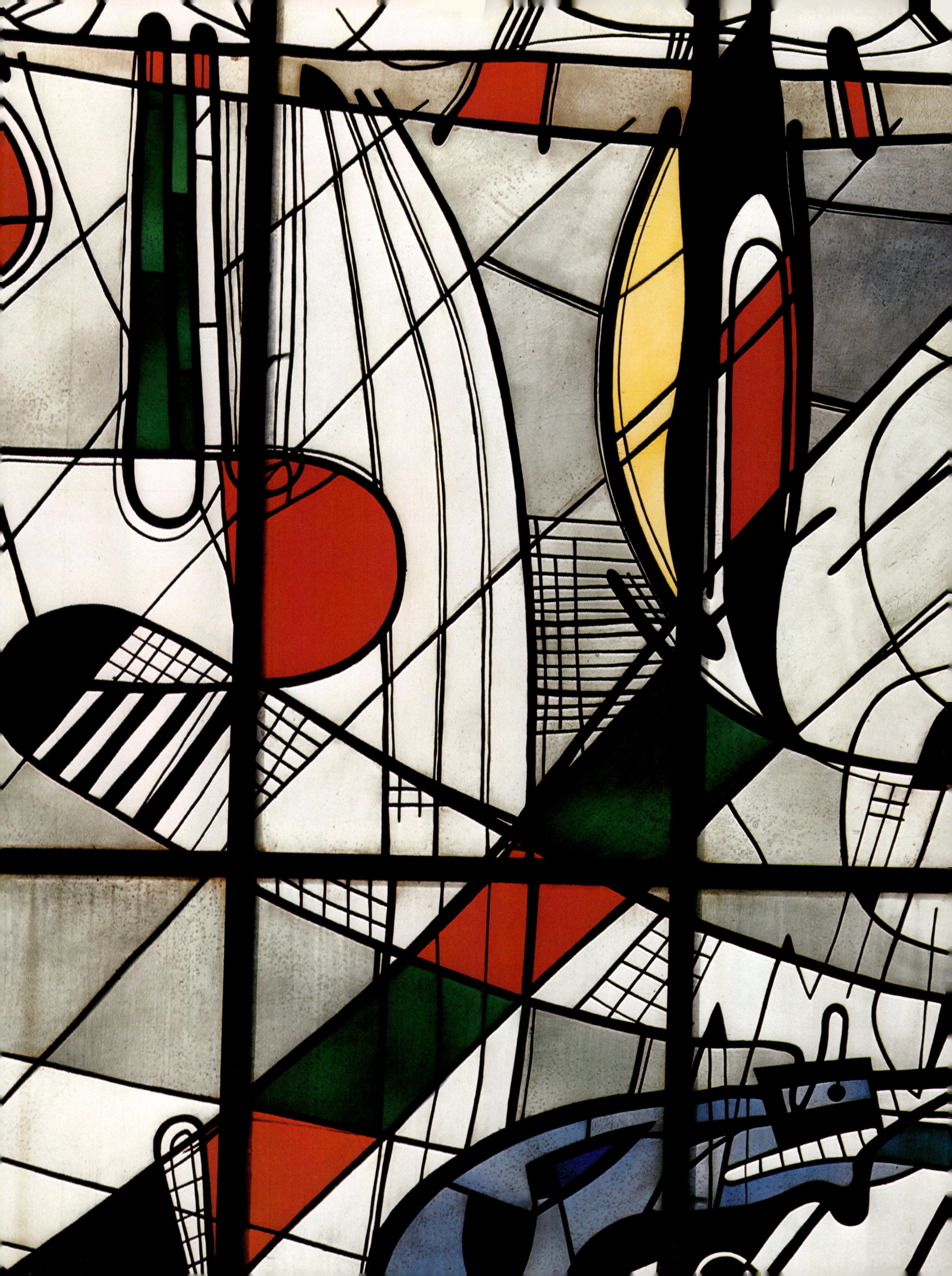

20世紀ドイツ

建築的芸術の復活

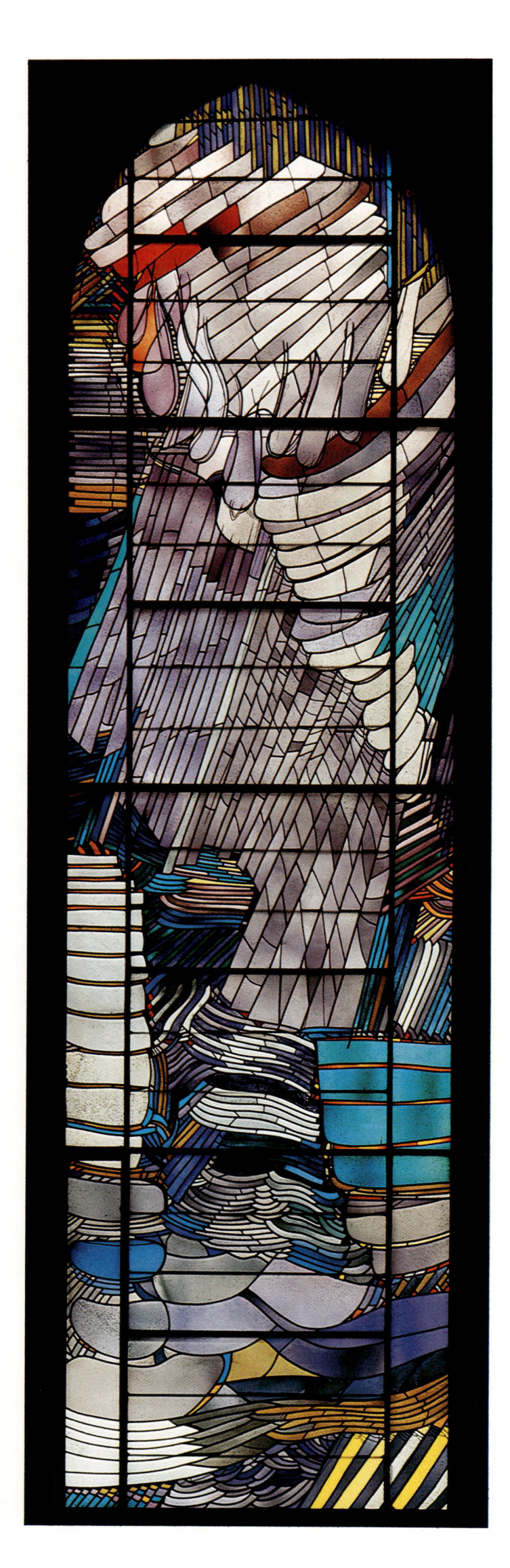

　第2次世界大戦以後，ドイツの建築家は，大戦中に破壊された幾千もの教会堂のかわりに再建された教会堂のみならず，世俗的な建物にも，ステンドグラスの壁を想像力豊かに用いることにかけて卓越している．幸いにも，こうした現代建築家の想像力は，中世時代以来みたこともないほどのステンドグラス芸術家の輝かしい世代にふさわしいものであった．19世紀のミュンヘン派のエナメル画法にもかかわらず，彼らは，着色ガラスと鉛縁の線によるデザイン創作の基本的技法へ復帰した．鉛縁は，輝く色彩よりは，線と形に対するより大きな信頼のゆえに，特に重要になってきた．

　現代の動向の先駆者は，ヤン・トルン・プリッカーであった．彼は，第1次世界大戦前後にキュビスト的な窓をデザインした．彼の弟子のアントン・ヴェンドリンクは，二つの大戦と1950年代の間の歳月を結びつけ，その間にアーヘン大聖堂の内陣のそびえ立つ側窓をデザインした．これは彼の最も注目すべき作品で，さまざまな強さの赤と青のさまざまな幾何学パターンから成り立っている．ゲオルク・マイスターマンは，1930年代と1950年代とを橋渡す連環を作り出し，第2次世界大戦後の大規模なドイツ再建が老年の彼にガラスの壁をデザインする機会を与えた．中でも，ケルンの西ドイツ・ラジオ局の階段室の5階建ての窓と，シュヴァインフルトのザンクト・キリアン教会堂の巨大な曲線を描く東窓が有名である．

　大戦後，新しい世代の卓越したデザイナーたちが，際立って現代的なドイツ様式を創り出した．主導者たちの中から，ルードヴィヒ・シャフラト，ヴィルヘルム・ブシュルテ，ヨハンネス・シュライターが挙げられる．シャフラトは，初期の建築を土台にしたアプローチから，特に円と円弧を用いた線の変化を展開するようになった．彼はまた白に対比的な黒と灰色を主調に用いて，色彩を節するようになった．ブシュルテのデザインは有機的である．ケルンのザンクト・ウルスラ教会堂の窓のごとく，その多くは，スケールの大きな，フリーハンドで描いた生命の細胞のようにみえる．シュライターのステンドグラスには，日本的な〝たゆたう線〟がみられる．シュライターはまた，ロイテスドルフのヨハンネスブント礼拝堂の窓にみるように，たとえ建築上大きな役割をもっている場合でさえ，建物を支配することのない雰囲気的な窓をデザインすることを得意とする．

　ケルンのザンクト・マリア・ケニギン教会堂では，もう1人の代表的なステンドグラス・デザイナー，ドミニクス・ベームが，廉価な延圧した板ガラスをいかに効果的に用いて窓を作り出しているかを示している．デザインは控え目で，灰色と茶色の繊細な色あいを呈している．

　ステンドグラスの壁が，ドイツのこの世代のガラス画家たちの最大の成果であることは確かであるが，ある芸術家は，フランスやアメリカで成功を収めているダル・ド・ヴェール，すなわち厚板ガラスとコンクリートによる技法を試みた．ヨーヘム・ペンスゲンは，ディンスラーケンのクリスト教会堂のガラスとコンクリートの野心的な試用によって，特に注目に値する．

　ステンドグラスの分野でのドイツの卓越性がどれほど長く持続するかは，1970年代始め，ある批評家たちが，一家をなすガラス画家たちが，後継ぎするだけの実力をもった若い世代を養成するのに手をこまねいていると非難したとき，議論の的になった．けれども少なくとも彼らは外国の若い芸術家に影響を与え，彼らの感化力はまったくすばらしいものである．

画家，版画家，ステンドグラス画家として重要なヨハンネス・シュライターは，線的な抑制をその特徴とするドイツの大戦後のステンドグラスの様式を発展させた．シュライターの「燃えさしのコラージュ」のヒントになった，燃えさしの紙のデリケートな焦げ目の線の影響を受けて，無限の変化をもつ線が，窓を行きつ戻りつする．シュライターは，ステンドグラスを取巻く建築的環境を厳しく意識して，一つの明確な特徴をもった環境の延長として作品をデザインした．ロイテスドルフのコハンネスブント修道院の礼拝堂を囲む青色のオパルセント・グラスの窓（下図）は，建築の幾何学的純粋さと，それを反復して取入れることなしに，調和している．東方の哲学のパラドックスの影響を受けて，このステンドグラスは，シュライターが「壮大な沈黙」とよんだものの完璧な作例である．

ゲオルク・マイスターマンのステンドグラスは，トルン・プリッカーの作品と，シャフラト，ペンスゲン，ブシュルテ，シュライターのような芸術家の作品とを差渡しする．より若い世代のステンドグラスよりは明らかにドラマティックで，マイスターマンのデザインは，抽象と写実の間を行きかい，ついにはもとになった再現的なものを感じさせない作品になっている．嵐，虹，光線などが慎重に暗示されてはいるが，決してそれとは判別できない．ボートとか雲とかかろうじて判読できるものが，線や色の流れに消え去っている．左図の瞠目すべき窓は，ケルン・カルクのザンクト・マリア教会堂の南側廊にあって，彼の作品の特徴を示している．

アーヘン大聖堂の窓(左図)のごとく，ルードヴィヒ・シャフラトの制御され神秘的な作品は，ステンドグラスを素朴に表現的な工芸とみなす先入観を打破っている。慎重にカールする線は，再現的なものの解釈に抵抗し，パターン化を超越し，現代ステンドグラスとしばしば結びついている多彩な明瞭性のアンチテーゼなのである。彼の窓のデザインと同等に重要なものは，シャフラトの厚板ガラスのコンポジションで，シュヴァインフルトのザンクト・ミハエル教会堂の部分(上図)にみるように，色ガラスの棒を突き刺したコンクリート面と一体となっている。

エッセン・ミンスターにある，モニュメンタルな有機的構造を想起させるヴィレム・ブシュルテの窓(上図)は，波状の線の網目と重なりあう色彩との組合せである。ブシュルテのステンドグラスは，様式の点で同時代の芸術家の作品と一致しないが，その色彩を飾した手法や線に依存したやり方は，やはり現代ドイツ・ステンドグラスの様式に結びついている。

161

20世紀アメリカ

実験的なアプローチ

コネチカット州スタンフォードの魚の形をした第一長老派教会堂の内側に傾いた壁は，工場であらかじめ型で作られたコンクリートによってできている．2万個の多彩なポット・グラスが，フランスのガラス画家ガブリエル・ロワールによってコンクリートの「枝々」の中にはめこまれて，木もれ陽の光の森を創り出している．屋根の棟まで達する身廊の窓に描かれた「復活」と「磔刑」の輝かしい細分化された映像（下図，部分）は，巨大なきらめく宝石の中に立っているような感じを与える．

20世紀初頭のアメリカには，ティファニーによって引起された興奮がさめるにつれて，不可避的に下り坂の感じがあった．ステンドグラス画家の中でも純粋な者たちは，苦労しながらより古い伝統に逆戻りしていった．

20世紀前半の様式は，1892年に着工されたニューヨーク市のセント・ジョン・ザ・ディヴァイン大聖堂と，1907年に着手されたワシントン市のセント・ピーター・アンド・セント・ポール大聖堂（いずれも依然未完成）の窓に反映している．二つのアメリカの大聖堂は，大規模な中世的なゴシック様式の教会堂プランの上に建てられたのであった．これら二つの大聖堂の窓は，20世紀で最も著名な伝統主義者たちによって制作された．

最も有名な芸術家は，ステンドグラスの大量の制作とその熱情的な著『光と色の冒険』によって，チャールズ・J・コニックであった．彼の作品は，オパルセント・グラスから透明ガラスと鉛縁を用いる古い技法へ推移する運動の指導者オットー・ヘニッケの系譜に属する．コニックは，ボストンの工房（現在も存続している）に学んで，ふつうシャルトルのごとき青ガラスを背景にする窓を，アメリカ全土の教会堂のためにデザインした．特にプリンストン大学の礼拝堂には，彼のデザインによるすばらしい窓がある．しかし彼の代表作は，セント・ジョン・ザ・ディヴァインの西バラ窓である．直径40フィート，1万個のガラス細片から成る．これらの大聖堂に作品がみられる他のガラス画家には，ヘンリー・ヴィンド・ヤング，アーネスト・レイクマン，ニコラ・ダセンツォ，そして今日アメリカ最大のステンドグラス工房を設立したウィリアム・ヴィレットの息子のヘンリー・リー・ヴィレットがある．

ワシントン大聖堂の窓には，魅力的な多様な主題が盛りこまれている．伝統的な聖書場面では，ダマスカスへの途上のパウロの改宗と，聖書の中国語訳を完成した伝道者に語りかける神の2場面がある．労働組合がいくつかの窓を寄進し，彼らのマ

ークが縁飾りにみられる．

　身廊の南側の側廊には，芸術家，建築家，作家，音楽家，職人たちを描いた窓のうち，いわゆる「スペース・ウィンドー」には，宗教的伝統との断絶が示されている．この窓は，1969年の月への人類の到着を記念して，NASAの前局長トマス・ペイン博士が寄進し，セント・ルイスのロドネー・ウィンフィールドがデザインした．太陽と無数の星が浮かぶ宇宙の空間に，細い白い線がある．それは，人間の乗った宇宙船の軌道であり，神の宇宙における人類の小ささを示す．窓の高いところに，小さな透明ガラスがはめこまれ，宇宙飛行士ネイル・アームストロングとエドウィン・アルドリンが月からもち帰った岩の断片を収めてある．この岩片は，360億年前のもので，地球では未発見の鉱物パイロキシフェロイトを含有する．

　切子面をもつガラスとコンクリートの組合せが劇的な成功を収め，これがダル・ド・ヴェールの発祥地ヨーロッパ

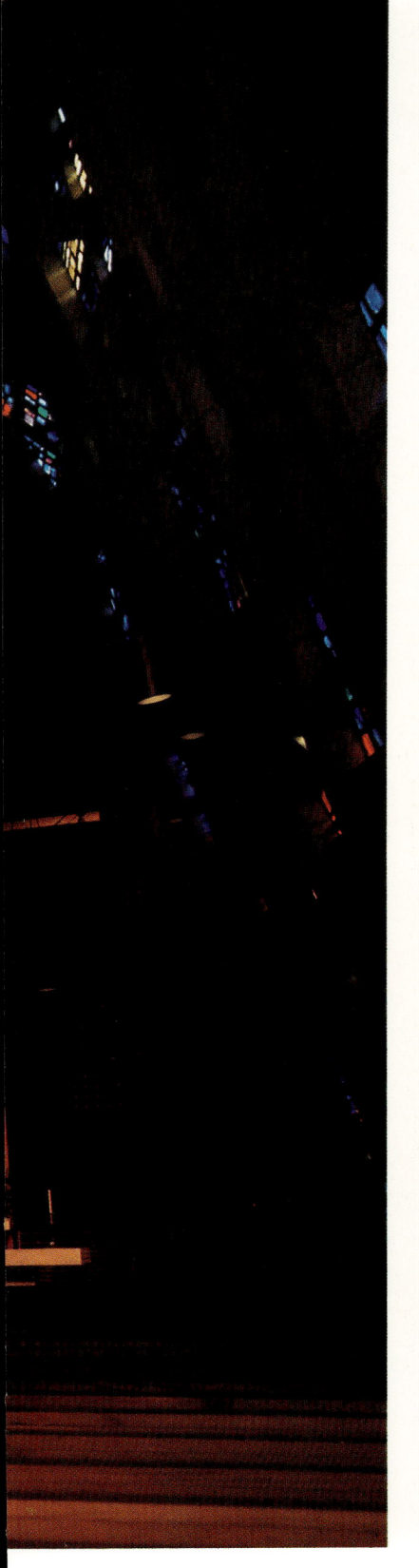

電飾の光が明滅するモザイクは，ニューヨークのKLMオランダ航空の事務所の壁を飾っている．ジョルジー・ケッペスによるデザインは，町の上の夜間飛行を想起させる．この「光の壁面装飾」（上図，部分）は，孔をあけたアルミニウム・スクリーンを裏にはりめぐらした着色の厚板ガラスから成り立っている．この壁面装飾の背後に装備されたフラッシュ・バルブ群は，ステンドグラスに人工光線を発生させ，飛行機からみた空間に似た光がさざめいたような効果を創り出している．

無限なる窓——この劇的で半抽象的な窓（左図）は，1974年，ワシントンの聖公会大聖堂の身廊に，宇宙開発と人類の最初の月面到着を記念して設けられた．この20世紀的なデザインは，ゴシック様式のトレサリーを反映した精妙な石組の中にはめこまれている．中央のランセットの上部の小さな透明ガラスの細片は，アポロ2号の乗組員が地球に持ち帰った玄武岩質の月の石片を収めるためにデザインされた．

20世紀アメリカ

実験的なアプローチ

を追いこして，アメリカを先頭に立たせた．この技法はアメリカには第2次世界大戦直前に入ってきたが，これがどんな規模にせよ一般の使用に供されるのは20年ほど後のことであった．この方法で建てられた最初で最も注目すべき教会堂は，コネチカット州のスタンフォードの第一長老派教会堂であった．1958年に建てられた堅牢な壁は，あらかじめ工場で作られたコンクリート・パネルで作られたが，身廊の壁は，ガラス壁で，フランスのステンドグラス画家ガブリエル・ロワールによってデザインされた．ガラスは床から屋根まで広がり，多彩で，切子面があり，三角形のパネルが，外側からみると大きな紙のダーツを想起させるようなパターンに組立てられたのである．

この教会堂の建設以後，コンクリートやエポキシ樹脂の中にはめられた厚板ガラスの窓が数多くアメリカ全土にわたって建築のために制作されるようになった．ヴィレット工房一つだけでも，1954年初めてこの技術を導入して以来，400件以上の厚板ガラス法の注文を受けている．先駆者には，セント・ルイスのエミル・フライ，ミルウォーキーのコンラット・シュミット工房のベルナード・グリュンケ，サン・ラファエルのハロルド・カミングス，ロスアンゼルスのロジャー・ダリキャリアがいる．コロラド・スプリングスの近くの山の中にある注目すべき一例は，金属で作られたきらめくテント状の教会堂——空軍アカデミー礼拝堂である．25000個の厚板ガラス片が直接金属にはめこまれるが，これは，ロスアンゼルスのジュゾン工房のデザインと制作によった．

ステンドグラスの常識をこえた実験の他の成功例は，ニューヨークのKLMオランダ航空の事務所のアルミニウムと厚板ガラスによる照明された壁面装飾とステンドグラスとモザイクを組合せたエンドモザイクである．長い間通用してきた原理に従えば，人工照明はステンドグラスには有害であるのだが，マサチューセッツ工科大学の視覚デザイン教授のジョルジー・ケッペスのデザインによるKLMの壁面装飾の場合は，デザインに一体化されている．航空時代の空間という概念が，上空の星と下界の町の灯が眺められる夜間飛行の興奮から受ける感銘をもとにして形作られている．この効果は，51フィートの幅に18フィートの高さの面積の壁にうがたれた60万個の小さな孔とより大きな間口と，背後に装備した点滅する光源によって実現されている．

ステンドグラスとモザイクを組合せるアイデアは，数多くのアメリカの芸術家をひきつけた．このような大規模な壁の一つは，カリフォルニアのエミール・ノーマンがサンフランシスコのノブ・ヒルにあるフリーメーソン記念殿堂のためにデザインした，フリーメーソンのカリフォルニア到着を描いたものである．鉛縁に収まったガラスが，モザイク的な効果を作り出すために用いられている．ニューヨークのケネディ空港のアメリカン航空のターミナルビルのために，ロバート・ソーワーズは，濃く着色した半透明ガラスを幅広い鉛縁で結合して，きらきら輝くモザイクのようにみえる広大な壁面装飾を創り出した．ソーワーズの他のより小さなスケールの作品には，興味深い住宅やオフィスのステンドグラスの扉がある．

活気のある若い世代のアメリカのステンドグラス芸術家は，世俗的なガラスに描いた同時代的な主題になじんでいる．ポール・マリオニは，ガラスの可能性の追求において最も冒険的な芸術家の1人である．彼の作品には鏡，プラスチックとフォトシルクスクリーンが用いられる．最もよく知られたパネルは，本物の水をつめた透明なプラスチックの廃物パイプを使った洗面器の登場する作品である．

アメリカのステンドグラス芸術家による，ガラスの特性をフルに開発しようとする試みが，技術的にも芸術的にも必ずしもすべて成功しているとは限らない．しかしかくも想像力豊かな実験がなされたということ自体が，アメリカだけに限らず，ステンドグラスの未来にとっても，活力に満ちたことなのである．

ティファニーのスタイルでデザインされた，ステンドグラスの中の無数の小さな花は，有名なマンハッタンのレストランと集会所であるマックスウェルズ・プラムの天井の一部である．16フィートに28フィートの大きさのパネルは1960年代の終りに設置された．

"クリーヴランド・ブラウンズ"所属のアメリカンフットボールの世界的に有名なフルバック，ジミー・ブラウンが，オハイオ州クリーヴランドのメイプル・ハイツにあるブルー・グラス・レストランの窓に描かれている．このフットボールの窓（下図，部分）は，アメリカのスポーツを描いたシリーズの一つで，クリーヴランドのウィンテリッチ工房によってデザインされ，制作された．

精神的発展の8段階を象徴する八つの窓は，イリノイ州ディケイターのルター派のトリニティー教会堂のためにエミル・フライ工房のロバート・フライによってデザインされた．このシリーズの最後の段階の「聖霊降臨」は，下図に示されるごとく，裂けたような赤い三角形で囲まれた火災のような中心をもつ透明な車輪によって表される．

ロバート・ソーワーズによってデザインされた窓（下図，部分）では，半透明な色ガラスの大胆な色面が，太い鉛縁と対照をなしている．これは，ミズリー州コロンビアのステファンズ・カレッジの礼拝堂のためにソワーズによって，1957年に制作された12の窓のシリーズの一つである．

1970年代にステンドグラス制作を始めたカティー・バーネルは，1973年，北カリフォルニアの尼修道院のために「トチノキの若木の窓」を作った（左図）．表面の多様な変化のある効果は，3種類のガラスを用いて作り出されている——イギリスの（気泡の入った）「シーディ・グラス」と，アンチック・グラスと市販のアメリカン・キャセドラル・グラス．葉の細い部分は腐蝕法によっている．

さらし台の昔日の栄光——この「金銭的利益」と題された小さなガラス・パネル（右図）は，アメリカ的なものの追求を象徴している．1973年，アメリカで最も革新的なガラス画家ポール・マリオニが制作した．アメリカ国旗を表すのに，不透明ガラスに色ガラスを被せてから，彫り出している．

1974年，ロバート・ケルマンが制作した「コンポジションⅨ」は，不透明ガラス，透明ガラス，ミラー・グラスによって作られている．このパネルに表面にワイヤーとガラスを延長させることによって，彫刻的な次元が付加され（左図），さまざまな角度からみれば，ばらばらな形や材質との間に，さまざまな関係が生まれてみえる．

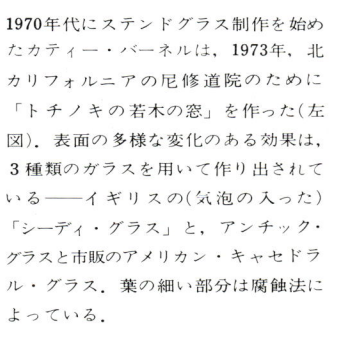

165

20世紀のユダヤ教教会堂——イスラエル，アメリカ，ヨーロッパ

真髄の光

"マゲン・ダヴィド"とよばれる六稜のユダヤの星が，初めてアメリカのシナゴーグのステンドグラスの窓に現れた．世紀末から今世紀にかけて，ティファニーの工房で作られたこの窓(右図)は，1920年代の終りに，ニューヨーク市のエマヌ・エル集会所に設置された．中央の縦パネルには，「律法」が表され，両側のパネルにはモーゼが神から律法を受けたシナイ山が描かれている．

「ユダヤの女王に捧げられた冠」は，いかにマルク・シャガールが，イスラエルのハダシュ・ヘブライ大学メディカル・センターのシナゴーグを心に描いたかを示している．このためにシャガールは12の「エルサレムの窓」をデザインしたが，その一つ一つがイスラエルの部族の一つを表している．1962年に設置されたこれらの窓は，雪のように白い色面によって強調されたまばゆいばかりの色彩の推移のゆえに，卓越した作品となっている．不規則なガラスの形は，驚くべき柔軟な曲線を描く鉛縁によって固定されている．モーゼの律法による彫像の禁止によって，かえってシャガールは，長い間彼自身の映像世界の一部となってきた野性の生活が，新たな象徴的意味をもつところの魔術的な世界を創り上げた．「ヨセフの部族の窓」は下図の左，「ベンヤミンの部族の窓」は下図の中央，「ルベンの部族の窓」は下図の右．

光の精神性に対する深い感情は，キリスト教にもユダヤ教にも共通してみられるが，しかしその解釈は異なっている．最も注目すべきキリスト教的解釈者は12世紀の修道院長シュジェールであり，彼は，パリ近郊のサン・ドニ修道院教会堂の窓に「人間の精神を神の光で照らし出すために」ステンドグラスをはめたのであった．他方，11世紀のフランスのユダヤ教学者ラシは，人間は祈るとき，シナゴーグ(ユダヤ教教会堂)の窓を通して空をみることができなければならない，崇敬と帰依の念を吹きこまれるように……と論じた．

歴史的には，ユダヤ教徒にはステンドグラスを受入れるにはそれとは違った障害があった．聖画像の使用は，聖像を彫ることを禁じた「十戒」の第2の律法に反することであった．また，このような窓は，祈る者を帰依の心からそらしてしまうと感じられたのであった．さらにステンドグラスは，キリスト教的芸術とみなされ，非ユダヤ教的技法は一般に拒否されたのである．

しかし，ユダヤ教教会堂のステンドグラスは，乏しいとはいえ長い歴史をもっている．ケルンの12世紀のシナゴーグにステンドグラスの窓の記録がある．またその中に描かれていた蛇とライオンを取除くべしというラビの主張が記録されている．今日，ステンドグラスは，特にアメリカでは，改革派・保守派のシナゴーグにおいて，ふつうにみられるようになった．イギリスやフランスでは，正統派のシナゴーグにもみられる．

ステンドグラスで特にユダヤ的な様式というものはない．窓は，古いガラス画の伝統の拒絶やあるいはそれへの執着といったさまざまな過程を反映する．多くの抽象的な窓があるが，それは人間や動物や植物などのイメージの表現によって蒙るであろう反対を回避し，それと同時に現代の機能的建築を補う役割を果す．人物像，ときには顔を描くことが，改革派のシナゴーグの装飾芸術に増え始めているし，ロンドンの正統派の中央シナゴーグにさえ，「天地創造と最後の審判の窓」に，1人の人物が表されているが，しかし後向きで，依然として顔は隠れた

ままである．エルサレムのハダシャ・ヘブライ大学メディカル・センターのシナゴーグのための有名なステンドグラスに，マルク・シャガールは，モーゼの律法によって人物像を描くことを禁じられているゆえに，人間の性格を備えた鳥や獣を描いた．

アメリカのステンドグラス芸術家はとりわけ冒険的で，シナゴーグのガラスのために，古いユダヤ教的モチーフと組合せて，新しい主題を創り出している．たとえば，ミネソタ州セント・ポールにあるブナイ・アーロン・ユダヤ教会堂には，ウィリアム・ザルツマンによって制作された10の窓に，1人のユダヤ人の生涯が表されている．すなわち，誕生，教育，"バールとバット・ミッツヴァー"と称する少年少女が成人集団に入るときの儀式，結婚，老年，不死．アメリカ文明に対するユダヤ人の貢献が，ペンシルバニア州ピッツバーグの「生命の樹」シナゴーグのためにヘレン・カリュー・ヒックマンのデザインによる四つの窓に描かれる．これらの窓には，エリアとエレミアから始まって，最高裁判所判事のフェリックス・フランクフルターや名もない裁縫工，音楽家，農園労務者，劇作家などに至る人物像が描かれている．芸術的には決して成功していないが，フィラデルフィアのハル・シオン・テンプル（シナゴーグ）の12の窓にユダヤ人の4000年の精神的な歴史を盛りこもうとした野心的な試みがある．

同時代のアメリカのシナゴーグとユダヤ人のコミュニティ・センターの多くの窓は，ニューヨークのミルトン・スタインバーグ・ハウスの広大なステンドグラスのファサードから，40フィートに30フィートの面積の，シカゴのループ・シナゴーグのアブラハム・ラットナーによる窓に至るまで，大規模に構想されている．このような制作の規模はまさに，過去におけるステンドグラスに対する反感を考えてみれば驚くべきことであり，信仰の真髄の光をくもらすことなく洗練することのできる，承認可能で採用可能な芸術形式としてステンドグラスを認識できることを証明するものである．

ユダヤ教の象徴

ユダヤ教の儀式における象徴主義の豊富さがしばしばステンドグラスに反映している．1963年，ニュージャージー州ニュー・ミルフォードのテンプル・ベス・ティクヴァーの礼拝堂に設置されたこの窓（右図）にはこのような映像がひしめいている．主要な象徴には，エホバの神殿の七枝の燭台（1），新年やヨム・キップールといわれる贖罪の日に吹かれる雄羊の角笛ショファール（2）がある．秤（3）は「最後の審判」の正義を表し，あるいはユダヤ教芸術におなじみの主題であるゾディアック（黄道十二宮）の象徴の一つを表すものであろう．重要なユダヤ教の祈りの一部であるシェマが，律法の巻物（4）に記されている．格子模様（5）は，8日間の「幕屋の祭日」スコットの間に建てられる小さな亭スッカーを表す．この祭の間には，燭台やレモン（エトログ）や椰子の葉がみな用いられる（6）．メノラー（7）が，「光の祭日」ハヌカーの間中灯をともされる．右から左へ書くヘブライ文字（8）が，神の名前を記す．「エステルの書」メギラーが，ユダヤ人のペルシャ人からの解放の記念祭プリムに読まれる．エジプトからの脱出は，「過越しの祝」のときに，マトゾットの名で知られるパン種を入れないパンや卵焼きや苦草をもって祝われる（10），サバト（安息日）のテーブルには，燭台，葡萄酒，二つの組紐状に編んだパン（11）が置かれ，その近くに，土曜日の日没時，サバトの終りをしるす儀式のときに用いられる香料の匣がある．「十戒」は律法の碑板に列挙されている（12）．

「天地創造と最後の審判の窓」（上図）のアーチでは，1人の独唱者が，ユダヤの新年や最後の審判の日に鳴り響く雄羊の角笛ショファールを吹き，秋の祭もまた「天地創造」をことほぐ．中央の「天地創造」のパネルは，律法の巻物トラー，楽器，聖書注釈書などの絵で縁取りされる．この窓は，1964年，ロンドンの中央シナゴーグに設置された．

侵略と切迫した大破壊の象徴が，劇的な「エレミアの窓」（下図）に描かれる．1974年に完成されたこの窓は，ペンシルヴァニア州エルキンズ・パークの改革派のケネセス・イスラエル集会所の「預言的探究の窓」のシリーズの一つである．

ベン・シャーンは，ニューヨーク州バッファローのテンプル・ベス・シオンの曲面をなす窓のためのデザインに，朝の礼拝に読まれる詩篇150からとった詩句を用いた．

20世紀イギリス

コヴェントリー——再生の象徴

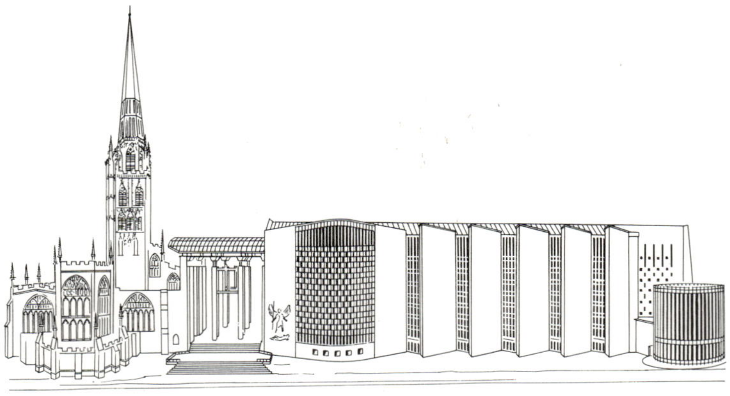

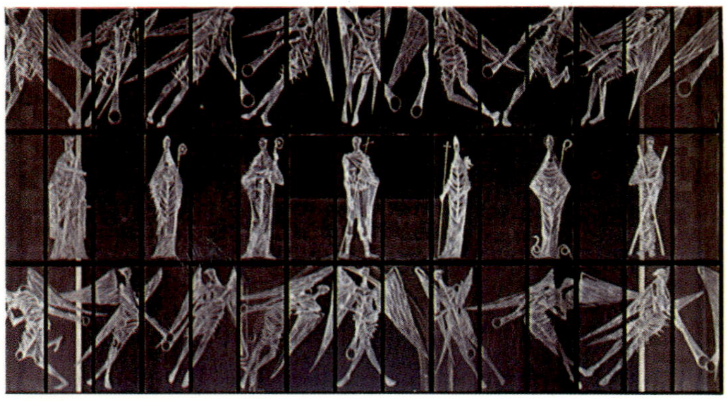

コヴェントリーの中世の大聖堂は，1940年11月のドイツ空軍の空襲で大幅に破壊された．建築家のバジル・スペンス卿は，新しい大聖堂を古い建物の残存に結びつけたのであるが，この併置は，死と復活と同様，信仰の不滅を象徴するものであった．デザインは過去との断絶を表すようにみえるのだけれども，その建築プランは因襲的とさえいえる．

新しい大聖堂が1962年に献堂式を挙行されたとき，ステンドグラスの窓は，建物の他のあらゆるものと同じように，反対のやり玉にあげられた．窓のデザインと，それが大聖堂に組入れられる方法とが，まったく伝統との烈しい断絶を示したのである．10の身廊の窓は，南の光をとらえるために斜めに配置され（これは，教会堂の"東"端が北寄りに向いていることから出された問題に対するスペンスの解決であった），その結果かくれてしまって，祭壇の端からしか全体がみえなくなった．70フィートもの高さにそびえたつこれらの窓は，全体的な主題として，人間の生活のさまざまな段階における神と人間との関係を取上げている．北側廊の窓は聖なる次元（神）を，南側廊の窓は自然的次元（人間）を表す．さまざまな段階は，色彩の象徴的な使い方によって表現される．

しかし，この大聖堂の主たる窓は，床から天井にまで達する洗礼堂の巨大で劇的で曲面をなす窓である．ジョン・パイパーのデザインによって，パトリック・レインチェンズが制作したこの窓は，世界の中に輝き出した聖霊の光を象徴する．中央は，黄色と白の太陽のごとき強い光であり，その周りは，青，赤，紫，褐色，オーカー，緑，灰色などの色面である．曇り日でさえも，太陽の光は，石造りの部分に流れこむようにみえる．

伝統との断絶に関する議論が鎮まったとき，コヴェントリーの窓の真価とイギリスの教会堂のステンドグラスの道標としての重要性が認識された．コヴェントリーにおける建築家とガラス画工によるコンクリートとガラスの大胆な使用法が，一つの原型としての役割を果し，イギリスのステンドグラスの新しい伝統を樹立したのである．

70フィートの高さをもつ透明ガラスの西スクリーンには，ジョン・ハットンによって，天使，聖者，預言者などの瞠目すべき人物像が彫られている．その窓は古い大聖堂の残存の方を向いている．

風景や建築の魂を震えさせる水彩画で有名なジョン・パイパーは，コヴェントリー大聖堂やリヴァプールのローマン・カトリック大聖堂のための壮大な窓をデザインした．

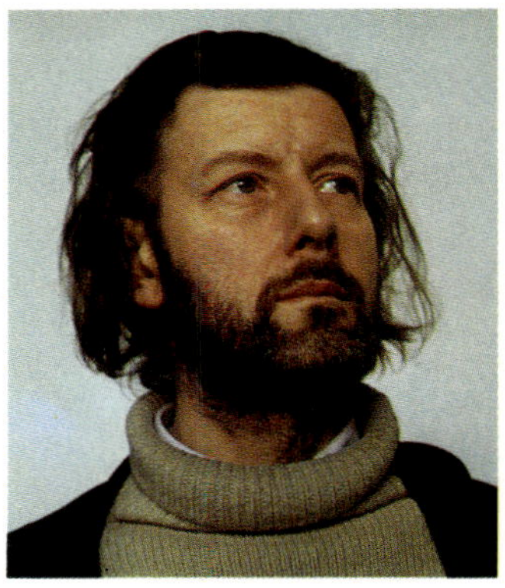

パトリック・レインチェンズは，イギリスや海外の建物のステンドグラスのためにデザインを作り，制作し，ジョン・パイパーによってデザインされた窓の制作はもっぱら彼の手になった．

身廊の5対の窓（左図，部分）は，北向きの大聖堂の南の光をとらえるために斜めに配置される．入口からはこれらの窓は隠れてみえないが，その確然とした五つの色彩が白い壁に反射し，側廊の黒い大理石の床を染める．ローレンス・リー，ジョフレー・クラーク，ケイト・ニューによってデザインされたこれらの窓は，人間存在の五つの段階を表す．各段階は，色彩の象徴的な用い方によって表される——誕生は緑，青春は赤，成熟は多彩色，死は青と紫，復活は金色．

石とガラスの巨大なチェス盤のごとき洗礼堂の窓（最右図）は，世界の混沌の中から現れ出た聖霊の光を象徴する．この窓のためのジョン・パイパーの下絵（左図，部分）は，パトリック・レインチェンズによって，長方形で抽象的なパターンのガラスに翻案されている．この大きな面積のまだらの光のさざめきの中で小さくみえる洗水盤は，ベツレヘムの近くの丘の中腹から運ばれてきた玉石で作られた．

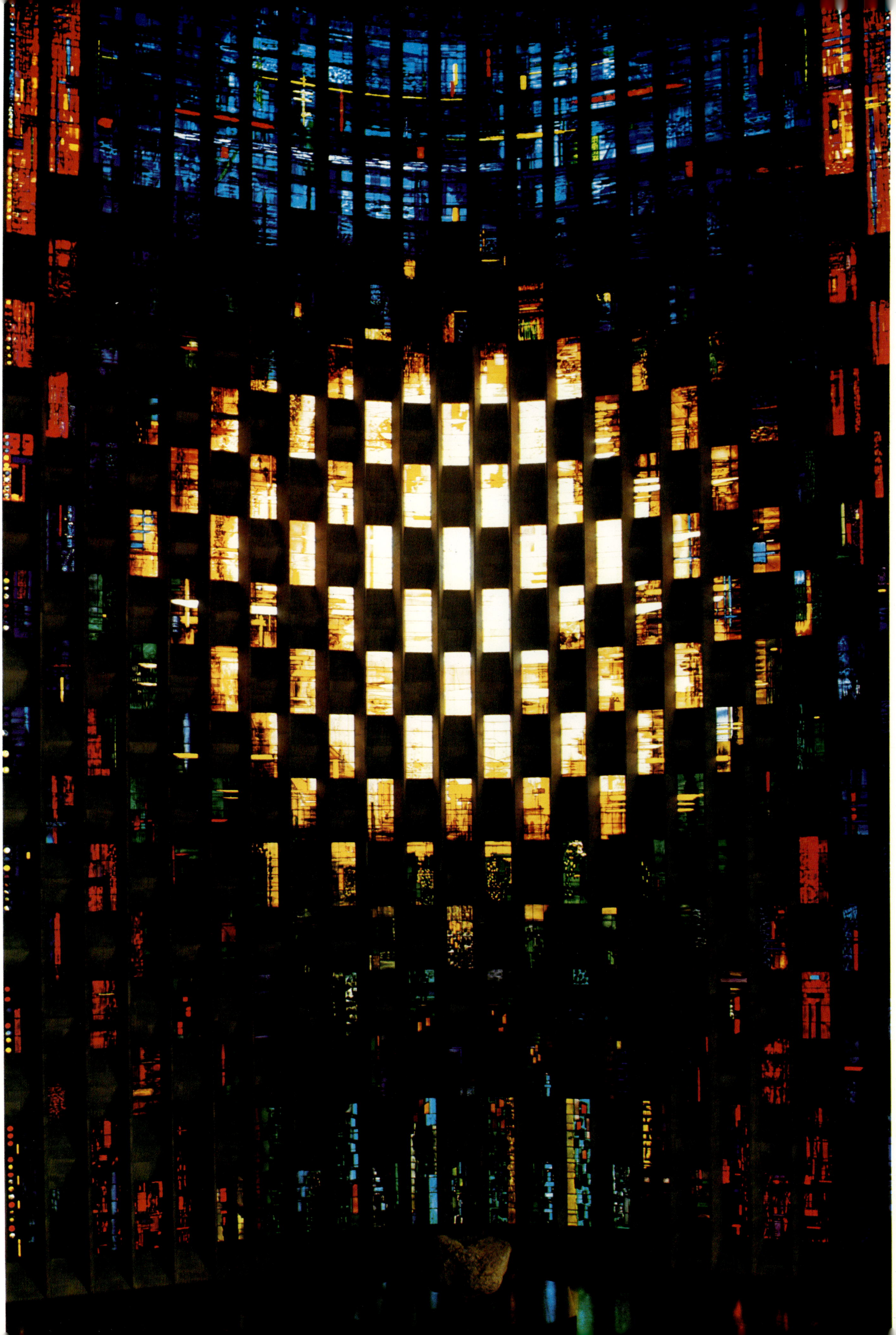

20世紀フランス

現代絵画の鏡

　ステンドグラスの芸術に，絵画芸術を押しつけることによって，死の接吻を与えたのは，17世紀の画家たちであった．20世紀には，フランスの有名な画家の中で，ステンドグラスを絵画の相容れない因襲から解放して，それに生命の接吻を与えた画家がいる．主導権は教会側から興り，オート・サヴォア地方のアッシーのノートル・ダム・ド・トゥト・グラース教会堂が路をひらいた．1937年，大きな影響力をもつドミニコ会士クーテュリエ神父は，宗教的なステンドグラスの芸術は世俗的芸術の影響から大きな利益を得るであろうことを確信して，アッシーの窓のために下絵を提供してくれるよう多くの芸術家を招待した．その中には，レジェ，マルク・シャガール，ジョルジュ・ルオーがあった．ルオーは，若い頃にステンドグラスの工房で修業し，太い黒い輪郭線の技法を学びとったのであった．その黒い太い線は，聖書場面であれ娼婦であれ，彼の絵画を特徴づけるものであった．

　アッシーの実験は，様式が多数にわたっていたために必ずしも成功したとはいえなかったが，しかしアンリ・マティスが，1947年から1950年まで，彼の生涯の終りの4年間，制作したニースの近くのヴァンスのドミニコ会派のロザリー礼拝堂は，大成功を収めた．窓，壁画，大理石の床，衣服など，すべて彼がデザインした．彼のねらいは，礼拝堂に入ってくる者が浄められ，重荷から解放されたと感じることのできる雰囲気を創り出すことであった．

　レジェは，無神論者であるが，同様なねらいをもっていた．

　深くうがたれた小さな開口によって注意深く強さを制御された光が，ル・コルビュジェの峻厳で霊感を感じさせる傑作，ロンシャンのノートル・ダム・デュ・オー教会堂の雰囲気を作り出す．透明ガラスと着色ガラスを，白い厚い壁に白い不規則な間隔で配列した窓は，外側の世界をしめ出すことなしに，点のような光と色を堂の中に導き入れる（上図）．透明なガラスから透けてみえる空や樹が，ル・コルビュジェがある窓の上に無造作に塗りつけた，単純なイメージであり聖母に対するメッセージである原色の震動する方形と対照的に並んでみえる．明るいエナメルでほどこされた，彼の比較的複雑なデザイン（上図，右）は，ロンシャンの東扉口の外部にみられる．

　一時，ディエップの近くのヴァランジュヴィルに住んで制作していたことのあるジョルジュ・ブラックは，1953－54年にサン・ドミニック教会堂のためのステンドグラスの窓をデザインした．彼の同じ頃の静物画や風景画とは違って，窓の一つには，驚いたことに赤いトルコ帽をかぶって二つの蛇のような装飾模様の間に立っている聖ドミニクスが描かれている．

すなわち，信者の心も信者ではない人の心も，喜びと光で満すことであった．1950年から1952年の間に，彼はオダンクールの聖心教会堂にすばらしい傑作を創り上げた．この教会堂の三方に，コンクリートに1インチの厚さの厚板ガラスをはめこんで作った輝く抽象的なフリーズをめぐらして，「ダル・ド・ヴェール」のポピュラリティを確立した．

深い信仰心をもつ芸術家アルフレッド・マネシエもまた厚板ガラスとコンクリートを，技倆と想像力を駆使して扱った．そのすぐれた作例は，北フランスのエム礼拝堂にある．たとえば，レ・ブレズーとル・プールデュにある，ごくふつうに鉛縁を用いた抽象的な窓も同様にすばらしい効果をあげている．

ヴォスジュ地方のロンシャンのノートル・ダム・デュ・オー教会堂では，建築家のル・コルビュジェが建築デザインとステンドグラスの両領域を引受けた．この教会堂は小さいが，その分厚いコンクリート壁によってモニュメンタルにみえる．その白さが，南壁にあけたステンドグラスの窓からの光でやわらげられる．ある窓はほんの数インチ四方しかなく，3フィート四方をこえるものはない．ル・コルビュジェのスケッチ風のデザインは，子供のような書きこみと相まって，芸術と建築の完全な融合である舞台作りを完璧なものにする．

当然のことながら，大戦中に破壊されて復興された幾千もの教会堂やステンドグラスのすべてがすべて傑作とは限らない．しかも劣悪なものが，隷属的な模倣から生まれたりすることも免れなかった．

無神論者ではあるがフェルナン・レジェは，オダンクールの聖心教会堂のための，モニュメンタルなダル・ド・ヴェールのフリーズ(下図，部分)において，キリスト教的象徴主義の形態的要素を追求した．その断言的な色彩，管状の形態，太い黒い線は，レジェの機械や都市生活を描いた立体主義的絵画に類似している．同じように比較されるが，堅牢で曲がった形態と結びあって，彼の「生き生きとした風景」(上図)は，機械化された人間と，曲線で表現された雄牛と柔かな緑の樹とを対比させる．

抽象主義による最大の宗教画家といわれるアルフレッド・マネシエは，フランスやドイツの多くの教会堂のためにステンドグラスのデザインを手がけ，孤立したステンドグラスの窓というよりは，ステンドグラス的建築という現代的概念を促進させた．彼の絵画の宗教的主題は，カンヴァスにおけるよりも明瞭に表現され，深い色彩に対して震動して，抽象的なステンドグラスの窓を想起させる黒い線や形態の黒い網目によって表現される．エッセン・ミンスターの地下聖堂のマネシエ作の八つのダル・ド・ヴェールの窓のうちの一つ(左図)はコンクリートの模様の中にはめこまれた厚いガラス片によって，深い透明感を作り出している．

20世紀日本

東と西の融合

日本は，ステンドグラスの長い豊かな伝統をもちあわせていない．この芸術形式が19世紀中葉に初めて導入されたにすぎないからである．しかし日本には，世界でもユニークに相違ない現代のステンドグラス作品がある——すばらしい子供の世界を想い起させて人々を幸せにしようという目的だけのために創り出されたガラスの塔である．その塔は，現代で最も著名なステンドグラス・デザイナーのガブリエル・ロワールによってデザインされ制作された．ロワールはかつて，ステンドグラス画家の任務は建築家が残した「孔を最後になって埋めること」ではないと語ったが，箱根にある69フィートの高さの塔のステンドグラスをデザインするとき，確かに彼の役割は孔埋めをすることではなかった．ガラスはそれ自体のために存在し，建物はそれを支えるためにのみあるにすぎない．

「虹の塔」あるいは「子供のための喜びの交響的塔」という二様の名称で呼ばれるこの構築物は，箱根の山々の麓にあり，芸術パトロンである鹿内信隆氏によって創設された「彫刻の森」美術館の一部をなす．この塔は，切子面をもった厚板ガラス（ダル・ド・ヴェール）で構成されている．480のガラス・パネルが3500平方フィートほどの面積を占め，その中の螺旋階段を登っていくにつれて，花や雪片や星や道化師や遊戯から，三日月に座る恋人たちに至るまで，四季折々の一連のイメージがつぎつぎに現れて，作者によれば，「喜び，純潔，活力という一種の絶対的なものへ導く」のである．

ロワールは大規模なステンドグラスを制作している．コネチカット州のスタンフォードの第一長老派教会堂いわゆる「魚の教会堂」や，一片1フィート四方のガラス片22000個を使った西ベルリンのカイザー・ヴィルヘルム記念教会堂の，抽象的デザインの作例があるが，箱根の塔に匹敵するものではない．

日本においては，ステンドグラスは，西欧世界におけるような宗教的関連をもたなかった．けれども最も将来を約束された日本の若いステンドグラス芸術家の1人の大山義郎は，モンペリエ大学で建築を学んでいる間に，モンペリエの教会堂の窓の制作において初めての体験を得た．彼は，ジョン・パイパーのデザインによる「ウィンストン・チャーチル記念の窓」を含むワシントン大聖堂のための窓で，パトリック・レインチェンズの助手としても働いた．日本芸術は，大幅にアール・ヌボーのステンドグラスに影響を及ぼしているが，しかし西欧的な眼を通して解釈されていたのである．しかしいまやその影響のプロセスはみごとに逆転された．

「子供のための喜びの交響的塔」とよばれるステンドグラスの塔は，東京の近くの箱根の屋外美術館のためにフランスの芸術家ガブリエル・ロワールによって作られた．切子面をもつ厚板ガラスの480枚のきらめくパネルが，螺旋階段を取囲み，鳥，花，星，月，恋人，道化師などのイメージが，子供の頃の幻想のフリーズとして展開する．

フランスの影響，フランスの後期印象派絵画の影響が，フランスのモンペリエでステンドグラス芸術家としての訓練を受けた日本の芸術家大山義郎によるステンドグラス作品（右図）に認められる．フランスの煙草箱が田舎家の部屋の中のテーブルの上にみられる．その様式的な単純化は，ヴァン・ゴッホの寝室の絵に類似している．

様式，内容ともにまぎれもなく東洋的な，日本の人物の行列が，東京近くの箱根の富士屋ホテルのステンドグラスのパネルに描かれている．

20世紀オーストラリア

昔の芸術の脚色

オーストラリアの芸術家レオナード・フレンチの作品は、ロマンチックで儀式的で普遍的な主題の影響を受けて、ロマネスク芸術のモニュメンタルな壮大さを熱望する。メルボルンの近くのモナシュ大学のブラックウッド・ホールの、直径24フィートの厚板ガラスからなる天井(左図)は、フレンチによって「現在のところ、最も重要な作品」とみなされている。それは、幾何学的形態(上図、部分)が二分され、四分されて象徴と化す大きな万華鏡の対称的なパターンを想い起こさせる。

多産な有機的な生命にヒントを得た、オーストラリアの芸術家デビッド・ライトによるステンドグラス・パネルは、巻きひげや水草や胞子や菌類のパターンを様式化している。「森」と題されたゆらめく樹葉の構図(下図、部分)は、南フランスのヴァンスのロザリー礼拝堂のマティスの窓の樹葉のパターンに似通っている。

　オーストラリアの芸術は、ヨーロッパ芸術に比べて、まだ若いし、ステンドグラス芸術はさらにまだまだ若い。イギリスはオーストラリア芸術の生まれ故郷であるが、しかしその芸術はまったく違った環境に影響された新しい土壌に展開すべきものであった。

　ステンドグラスの「オーストラリア・スタイル」が出現し、レオナード・フレンチの作品の中にみられる。1928年メルボルンに生まれたフレンチは、20歳代の始めをヨーロッパですごし、彼の油彩画や壁画やステンドグラスは、レジェやマネシェやドローネやケルト芸術の影響を示す。それらはまた象徴的形態に富むメルボルンの芸術的伝統の流れを汲んでいる。

　フレンチの作品は、しだいに宗教的主題を取上げるようになった。魚や鳥がお気に入りの象徴である。彼が制作した、メルボルンのナショナル・ギャラリー・オブ・ヴィクトリアのための巨大なまばゆいばかりの天井において、中央の、直径48フィートの太陽のかたわらに、フレンチが語るところによれば「生命の担い手」たる30フィートの亀を描き、それらの周りに12フィートの背丈の鳥を描いた。164×48フィートの面積をカバーする224の三角形のガラスと、50の色あいをもつこの天井は、太陽の光を受けて輝きわたり、下の床を彩る。この芸術を収める建物の中で、意義深い芸術作品そのものである。

20世紀スカンジナヴィア，オランダ，ベルギー

ガラスによる大胆な発言

スカンジナヴィアの中世教会堂のほとんどすべてのステンドグラスは消滅した．それらは，「厳しい北方の長い冬に適合した低い温度の宗教」といわれたことのある，この地域のキリスト教信仰の支配的形式であったルター派のもたらした災難であった．バルチック海の島ゴットランドの教会堂だけに，かなりの量の中世のステンドグラスが遺っている．

ステンドグラスは，19世紀になって再び愛好され始め，それ以来，スカンジナヴィア的と認められうる様式が現れて，他の応用美術の「スカンジナヴィア風」と多くの共通性をもっている．これは，要約すれば，線の明瞭性と色彩の大胆さである．

ノルウェーの芸術家エマヌエル・フィゲラントは，1948年に没したが，ノルウェーやスウェーデンの現代ステンドグラスに大きな影響を与えた．ガラスに描かれたたんなる絵画をしりぞけて，彼は，暖かい豊かな色彩の窓を作り出した．彼の初期の作例は，オスローのファレレンゲン教会堂の「放蕩息子の窓」である．第1の窓で，父親は息子に相続分の財産を与える．第2の窓では，息子は，高い水準の生活と売春婦のために財産をすってしまう．この時点で，放蕩息子の金だけがなくなってしまったのではなくて，教会の方にもこのシリーズを完成させるに必要なもう二つの窓の資金が足りないことがわかった．フィゲラントの主要作品は1920年代に作られ，ストックホルムのオスカルスキルカンの33の窓のデザインをし，制作した．

フィゲラントは，スウェーデンの代表的ガラス画家エイナル・フォルセットに影響を及ぼした．フォルセットは，モザイクや油絵も手がけた．彼の窓は豊かな色彩をもち，ふつう一つの色彩が主調となっている．彼の1939年のヘルシングボルクのセント・メリー教会堂の内陣の窓は，エチオピア戦役の双方の兵士たちの友愛を示し，「ラップランドの窓」には，鉱物掘りや製材やトナカイの世話など，ラップ地方の労働風景が描かれている．フォルセットはまた小さいがすばらしい五つの窓をコヴェントリー大聖堂の窓のためにデザインした．

スウェーデンのもう1人の代表的ステンドグラス芸術家のボ・ヴィクトール・ベスコウの代表作は，スカラの中世のゴシック大聖堂の窓である．その中の，聖母マリアに捧げた窓は，5000のガラス細片からなる大胆で色彩豊かなパターンを示す．

20世紀になってようやく，アイスランドでは，今世紀中葉の先駆者ニーナ・トリグヴァッティルといった芸術家の作品によって，ステンドグラスの技術が確立した．彼は，レイクジャヴィクのナショナル・アート・ギャラリーのための窓やライフル・ブレイドフヨルドのための窓のデザインをした．ブレイドフヨルドの様式が発展すると，彼の色彩やデザインはより大胆になり，彼のさまざまな技法を冒険的に駆使しだす．彼が注文を受けた作品には，レイクジャヴィクのナショナル・シアターのレストランのための深い赤と青のステンドグラスの壁面装飾がある．

スカンジナヴィアとは違って，オランダとベルギーはステンドグラスの豊かな伝統を失うことなく，この国の現代的作品は，したがってより制約されたスケールのものであった．オランダにおいて，ヤン・トルン・プリッカーが，20世紀の始めにステンドグラス芸術に新しい生命を吹きこみ始め，1920年代にはテオ・ファン・ドゥスブルクが窓に抽象芸術を導入した．第2次世界大戦後，現代芸術は，多くのオランダのステンドグラス画家に影響を与えた．その中には，チャールズ・アイク，A・J・

指環をはめた，あるいは果物やペンやレモナードのグラスをつかんでいる透明な手（下図）は，オランダの芸術家マルテ・ロリングによって，アムステルダムのある学校の窓のためにデザインされた．多芸多才で多産のロリンクは，アムステルダムの他の多くの建物のために壁画や彫刻やステンドグラスを制作し，舞台装置，衣裳，レコード・ジャケットやポスターなどをデザインした．彼女はヨーロッパやアメリカで素描，シルクスクリーン，石版画の展覧会を開いた．

「口25」と題された明るい色面の組合せ（上図，部分）は，マルテ・ロリングによる，アムステルダムのバウネイフェルヘイト社会協会のためのデザイン．

「春の芽」（下図）と題するアイスランドの芸術家ライフル・ブレイドフヨルドによってデザインされた窓の庭が，葉の形と直線のための背景になっている．

デル・キンデレンやH・ヨナスがいる．1960年代と1970年代はマルテ・ロリングによるようなきわめて独創的な実験的作品の出現によって特徴づけられる．

ベルギーでは，ナミュールのルイ・マリー・ロンドットやフランドル州のミッシェル・マルテンスの作品によって，今世紀中葉に，現代的な抽象的様式の芸術の復活がみられた．しかし抽象的な窓と同じように，具象的な窓もベルギーでは作り続けられ，ある窓では抽象と具象とが結びつけられる．

しかしオランダとベルギーの現代のステンドグラスは，16世紀の芸術的達成に匹敵することができるようになるまで，長い道のりを歩まねばならない．一つには，単純に機会がなかっただけのことである——充分な数の教会がないのである．しかしまた，ある時代に一つの国民が一つの特殊な芸術の領域において秀でるか否かを決定する幾世紀にもわたる説明できない干潮や流れというものがある．ステンドグラスの10世紀間の分析を受けつけない神秘というようなものがあるのだ．

スウェーデンの芸術家エリック・ホグルンドによって，未開人のマスクや動物を使って型取りされ，スウェーデンのボダ・ガラス工場のコンクリートにはめこまれたダル・ド・ヴェール．

スウェーデンの芸術家レナルト・ローデは樹の動きと構造にヒントを得ている．線の流れと逆流が，「果樹園」（上図，部分）の樹々の中の光と陰のパターンを暗示する．ストックホルムのスウェーデン貿易銀行のためのデザイン．

まばゆい石組がステンドグラスの生き生きとしたモザイクを囲んでいる（上図）．デーマークの芸術家スヴェン・ハフステーン・ミケルセンによって，北ユトラントのクラルプ教会堂のためにデザインされた．

食いしん坊の娼婦たちが，ふぬけになったような放蕩息子を楽しませている場面（右図）．ノルウェーのファレレンゲン教会堂にあるノルウェーの芸術家エマヌエル・フィゲラントによる窓．

5

ANCIEN
TESTAMENT

DAVID
E

J. BAPTISTE
F

MOÏSE
D

ABRAHAM
C

ADAM
A

NOE
B

Gabriel Loire
Nov 74
Xre 74

ステンドグラスの窓の製作

　大聖堂，修道院あるいは教区教会堂には，たいていずれも一つくらいはステンドグラスの窓がある．それは古く五彩に輝くものであったり，あるいは鋭角的で現代的なスタイルの活気に満ちた新しい窓の場合もあろう．窓の近くに立てば，その制作法が明らかになる．

　すぐにわかるのは全体的なデザイン，絵柄である．着色ガラスの細片からなり，たいていその細片は，たとえば赤い帽子とか青い服だとか緑の草だとか，一つの色をもつ．ガラス片の表面には，分厚い黒褐色の塗料で，衣服の襞とか顔の目鼻や樹の葉などの細部が描きこまれる．着色ガラスの各細片はすべて鉛の帯の枠組（鉛縁）にはめこまれ，窓全体が，一連のパネルから組立てられ，石組の中に固定され，金属の横棒でところどころ支持されている．

　伝統的なステンドグラスの窓を作るには，つぎのやり方がとられた．まずデザインが考案され，略図で検討されたのち，窓の原寸大の図が描かれる．ついでガラスが選ばれ，裁断される．つぎに絵柄の細部が描きこまれたガラスを，炉に入れて，焼付ける．鉛縁にすっかりはめこんだのち，最後に，パネルは建物の所定の位置に固定される．

　ステンドグラスの窓の制作工程は，中世時代から少しも変っていない．12世紀に書かれた窓の制作法は，大部なラテン語の著作『諸芸提要』De Diversis Artibus の中に，諸技法とともに収録されている．その著者はテオフィルスという名の修道士であるが，彼は北西ドイツの腕のたつ金属工芸技術者であったと考えられている．特に，テオフィルスの記述した「窓の組立て」の方法は，今日のやり方とごくわずかしか違わない．その主な変化は，古い鉄のガラス割りの火箸のかわりに登場した鋼鉄製の回輪ガラス・カッターやガスや電気を使ったハンダごてといった技術的改良に基くものである．

　古い伝統が現在もなお守られている一方で，ステンドグラスの地平線は，新しい素材の発見と採用と，現代絵画から汲み上げた新しい生命に鼓吹されることによって，20世紀のはじめから，すばらしい広がりをみせてきた．ステンドグラスは，宗教的装飾と同様に世俗的な装飾の一部となり，鉛縁にはめこまれたガラスの確立した形式が新しいさまざまな形をみせている．これらには，ダル・ド・ヴェールとよばれる，コンクリートやエポキシ樹脂にはめこまれた厚板ガラスや，グラス・アプリケといわれる，板ガラスに着色ガラスの細片を貼りつけるコラージュの方法や，さまざまなガラスを熱でとかしあわせた融着ガラスの方法などが含まれる．多くの素材は新しいけれども，現代の窓を作るに必要な諸工程は，最初のスケッチから，ガラスを切り，集めてパネルに仕立てあげ，建物にはめこむまで，大部分は伝統的な諸階程に従っている．

　どんなタイプの窓も，工房（アトリエ，スタジオ）とよばれる仕事場で制作される．この工房は，多くの仕事場をもった工場のような建物から，ほんの一室とか芸術家の家の片隅まで，規模の大小がある．大きな工房は，特にガラス切りやガラスのはめこみなどのための関連部門の技術者に便宜が提供され，ふつうは，ルネサンスの大画家のように，助手や職人たちのチームを率いていくに足る器量をもった芸術家が指揮をとる．

　この芸術家が，あらゆるプロジェクトのスタイルを設定し，アプローチを決める．たとえばフランスの芸術家マルク・シャガールの場合には，彼の下絵の筆致を腐蝕法や焼付け法などによって入念にステンドグラス化するために，デザインの細部まで正確に再現することを要求することもあろう．それとは違って，芸術家が自分のデザインをガラスに移しかえるのに職人たちに自由を与えることもあろう．あるいは，影響力の大きなイギリスの芸術家ジェームズ・ホーガンのように，芸術家自身が腕のいい職人でもあり，あらゆる工程に手を出すような場合がある．事実，ステンドグラスの窓の制作は，いまも昔も，芸術と技術との不可分の融合なのである．芸術家と職人を画する線ははっきりせず，芸術性と職人芸とが結びついたときに初めて，真に満足できるステンドグラスの作品が生み出される．

　芸術家の持ち場は，デザインが準備される製図室である．その仕事場では，片側に大きな図面台があり，別のところには大きな窓があって，それにかざして着色ガラスを眺めたり，絵付けをしたりする．これが彼の主たる仕事場なのであるが，しかし，たとえば，ガラス裁断室とか，ガラスの周りに鉛縁をはめこんで，ハンダづけをして窓のパネルに組立てる作業をするガラス組立て室といった工房のその他の仕事場でも多くの時間を要することもあろう．彼はまた，ガラスが焼付けという難しい工程を経る緊張した時間を炉担当の職人とともに心配そうにすごすこともある．彼は，窓の最初の計測を監督し，のちには窓に設置する段階の監督をする．

　多くの場合，昔のステンドグラス芸術家と職人は，小さなしっくりと編み上げた組紐のように協同して制作に当った．そして対外的には国際的で，フランスやドイツやイギリスなど，仕事のある場所へ転々と移動し，新しく建てられた大聖堂や教会堂を彼らの芸術で飾った．しかし中世末期には，彼らはパリ，ウルム，ヨークといった町に定着し，恒久的な仕事場を設定して，そこで芸術と技術を確立した．

　ステンドグラスの窓の制作の最初の段階は，一般に，建築家ないし寄進者からの注文制作である．今日ではしだいに，ステンドグラスが広く世俗芸術の一形式として受入れられるにつれて，寄進者の身分が変化している．過去の大部分の有名な寄進者が，君主や貴族や聖職者であるのに対して，今日では不動産業や企業や，病院や空港の当局者などが，しだいにステンドグラスを注目する数々の社会階層の中から特筆される．しかしなんといっても主要なパトロンは依然として教会である．

　芸術家はつねに主題についてパトロンに相談する．そしてもし窓が現代建築のためにデザインされる場合には，そのとるべき様式・形式を建築家と打合せる．しばしばパトロンは，たとえば，聖書場面や紋章や表徴や同時代に起ったできごとや記念すべきものなど，決定的な主題を心に決めている．今日では，抽象的な現代感覚の窓が好まれることが多い．

　できるだけ，芸術家は窓をデザインすべき建物の現場をみておいた方がいい．彼は，雰囲気や建築全体の構想の様式や目的を調べ上げて吸収し，特に他の窓のデザインを心にとめておく．さまざまな時刻における，さまざまな光の下で建物を観察する．制作するステンドグラスが，強い太陽光線の下であったり，冷たい日陰であったり，薄明りを受けたり真昼の陽差しの下にあったり，光の状態を巧みに利用すべきだからである．

略図（スケッチ）

　つぎの段階は，小さな彩色素描の準備である．一般に1フィート分の0.5インチの縮率（1/24）の大きさを用いる．この素描，略図（スケッチ）あるいはデザイン（下描き）は水彩やインクで制作され，完成された窓をどのように視覚化するかを正確に表現するものである．この略図から完成にもたらされる度合は，芸術家の制作方法によっているし，実際の制作をゆだねる人の判断や好みによって決まる．

　テオフィルスは，デザインとか彩色された略図のことについて書いてはいないが，この種のものが，中世時代にも，寄進者の承認を得るために準備されたに相違ない．小さなデザインは，当時の写本装飾と同じように，羊皮紙に描かれたに違いない．しかし，中世時代の芸術家が，デザインを新たに創り出す必要がない場合が多かった．というのは多くの契約に，新たに発注された仕事は，既存の製品を模作することと，明記されていることがあるからである．たとえば，内陣仕切は，「イーストレイ村のセント・キャサリン教会堂のごとく」に作ることとあったり，尖塔は，20マイル離れた町にあるものと「そっくりに」建造することと決められていたりする．したがって，ステンドグラスについても同様な場合が多かったであろう．デザインで同意が成立したら，主要な制作が始まる．

描きこんだ略図（スケッチ）
一般に水彩とインクで制作されるが，ステンドグラスの窓の制作の第1段階である．このスケッチは，フランスのステンドグラス芸術家ガブリエル・ロワールが，北フランスのコワニエール教会堂の伝統的な鉛縁で組立てた窓のためのもの．1974年11月にデザインされ，1975年7月完成し取付けられたこの窓は，旧約聖書による情景を表している．

ステンドグラスの窓の製作

原図(カルトン)

略図ののち，窓の制作のつぎの段階は原図(カルトン)である．原図とは，ステンドグラスの窓の原寸大に描かれた図面で，芸術家の手で作られる．一切の寸法や細部が，正確に描きこまれていなければならず，したがって，注意深い計測が現場で行われる．型板(あるいは型紙)と称される，各開口部にあてて形に切取った薄い板が，ゴシックの窓の頂部や曲線的なトレサリーのような細部の正確なサイズや形を得るために用意される．

ついではじめに作った略図が，窓の正確なサイズに拡大される．伝統的に，原図は，仕事場で手描きで行われ，主要な線や色面を正確に位置づけるために，縦横十文字に線を引いた「碁盤目」のやり方がとられる．これは，略図の上に格子を引き，原図の上にも比例する倍率の格子を引いて行われる．しかし芸術家によっては，もっと簡単に略図を写真的に引伸ばす場合もある．窓の形にあわせ，デザインを練り上げ，あるいは必要に応じてより明瞭にするために，この拡大図に修正がほどこされる．

つぎに，細かい細部が描き加えられる．たとえば衣服の襞とか目鼻口とか文字とか紋章など．原図の完成度は，芸術家しだいである．ガラスに直接自分自身で描きこもうとする場合には，おそらくはただ最少限の導線だけですますこともあろう．もし工房の仲間に絵付けをやらせる場合には，原図の上に自分の意図をできるだけ明らかに描きこむことになろう．

初期のステンドグラス画工は，原図を白い顔料で塗った板の上に描いた．この板は，他の用具と一緒に簡単に運び移すことができるものであった．テオフィルスは，12世紀のステンドグラス制作を記述するにあたって，原図用の板の準備についての指示からその技法書を書き始めている．まず，板をチョークで一面に白く塗り，ついで少なくとも二つのパネルの正確な寸法を割出してしるす．「それがすんだら，望みの人物像を，はじめ鉛か錫の尖筆で，つぎには赤か黒の絵具で線描きし，すべての輪郭線を注意深く形取る……」．

中世時代の後期には，原図は，今日と同じ方法で引かれるようになったに相違ない．15世紀には「道具と素描」と「すべての巻物(巻いた原図)」は，ガラス画工から後継者へと遺贈されたのである．事実，同一の原図がさまざまな人物像に用いられたことが明らかにわかる窓が数多く存在する．芸術家は，ただ色彩を変え，同じ素描を裏返して左右逆向きに用いているだけの場合もある．たとえばヨーク・ミンスターのある窓では，ほんのわずかの改変を加えた同一の原図が，六つにも及ぶ王や聖職者たちの違った像に用いられている．

カットライン(裁断線)

原図が完成したら，カットラインを定める．原図の鉛縁の線を引くことによって，ガラス細片を切出すためのパターンが形作られる．トレーシングペーパーか透写布を原図の上に被せて，鉛筆で鉛縁の各線の中央をたどって線を引く．

初期のガラス画工はカットラインの図面を用いなかった．彼らは原図板ないし原図(カルトン)から直接にガラスに，裁断すべきパターンを写した．しかし現代の芸術家にとっては，カットラインは重要な工程である．この透写をみて，窓の芸術上・構造上の成否を確かめてみることができる．鉛縁の線の全面にわたる抽象的パターンは，力強さや繊細さ，リズムや動勢などの印象を伝えているはずである．このデザインの基本が正しくないと，どんな色彩でも絵付けでも埋合せることができない．

またこの段階で，技術的問題があればはっきりと明らかになる．これには，無理な曲線，鉛縁の線でみえなくなってしまうような鋭角すぎる角や小さすぎる区画や，幾本もの鉛縁の線が集まったり，あるいは鉛縁の形がすっきりとしたパターンにならないデザインの弱い部分など，容易に解決できる不器用な「難点」が数えられよう．このような欠点は修正される．

鉛縁の線によって描かれるパターンが決まったなら，鉛縁の線は，特別に細い穂先の長い筆を用いて黒インクか黒色の絵具で描き起される．理想的には，インクの線は，正確に 1/16 インチの太さであればよい．これは，鉛縁の芯の太さの寸法であり，鉛縁で組立てられたとき，ガラス細片がそれぞれ距たって配置される間隔の寸法である．後の工程では　鉛縁の線の一方の側はガラス片を切るのに用いられ，線のもう一方の側はガラス片を接合するのに用いられるから，鉛縁のために正確に 1/16

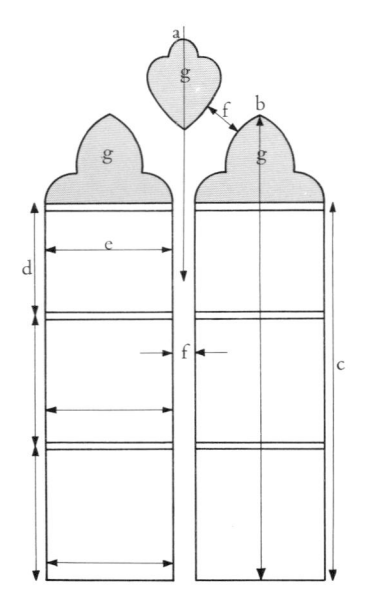

開口部の設計
窓の正確なサイズと形を確かめる．錘をつけた垂線(a)によって窓の垂直性が決定する．ついで全高(b)，アーチの起拱点から底辺までの高さ(c)，横棒の位置(d)，幅(e)，縦仕切(f)を計測し，型紙でトレサリー(g)を採寸する．この資料は，窓の原寸大の原図を引くのに用いられる．

原図(カルトン)の制作
原図は正確な窓の原寸で，スケッチはパネルごとに拡大される．太い黒い線は鉛縁を表し，線影の部分はのちの絵付けを表す．ガブリエル・ロワール(上図)が，コワニエール教会堂の窓のための「ノアのパネル」の細密な原図を仕上げている．パネルの白黒素描からなる原図全体(右図)は，窓全体のステンドグラスの作業用の青図として用いられる．

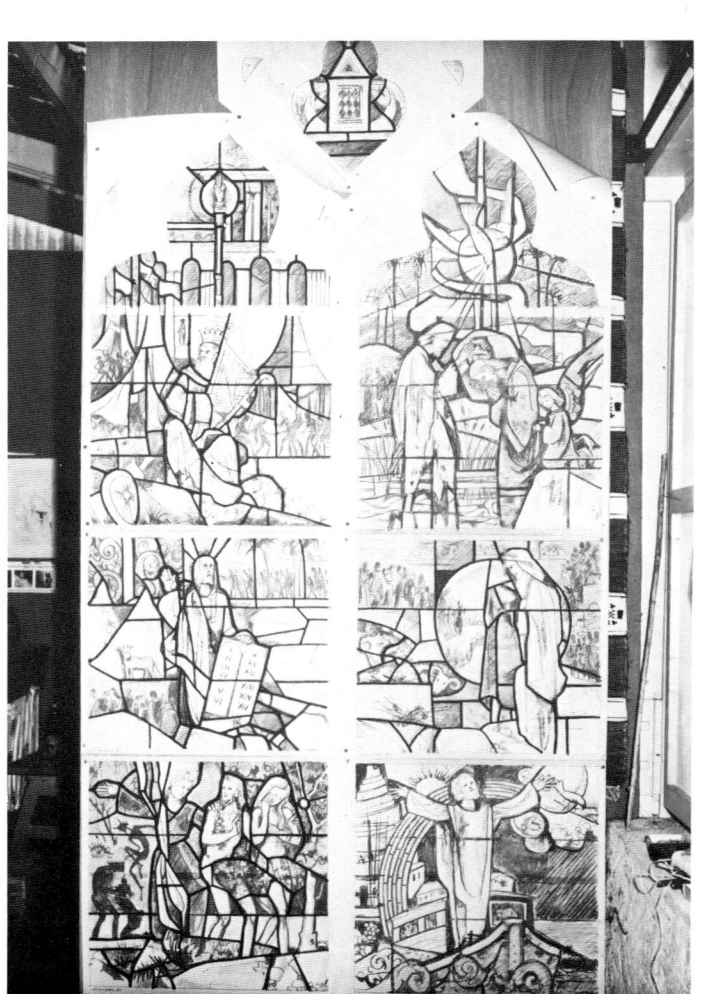

厚板ガラス（ダル・ド・ヴェール）——新しい形のステンドグラス

しだいに増加しつつあるステンドグラスの最新の形式の一つであるダル・ド・ヴェール（厚板ガラス）とは，ふつう1インチをこえる厚さの鋳造ガラスである．コンクリートかエポキシ樹脂の中にはめこまれる．これは，モニュメンタルな外見をもち，しばしば重厚な構造を呈する窓を作り出す．ガラスや技法は異なるが，厚板ガラスの窓の制作工程は，伝統的な鉛縁による窓の制作工程と大部分が同じである——スケッチ，原図，裁断，ガラスの修正，そしてパネル組立て．構造的には，ガラス片の間の境界線は幅広く，この黒っぽい枠組がデザイン全体を支配する特徴である．

「昇天の窓」の中央の窓のスケッチ．あるイギリスの教会堂のために，厚板ガラスとエポキシ樹脂で作られた．

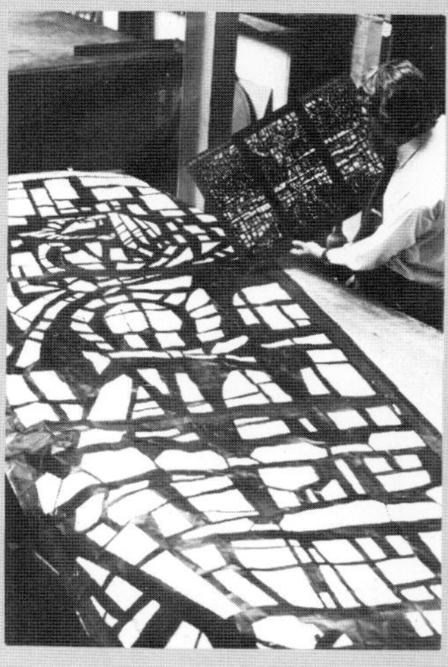

窓デザイナーのジョン・ローソンは，中央の窓の中央パネルの原図とスケッチを比較している．

厚板ガラスが，裁断に先立って，選定され，しるしをつけられる．

インチ離れることになるのである．

もしインクの線が正確でないと，ガラスはやや小さすぎるか，あるいはやや大きすぎてきつくなってしまう．後の工程で，ガラス細片を一つ一つ鉛縁にはめこんでいくにつれて，この狂いが積重なって，最終的なパネルは，大きすぎたり小さすぎたりしてしまう．これらの欠陥は是正されうるとしても，インクの線が正確でさえあれば，はじめから誤差は避けられる．

芸術家はふつう，カットラインによって囲まれた区画一つ一つに番号をふり，そして色を指示する．たとえばルビー色ならばR，緑にはGなど……．また，鉛縁の出縁（でぶち）を特に太くしたり反対に細くしたりする必要のある特別な鉛縁の位置を注記する．カットラインの図面に書かれる細部の細密度は，つぎにくる制作工法によって変ってくる．

型紙を用いるやり方は，フランスやドイツで最も広く採用されているが，この工法では，カットラインに手が入る．カットラインが分厚いトレーシングペーパーに引かれるか，あるいは薄いトレーシングペーパーから丈夫な厚紙に描き写され，しるしをつけられたら，2枚刃のナイフか特別な3枚刃のある鋏によって，細片ごとに切取られる．鉛縁の芯に相当する細い帯が切捨てられ，切出された形の厚紙は，それぞれ色やパネルの照合番号がふられて，ガラスを切取るときの型紙として用いられる．

一般にイギリスで，ときにはアメリカで，別の方法が用いられる．芸術家は個々の型紙を作らずに，カットラインの図面からじかにガラスを切出す．このカットラインの図面は，窓の制作を通じて設計図として用いられるから，かなりの摩耗に耐えねばならず，紙というよりは透写布が用いられる．

長い穂先のカットライン用の筆

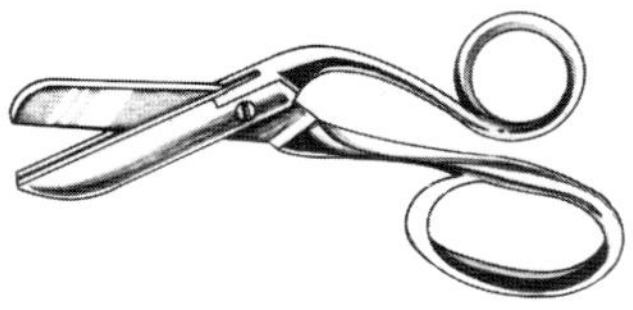

3枚刃の鋏

2枚刃のナイフ

カットラインの図面は，原図から透き写した鉛縁の線の図面である．ここでは，その準備の第1段階では，ガブリエル・ロワールの筆頭職人が，慎重に鉛縁の1本1本の線の真中をトレーシングペーパーに鉛筆でたどっていく．多くの工房で，カットラインの図面は，ガラスを裁断し，鉛縁にはめるときのパターンに用いられるが，ロワールの工房や，他のフランスやドイツの大部分の工房では，この透写は薄手の厚紙に写され，ガラス裁断用の型紙として切取られる．

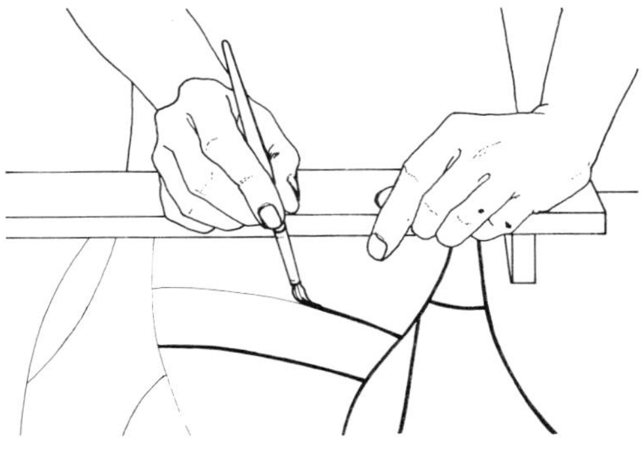

カットラインの図面上の鉛筆の線に墨入れして，鉛縁の芯の太さ（幅）を明示する．一般に1/16インチ．

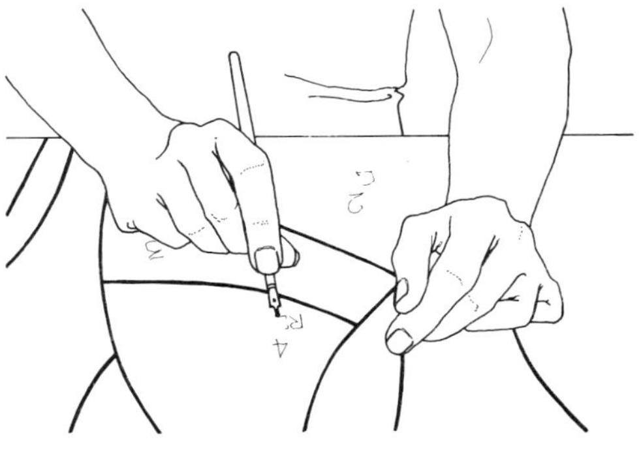

カットラインに囲まれた区画には番号がふられ，色の指定がされ，ガラスに要する特殊な扱い方が記入される．

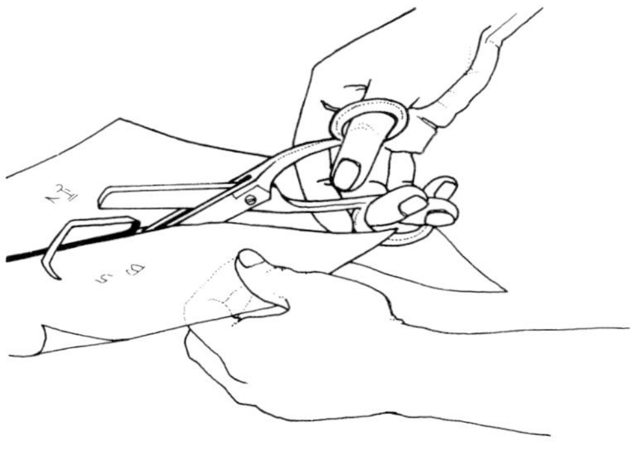

1/16インチ幅の中央の帯を残して切れる3枚刃の鋏を用いて，カットラインの図面から型紙を切り出す．

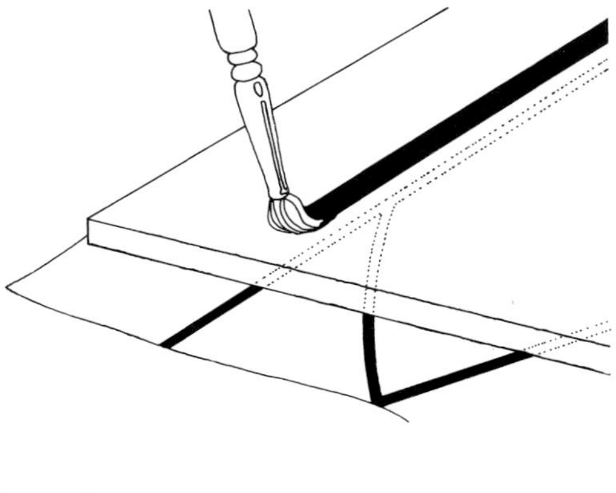

ある工房では，鉛縁の線はカットラインの図面から板ガラスに透写され，逆光の下でパターンがチェックされる．

ステンドグラスの窓の製作

ガラスの選定

原図(カルトン)やカットラインがどんなに注意深く準備されたとしても、もし色彩が貧弱であっては、よいデザインも素描も台なしである。したがってつぎの段階のガラスの選定は、きわめて重要で、芸術家はそれに多くの時間と神経をつかう。

中世初期には、ガラスはおそらく工事現場で制作された。しかし今日では、大部分の芸術家は専門のガラス製造業者から板状のガラスを購入する。ほぼ2フィート×1フィート6インチの大きさの板ガラスで、それらを、工房の棚にしまっておく。

芸術家がガラスを選びながら、壁にピンでとめた最初のスケッチや原図を照合する。たえずガラス片を空にかざして、2,3色を同時に見比べ、おもしろい変化や筋や材質を探す。大きな板ガラスをもちあげるのは決して簡単ではない。分厚い手袋をはめて棚から出し入れするのは、つらい仕事である。しかしガラスの選定は、きわめて重要であり、多くの時間と労が、埃や屑ガラスや破片の中で、惜しみなく費やされる。

しばしば、芸術家は、特別な板ガラスに目をとめて、その上に用いたい部分の正確な位置をチョークでしるしをつける。彼にとっては、ただ色がほしいというだけではなくて、特定の板ガラスの特定の材質の部分がほしいのである。

彼はまた、使い捨てた屑ガラスや、箱や棚に収集しておいた小片や切っぱしをひっかきまわして、なにか特別に気に入ったものがないか探すこともする。打捨てられたガラスや製造上のミスやがらくたの中から珍奇なものを引出してくることもあろう。

ほとんどどの種類のガラスでもステンドグラスに用いることができる。さまざまなタイプの通常の市販のガラス——艶消しガラス、波ガラスや打出し模様入りのガラスや溝入りガラスやすりガラスなど——が組合せられて、驚くほど多様な色あいや材質感を作り出すこともできる。しかし伝統的には、ガラスは手作りのアンチック・グラスである。アンチック・グラスと機械で延圧して作られる一般のガラスの差異は、感触の違いである——厚みや材質感の多様性である。アンチック・グラスは、砕けやすい鋭い感じの機械で作ったガラスに比較して、扱って快く、厚みの違いが生き生きとした感じを作り出し、その材質は、もろく柔かく、まるでカステラのような感じがする。

さまざまなタイプのガラスが、アンチック・グラスの範疇に入る。最も一般的にステンドグラスに用いられるのは、マフ・グラス(円筒グラス)である。これは吹きガラスを円筒状にして、縦に引き裂いて長方形の板にしたものである。ク

ガラスの選定

「ノアのパネル」のために、ロワールの工房の見習い工の手で着手される。彼の背後には、白黒の原図が置かれ、手前の仕事台の上に型紙が並べられ、色彩によるスケッチが側に置かれる。照合のための型紙を手にもち、マフ・グラス片を光にかざして、色彩をみる。このプロセスを幾度も繰返して、最終的にガラスを選定する。工房では、ガラスは棚に立てて貯えられる(左図)。棚には、1枚ガラスのために奥行の深い棚板、断片のための小さな区画がある。

ステンドグラスの製法

大部分のステンドグラスは手作りされる。とけたガラスのひとしずくを、吹き棹の先端につける。吹いてガラス玉にして回して形を作る。クラウン・グラスのために、ガラス玉を回転させると分厚いこぶができる。マフ・グラス(円筒ガラス)やノルマン・グラスの場合は、ガラス玉を振って長く伸ばす。こうしてガラスはつぎの工程に移される。

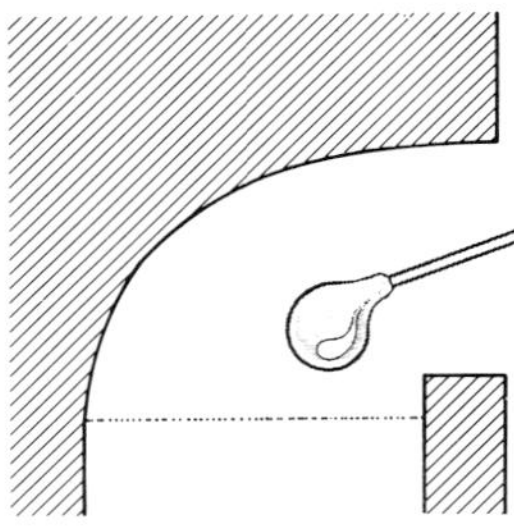

とけたガラスを集める。 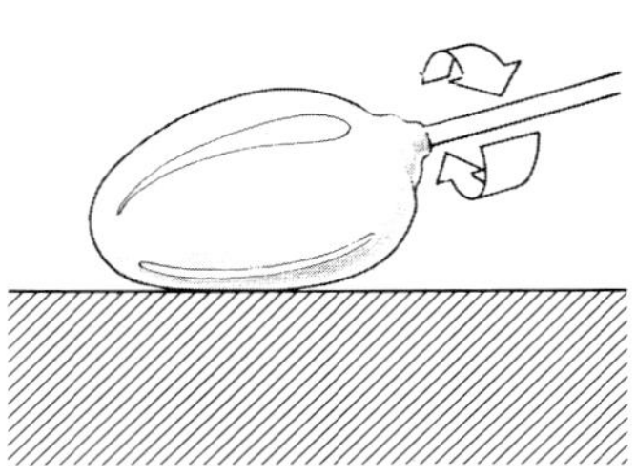　　吹いて回転させる。

クラウン・グラス(スパン・グラス)

今日では稀にしかみられないが、初期の窓には広く用いられた。吹きガラスを回転させてねじったガラス玉に、別の鉄の棒をこぶのところでつける。吹き棹を切り離すと、孔が残る。鉄棒を速く回転して、孔を棒を使って広げる。ガラスは開いて、中央にこぶないし玉をもった円盤になる。

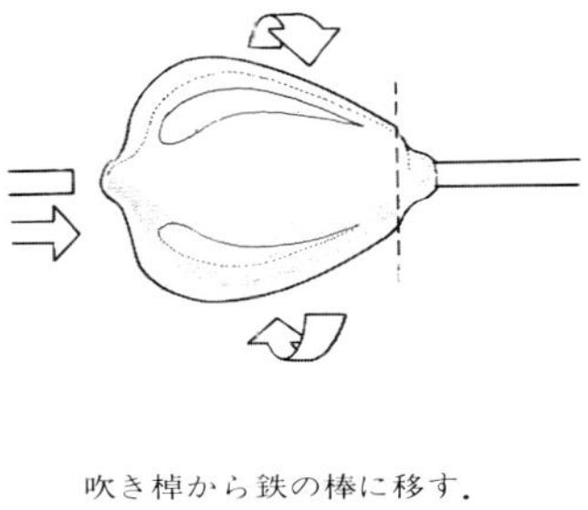

吹き棹から鉄の棒に移す。

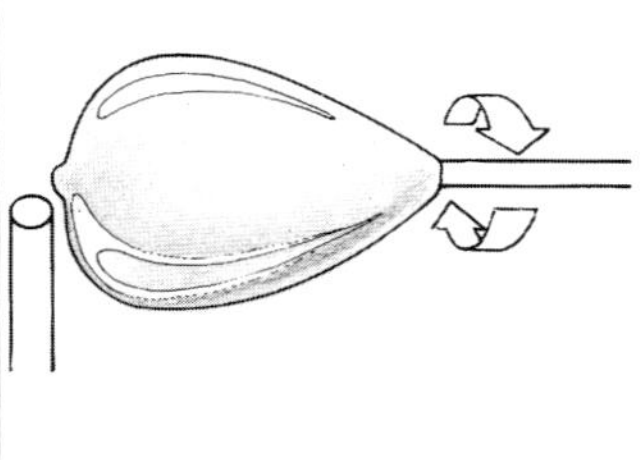

クラウン・グラスを形造る。 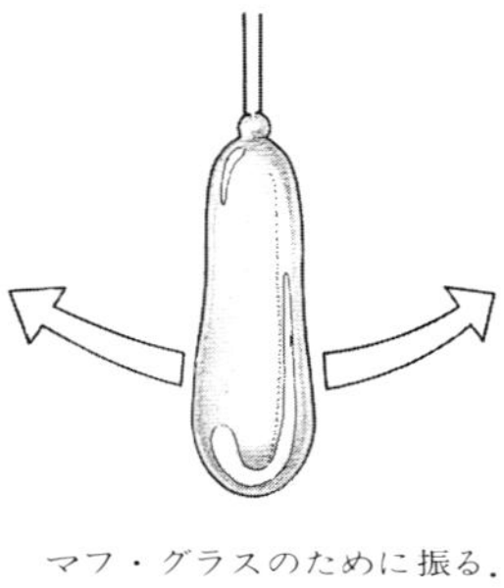　マフ・グラスのために振る。 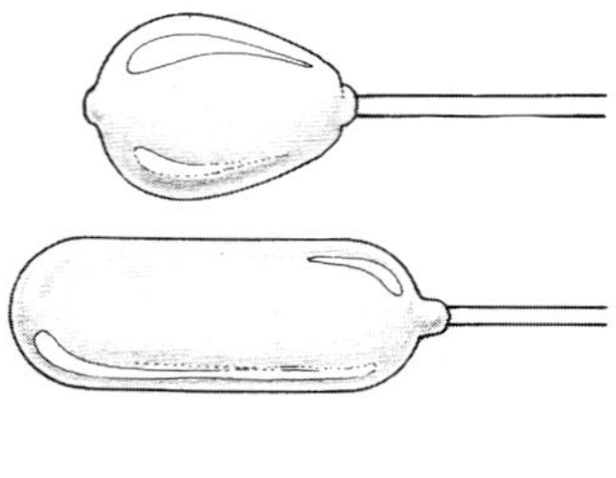　吹きガラスの二つの形。 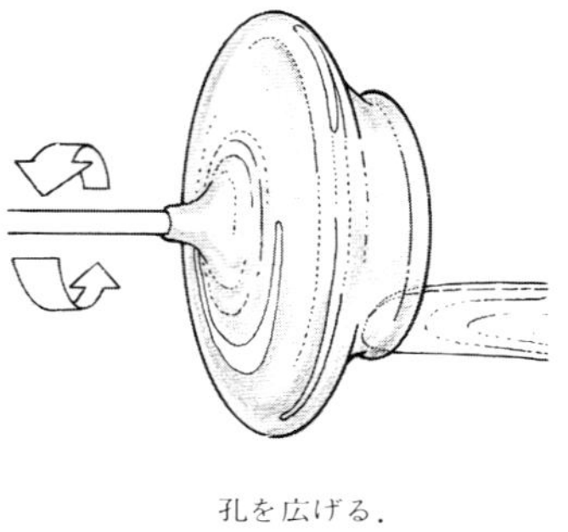　孔を広げる。 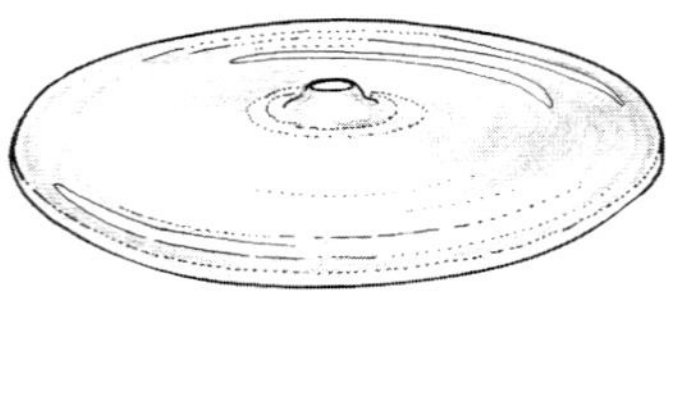　完成した円盤。

ガラスの裁断

カットライン図面にのせるか，型紙の周りにそってか，いずれかのやり方で行われる．ガラスという物質は，2段階にわけて切断するものである．第1に，線を切りこむと，ひび割れが始まる．この線ないし切り跡を，手で押すか，軽くたたいて深めると，ガラスが分断される．ガラスでは鋭い角度や曲線が切り出しにくいから，小さく区分して切るか，縁をゆっくりとかじりとっていって所定の形を作り出す．形は正確でなければならない．最終的なガラス細片は，原図に正確に一致しなければならない．

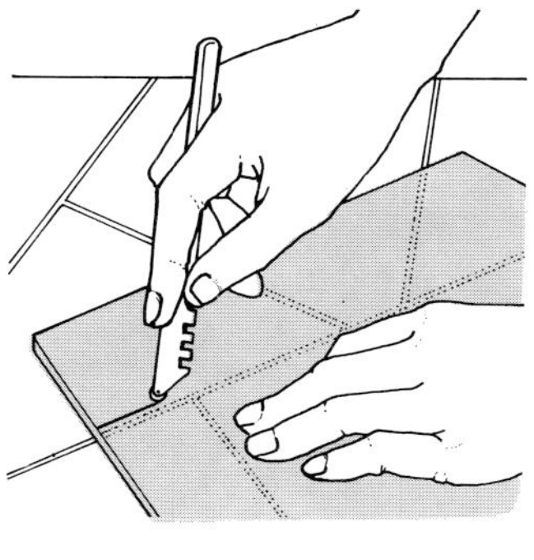

カットラインの図面による場合，鋼回転カッターを図面の上に置いたガラス片の上を走らせると細い切りこみ跡が残る．

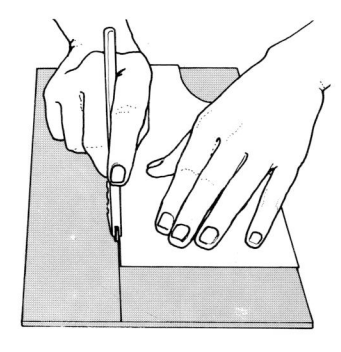

型紙の方法の場合，型紙をガラスにあてて鋼回転カッターを型紙の周辺にそって走らせる．

ガラスを分断するには，切り跡に親指を並べて置き，圧力をかける．ふつう，ガラスは分割される．

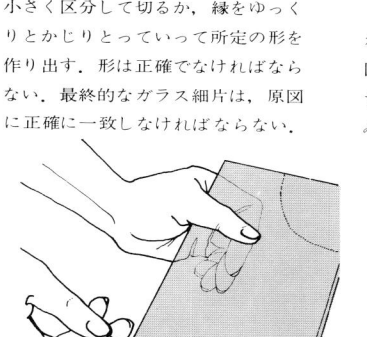

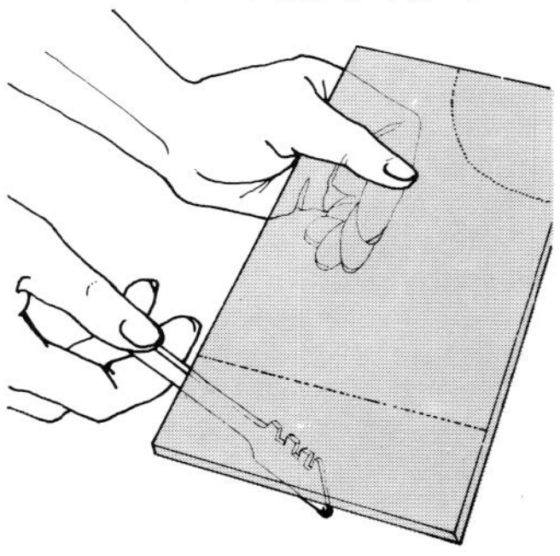

手の圧力でガラスが割れなかった場合，ガラス・カッターで軽く打つと，簡単に分割される．

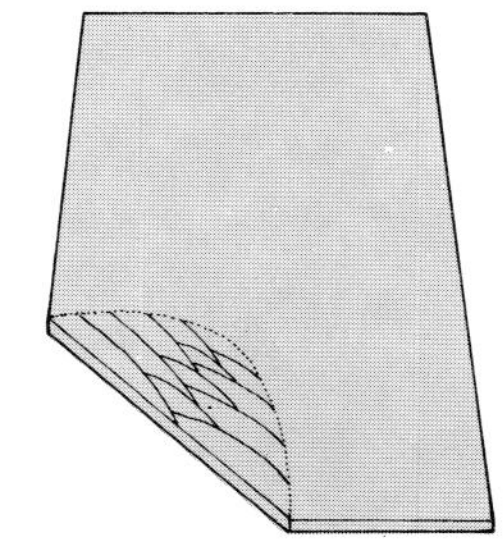

深い曲線を切り出す場合，まず所定の曲線全体をカッターで引いておき，ついで不要な部分に一連の小さな切りこみをつける．

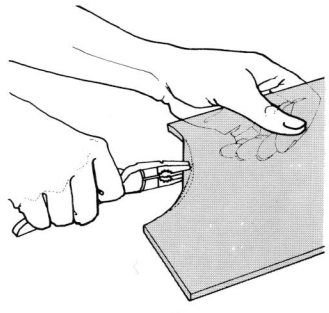

曲線で囲まれた区画は，軽くたたいてはずすか，小さな特殊なかき取りペンチ（やっとこ）によって，嚙み切るように除去される．

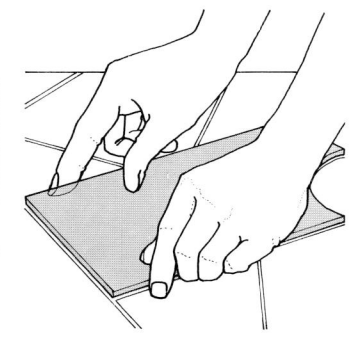

裁断が終ったら，ガラス片をカットラインか型紙の上に置く．大きすぎた場合には，嚙み切っていく．小さすぎたら，裁断し直す．

ラウン・グラスは，製法はより単純でおそらく歴史のより早いものであろうが，円盤状のガラスで，多少の変化はあってもかなり平らで，中央にへそ（吹き棒の跡）がある．四角い型の中でガラスを吹いて作るノルマン・スラブ（あるいはボトル・グラス）は，厚みがきわめて不規則である．それは生き生きとした表現効果をもつが，きわめて扱いにくい．現在では，大部分のガラス製造者はマフ・グラスだけを作り，クラウン・グラスやノルマン・スラブは稀で，特別な効果のためだけに用いる．

ガラスの裁断

ガラスを選び終えたら，職人の手で指定の形に裁断される．正確にしかも経済的にガラスを切るには，すぐれた技倆と経験が必要とされる．中世の芸術家たちは熱した鉄の火箸を用いた．テオフィルスは「先端が少し太くなっているガラス割り用の鉄を火にくべて熱すること．赤く焼けてきたら，割ろうとするガラスにそれを押しあてると，ほどなくして，小さなひび割れができてくる……．割れ目がはっきりついたら，ガラスを割ろうとする位置にそって焼き火箸を引くと，割れ目がつながっていく」と記述している．

割ったガラス片をより正確な形にするために，かき取り用の鉄具が用いられる．これは両端に小さなさし入れ口ないし鉤のついた鉄の棒で，これを用いてガラス片の縁を少しずつかじりとって，所定の輪郭線にまで整えていく．したがって古いガラス片の縁はぎざぎざが目立つのがふつうであった．

今日では，ガラス切りの用具はアメリカで発明された鋼製の回輪カッターである．ダイアモンド・カッターは市販のガラス

中世のガラス切り器

分割用の鉄の先端を熱してガラスにひび割れを作る．

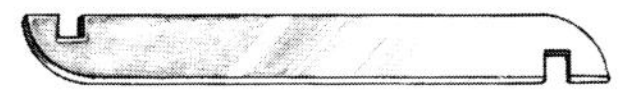

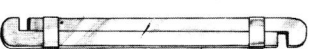

かき取り鉄具が，ガラスを嚙み切って形を作るのに使われる．

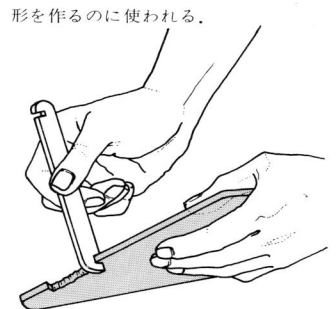

鉄具でガラスをそっとこじって，小さな破片に砕く．

現代の道具

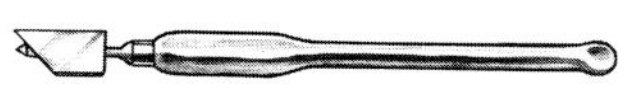

ダイアモンド・カッターは，滅多に用いられないが，まっすぐな線を切る．

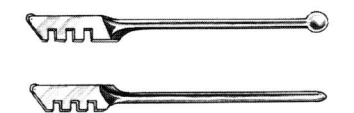

鋼製の回転カッターは，今日裁断用具として最も広く用いられている．あるタイプのものはガラスを軽くたたくために，端を重くする．

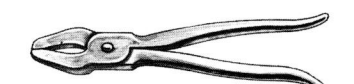

先端の四角いペンチは，古いかき取り鉄具にかわって用いられる．

マフ・グラスあるいは円筒グラス

ステンドグラスの最もふつうに用いられる形で，吹きガラスの長い玉から作られる．アメリカでは，ガラス玉を作るときに，脱着可能な型が用いられる．ソーセージ状の頂と底が切取られ，こうしてでき上った円筒を側線にそって切る．熱した炉の中で平らに開く．

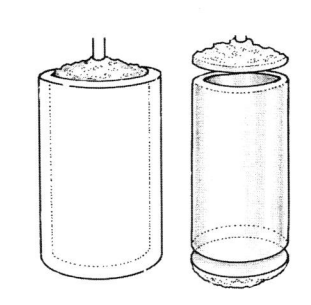

ガラスを円筒状に型取る．

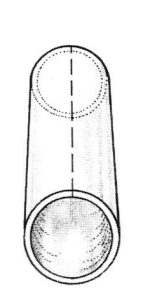

円筒を切る．

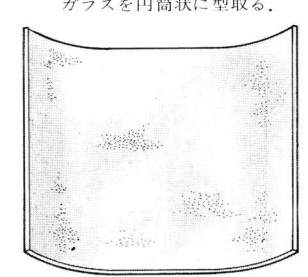

円筒を開いて平らにする．

ノルマン・スラブ（ボトル・グラス）

19世紀に発明された方法で，長いガラス玉を長方体の型の中に吹き入れて作る．型を除去すると中空の箱の形が残る．吹き棒の端を切り離し，箱を五つの面に分解する．ガラスの厚みは均等ではないが，輝く効果がある．

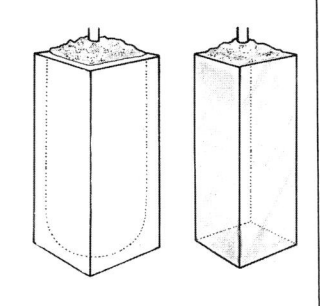

型取り．

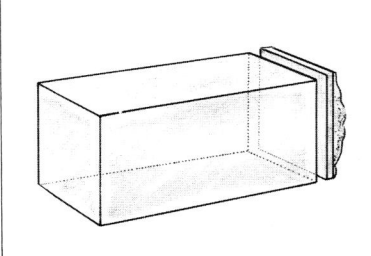

端の面の切り離し．

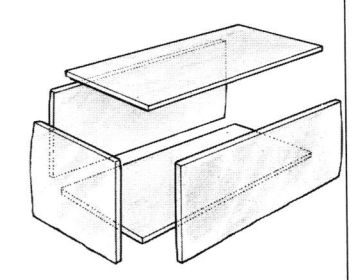

側面を分割する．

厚板ガラス

厚板ガラスないしダル・ド・ヴェールと称される分厚いガラスは，コンクリートかエポキシ樹脂にはめこまれ，現代の窓に用いられているが，これはとけたガラスを炉から汲み出して，型の中に流しこむ．ガラスの底にはまって型のマークがつく．厚板ガラスは，ふつう，1インチの厚さで，1辺が1フィートの大きさである．

とけたガラスを流しこむ．

ステンドグラスの窓の製作

を切るのに用いられるが、ステンドグラスに用いられるのは稀である。曲線や複雑な裁断のためには扱いにくいからである。

型紙を用いるヨーロッパ方式では、ガラスは平らな面の上に置かれ、その上に型紙があてがわれ、その周りにそってガラスを切る。この方法は、大きな窓の制作には有利である。幾人もの裁断工が各自型紙をもってガラスを切ることができる。

別の方式では、カットラインの図面を仕事台の上に広げ、その上にガラス片を置く。しかしときどきガラスの色が濃すぎてカットラインの図面の線がはっきりとみえないような場合がある。そんな場合には、カットラインは、下に鏡か電球を置いたガラス板のテーブルなりスクリーンの上に移されて、この補助の照明によってガラスの裁断が容易になる。ときには型紙を用いたり、所定の形をカットラインの図面からガラス板に転写するために、チョークを塗った紙を用いることもある。

テオフィルスによれば、中世時代の方法は原図の上にガラス片を一々置いて、ぬれたチョークで裁断の線を透き写すのであった。「もしガラスが厚すぎてテーブルの上に引いた線がみえないならば、透明なガラスを用意して、それに裁断の線を写しとって、乾いてから白ガラスの上に厚いガラスをあてがい、陽の光にかざして、透けてみえる通りに形を写しとる」。

今日、ガラスを切るには、ガラス面にほとんど垂直にあてられたカッターが所定の線上に動く。特徴のある小さな回転音を立てるが、それは回輪がガラス面に切りこんでいる証拠で、細いきらきらと光る線あるいは回輪の通り跡が、ガラスの表面にみえてくる。表面が割れると、垂直な割れ目が起り始める。ガラス片の下面をとんとたたくと、銀色の線が、回輪の通り跡にそって走り、ガラスが割れる。単純な直線ならば、ふつう、指で押しただけで充分で、ガラスは断ち切られる。

曲線の場合は、特別の配慮が必要である。軽い曲線はたたいて切取れるが、湾曲の大きな曲線の場合は、まず大まかな曲線を切出しておいてから、鋼製のやっとこで少しずつかじり取っていく。ときには、連続して小さく切り続けていく場合もある。

一般に、白色や肌色などの明るい色ガラスをはじめに切る。ガラス片を切り終ったら、かみそりのように鋭いエッジを鈍くするために、ガラス細片の切口を互いにこすりあわせる。

腐蝕

ガラスを全部切り終ったら、芸術家はもう一度原画と照らしあわせてみて、図柄を腐蝕する必要のあるガラス片を選び出す。腐蝕ないしエッチングとは、白色ないし明るい色ガラスと、その表層にほどこしたより色の濃いガラスからなるフラッシュ・グラス（被せガラス）から、"被せ"の着色ガラスの層を除去する技法である。この薄い表層は、たとえば、赤地に白いライオンを表すために腐蝕によって除去することができる。これは特に小さなサイズの紋章や複雑な紋章の場合に有用である。今日、腐蝕は、また、色彩の精巧なバリエーションを必要とするデザインを実現するのに大幅に活用されている。

中世の芸術家は、着色ガラスの層を研磨材として磨き砂を用いてすり減らした。時間のかかる難しい仕事であった。今日では、フッ化水素を含有する酸液が用いられる。これは危険で慎重に使用しなければならないが、手軽く同じ効果が得られる。

このプロセスは、背面や縁なども含めて、ガラスで腐蝕を受けてはならない部分に、蜜蠟やビチューム塗料の防蝕膜をほどこしてから、ガラスを酸液の中にひたすやり方である。手早くやるには、強い酸液の中にガラスの表面を上向きに置いて、防蝕膜をほどこしていないガラスの部分を酸液が蝕んでできる白っぽい沈積物を注意深く洗い去ればよい。急がないときには、ガラスを下向きにして、鉛ないしプラスチックの細片の上に支えて、酸液の中に必要な時間だけひたしておく。

腐蝕の効果にはかなりのバリエーションがあり、腐蝕時間を変えればまた違った効果が得られる。特に薄い赤や薄い青の「被せ」の場合には、数分で腐蝕されてしまうが、緑や紫などにはたいがい数時間を要する。腐蝕の最終段階で、ガラスを流水ですっかり洗い、蜜蠟やビチューム塗料を除去する。

フッ化水素を含有する酸液は危険であるから、腐蝕は、工房から離れた、独立して給水と排水のできる小さな風通しのいい小屋でやることが望ましい。広い部分の重症の火傷が酸液の不注意な取扱いから生じるが、しかし最も安全な方法は、素手は用いるが、たえず水ですすぎ水にひたし最後には流水で入念に手を洗うことである。酸液から立ちのぼる蒸気も有害であるから、室内で腐蝕を行う場合には換気扇が不可欠である。

腐蝕

一片のガラスに2色を得る近代的方法。2層にはりあわせた被せガラスを用いて、薄くかぶせたガラス層の一部を酸液で腐蝕する。

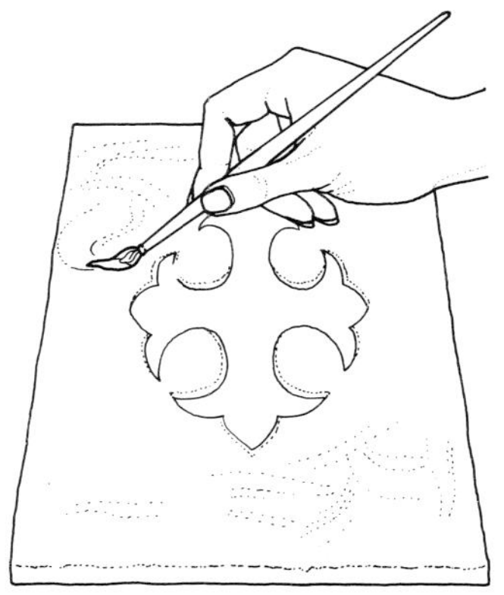

ガラスの準備。まず除去すべき部分の輪郭をとる。

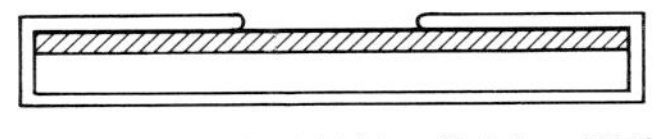

ついで上記の部分以外の部分を、側面や裏面とともに、酸液から保護するためにビチュームないし蠟でおおう。

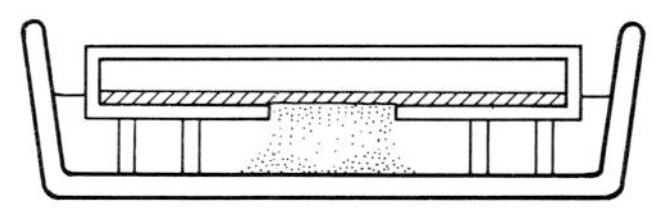

つぎにガラス片をフッ化水素を含有する酸液の中にひたし、鉛片の上に支える。ガラスがゆっくり反応するタイプの場合には、被せたガラスの面を下向きにする。

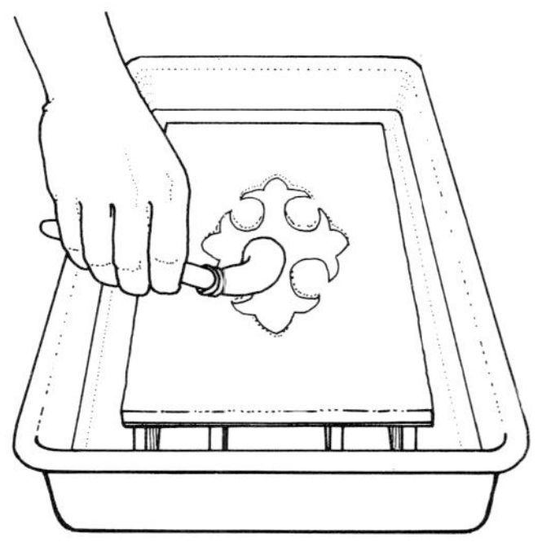

早く反応がすすむガラスを用いた場合には、逆に被せたガラスの面を上向きにして、防蝕材をほどこさない部分に酸液を塗る。

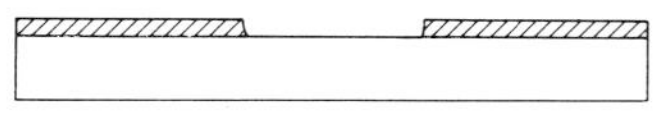

防蝕材をほどこさない被せガラスが腐蝕されたら、ガラスを水洗いする。すると酸で侵された部分がはっきりと現れて、他の部分と色が違ってみえる。被せガラスの一部分だけを除去した場合には、調子や色の精巧なバリエーションが実現される。

厚板ガラス――裁断と切子面刻み

分厚い厚板ガラスは、ふつう、原図から透き写しした型紙を用いて切られる。鋼回転カッターでひび割れの線のしるしをつけ、鉛か木にはめこんだ鋼ののみ状のかなとこ（金床）の上で、手で軽くたたいて、割る。厚板ガラスにはめられて絵付けはされないが、装飾的な光沢やきらめきが、内側の縁に切子面を刻むことによって加えられることもある。型板から割れた鈍い面は、ふつう、窓の内側になるように用いられる。

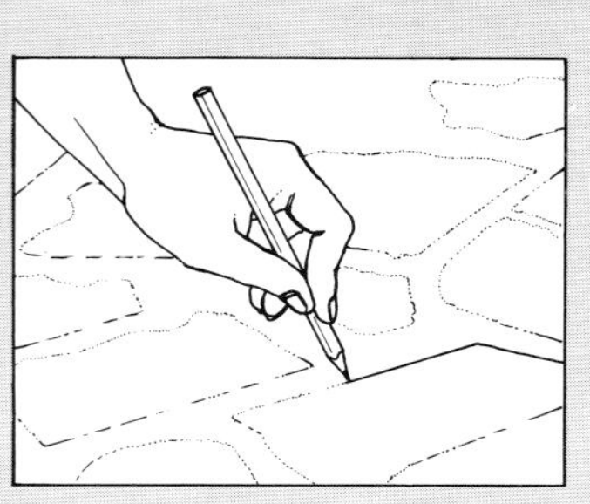

カットラインが原図から透き写しされ、ついでガラスの裁断のための型紙ないしパターンが切り出される。

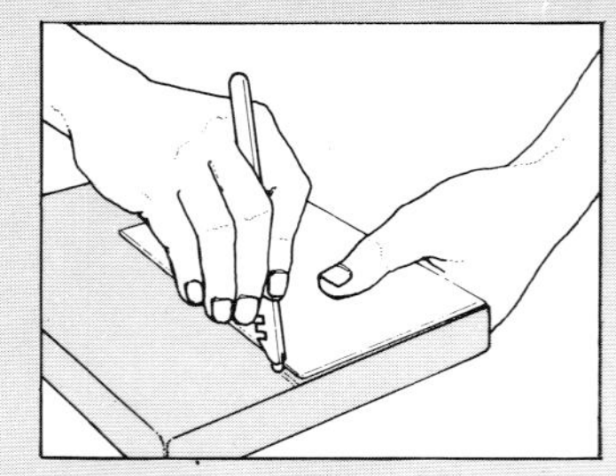

ガラス面に型紙があてがわれ、型紙の周辺にそって鋼回転カッターで線が切りこまれる。

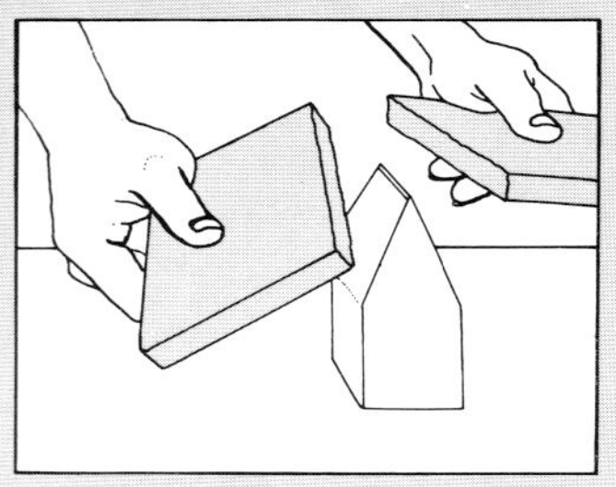

ガラスの切りこみの線のところを金床の上にのせてぴっしと押しつけると、ふつう、ガラスは線にそってきれいに割れる。

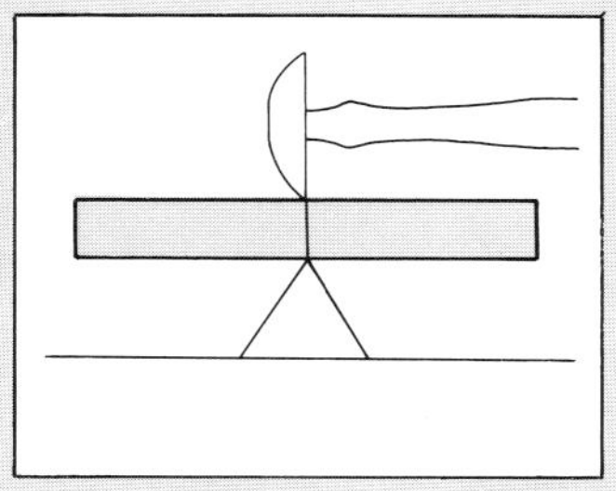

ガラスを割るために、切りこみの線を金床の上にあわせ、厚板ガラス用のハンマーを使って軽く打つ場合もある。

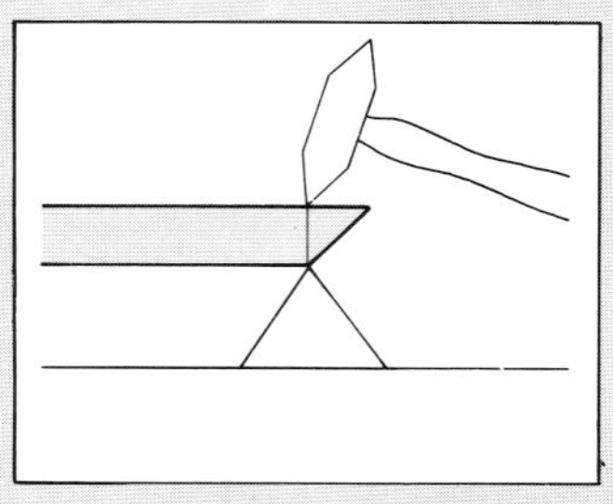

ときには、縁を垂直な断面にする必要があるが、そのためには、厚板ガラスを角度をつけたハンマーで軽く打ちつける。

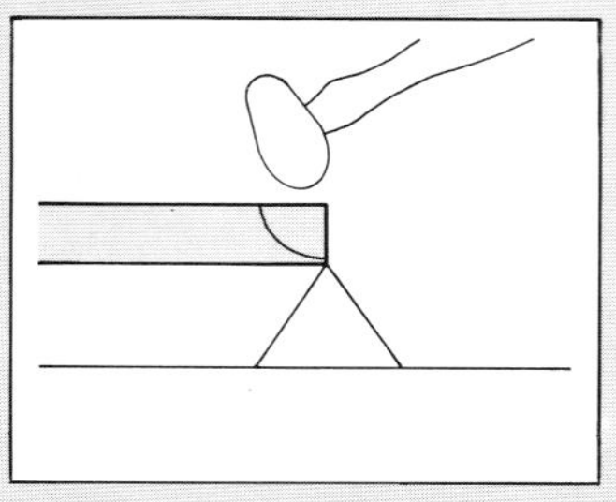

切子面の効果を出すために、ガラスの内側の面の縁を、厚板ガラス用のハンマーで軽く打って、かく。

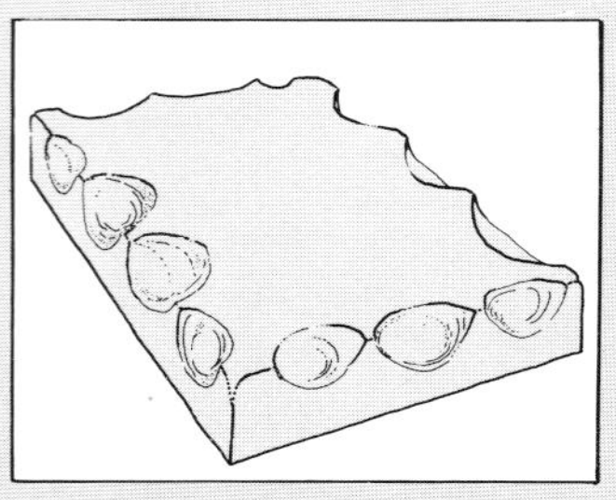

切子面を刻まれた厚板ガラスのかき痕は、つねにガラスを生き生きときらめかせる。大小深浅、さまざまである。

絵付けの準備

ガラスの裁断と腐蝕のあと，ガラスはすっかりきれいにされ，パネルのための細片がひとまとめにされる．絵付けの線がパネル上で連続するように各片は正しく位置づけられる．ふつう，ガラス細片は，枠にはめられた板ガラスの上に並べて固定され，それが画架の上にのせられる．鉛縁のパターンが，板ガラスの背面に黒く描かれる場合が多い．この鉛縁の線は，逆光のもとにおける絵付けを容易にする．それは，不必要な光をさえぎり，窓の中での鉛縁の幅(太さ)を指し示すからである．

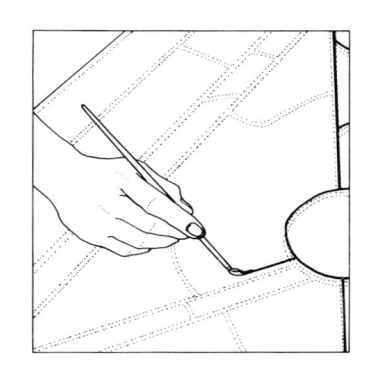

鉛縁の線は，裏返したカットラインの図面から板ガラスに透き写しする．完成した鉛縁の出縁と同じ太さに描かれる．

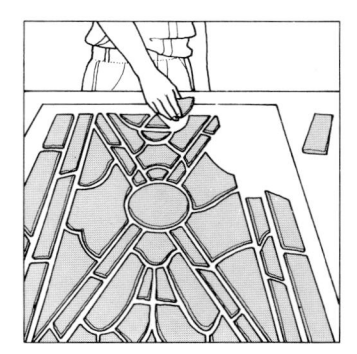

板ガラスを裏返し，パネルのために用意されたガラス片をきれいにしてから，内側の面を上に向けてていねいに並べる．

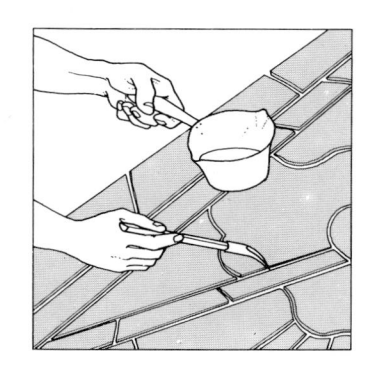

熱いとけた蜜蠟をガラス片の間にぽたりと落とす．蠟が冷えると固まり，板ガラスに各片がしっかりと蠟付けされる．

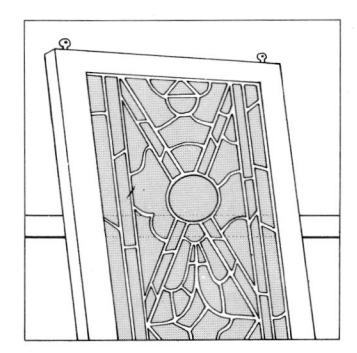

板ガラスとステンドグラスは画架に載せられる．逆光のもとで色彩効果が検討され，不釣合いな細片がみつかれば，変更される．

鉛縁の線を引くこと

つぎの工程は，新たに裁断され，腐蝕されたガラス細片を，絵付けのために画架にすえる仕事である．画架には枠にはめられた板ガラスをのせ，その裏面に鉛縁の線を描きつける．それらはふつう，カットラインの図面か原図(カルトン)から，黒色顔料をアラビアゴムと水で溶いたものを用いて透き写しされる．これらの線を引く目的は，窓のでき上りの印象をできるだけ正確に得ようとするものである．鉛縁がまだないために，着色ガラス片の隙間から白い光がもれてきて，しばしば色調や全体の効果を判断するのが不可能な場合があるからである．

鉛縁の線のほかに，少なくとも 2 インチ幅の黒色の縁取りが，パネルの周囲全体にほどこされる．トレサリーの頂部の先端も描きこまれる．

鉛縁の線に関しては，窓の制作の工程全体の場合同様，芸術家によってさまざまな工程がとられる．ある芸術家はカットラインの図面の段階で板ガラスに鉛縁の線を引く．別の芸術家は，特に小さなパネルを制作する際にはまったく鉛縁の線を用いない．また別の人は，初期の伝統にのっとり，ガラスを裁断したらただちに鉛縁にはめこみ，簡易な鉛縁を用いて片側だけをハンダ付けする．絵付けが終ったら，ガラスを解体して，鉛縁は再使用のためにとかしてしまう．

鉛縁の線を引き終ったら，板ガラスを裏返しして，ステンドグラスの細片を，線引きされていない面に平らに配列する．各片ともその前に，脂や汚れやチョークのしるしなどをすっかりきれいにしておく．

ガラス片を画架に固定する最善の最も正確な方法は，蜜蠟によるものである．蜜蠟をよく加熱しておかないと，ガラス片は接着しない．熱い蜜蠟を，ステンドグラスの細片と板ガラスの間にたらす．それはすぐに冷えて，しっかりと固着する．けれども，ある芸術家は，暑い日には柔かくなる傾向はあっても，細工用粘土の方を好む．小さな蜜蠟のしずくがガラス片の隅々に着けられたら，各片を板ガラスにおしつける．細工用粘土も，数片を変更しなければならないときには有用となる．

パネル全体の細片を板ガラスに蜜蠟で接着したら，逆光のもとに画架にのせると，芸術家は変化する太陽光線がガラスに及ぼす効果をみることができる．色彩効果を検討し，必要があれば自分の描いたスケッチに照らしてチェックし，作りつつある窓が色彩や調子の体系としてうまくいっているか否かを調べてみるのである．調子の狂った細片があれば取りさって，新しい細片を切って入れかえる．そして絵付けが始まる．

絵付けの技法

数多く多様であるが，しかし主たる目的はほとんどつねに窓から差しこんでくる光をコントロールし修正することである．絵付けをほどこされないガラスは，光や色がむやみにぎらつくことがある．用いられる塗料は，褐色のガラス質のエナメルで，多くの描画効果のために，主として平筆でほどこされる．薄くほどこす場合，さまざまな変化を与えられる．まだ濡れているうちに，軽く刷毛でこすったり，あるいは長い穂先のバジャー(アナグマの刷毛)で打ちつけて鈍いマットの効果を出す．またバジャーか点描用の筆でつついて，点描によるマットの効果を出すこともできる．乾いたかげったうす塗りは，短い毛足の刷毛でこすって，さらに明るくすることができる．繊細な部分は，原図から細い線引き用の筆で透き写しされることがある．より幅広い線やはねた効果のためには，柔かい毛筆用の筆が用いられる．数数の技法のうち最も重要なことは，ふつう，針や棒を用いて，暗い塗料を塗った背景にくっきりとみえる白い面(部分)となるように光を透き入れるために，絵付け用の塗料を除去したり，際立てたりすることである．

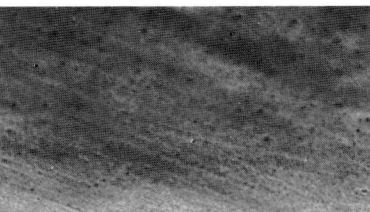

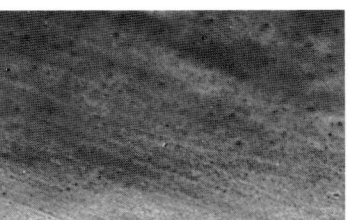

バジャー(アナグマの刷毛)で作り出したマット

点描によるマット

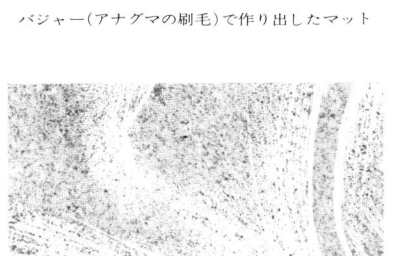

こすって作り出された陰影

透き写しされた線

柔かい線とはね

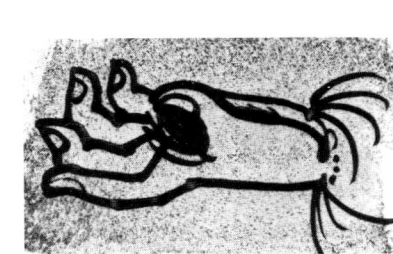

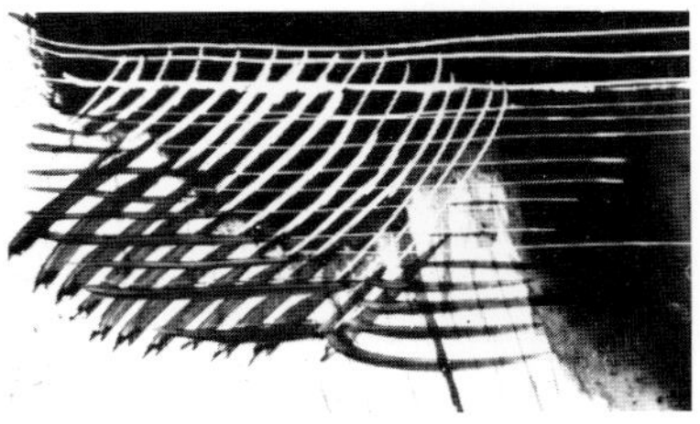

白ぬきの線

平塗り用の筆

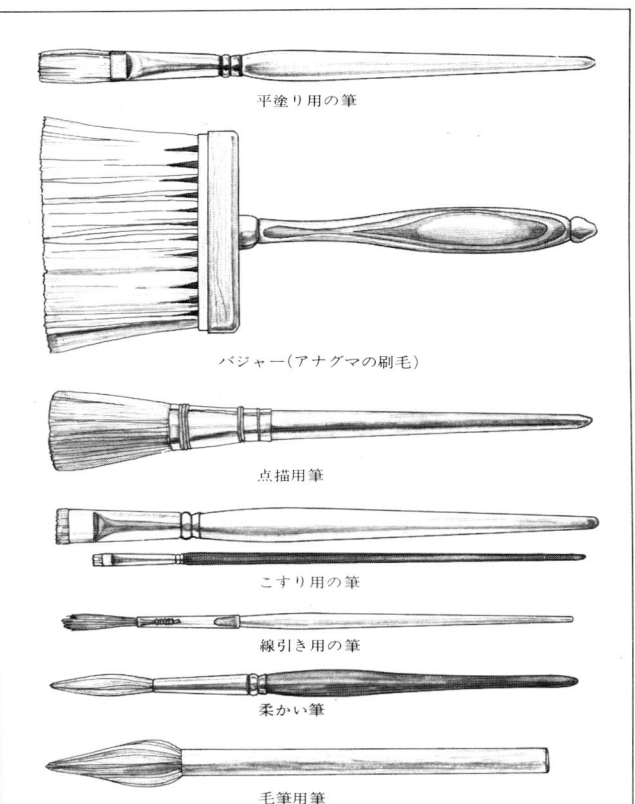

バジャー(アナグマの刷毛)

点描用筆

こすり用の筆

線引き用の筆

柔かい筆

毛筆用筆

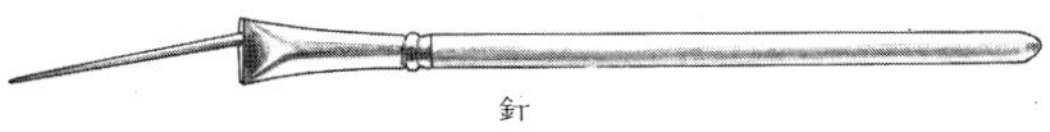

釘

ステンドグラスの窓の製作

絵付けの第1段階は、ガラスを平らに置いて主要な輪郭線を透き写すことである。汚さないようにするため、画家は手を木製のブリッジにのせる。この段階の終りに、「ノアのパネル」の最終的な形（右図）が決定される。写真で黒くみえる色面や線の大部分は、絵付けをほどこされる。ロワールの工房では、鉛線の線は引かれず、ステンドグラス片の間に光が入る。

逆光のもとでの絵付けが、つぎの段階である。ガラスは、画架の上に立てて置かれ、塗料の薄塗りがほどこされる。これをバジャーでこするか打ちつけるかし、細部を筆の柄で際立てたりこすったりし、さらに塗料をほどこす。牛と驢馬の例は、はじめ厚塗りで輪郭をとられるが、絵付けをすすめていって巧みに変貌する。しかしこれらは「ノアのパネル」（右図）のほんの一部にすぎない。

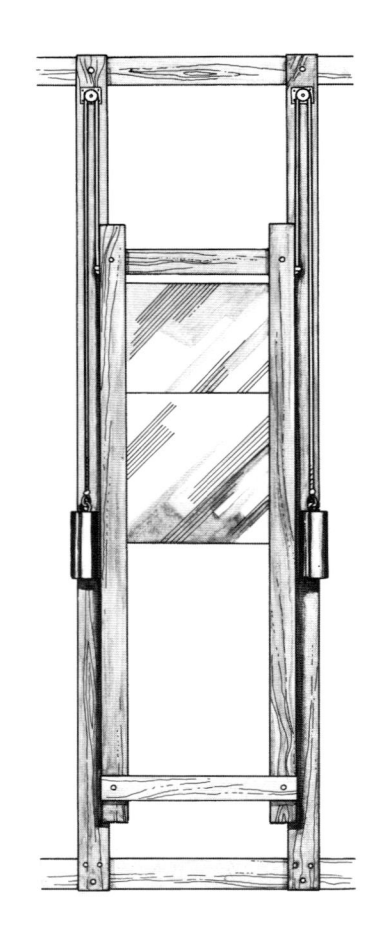

伝統的な画架は、床から天井まで達する。ステンドグラスを固定する板ガラスをはめた枠が、滑車についたロープに吊るされている。おもりのために上げ下げが容易である。この画架の縦部分はレールの上にのせられ、横方向に動くように脱着可能なネジでとめられる場合が多い。

絵付け

ステンドグラスでは、すべての色彩はガラス自体にあり、シルヴァー・ステインの例外はあるが、絵付けでは色彩をほどこされることはない。用いられる塗料は、もっぱら暗褐色のガラス質のエナメルであり、陰影や衣服の襞とか頭や手の細部や文字などの線描のために、そしてガラスの色の調子を変える薄い塗膜として、用いられる。12世紀に用いられたように重々しい線描から、15世紀に典型的にみられる顔や細部の精巧な肉付けや、現代絵画から影響をうけた現代の自由な筆遣いや材質感に至るまで、絵付けの効果は多様にわたっている。

この塗料は、基本的には、細かく粉砕された酸化鉄と粉末ガラスを、溶剤としての硼砂と一緒に混ぜあわせたものである。炉に入れて焼入れたときに、それはガラスの表層に融着する。この塗料は粉末状で準備されるが、好みによって、水と少量のアラビアゴムを混ぜあわせ、ガラスに着きやすいように練りあわされる。すり棒やパレット・ナイフが塗料を練りあわせるのに用いられ、板ガラスがパレットとして使われる。

ガラスに絵付けをするために、たくさんの種類の絵筆が用いられる。線的な仕事には穂先の長い細い筆、薄く塗り広げるために短目の平筆、柔かく肥痩のある線を引くために書道用の筆や水彩用の絵筆など……。しかしあらゆる絵筆の中で最も重要なものは、バジャー（アナグマの刷毛）である。3〜4インチの長さの幅の広い柔かな筆で、薄く塗り広げた塗料をなでてマット（艶消し）にし、抑えるために用いられる。この筆の用法は、軽くそっと動かすだけに限られ、ほんの先端を除けば、決してぬらされることはない。バジャーはまた、点描法のために用いられるが、この場合、薄く塗り広げた塗料が乾いたところに細かい斑点を作り出すために突き刺すような動きで取扱う。笞打ちという名で知られる技法では、バジャーは乾いたマットな塗料の上に軽くあおぐように触れただけで、塗料はこすられて明るい地の上に小さな黒い斑点となる。

ステンドグラスで芸術家が第一に心にかけるのは、窓から入ってくる光であるが、主たる効果を創り出すのは、塗料ではなくて光なのであるから、塗装自体が目的なのではない。したがって、光を透過させるように塗料を除去することが、絵付けでは重要なことであり、このためにどの芸術家も、針とか棒とか、たとえば、鋭く削った筆の柄とか骨や角の破片とか、使い古した油絵用の筆とかを流用した刷毛をそろえておくのである。

塗料をほどこすには、筆や棒や刷毛に加えて他のさまざまな工夫がある。こよりに巻いた紙、各種の織りの布や段ボールなどが、おもしろい材質感を作り出す。絵付けの前にあらかじめ蠟とか油脂とかをガラス面に塗っておいてから、水溶性の塗料をほどこすやり方もある。テープとか粘着テープをマスキングに使うこともある。指を使ってみごとな効果を出すこともある。全面がマットなところを軽くこすり、自然な表面の材質感を励起させて、ガラスに活力を与えるのである。

主だった線描は、ふつう、下に置いた原図から透き写される。水のかわりに、酢酸の薄い溶液が媒剤として用いられる。乾いたとき、酸液で描いた線は耐水性をもつという利点があるからである。絵付けのつぎの工程は、陰影と調子づけである。これは酸液で処理した上から処置することが可能で、両方の塗料とも同時に焼付けることができる。

初期のステンドグラスは、平塗りで絵付けをほどこされた。板ガラスを使った画架がなかったから、絵を描いている間に絵全体を判断することが不可能であった。せいぜい、2,3枚のガラス細片を手にもって空にかざしてみることができるだけであった。しかし今日では、主要な線がほどこされたら、ガラスは板ガラスの画架にのせられるのがふつうで、調子づけ、陰影、精巧な効果といった技巧をこらした仕事がなされるのである。

シルヴァー・ステイン（銀着色法）

絵付けの大部分がすんだら、つぎの工程は、ふつう、シルヴァー・ステインないしイエロー・ステインである。このプロセスでは、銀化合物、一般には硝酸銀が、白ガラスの外側の面に塗られる。焼付けのために炉に入れて加熱すると、銀は、ガラスの成分と反応して透明な黄色を呈する。この色は、ガラスの質や銀の量や火度に応じて、薄いレモン色から濃いオレンジ色まで、さまざまに変化する。1300年頃に導入されたこの技法によって、1枚のガラス片の中に冠や三角帽子や頭光をつけた頭部を描くことが可能になり、紋章の黄色のチャージを描き、天蓋や衣服や装飾に黄色の斑点を付加することができるようになった。着色ガラス上に、シルヴァー・ステインはおもしろい効果をもたらした。しばしば、背景の小さな風景を薄い青ガラスの上に描いて、樹や草にシルヴァー・ステインが用いられるのである。今日、シルヴァー・ステインは、腐蝕と同様に、現代的な抽象デザインに広く自由に採用されている。

このシルヴァー・ステインは、褐色のガラス質の塗料と同様に、アラビアゴムと水と混ぜることができる。しかしこれらの化合物は金属を侵すので、練りあわせにはガラスの練り棒が用いられる。また同じ理由から、たいていの芸術家はシルヴァー・

ステインのために特殊な筆を用意しておく．一般に，シルヴァー・ステインは，ガラスの外側の面にほどこされる．塗料とは違って，耐候性があって雨風の影響を受けないからである．

焼付け

ガラスの絵付けが終ったら，炉に入れて焼付ける．焼付けは，絵付けされたガラスを，塗料とガラスがしっかりと融着するように加熱するプロセスである．正しく焼付ければ，絵付けは，中世の作品のごとく，数百年間も持続するが，しかしその多くを炉を操作する職人の技倆と経験に負っている．

正しい焼付けのためには，ガラスは680℃まで，徐々に加熱され，ガラスのタイプや厚さによって違うが，この温度を，15分くらいまでの間，保持しなければならない．それから徐々に焼きなます（徐冷する）．

炉の扉ののぞき窓からみると，ガラスは焼付けの温度でくすんだ赤色にみえ，表面はかすかに光沢を帯びているが，それに対して塗料の部分は少し艶が引いてみえる．ガラスと塗料とけあう正確な時点を決めるのは，最も重要なことである．もし炉の温度が高くなりすぎたり，加熱が長すぎると，ガラスは歪み始め，とけ出し，大変なことになる．熟練した炉の職人は，ふつう，高温度計を用いるよりは眼で正しい時点を判断する．

初期の炉は，鉄の枠の上に粘土を被せて築かれた．木をたいたが，きれいで高温の炎を作るブナ材が好まれた．現代の炉には，ガスか電気が用いられる．焼付けには2通りの方法がある．一つの方法は，中世時代のものと類似していて，炉が暖められないうちに炉内にガラス片を収めて，焼付けの温度まで加熱され，ついで徐々に炉とガラスが冷えるようにする．より経済的な方法は，連続的な焼付けである．ガラスは，炉の一部分であらかじめ熱せられ，ついで主炉で加熱され，そして冷却炉で焼きなまされる．熱したガラスに冷たい風が吹きこまないように注意しなければならない．温度の突然の変化は，ガラスがひび割れたり壊れたりする原因となる．

焼付けのために，ガラスは鉄の盆の上に並べられ，一片一片，注意深く平らにならされたパリ石膏の粉末でおおわれる．ガラスの下の湿り気や空気は損傷の原因になるので，石膏はすっかり乾燥させ，しっかりと敷き固めなければならない．

理想的には，種類の違うガラスは別々に焼付けられるのがよい．緑，青，淡色のガラスなど硬質のガラスは一つの盆に一緒に入れられ，白や黄色など軟質のガラスは別の盆にまとめられれば，焼付けは，適切に調整される．同じように，濃い線描の焼付けの火は強く，艶消しの部分や陰影には短時間ないし弱い火で焼付けるのがよい．

ガラス質の塗料は，熱せられると体積が減り，したがって大部分のガラスはある程度再度の絵付けを必要とし，その結果，芸術家がみせたい効果を充分に出し切るには再焼付けが必要となる．しかし幾度も焼入れれば，ガラスはそれだけ割れやすく駄目になりやすくなる．デリケートな絵付けを要する頭部，手，記銘などは繰返し焼付ける必要があり，とりわけ脆弱になる．

炉の熱は，ガラスによっては色を変えてしまうことがある．たとえばルビー色は暗色化して，ほとんど真黒になってしまう．もちろんもう一度焼入れるともとの赤色に戻るのがふつうであるが……．繰返し焼入れるか強く加熱すると，シルヴァー・ステインの色を強めることができる．このステインはふつう，ガラスの外側の面にほどこされるから，塗料を最後にほどこしたとき同時に焼付けることができる．しかし単独に焼入れられるのが望ましい．このための加熱は最も短い時間でよいのである．

焼付けの準備のために，ガラス細片は，絵付けが終ったら画架からおろされ，鉄の盆の中にパリ石膏をまいた上に置かれる．同じ焼成温度を必要とするタイプのガラスは一緒にまとめられる．ロワールの工房では，単一室の炉が用いられる．炉にガラスを入れた盆が収められたら，ゆっくりと焼付けの温度（約680℃）で焼き，そして焼きなます．絵付けは加熱されるとさまざまに薄くなるから，ガラス片は絵付けし直され焼入れし直されることが多い．ときどき幾回か再絵付けし，再焼入れする必要が起ってくる．

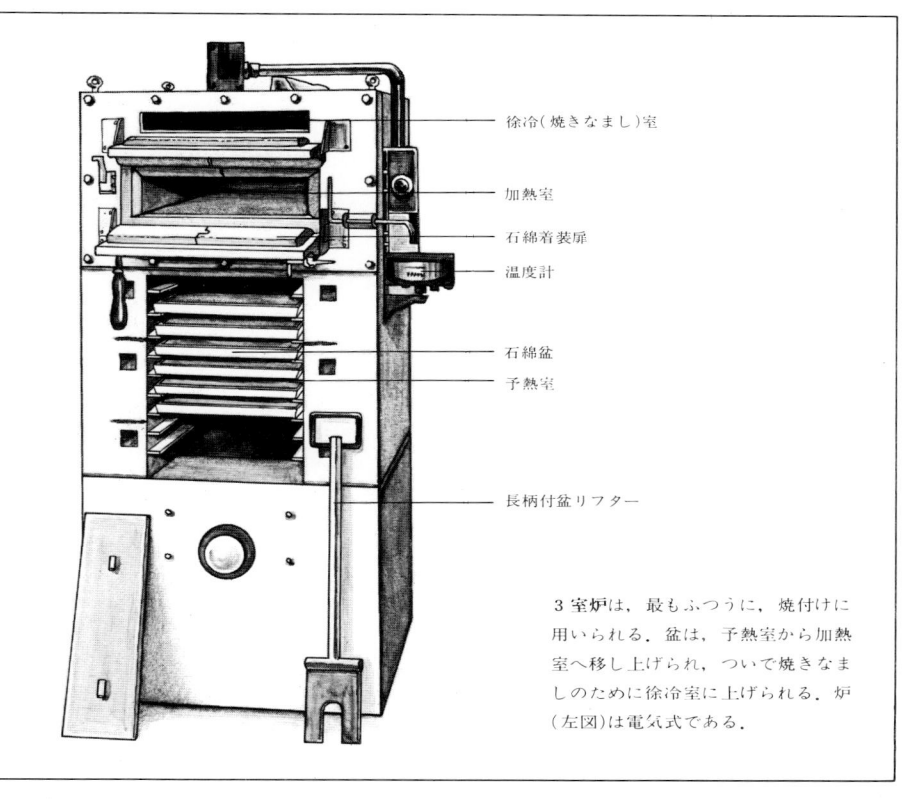

徐冷（焼きなまし）室
加熱室
石綿者装扉
温度計
石綿盆
予熱室
長柄付盆リフター

3室炉は，最もふつうに，焼付けに用いられる．盆は，予熱室から加熱室へ移し，ついで焼きなましのために徐冷室に上げられる．炉（左図）は電気式である．

ステンドグラスの窓の製作

鉛縁による組立ては、ガラスを鉛縁の中に集める工程で、カットラインの図面あるいは型紙を手本にして木の工作台の上で行われる。ここに示された「ノアのパネル」の虹のような複雑な部分を組立てるにはすぐれた技倆を要する。まず木の直角の枠が工作台の上に固定されて、パネルの側辺の鉛縁をしっかりと固定する。鉛縁を1本、伸ばし、裁断して、所定の場所に置く。ガラスをはめこみ、鉛縁を増やしていく。釘ですべてのものをしっかりととめる。

柔かい鉛縁を所定の位置に置いたら、特殊なナイフで正確な長さに切る。

鉛縁をストッピング・ナイフの柄で軽くたたき、ガラスにあわせる。

鉛縁をあけてはめやすくするために、小べらを出縁の側線にそって滑らせる。

ガラス細片を出縁の中に押しこみ、鉛縁の芯に達するようにする。

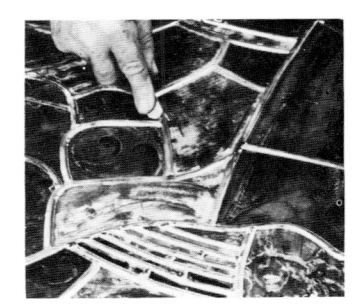

ハンダ付けの前に、鉛縁間の接合部分をあわせ、きれいにして獣脂を塗る。

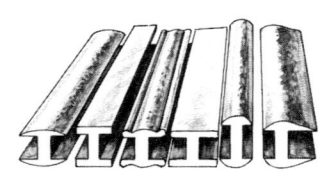

鉛縁の形は幅には変化があるが、芯はほとんどつねに1/16インチの幅である。上部は、丸いもの、平らなもの、上げ縁のついたものなどにできる。パネル鉛縁には大きな出縁がある。深い鉛縁、非対称的な鉛縁（一方の出縁が大きいもの）など、ほんの一例にすぎない。上部が丸い鉛縁が最もふつうである。

鉛縁による組立て

ステンドグラスのパネルは、鉛の棒縁と接合材によって結合されたガラス細片の構成物である。ガラスに絵付けが焼付けられたのちに行われる組立ての作業は、芸術家自身の手で進められるか、より一般的には、ガラス職人という伝統的な名称をもつ技術者の手で行われる。

まず、ガラス片が定位置に配置される。ついで、展性のある鉛の棒縁に体系的にはめこまれる。鉛縁はガラス片一つ一つの周囲にまわされて押しつけられる。縦断面をみると、鉛縁は、横倒しのH字を呈し、ガラス職人は鉛縁の両側にガラス片を挿入し、各片とも鉛縁の芯に当るまで押しこむ。この芯のサイズは、カットラインの図面の線の幅（ほとんどの場合1/16インチ）である。しかし、鉛縁の出縁の幅は、平らなものや丸いものや、1/8インチから1インチまで、さまざまである。

鉛が用いられるのは、これが比較的廉価な金属であり、作業が容易であり、天候や温度に耐久性があるからである。鉛縁と鉄棒の結合は、ガラスの複雑な形に必要な適合性を提供し、さらに風雨のかなりの圧力に耐えるだけの強度を与えてくれる。超強力化するために、鉛縁の芯が鋼で作られることもある。

中世時代、鉛縁は作業現場で鋳造された。職人はとけた鉛をカルムとよばれたアシの茎を並べた箱の中に注ぎ入れたが、この名称はいまでも鉛縁の長さを表すのに用いられている。現在では、ある工房では依然として自前で鉛縁を作っているところもあるが、しかし大多数の工房は鋳造業者から購入している。現代の鉛縁は鉄製の鋳型で鋳造され、鉛型機で成形される。

テオフィルスによれば、中世のガラス職人は、パネルの中央部から組立てを開始した。おそらく、主要人物の頭部から着手し、しだいに周囲の方に進んでいった。しかし、今日では、一般には下部の一つの隅のところから着手する。まず、2本の木を木の仕事台の上に釘打ちして直角を作る。それから最初の長い鉛縁を延べてねじれを直す。真直になったら、鉛縁を、鋭いのみのようなナイフで、サイズにあわせて切取り、パネルの底辺と側辺の外周の枠をなす位置に並べる。

カットラインの図面や型紙を手引きにして、最初のガラス片

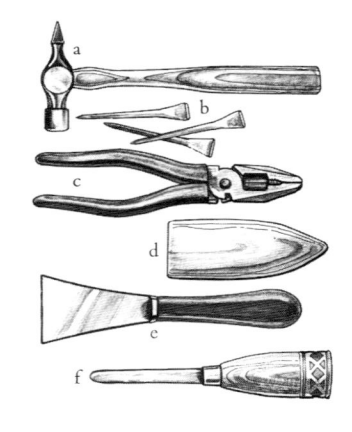

鉛縁による組立てに使う道具

(a) 軽いハンマー、枠を所定の位置に釘止めする。(b) 蹄鉄用の釘、鉛縁とガラスの位置を固定し、新しい細片がはめこまれるにつれて簡単に位置を変えられる。(c) ペンチ、鉛縁を伸ばす。(d) 小べら、職人が各々手製する骨か木の道具で、鉛縁をあけて形をとる。(e) 切断用ナイフ、短くしたパテ用ナイフ。(f) ストッピング・ナイフ、柄の頭に金具をはめたカキの殻あけ用のナイフで、ガラスを鉛縁の中に軽くたたいて入れたり、蹄鉄用の釘を工作台に打ちつけたりする。

鉛縁のハンダ付け

鉛縁が接合する箇所を恒久的に接着する。接合点は、はじめ打ちつけ、きれいにし、融剤としての獣脂でふく。ハンダの棒を接合部分にあて、銅を先端につけた熱したアイロン（ハンダごて）によってとかして接着する。片面のハンダ付けが全部すんだら、パネルを注意深く裏返し（右図）、他の面の方も同じ工程を繰返す。

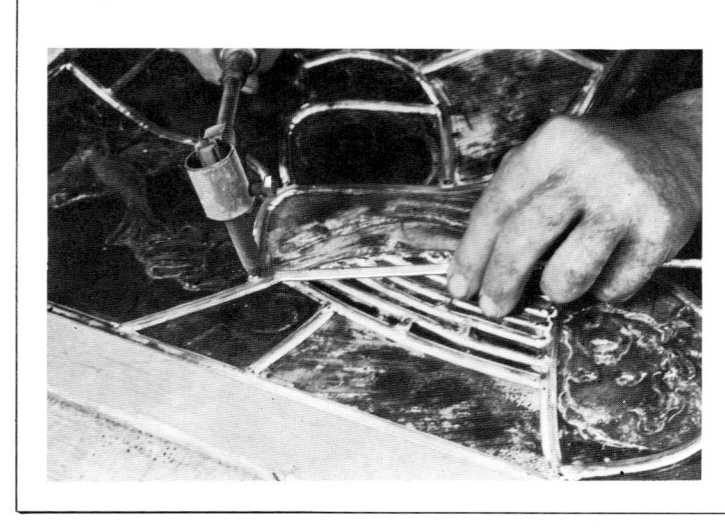

を隅にはめこみ，柄に鉛を仕こんだストッピング・ナイフを用いて所定の位置に軽くたたいておちつける．鉛縁はガラス片の周りにあわせて切取られる．この鉛縁を曲げて位置にあわせ，数本の釘で仮止めする．これは，ふつう，横断面の四角い，頭の大きな鉄釘で，使いやすく，鉛縁を傷めない．隣接したガラス片を定位置にはめこみ，さらに鉛縁を切取り，所定のところに押しあてる．パネルが完成するまでこのやり方を続ける．

ついで，それぞれの接合部分を獣脂や樹脂を溶剤として用いてきれいにこすり，ハンダ付けする．伝統的な，外観は不格好であるがきわめて有効な，ガスによるハンダごてが用いられる．パネルを注意深く，板を支えに使って，ガラスが壊れないように裏返し，接合部分の裏もハンダ付けする．

鉛縁による組立てのためには，他に，やっとこ，ペンチ，定規，矩(かね)定規，それに伝統的な小べら（木か骨の先を尖らせた形のもので，それぞれの職人が自分の手の形にあわせて作る）がある．この小べらは，ガラス片を挿入する前に，鉛縁の出縁をなめらかにし口をあけるのに用いる．

もしも，不注意な裁断によって，ガラスが少しずつ大きかったならば，パネルは，でき上った時点で，きつすぎたり，大きすぎたりする．鉛縁による組立てに際しては，ガラス職人は，カットラインの図面に正確にあうように各片をかき削って調整する——これは，ガラスが焼入れられて脆弱になっているためにデリケートな仕事になる．他方，もし，ガラスが，鉛縁の芯まで達しないくらいに切取られたならば，パネルはゆるく，あるいは幾分小さすぎることになる．これを修正するには，鉛の帯や細長い端切れがつめこまれて余分のスペースを埋める——これは，忍耐のいる，正確な計測を要する作業である．

ときには，色を変更するために，ガラス片が，同じサイズに裁断された他の片と2重に重ねて置かれたりする．この場合には，ガラス2層分を収めるために倍の厚みの鉛縁が用いられたり，あるいは上層のガラス片が別個に鉛縁にはめこまれて，全周囲をハンダ付けされて所定の場所に収められる．

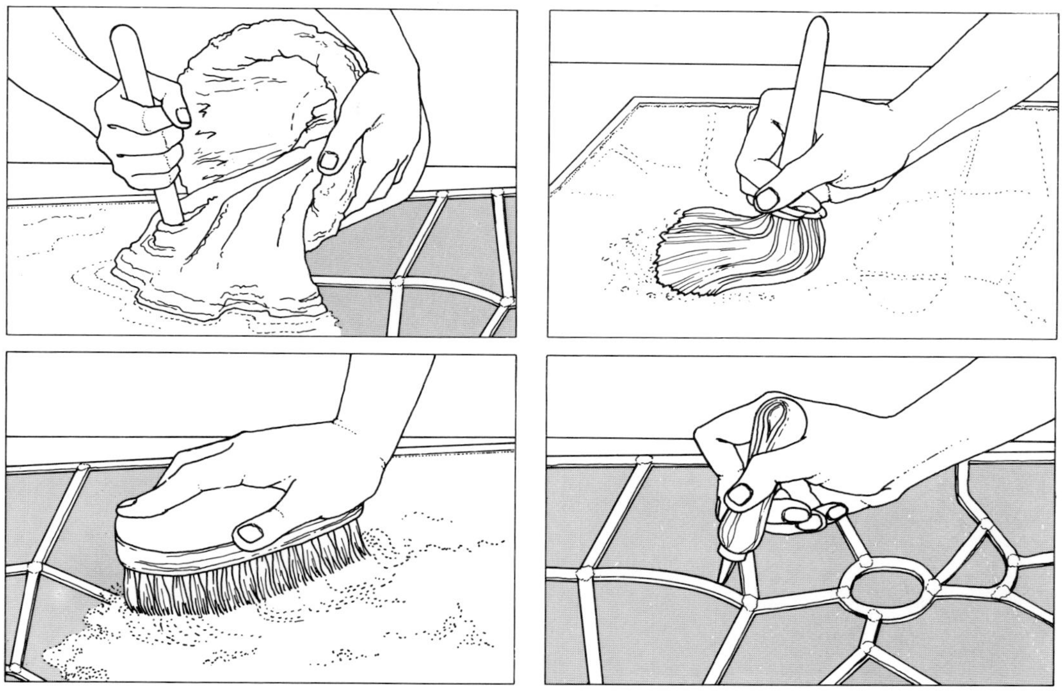

セメンティング

ハンダ付けが完了したら，つぎは，セメントによる接合である．セメンティングの仕事と材料は汚れっぽく散らかりやすい．

暗灰色のセメントが鉛縁とガラスの隙間に充塡され，ガラスがガタガタするのを防ぎ，パネル全体に防水性を与える．これはまた，強度，堅牢性を加える．セメンティングにはまた芸術的価値もある．これは，鉛縁を堅牢にみせて，絵付けの黒い線にとけこませ，窓の他の部分と結合させる働きをする．

セメントによる充塡 ガラスと鉛縁の隙間はセメントで埋める．暗灰色に着色し，粥状の粘りにねりあわせて，パネルの上にかける（上左図）．ついで腰の強い刷毛を使って隙間全部につめる（上右図）．パネル上の余分のセメントをおが屑で吸着させて，刷毛で落とす（左下図）．セメントがまだ柔かいうちに，鉛縁をととのえる（右下図）．

セメントは，白亜の粉末とパリ石膏の混合物で，これに小量の鉛丹，油煙の黒色顔料，ミネラルスピリット，加熱したリンシード油が添加される．これをお粥のような粘りにする．鉛縁とガラスの間のあらゆる隅や隙間の中にかき混ぜ用の刷毛を使ってこの混合物をつめこむ．はじめ片側を，そして裏側もやる．最後に，おが屑をパネルの上にまいて，余分のセメントを吸いとらせ刷毛で払い落すと，ガラスがきれいになる．もし鋭い端先が必要であれば，セメントがほとんど乾いたところで，鉛縁を刺し具でこする．わずかに凹凸の刷毛仕上げはそのままに残されたときには，線には柔かさが与えられる．

通常のセメンティングの方法は，2重に重ねあわされたガラス片には用いられない．この半流動物のセメントは2層のガラスの間に流れこんで，重ねあわせの効果を駄目にしてしまうからである．このような場合には，油煙の黒色顔料で着色したパテを注意深く指で鉛縁の周りに押しこんで，隙間を全部ふさぐようにする．数時間後，パテをかませた部分ができ上ったら，パネルの他の部分には通常の方法でセメントを使用する．

厚板ガラス——パネルの鋳こみ

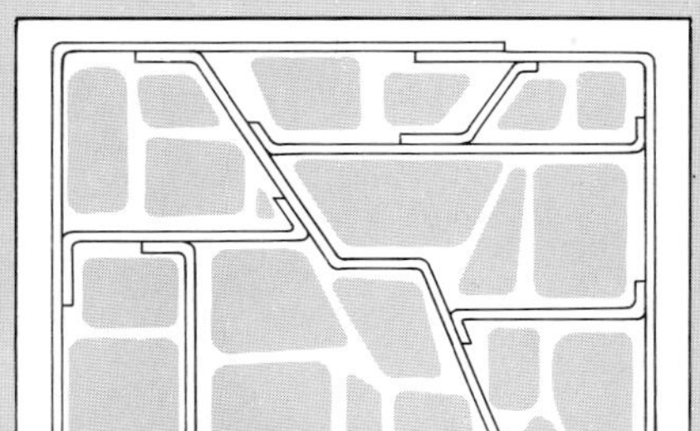

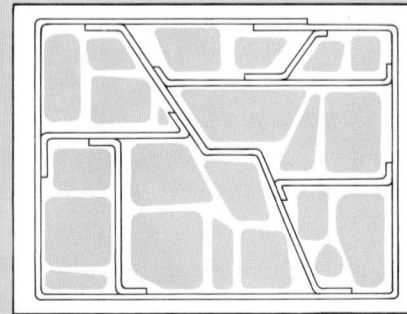

厚板ガラスをすっかりきれいにしてから，特殊に準備したベースに並べる（左図），とりはずしのできるせき枠をパネルのまわりに置いて，コンクリートないしエポキシ樹脂のための鋳型を作る．コンクリートは補強する必要があり，厚板ガラスの間に筋金を埋めこむ（上図）．ふつう，コンクリートが隙間ができないようにすっかりつまるようにするために，パネルをゆする．

コンクリートよりも軽量で丈夫なエポキシ樹脂は，筋金が不要で，パネルをゆする必要もない．ガラスの間に流しこむと，樹脂はひとりでに平らになる．コンクリートも樹脂も，着色できる．

コンクリートも樹脂も，すっかり固まるまでには3，4日かかる．エポキシ樹脂がまだ粘っこいうちに，砂や金属の粉をふりまいて仕上げの材質感を出すのがふつうである．

ステンドグラスの窓の製作

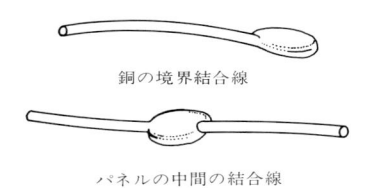

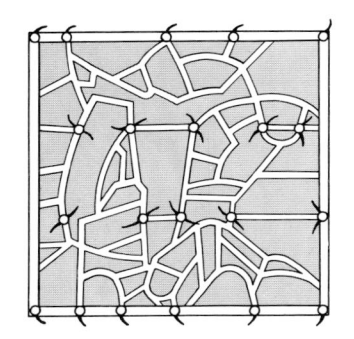

銅の境界結合線

パネルの中間の結合線

境界結合線は，パネルの周縁にハンダ付けされる．それ以外の結合線は，横棒と交差する場所の鉛縁の接合点に位置づけられる．

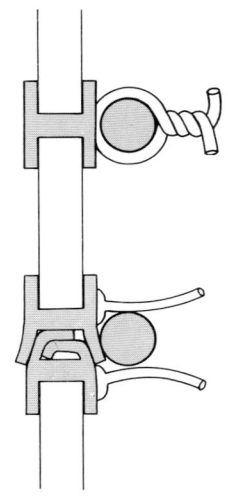

窓に収められた際，結合線は横棒の周りにねじりとめる．パネルがあわさる場所では，下部の鉛縁は折りたたまれて重ねこまれる．

フランスではT字形の断面をもつ枠がパネルの間に使われる．ロワールの窓の外側からみると，パネルの間に金属の枠がみえる．

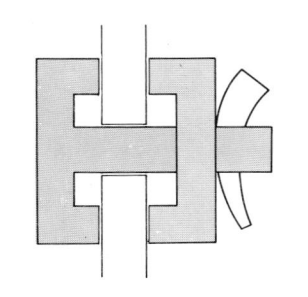

フランス式のT字枠の場合，パネルは横倒しのT字形の縦棒の上にのり，別の枠と楔によって締められる．

最初のパネルは，開口部と溝から古いセメントやガラスを除去してきれいにしてから，簡単にはめられる．ロワールの窓の主要パネルの最下部に位置する「ノアのパネル」がまずはめこまれる．上からみて，パネルは開口部の片側の溝の方に深く押しこまれる（右図 a）．ついでもう一方をあわせる（b）．両側とも石組で支えられるように中心から左右均等に振りわけて置かれる（c）．必要ならば，溝をさらに深く彫りこんでパネルにあわせ，たとえば窓の頂部の複雑なトレサリーのはめこみを容易にするために，パネル周りの鉛縁の出縁をたわめることもある．

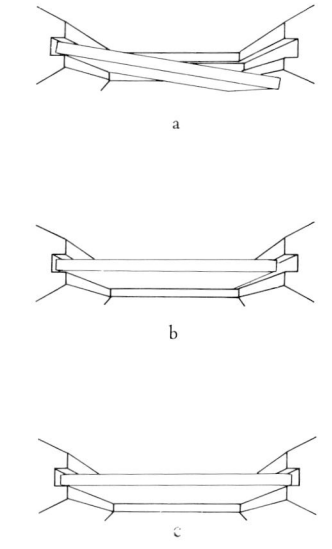

取付け用の結合線

大きな建物の場合，ステンドグラスは，多くの点で，スクーナー帆船の索具や帆と類似している．索具のように，大聖堂の窓は，風圧で震動してガタガタと鳴り，船の帆桁に綱で帆をしばりつけるのと同じように，窓は，鉄の横棒に結合線で固定されている．

取付け用の結合線を鉛縁にハンダ付けする仕事が，工房における最後の工程である．この結合線は銅線でできていて，各パネルに二つのタイプが使われる．パネルの周縁には，いわゆる境界結合線が一方の端だけハンダ付けされ，もう一方のパネルにもう一方の端が取付けられる．のち，窓が取付けられたとき，それぞれのパネルの結合線がともに，二つのパネルがあわさるところで開口部を横断する境界の横棒にくくりつけられてねじりあわされる．パネルの中間では，結合線は，その中央がハンダ付けされ，その両端は別の横棒に巻きつけられる．ほぼ1.5フィートの長さの横棒に対して，3ないし4個の結合線が取付けられる．

原図を引く前に，窓の横棒の位置を記し，鉛縁に結合線をハンダ付けすべき場所を正確に割出しておく．さて，これらの位置のセメントを注意深く掃除し，獣脂でこすっておく．細い銅線を適当な長さ（通常，4ないし5インチ）に切り，その中央ないし端をきれいにしてハンダで包みこむ．こうして，これらの線を鉛縁の接合点にハンダ付けする．結合線が全部のパネルに取付け終ったら，窓はもう取付けられるようになる．

取付け

開口部を最初計測したとき，取付けのために，石組，横棒，窓の位置などについて記録がとられる．芸術家自身の手で取付けることもできるだろうが，作業を請負う専門業者がおり，大きな工房の大部分は自前の取付け工をかかえている．足場を立てる必要がある場合が多く，また開口部から古い窓や仮設の窓を取りはずす必要があることが多い．

もし開口部に利用できる取付け棒がある場合には，きれいにして再塗装する．新しい横棒を取付ける必要がある場合には，その位置を慎重に測って，はめこむための孔をあける．横棒はふつう建物の内側に取付ける．そうすると錆びることがなく，風圧に対して窓を支えるのにも都合がよい．建物の外側に横棒があるときは，できるだけ新しく内側の横棒に取りかえる．

窓がはめこまれる石組は，溝か，L型の切りこみである．こ

厚板ガラス——完成した窓

ゴダード・アンド・ギブス社のジョン・ローソンによってデザインされた，エポキシ樹脂で固めた厚板ガラスの窓は，1973年，イギリスのバーミンガムの「昇天教会堂」に設置された．36枚のパネルは，鋼枠にはめられた上で石組に収められた．しかし厚板ガラスの窓はブロンズか銅の棒材の上にのせられるのがふつうである．厚板ガラスの窓の場合，すべて，ガラスは耐候性をもたすために外側が均一の面にそろえられ，内側が，周りから少し突き出しており，その結果，切子面の効果が強調される．樹脂で固められた厚板ガラスは，コンクリートで固めたものと，違った性格を示す．たとえば，ガラスの間の境界は，より幅狭くできて（1/8インチまでの細さが可能），より自由で軽やかな様式を創り出すことができる．しだいにエポキシ樹脂がコンクリートのかわりに用いられており，厚板ガラスは，現代的な室内装飾のスクリーンなどに使われてきている．

れらを入念にきれいにして，パネルを1枚1枚そこに安全に差しこめるかどうか計測する．溝をもつ窓の場合には，パネルの一方を深く差しこんでおき，パネルをまっすぐに直せば，もう一方は簡単に定位置にもっていける．もしパネルの幅が少し大きすぎるときには，そっと少したわめてよじり入れることができる．けれども，ガラスを壊すこともあるから，溝の片方を深く彫りこむことが望ましい．L字型の切りこみの場合には，絵を額縁に収めるように，まっすぐにパネルを押しこむ．

新しいガラスの取付けにはいろいろなやり方があるとはいえ，最も難しい部分であるトレサリーを最初にはめこんでおき，他のパネルについては開口部の下の方から順次やっていけばよい．パネルを重ねていく際，上のパネルの周縁の鉛縁は，下のパネルの上におおい被さるようにあわせて，雨水や結露した水滴が流入しないようにする．結合線を横棒にゆるく巻きつけておき，すべてのパネルが所定の位置に取付けられてから，しっかりと締める．

フランスでは，取付けの方法として，別の方法が取られるのがふつうである．パネルの端はオーバーラップされないで，そのかわり，T字棒の鉄の枠が用いられ，パネルは，横倒しにしたT字形の縦の棒の上に置かれる．ついで，パテか充塡材で，あるいはT字形の底部にあわせた別の枠によって，縦方向にしっかりと固定する．さらに堅牢さを加えるために，パネルには結合されない横棒を取付ける．石組にはめこんだ横棒をもつ同じような鉄ないしブロンズのT字棒を使った枠が，大きな窓のために世界中で用いられている．

最終の工程は，つねに，窓をしっかりと固定し，耐水性をもたせるように，窓にセメントで固めることである．ふつうのセメントないし充塡材が使用される．最後に，窓は入念に磨かれる．何事もなければ，窓は向う100年もの間，存続するであろう．

窓が取付けられたら，芸術家はさぞや現場に出向いて自分の作品をみたいと思うだろう．実現された建物の中に足を踏み入れて初めて，開口部を初めてみて抱いた自分の構想が，完成した窓のガラスやシルヴァー・ステインや絵付けの塗料や，鉄や鉛の処理などの点で成功裡に実現されたか否かを判断できるのである．太陽の光がパネルを透過して，材質感や調子や，筋目や条痕や切子や気泡やガラスの重層や，豊かな色彩の強烈さや淡いデリケートな色調の無限の変容を現出させたときに初めて，窓に生命が宿るのである．輝きわたって初めて，窓は，完成された芸術作品としての表現力を発揮することとなる．

ガブリエル・ロワール作「旧約聖書の窓」，ヴェルサイユ近傍のコワニエール教会堂（フランス）．

ガラスのコラージュ

グラス・アプリケ（貼合せガラス）とフューズド・グラス（融着ガラス）が聖俗両様のためにしだいにポピュラーになってきている．グラス・アプリケの場合には，デザインを用意し，ガラスを形どり，入念に洗浄してから，板ガラスの上にコラージュとして貼りつける．あらゆる種類のガラスが使用可能で，ガラス片同士を重ねて貼ることもできる．エポキシ樹脂が接着剤として使われる．背後から照明された場合最も効果的であるが，グラス・アプリケはスクリーンや室の仕切として使われることが多い．もちろん窓にも使用される．フューズド・グラスの場合，コラージュはガラス細片を形どって行われるが，樹脂で貼りあわせるかわりに，ガラスは高熱で融着される．特定の種類のガラスしか使えない．効果は豊かであるが，パネルの大きさは限られるのがふつうである．絵のようにかけて眺め，裏から照明される場合が多い．

1975年，ゴダード・アンド・ギブス社によってロンドンのある家のために制作されたグラス・アプリケのスクリーン（右図）は，珍しく円い輪郭線をもつ．この効果は着色接着剤と暗色のエポキシ樹脂によってある形を円く囲んで（上図）作り出されたものである．

フューズド・グラス（融着ガラス）は，部分を拡大してみると宝石のようにみえる（上図）．ハートフォードシャーのカフレイの新しく建てられたセント・アンドリュー教会堂の興味ある革新的なものは，イギリスのチェペル工房のアルフレッド・フィッシャーのデザインによる一連の細長い窓である．

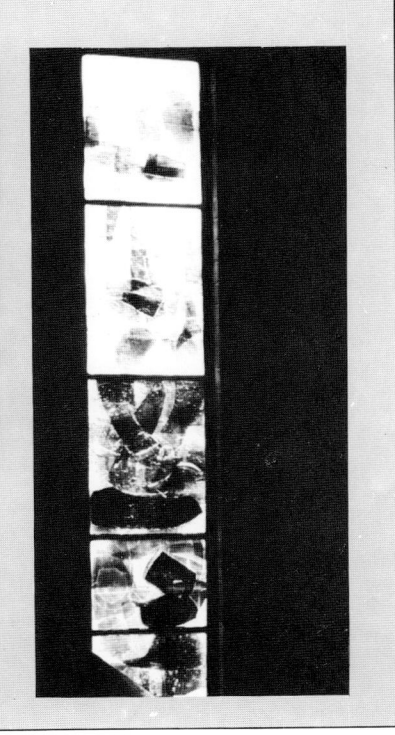

ステンドグラスの窓の修復

古いステンドグラスは、その歳月を示している。幾世紀もの嵐や霜や太陽が、昔の宗教的抗争や最近の戦争などとともに、その傷跡を残す。けれども損害の度合は、主としてガラスの成分や建物の内外の湿気によっているのである。

ガラスは、製造工程や徐冷の間に保護膜を獲得するのであるが、ひとたびこの膜が破られると、崩壊が始まる。湿気が最初にガラスを強襲する。ガラスの中のソーダやカリといった成分を溶解して、アルカリ溶液になるとガラスの組織を侵すことになる。もしこのアルカリ溶液がたとえば雨水などで洗い流されればなんの害もないが、しかし結露によって恒常的に薄い水の膜ができることが致命的である。アルカリ性になって、ガラスを蝕むからである。

この分解は、小さな凹みとなって現れるが、この凹みの中に遊離したガラスの化学的成分が不透明な白色の付着物として集まる。ある窓ではこの付着物は硬いが、別の窓では柔質で粉っぽい。時間が経つとこの凹みは深くなり、いくつかの凹みがつながったりすると孔になってしまうことがある。空気中のガスも、種類によっては、溶液と反応して、さらにガラスの表面の崩壊の原因となる。煤や埃が層をなして付着すると、光が入るのを妨げる。絵付けがほどこされたガラスでは、描線が、周りのガラスが蝕まれていると、尾根のようになる場合もある。裏表逆なこともあって、塗料は耐久性がより乏しく、ガラスの中でうねのようになる場合もある。

強風がパネルをたわませ、あるいは壊してしまうこともある。火災や、鳥が窓ガラスにぶち当ったり、石を投げつけられたりといった偶発的な打撃でも犠牲が出る。

ガラスの内側の面も危険にさらされる。壁や床からの塵埃や教会堂の中では蠟燭やストーブの煤が、堆積し、建物の高いところほど分厚く付着して、ガラスを曇らせ、塗料を侵す。

ステンドグラスは特に宗教的変動の時代に損害を蒙る。イギリスでは、宗教改革のときに、1547年の布告によって、「あらゆる絵画や壁や窓の偽の奇跡や迷信のモニュメントはすべて、取去り、絶滅し、打壊すべし」と断罪された のち、17世紀には、公式に議会から派遣された偶像破壊人ウィリアム・ダウシングは、イースト・アングリアを巡回して、礼拝堂のもののみならず、命令に反して、公立学校や大学のホールや図書館や会議室のものまで、「気違いのように、あらゆる絵ガラスを打壊した」。彼の日記によれば、1日だけで「10個の巨大なガラスの大天使など、あわせて80個のパネルを壊した」。

けれども、失われた中世の窓すべての破壊の罪をこのような男だけに負わせることはまちがいであろう。美的な理由による保存という考え方はきわめて新しいものである。比較的近年まで、聖職者や商人など、裕福な寄進者は最新の流行のスタイルを好んで、古いステンドグラスを破壊することに対して、保存

世界最古の窓
アウグスブルク大聖堂にある11世紀の「預言者の窓」は、近年になってから急速に損害を蒙った。1943年に撮影した「ダニエルの窓」の写真（左図）と、1973年に撮影した写真（右図）とを比べれば、明らかである。同様に、他のヨーロッパの古い多くの窓は、19世紀までよりも今世紀になってからはなはだしく傷んできた。これの正確な化学的理由はなおも解明されていない。第2次世界大戦中に取りはずされて置かれた収蔵庫内の湿度の高い状態や、現代の汚染された大気や実験されずに採用した新しい材料を使っての間違った修復などがみな原因になっている。

の戒めは力説されることがなかった．古い作品はただその代だけとか宗教的な意味のため，あるいは経済的理由からだけで残されたのである．ある先祖の墓とかある祖先が描かれている窓とか，奇跡の力によって崇められる像などであれば，破壊を免れるのであった．さもなければ，その当時の新しいものに取りかえられることがしばしばあった．

たとえば，ヨークでは，大きなノルマンの教会堂が倒壊されて1220年から1472年の間に再建されたのであるが，すぐれた12世紀のステンドグラスのほんの一部だけが残されたにすぎない．同様に，オックスフォードのニュー・カレッジの多くの古いステンドグラスは，18世紀に，ジョシュア・レノルズ卿のステンドグラスに席をゆずるために一掃されてしまった．1789年ソールズベリー大聖堂を修復した建築家ジェームズ・ワイアットは，古いステンドグラスの大部分を「大量に」破棄し，金になる鉛だけを残して粉々に砕いて街の下水溝に放り捨てた．

19世紀のロマン主義文学やラスキンやモリスの著作が，過去の芸術に対する態度に影響を与えた．「迷信のモニュメント」が，しだいに「芸術的遺産の宝物」になった．しかし修復の第1の試みは，破壊と同じといっていいくらいに劣悪であった．たとえばカンタベリーの古いステンドグラスの多くは，ただ模作されただけで，オリジナルな細片は捨てられたのである．

現代の修復

けれども，オリジナルなステンドグラスの尊重は，長足の進歩をとげた．ついには注意深く思慮深く取扱われるようになった．鉛縁で組立て直され，亀裂は，紐鉛縁とよばれる細い鉛の帯で直され，孔は埋められ，頭部や脆弱な部分は二重に保護のガラス板を重ねられる．不正確に修理された窓の図像は，並べ直されて正しい意味に復元された．ついに置きかえのきかない宝物を気遣っているということが真に理解されたのである．

しかしながら，オリジナルな状態では，いまみれば大部分の最初期のステンドグラスがけばけばしく不快な感じがすると思われるのも無理からぬことである．しばしば破壊的ではあっても，経年や気候の影響が昔日のステンドグラスの魅力と美しさに役立っていることは否めない．古いガラスの入り乱れた窓が，こせこせとした修復では失われがちな色彩や生気をもって輝いているのである．したがって，ガラスにオリジナルな明澄さを復元しようという目的と，経年によって獲得した特徴をそのまま残して保存しようという願望の間に，衝突が起る．この問題の解決は，明らかに，窓それぞれの必要によって，さまざまである．しかし多くの場合，これらの脆弱な色彩が，完全に崩壊して永遠に失われないうちに緊急に救わなければならないことに比較すれば，美的な問題はなにほどでもないのである．

けれども，ステンドグラス修復の資金調達もまた，一つの問題点となろう．たとえば，1973年，世界最古の窓であるアウグスブルク大聖堂の五つの窓の洗浄と固定には，4年の歳月と10万ドル以上の費用が必要であると見積られた．国によっては財源は国家機関から供給されたり，公衆からの募金に依存したりする．窓の修復に際して起るもう一つの問題は，価値ある窓を，オリジナルな建築的な舞台の中に保存するか，さらに安全を計るために美術館に移すかどうかということである．

古いステンドグラスのこれらの問題は，「中世ステンドグラス集成」Corpus Vitrearum Medii Aevi の編纂を通じて共通の場をもつあらゆる国々の専門家や修復技術者たちによって検討されている．1951年に，世界中の中世時代の窓を記録するために国際美術史学会が着手したこの計画によって，歴史家，科学者，技術者，芸術家，学芸員（美術館員）が集まって，ステンドグラスの構成や修復やその保存を含むさまざまな問題や技術に関する情報を交換することができるようになった．さまざまな窓相互に大きな違いがあるにもかかわらず，一つ一つが，その修復技術者からの格別の気遣いと知識と献身的な精神を必要とするのである．

カンタベリー大聖堂において，20年計画が多くの12,13世紀の窓を救うために遂行されつつある．ルカ伝に出てくるキリストの先祖の1人レザを描いたパネルが現在修理されているが，修復前（左図），その外側はあばただらけではやけてみえた．19世紀ないしそれより後の顔などのガラス片だけにあばたがない．全部のガラスが経年のために不安定になっているが，レザのパネルのように，同じ年数，同じ気候条件にさらされていたガラス片でさえも，侵蝕や損傷に対する耐久力にはかなり差異がある．当初の徐冷の技術的水準やガラスの化学組成の違いなどが，要因となっていよう．カンタベリーでは，最も脆弱なガラスは特定の色に限られているようである．

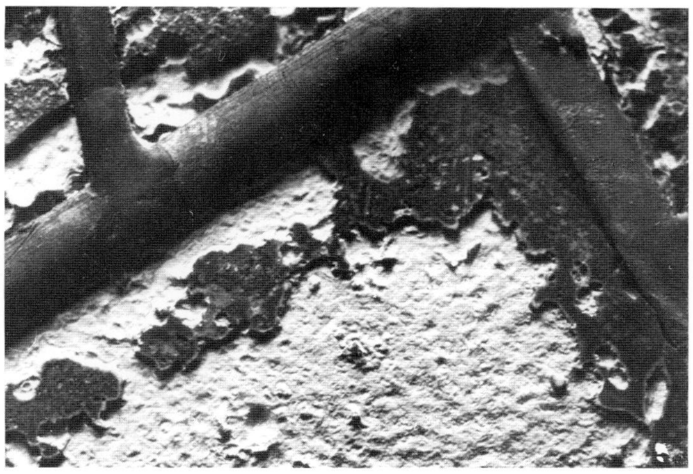

風雨にさらされているガラスの外側の面は，侵蝕がはなはだしい．カンタベリーの場合（右図），蝕まれて無数の小さなあばたになり，炭酸塩と硫化物の層からなる不透明な白っぽいかさぶたを呈し，ガラスは，災害を与える物質になってしまう．ガラスの光沢のある表層が破れると，その侵蝕は増大する．ガラス面上の湿気が，空気中の硫化ガスや炭酸ガスとあわさって酸液になり，ガラスの表面を侵す．アルカリ性の溶液になった場合には，侵蝕はさらに著しい．カンタベリーのガラスには，オリジナルの厚さの1/4になっているものもある．

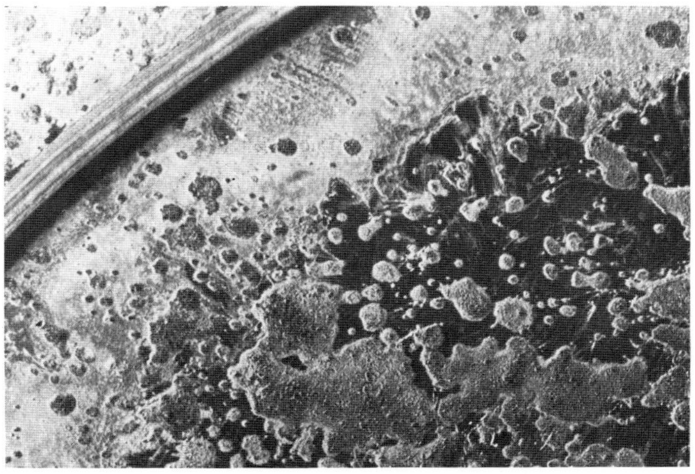

建物の乾燥した内側では，外側よりもガラスの侵蝕はひどくない．しかし内側には（左図），しだいに，大聖堂の温度が高いところに集まる微細な黒っぽい粒子がこびりついてくる．硫酸カルシウムを主成分とするこの堆積物は，石組から出る石炭石の塵埃やストーブや蠟燭から出る煤である．鉛縁の間につめられたセメントは，経年とともに粉化して，やはり害を与える物質になる．この堆積物は光を妨げるけれども，絵付けがほどこされていないガラスには害を加えないようである．

ガラスの内側の硫化物の粉末は，時間がたつにつれて顔料を侵すために，絵付けにきわめて有害である．比較的被害は軽いが，レザの頭髪を描いた輪郭線（右図）は，堆積物でしみがつき，ところどころ明るくなっている．外側のあばたがガラスを通してみえるのである．絵付けの塗料は，ガラスと同様に，耐久性がまちまちである．ある描線は，尾根のように盛上っているし，他の線は消えてしまってただ深い侵蝕の跡を残すだけである．古いガラスには外側に絵付けがほどこされるものもあるが，これはもちろん特に脆弱である．

ステンドグラスの窓の修復

保存と修理

フランス，ドイツ，イギリス，その他の大部分のヨーロッパ諸国では，古いステンドグラスの多くは，修復を受けている．修復作業の典型的な例は，カンタベリー大聖堂である．ここでは，世界最古のステンドグラスのいくつかを救うために，大規模な計画が1971年に開始された．

カンタベリーでは，すべての修復計画の場合のように，作業の進捗状況に従って，正確な記録をとることが重視される．したがって，ステンドグラスは，修復の成果や変化が評価されるように，窓から取りはずされる前と，そして修復のそれぞれの工程の後に，写真撮影される．

石組から古い窓を取りはずすには，周囲のセメントや石膏が注意深く除去される．ついで古いガラスが動かされる．カンタベリーでは，この工程は，最初期のガラスをはめこんだ鉄と木の枠を用いるシステムで単純化されたが，しかし窓が溝の中に押しこまれているところでは，ガラスに少しでも傷をつけないように，そっと作業を進めなければならない．

窓は，おおよそ1.5フィートに2.5フィートの大きさのパネルに解体されて，仕事場に運ばれる．薄い紙と，真鍮磨きなどに使う蠟と油煙を混ぜた研磨材を使って，それぞれのパネルをこする．

つぎにパネルは，蒸留水よりも純粋とさえいえる非イオン化した水の中ですすがれる．軽くブラシをかけて表面の塵埃を除去して，絵付けの状態を調べる．絵付けの塗料がゆるんでいたら，アセトン溶液で薄めたエポキシ樹脂で固定する．

つぎに，各パネルは解体されるが，この工程には，平均して熟練者の手で3日を要する．ガラスの細片は，ガラス底の盆の中に正しい配置に並べられる．各パネルの鉛縁のパターンは最初に摺り写しの手法で写し取られ，ガラス盆の底面に描きつけられる．古い鉛縁は再利用のためにとかされる．特に問題のあるガラスは顕微鏡で調査され，修復が進められるに先立って，分析のために研究室に送られることもある．こうして中世時代に関する現代の知識が増えるのである．

さらに，ガラス片一つ一つの洗浄が行われる．少量のアンモニアを添加した水をはった水槽に超短波で震動を加えると，脂っぽい被膜の除去が容易になる．そしてときにはガラスの外側の面は，タルカンパウダーと同じ感触の微細なガラス玉の流れを衝突させる空気噴出装置の中で洗浄される．塵埃の除去によって，風雨にさらされて粗れたガラスが露呈する．ガラスの内側の面は，グラス・ファイバーの刷毛できれいにされる．小さな刷毛一つは，2.5平方インチを掃除しただけですり減ってしまい，取りかえないといけない．このプロセスは，手でやったり，歯科医の機械のように電動機で高速回転するブラシ・ホルダーを使って機械的に行ったりする．実施者は，作業を顕微鏡でチェックし，特に細く絵付けした線は，埃とまぎらわしいので注意を要する．

きれいにした細片を集め，割れた断片は，ガラスの色に似あうシリコン樹脂か，エポキシ樹脂で断面を接着する．必要

入念な記録が，古いパネルを窓からはずすときに作製される．そのパターンや状態が写真で記録されるが，さらに重要なことは，原寸大の拓本を作ることである．薄い紙を，パネルの上に重ねておいて，蠟と油煙を混ぜて作った墨でこする．この鉛縁の正確な写しが，作業中の照合用図面となる．

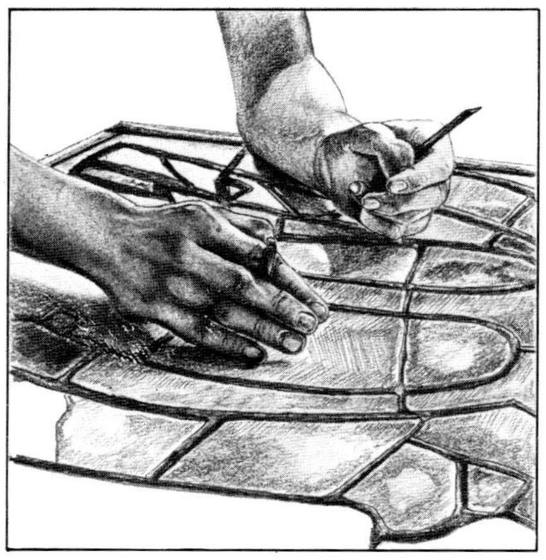

パネルの解体 古い鉛縁から注意しながらはずす．ガラスは，800年もの古さをもつものもあるが，しばしば非常に薄く，修復家の手で割れることもある．細片や破片をガラスの盆にきちんと並べる．ガラスの盆には，拓本から透き写したパネルの鉛縁のパターンを描いておく．

絵付けは，比較的保存がよいものなのであるが，それでも，保護されなければならない．エポキシ樹脂をアセトンで稀釈した10%の溶液で被膜を与える．この合成樹脂は，塗料を固定し，剝離を防止し，修復の工程で蒙る損傷や，完了後の侵蝕から，塗料を保護する．

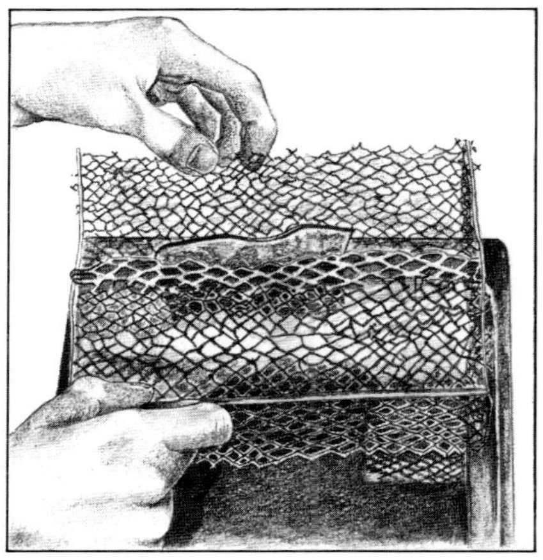

超短波洗浄は，塵埃を除去する．ガラスを10%のアンモニア水を入れた小さな水槽の中に，網籠に入れて吊るす．この溶液に，電動装置で，振動数毎秒600くらいの振動を与える．3分後，付着していた塵埃は全部落ちる．

ガラスの孔の修理も，現代的なプロセスで行われる．断片は，樹脂で固定する間，動かないようにしなければならないから，ガラスの原寸に作ったラバーの鋳型の中に置く．型の中で，どんな隙間でも着色したエポキシ樹脂で埋めることができる．樹脂が硬化するには15℃以上の温度で，数時間かかる．

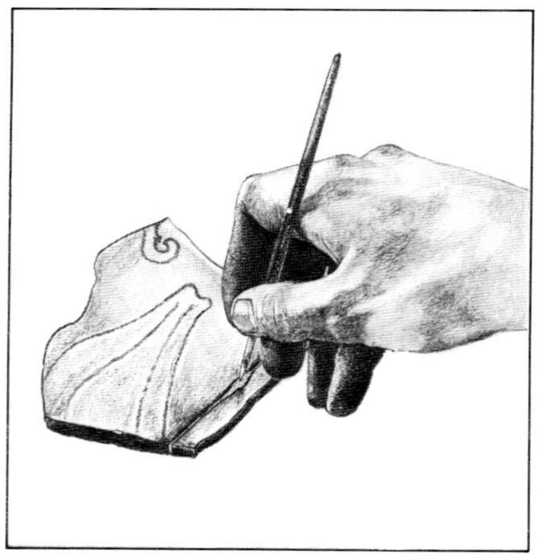

接合部分の補強・強化 二つの断片を接合したところに，樹脂の副木を作る．細片は全容を復元され，かなり強化されたが，さらに保護を必要とする．つぎの工程には古いガラス片一つ一つに，きちんと大きさのあった薄い透明ガラスの裏打ち用のプレートを作ることが含まれる．

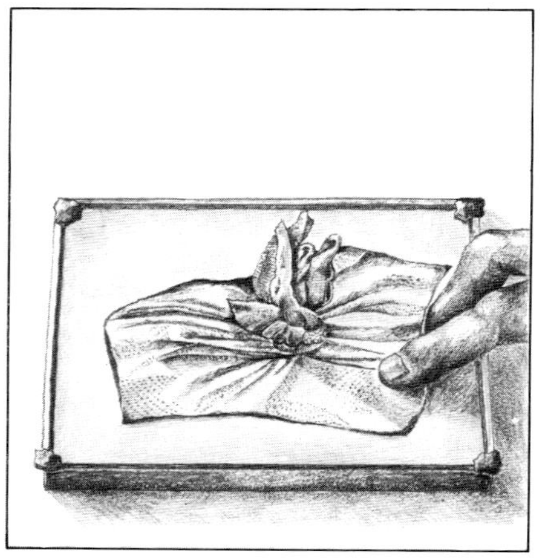

鋳型の作成は，裏打ちプレートの準備の第1段階である．古いガラスは薄いナイロンのメッシュでおおわれ，外側を下向きにして濡れたパリ石膏の中に静かにしかもしっかりと押しつける．別の方法では，ガラスを彫塑用粘土に押しつけて，粘土から石膏型を作る．

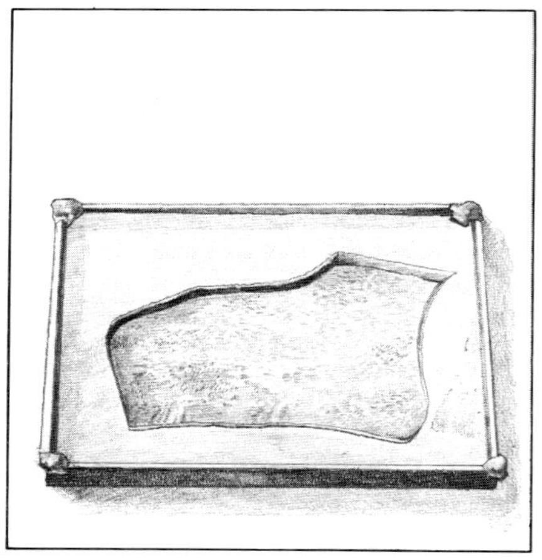

鋳型の完成 パリ石膏が固まったら完了．底には，外側の面のあばたがすっかり写し取られているが，さらに重要なのは，波を打っている古いガラスの正確な輪郭が再現されていることである．この型を使って，透明ガラスの裏打ちプレートを彫り作ることになる．

があれば，樹脂の中に補強剤を入れて，接合の強度を高めてやる．着色した樹脂は，孔を埋めるのにも用いられる．

各ガラス片から石膏の型がとられ，顕微鏡のプレパラートくらいの薄さの透明なガラス片が，古い細片一つ一つの正確な形で裁断される．特殊な場合には，損傷をうけ，あるいは消失した絵付けは，中世のガラスの偽物を作ったり描き直したりするのではないが，オリジナルな効果を復元するために，新しいガラス片に模写されることもある．ようするに，カンタベリーにおける目的は，やり直しのきかない付加物を用いることなく，オリジナルなイメージへ復帰させることにある．

石膏の型に入れられたガラスは，ついで炉で 790℃ くらいで熱せられる．透明なガラスの輪郭は，古いガラスと正確に一致するようになる．加熱したあと，古い細片と新しい細片とを正確にあわせて，再び鉛縁でパネルに組立てることができるよう，縁を接着する．

古い窓の中には，ガラスの"被せ"の面が外側に向いているものもあって，風雨によって侵蝕されていて，修復技術者はその色彩を重ねあわせによって取りかえねばならないことがある．新しく被せたガラスの色あいは，オリジナルの微量の残存物を調べて，あるいは隣接した細片との比較によって選ばれる．新しいガラスは正確な形に切られ，必要があれば，多くの中世の被せガラスの特徴である縞目や変化をつけるためにフッ化水素の酸液で腐蝕させる．ついで，2片のガラスは一緒に鉛縁でとじられ，手で注意深くパテをつめられる．

窓のガラスの各片は，いまや調査され洗浄された．割れた細片は修理され，薄く透明な現代のガラスが慎重に裁断されて外気にさらされる面にほどこされる．

再構成

窓に組立てられるに先立って，デザインも入念に検討されなければならないし，並びの悪い調子のはずれた細片の扱いについても決定を下さなければならない．図像の専門家は同一主題の窓を比較し，矛盾や無理な箇所を解決する手助けとなることの多い写本装飾画などを研究する．ときには，孔が，頭部や身体や，他の窓からそっくり移されたもので，埋められていることもある．ヨークでは，事実，これらの埋めあわせに用いたものの中から，まるまる窓一つが発見された．

後代になって誤って加えられたガラスは，除去されて透明ガラスで置きかえられることがある．これは新旧の作品の混同を避けることになるが，しかし明るく光りすぎて，視覚効果を台なしにするおそれがある．ある修復技術者は新しいガラスとオリジナルなガラスとの間にコントラストがあってしかるべきであると考えるとはいえ，別の技術者は，調子をあわせ，あるいは絵付けをほどこしたガラス細片を挿入して，巧みに周囲の古いガラスにとけこませることがある．しかし確固たる法則はない．それぞれの窓は，それ自体の長所を引出すように考察されるべきであり，特定の建物の中に占める位置づけとの関連において考察されなければならない．

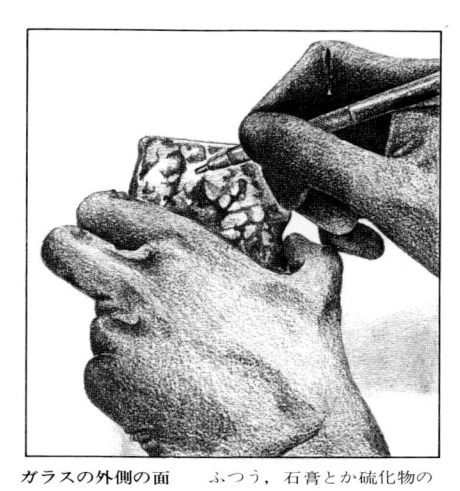

ガラスの外側の面 ふつう，石膏とか硫化物の不透明な堆積物が付着している．ガラスの微粒子で1インチ四方当り80ポンドの圧力で表面をたたく研磨器で，ガラスを損わずにこの堆積物を除去する．手袋をはめて手の皮膚を保護しなければならない．

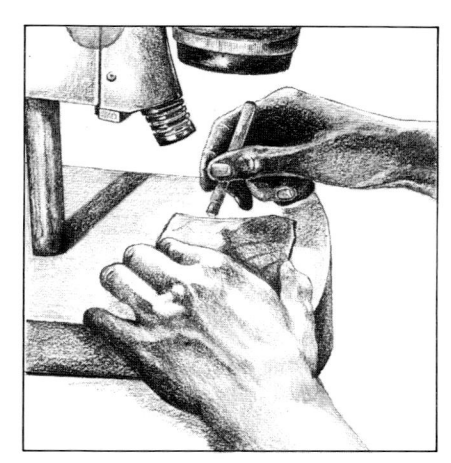

内側の面のクリーニング ガラスの内側の面は，ふつう，古い絵付けがあるから，特に注意を要する．汚れから塗料を区別するためにクリーニングは一般に顕微鏡下で行われる．このプロセスの第1段階では，表面を，特殊なガラス繊維の刷毛を手で動かして丹念にこする．

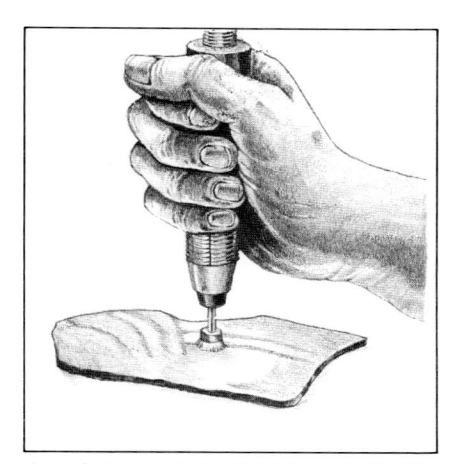

高速回転刷毛が，内側の面のクリーニングに用いられている．電動の歯刷毛のように，モーターに連結される．ここでも修復家は注意深く顕微鏡を用いる．修復のどの段階でも，例外的なガラス片はよけておいて，熟練した分析と調査にまわされる．

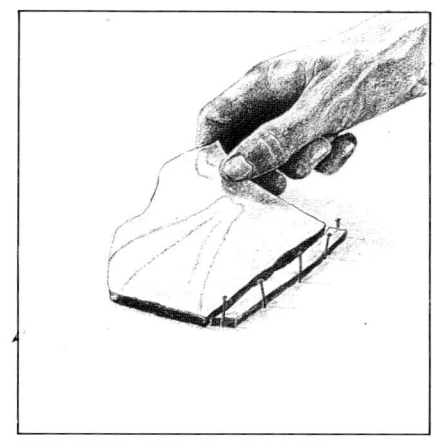

破砕したガラス片は，特に注意を要する．19世紀には，割れた破片の間に，余計に鉛縁が挿入された．今日では，これらの鉛縁は使われずに，断片ははとんど目立たずに接合される．断片は，正しい形にまとめられ，エポキシ樹脂かシリコン樹脂で接着される．

型紙が透明ガラスのために作られる．古いガラスは薄い厚紙の上に置かれ，周りの輪郭を写し取って，切出される．この古いガラス片の形の厚紙を使って，顕微鏡のプレパラートに用いられるような新しい薄い透明ガラスを注意して切取る．

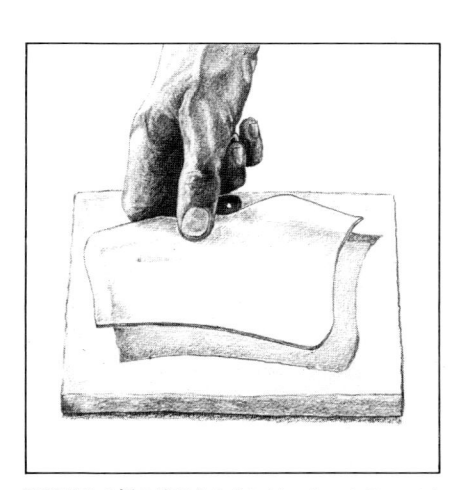

透明ガラス板の輪郭をとるには，古いガラスと同じ輪郭をもった薄いガラス片を鋳型の中に置く．ついで炉に入れて約790℃で加熱する．ガラスは粘り始め，柔らかくなって型通りの形になり，徐冷ののちに，古いガラスと正確に一致する輪郭をもったガラスが炉から取出される．

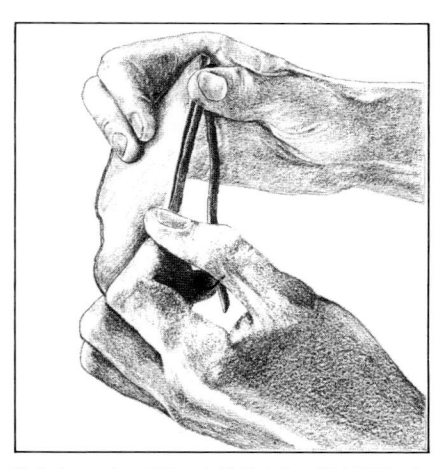

貼合せ 古いガラスと透明ガラス板は正確に完全に輪郭があう．2枚の細片はしっかりとあわせられ，外側縁にそって，粘着性のあるマスティックで接着される．ついで2枚重ねあわせた(裏打ちされた)ガラス片は，再び鉛縁で組立てるために，盆の中に戻される．

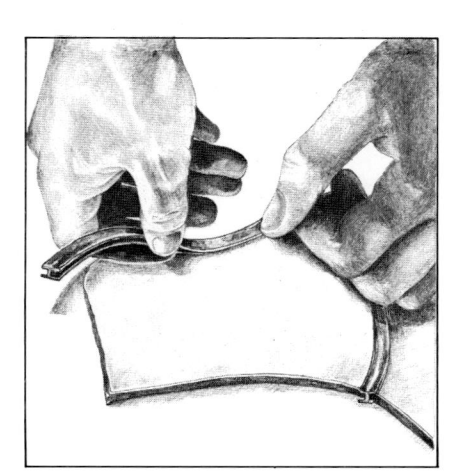

鉛縁による再組立て パネルの古いガラス片を全部きれいにし，修理し，裏打ちし終ったら，新しい窓を組立てるのと同様にして行われる．ただし，セメントのかわりにパテが用いられ，鉛縁は，古い鉛をとかして伸展し直したものが使われるのがふつうである．組立てが終ったら，パネルは窓にはめ直すだけとなる．

ステンドグラスの窓の修復

等温方式の窓
上からみた断面図で表されるように，ガラスは建物内部の温度に保たれる．これは最も効果的な恒久的な窓ガラスの方法の一つで，破損や風雨や結露からの保護を提供する．板ガラスが古い溝に挿入される．古いガラスは一段と手前の幅を広げた金属枠にはめこまれる．枠は密閉されずに，建物の内側から乾いた暖かい空気が，ガラスの両側に循環する．

保護
修復をうけた窓の保護はいくつかの問題を提起するが，しかし今日，窓は当初の建物の中に置かれるのがふつうである．専門家は，特に重要な窓に対しては，保護用の透明ガラスを，窓の開口に，貴重なガラスがややその内側になるようにはめた方がよいと，進言する．そうすれば，古いガラスの周りに空気が流通して，崩壊の主因である結露は，新しいガラスだけに起ることになる．このタイプの窓ガラスの方法は，多くの現代的な手法のうちの一つで，等温方式という名で知られている．

外側に保護用ガラスをはめる方法は，18世紀にまでさかのぼる．最初の例の一つは，ヨークシャーのバイラム・ホールにある．ガラス画工ウィリアム・ペキットが彼の作った新しい窓を「絵ガラスの背後に固定した9枚の強力な板ガラス」によって保護したのであった．ヨーク・ミンスターの「ファイブ・シスターズの窓」は，1860年頃に，外側の保護用ガラスを与えられたらしい．稀な場合ではあるが，外側のガラスと古いガラスとが密着していたために，保護用ガラスの鉛縁が，中世のガラスの上に模様状腐蝕を生じさせ，結露の現象が，換気の欠如によって増大されていた．しかしこのような方法であっても，確かに，風や雨や嵐の直接の影響からの防護の役を果し，多くの古いガラスを崩壊から救ったのである．

不幸にも，二重窓の美的効果はしばしば快いものではない．古い時代の分厚く緑味を帯びたガラスは，色価を狂わせ，幾何学的な四角の模様と重厚な鉄組は，中世の絵ガラスの繊細さをみえなくし，損ってしまった．

今日の等温方式の窓ガラス——古いガラスが，建物内部の空気と等しい温度をもつゆえにこう称される——は，大きなサイズの平ガラスを用いてあり，新規の鉄の枠はきわめてわずかである．さらに加えて，二重窓の間に不透明ガラスの散光層を置いて，外側のガラスによって投影される模様などのどんな影をも消してしまうことが可能である．このような状態における中世ガラスの損傷はおそらく僅少であろう．変化が認められるまで100年はかかるであろうと推測されている．

新しい保存と修復の技術は，オリジナルのステンドグラスに対する尊敬の念に導かれて，不可避的な損傷の危険を著しく低減させてきた．いまや技術的には，ステンドグラスの窓の世界的遺産が，それらが収められるべき建物の中で，美術館に等しい条件の下に保存されることが可能となり，つぎの世代は，それらを創り上げた芸術家と職人の天分と，歳月を経てきたガラスの美しさとを，賞め讃えることができるようになる．

「レザのパネル」の内側 修復前のパネル（最上図）には，粉っぽい埃が堆積していた．孔やひび割れがあるが，それは12世紀の多くの侵蝕されたガラスが蝕まれる箇所であり，追加の鉛縁がみられるのは，かつて壊れたガラス片が美的考慮なしに修理されたものである．新たに修復されて（上図），光を妨げていた堆積物が除去され，壊れてばらばらになったガラスがまとめられた．不細工な追加の鉛縁はもはや不必要となった．パネル全体（右図）をみると，絵付けの細部は再びはっきりとみえるようになった．パネルの生命は，クリーニング，修理，裏打ちによって，永らえられた．これで大聖堂に戻すことができるようになり，中世の創り手が意図したオリジナルの輝きと清澄さを発揮すべく，修復されたのである．

地名ガイド

この地名ガイドは，大聖堂や教区教会堂や銀行やエアターミナルなど，ステンドグラスを見学に出かけるための案内リストである．国別に収録し，国ごとの建造物は，中世時代から現代に至るまで，ヨーロッパとアメリカのステンドグラスの傑作を網羅するように選び出されている．ヨーロッパの主要なステンドグラス国のほかに，スイス，オーストリア，ポーランド，チェコスロヴァキアが取上げられている．戦争，宗教上の争乱やバロック建築といったさまざまな破壊力の犠牲となったステンドグラスの遺例は，手広く取扱うことはしなかった．残存するステンドグラスの大部分は断片的であるが，しかし芸術的価値の高い伝統を証明するものである．

ここに収録されていない作品を特に好む読者があることは避けられないであろうが，この地名ガイドが，ヨーロッパとアメリカにあるステンドグラスの宝を——双眼鏡を携えて——訪ね歩くための基本として役立つことを願うものである．

記載方法は，市町村名，作品のある建物名，最も注目すべき作品の属する世紀，主要作者名（わかる場合のみ），そして（ ）内には現存する国とは違う場合に原産国名の順に並べてある．挿図は，その下に記載してある地名に所在する建物を表す．

AUSTRIA

Burg Kreuzenstein, near Vienna, *Museum*: 13C, 14C, 15C, 16C.
Friesach, *St Bartholomew's*: 13C.
Graz, *St Maria am Leech*: 14C. *Landesmuseum Joanneum*: 13C, 14C, 15C.
Heiligenkreuz, *Abbey Church*: 12C, 13C, 14C.
Innsbruck, *Landesmuseum*: 16C.
Judenburg, *St Magdalena*: 14C, 15C.
Klagenfurt, *Diocesan Museum*: 12C.
Laxenburg, *Castle, Knight's Hall and Chapel*: 15C, 19C.
Leoben, *St Maria am Wasen*: 15C.
Mariazell, *St Lambrecht*: 15C.
Murau, *Chapel of St Leonhard*: 15C.
Pasching, near Linz, *St John's*: 15C.
St Erhard in der Breitenau, *Parish Church*: 14C.
St Leonhard im Lavanttal, *St Leonhard*: 14C, 15C.
St Michael bei Leoben, *Walpurgis Chapel*: 14C.
Salzburg, *St Peter's cemetery*: 15C Hemmel von Andlau. *Stift Nonnberg, Abbey Church*: 15C Hemmel von Andlau. *City Museum*: 16C.
Steyr, *Parish Church*: 14C, 16C.
Stift Ardagger, *Abbey Church*: 13C.
Stift Klosterneuburg, *Cloisters*: 14C, 15C.
Stift St Florian, near Enns, *Abbey Church*: 14C, 15C, 16C.
Stift Seitenstetten, *Abbey Church*: 15C.
Stift Zwettl, *Abbey Church*: 15C.
Strassengel, near Graz, *Wallfahrtskirche*: 14C, 15C.
Tamsweg, *St Leonhard*: 15C. 
Vienna, *St Stephen's Cathedral*: 14C, 15C, 16C. *St Maria am Gestade*: 14C, 15C. *Ruprechtskirche*: 14C. *Austrian Museum of Applied Art*: 14C, 15C, extensive 16C collection. *Historical Museum of the City of Vienna*: 14C. *Viktring*, (former) *Monastery Church*: 14C, 15C.
Wiener Neustadt, *Castle*: 15C, 16C, 17C.

BELGIUM

Anderlecht, *St Pierre and St Guidon*: 15C, 16C.
Antwerp, *Notre Dame Cathedral*: 16C Nicolas Rombouts, 17C. *Christ the King*: 20C Yoors, Colpaert, Vosch. *St Jacques*: 16C, 17C. *31 Longue Rue Neuve* (formerly Chapelle de Bourgogne, St Lierre): 15C, 16C. *Musée Mayer van den Bergh*: 13C. *Vleeshuis*: 15C.
Beauraing, *Parish Church*: 20C Londot.
Bruges, *Notre Dame*: 16C. *Jerusalem Church*: 16C. *Chapel of the Holy Blood (St Sang)*: 20C. *Musée Gruthuuse*: 15C, 16C.
Brussels, *Cathedral of St Gudule*: 16C Nicolas Rombouts, Bernard van Orley, 17C, 19C. *La Madeleine*: 20C Steger. *Hôtel Solvay*: 19C Horta. *Maison Louis*: 19C. *Musées Royaux d'Art et d'Histoire*: 13C, 14C, 16C, 17C.
Courtrai, *Burggraeve Collection*: 14C.
Diest, *St Sulpice and St Denis*: 16C, 17C.
Ecaussines d'Enghien, *Château*: 16C.
Enghien, *Chapelle Castrale*: 16C.
Halle, *St Martin's*: 15C.
Herenthals, *St Waudru*: 16C.
Heverlee, *L'Eglise des Annonciades*: 20C Yoors.
Hoogstraten, *St Catherine's*: 16C Claes Mathyssen, Pieter Coecke van Aelst.
Liège, *Cathedral*: 16C. *St Antoine*: 16C, 17C. *St Jacques*: 16C. *St Martin's*: 16C, 17C. *St Paul's*: 16C. *St Servais*: 16C, 17C, 19C. *Hôpital de Bavière*: 16C. *Musée Curtius*: 16C, 17C.
Lierre, *St Gommaire*: 15C, 16C (attributed to Nicolas Rombouts).
Louvain, *Abbaye de Parc*: 17C Jean de Caumont. *Grand-Béguinage Church*: 14C. *Musée Vanderkelen Mertens*: 16C, 17C.
Mons, *St Waudru*: 15C, 16C Nicolas Rombouts, 17C.
Namur, *La Chapelle du Grand Séminaire*: 20C Londot.
Nivelles, *L'Eglise des Récollets*: 20C Blank.
Ostend, *Couvent des Clarisses*: 20C.
St Hubert, Ardennes: *St Hubert's*: 16C.
St Lenaarts, *St Leonard's*: 16C.
Steenhuffel, *St Nicolas and St Geneviève*: 16C.
Tournai, *Cathedral*: 14C, 15C Arnt Nijmegen.
Zichem, *St Eustache*: 14C.

BRITISH ISLES

Aberdeen, *St Machar's Cathedral*: 20C Strachan.
Abinger Common, Surrey, *Parish Church*: 20C Lee.
Addington, Bucks., *St Mary's*: 16C–17C (Flemish).
Adel, Yorks., *St John the Baptist's*: 17C Gyles.
Amberley, Sussex: *St Michael's*: 20C Robert Anning Bell.
Ashdown Park, Sussex, *Notre Dame Convent Chapel*: 20C Harry Clarke.
Audley End, Essex, *Chapel of St Mark's College*: 14C, 15C, 18C Peckitt.
Belfast, *St John's*: 20C Geddes.
Birmingham, *Cathedral*: 19C Burne-Jones and Morris.
Bishopsbourne, Kent, *St Mary's*: 16C–17C (including Flemish).
Bristol, *Cathedral*: 14C, 17C, 19C, 20C New.
Bury St Edmunds, Suffolk, *Cathedral*: 16C (Flemish), 19C Clayton & Bell, John Hardman & Co, Warrington, Kempe, Wailes.
Cambridge, *Christ's College Chapel*: 15C–16C William Neve workshop. *King's College Chapel*: 16C Vellert, Flower, Hone, Bownde, Reve, Nicholson, Williamson, Symondes, 19C Clayton & Bell. *Peterhouse College*: 17C attributed to Baptista Sutton. *Trinity College Library*: 18C Peckitt. *Trinity College Hall*: 20C Doyle. 
Canterbury, *Cathedral*: 12C, 13C, 16C, 19C, 20C Bossanyi, Comper, Whall. *St Dunstan's*: 20C Lee.
Cheltenham, Glos., *Cheltenham College Chapel*: 20C Davis.
Chester, *Cathedral*: 14C, 15C, 16C, 19C Augustus Welby Pugin, O'Connor brothers, Wailes, 20C Nicholson.
Chetwode, Bucks., *St Mary and St Nicholas's*: 13C, 14C, 19C.
Cork, Co. Cork, *Honan Collegiate Chapel*: 20C Harry Clarke. *University College Chapel*: 20C Harry Clarke.
Coventry, *Cathedral*: 20C Geoffrey Clarke, Forseth, Lee, New, Piper and Reyntiens, Traherne.
Cricklade, Wilts., *St Sampson's*: 20C Travers.
Daresbury, Ches., *All Saints'*: 20C Webb.
Deerhurst, Glos., *St Mary's*: 14C, 15C, 19C Wailes.
Dorchester, Oxon, *Abbey Church of SS Peter and Paul*: 14C.
Dover, *Maison Dieu* (Town Hall): 19C.
Dublin, *St Brigid's*, Castleknock: 20C Harry Clarke. *St Joseph's*, Terenure: 20C Harry Clarke.
Durham, *Cathedral*: 14C, 20C Younger.
East Hagbourne, Berks., *St Andrew's*: 14C.
East Harling, Norfolk, *SS Peter and Paul's*: 15C.
Eaton Bishop, Herefords., *St Michael and All Angels*: 14C.
Edinburgh, *Scottish National War Memorial*, Edinburgh Castle: 20C Strachan.
Ely, Cambs., *Cathedral*: 19C Wailes, Warrington, Pugin (also some French glass), 20C Easton.
Eton, Berks., *Eton College Chapel*: 20C Forsyth, Hone, Piper and Reyntiens.
Exeter, *Cathedral*: 14C, 18C Peckitt, 19C, 20C Reginald Bell.
Fairford, Glos., *St Mary's*: 15C, 16C.
Farndon, Ches., *St Chad's*: 17C.
Fladbury, Worcs., *Parish Church*: 14C.
Gilling Castle, near York: 16C Dinickoff.
Glasgow, *Daly's Store*, Sauchiehall St: 20C Mackintosh. *School of Art*: 19C–20C Mackintosh.
Gloucester, *Cathedral*: 14C, 16C, 19C (German), 20C Whall.
Great Malvern, Worcs., *SS Mary and Michael's*: 15C, 16C, 19C.
Great Witley, Worcs., *St Michael's*: 18C Joshua Price.
Hale, Hants, *St Mary's*: 19C (including German).
Halse, Som., *St James's*: 16C (Flemish).
Hampton Court Palace, Middx., *Great Hall*: 19C Willement.
Haselbech, Northants, *Parish Church*: 20C Younger.
Hereford, *Cathedral*: 13C, 14C, 15C, 19C Hardman, Wailes, Warrington, Kempe.
Hillesden, Bucks., *All Saints'*: 16C, 19C.
Hingham, Norfolk, *St Andrew's*: 14C, 16C (German).
Horton, Bucks., *St Michael's*: 19C Kempe.
Ickworth, Suffolk, *St Mary's*: 16C–17C (Flemish).
Leicester, *City Museum*: 15C.
Leighton Buzzard, Beds., *Soulbury Church*: 20C M. C. Farrar Bell.
Lichfield, Staffs., *Cathedral*: 14C, 16C Arnt Nijmegen, 18C Eginton.
Lincoln, *Cathedral*: 13C, 14C, 18C Peckitt, 19C, 20C Geoffrey Clarke, Skeat, Stammers, Webb.

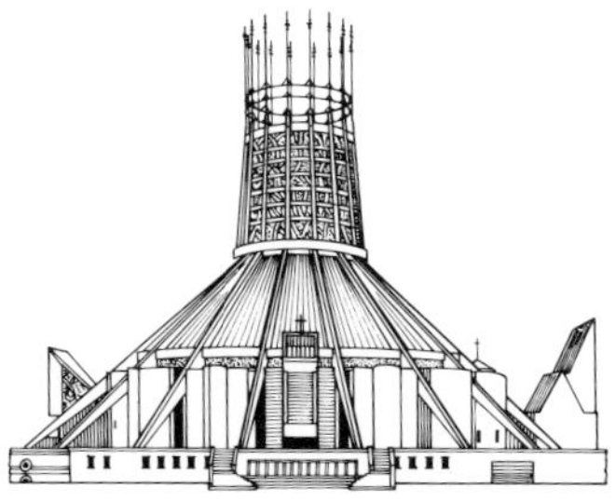

Liverpool, *Anglican Cathedral*: 20C Hogan. *Roman Catholic Cathedral*: 20C Hogan, Piper and Reyntiens, Richards, Traherne.
London, *St Paul's Cathedral, American Chapel*: 20C Thomas. *Westminster Abbey*: 13C, 18C William Price (the younger), Joshua Price, 20C Easton, Thomas. *All Saints', Margaret St*: 19C Gibbs. *St George's, Hanover Square*: 16C attributed to Arnt Nijmegen. *St Margaret's*, Westminster: 16C, 20C Piper. *Carpenter's Hall*: 20C Lee. *Hatchetts Restaurant*: 20C Bradley. *Lincoln's Inn*: 17C Bernard van Linge, 20C Moore. *National Westminster Bank*, Throgmorton St: 20C Tysoe. *Queen's Hotel*, Crouch End: 20C. *Tate Gallery*: 20C Bossanyi. *Victoria and Albert Museum*: Extensive collection of English and European glass 12C–19C.
Long Melford, Suffolk, *Holy Trinity*: 15C.
Longridge, Lancs., *St Lawrence's*: 20C Brian Clarke.
Lowick, Northants, *St Peter's*: 14C.
Ludlow, Salop, *St Lawrence's*: 14C, 15C, 16C.
Margaretting, Essex, *St Margaret's*: 15C.
Merevale, Worcs., *St Mary the Virgin's*: 14C.
Middleton, Lancs., *St Leonard's*: 16C.
Middleton Cheney, Bucks., *All Saints'*: 19C Ford Madox Brown.
Norwich, *Cathedral*: 14C, 19C Hedgeland, 20C Forsyth, Nicholson. *St Peter Mancroft*: 15C, 16C, 20C Anderson.
Nottingham, *Boots Factory*: 20C Holloway.
Nowton, Suffolk, *St Peter's*: 16C (Flemish).
Oundle, Ches., *Oundle School Chapel*: 20C Chagall, Piper and Reyntiens.
Oxford, *Christ Church Cathedral*: 14C, 17C Abraham van Linge, William Price, 19C Burne-Jones and Morris. *All Souls College, Antechapel*: 15C John of Oxford. *Balliol College Chapel*: 16C, 17C Abraham van Linge. *Brasenose College*: 18C Pearson. *Lincoln College Chapel*: 17C Bernard van Linge. *Merton College Chapel*: 13C, 14C. *New College Chapel*: 14C Thomas of Oxford, 15C, 18C Jervais (after Sir Joshua Reynolds), William Price (the younger), Peckitt. *Queen's College Chapel*: 17C Abraham van Linge, 18C Joshua Price. *University College Chapel*: 16C, 17C Abraham van Linge, 18C. *Wadham College Chapel*: 17C Bernard van Linge, 18C. *Worcester College Chapel*: 19C Holiday.
Penshurst, Kent, *St John the Baptist's*: 17C, 20C Lee.
Rendcomb, Glos., *Rendcomb College*: 19C Hardwick.
Rivenhall, Essex, *St Mary and All Saints'*: 12C (French), 13C, 15C, 16C.
Rottingdean, Sussex, *St Margaret's*: 19C Burne-Jones.
St Albans, Herts., *Cathedral*: 16C, 20C Comper, Webb.
St Neot, Cornwall, *St Anietus*: 15C, 16C, 19C.
St Peter Port, Guernsey, Channel Islands, *St Stephen's*: 19C Morris.
Salisbury, *Cathedral*: 13C, 18C Eginton, Pearson, 19C Burne-Jones and Morris, 20C Reginald Bell.
Shrewsbury, Salop, *St Mary's*: 14C, 16C (French, German, Flemish), 19C.
Stamford, Lincs., *Browne's Hospital*: 15C.
Staveley, Derby., *St John the Baptist's*: 17C Gyles.
Stoke d'Abernon, Surrey, *St Mary's*: 15C, 16C, 17C (including French and German).
Stoke Poges, Bucks., *St Giles's*: 19C (German).
Strawberry Hill, Twickenham, Middx., *Walpole's villa*: 17C.
Sturminster Newton, Dorset, *St Mary's*: 20C Harry Clarke.
Swansea, *St Mary's*: 20C Manessier, Piper and Reyntiens.
Temple Guiting, Glos., *Parish Church*: 16C.
Tewkesbury, *Abbey*: 14C, 20C Webb.
Thornton-Cleveleys, Lancs., *Christ Church*: 20C Brian Clarke.
Truro, Cornwall, *Cathedral*: 19C Clayton & Bell, Warrington.
Tudeley, Kent, *All Saints'*: 20C Chagall.
Twycross, Leics., *St James the Great*: 12C–13C (French).
Tyneham, Dorset, *St Mary's*: 20C Travers.
Warwick, *St Mary's*: 15C John Prudde, 17C (Flemish).

地名ガイド

Waterperry, Oxon, *St Mary the Virgin's*: 13c.
Wellingborough, Northants, *All Hallows*: 20c Hone.
Wellington, Berks., *Wellington College Chapel*: 20c Easton.
Wells, *Cathedral*: 14c, 16c, 17c, 18c, 20c Nicholson.
Wickhambreux, Kent, *St Andrew's*: 19c Rosenkrantz.
Willesborough, Kent, *St Mary's*: 14c.
Wimpole, Cambs., *St Andrew's*: 14c, 19c.
Winchelsea, Sussex, *St Thomas's*: 20c Strachan.
Winchester, *Cathedral*: 14c, 15c, 16c, 19c Burne-Jones, Evans, Kempe, Powell, 20c. *College Chapel*: 14c, 17c, 19c, 20c.
Winscombe, Som., *St James's*: 15c, 19c William Morris and Co.
Withcote, Leics., *St Jude's*: 16c.
Wragby, Yorks., *St Michael's*: 16c–18c (Swiss).
Yarnton, Oxon, *St Bartholomew's*: 15c, 16c (including Flemish).
York, *Minster*: 12c, 13c, 14c, 15c John Thornton of Coventry, 18c Peckitt. *All Saints'*, North St: 14c, 15c. *Holy Trinity*, Micklegate: 15c, 19c Kempe. *St Denys's*: 14c, 15c. *St Martin's*, Coney St: 15c. *St Martin-le-Grand*: 15c, 20c Stammers.

CANADA

ALBERTA
Calgary, *Christ Church*: 20c New.
NEW BRUNSWICK
Saint John, *St Mark's United Church*: 20c Blaney.
ONTARIO
Oshawa, *St Andrew's United Church*: 20c Weisman.
Toronto, *St James's Cathedral*: 20c Taylor. *Sunnybrook Hospital*: 20c Weisman.
Waterdown, *Notre Dame Academy*: 20c Weisman.

CZECHOSLOVAKIA

Brno, *Moravian Gallery*: 15c.
Čéčovice, *St Nicholas's*: 14c.
Český Krumlov, *Castle, St George's Chapel*: 15c.
Hluboká, *Castle*: 14c, 15c, 16c.
Karlštejn, *Castle, St Catherine's Chapel*: 14c.
Kolín, *St Bartholomew's*: 14c.
Konopiště, *Castle*: 15c.
Kost, *Castle, St Anne's Chapel*: 15c.
Křivoklát, *Castle Museum*: 16c.
Litoměřice, *Regional Gallery of Pictorial Art*: 14c, 15c.
Nadslav, near Jičín, *St Prokopius*: 14c.
Orlík, *Castle Chapel*: 14c.
Plzeň, *West Bohemia Museum*: 14c.

Prague, *Cathedral*: 19c Swerts, Sequens, Lhota, Müller, Maixner, 20c Kysela, Švabinský, Mucha, Bouda, Svolinský, Soukup, Brychtová, Libenský. *National Museum*: 14c, 15c, 16c. *Museum of the City of Prague*: 15c, 16c. *Museum of Applied Art*: 13c, 14c, 15c (including Swiss and German).
Úboč, *St Nicholas's*: 14c.
Žlunice, *SS Peter and Paul*: 14c.

DENMARK

Abildgård, Jutland, *Parish Church*: 20c Agger.
Allerslyst, Jutland, *Parish Church*: 20c Havsteen-Mikkelsen.
Århus, *Cathedral*: 20c Vigeland.
Copenhagen, *Esajas Church*: 20c Skovgaard. *Højdevangs Church*: 20c Nielsen. *Stefans Church*: 20c Kragh. *Messias Church*, Hellerup: 20c Skovgaard. *National Museum*: 13c, 14c, 15c, 16c, 17c.
Esbjerg, *Trinity Church*: 20c Urup-Jensen.
Gershøj, Zealand, *Parish Church*: 20c Skovgaard.
Holbæk, Jutland, *Parish Church*: 20c Iversen.
Humlebæk, Zealand, *Parish Church*: 20c Havsteen-Mikkelsen.
Klarup, Jutland, *Parish Church*: 20c Havsteen-Mikkelsen.
Kregme, Zealand, *Parish Church*: 20c Skovgaard.
Lem, Jutland, *Parish Church*: 20c Jørgensen.
Lumsås, Zealand, *Parish Church*: 20c Kragh.
Lyngby, near Copenhagen, *Christian the Tenth Church*: 20c Jørgensen.
Mårslet, Jutland, *Parish Church*: 20c Jørgensen.
Odense, *Kingo Church*: 20c Skovgaard.
Ordrup, Zealand, *Parish Church*: 20c Havsteen-Mikkelsen.
Risskov, Jutland, *Parish Church*: 20c Iversen.
Roager, Jutland, *Parish Church*: 13c.
Skovshoved, Zealand, *Parish Church*: 20c Lollesgaard.
Svendborg, Fúnen, *St Jørgens Church*: 20c Havsteen-Mikkelsen. *Church of Our Lady*: 20c Havsteen-Mikkelsen. *St Nicolai Church*: 20c Iversen.
Tarm, Jutland, *Parish Church*: 20c Havsteen-Mikkelsen.
Tune, Zealand, *Parish Church*: 20c Sparre.
Vallekilde, Zealand, *Free Church*: 20c Skovgaard.
Vejle, *Saviour's Church*: 20c Nielsen.
Viborg, *Cathedral*: 20c Bindesbøll. *Black Brother's Church*: 20c Bindesbøll. *Vestervang Church*: 20c Jørgensen.
Viby, Jutland, *Church of Peace*: 20c Jørgensen.
Virring, Jutland, *Parish Church*: 14c.
Virum, near Copenhagen, *Parish Church*: 20c Urup-Jensen.
Voel, Jutland, *Parish Church*: 20c Nielsen.

EAST GERMANY

Brandenburg/Havel, *Cathedral*: 13c, 15c. *St Pauli*: 14c.
Erfurt, *Cathedral*: 14c, 15c. *Augustinerkirche*: 14c. *Barfüsserkirche*: 13c, 14c.
Halberstadt, *Cathedral*: 14c, 15c.
Havelberg, *Cathedral*: 15c.
Meissen, *Cathedral*: 13c.
Merseburg, *Cathedral*: 13c.
Mühlhausen, *St Blasius*: 14c.
Naumburg, *Cathedral*: 13c, 14c, 15c.
Stendal, *Cathedral*: 15c. *St James's*: 14c, 15c.
Weimar, *Goethe House*: 12c, 14c.
Wilsnack, *Heiligblutkirche*: 15c.

FINLAND

Espoo, *Church*: 20c Forsström.
Helsinki, *Johannes Church*: 19c. *Kannelmäki Church*: 20c Toivola. *Roihuvuori Church*: 20c Hietanen. *Tammisalo Church*: 20c. *Hietaniemi Chapel*: 20c Forsström. *National Museum*: 13c, 14c, 15c, 16c.
Kokkola, *Church*: 20c Vainio.
Oulu, *Cathedral*: 20c Forsström. *Oulunsuu Church*: 20c Pusa.
Seinajoki, *Lakeuden Risti*: 20c Aalto. *Törnävä Church*: 20c Karjarinta.
Turku, *Cathedral*: 19c Wertschkoff.
Vuoksenniska Imatra, *The Church of the Three Crosses*: 20c Aalto.
Vuolijoki, *Otamäki Church*: 20c Vainio.

FRANCE

Alençon, *Notre Dame*: 15c, 16c.
Amiens, *Cathedral*: 13c, 15c.
Angers, *Cathedral*: 12c, 13c, 14c, 15c André Robin, 16c. *St Serge*: 12c, 15c.
Assy, *Notre Dame de Toute Grace*: 20c Rouault, Chagall.
Auch, *Cathedral*: 16c Arnaud de Moles.
Audincourt, *Church of the Sacred Heart*: 20c Léger.
Autun, *Cathedral*: 15c, 16c.
Auxerre, *Cathedral*: 13c, 14c, 15c, 16c.
Bayonne, *Cathedral*: 16c.
Beauvais, *Cathedral*: 13c, 14c, 15c, 16c. *St Etienne*: 13c, 16c Engrand, Jean, Nicolas and Pierre le Prince, Romain Buron.
Blénod-les-Toul, *St Médard*: 16c.
Bourges, *Cathedral*: 12c, 13c, 15c, 16c Jean Lécuyer, 17c. *St Bonnet*: 16c Jean Lécuyer. *Palais de Jacques Coeur*: 15c.
Brou, *Notre Dame*: 16c.
Carcassonne, *St Nazaire*: 14c.
Caudebec-en-Caux, *Notre Dame*: 15c, 16c.
Châlons-sur-Marne, *Cathedral*: 12c, 13c, 15c, 16c. *Notre-Dame-en-Vaux*: 12c, 16c Mathieu Bléville.
Chantilly, *Château*: 16c.

Chartres, *Cathedral*: 12c, 13c, 14c, 15c. *St Pierre*: 13c, 14c, 16c.
Clermont-Ferrand, *Cathedral*: 12c, 13c, 14c, 15c.
Colmar, *Collegiate Church of St Martin*: 13c, 14c.
Conches, *Ste Foy*: 15c, 16c Arnoult de Nimègue, Romain Buron.
Coutances, *Cathedral*: 13c, 15c, 16c.
Dol-de-Bretagne, *Cathedral*: 13c.
Dreux, *Chapelle Royale St Louis*: 19c Ingres, Delacroix. *St Pierre*: 13c, 16c, 17c.
Ecouen, *St Acceul*: 16c.
Evreux, *Cathedral*: 13c, 14c, 15c, 16c, 17c. *St Taurin*: 16c.
Evron, *Notre Dame de l'Epine*: 14c.
Eymoutiers, *St Etienne*: 15c, 16c.
La Ferté-Milon, *Notre Dame*: 14c, 16c Mathieu Bléville. *St Nicolas*: 16c.
Laon, *Cathedral*: 13c.
Le Mans, *Cathedral*: 12c, 13c, 15c, 16c.
Louviers, *Notre Dame*: 15c, 16c.
Lyons, *Cathedral*: 12c, 13c, 15c. *Musée des Beaux Arts*: 12c, 13c, 14c, 15c, 16c.
Metz, *Cathedral*: 14c Hermann von Munster, 15c Theobald von Lixheim, 16c Valentin Busch, 20c Chagall, Villon, Bissière.
Montmorency, *St Martin's*: 15c, 16c.
Moulins, *Cathedral*: 15c, 16c.
Mulhouse, *Temple of St Etienne*: 14c.
Nancy, *Musée Lorrain*: 13c, 14c, 15c, 16c.
Niederhaslach, *St Florentin*: 13c, 14c.
Obazine, *Abbey Church of the Nativity of Notre-Dame*: 12c.
Paris, *Notre Dame Cathedral*: 13c. *St Etienne-du-Mont*: 16c, 17c. *St Eustache*: 17c. *St Germain des Prés*: 13c. *St Germain l'Auxerrois*: 15c, 16c, 19c. *St Gervais*: 16c, 17c. *St Merri*: 16c. *St Séverin*: 14c, 15c, 19c. *Ste Chapelle*: 13c, 15c. *Musée Cluny*: 12c, 13c, 14c, 15c, 16c, 17c. *Musée des Arts Décoratifs*: 14c, 15c, 16c, 19c, 20c. *Musée du Louvre*: 13c, 14c, 15c, 16c, 17c.
Poitiers, *Cathedral*: 12c, 13c. *Ste Radegonde*: 13c.
Pontigny, *Abbey Church*: 12c.
Pontoise, *Cathedral*: 16c.
Quimper, *Cathedral*: 15c.
Reims, *Cathedral*: 13c. *Basilique St Rémi*: 12c, 13c.
Riom, *Ste Chapelle du Palais de Justice*: 15c.
Ronchamp, *Church of Notre Dame du Haut*: 20c Le Corbusier.
Rosenweiller, *Notre Dame de l'Assomption*: 14c.
Rouen, *Cathedral*: 13c, 14c, 15c, 16c. *Abbey Church of St Ouen*: 14c, 15c, 16c. *St Godard*: 16c Arnoult de Nimègue. *St Patrice*: 15c, 16c. *Musée des Antiquités de la Seine Maritime*: 13c, 14c, 15c, 16c, 17c.
St Denis, near Paris, *Abbey Church*: 12c, 13c, 19c.
St Jean-aux-Bois, *Abbey Church of St Jean*: 13c.
St-Nicolas-de-Port, *St Nicolas*: 15c, 16c.
St Omer, *Musée de St Omer*: 15c, 16c.
St Quentin, *Collegiate Church of St Quentin*: 13c, 15c, 16c.
Saverne, *Notre Dame*: 14c, 15c Hemmel von Andlau.
Sées, *Cathedral*: 13c, 14c.
Sélestat, *St George's*: 13c, 14c, 15c.
Semur-en-Auxois, *Collegiate Church of Notre Dame*: 13c, 15c, 16c.
Sens, *Cathedral*: 13c, 15c, 16c.
Soissons, *Cathedral*: 13c.
Strasbourg, *Cathedral*: 12c, 13c, 14c, 15c, 16c. *St Thomas's*: 14c. *St Guillaume*: 14c, 15c. *Musée de l'Oeuvre Notre Dame*: 12c, 13c, 14c, 15c, 16c.
Thann, *Collegiate Church of St Thiebaut*: 15c.
Toul, *Cathedral*: 13c, 14c, 16c. *Collegiate Church of St Gengoult*: 13c, 14c, 16c.
Toulouse, *Cathedral*: 14c, 15c, 16c.
Tours, *Cathedral*: 13c, 14c, 15c.
Troyes, *Cathedral*: 13c, 14c, 15c, 16c, 17c Linard Gontier. *La Madeleine*: 15c, 16c. *St Urbain*: 13c, 14c, 15c. *Library*: 16c–17c Linard Gontier.
Varangeville, *Chapel of St Dominique*: 20c Braque. *St Valéry*: 20c Braque.
Vence, *Chapel of the Rosary*: 20c Matisse.
Vendôme, *Abbey Church of La Trinité*: 12c, 13c, 14c, 15c, 16c.
Verneuil-sur-Avre, *La Madeleine*: 15c, 16c.
Vézélise, *St Come and St Damien*: 16c.
Vieux Thann, *Eglise St Dominique*: 15c.
Walbourg, *Ste Walpurge*: 15c Hemmel von Andlau.
Westhoffen, *St Martin's*: 13c, 14c.
Wissembourg, *St Peter and St Paul's*: 12c, 13c, 15c.
Zetting, *St Marcel*: 15c.

HOLLAND

Amsterdam, *Oudekerk*: 16c, 17c. *Stock Exchange*: 20c A. J. der Kinderen, Joop Nicolas. *Technical College*: 20c Van Doesburg.
Drachten, *Agricultural College*: 20c Van Doesburg.
Eindhoven, *Philips Factory*: 20c Joop Nicolas.
Etten, *Parish Church*: 20c Charles Eyck.
Gouda, *St John's*: 16c Dirck and Wouter Crabeth, 17c, 20c Charles Eyck.
Hilversum, *Town Hall*: 20c Joop Nicolas.
Nijmegen, *St Joseph's*: 20c Jan Toorop. *Philips Factory*: 20c.
The Hague, *St Jakobskerk*: 16c.
Tilburg, *Church of the Sacred Heart*: 20c Joop Nicolas.
Utrecht, *University*: 19c A. J. der Kinderen.

ICELAND

Reykjavik, *National Art Gallery*: 20c Tryggvadottir. *National Theatre*: 20c Breidfjord.

ITALY

Arezzo, *Cathedral*: 16c De Marcillat. *SS Annunziata*: 16c De Marcillat. *San Francesco*: 16c De Marcillat.

Assisi, *San Francesco, Upper Basilica*: 13c. *Lower Basilica*: 14c Simone Martini, 15c.
Bologna, *San Petronio*: 15c. *San Giovanni in Monte*: 15c.
Cortona, *Calcinaio Church*: 16c De Marcillat.
Florence, *Cathedral*: 15c Ghiberti, Del Castagno, Uccello, Donatello. *Orsanmichele*: 15c. *Santa Croce*: 14c Gaddi, Di Banco, 15c Baldovinetti. *Santa Maria Novella*: 14c Di Cione, Da Firenze, 15c Ghirlandajo, Filippino Lippi. *Santo Spirito*: 16c Perugino. *Laurentian Library*: 16c. *Palazzo Vecchio*: 16c.
Lucca, *Cathedral*: 15c Filippino Lippi, Baldovinetti.
Massa Maritima, *Cathedral*: 14c.
Milan, *Cathedral*: 15c De Mottis, Da Varallo, Foppa, 16c, 19c Bertini family. *San Nazzaro*: 15c. *Cathedral Museum*: 15c.
Orvieto, *Cathedral*: 14c Maitani.
Pavia, *Certosa*: 15c De Mottis.
Perugia, *Cathedral*: 15c Ghiberti, 16c. *San Domenico*: 15c Di Nardo.
Pisa, *Cathedral*: 14c, 15c Baldovinetti. *San Paolo a Ripa*: 14c. *San Francesco*: 14c.
Prato, *Cathedral*: 15c Filippo Lippi, Da Pelago.
Rome, *Santa Maria del Popolo*: 16c De Marcillat.

Siena, *Cathedral*: 13C Duccio, 16C. *Santuario della Madonna della Grotta*: 13C. *Palazzo Pubblico*: 14C Lorenzetti.
Val d'Ema, *Certosa*: 15C, 16C.
Venice, *SS Giovanni and Paolo*: 15C. *Santa Maria dei Miracoli*: 15C. *Accademia*: 14C. *Museo Vetrario*: 14C, 15C.

MEXICO

Mexico City, *Palacio de las Bellas Artes*: 20C Tiffany.

NORWAY

Bærum, *Haslum Crematorium*: 20C Kristiansen.
Bergen, *Church of Landås*: 20C Remfelt.
Bodø, *Cathedral*: 20C.
Drammen, *Bragerns Church*: 20C Wold-Thorne.
Hammerfest, *Church*: 20C.
Hinna, Rojaland, *Parish Church*: 20C Sparre.
Nøtterøy, Vestfold, *Parish Church*: 20C Haarvaads-Holm.
Oslo, *Cathedral*: 20C Vigeland. *Hasle Church*: 20C Moseid. *Vålerengen Church*: 20C Vigeland.
Rjukan, *Parish Church*: 20C Moseid.
Senja, Troms, *Berg Church*: 20C Moseid.
Stavanger, *Cathedral*: 20C Sparre.
Steinkjer, *Parish Church*: 20C Weidemann.
Tromsdalen, Troms, *Parish Church*: 20C Sparre.
Trondheim, *Cathedral*: 20C.

POLAND

Cracow, *Wawel Hill Cathedral*: 20C Mehoffer. *St Mary's*: 14C, 20C Mehoffer, Wyspiański. *Franciscan Church*: 20C Wyspiański. *Jama Michalikowa cafe*, Floriańska St: 20C Uzieblo, Frycz. *American Research Hospital for Children*: 20C Willet Studios. *Medical Association Building*: 20C Wyspiański. *National Museum*: 14C, 15C.
Gdansk, *St Barbara's*: 20C Massalska.
Grodek, near Bialystok, *Orthodox Church of the Nativity of the Holy Virgin Mary*: 20C Stalony-Dobrzański.
Nysa, *Cathedral*: 20C Stalony-Dobrzański.
Poznań, *Church of the Holy Virgin Mary*: 20C Taranczewski.
Rozwadów, *Holy Mother Church*: 20C Stalony-Dobrzański.
Sochaczew, *Church of the Holy Virgin Mary of the Rosary*: 20C Kuligowski.
Toruń, *Pomeranian Museum*: 14C, 16C, 17C.
Warsaw, *Cathedral*: 20C Taranczewski. *Footwear Centre*: 20C Bartłomiejczyk.
Władysławowo, *Church of the Ascension of the Holy Virgin Mary, Patron of Polish Emigrants*: 20C Kulesza.
Wrocław, *Cathedral*: 20C Wojciechowski, Michalak, Pekalski. *Church of the Holy Virgin Mary of the Sand*: 20C Reklewska. *National Museum*: 16C, 17C.

SPAIN

Astorga, León, *Cathedral*: 16C Rodrigo de Herreras.
Avila, *Cathedral*: 15C, 16C Juan de Valdivieso, Arnao de Flandes, Diego de Santillana, Alberto and Nicolás de Holanda. *Museum*: 16C Nicolás de Holanda (or one of his associates).
Barcelona, *Cathedral*: 15C–16C Gil Fontanet. *Chapel of the Colonia Güell*: 19C Gaudi. *Church of Los Santos Justo y Pastor*: 16C Jaime Fontanet. *Pedralbes Monastery*: 14C, 16C Gil Fontanet. *Santa Maria del Mar*: 14C Severin Desmazes, 15C Antonio Llonye, 17C, 18C Saladrigas, 20C. *Santa Maria del Pino*: 18C Ravella. *Museo Gaudi*: 19C.
Burgos, *Cathedral*: 14C, 15C Juan de Arqr, 16C. *La Cartuja*: 15C, 17C.
Cuenca, *Cathedral*: 16C Giraldo de Holanda.
Gerona, *Cathedral*: 14C Ramon Gilabert, 15C, 16C, 20C.
Granada, *Cathedral*: 16C Teodoro of Holland, Jean de Campin.
Huesca, *Cathedral*: 16C Francisco de Valdivieso.
León, *Cathedral*: 13C Adam and Fernán Arnol, Juan Pérez, Pedro Guillermo, 14C, 15C Johan, Lope, Valdovin, Nicolás Francés, Juan de Almunia, Juan de Arqr, 16C Diego de Santillana, Francisco de Somoza, Rodrigo de Herreras, 19C, 20C.
Oviedo, *Cathedral*: 16C Diego de Santillana, Francisco de Somoza.
Palma, Majorca, *Cathedral*: 16C, 19C, 20C.
Pamplona, Navarra, *Cathedral*: 15C.
Salamanca, *Cathedral*: 16C Alberto and Nicolás de Holanda. *Santa Ursula Convent*: 15C.
San Cugat Del Vallés, Barcelona, *Monastery*: 15C, 16C.
Santas Creus, Tarragona, *Monastery*: 13C, 14C.
Segovia, *Cathedral*: 16C Nicolás de Holanda, Arnao de Vergara, Nicolás de Vergara (the elder), Pierre de Holanda, Pierre de Chiverri, Gualter de Ronch.
Seo de Urgel, Lérida, *Cathedral*: 15C.
Seville, *Cathedral*: 15C Enrique Alemán, 16C Cristóbal Alemán, Arnao de Vergara, Arnao de Flandes, Carlos de Brujas, Nicolás de Vergara (the younger), Vicente Menardo, Juan Jacques, Juan Viván, Bernaldino de Gelandia.
Tarragona, *Cathedral*: 14C Guillen Lanturgat. 
Toledo, *Cathedral*: 14C, 15C Juan Dolfin, Loys Coutin, Enrique Alemán, Pedro Bonifacio, Cristóbal, Fra Pedro, Pablo, Crisóstomo, Pedro, 16C Nicolás de Vergara (the elder), Nicolás de Vergara (the younger), Vasco de Troya, Alejo Ximénez, Gonzalo de Córdoba, Juan de la Cuesta, 18C Francisco Sánchez Martínez. *Museo de Santa Cruz*: 16C Arnao de Vergara.

SWEDEN

Alskog, Gotland, *Church*: 13C.
Arlöv, Skåne, *Parish Church*: 20C Jørgensen.
Barlingbo, Gotland, *Church*: 13C.
Boda, Småland, *Glassworks*: 20C Hoglund.
Dalhem, Gotland, *Church*: 13C.
Endre, Gotland, *Church*: 13C.
Eskilstuna, *Ansgars Church*: 20C Fisher, Bergholtz.
Etelhem, Gotland, *Church*: c.1300.
Göteborg (Gothenburg), *Bishop's Palace Church*: 20C Fisher, Bergholtz. *Crematorium*: 20C Forseth.
Grötlingbo, Gotland, *Church*: 14C.
Halmstad, *Parish Church*: 20C Forseth.
Hälsingborg, *St Mary's Church*: 20C Bergholtz, Emond, Forseth, Olson.
Hejde, Gotland, *Church*: 14C.
Laholm, Halland, *Parish Church*: 20C Olson.
Lojsta, Gotland, *Church*: 13C.
Lund, *Cathedral*: 20C Vigeland.
Lye, Gotland, *Church*: 14C.
Malmö, *St Peter's Church*: 20C Gehlin.
Mästerby, Gotland, *Church*: 14C.
Mora, Dalarna, *Zorn Museum*: 13C, 14C.
Odensvi, Västmanland, *Parish Church*: 14C.
Rone, Gotland, *Church*: 13C.
Säfle, Skåne, *Parish Church*: 20C Erixson.
Sjonhem, Gotland, *Church*: 13C. 
Skara, Västergötland, *Cathedral*: 20C Beskow.
Sköllersta, Närke, *Parish Church*: 13C.
Stockholm, *Carolean Hospital Chapel*: 20C Forseth. *Gustav Vasa Church, Columbarium*: 20C Forseth. *Oscarskyrkan*: 20C Vigeland. *English Church*: 20C Forseth. *Museum of National Antiquities*: 13C, 14C, 15C, 16C. *Svenska Handelsbanken*: 20C Rohde.
Täby, Uttland, *Church*: 20C Jørgensen.
Tångeråsa, Närke, *Parish Church*: 14C.
Trollhättan, *Parish Church*: 20C Bergholtz.
Uppsala, *University Museum*: 13C, 14C.
Växjö, *Cathedral*: 20C Brazda, Beskow, Hoglund.
Vika, Dalarna, *Parish Church*: 15C.
Visby, Gotland, *Museum*: 13C, 14C, 17C.
Voxtorp, Småland, *Parish Church*: 20C Fisher.

SWITZERLAND

Basle, *Historical Museum*: 14C, 15C, 16C, 17C. *Schützenhaus*: 16C. *Town Hall*: 16C. *University, Regency Chamber*: 16C.
Bern, *Cathedral*: 15C Hans Acker. *Historical Museum*: 15C, 16C, 17C.
Biel/Bern, *St Benedikt*: 15C.
Blumenstein/Bern, *St Nicholas's*: 14C.
Fribourg, *St Nicholas's*: 20C Mehoffer. *Fondation Gottfried Keller*: 16C. *Musée d'Art et d'Histoire*: 14C, 15C.
Hauterive/Fribourg, (former) *Monastery Church*: 14C.
Kappel/Zurich, *Cistercian Church*: 14C.
Königsfelden, near Brugg/Aargau, (former) *Abbey Church*: 14C.
Köniz/Bern, *Church of the Teutonic Order*: 14C.
Lausanne, *Cathedral*: 13C.
Lucerne, *Historical Museum, Town Hall*: 16C, 17C, 18C.
Münchenbuchsee/Bern, *Johanniterkirche*: 13C, 14C.
Muri/Bern, *Convent Church*: 16C.
Romont/Fribourg, *Notre Dame de l'Assomption*: 14C, 15C.
Staufberg/Aargau, *St Nicholas's*: 15C.
Wettingen/Zurich, *Abbey Church of Maria Maris Stella*: 13C, 16C.
Zurich, *Swiss National Museum*: 12C, 13C, 14C, 16C, 17C, 18C, including extensive collection of domestic panels.

UNITED STATES

ALABAMA
Tuskegee, *Tuskegee Institute Chapel*: 20C J. and R. Lamb.

ALASKA
Anchorage, *First United Presbyterian Church*: 20C Willet Studios.

CALIFORNIA
Belvedere, *Christian Science Church*: 20C Cummings.
Davis, *St James's*: 20C Pinart.
Fort Ord, *First Brigade Chapel*: 20C Sachs.
Fresno, *First Armenian Presbyterian Church*: 20C Sachs.
Los Angeles/Glendale, *Forest Lawn Memorial Park*: 20C.
Los Gatos, *First Methodist Church*: 20C Pinart.
Menlo Park, *Christian Science Church*: 20C Sachs.
Palo Alto, *All Saints' Episcopal Church*: 20C Sowers.
Roseburg, *St Joseph's*: 20C Kepes.

San Francisco, *Grace Cathedral*: 20C Connick, Henry Lee Willet, Loire. *Masonic Memorial Temple*, Nob Hill: 20C Norman. *St Dominic's*: 20C Connick. *St Ignatius*: 20C Cummings Studio.
San Rafael, *St Paul's Episcopal Church*: 20C Burnham.

COLORADO
Colorado Springs, *Air Force Academy Chapel*: 20C Judson Studios.
Denver, *Temple Emanuel*: 20C Pinart, Labouret Studios, Paris, Wagner Studios.

CONNECTICUT
Greenwich, *Temple Shalom*: 20C Sowers.
Hamden, *Temple Mishkan Israel*: 20C Pinart, Duval.
Stamford, *First Presbyterian Church*: 20C Loire.
Woodbridge, *Congregation B'nai Jacob*: 20C Duval.

DELAWARE
Wilmington, *Cathedral Church of St John*: 20C William Willet, Henry Lee Willet, D'Ascenzo.

DISTRICT OF COLUMBIA
Washington, *Cathedral of St Peter and St Paul*: 20C Saint, Henry Lee Willet, Burnham, Reynolds, Francis & Rohnstock, Bossanyi, Le Compte, Tower (of Kempe Co.), Hone, Birkle, Sanborn, Setti, Reyntiens, Winfield. *Folger Shakespeare Library*: 20C D'Ascenzo.

FLORIDA
Jacksonville, *St John's Cathedral*: 20C Wilson.
Winter Park, *Morse Gallery of Art*: 19C–20C Tiffany.

GEORGIA
Athens, *First Methodist Church*: 20C Willet Studios.
Columbus, *Temple Israel*: 20C Miller.
Savannah, *Mickve Israel*: 19C Butler & Sons.

HAWAII
Honolulu, *St Andrew's Episcopal Cathedral*: 20C Lamb Studios. *State Building*: 20C Karawina.

ILLINOIS
Chicago, *Bethlehem Lutheran Church*: 20C Nicolas. *Loop Synagogue*: 20C Rattner. *St Andrew's Church*: 19C Burne-Jones, Holiday, Harry Goodhue. *St Chrysostom's*: 20C Connick.
Mooseheart, *House of God*: 20C Nicolas.
Peoria, *St Paul's Episcopal Church*: 20C Frei.

INDIANA
Fort Wayne, *Trinity English Evangelical Lutheran Church*: 20C Wright Goodhue, R. Toland Wright.

LOUISIANA
Shreveport, *Holy Trinity Church*: 20C Pinart.

MARYLAND
Baltimore, *Mary Our Queen Cathedral*: 20C Connick, Henry Lee Willet, Schmitt, Durhan, Loire, Burnham, Rambusch.

MASSACHUSETTS
Beverly Farms, *St John the Evangelist*: 20C Connick.
Boston, *Arlington Street Church*: 20C Tiffany. *Church of the Advent*: 19C Whall, Kempe. *Emmanuel Church*: 20C Connick, Comper, Kempe, Young, Crownenshield. *Robinson Memorial Chapel*: 20C Connick. *St Anthony's Shrine*: 20C Pinart. *Trinity Church*: 19C La Farge, Burne-Jones, 20C. *Museum of Fine Arts*: 19C Tiffany, 20C La Farge.
Brookline, *All Saints'*: 20C Goodhue, Connick.
Cambridge, *Memorial Hall, Harvard College*: 19C La Farge, Whitman.
Methuen, *First Congregational Church*: 19C La Farge.
Newton, *Temple Mishkan Tefila*: 20C Sowers.
North Easton, *Unity Church*: 20C La Farge, Connick.
Worcester, *Art Museum*: 19C, 20C La Farge.

MICHIGAN
Cranbrook, *Christ Church*: 13C (French), 20C D'Ascenzo, Guthrie, Wright Goodhue, Lloyd Wright, Powell.
Detroit, *Blessed Sacrament Cathedral*: 20C William Willet. *St Paul's Cathedral*: 20C Henry Lee Willet,

197

地名ガイド

Heaton, Butler & Bayne, Connick, Powell. *St Mary of Redford*: 19C–20C Burnham, Connick, Wright Goodhue.
Flint, *De Waters Art Center*: 20C Rattner.

MINNESOTA
Minneapolis, *St Mark's*: 20C Connick, Heaton, Butler & Bayne.
St Paul, *Cathedral of St Paul*: 20C Connick, Bancel La Farge. *St John the Evangelist*: 19C–20C Connick, Heaton, Butler & Bayne. *Temple B'Nai Aaron*: 20C Saltzman.

MISSOURI
Columbia, *Stephen's College*: 20C Marioni, Sowers.
St Louis, *Faith Evangelical and Reformed Church*: 20C Frei Studios. *City Art Museum*: 13C (French), 15C (French, English, German), 20C La Farge.

NEW HAMPSHIRE
Peterborough, *All Saints'*: 20C Connick.
West Lebanon, *Holy Redeemer*: 20C Sowers.

NEW JERSEY
Bayonne, *St Vincent de Paul*: 20C Clarke.
Princeton, *University Chapel*: 19C–20C Connick, D'Ascenzo, Reynolds, Francis & Rohnstock, Burnham, Wright Goodhue, Weeder, Butler & Recke, Henry Lee Willet.

NEW YORK
Albany, *Temple Beth Emeth*: 20C Sowers.
Buffalo, *St Paul's Cathedral*: 20C Young, Guthrie & Lakeman. *Temple Beth Zion*: 20C Shahn.
Islip, *St Mark's Episcopal Church*: 19C–20C Connick, Tiffany, Heaton, Butler & Bayne.
New York City, *St John the Divine*: 20C Powell, D'Ascenzo, Connick, Lakeman, Henry Lee Willet, Burnham, Heinigke, Reynolds, Francis & Rohnstock, Young, Metcalf & Norris, Hardman, Kempe, Clayton & Bell. *St Patrick's Cathedral*: 20C Woodroffe, Connick. *Church of the Ascension*: 19C La Farge, Tiffany. *Church of the Incarnation, Madison Avenue*: 19C La Farge, Young, Heaton, Butler & Bayne, Clayton & Bell, Cottier, Burne-Jones. *Bellerose Jewish Centre*: 20C Weitzman. *Congregation Habonim*: 20C Sowers. *Temple Emanu-El*: 19C–20C Tiffany. *Holy Trinity Church, Brooklyn*: 19C W. and J. Bolton. *Plymouth Church, Brooklyn*: 20C J. and R. Lamb. *Rhinelander Memorial Church of the Holy Trinity*: 19C Holiday. *Riverside Church*: 20C Wright Goodhue, Reynolds, Francis & Rohnstock, D'Ascenzo, Burnham. *St James's*: 20C Connick, Young, D'Ascenzo. *St George's*: 20C J. and R. Lamb. *St Vincent Ferrer*: 19C–20C Connick, Guthrie, Locke, Harry Goodhue. *American Airlines Terminal, Kennedy International Airport*: 20C Sowers. *The Cloisters*: 13C–14C (French), 15C–16C (Flemish, German). *KLM Royal Dutch Airlines office*: 20C Kepes. *Maxwell's Plum Restaurant*: 20C Le Roy. *Metropolitan Museum of Art*: 12C–13C (French, German), 15C (English, French), 16C (English, French, German, Swiss), 19C La Farge, 20C Tiffany, Heinigke, Lloyd Wright. *Milton Steinberg House*: 20C Gottlieb. *United Nations Secretariat*: 20C Chagall.
Pelham, *Christ Church*: 19C W. and J. Bolton.
Port Chester, *Congregation Kneses Tefereth Israel*: 20C.

Rochester, *Temple Beth El*: 20C Wiener, Weitzman.
Tarrytown, *Union Church of Pocantico Hills*: 20C Chagall, Matisse.
West Point, *United States Military Academy*: 20C William Willet.

NORTH CAROLINA
Winston Salem, *St Paul's*: 20C Wright Goodhue, Reynolds, Francis & Rohnstock.

OHIO
Cincinnati, *Christ Church*: 19C–20C Connick, Heaton, Butler & Bayne, R. and G. Metcalf.
Cleveland, *Trinity Cathedral*: 20C William Willet, Young, Connick. *Church of Our Saviour*: 20C Wright Goodhue. *Temple Emanuel*: 20C James. *Blue Grass Restaurant, Maple Heights*: 20C Winterich Studios.
Gambier, *Kenyon College*: 20C D'Ascenzo, Connick.
Toledo, *Museum of Art*: 13C–16C (European).

PENNSYLVANIA
Harrisburg, *Pine Street Presbyterian Church*: 19C–20C Connick, Wright Goodhue, Burnham.
Mercersburg, *Mercersburg Academy Chapel*: 19C–20C D'Ascenzo, Reynolds, Francis & Rohnstock, Wright Goodhue, Connick, Butler, Guthrie, Tower of Glass Studio, Dublin.
Philadelphia, *Church of the Holy Child*: 20C D'Ascenzo. *Washington Memorial Chapel*: 20C D'Ascenzo. *Reform Congregation Keneseth Israel, Elkins Park*: 20C Emerson, Tiffany, D'Ascenzo, Rambusch.
Pittsburgh, *Calvary Protestant Episcopal Church*: 20C William Willet, Connick, Heaton, Butler & Bayne, Reynolds, Francis & Rohnstock, Harry Goodhue. *East Liberty Presbyterian Church*: 19C–20C Connick, Wilbert, Burnham, Reynolds, Francis & Rohnstock, D'Ascenzo, Willet Studios. *Heinz Memorial Chapel*: 20C Connick. *Shaare Torah Temple*: 20C Parrendo. *Tree of Life Synagogue*: 20C Hickman. *University of Pittsburgh*: 20C.
Wilkinsburg, *St James's*: 20C Wright Goodhue.

RHODE ISLAND
Newport, *Emmanuel Church*: 20C Harry Goodhue, Young, Clement Heaton.
Providence, *Church of the Redeemer*: 19C–20C Connick, Guthrie.
Woonsocket, *B'nai Israel*: 20C Arikha.

VERMONT
Rutland, *Christ the King*: 20C Wright Goodhue.

WASHINGTON
Olympia, *Gloria Dei Lutheran Church*: 20C Pinart.

WISCONSIN
La Crosse, *Christ Church*: 19C–20C Tiffany, Connick.

WEST GERMANY

Aachen, *Cathedral*: 20C Schaffrath, Wendling, Benner. *St Joseph's, Adalbertastrasse*: 20C Schaffrath. *St Foillan*: 20C Buschulte. *Lourdheim*: 20C Katzgrau. *Art Museum, Wilhelmstrasse*: 20C.
Altenberg, near Cologne, *Abbey Church*: 13C, 14C.
Augsburg, *Cathedral*: 11C, 14C, 15C. *SS Ulrich and Afra*: 15C Holbein the Elder.
Bad Honnef, *St Martin's*: 20C Poensgen.
Bad Kissingen, *Catholic Parish Church*: 20C Meistermann.
Bad Zwischenahn, *St Maria*: 20C Schaffrath.

Berlin, West, *Kaiser Wilhelm Memorial Church*: 20C Loire.
Birkesdorf, *St Peter's*: 20C Schaffrath.
Blutenburg, near Munich, *Convent Chapel*: 15C.
Bottrop, *Heilig-Kreuz-Kirche*: 20C Meistermann. *St Konrad*: 20C Klos.
Bremen-Neue Vahr, *Heilig-Geist-Kirche*: 20C Schreiter.
Bremerhaven, *St Michael's*: 20C Schreiter.
Bremerhaven-Lehe, *St John's*: 20C Schreiter.
Bücken, *Collegiate Church*: 13C.
Bürgstadt, *St Margaret's*: 20C Schreiter.
Cologne, *Cathedral*: 13C, 14C, 15C, 16C. *St Georg*: 20C Thorn Prikker. *St Gereon*: 14C. *St. Kunibert*: 13C. *St Maria in den Trümmern*: 14C. *Schnütgen Museum*: 14C, 15C, 16C. *West German Radio Station*: 20C Meistermann.
Cologne-Kalk, *St Marien*: 20C Meistermann, Gies.
Cologne-Marienburg, *St Maria Königin*: 20C Böhm.
Cologne-Niehl, *St Christoph*: 20C Meistermann. *St Clemens*: 20C Buschulte.
Dinslaken, *Christus-Kirche*: 20C Poensgen.
Drolshagen, *St Clemens*: 20C Buschulte.
Duisburg, *St Anna*: 20C Katzgrau.
Düren, *Eucharistiner Kloster*: 20C Buschulte. *Karmelkloster*: 20C Schaffrath.
Eichstätt, *Cathedral*: 16C Holbein the Elder.
Emden, *Town Hall*: 16C.
Eschweiler, *Liebfrau Kloster*: 20C Katzgrau.
Essen, *Minster*: 20C Buschulte, Gies, Schaffrath, Campendonk, Schreiter, Manessier.
Essen-Borbeck, *St Dionysus*: 20C Buschulte.
Esslingen, *Barfüsserkirche*: 14C. *Frauenkirche*: 14C. *St Dionys*: 14C. *Merckel'schen Schwimmbad (former swimming pool)*: 19C Graf.
Frankfurt, *Historisches Museum*: 13C, 14C, 15C, 16C, 17C.
Freiburg, *Cathedral*: 13C, 14C, 15C Hans Acker, 16C. *Augustiner-Museum*: 13C, 14C, 15C, 16C.
Freising, *St Martin's*: 15C.
Friedberg, *Marienkirche*: 15C.
Gelsenkirchen, *Reform Synagogue*: 20C.
Goslar, *Cathedral*: 16C. *Marktkirche*: 13C. *Museum*: 13C.
Haan, near Düsseldorf, *St Mary's*: 20C Poensgen.
Hagen, *St Meinholf*: 20C Buschulte. *Karl Ernst Osthausen Museum*: 20C Thorn Prikker. *Railway Station*: 20C Thorn Prikker.
Haina, *St Mary's*: 14C.
Hamburg, *St Marienkirche*: 20C Schreiter.
Hanover, *Marktkirche*: 15C.
Heilbronn, *St Kilian's*: 15C.
Heiligkreuztal, *St Anna's*: 14C.
Helmstedt, *Abbey Church Marienberg*: 13C.
Herford, *St John's*: 14C, 15C, 16C.
Hohenzollern, near Hechingen, *Castle Chapel*: 13C.
Julich, *Prosterkirche*: 20C Wendling, Schaffrath. *St Rochus*: 20C Speiling.
Karlsruhe, *Landesmuseum*: 13C, 14C, 15C, 16C.
Kassel, *Museum*: 14C.
Kitzingen, *St John's*: 20C Schreiter.
Kyllburg, *Parish Church*: 16C.
Landsberg am Lech, *Parish Church*: 16C.
Leutesdorf/Rhein, *Kapelle des Exerzitienhauses Johannesbund*: 20C Schreiter.
Leverkusen-Fettehenne, *Mathiaskirche*: 20C Schaffrath.

Lüneburg, *Town Hall*: 15C.
Marburg, *St Elisabeth's*: 13C, 14C.
Mönchen-Gladbach, *St Vitus's*: 13C.
Munich, *Frauenkirche*: 15C Hemmel von Andlau, 16C. *Maria-Hilfe-Kirche*: 19C. *Michaelskirche*: 16C Hans and Georg Hebenstreit. *Bavarian National Museum*: 14C, 15C, 16C.
Münnerstadt, *St Maria Magdalena*: 15C.
Münster, *Cathedral*: 16C. *Landesmuseum*: 12C, 13C, 14C.
Neukloster, *Cistercian Church*: 13C.
Neuss, *Christus-Kirche*: 20C Thorn Prikker.
Nuremberg, *St Lorenz*: 14C, 15C Hemmel von Andlau, 16C. *St Sebald's*: 14C, 16C. *Germanisches National-Museum*: 12C, 13C, 14C, 15C, 16C, 17C, 18C. *Tucher House*: 16C.
Nuremberg-Wöhrd, *St Bartholomew's*: 16C.
Pilgerzell, near Fulda, *Catholic Church*: 20C Poensgen.
Ratzeburg, *Cathedral*: 20C Buschulte.
Regensburg, *Cathedral*: 14C. *Dominican Abbey of the Holy Cross*: 14C.
Rothenburg ob der Tauber, *St James's*: 14C, 15C.
Saarbrücken, *Liebfrauenkirche*: 20C Buschulte.
Schweinfurt, *St Kilian's*: 20C Meistermann. *St Michael's*: 20C Schaffrath.
Sennestadt, *Jesus-Christus-Kirche*: 20C Lander.
Sobernheim, *St Matthew's*: 20C Meistermann.
Soest, *St Patroklus*: 12C, 13C, 15C. *St Pauli*: 13C, 14C. *Wiesenkirche*: 14C, 15C.
Straubing, *St James's*: 15C.
Stuttgart, *Landesmuseum*: 13C, 14C, 15C.
Trier, *St Matthew's*: 15C, 16C.
Tübingen, *St George's*: 15C Hemmel von Andlau.

Ulm, *Cathedral*: 14C Jacob Acker, 15C Hans and Jacob Acker, Hemmel von Andlau workshop, 20C Kohler, Von Stockhausen.
Ulm-Bofingen, *Guter-Hirte-Kirche*: 20C Schaffrath.
Urach, *St Amandus*: 15C Hemmel von Andlau.
Walbeck, *St Nicholas's*: 20C Klos.
Wienhausen, *Abbey Church*: 13C, 14C, 15C.
Wimpfen am Berg, *Parish Church*: 13C, 15C.
Würzburg, *Cathedral*: 20C Meistermann.
Xanten, *St Victor*: 14C, 15C, 20C Gottfried.

用語解説

厚板ガラス（ダル・ド・ヴェール）通常1インチの厚さをもち，欠いたり切子面をほどこしたりして，コンクリートないしエポキシ樹脂の中にはめこまれたガラス細片．

アトリウム ローマ時代の建築における邸宅の前庭．また初期キリスト教とビザンティンの教会堂における前庭で，しばしば屋根でおおわれる．

アナグマの刷毛 → バジャー

アプス 奥殿．教会堂の東端に位置する半円形ないし多角形プランの室．

アンチタイプ → 対型

アンティック・グラス 手製の吹きガラスで，中世時代のガラスのように厚さも不規則で，砕けやすい材質のガラス．

イエロー・ステイン → シルヴァー・ステイン

ヴェール・ドゥブレ → 被せガラス

ヴォールト → 穹窿

薄塗り（ウォッシュ）絵具，塗料などの薄く溶いてつけられた彩色層．

裏打ち（プレーティング）古いガラスの断片を補強するために用いられる無色ないし着色の薄いガラスによる裏面補強．

エッサイの樹 エッサイから始まるキリストの先祖の系譜樹．ステンドグラスを含む中世時代の芸術に好んで取上げられた．

エナメリング ガラスにガラス質のエナメル塗料を焼きつけた層．

エポキシ樹脂 無色の合成樹脂の接着剤．ステンドグラスの細片を結合するのに，特に厚板ガラスの場合，鉛縁のかわりに用いられる．

円筒ガラス → マフ・グラス

エンドモザイク ステンドグラスとモザイクの組合せ．

円盤 ガラスの円形のパネル．

黄金伝説（レゲンダ・アウレア）1275年頃ヤコブス・ド・ウォラギネによって著された聖者の生涯を記した本．

オッキオ イタリアの円窓．

オパルセント・グラス 乳白色ガラス．ラ・ファルジュとティファニーによって19世紀末期に開発されたガラス．とかすけをつけた色の縞目が，乳白色を帯びた虹色の効果を出す．

オホ・デ・ブエイ スペインの円窓．石のトレサリーがない．

回廊 修道院の居住区と付属の教会堂とを結びつけるアーケードで，中庭を囲む屋根つきの歩廊．

かき取り ガラス片の縁をペンチで喰いちぎるように欠くこと．

角柱 角柱は円柱より太いが，同一機能をもつ堅実な石組の支柱．

型紙 窓の原寸大の紙ないし厚紙のパターン．特にフランスやドイツでは，ガラス細片を切出すときに型として使われるトレーシングペーパーないし透写用カード．

型吹きガラス 上が開いた型の中に吹きこんで作ったガラス．

合唱隊席（カウアー）合唱者たちが座す教会堂の東端の部分で，通常，身廊と障壁ないし柵で仕切られた．またこの語（カウアー）で内陣全体を指すこともある．

カットライン 原図から透き写された鉛縁の線の図面．

カテドラル・グラス アメリカで広く用いられており，機械で延圧される市販のステンドグラス用のガラス．

カトルフォイル → フォイル

カメオ・グラス 2層に重ねあわされたガラス．上層の白色のガラスを彫りこむと，より暗い色の地に際立って，浮彫り状にみえる．

ガラス割り用火箸 中世時代の道具．その先端を熱してガラスを割る．

カルム ステンドグラスの窓に用いられる鉛の帯．

カレット 屑ガラス．窓用に裁断して残ったガラス屑．

起拱点 アーチがその支柱から立ち上る点，あるいは窓には縦仕切が曲線を描き始める位置．

被せガラス（フラッシュ・グラス）2層に貼合せたガラスで，下層は白色ないし明るい色のガラス．上層はより濃い色で薄い．

穹窿 ヴォールト．アーチで支えた天井ないし屋根．半円筒（トンネル）穹窿：最も単純な形で，中断されることなくトンネル状に続く．交差穹窿：二つのトンネル穹窿を交差させて形作る．肋骨穹窿（リブ・ヴォールト）：交差穹窿から発達した，二つの穹窿の交差線上のアーチ（穹稜，グロイン）が，穹窿によっておおわれる径間の側辺と対角線に支えとして差しわたしてかけられたアーチ状の肋材によって置きかえられる．扇状穹窿（ファン・ヴォールト）：アーチの起拱点から扇形に肋骨が放射する肋骨穹窿の一種．

ギリシャ十字 4本の腕の長さが等しい十字形．

組紐文様 ガラスの上に幾何学模様を形作る絡みあった帯．

クラウン・グラス（スパン・グラス）今日では珍しくなったが，吹きガラスを回転させて中央の分厚いこぶのある平らな円盤状にしたガラス．

グラス・アプリケ 貼合せガラス．無色の板ガラスにエポキシ樹脂で接着された着色ガラス細片によるコラージュ．

グリザイユ 繊細で，ときには樹葉などの模様で，色彩を控え目にして飾られ，装飾的デザインの鉛縁にはめこまれた透明ガラス．("灰色で描く" grisaillerというフランス語から派生）．

クロケット ゴシック建築の尖塔や破風の上に突き出した彫刻装飾．

クロワゾンネ エマイユ，七宝焼の一種．金属板上にハンダ付けされた金属のリボン，通常は金の細いリボンで作り出した小さな区画によってさまざまな色のエマイユで分割される．

原図（カルトン）ステンドグラスのデザインのための原寸大の図面．

研磨 被せガラスの色彩の部分を，硬い研磨材でひっかいたりすりへらしたりして，摩耗，除去すること．

交差部 教会堂において身廊と袖廊の交差した部分．

ゴシック 12世紀中葉から行われた建築様式で，一般に尖頭アーチ，飛梁，肋骨穹窿と結びついている．

小べら ステンドグラスの鉛縁をこじあけるために用いる木ないし骨で作った小さな先の尖ったへら．

シーディー・グラス 気泡の多いアンティック・グラス．

車輪状の窓 車輪のスポークのように中心から石のトレサリーが放射する円形の窓．

シャンルヴェ エマイユ（七宝焼）の技法で，金属板を丸みで彫りこんで，彫り残した金属面を輪郭線に使い，凹みにエマイユをつめて焼く．

シュヴェ アプス，周歩廊，放射状礼拝堂を含む教会堂東端を意味するフランス語．

周歩廊 教会堂の東端の，祭壇の後を取囲む半円形ないし多角形状の歩廊．

袖廊 十字形プランの教会堂の，通常身廊と内陣の間に突き出した，二つの腕木にあたる位置にある歩廊．

徐冷 焼きなまし．ガラス製造の最後のプロセスで，徐々に冷却する工程．

シリンダー・グラス → マフ・グラス

シルヴァー・ステイン 銀着色法．銀化合物（通常は硝酸銀）がガラスに融合すると黄色になる．

シンクフォイル → フォイル

身廊 入口から袖廊ないし内陣にのびる，教会堂の中央の主要な空間．

垂直式 14世紀末から15世紀にかけてのイギリスのゴシック建築様式．その特徴は，垂直線を強調する点にある．→ 垂直式トレサリー

筋目ガラス 均一に着色されるというよりも，色彩が筋目（縞）をなすガラス．

スパン・グラス → クラウン・グラス

スラブ・グラス → ダル・ド・ヴェール

すり棒 顔料を砕くための花崗岩ないしガラス製の乳棒．

聖具室 教会堂内にある聖器具を収める倉庫．

尖塔 扶壁や切妻の先端に用いられる，細長いピラミッド形ないし円錐状の建築装飾．

洗礼所（堂）教会堂で洗礼に用いられる場所ないし付属の建物．

装飾式 イギリスのゴシック建築における13世紀末から14世紀中葉までの時期で，幾何学的なトレサリーと，のちには流れ模様のトレサリーによって特徴づけられる．

側廊 教会堂の身廊の両側に併行する歩廊．

タイプ図像の窓 旧約聖書と新約聖書の各場面を，象徴的に対応させて描いた窓．

タイポロジー（タイプ図像学）新約聖書における事蹟が，旧約聖書における事蹟によって象徴的に予告されるとする中世時代の教義．

高窓層 窓のある教会堂の上層．

縦仕切 明り窓を分割する縦の石の柱．

ダル・ド・ヴェール → 厚板ガラス

柱頭 円柱の頂部に冠する石．

対型（アンチタイプ）中世の図像学において，旧約聖書場面（預型）によって預言される新約聖書場面．

月々の仕事 1年の各月に割当てられた活動．中世時代の写本装飾やステンドグラスに繰返し現れる主題である．

つじ飾り ボス．通常穹窿の肋材（リブ）の交差点に盛上げた彫刻装飾．

天蓋 建物の壁龕を模倣して，人物や場面を取囲む窓の実際の縁取り装飾．

点描（彩）画法 ガラス面に明るい小さな点描の効果を創り出す描画（彩）技法．

等温方式の窓 外側に保護用の窓を取りつける仕組．

動物寓話集 実在ないし架空の動物を描いた中世時代の寓意的書物．

トリフォリウム 身廊に面する，高窓層の下に位置して，ときどきガラス窓をはめられる，アーケードのあるギャラリー．

トレサリー ゴシック様式の窓の上部の装飾的石組．プレート・トレサリー：最初期の最も基本的な形で，単純な形が石組から切出される．バー・トレサリー：細い石の肋材で模様が作り出される13世紀のトレサリーの変種．幾何学的トレサリー：左右相称形によって特徴づけられるバー・トレサリーの最初期の形．フローイング・トレサリー：バー・トレサリーの，より曲線的な14世紀のスタイル．フランボワイアン・トレサリー（火焔状トレサリー）：火焔状の曲線が特徴の15世紀フランスの形式．垂直式トレサリー：14世紀末のイギリスにおけるフローイング・トレサリーに続く垂直線を特徴とする比較的落着いたスタイル．レクティリニア・トレサリー（直線的トレサリー）：直線的なパネルが特徴の垂直式トレサリーの15世紀の変種．

トレフォイル → フォイル

内陣 聖職者の用に供され，祭壇や合唱隊席のある教会堂の東の部分．

鉛縁 ステンドグラスの細片をはめこむために，両側に溝のある鉛の帯．

ナルテックス 初期キリスト教やのちのバシリカ式教会堂における西側のアーケードのある入口ないし入口室．

人間の救済の鏡 サタンの失墜から人間の贖罪に至るまでの聖書物語を記述した中世の挿絵入りの信仰の書．

ノルマン・スラブ・グラス（ボトル・グラス）方形の断面をもつガラスを吹きこみ，その各面を切取って板状にして用いられるガラス．今日では稀にしか使われない．

背障 祭壇の背後の木ないし石の装飾障屏（衝立）．

葉形飾り ゴシック・トレサリーにおける小さな円弧を用いた開口部．葉形の数によって接頭辞をつけて，トレフォイル（三葉形飾り），カトルフォイル（四葉形飾り），シンクフォイル（五葉形飾り）と呼ばれる．

バジャー アナグマの刷毛．3,4インチの長さの，幅広く柔かい刷毛で，薄く塗った絵具に平滑な効果や点描的な効果をより作り出すのに用いられる．

バシリカ もともとは，長い長方形のローマ時代の集会堂で，しばしば端に半円形のアプスがつく．初期キリスト教時代とその後の教会堂建築では，このバシリカ式のプランの上に，側廊よりも天井の高い身廊をもつ教会堂が建てられた．

バラ 花弁のような形に放射状に分割されるトレサリーをもった円形の窓．

ハレーション ぼやけ．光が実際の境界を越えて広がってみえて，暗部ないし石組の周辺の明るい色彩のガラスが，ぼやけてみえる現象．

バロック 曲線的で横溢する装飾が特徴づける17, 18世紀の建築様式．

版木本 テキストと挿図が凸版で彫り出された木版刷りの中世末期の本．

反曲 S字形の曲線．

低浮彫 背景（地）よりも若干浮き出した彫刻．

ビザンティン 初期キリスト教時代の建築様式で，ギリシャ十字形プラン，円蓋，内部のモザイク装飾によって特徴づけられる．

菱形模様 特にグリザイユの窓で用いられる正方形ないし菱形のガラス窓．

ビブリア・パウペルム → 貧しい人々の聖書

飛梁 穹窿の推力（荷重）をより外側の扶壁（支柱）に伝えるために，外壁によりかかるアーチないし半アーチ．

ヒール・ボール ステンドグラスの修復プロセスで，薄い紙にパネルをこすって拓本を取るために用いられる蠟と油煙の混合物．

ファヴリル・グラス 1880年代にティファニーが製法特許をとった虹色のガラス．加熱したガラスを金属の蒸気や酸化物にかざして作られる．

ファセティド・グラス → ダル・ド・ヴェール

フィレ ガラスの細い帯．

腐蝕 被せガラスの色彩の部分を除去するプロセス．被せの部分にまず除去すべき形を取る．それ以外の部分をビチューメンなどの防蝕材でおおってから，フッ化水素を含む薬液で，防蝕材をほどこしてない部分を，より色彩の淡い下層のガラスまで，腐蝕する．

扶壁 建物の内側のアーチや天井の外部方向への推力を受けるために，壁の外側に突き出した支え壁．

フューズド・グラス → 融着ガラス

ベマ 内陣．初期キリスト教会堂で，聖職者のための高くなった床．のちの教会堂ではそれが発展して袖廊を生み出すもとになる．

ポット・グラス，ポット・メタル 全体を一つの色で着色されたアンティック・グラス．

ボトル・グラス → ノルマン・グラス

貧しい人々の聖書（ビブリア・パウペルム）旧約聖書と新約聖書における事蹟の間にある預言的な併行関係を要約した，写本ないし木版本の形の，中世時代の信仰の書．

マット 光沢を抑えた均一な仕上げ．

マフ・グラス（円筒ガラス）ステンドグラスに最も一般的に用いられるガラス．その作り方は，長く吹いたガラス玉の端を切り，その側線を裂き，開いて平らな板にする．

ミゼリコード 教会堂の合唱隊席の折りたたみ椅子裏に取付けた彫刻をほどこした持送り．

ミルフィオリ モザイクに類似したローマ時代の装飾模様のガラス．万華ガラス，モザイク・グラスなどともいう．

メダイヨン さまざまな形の小さなパネルを組合せて作った窓．叙述的な順序に配列されることが多い．

持送り 肘木，屋根の梁などの水平な用材を支えるために壁から突き出した腕木ないし石材．

焼付け 絵付けをほどこしたガラスを絵付けの塗料とガラスがとけあい固着するように加熱するプロセス．

融剤 ガラス製造においてシリカの熔解を助ける溶剤．通常はソーダ灰が用いられる．

融着ガラス（フューズド・グラス）板ガラスに熱で接着された着色ガラス細片．

預型（タイプ）中世時代の教義において，新約聖書場面（対型）を預言すると信じられた旧約聖書場面．

よごし陰影法 併行した筆触でひかえめに塗りをほどこすことによって，衣裳や顔などの細部に陰影をほどこす方法．

横棒（窓ガラスの）ガラス・パネルを支える鉄の横棒．

ララン十字 一つの腕木が長く，他の三つの腕木が短い十字．

ランセット 背の高い，ほっそりとして頂部が尖っている窓．

リーミー・グラス さまざまな硬さのガラスの混合によって作られた，厚さの不均一な筋のあるガラス．

リンネル襞彫り リンネルの襞に似た中世時代の羽目板や座席の木彫．

肋（リブ）交差穹窿の分割を画する構造上ないし装飾上の，突き出した帯．

ロココ 18世紀のバロック建築から展開した様式で，装飾的細部の豊かさをその特徴とする．

ロマネスク 古代ローマ建築技法に基く建築様式で，半円アーチと太い円柱と分厚い壁がその特徴をなす．

索　引

ア 行

アイク，チャールズ 174
アイスランドのステンドグラス 174
アイスリップ，ジョン 135
アイアラン，ロング・アイランド，エピスコパル・チャーチ 157
アイルランドの現代ステンドグラス 158
アイルランド派 158
アウグスティヌス，聖，カンタベリーの 24,70
アウグスティヌス，聖，ヒッポの 140
アウグスブルク 124
アウグスブルク大聖堂 13,42,60,64,66-7,69,114,190,191
赤頭巾ちゃん 29
赤と白のシャクヤク，ラ・ファルジュ作 154
アキタニア公 74
悪徳 25,93,139
アグネス，ハプスブルク家の 96
悪魔 30-1,32-3,132,139,144
アーケード，大 16
アーサー王物語 29
アシュトン卿，リチャード 40
アダム 71,114
アダムとエバ 71,108,114,133,139,145
アダム，森番 82
アーチ 16-17,64
厚板ガラス 9,51,158,160,164,171,172,177,179,181,182,187,188
アッカー家，ハンス 39,115
アッジジ → サン・フランチェスコ
アドルネス家 131
アビラ → サン・ペドロ
アビラ大聖堂 106,132,133
アプス 16
アブラハム 76,153
アプリケ → グラス・アプリケ，貼合せガラス
アーヘン大聖堂 77,160,161
アマーシャム教会堂 150
アミアン大聖堂 17,22,72
アムステルダム，現代のステンドグラス 174
アームストロング，ネイル 163
アメリカ
　18世紀 148
　19世紀 146-9
　20世紀 158,162-5
　現代ステンドグラスの技法 179
　シナゴーグのステンドグラス 166-7
アメリカ空軍アカデミー礼拝堂 164
アメリカン航空ターミナルビル，ニューヨーク 164
アメンホテプ4世 10
アラゴン 106 → スペイン
アラブ人 → イスラムの影響
アランデル城 145
アリグレ，シモン 104
アリストテレス 44,97
アルカサル，トレド 109
アルカリ性，ガラスの損傷 190
アルクル，ジュアン・ド 106
アルザスのステンドグラス 92-3
アールスト，ピーテル・クッケ・ファン 126
アルデグレーファー 61
アルテンベルク修道院教会堂 14,18,81,84
アルドリン，エドウィン 163
アルナオ → フランデス，ベルガラ
アルヌート・ド・ラ・ポワント（アルヌー・ド・ニメーグ）→ ネイメーヘン
アール・ヌーボー 63,146,154-7,172
アルノルド，聖 148
アルバート記念館，ロンドン 151
アルバン，聖 112
アルファとオメガ 32,87
アルフレッド大王 12
アルフレッドの宝物 12
アルブレヒト1世，オーストリア王 96
アルベルトゥス・マグヌス 80
アルマ・タデマ卿，ローレンス 154

[第2列]

アレキサンダー大王 10
アレキサンドリア 10,11
アレッツォ → サン・アヌンシアータ，サン・フランチェスコ
アレッツォ大聖堂 141
アングラン，ル・プランス → ル・プランス，アングラン
アングル，ジャン 62,148,149
アンジェ大聖堂 22,37,42,69,78,105
アンセルム，聖 70
アンセルム，トゥールネ司教 102
アンティオキアの聖遺物崇拝 80
アンティック・グラス 8-9,180-1
アントウェルペン大聖堂 130
アントウェルペンの芸術家 133,134 → シント・リール
アントニウス，聖，パドウアの 94-5
アンドラウ，ペーター・ヘンメル・フォン 37,114-15,117,137,140
アンドレア・ダ・フィレンツェ 61,95
アンナ，聖 34,56,74,75,96,115
アンリ，ナヴァール公 58
アンリ2世，フランス国王 138,140
アンリ3世，フランス国王 138

イエロー・ステイン → シルヴァー・ステイン
異教とキリスト教 14,30-1
イギリス
　11世紀 64
　12世紀 64,70-1
　13世紀 72,82-3
　14世紀 84,86-91
　15世紀 100-1,112-13
　16世紀 124,134-5
　17世紀 142,144-5
　18世紀 142,144-5
　19世紀 146-7,150-3,155
　20世紀 158,168-9,188,189
　教会堂プランの基本 14-15
　グリザイユの使用 72,82-3
　現代ステンドグラスの技法 179,188,189
　ゴシック様式 20,21,70,72,84,86,90,91,100,134
　シナゴーグのステンドグラス 166-7
　ステンドグラスにおける寄進者の表現 40-1,91
　ステンドグラスの修復 190-4
　中世ステンドグラスの破壊 142,190
　輸入ガラス 126,135,144,149
　イギリス市民戦争 55,142
　イギリスのステンドグラス，リード著 146
イコン，聖画像 30
イサク 24
イザヤ 25,37,71,77
衣裳 48,54-5,56,112,113,114,116,119,138,139,140,141
衣裳の建築との相関 54
イースト・ハグバーン教会堂 52
イースト・ハーリング教会堂 40
イスラエルの部族の窓，エルサレム 166
イスラムの影響 12-13,106,108
イソップ寓話 29
板ガラス 8
板ガラス，延圧した 160
イタリア
　13世紀 61,95
　14世紀 84,94-5
　15世紀 100,118-23
　16世紀 124,141
　17世紀
　気候の意義 72,94
　芸術的影響 95,96,100,132,136,138-40
　ゴシック様式 61,72,94-5,122-3
　バロック様式の源流 142
　ルネサンスの源流 95,118-21
　いとも豪華なる時禱書 104
イートン・カレッジ礼拝堂 39,158
イートン司教教会堂 91
イートン，ヒュー 55,58-9
茨 20
衣服 → 衣裳
イルデフォンスス，聖 108

[第3列]

色
　ガラスの着色法 8-9,11,84,145,146
　国別による好み 67,80,84,92,93,97-9,160
　現代的用法 62-3 → 20世紀
　象徴的用法 17,32,33,58,168
色と光 18-19,106
色の性質 36,37,63,64,69,72-8,107,110-11,118-19,120-1
色の脆弱性 191 → エナメル
色，紋章の 47,48-9
インスブルック州立美術館 28
インダス河流域 10
ヴァイナー・メモリアル・ウィンドー，オックスフォード 153
ヴァサーリ，ジョルジョ 141
ヴァラロ，ニコロ・ダ 123
ヴァランジュヴィル → サン・ドミニク教会堂
ヴァンサン，聖 69,129
ヴァンス → ロザリオ礼拝堂
ヴァンセンヌ城の礼拝堂 140
ヴィオレ・ル・デュック，ウジェーヌ 18,68,146,149
ヴィクトリア・アンド・アルバート美術館，ロンドン 29,30,35,41,43,49,52,53,55,126,130,152
ヴィクトリア女王 58
ヴィスコンティ家 122
ヴィスタール，カスパール 148
ヴィーセンキルヒェ，ソエスト 114
ウィッカンブルックス教会堂，ケント 146-7
ウィッチング 49,182-3
ウィッテントン卿，リチャード 100
ウィリアム，イギリスの 70
ウィリアム・オブ・チャートン 55
ウィリアム・オブ・ワイクハム 91
ウィリアム，サンスの 14,70
ウィリアム・スキナー・ハウス，ニューヨーク 156
ウィリアムソン，フランシス 134
ウィリアム・フィッツァーバート，聖 86,89
ヴィルド，ハンス 114
ウィルフリット，聖 71,86
ヴィルヘルム，ヒルザウ修道院長 67
ウィルメント，トマス 153
ヴィレット，ウィリアム 162
ヴィレット工房 162,164
ヴィレット，ヘンリー・リー 162
ウィレム，オラニエ公 126,129,131
ウィロー・ティールーム，グラスゴー 155
ウィンキン・デ・ワーデ 28
ウィングフィールド卿，ロバート 40
ウィン 144
ウィンズコム教会堂，サマーセット 40
ウィンストン，チャールズ 146
ウィンチェスター・カレッジ 60,91
ウィンチェスター大聖堂 38,142
ウィンチ，レオナルド・ダ 119,123
ウィンテリッチ工房 53,164
ウェイデン，ロヒール・ファン・デル 61,100,103
ウェステル，ジョン 134
ヴェステルブルク，ジークフリート・フォン 80
ウェストミンスター修道院 55,58-9,145
ウェストレイク，N・H・J 134
ウェッブ，ジョフレイ 29
ウェッブ，フィリップ 57,152
ウェリンボロー → オール・ハロウズ
ウェルウッド家 48
ウェルズ大聖堂 20,70,72,90
ヴェール・ドゥブレ 8,84,145 → 被せガラス
ヴェンドリング，アントン 160
ウォラギネ，ヤコブス・デ 28,35
ウォルゲムト，ミハエル 117,136
ウォルセイ枢機卿 134
ウォルト → 穹窿
ウォルポール，ホレイス 145,150,158
ウースター・カレッジ，オックスフォード

[第4列]

151
美しき絵ガラスの聖母，シャルトル 13,64-5,76,77
ウッチェルロ，パオロ 61,118,120,121
ウッドロフ，ポール 58
裏打ち 192-3
ウリエル，大天使 35
ウルヴデンの窓，ヨーク 88
ウルスラ，聖 81
ウルム，中世時代の繁栄 116
ウルム大聖堂 33,39,60,100\114-15
エアフルト大聖堂 45,98,99
嬰児虐殺 26,144
エウゲニウス3世，教皇 102
エヴルー大聖堂 21,31,40,42,43,50,84,100,105
エクアン城の礼拝堂 139,140
エクゼター大聖堂 145
エジプト，古代のガラス 10-11
エジプトへの逃避，ジオット作 95
エジントン，ウィリアム・ラファエル 151
エジントン，フランシス 145,151
エスリンゲン → ザンクト・マリア
エゼキエル 71,75,77
エックス・ラ・シャペル → アーヘン
絵付け 37,49,53,56,57,61,62,100,124,137,141,142-5,148-9,158,183,184 → エナメル
エッサイの樹 20,36-7,45,48,49,57,67,69,71,76,90,91,114,117,138,139
エッセン・ミンスター 161,171
エッチング 49,182-3
エドウィン，ノーサンブリア王 71
エドワード，イギリス国王 72
エドワード2世，イギリス国王 90
エドワード4世，イギリス国王 89
エナメル
　導入の意義 49,52,53,56,124,135,142,146,148,149
　紋章における価値 49,145
エナメル塗料（塗布）183,184
エバの創造 27 → アダムとエバ
エフェソス，バシリカ式教会堂 22
絵 183,184-5
エペルネーのモエ・エ・シャンドン工場 148
エポキシ樹脂 158,164,177,179,181,187,189,192,193 → 厚板ガラス，ダル・ド・ヴェール
エマイユ・クロワゾンネ 12
エマヌ・エル集会所，ニューヨーク 166
エリア 167
エリギウス，聖 123
エリザベス2世 57
エリザベス，ヨークの 88,134
エリザベト，ハンガリーの 81,138
エリザベート，ハプスブルグの 96
エリ大聖堂 151
エル・グレコ 39
エレアノール・ダキテーヌ 68
エレアノール・ド・クレア 91 → ド・クレア家
エレアノール，ポルトガルの 117
エレアム 25,74
エレミア 71,77,167
円蓋 16,118,121
遠近法 50,84,92-3,94,95,96,117,121,123,124,129,134,137 → 写実主義
エンゲルベルト2世 130
エンジンゲン，ウルリッヒ・フォン 115,122
円筒ガラス 8-9,180,181 → シリンダー・グラス
エンドモザイク 164
円に基づくデザインの意義 20-1,22-3,32
円盤 49,52,90,100,113,126,144,145
エンリケ・アルマン 106,109,110,132
オイスター・ベーの窓，ティファニー 156,157
黄金伝説，デ・ウォラギネ著 28,35
王の礼拝堂，ドゥルー 148
大山義郎 172
オジー 20

[第5列]

オーシュ大聖堂 50
オスカルシルネン，ストックホルム 174
オーストラリアの現代ステンドグラス 173
オーストリアのバロック様式 142
オーセール 78
オーダンクール → 聖心教会堂
オータン大聖堂 20,31
オッキオ 22,95,118,120,121
オックスフォート大学の各カレッジのステンドグラス 1,4-5
オテル・ソルヴェー，ブリュッセル 155
乙女たち 97
乙女の鏡 67
オバジーヌ修道院 72
オパルセント・グラス 146,149,156-7,160,164
オホ・デ・ブエイ 22,133
オランダの解放 129
オリーヴ園のキリスト，ゴーギャン作 39
オールサンミケーレ，フィレンツェ 119
オール・センツ教会堂，ミドルトン・シェニー 153
オール・センツ・チャーチ（万聖教会堂），ノース・ストリート，ヨーク 28,33,86,112
オルタ，ヴィクトール 155
オール・ハロウズ，ウェリングボロー 33
オルライ，ベルナールド・ファン 126,127

カ 行

絵画，ステンドグラスに及ぼした影響 50,61,62-3,67,95,96,103,104,117,118,124,126,137,170-1,172,173
カイザー・ウィルヘルム記念教会堂，ベルリン 51,172
怪物の象徴主義 44-5
ガイヨン司教館 138
回廊 15
ガウディ，アン二 154,155
顔の表現，描き方 12-13,56-7,78,84,114,132,141,151,184
科学の表現 109,111
かき取り（鉄具）181,182,187
学芸の表現 109,111
籠形コップ，ローマの 11
火災による大聖堂の崩壊 64,67,70,99
果樹園，ローデ作 175
カジン司教 144
カスターニョ，アンドレア・デル 61,118,120-1
カスティリャの城 43,79 → スペイン
カスパート，聖 89
画像
　シトー派の反対 72
　宗教改革の影響 48,56,58,124,128,135,144
　ユダヤ教の反対 166-7
　→ 象徴主義，新教，図像学，デザイン
型紙，ステンドグラス制作の 178,179,181,182,186,193
カタコンベ 39
楽器 20-1,30,86,113
合唱隊席（内陣），障屏で囲まれた 16
カットライン 178-9,181-2,186
割礼の家，フィレンツェ 119
カテリナ，聖，アレキサンドリアの 35,69,96,104,114
カトリックの諸三の聖母 106
カトリーヌ・ド・メディシス 138,140
カナの祝婚の宴 53,77
カナンの葡萄の房 25,141
ガニメデ 28,29
鐘鋳造師の窓，ヨーク 41,86,88
金貸しの追放，キリストの 141
ガブリエル，大天使 34,117
神と悪魔 14,30-1
神の画像に対するプロテスタントの反対 128,129,142
紙の発明 26
神の表現 32-3,57,87,99,128,133
カミングス，ハロルド 164
カムデン・ソサエティ 151
カラヴァッジオ 38

ガラス画工の家系 → ステンドグラス画工（家）の家系
ガラス，古代世界の 10-11
ガラス，天然の 8
ガラスの化学 8-9
ガラスの選定 180-1
ガラスの損害の原因 190-1
ガラスの歴史，発明 10-11
ガラスの劣化の原因，兆候 190,191
ガラス，貼合せ 177,189 → グラス・アプリケ
ガラティン，ジェームズ 146
カラテジ宮殿，フィレンツェ 118
カリ 9,10
カリティ，ベルナール 84
カルヴィニズム → プロテスタンティスム，新教
カール5世(カルロス1世)，神聖ローマ皇帝 126,127,130,131,132,133
カール5世の窓，ブリュッセル 126,127
カルトン，ステンドグラス 60
カルマー，リチャード(青色艦隊) 142
カレット 8,180
姦淫の女の窓，アレッツォ 141
カンタベリー大聖堂 25,32,33,43,56,63,64,70-1,82
  ステンドグラスの修復 191,192-3,194
  歴史 35,64,70-1,142
  →パケット，聖
カンタベリー物語，チョーサー著 82
カンピン，ジャン・ド 133

キアロスクロ(明暗法) 38-9
幾何学的デザイン
  教会堂プラン 14-15
  トレサリー 20-1,106
  縁飾り 43,106
気候
  ガラスの使用に及ぼす影響 72
  ステンドグラスに及ぼす影響 190,191,194
  →イタリア，スペイン
器材，修復のための 192-3
器材，窓細工立ての 177-87
議事堂，ロンドン 150-1
騎士の時代，ドイツの 80-1
寄進(者) 40-1,75,84,116,117,129,177
  同業組合 40-1,75,76,77,98,102,103,105,123
  労働組合 163
寄進者の表現 40-1,56,68,69,75,76,77,84,86,91,96,104-5,112,113,124,126,128,130-1
ギズルベルトゥス 31
犠牲の仔羊 33,44
樹(木)，生命の 32,37
被せガラス 8,48,84,145,182,183
奇跡 35,64,76,82,86,88,89,108,134,135
被せ，研磨した 48,49,104
樹(木)，知恵の 26,37
ギチューヌ・フォン・ロブスタイン，ハンス 136-7
ギー・ド・ラヴァル 41
記念の窓 58-9 → 寄進(者)，戦争の記念の窓
樹(木)の象徴主義 37
キブルグの紋章 49
ギベリーニ家 118
ギベルティ，ロレンツォ 61,100,118-21
基本主義 142
キャロル，ルイス 29
旧約聖書，霊感の源泉としての 14,24-7,33,36-7,44,64,66-7,79,80,82,86-7,108,110,117,123,142,153,177,189
穹窿 16-17,72,134
キュビスム(立体主義) 62,160,171
キューピッドとプシケ 139,140
境界結合線 188
教会堂プランの方位 14-15
切子面 63,172,182
ギリシャ，古代
  ガラス工房 10
  幾何学的形式の遺産 14
  中世時代の関心 97

ギリシャ神話，デザインの源泉としての 28,29
ギリシャ正教教会 24,30
キリスト教芸術の特徴，初期 12-14,30-3
キリスト教建築の特徴(プラン) 14-15,16-17
キリスト教と異教 30-1
キリスト聖体の祝日 26
キリストと聖母の頌譲 38
キリストに関する象徴 32-3
キリストの顔 13,38-9
キリストの系譜 36-7,71 → エッサイの樹
キリストの表現 22,24,25,27,32,33,36-7,52,69,75,76,79,90,93,96,97,98,100-1,103,105,107,108,113,114,115,117,118,121,128,132,141
ギルド → 同業組合
ギルヒスベルガー，ハンス・ヤコブ 124
キルフハイム，ヨハネス・フォン 92
ギルランダイオ，ドメニコ 119
記録(窓の修復) 192
金銀細工 12,123
キングス・カレッジ礼拝堂，ケンブリッジ 21,126,134,151
金銭的利益，マリオニ作 165
キンデレン，A・J・デル 174
金の使用 8,12

クウィーンズ・カレッジ礼拝堂，オックスフォード 144
クウィーンズ・ホテル，クラウチ・エンド 155
偶像破壊運動 → 新教，プロテスタンティスム
グエル，エウゼビオ 154,155
クーザン，ジャン 128
愚者の笏 37
口 25，レリンク作 174
クーチュリエ神父 170
グトラック巻物 26
9人の徳の高い征服者 100
凹み，ガラスの 190,191,192
組子細工，イスラムの 12-13
クライスト・チャーチ大聖堂，オックスフォード 21,42,51,144,153
クラウン(スパン)グラス 9,180,181
クラーク，ハリー 158,182
グラス・アプリケ 177,189
グラス会聖堂 139
グラスゴーのアール・ヌヴォー 155
グラセ，ウジェーヌ 154
グラツ州立博物館 25
グラナダ大聖堂 132,133
クラフト，アダム 117
クラベト，ディルク 126,128-9,131
クラベト，ワウテル 126,128-9,131
クラベール，ラウル 64
クララ，聖 96
クラルプ教会堂，ユトランド 175
グリザイユ・グラス 18,40,72,81,82,83,84,88,89,92,94,97,126
クリスト教会堂，ディンスラーケン 160
クリストバル 110
クリストファー・ウェップ社 60
クリストフォルス，聖 35
グリム童話 29
クリムト，グスタフ 155
紅海 74,116
クリュニー → ベネディクト派
グリュンケ，ベルナード 59
グリーン，ハンス・バルドゥンク 61,136,137
グリーンベリー，リチャード 56
クール，ジャック 100,104
クルムバッハ，ハンス・フォン 61,137
クレイトン・アンド・ベル社 60
クレイトン，ジョン・リチャード 151
クレオパトラ 151
グレゴリウス1世，教皇，聖 12,70
グレゴリウス，トゥールの 102
グレゴリウス・ミサ典書 108
グレート・ウィットレー教会堂 142-3
グレート・マルヴァーン小修道院教会堂

26,27,33,45,58,113
クレメンス(クレマン)，シャルトルの 60,61
クロイト，マルクス 131
クロヴィス1世，フランク王 78
グロスター大聖堂 50,90
クロプトン家 112,113
クロワゾンネ(エマイユ・クロワゾンネ) 12
クンホファー，コンラド 117

KLMオランダ航空，ニューヨーク 163,164
珪酸アルミニウム 8
珪酸カルシウム 8
芸術
  ステンドグラスの歴史 60-3 → 絵画
  中世の拘束(抑制) 24-7
  中世の常套的表現 32-3,98
芸術家の地位 60-1
ゲオルギウス，聖 35,55,56
ゲッセマニ園の祈りの窓，フィレンツェ 118,119,121
ゲッセマニ園の苦しみ，エル・グレコ作 39
ケッペス，ジョルジ 163,164
ゲーテ 124
ケニクスフェルデン，スイス 39,43,54,84,96
ケネセス・イスラエル，エルキンズ・パーク 167
ケルト芸術の影響 173
ゲルフ家 118
ケルマン，ロバート 165
ゲルラクス 33,60,67
ケルン
  初期のユダヤ教教会堂のステンドグラス 166
  ステンドグラス工房 137
  放送局 158,160
  → ザンクト・ウルスラ教会堂，ドミニコ派教会堂
ケルン大聖堂
  建築 72,80-1
  ステンドグラス 42,45,48,49,80-1,84-5,117,137
  聖遺物 80-1
  歴史 80-1,142
原図，ステンドグラスの 26,128,153,168,178,179
建築
  衣裳との相関 54
  ステンドグラスとの関連 16-17,50-1,64,68,72,84,86,97,142,158,160,164,168,171
  ステンドグラスにおける表現 50-1,84,90,96,115,123,124,138,140
  建築におけるステンドグラス，鉄の枠組 16,17 → 20世紀
ケンブリッジ大学の各カレッジのためのステンドグラス 144-5
ケンペ，チャールズ・イーマー 60,151
研摩 48,9,104,182
研摩(された)ガラス 49
コーウィック小修道院，デヴォン 49
コヴェントリー神秘劇 26
コヴェントリー大聖堂 18,31,51,58,158,168-9,174
後期印象主義(派) 172
公共建造物におけるステンドグラス 155
公現 110
格子模様，石の 16
公証人組合，ミラノ 123
光沢 18
ゴウダ → シント・ヤン教会堂
降誕 22,25-6,44-5,52,61,96,98,99,110,112,113,118,129,139,145,149
コウティン，ロイス 109
黄道十二宮の象徴 22,77,105,167
黄金虫(スカラベ) 10
ゴーギャン，ポール 39
国際美術史学会 191
黒死病 84,86,90

コクシー，ミヒール 126
黒曜石 8
国連本部，ニューヨーク 58
ゴシック復興(再生) 9,16,17,21,39,43,51,56,72,146,148,150-1
ゴシック様式
  イギリス 20,21,50,70,72,84,86-7,88-9,90-1,134
  イタリア 61,72,94-5,122-3
  スペイン 72,106-7,133
  ドイツ 72,80-1,97-9,100
  フランス 20-1,50,68-9,72-3,92-3,100,104-5,140 → シャルトル
  フランドル 102-3
  用語の採択 17,72
  → ゴシック復興，トレサリー
ゴシック様式の特徴(発展) 15,16-17,20-1,42-3,45,50-1,64,68,69,72
ゴシック様式の破家 16,17,138,140
ゴシック・リバイバル → ゴシック復興
古代世界のガラス 10-11
ゴダード・アンド・ギブス社 60,188,189
ゴットフレイ，トマス 148
ゴーティエ，テオフィル 110
古典建築 16 → ルネサンス建築
古典主義 → 新古典主義の様式，ルネサンス
古典文学，霊感の源泉としての 28-9
子供のための喜びの交響詩の塔，箱根 172
コニック工房 29,162
コニック，チャールズ・J 162
基盤目 178
仔羊，犠牲の 33,44
仔羊の象徴主義 32,33,44
小べら 186,187
コーベルク聖書 25
コラージュ 177,189
ゴールストン・プサルター教会堂 86
コルネリッ，ヤコブ 126
ゴルファー，ピーター 90
コルマール，聖書の窓 37
コロンブ教会堂 171
コロンブス，クリストファー 100,106
コワヌエール教会堂 177,178,129
コンク → サント・フォア
コンクリートにはめこんだガラス → ダル・ド・ヴェール
コンスタンティヌス帝 15
コンスタンティノープル，聖遺物崇拝 80
  → ハギア・ソフィア，バルドウィン2世
コンパー岬，ニニアン 56,57,60
コンポジションIX，ケルマン作 165
コンラット・シュミット工房 164
コンラッド，ヒルザウの 67
コンラート2世，皇帝 92

サ行

再構成，窓の(修復) 193
最後の審判 14,15,25,30,31,72,76,93,105,166-7
最後の審判の日，ユダヤ教の 167 → 最後の審判
最後の晩餐 33,114,123,129,130,153
裁断，ガラスの 178-9,181-2
祭壇，ステンドグラスで表現された 98
祭壇の配置 14,17
細密画 67,105
サウスウェル・ミンスター 45
サウル 74
魚の教会堂，スタンフォード 15,17,21,162,164,172
魚の象徴主義 15,33,34
ザカリア 35
サザク地区のステンドグラス工房 134
サバト，ユダヤの 167
サマリアの救援の窓，ゴウダ 129
サムエル 153
サムソン 136
サラマンカ大聖堂 132,133
ザルツブッハ 39
ザルツマン，ウィリアム 167
猿の葬列 86

サン・アヌンシアータ教会堂，アレッツォ 141
サン・ヴァンサン教会堂，ルーアン 139
サン・ヴィターレ教会堂，ラヴェンナ 15
酸化鉄 9,184
酸化物 8,9
サン・ギョーム教会堂，ストラスブール 114
サン・グデュール，ブリュッセル 40-1 → サン・ミッシェル・エ・サン・グデュール大聖堂
ザンクト・ウルスラ教会堂，ケルン 160
ザンクト・エリザベート大聖堂，マルブルク 72,81
ザンクト・キリアン教会堂，シュヴァインフルト 160
ザンクト・クニベルト教会堂 80-1
ザンクト・ゲオルグ教会堂，ケルン 43
ザンクト・ゼバルド教会堂，ニュルンベルク 56,117,137
ザンクト・ディオニシウス教会堂，エスリンゲン 97,98
ザンクト・ピーター・パウル教会堂，ヒルザウ 67
ザンクト・マリア教会堂，エスリンゲン 97,98
ザンクト・マリア教会堂，ケルン・カルク 160
ザンクト・マリア・ケーニギン教会堂，ケルン 32,160
ザンクト・マルタ教会堂，ニュルンベルク 117
ザンクト・ミハエル教会堂，シュヴァインフルト 161
ザンクト・ランブレヒト修道院 25
ザンクト・ロレンツ教会堂，ニュルンベルク 22,25,34,37,43,116-17,136
サン・ゴダール教会堂，ルーアン 138
サン・ジェルマン・デ・プレ教会堂，パリ 78
30年戦争 142
サンス大聖堂 22,37,78
サン・ゼノ・マジョーレ教会堂，ヴェローナ 22,36
サン・タクーユ教会堂，エクアン 140
サンタ・クローチェ教会堂，フィレンツェ 95
サンタ・マリア・デル・ポポロ教会堂，ローマ 141
サンタ・マリア・ノヴェッラ教会堂，フィレンツェ 95,119,120
サンチャゴ・デ・コンポステラ 35,106
サンティリャナ，ディエゴ・デ 132
サン・テティエンヌ大聖堂，ボーヴェー 138,139
サン・テティエンヌ，メッツ → メッツ大聖堂
サン・トゥーアン教会堂，ルーアン 84,138
サント・シャペル，パリ 37,72,78,79,149
サント・スピリト教会堂，フィレンツェ 118,119
サン・ドニ教会堂，パリ 17,24,33,36,37,68-9,71,72,166
サント・フォア大聖堂，コンク 61,139,140
サン・ドミニコ教会堂，ヴァランジュヴィル 62,170
サン・ニコラ教会堂，ルーアン 142
3人のマリアの窓，ルーヴィエ 138,139
サン・ピエトロ教会堂，ローマ 15,136
サン・フランチェスコ教会堂，アッシジ 38,94-5
サン・フランチェスコ教会堂，アレッツォ 141
サン・ペドロ教会堂，アビラ 22
サン・マルコ教会堂，フィレンツェ 38
サン・マルタン教会堂，トゥール 12,13
サン・マルタン教会堂，モンモランシー 40,41,139,140
サン・マルタン・ル・グラン教会堂，ヨーク 86,112
三位一体，聖 17,32-3,113,129,142,158
サン・ミケーレ教会堂，パヴィア 16
サンモンデ，サイモンド 134
三葉文(形) 20
サン・ロレンツォ教会堂，フィレンツェ 118

201

索　　引

シェイクスピア
　恋の骨折り損　100
　尺には尺を　152
　リチャード2世　48
シエナ大聖堂　72
ジェームズ・パウエル・アンド・サンズ社，ホワイトフライアーズ　60,146,152-3
ジェームスン，アンナ・B　35
ジェラルド・ジョン　45
ジェラント，アンリ　149
シェレイ家　48
ジオット　38,95
シカゴ万国博覧会　157
自画像　60,67,136,138,139
色彩理論　18,146
四季の窓　157
司教の眼，リンカーン　22
シクストゥス，聖　117
ジゲベルト，ヌストリアの　102
司祭長の眼，リンカーン　72
獅　子　32,34,35,37,44,46,47,118,136
獅子の象徴主義　32,34,35,37,44,46,47,118,136
システィナ礼拝堂　24,127
シスネロス，ヒメネス・デ　108,111
自然主義　37,44-5,94-5,114,124,136,146
思想の自由の窓，ゴウダ　129
十　戒　167
失楽園　76
使　徒　12,28,32,34,35,68,92,96,107,118,130
時禱者，いとも豪華なる　104
時禱書　52,104,105
シトー派　72,106
シナイ山　167
シナゴーグ（ユダヤ教教会堂），ガラスの中の　166-7
シナゴーグの中世的表現　70,71,92
死の舞踏　27
ジバード，フランク　17
シバの女王　24,80,82,129,145
慈悲の行い，肉体的な　112
慈悲の座の窓，ケルン　117
ジャイレス，ヘンリー　144-5
ジャーヴェス，トマス　62,145
シャガール，マルク　58,62,166,167,170,177,182
写実主義　22-3,40,44,45,51,52-3,55,56,61,84,92,94-5,98,100,103,104,105,117,118,124,132,134
シャードロス荘園　150
シャーフィールド，ヘンリー　142
シャフラト，ルードヴィヒ　160-1
写本装飾　24,26,67,104
車輪状の窓　→　バラ窓
シャルトル大聖堂
　寄進（者）　40,75,76,77
　建　16,17,72,74
　ステンドグラス　13,22,23,30,32,36,37,40,50,64,71,72,74-5,76-7,120
　ステンドグラスの影響　71,78
　聖女崇拝　64-5,74-5
　光の質　18,72,74,75,76
　付属学校　64,74
　歴史　64
　シャルトルの中世の繁栄　74,116
シャルル6世，フランス国王　105
シャルル7世，フランス国王　78
シャルル8世，フランス国王　138
シャルル秀頭王　64
シャルルマーニュ　77,92
シャルルマーニュの窓，シャルトル　75,77
シャロン・シュル・マルンヌのステンドグラス工房　139　→　ノートル・ダム・アン・ヴォー
シャンティ城　139,140
ジャンヌ・ダルク　113
シャーン，ベン　167
シュヴァインフルト　→　ザンクト・キリアン教会堂，ザンクト・ミハエル教会堂
11世紀
　アルザス　13,38
　ドイツ　13,64,66-7
　ステンドグラスの特徴　64-5
12世紀
　アルザス　92,93
　イギリス　64,70-1
　ドイツ　64,66-7
　フランス　64-5,68-9,70,71
　建築の特徴　14-15,16-17,21,51,158
　ステンドグラスの特徴　64-5
13世紀
　アルザス　92
　イギリス　72-3,82-3
　イタリア　95
　スペイン　106,107
　ドイツ　72-3,80-1
　フランス　72-9
　衣裳　54
　ステンドグラスの特徴　72-3
14世紀
　アルザス　92-3
　イギリス　84,86-91
　イタリア　94-5
　スイス　96
　スペイン　106,108,111
　ドイツ　84-5,97-9
　フランス　84
　衣裳　54
　技術的進歩　84
　ステンドグラスの特徴　84-5
15世紀
　イギリス　100-1,112-13
　イタリア　100,118-23
　スイス　49
　スペイン　106-11
　ドイツ　100,114-17
　フランス　100,104-5
　フランドル　102-3
　衣裳　54-5
　ステンドグラスの特徴　37,52,100-1
16世紀
　イギリス　124,134-5
　イタリア　124,141
　スイス　124-5
　スペイン　124,132-3
　ドイツ　124,136-7
　ネーデルラント　124,126-31
　フランス　124,138-40
　衣裳　54
　ステンドグラスの特徴　124-5
17世紀
　イギリス　142,144-5
　ドイツ　142
　フランス　142
　衣裳　54-5
　ステンドグラスの衰退　142
18世紀
　衣裳　55
　ガラスの衰退　142-5
19世紀
　アメリカ　146,148,149
　イギリス　146,150-3
　イタリア　149
　ドイツ　146,149
　フランス　146,148,149
　宗教芸術　30,31,39,45
　ステンドグラスの復興　146
　→　アール・ヌボー，ゴシック復興，ラファエル前派
シュヴェ　14,98
宗教改革　38,39,48,56,58,115,124-5,134-5,136-7,140,142,190
十字架刑　14-15,22,32-3,39,45,67　→　磔刑
十字架降下，キリストの　118,121,131,144
十字軍　46,54
十字形プラン　→　十字架
修道院制作の写本装飾　24,26,67
修道院の解体，イギリスにおける　124,134-5
修復，窓の　82,142,146,149,151
　現代の技術　190-5
周歩廊　14-15
袖　廊　14-15,16
シュジェール，修道院長　17,24,37,68-9,72,166
ジュゾン工房，ロスアンジェルス　164
シュタイゲル，ハインリッヒ・ヴィルヘルム　148
シュタインバッハ，エルウィン・フォン　92
出エジプト記　116,117,167
出現，アルルの　95
シュテンダル大聖堂　117
シュトス，ファイト　117
シュトラウピンク　→　ヤコブ教会堂
受難，キリストの　25,76,93,96
受難劇　26
受難の表徴，キリストの　20,32,33,97
純潔懐胎　32
巡　礼　35,70,74,80,82,86,90,106,135
小円盤　→　円盤
浄化，神殿の　129,141
四葉形（文）　20
硝酸銀　184
肖　像　40-1,56-7　→　顔，寄進者，人物像
象徴主義，象徴　20,22,30-1,32-7,44-5,53,67,79,113,167,171,173　→　色，受難，福音書記者，紋章
象徴派　157
昇　天　68,69,118,121,132
昇天教会堂，バーミンガム　188
ジョグ，イザク　58
贖罪者　88
贖罪の日　167
燭台，七枝の　33,167
植　物　100-4-5　→　花，葉模様
諸芸提要，テオフィルス著　10,177
ジョージ3世，イギリス国王　56
ジョージ4世，イギリス国王　151
ジョージ6世，イギリス国王　57
処女たち　81
ショファール　167
徐　冷　8,185
ジョン・オブ・ガーント　48
ジョンソン，ジェームズ・ローザー　18
シリア，古代のガラス　10-11
シリカ　8,9,10
シリコン樹脂　193
シリンダー・（マフ・）グラス　8-9,180,181
シルヴァー・ステイン　37,50,84,86,93,111,114,124,126,138,139,184-5
シルペリック1世，ヌストリアの　102,103
シロエ，ディエゴ・デ　133
新　教　39,48,56,58,115,124-5,132,134-5,136-7,140,142,144,174　→　宗教改革
信仰の表現　139
新古典主義的様式，ステンドグラス上の効果　62
新古典主義的様式の出現　142
シント・ヴァウドリュ教会堂，モンス　130
シント・カテリナ教会堂，ホーフストラーテン　126,130
シント・ゴメール教会堂，リール　103,130,131
シント・マルティヌス教会堂，ハル　102,103
シント・ヤン教会堂，ゴウダ　39,45,49,51,58,124,126,128-9,131
シント・リール教会堂，アントウェルペン　130
神秘劇　26,30,86
人物像，肖像の様式　22,37,55,56-7,64,69,91,105,113,120,126,134,140,141
人文主義と写実主義　56,100
新約聖書，霊感の源泉としての　14-15,24-7,44,64,80,82,87,122,123
身　体　14,16,17,72
神話の場面　28-9,139,140,141

水　晶　8,10
水晶器　151
スイス
　14世紀　96
　15世紀　49
　16世紀　49,124-5
　17世紀　49
　18世紀　144,145
　絵画のパネル　124-5
ム　148
シュタインバッハ，エルウィン・フォン　92
職人　48,49
紋章の円盤　49,144,145
→　ケニクスフェルデン，テル
スイス国立美術館，チューリッヒ　58,67,124
垂直式様式　20,50,84,86,88-91,134　→　ゴシック様式，トレサリー
スウェーデンの現代ステンドグラス　174-5
スカラ大聖堂　174
スカーロウ，司教　86
スカンジナヴィアの現代ステンドグラス　174-5
スキート，フランシス　158
スキナー，オリン・E（夫人）　29
スケッチ，ステンドグラスの　177
頭　光　33,34,67,137
スコット卿，ジョージ・ギルバート　151
スコットランドのアール・ヌボー　155
煤によるステンドグラスの被害　190,191
図像学，キリスト教　24-7,28,32-3,34-5,36-7,38-9　→　象徴主義，デザイン
スタンフォード　→　魚の教会堂
スティグマ　32,95
ステイン　→　シルヴァー・ステイン
ステファヌス，聖　77,118,120
ステファンズ・カレッジ，コロンビア　165
ステンドグラス
　芸術形式としての出現　12-13,60-3
　建築　16-17,20-1,22-3,50-1　→　建築
　工程（制作方法）　177-89
　衰退　16,100,134,142-5
　製造　8-9,146,180-1
　→　デザイン，光
ステンドグラス，ヴィオレ・ル・デュック著　38
ステンドグラス画工（家）
　家系　56,106,115,128-9,132,133,139
　現代　158　→　20世紀
　素姓と地位　60-3,84,86,177
　同業組合　46
ストライテルス，アルノルト　131
ストラスブール
　ギルドの間　49
　ルーヴル・ノートル・ダム美術館　38
　歴史　92
　→　ドミニコ会派教会堂
ストラスブール大聖堂　20,31,37,42,64,72,81,86,92-3,131,144,139,142
ストラスブール様式　114-15
ストロッツィ，パラッツォ　21
ストロベリー・ヒル　145,150
砂　8,10
スパン・（クラウン・）グラス　9,180,181
スフォルツァ家　122-3
スペイン
　13　106,107
　14世紀　106,107,108,111
　15世紀　100,106-11
　16世紀　124,132-3
　アール・ヌボー　154,155
　気候の意義　72
　芸術への影響　106
　ゴシック様式　106-7,108,132-3
　バロック様式　142
　ルネサンス様式　132-3
　ロマネスク様式　106
スペイン紀行，ゴーティエ著　110
スペース・ウィンドー，ワシントン　163-4
スペンス卿，バジル　168
スラブ・グラス　158,161,173　→　ダル・ド・ヴェール，ノルマン・スラブ・グラス
スワン家の方へ，プルースト著　29

聖遺物　34,35,64,68,70,74,75,77,78,80,81,82,94-5,106,108,117
聖遺物箱　35
聖家族教会堂，バルセロナ　155
聖血教会堂，ブリュージュ　130
聖　告　14,25,41,45,76,96,103,104,117,121,122,123,133,137,146-7,155
聖　痕　32,95
職人　48,49
紋章の円盤　49,144,145
→　ケニクスフェルデン，テル
聖三位一体　→　三位一体
聖三位一体教会堂，ブルックリン，ニューヨーク　149,151
聖者（聖人）　28,34-5,58,87,94-5,96,99,111,119,120,135,140,145　→　各聖者名
聖ジュリアンの物語，フロベール著　29
聖書
　写本装飾　36
　霊感の源泉　24-7,44-5,80,86-7,89,98,108,110,112,113,115,133,149　→　旧約聖書，新約聖書
聖処女（母）マリア
　画像に対するプロテスタント的な反対　142
奇跡　119
死　119
象徴　32-3,45
戴冠　95,99,103,118,120,121
誕生　25,53
伝説　28
表現　30,32,33,34,35,36-7,41,64-5,68,69,72-3,74-5,76,77,79,84,90,91,93,96,97,99,100-1,103,104,105,107,108,111,112,113,114,115,117,120,121,137,138,139,144
訪問　97,115,142
聖処女（母）マリア崇拝　64,65,67,74,75
聖書と伝説の芸術，ジェームスン著　35
聖心教会堂，オーダンクール　32,62,171
聖　地　35
聖パウロの改宗　162-3
聖バルトロミーの虐殺　138
生命の樹，シナゴーグ，ピッツバーグ　167
聖　霊　32,33,36,37,44,67,96,168
聖霊降臨　110,119
セヴェストル，ジョフロワ・ド　76
ゼウス　28,29
セーヴル陶磁工場におけるステンドグラス工房　62,148,149
世界の光，ホルマン・ハント作　39
セゴビア大聖堂　132,133
世俗建築におけるステンドグラス　28-9,48-9,52-3,56-7,58,100,104,106,114,124,126,135,144-5,146,148,150,154-5,160-5,172-3,174-5
世俗的主題，ステンドグラスにおける　22,28-9,48-9,52-3,56-7,58,86,100,104-5,106,114,124,126,135,144-5,146,148,150,154-60,153-5,172-3,174-5　→　20世紀，紋章
世俗文字，霊感の源泉としての　28-9
石灰石　8-9
石灰ソーダ　9
セバスティアヌス，聖　35,48,132,133
セバルドゥス，聖　116-17
セビリア大聖堂　106,109,132,133
ゼフェルドンク，デニス・ファン　131
セ　ム　71
セメンティンク（セメント）　187　→　取付け
ゼリゲンタル修道院　54
セレス　29
セレン　18
セレン化カドミウム　9
戦争の記念の窓　55,56,57,58-9,129
尖　端　20
閃電石　8
善と悪　14,30-1
セント・アルバンス大聖堂　48
セント・アンドリュー教会堂，カフレー　189
セント・キャサリン教会堂，ディアハースト　42
セント・ジャイルズ教会堂，ストーク・ポージス　149
セント・シャブ教会堂，ファーンドン　55
セント・ジョージ教会堂，ロンドン　126
セント・ステファン教会堂，ウェストミンスター　72,90
セント・ドゥニス教会堂，ヨーク　86,112
セント・ニコラウス教会堂，ヒルスデン　35,134,135
セント・ネオット教会堂，コーンウォール

20, 26, 34, 35
セント・パトリック教会堂, ニューヨーク 58
セント・バルトロミュウ教会堂, ヤーントン 45, 100
セント・ピーター・アンド・セント・ポール大聖堂, ワシントン 58, 162-4, 172
セント・ピーター・マンクロフト教会堂, ノーウィッチ 26, 100-1, 112, 113
セント・マーガレット教会堂, ウェストミンスター 54
セント・メリー教会堂, シュルースベリー 33
セント・メリー教会堂, パトリックスボーン 136
セント・メリー教会堂, ビショップスボーン 135
セント・メリー教会堂, フェアフォード 14, 27, 30, 31, 33, 134
セント・メリー教会堂, ヘルシングボルク 174
セント・メリー教会堂, ワーウィック 100, 112, 113
セント・レオナード教会堂, ミドルトン 40
洗礼, キリストの 12
洗礼のキリストの窓, ゴウダ 128, 129
洗礼の象徴 32
洗礼堂(所) 12, 17, 119, 121, 168

ゾウシュ, 大司教 89
装飾のゴシック様式 50, 84, 86, 88, 89, 90 → ゴシック様式, トレサリー
ソエスト, ヴィーセンキルヒェ 114
側 廊 14-15, 16, 17, 72
ソーダ灰 8
ゾディアック 22, 77, 105, 167
ソルヴェー, アルマン 155
ソールズベリー大聖堂 14, 72, 83, 142, 191
ソレル, アニェス 104
ソロモン王 33, 92, 138, 139, 145
ソロモン王とシバの女王の窓 24, 80, 82, 129, 145
ソロモンの裁判 92
ソーワーズ, ロバート 164, 165
ソワッソン大聖堂 37, 78
ソーントン, ジョン 60, 86, 87

タ 行

大アーケード 16
ダイアモンド・カッター 181
第一長老派教会堂, スタンフォード → 魚の教会堂
大英博物館 10, 11, 24, 26
大気汚染 190-1
大空位 100
対照, ピュジェン著 150
大聖堂付属学校 64
大天使 34-5
タイプ図像の窓 24, 25, 26-7, 80, 82, 129
大ヤコブ, 聖(巡礼者) 34, 35, 104, 106, 108, 139
ダウシング, ウィリアム 142, 190
高 窓 14, 16, 64
ダセンツォ, ニコラ 162
磔 刑 20, 25, 37, 43, 69, 95, 98, 108, 111, 113, 123, 131, 144, 162 → 十字架
盾(楯), 紋章の 46-9
盾形の紋地 → 盾
タデレ教会堂, ケント 58, 62
ダニエル 25, 66-7, 71, 77, 88, 190
ダニック, リチャード 41, 86, 88
タピスリー 102-3, 126, 127, 152
ダビデ王 24, 34, 37, 66-7, 75, 114, 153
ダビデの星 18-9, 22, 33, 166
ダフニ 39
魂の表現 21, 30, 32, 33, 34, 75, 76
ダラム大聖堂 17
ダリキャリア, ロジャー 164
ダル・ド・ヴェール 9, 51, 158, 160, 164, 171, 172, 177, 179, 181, 182, 187, 188
ダルムシュタット美術館 33, 45
ダレスベリー教会堂 29
ダンス・マカブル(死の舞踏) 27
ダンテ, 神曲 12

チェスター大聖堂 50, 142
チェスターの神秘劇 26
チェチリア, 聖 80
チェトウッド教会堂 43
チェンバレン卿, ウィリアム 40
チオーネ, ナルド・ディ 120
チブリアーニ, ジョヴァンニ・バッティスタ 56
チマブエ, ジョヴァンニ 95
チャーチル, ウィンストン, 記念の窓 172
チャールズ1世, イギリス国王 55, 56
チャンス, ウィリアム・エドワード 146
中央シナゴーグ(ユダヤ教会堂), ロンドン 166-7
中世時代
　寄進者の表現 40-1
　教会堂建設の推進力 64
　ステンドグラス画工の匿名性 60, 84
　ステンドグラス技法 9, 10
　ステンドグラス制作法 26, 177, 178, 181, 182, 184, 185, 186
　デザインの拘束 24, 26, 27
中世ステンドグラス集成 191
中世の秋, ホイジンガ著 100
チュードル家のバラ窓 135
チュードル家の紋章 48-9
チューリッヒ
　シャガールのステンドグラス 62
　紋章 49
彫刻ガラス 139, 168
超短波洗浄 192
チョーサー, ジョフレー 82

ツァイナー, ルーカス 49
月, 象徴的表現 69
月の岩 163-4
月の上のガラス 8
月々の仕事 22, 52-3, 77, 100, 105
綴 織 102-3, 126, 127, 152

ディアトレタ 11
ディアヌ・ド・ポワティエ 138, 140
ディオニシウス 6, 69
ディオニソス 11
ディケンズ, チャールズ 29, 82
力 103, 118, 119
ディジョン, 写本装飾画 36
ディソー, ピーター 158
ディッチリ → ネーデルラント, フランドル, ベルギー
ディドロン, アドルフ・ナポレオン 149
ティファニー工房 166
ティファニー, ルイス・コンフォート 146, 149, 154, 155, 166, 167, 162, 164
ティーペンダレ, ファレリウス 141
ティモテウスの窓, ノイヴァイラー 67
デイ, ルイス 22-3
ディンスラーケン → クライスト・チャーチ
テオカルスの遺骨 117
テオドラ 67
テオドリクス皇帝 12
テオドロ, オランダの 133
テオフィルス 10, 177, 178, 181, 182, 186
テクタイト 8
テゲルンゼー修道院 67
デザイン
　アール・ヌーボーの影響 146, 154-5, 156-7
　絵画の影響 61, 62-3, 67, 95, 96, 103, 104, 117, 124, 126, 137
　源泉 24-9
　修復中の再構成 193
　準備段階 26, 177
　中世の定型的表現 24, 26-7
　ラファエル前派の影響 146, 152-3
デザイン紙, 印刷の重要性 26-7
デザインの特徴, 現代 158, 160, 164-5, 170 -1, 174-5
デシミル, 聖 35
鉄の枠 22, 64
テニスン, アルフレッド 152
テニール卿, ジョン 29
デ・モキス → ムッフ
テモテ 153

テュークスベリー修道院 50, 56, 91
デュスロー, J・A 137
テュビンゲン 114
デューラー, アルブレヒト 45, 48, 56, 61, 117, 128, 129, 136-7, 138, 139
テル, ウィリアム 58
テル・エル・アマルナのガラス 10
天 蓋 50-1, 62, 84, 90-1, 92, 94, 104, 105, 111, 113, 115, 120, 134, 138
天国と地獄 31
天 使 20-1, 30-1, 76, 77, 108, 111, 113, 120
天地創造 20, 76, 166-7
天然炭酸ソーダ 10
点描(彩)法 84, 183, 184

ドイキンク, エフェレト 148
ドイツ
　11世紀 13, 42, 64, 66-7
　12世紀 64, 66-7
　13世紀 72, 80-1
　14世紀 84-5, 77-9
　15世紀 100, 114-17
　16世紀 124, 136-7
　17世紀 142
　18世紀 142
　19世紀 146, 149
　20世紀 158-9, 160-1
　衣裳 54-5
　教会堂プランの基本 14
　グリザイユの用法 81, 84, 97
　芸術の影響 91, 92-3, 94, 106, 134
　ゴシック様式 72, 80-1, 97-9, 100, 136
　色彩の用法 84 一 色, 国別による好み
　ステンドグラス工房の崩壊 142
　ステンドグラスの寄進者の表現 41, 116 -17
　バロック様式 142
ドイル, ハーコート 158
ドゥヴェリア, ウジェーヌ 149
等温方式, ガラス窓の 194
同業組合
　寄進による窓 40-1, 75, 76, 77, 98, 102, 103, 105, 123
　力 103, 118, 119
　紋章 46, 48
道具, 窓の組立ての 177-87
ドゥスブルク, テオ・ファン 174
銅 線 188
ドゥッチョ 61, 95
トゥッシャー家 28, 29, 137
ドゥッパンドゥス → 王の礼拝堂
トゥールソー, ピエール 104
トゥールネ大聖堂 102-3, 126, 130, 138
ド・クレア家 56, 91
トーシル家 150
トシンギ・スピネッリ → サンタ・クローチェ
ドーチェスター修道院 37
トチノキの若木の窓, バーネル作 165
突起(ボス), リブの交点の 15
ドナテロ 61, 100, 118, 119, 120-1
ドニ 105, 131
ド・ニメーグ, アルヌート → ネイメーヘン
トビア 35, 144
トマス, オックスフォードの 60, 91
トマス・オブ・バイユー 71
トマス, ブリアン 158
トマス, 聖 170
ドミニコ会 14
ドミニコ派教会堂, ケルン 80, 81
ドミニコ派教会堂, ストラスブール 93
ドーム → 円蓋
ドラクロワ, ウジェーヌ 62, 148, 149
鳥 44-5, 89, 97-8, 135, 154
トリグヴァティル, ニーナ 174

トリニティー・カレッジ, ケンブリッジ 56
トリニティー・ルター派教会堂, ディケイター 164
トリフォリウム 16, 17
塗料(エナメル)
　化学的成分 184
　損傷(劣化) 191
　保護, 修復時の 192, 193
ドルフィン, ファン 108, 109, 111
ドレイク, トマス・タイルウィット 150
トレサリー 20-1, 22-3, 78, 86, 90
トレド大聖堂 49, 72, 106, 108-11, 132-3
トレフォイル 49
ドローネ, ロベール 173
トロワ大聖堂 32, 78, 139

ナ 行

ナイチンゲール, フローレンス 58
ナショナル・ギャラリー・オブ・ヴィクトリア, メルボルン 173
ナショナル・ポートレート・ギャラリー, ロンドン 134
ナッシュ, ジョン 150
七つの大罪 25, 139
7(七)の意義 32, 79
鉛 縁 183
　組合せ 12, 49, 61-2, 146, 153, 160, 178, 183, 186, 187, 193
　再構成 193
　線 12, 49, 61-2, 146, 153, 160, 178, 183, 186, 187, 193
波ガラス 8
ニケア, 第2回宗教会議 24
ニコラウス 35, 76, 88, 126
ニコラス・ニックルビー, ディケンズ著 29, 82
ニコルソン, ジェームズ 134
虹の塔, 箱根 172
二重窓 194
20世紀
　アイルランド 158
　アメリカ 158, 162-5
　イギリス 158, 168-9
　オーストラリア 173
　オランダ, ベルギー 175-5
　スカンジナヴィア 174-5
　ドイツ 158, 160-1
　日本 172
　フランス 158, 170-1
　ステンドグラス制作工程 177-89
　ステンドグラスの特徴 31, 39, 43, 51, 53, 62-3, 158-9
　デザイン 158, 170-1
日常生活, ステンドグラスに記録された日々の仕事 52-3 一 衣裳
ニネヴェ 10, 51, 144
荷馬車の崇拝, シャルトル 74
日 本
　芸術的影響 155, 172
　ステンドグラス 158, 172
ニュー・カレッジ, オックスフォード 62, 91, 145, 191
ニュートン, アイザック 56
ニューヨークのステンドグラス 58, 62, 162, 163, 164, 166, 167
ニュルンベルク
　ゲルマン・ナショナル美術館 54, 117
　ステンドグラス 116-17, 124
　中世時代の職人 116, 117
　中世時代の繁栄 116
　歴史 116
　→ ザンクト・ゼバルド, ザンクト・マルタ, ザンクト・ロレンツ, デューラー, トゥッシャー家
人間の救済の鏡 27

ネイメーヘン, アルヌート 102-3, 126, 138-9
ネーデルラント
　15世紀 100
　16世紀 126-131
　17世紀 145

20世紀 174-5
　絵画的パネル 124
　ステンドグラスの寄進者の表現 129
　ステンドグラスの崩壊 124
　独立戦争 130, 131
　ルネサンス様式 126-7
　→ フランドル, フランドル派
ネブカドネザル 74
ノア 75, 115, 184, 186, 188
ノアの方舟 115
ノイヴァイラー, ティモテウスの窓 67
ノーウィッチ, 教区教会堂 112 → セント・ピーター・マンクロフト
ノーウィッチ大聖堂 15
ノステル小修道院 144
ノートル・ダム・アン・ヴォー, シャロン・シュル・マルヌ 33, 53, 139
ノートル・ダム → アントウェルペン大聖堂
ノートル・ダム教会堂, ルーヴィエ 138
ノートル・ダム, スミュール・アン・オークソワ 41, 105
ノートル・ダム・デュ・オー, ロンシャン 17, 170, 171
ノートル・ダム・ド・トゥト・グラース, アッシー 170
ノートル・ダム, パリ 15, 23, 72-3, 79
ノーフォーク公 56
ノーマン, エミール 164
ノリ・メ・タンゲレ → 我に触れるな
ノルウェーの現代ステンドグラス 174, 175
ノルマン建築 70 → ロマネスク様式
ノルマン・スラブ・グラス 9, 180, 181
ノルマンディーのステンドグラス画家 138-9

ハ 行

バイエルン・ナツィオナル・ムーゼウム, ミュンヘン 99
パイパー, ジョン 17, 158, 168, 172
バイユーの綴織 46
バイラム・ホール, ヨークシャー 194
ハインリヒ3世(黒王) 92
パヴィア → サン・ミケーレ教会堂
パウロ, 聖 89, 134, 162-3
蝿 28
ハギア・ソフィア 16
パーキンソンの植物標本 45
刷 毛 183, 184-5
箱 根
　「彫刻の森」美術館 172
　富士屋ホテル 172
バーサー, サラ 158
バジャー → 刷毛
バシリカ, ローマ式 15, 16 → ビザンティン建築
ハダシャ・ヘブライ大学メディカル・センター 166, 167
パタースン, サムエル 145
バックストン, ジョーゼフ 151
ハットン, ジョン 168
バテシバ 33, 36, 37, 41, 71, 115, 137
鳩 28
パトリックスボーン → セント・メリー教会堂
バトル・オブ・ブリテンの窓, ウェストミンスター・アベー 55, 58-9
パトロン 80, 102, 104, 119, 138, 139, 177 → 寄進
花 22, 44-5, 114, 115, 135, 137, 139, 150, 154
バーネル, カティ 165
ハバク 88
ハフステーン・ミケルセン, スヴェン 175
ハプスブルク王家 54, 96, 126, 130-1
バベルの塔 122
ハマーショルド, ダグ 58
バーミンガム → 昇天教会堂
葉模様 22, 42-3, 45, 114
バラ戦争 124
パラッツォ・コルナロ, ベネチア 50
パラディウム 64, 74, 77

索　　引

バラ窓　16, 22-3, 72-3, 74, 75, 76, 77, 78, 105, 108-9, 110, 111, 162
バラームと驢馬の窓, ゴウダ　129
パリ
　16世紀のステンドグラス　140
　クリュニー美術館　67
　ステンドグラスの崩壊　142
　装飾美術館　154
　→ サン・ジェルマン, サント・シャペル, サン・ドニ, ノートル・ダム
貼合せガラス　177, 189
バリオール・カレッジ礼拝堂, オックスフォード　144
ハーリー, ミカエル　158
ハーリング家　40
春, ウジェーヌ・グラセ作　154
バルジェロ美術館, フィレンツェ　118
ハル・シオン・テンプル, フィラデルフィア　167
バルセロナ　106
　アール・ヌボー　154, 155
バルセロナ大聖堂　106-7
バルディ礼拝堂 → サンタ・クローチェ
バルドウィン2世, コンスタンティノープル皇帝　78
バルナバス, 聖　134
春の芽, ブレイドフォルド作　174
パルマ大聖堂　18-19, 22
バルラー家　98, 115, 117, 122
ハレーション(光量)　18, 23
バレル・コレクション, グラスゴー　52, 135
ハレンキルヒェ　72
バレンシア大聖堂　22
バロック建築　142, 145
バロンチェルリ礼拝堂 → サンタ・クローチェ
版画, 印刷術の発達　26-7
反　曲　20
万国博覧会　151
反宗教改革　38, 142
バーン・ジョーンズ, エドワード　21, 29, 30, 62, 146, 152-3
ハンス・ホルバイン・ウルム　115
半島戦役, イベリア　106
ハント, W・ホルマン　39, 152
ハンプトン・コート　151

ピアソン, エグリントン・マーガレット　145
ピアソン, ジェームズ　145
ビヴァリー・ミンスター　15
火打ち石　8, 10
ヒエロニムス, 聖　41, 44, 131
光
　色　18-9, 74-5, 76-7, 94, 106, 110-11, 168
　グレア　18, 23, 183
　建築　16, 17, 142
　精神的質性　68, 144, 166-7
　澄み　18
光と色の冒険, コニック著　162
光の効果, ステンドグラスの　8, 9
光の祭日　167
低浮彫　31
ビザンティン芸術　12, 13
　影響　12, 42, 67, 69, 92
　キリストの表現　12, 38, 39
　脱去　94-5
ビザンティン建築　15, 16, 64
　ステンドグラスの使用　12, 158
菱形のパネル(ガラス)　45, 84, 89, 100, 135
被昇天, 聖母マリアの　25, 75, 118, 120
ビショップスボーン → セント・メリー教会堂
ピーターハウス・カレッジ, ケンブリッジ　144
ピーターボロ大聖堂　142
ヒックマン, ヘレン・カリュー　167
ピッツバーグ大学　29
ピッティ宮殿, フィレンツェ　118
ピーテル, ちかばの　129
美　徳　12, 25, 32, 34, 45, 62, 67, 70, 71, 93, 111, 113, 139, 145
日時計　144-5
火の象徴主義　32, 41
ビブリア・パウペルム → 貧しい人々の聖書
百年戦争　79, 84, 90, 100, 104, 112
ピュジェン, A・C　150
ピュジェン, A・W・N　150-1
ヒュー・ル・デスペンサー → ル・デスペンサー家
ピュロン, ロメン　61, 139
表徴, 聖者の　34-5 → 象徴
ピラムスとティスベ　28
ヒルザウ修道院　67
ヒルスデン → セント・ニコラウス教会堂
ヒルスフォーゲル, ファイト　56, 137
ビング, サミュエル　155, 157

ファイブ・シスターズの窓, ヨーク　29, 71, 82, 83, 88, 194
ファヴリル・グラス　156-7
ファッション → 衣裳
ファレレンゲン教会堂, オスロー　174, 175
ファン・アイク, ヤン　61, 100, 102-3
ファン・エグモンド, ユトレヒト司教　128
ファン・オルト, アルトゥス → ネイメーヘン
ファン・デ・フェルデ, アンリ　155
ファーンドン → セント・シャド教会堂
フィゲラント, エマヌエル　174, 175
フィッシャー, アルフレッド　189
フィッシャー, ジョフレイ大司教　56
フィッシャー, ピーター　117
フィラデルフィア独立ホール　148
フィリップ善良公, ブルゴーニュ公国の　102, 131
フィレ　20, 42
フィレンツェ
　15世紀　118-21
　中世時代の繁栄　116, 118, 119
　ロレンツォ図書館　141
　→ オールサンツケーレ, サンタ・クローチェ, サンタ・マリア・ノヴェルラ, サント・スピリト
フィレンツェ大聖堂　22, 61, 118-21
風景画, ステンドグラスの　51, 61, 117, 118, 121, 123, 126, 134
フェアファックス, トマス　142
フェアフォード → セント・メリー教会堂
フェリエール, ラウール・ド　40, 84
フェリペ1世, カスティリア王　130, 131, 137
フェリペ2世, スペイン国王　109, 126, 129, 131
フェルディナンドとイサベラ　106, 109, 130
フェレルト, ディルク　61, 126, 134
フォークナー, C・J　152
フォーサイス, モイラ　158
フォッパ, ヴィンチェンツォ　122, 123
フォルセト, エイナル　174
フォン・サルム家　48
フォンセカ枢機卿　49
フォン・ダウン, フィリプ　48
フォントヒル修道院　145
吹き棒　10-11
福音書記者　32, 33, 34, 35, 44, 77, 106
　象徴　32, 34, 35, 44, 76, 77
福音書の場面 → 新約聖書
不思議の国のアリス, キャロル著　29
ブッシェル, ヴィルヘルム　160, 161
腐　蝕　49, 182-3
縁飾り, 縁取り　20, 42-3, 45, 64, 86, 120, 121
フッガー家　100
フッ化水素を含有する酸液　182
復活, キリストの　24, 25, 33, 44, 96, 99, 118, 121, 162
復活, 死者の　37, 76, 105, 115
ブッシュ, ファレンティン　61, 140
葡萄搾りの象徴主義　140
葡萄の象徴主義　37, 44, 45, 140
ブナイ・アーロン教会堂, ミネソタ　167
扶　壁　16-17, 98
フューズド・グラス → 融着ガラス
フラ・アンジェリコ　38, 39
フライ工房　164
フライス家　145
フライデスワイド, 聖　153

フライブルク　98
フライブルク・ミンスター　33, 35, 41, 43, 50, 72, 81, 97, 98, 114, 136-7
　美術館　33, 137
プラテリア　133
ブラック, ジョルジュ　62, 158, 170
ブラッドリー, レイ　158
ブラトン大聖堂　63, 98
フラワー, バーナード　134
プランヴァン, フランク　155
フランクフルター, フェリックス　167
フランクフルト　114
フランシスコ会(派)　14, 94, 95
フランシスコ, 聖, アッシジの　32, 41, 44, 94-5
フランチェスコ, ピエロ・デルラ　141
ブランディストン・ホール, ノーフォーク　52-3
ブランシュ・ド・カスティーユ　75, 77, 79
フランス
　11世紀　64
　12世紀　64-5, 68-9, 70, 71
　13世紀　72-9
　14世紀　84, 92-3
　15世紀　100, 104-5
　16世紀　124, 138-40
　17世紀　142
　18世紀　142
　19世紀　146, 148, 149
　20世紀　158, 170-1, 188, 189
　アール・ヌボー　155
　衣裳　54-5
　ガラス工房の崩壊　142
　教会堂プランの基本　14
　グリザイユの使用　72, 84
　芸術的影響　71, 106, 172
　ゴシック様式　20, 1, 68-9, 72, 100, 140
　シナゴーグのステンドグラス　166
　ステンドグラスにおける寄進者の表現　40-1, 69, 104, 139, 140
　バロック様式　142
　ルネサンスの影響力　138-40
　ロマネスク様式　68-9
フランス革命　142
フランス語, 中世　46-7
フランソワ1世, フランス国王　140
フランセス, ニコラス　107
フランデス, アルノ・デ　132-3
フランドル
　15世紀　100, 102-3
　16世紀　124, 126-7, 130-1 → フランドル派
　芸術的影響　106, 132-9
　ゴシック様式　102-3
　ステンドグラス寄進者の表現　41, 128-9, 130-1
　綴織　102, 103, 126, 127
フランドル派の影響　50-1, 61, 100, 104, 117
ブリオン・グラス　9
ブリッカー, ヤン・トルン　43, 160, 174
フリードリッヒ2世, 皇帝　116
フリードリッヒ3世, 皇帝　117
プリニウス(小)　11
プリニウス(大), 博物誌　10, 44
ブリンリー, ヴィルヘルム　117
プリンストン大学礼拝堂　162
ブリュージュ → アドルネス家, 聖血教会堂
ブリュッセル大聖堂　126, 127, 130
ブリュッセルのアール・ヌボー　155
ブリュード, ジョン　113
ブルク・クロイツェンシュタイン・コレクション　37
ブルー・グラス・レストラン, クリーヴランド　47
ブルガリア, 聖　60
ブルゴス大聖堂　72, 106
ブルゴーニュ公家　102
ブールジュ, 市庁舎　104
ブールジュ大聖堂　12, 33, 37, 39, 72, 78, 79, 100, 104

ブルースト, マルセル　29
ブルネスキ, フィリッポ　61, 118, 119, 121
ブルハス, カルロス・デ　132
ブレイドフォルド, ライフル　174
ブレヴィル, マティウ　139
プレテスタンティズム　39, 48, 55, 56, 58, 115, 124-5, 132, 134-5, 136-7, 140, 142, 144, 174 → 宗教改革
フレスコ画　14, 50, 94-5, 100, 119, 120
フレンチ, レオナード　173
フロベール, ギュスターヴ　29
フロリス, フランス　129

ヘイル教会堂　57
平和の主題　58
平和の窓, カンタベリー　43, 63
ペイン, トマス　163
ベケット, ウィリアム　145, 194
ベケット, 聖, トマス　58, 70, 82, 112, 142
凹み, ガラスの　190, 191, 192
ベーコン卿, フランシス　31
ベーコン, フランシス　56
ベスコウ, ボ・ヴィクトール　174
ベス・シオン, テンプル, ニューヨーク　167
ベス・ティクヴァー, テンプル, ニュージャージー　167
ベッキンガム家　135
ベッセラー礼拝堂 → ウルム大聖堂
ベッドフォードの時禱書　105
ペーテル, フリアル　110
ペテロ, 聖　34, 99
ベード尊師　76
ヘニッケ, オットー　162
ベネディクト派　67, 106
ベネディクト・ビスコップ　12-13
蛇　26, 33, 37, 44, 67, 87, 90
ベハイム, マルティン　117
ベプリンガー, マテウス　115
ベラスケス, ディエゴ　132
ベランジェ　148
ペリカンの象徴主義　37, 98
ベリー公ジャン　104
ベリー・セント・エドマンズ大聖堂　151
ベリー, チャールズ　150-1
ペリニョン, カルロス　148
ベル, アルフレッド　60, 151
ベルガラ, アルナオ・デ　132-3
ベルガラ, ニコラス・デ　111, 133
ベルギーの現代ステンドグラス　174-5 → フランドル
ベルジーノ, ピエトロ　119
ペルティニ, ジョヴァンニ, その息子たち　149
ペルシャ, 紋章の表記法　46, 47
ベルナール, サラ　63
ベルナール, 聖, クレルヴォーの　68, 72, 74, 102
ベルリン → カイザー・ヴィルヘルム記念教会堂
ペレグリヌス　67
ヘロデ　26
変　質　34
ペンシャースト教会堂　58
ベンスゲン, ヨーヘム　160
ヘンライン, ヨーヘム　117
ヘンリー2世, イギリス国王　82
ヘンリー3世, イギリス国王　79
ヘンリー6世, イギリス国王　89
ヘンリー7世, イギリス国王　21, 88, 134
ヘンリー8世, イギリス国王　124, 134, 135, 142
ヘンリー・ド・マメスフェルド　91

ボアズ　57, 67
ホイジンガ, ヨハン　100
ホイッスラー, ジェイムズ・マクニール　155
ボーヴェー → サン・テティエンヌ大聖堂, ル・プランス家
ボーヴェー大聖堂　16, 37, 72
ボウエル → ジェームズ・ボウエル・アンド・サンズ社
宝石細工のステンドグラスへの影響　12

放蕩息子, フィゲラント作　174, 175
ボウンド, リチャード　134
ホーガン, ジェームズ　177
ホグルンド, エリック　175
ボサニイ, エルヴィン　43, 63
星, ダビデの　18-19, 22, 33, 166
ボーシャン礼拝堂 → セント・メリー教会堂, ワーウィック
ボストン美術館　154
ホセア　66-7
ボダ・ガラス工房, スウェーデン　175
ボッティチェルリ, サンドロ　119, 122
ポット・メタル・グラス　9, 111, 146
ポートランドの壺　11
ボトル・グラス → ノルマン・スラブ・グラス
ホートン教会堂　151
ボナイウト, アンドレア・ディ　120
ボニファシオ, ペドロ　110
ボビー, ロチェスターの　82
ホーフストラーテン → シント・カテリナ教会堂
ホラウェイ, アンソニー　158
ホランダ, アルベルト・デ　133
ホランダ, ニコラス・デ　133
ホリデー, ヘンリー　152
ホリー・トリニティー・イン・マイクルゲイト, ヨーク　86, 112
ボルトン, ジョンとウィリアム　149
ホルバイン(子)　48, 56, 124
ボローニャ, ガラス工房　123
ホワイト・ハウス　156
ホワイトフライアーズ(ガラス製造所) → ジェームズ・パウエル・アンド・サンズ社
ポワティエ大聖堂　69, 78
ホーワード・ヴァス家記念の窓　149
ホーン・エヴィー　33, 39, 158
ホーン・ガリヨン　61, 134

マ 行

マイスターマン, ゲオルク　158, 160
マギ → 東方三賢王
マキアヴェリ　119
巻物, 律法の　167
マキントッシュ, チャールズ・レニー　155
マクシミリアン1世, 皇帝　56, 130, 131, 136, 137
マグダレのマリア　35, 107
マグダレン・カレッジ, オックスフォード　56
マクマード, アーサー　155
マーシャル, P・P　152
貧しい人々の聖書　25, 26-7
貧しい人々の聖書　27, 82, 97, 98
マタイ, 聖　32, 34, 35
マックスウェルズ・プラム, マンハッタン　164
マティス, アンリ　62, 158, 170, 173
マティルダ, イングランドの女王　58
マテル・ドロローサ　34 → 聖母マリア
マドック・ブラウン, フォード　29, 152, 153
窓の解体　192
窓の保護　194
マドンナ → 聖処女マリア
マネシエ, アルフレッド　171, 173
マフ(シリンダー)・グラス　8-9, 180, 181
マリオニ, ポール　53, 164, 165
マリー・ド・ブルゴーニュ　137
マルガレーテ, パルマの　131
マルコ, 聖　32, 35, 99, 131
マルシラ, ギョーム・ド　141
マルタとマリアの窓, オックスフォード　51
マルティーニ, シモネ　95
マルティヌス, 聖　128, 144
マルテンス, ミッシェル　175
マルブルク → ザンクト・エリザベート大聖堂
円　窓　16, 22-3, 72-3, 74, 75, 76, 77, 78, 95, 105, 108-9, 110, 111, 118, 120, 121, 162
曼陀羅　22
マンドヴィル卿, ジョン　10
ミカエル, 大天使　30, 33, 34, 144

ミケランジェロ 24,119
水の意味 14
水の表現 32,33,115
ミゼリコルド(免戒堂)の窓, ストラスブール 93
ミドルトン・チェニー → オール・センツ教会堂
ミニョー, ジャン 122
宮詣りの窓, フィレンツェ 118,119,121
ミュンスター州立美術館 33,48,67
ミュンヘン 114
ミュンヘン, ステンドグラス工房 62,149
ミラノ大聖堂 114,122-3,141,149
　美術館 122
ミルトン, ジョン 151
ミルトン・スタインバーグ・ハウス, ニューヨーク 167
ミルフィオリ・グラス 11
ミレーズ, ジョン・エヴェレット 152
ミロ, ジョアン 158
ミンネジンガー(吟唱詩人) 80

ムーア女, ストラスブール 49
ムーア人, スペインの 106,108
　表現 139
　→ イスラム
ムーア, ラバート 158
ムシェット 20
ムシャ, アルフォンス 63
ムッフ, コンラッド 141
ムラトの回教寺院, マニサ 43
ムリリョ 132

メイドストーン, ユナイテッド・リフォーム教会堂 152-3
メキシコ・シティ国立劇場 157
メギラー 167
メゾン・タッセル, ブリュッセル 155
メゾン・ディウ, ドーヴァー 55
メダイヨンの窓 64,74,75,76,77,78,79
メッセラ 153
メッツ大聖堂 62,76,114,140
メッツ, マレシャル・ド 149
メッツ, 歴史 139-40
メディチ家 63,100,119,122,138,140
メナルド, ビセンテ 132
メニール・オーブレ教会堂 140
メノラー 167
メリー・チューダー 123,131
メリメ, プロスペル 149
メルキゼデク 153
メルトン・カレッジ礼拝堂, オックスフォード 43,84,91,152
免罪符の販売 136
メンヘン・グラトバッハ 37

モエ・エ・シャンドン工場 148
燃える茂み 37,75
黙示録 30,32,78,79,86-7,105,123
　ヨハネ 31,77,79,86-7
黙示録による作品 25-6
モザイクの技法 12
モザイクの窓, フィレンツェ 120
モザイク, ビザンティン 16,32,39,42
モーズ美術館, フロリダ 156,157
モーゼ 24,25,27,67,75,91,166
モーゼの律法 39,70,71,166,167
モッティス, クリストフォロ・デ 123
モナシュ大学, メルボルン 173
物 指 34

モリス, ウィリアム 31,55,57,62,146,151,152-3,155,191
モリス, ジェーン 152
モリス, メイ 57
モンクウェアムス修道院 12-13
紋章, ステンドグラスにおける 46-9
　教会の態度 28,124,129
　言語 46-7
　原理 46-7
　作製技法 48-9
　表現 21,48-9,76,77,79,86,88,89,96,104,111,112,114,126,130,131,135,144,151,158
　歴史 46-7
モンス → シント・ヴァウドリュ教会堂
モンモランシー家 139,140
モンレアーレ大聖堂 14

ヤ 行

焼付け 185
焼なまし 8,185
薬種商組合, ミラノの 123
ヤコブ, 聖 34
ヤコブ教会堂, シュトラウビンク 60
ヤコブの夢 27,34,144
矢じり, 黒曜石 8
ヤレド, 族長 71
ヤンガー, アラン 158
ヤング, ヘンリー・ヴィンド 162
ヤーントン教会堂 45,100

ユイスマン, J・K 23
誘惑, キリストの 77
ユスティニアヌス皇帝 15,22
ユダ 33
ユダヤ人(教)
　シナゴーグ(ユダヤ教教会堂)のステンドグラス 166-7
　祝祭 167
　象徴 25,33,166-7
　表現 25,76,116,135
ユディト 129
ユニバーシティ・カレッジ礼拝堂, オックスフォード 51,144
ユリアナ, 聖, ニコメディアの 132
ユリウス2世, 教皇 141
百合の象徴主義 32,34-5,41,45,113,118,137,138
百合の花 42,43,47,49,77,79,104
ユング, カール・グスタフ 22

ヨアンナ, カスティリャの 130,137
羊毛商教会堂 112-13
善きサマリア人 76
善き牧人(者) 153
ヨーク
　教区教会堂 86,112
　神秘劇 26,86
　中世時代の富 86,116
　→ 聖三位一体, セント・ドゥニス, オール・センツ・チャーチ
ヨーク・ミンスター
　建築 72,86,88-9
　市民戦争の影響 142
　ステンドグラス 29,32,41,43,72,76,82,83,86-9,142,145,194
　光 18
　窓の原図 178
　略図 → スケッチ
　硫化物によるステンドグラスの損傷 191
　歴史 71,191
　→ ファイブ・シスターズの窓
予言者(預言者) 13,36,37,42,64,66-7,69,70,71,108,111,118,119,120,138,190,191
預言的探究の窓, エルキンズ・パーク 167
ヨシュア 57
ヨセフ(旧約聖書) 82
ヨセフ(新約聖書) 100-1,112,113,149
ヨナ 24,25,51,80,129,144
ヨナ 66-7
ヨナス, H 175
ヨハネ教会堂, エフェソスの 22
ヨハネ, 聖(使徒, 福音書記者) 32,35,69,77,79,92,106,108,110,123,153
ヨハネ, 聖, ダマスカスの 123
ヨハネ, 洗礼者 79,92,128,129,144
ヨハネ1世, ナッサウの 48
ヨハンネスブント礼拝堂, ロイテスドルフ 160
ヨム・キップール 167

ラ 行

ライオン → 獅子
ライデンの救援の窓, ゴウダ 51,58,129,131
ライト, デビッド 173
礼拝堂, 付属の 14
ライヘナウのベネディクト派修道院 12
ラヴェンナ, モザイク 12 → サン・ヴィターレ
ラウレンチウス, 聖 118,120
ラグビー教会堂 144
ラシュス, バプティスト・アントワーヌ 149
ラスキン, ジョン 79,152,153,191
ラットナー, アブラハム 167
ラテン十字 14-15
ラファエル 126,127,129,132,139,140
ラファエル前派 30,31,45,51,55,57,62,146,152-3,155
ラファエル, 大天使 35
ラ・ファルジュ, ジョン 146,149,154,155
ラランス家 130
ラリヴィエール, シャルル 148
ランス 31
ランス大聖堂 20,22,23,72,78,79
ラン大聖堂 72,78
ランフランク 70
ランブル兄弟 104

リヴァプール大聖堂 17,51,158,168
リヴォルクス修道院 82
リーターの窓, ニュルンベルク 43,116,117
リッシュリュー枢機卿 142
リッチフィールド大聖堂 126,142
律法 71
律法と預言 70,71
リード, ハーバート 146
リバティー, オリエンタル・デパートメント・オブ, ロンドン 155
リベラ 132
リーミー・グラス 9,165
略図 → スケッチ
リュクルゴス杯 11
リュセアム劇場, ニューヨーク 157
リュソン, アントワーヌ 149
リュッター, ハンス 49
リュネベルク市庁舎 114

リュベック, 中世時代の繁栄 116
良心のうずき, ロール作 28,112
リヨン大聖堂 37,72,78
リール → シント・ゴメール
リルフォード・ロッジ, オックスフォード 150
リー, ロバート・E 58
リー, ローレンス 168
リンカーン大聖堂 14,22,43,50,72,83,142,145,151
リンヘ, アブラハム・ファン 51,144
リンヘ, バーナード・ファン 144

ルーアン大聖堂 29,60,61,72,103
ルーアン美術館 52,53 → サン・ヴァンサン, サン・ゴダール, サン・トゥーアン, ルバン, サン・ニコラ
ルイ2世, アンジューの 105
ルイ4世, フランス国王 138
ルイ6世, フランス国王 68
ルイ7世, フランス国王 68,82
ルイ9世(聖王ルイ) 42,72,75,77,78,79,148
ルイ13世, フランス国王 57,142
ルイ・ド・ブルボン 76
ルーヴィエ → ノートル・ダム
ルー, ジョルジュ 62-3,158,170
ルカ, 聖 32,35,60
ル・コルビュジエ 170,171
ルシファー(反逆天使) 30
ルーズヴェルト, セオドア 156
ルター, マルティン 136
ルツ 57
ル・デスペンサー家 56,91
ルーテル派 → 新教
ルードヴィッヒ1世, バイエルン公 62,149
ルードヴィッヒ, バヴァリアの 117
ルドルフ1世, ドイツ国王 96
ルドルフ4世, ハプスブルク 96
ルネ, アンジューの 29
ルネサンス 16,40,50,60-1,84,118-19,124,132,134
　建築 17,118,132,133,138,139,141
ルネサンス様式, ステンドグラスの 40,43,45,50,118-19,124,126,127,132,133,134,138,139,140
ループ・シナゴーグ, シカゴ 167
ル・ブランフ, アングラン 60-1,138,139
ルブレフ, アンドレイ 30
ルマン大聖堂 37,68,69,78,100,104-5

レイヴ, トマス 134
レイクジャヴィク
　ナショナル・アート・ギャラリー 174
　ナショナル・シアター 174
レイクマン, アーネスト 162
レインチェンズ, パトリック 17,158,168,172
レヴァント地方からのヒント 13
レオカディア, 聖 108
レオ10世, 教皇 136
レオデガル, 聖 35
レオナルド → ヴィンチ
レオン大聖堂 23,72,106,107,132
レオン, ルイス・デ 132
歴史的主題 51,58-9,124,129
レザのパネル, カンタベリー 191,194
レジェ, フェルナン 32,62,158,170-1,173
レノルズ卿, ジョシュア 62,145,151,191

レベッカ, ピアジオ 145
レンドコム・カレッジ 29
レンブラント 39,56

炉 185
ロココ様式 142,145
ロザリー礼拝堂, ヴァンス 62,170,173
ロジャー・オブ・ポン・レヴェーク大司教 71
ロゼッティ, ダンテ・ガブリエル 29,152
ローゼンクランツ, アリルド 146-7
ローソン, ジョン 179,188
ロッティングディン教区教会堂 30
ロード, ウィリアム, 大司教 144
ロトの妻 25
ロバの象徴 25-6
ロバン, ポール 105
ローマ, 古代の
　カタコンベ 39
　ガラス 8,9,10-11
　建物 118
　伝説 29
ローマ, 中世の 35,80 → サンタ・マリア・デル・ポポロ
ロマネスク様式
　アルザス 67
　イギリス 70,71
　イタリア 95
　スペイン 106
　ドイツ 16,67,80,81
　フランス 68-9
　フランドル 102
　特徴(発展) 14,16-17,22,24,31,32,39,64,67,80-1,92
　用語の採択 16,72
ロマン主義の動向 16,17 → ゴシック復興
ローランの歌 75
ロリング, マルテ 174,175
ロール, リチャード 28,112
ロレーヌ地方のガラス工房の崩壊 142
ローレルトン・ホール, ロング・アイランド 157
ロワール, ガブリエル 51,162,164,172,177,178,180,184,188,189
ロワールの城 138
ロワン・メルフォード教会堂, サフォーク 40,45,112,113
ロングレイ, トマス, 司教 89
ロンシャン → ノートル・ダム
ロンドット, ルイ・マリー 175
ロンバウツ, ニコラス 130

ワ 行

ワイアット, ジェームズ 191
ワイルド, オスカー 156
ワーウィック → セント・メリー教会堂
ワーウィック伯 112,113
鷲, 象徴 32,35
ワシントン, ジョージ 58
ワシントン大聖堂 → セント・ピーター・アンド・セント・ポール大聖堂
ワーズワース, ウィリアム 134
ワダム・カレッジ礼拝堂, オックスフォード 144
ワルター・ド・メルトン 91
ワルトン, イサク 28
我に触れるな, フラ・アンジェリコ作 39
我に触れるなの窓, バルセロナ 107

謝　　辞

The publishers have received invaluable help and advice in the preparation of *Stained Glass* from a great many individuals and institutions. They would like to extend their thanks to them all, and in particular to the following people:
Alan Alder, Hartley Wood & Co, Monkwearmouth; J.A. van Alphen, Eerste Ambassadesecretaris (Culturele Zaken), Royal Netherlands Embassy, London; F.S. Andrus, Lancaster Herald of Arms; Dr Pawel Banas; Rabbi M. Berman; A.E. Bicknell; Muriel Blackett; Arthur Butterfield; Kathy Chapman; R.J. Charleston, Keeper of the Department of Ceramics, Victoria and Albert Museum, London; Brian Clarke; Frederick W. Cole; Dr William Cole; Robert Cumming, Tate Gallery, London; H.W. Cummings, Cummings Studio, San Rafael, California; Alistair Duncan; Sue Farr; Pauline Faulks; Dr Gottfried Frenzel, Institut für Glasgemäldeforschung und Restaurierung, Nuremberg; Mogens Frese; Dr Eva Frodl-Kraft, Institut für Österreichische Kunstforschung des Bundesdenkmalamtes, Vienna; Dr J. Golding, Courtauld Institute, London; Rev. Odd Øverland Hansen; Dr D.B. Harden; Sven Havsteen-Mikkelsen; Ann Hume, Assistant Editor, *Washington Cathedral*; Rev. B. Kenney, Apostolic Delegation, London; Jill Kerr, Librarian, Courtauld Institute, London; Dennis King; Carlos Knapp; Paul Kunkel; John Lawson, Goddard and Gibbs, London; Lucinda Liddell; Professor Giuseppe Marchini; David O'Connor, Radcliffe Fellow, University of York; Señor Luis Villalba Olaizola, Minister for Cultural Affairs, Spanish Embassy, London; Sir Cecil Parrot, Professor of Central and South European Studies, University of Lancaster; Caroline Swash, British Society of Master Glass Painters; Eva Ulrich, Institut für Glasgemäldeforschung und Restaurierung, Nuremberg; Helen Varley; Konrad Vetter; Helen Weis, Willet Studios, Philadelphia; York Glaziers Trust; Eric Young.

Photographs

Sonia Halliday and Laura Lushington would personally like to thank the following, without whose help their photography of the stained glass in this book would not have been possible: Martine Klotz; Dr Brigitte Lohmeyer, German Embassy, London; The Dean of Gloucester, the Very Rev. Gilbert Thurlow; Gabriel Loire, Lèves; Miss F. van Haelewyck, Belgian Embassy, London; Dr Dietmar Lüdke; Nico Metselaar; Professor G. Marchini; Dr Arnold Wolff; John Piercy of London for the very high standard maintained in processing all their original transparencies taken on Kodak Ektachrome-X; Linhof Professional Sales Division, Connaught Cameras Ltd, London, for supplying and servicing the Super Technika V $2\frac{1}{4} \times 3\frac{1}{4}$; and Kafetz Cameras Ltd, London, for supplying the Bilora Tripods.

Most of their photographs were taken on the Asahi Pentax 6×7 and they are very grateful for all the help and co-operation of Peter Railton and John Raddon of Rank Photographic, Distributors of Asahi Pentax Equipment in Great Britain.

The publishers and the photographers would also like to acknowledge the kind co-operation of the following in connection with the photography for this volume:

Belgium: Brussels Cathedral; Tournai Cathedral; Basilica of St Martin, Halle; Church of St Catherine, Hoogstraten; Collegiate Church of St Gommaire, Lierre.

England: The Deans and Chapters of Canterbury, Gloucester, Lincoln, Norwich, Oxford, St Albans, Wells, Westminster, Winchester and York; the Provost and Council of Coventry Cathedral; Dorchester Abbey; Great Malvern Priory; Tewkesbury Abbey; St Mary's Church, Addington; Church of St Mary, Amersham; Church of St Mary, Bishopsbourne; Church of St Mary and St Nicholas, Chetwode; St Neot Church, Cornwall; All Saints' Church, Daresbury; Church of St Michael and All Angels, Eaton Bishop; St Mary's Church, Fairford; St Michael's Church, Great Witley; All Saints' Church, Hillesden; Holy Trinity Church, Long Melford; All Saints' Church, Middleton Cheney; Church of St Peter Mancroft, Norwich; St Mary's Church, Patrixbourne; Church of St Margaret, Rottingdean; St Stephen's Church, St Peter Port, Guernsey, St Mary's Church, Shrewsbury; Church of St Giles, Stoke Poges; All Hallows Church, Wellingborough; St Andrew's Church, Wickhambreux; Church of St Michael and Our Lady, Wragby; St Bartholomew's Church, Yarnton; All Saints' Church, North Street, York; Central Synagogue, London; the Provost and Scholars of King's College, Cambridge; the Warden and Fellows of Merton College, Oxford; the Warden and Fellows of New College, Oxford; the Warden and Fellows of University College, Oxford; Eton College; Chapel Studio; Mr J. Bossanyi; Mrs A.C. Huggins, Brandiston Hall, Norfolk; Miss Joan Nind, Oxford; John Piper; the Reyntiens Trust; Victoria and Albert Museum, London.

France: Secrétariat d'Etat à la Culture (and particularly the representatives of the Conservations Régionales des Bâtiments de France); Angers Cathedral; Autun Cathedral; Bourges Cathedral; Chartres Cathedral; Evreux Cathedral; Cathedral of Notre Dame, Paris; Poitiers Cathedral; Reims Cathedral; Rouen Cathedral; Sens Cathedral; Strasbourg Cathedral; Troyes Cathedral; Church of St Serge, Angers; Church of the Sacred Heart, Audincourt; Church of Notre-Dame-en-Vaux, Châlons-sur-Marne; Church of Sainte Foy, Conches; Church of St Martin, Montmorency; La Sainte Chapelle, Paris; Basilica of St Denis, near Paris; Notre Dame du Haut, Ronchamp; La Chapelle royale St-Louis, sépulture de la famille d'Orléans, à Dreux; Municipal Library, Troyes; Moët et Chandon, Epernay; Chantilly Château.

Germany: Aachen Cathedral; Cologne Cathedral; Essen Minster; Freiburg Cathedral; Regensburg Cathedral; Ulm Cathedral; Altenberg Abbey Church; St Georg, Cologne; St Kunibert, Cologne; Marienkirche, Cologne-Kalk; Frauenkirche, Esslingen; Johannesbund Convent, Leutesdorf; St Lorenz, Nuremberg; St Sebaldus, Nuremberg; Wiesenkirche, Soest; Jakobskirche, Straubing; Hessisches Landesmuseum, Darmstadt; Augustiner-Museum, Freiburg; Münster Landesmuseum.

Holland: St John's Church, Gouda.

Italy: Arezzo Cathedral; Florence Cathedral; Basilica of St Francis, Assisi; Basilica of Santa Croce, Florence; Arian Baptistery, Ravenna.

Spain: Barcelona Cathedral; León Cathedral; Toledo Cathedral; Chapel of the Güell Colony, Barcelona.

Switzerland: Königsfelden Church.

United States: Congregation Emanu-El, New York; KLM Royal Dutch Airlines, New York.

Most of the photographs were specially taken by Sonia Halliday and Laura Lushington, who are credited as SH/LL. Other abbreviations: V&A Victoria and Albert Museum, Crown Copyright; BM Reproduced by permission of the British Museum Board; AFK A.F. Kersting; CP Cooper Bridgeman; MC Milan Cathedral; CH Claus and Liselotte Hansmann.

Pictures read top line first, left to right
1 SH/LL **2** SH/LL **4** The Morse Gallery of Art, Winter Park, Florida **6** SH/LL **8** All pictures reproduced by permission of the Director of the Institute of Geological Sciences, London **10** BM; BM **11** BM; BM **12** Kunsthistorisches Museum, Vienna; Ashmolean Museum, Oxford; SH/LL; SH/LL **13** SH/LL **14** SH/LL/Photo, A.C.F. Birch; Angelo Hornak **15** SH/LL **16** Bavaria Verlag **17** SH/LL/Photo, Martine Klotz; F.L. Harris; SH/LL **18** SH/LL; SH/LL **19** Wim Swaan **20** SH/LL **21** SH/LL **22** SH/LL; Scala; SH/LL; SH/LL; SH/LL; SH/LL **23** SH/LL; SH/LL **24** BM (Cotton Vespasian A.I. f30v) **25** SH/LL; Bildarchiv Preussischer Kulturbesitz; SH/LL; CH **26** BM (Harley Roll Y6 PV111.BM facs. 282); SH/LL; SH/LL; Mansell Collection **27** Mansell Collection; Bodleian Library, Oxford; BM (Ms Kings 5 f18) **28** CH; SH/LL; SH/LL **29** CP; BM; Angelo Hornak; Courtesy of E. Maxine Bruhns, Nationality Classrooms, University of Pittsburgh **30** SH/LL; Michael Holford **31** SH/LL; F.L. Harris; SH/LL; SH/LL **32** SH/LL **33** SH/LL **34** SH/LL **35** SH/LL; SH/LL; Susan Griggs/Photo, Adam Woolfit; Bulloz; V&A; SH/LL; Bodleian Library; SH/LL **36** Musée des Beaux Arts, Dijon; SH/LL; SH/LL; SH/LL **37** SH/LL **38** SH/LL **39** BM/Photo, Michael Holford; SH/LL; SH/LL; SH/LL; CP; SH/LL; SH/LL; SH/LL; CP; CP; SH/LL **40** SH/LL **41** SH/LL **42** SH/LL **43** SH/LL **44** SH/LL **45** SH/LL; SH/LL; SH/LL; Bodleian Library, Oxford; Bodleian Library, Oxford; AFK; CP; SH/LL; SH/LL **46** BM (Harley Ms 4205 f30) **48** SH/LL **49** SH/LL; SH/LL; SH/LL; SH/LL; SH/LL; SH/LL; V&A/Photo, Angelo Hornak; V&A/Photo, Angelo Hornak **50** SH/LL; SH/LL; SH/LL **51** SH/LL **52** Giraudon; Burrell Collection, Glasgow Art Gallery and Museum; SH/LL; SH/LL; Giraudon; SH/LL **53** Giraudon; Giraudon; SH/LL; SH/LL; SH/LL; SH/LL; SH/LL; V&A/Photo, Angelo Hornak **54** CH; SH/LL; CH; CH **55** SH/LL; C.M. Dixon; SH/LL **56** SH/LL; SH/LL; CP **57** SH/LL; Lawrence Lee; Photo, Grut's; SH/LL; Mansell Collection **58** CH; SH/LL; SH/LL; Leland A. Cook; Three Lions **59** AFK **60** SH/LL **61** Scala; Scala; SH/LL; SH/LL **62** SH/LL; CP **63** Giraudon; Dilia/with kind permission of Karel Neubert, Prague; Muriel Blackett; Zefa/Photo, Ronald Sheridan **65** SH/LL **66** Gottfried Frenzel **67** BM (Arundel 44 f2v); SH/LL **68** Robert Harding **69** SH/LL; SH/LL **70** SH/LL **71** SH/LL; Nicholas Servian F.I.I.P., Woodmansterne Ltd **73** SH/LL **74** SH/LL **75** SH/LL **78** SH/LL **79** SH/LL; SH/LL **80** SH/LL **81** Archiv für Kunst und Geschichte; Praun Photo/Courtesy of Erzbischöfliches Diözesan-Museum, Cologne; SH/LL; SH/LL **82** SH/LL; SH/LL; Michael Holford; SH/LL **83** SH/LL; SH/LL **85** SH/LL **86** Bodleian Library, Oxford; SH/LL **87** SH/LL **90** SH/LL; SH/LL **91** SH/LL; Mary Evans; Mansell Collection; Mary Evans; SH/LL; SH/LL **92** SH/LL; Elek Books Ltd/Photo, Wim Swaan; SH/LL; Elek Books Ltd/Photo, Wim Swaan **93** SH/LL; SH/LL **94** Scala; SH/LL; SH/LL **95** SH/LL; SH/LL; SH/LL **96** Bernisches Historisches Museum; SH/LL; SH/LL **97** SH/LL; SH/LL **98** SH/LL; from *Schätze Deutscher Kunst* by Gerhard Ulrich **99** SH/LL; CH **101** SH/LL **102** SH/LL; Giraudon; SH/LL; Cloisters Collection, Metropolitan Museum of Art, New York **103** SH/LL; SH/LL; Giraudon **104** SH/LL; Mansell Collection; SH/LL **105** SH/LL; SH/LL; BM (Add. Ms 18850 f 9); SH/LL **106** SH/LL; Salmer **107** SH/LL; Wim Swaan; SH/LL **108** Foto Mas; SH/LL; SH/LL **109** Bill Stirling; SH/LL **112** SH/LL; Mansell Collection; SH/LL **113** SH/LL **114** Josef Makovec; SH/LL; CH; SH/LL **115** SH/LL; Archiv Münsterbauamt; BM (Add. Ms 11639 f 521v) **116** SH/LL; SH/LL **117** Archiv für Kunst und Geschichte; Stadt Nürnberg; Stadt Nürnberg; Lala Aufsberg; Stadt Nürnberg **118** SH/LL; SH/LL; Scala **119** SH/LL; P. Marzari; Scala; Scala; C.M. Dixon **122** MC; MC; Mauro Pucciarelli **123** MC; MC; Scala **125** CH **126** SH/LL **127** Musées Royaux des Beaux Arts, Brussels; V&A; SH/LL **128** SH/LL **129** SH/LL **130** SH/LL **131** SH/LL **132** SH/LL; Wim Swaan; SH/LL **133** Spectrum Colour Library; Didier le Blanc **134** National Portrait Gallery, London; SH/LL; AFK **135** Burrell Collection, Glasgow Art Gallery and Museum; SH/LL; SH/LL; SH/LL **136** BM; CP; SH/LL **137** Giraudon; CH; SH/LL; SH/LL **138** Jean Roubier **139** Giraudon; all others SH/LL **140** SH/LL **141** SH/LL; SH/LL **143** SH/LL **144** SH/LL; Mary Evans; SH/LL; SH/LL **145** SH/LL; National Portrait Gallery, London; SH/LL **147** SH/LL **148** SH/LL **149** Leland A. Cook; Mansell Collection; SH/LL **150** SH/LL; SH/LL; Mansell Collection **151** SH/LL; SH/LL; AFK **152** National Portrait Gallery, London; Mansell Collection; Fitzwilliam Museum, Cambridge; Fitzwilliam Museum, Cambridge; CP; Michael Holford **153** SH/LL; Chicago Institute of Art; SH/LL **154** Giraudon; Museum of Fine Arts, Boston; SH/LL; SH/LL **155** Phillips/Wood Associates; Angelo Hornak; Snark International; CP **156** The Morse Gallery of Art, Winter Park, Florida **157** Lamps/Photo, Sotheby's of Belgravia; all other pictures The Morse Gallery of Art, Winter Park, Florida **159** SH/LL **160** SH/LL **161** SH/LL; Brian Clarke; SH/LL **162** SH/LL/Courtesy of Gabriel Loire Studios **163** Scott d'Arazien Inc; "Cathedral Age 1974" (Washington Cathedral) **164** Warner le Roy; Winterich Studios, Cleveland, Ohio; Emil Frei Studios, St Louis, Missouri **165** Alistair Duncan; Office of Public Information, Stephen's College, Columbia, Missouri; Paul Kunkel; Robert Kehlmann **166** C. Harrison Conroy Co, Newton, New Jersey; AFK **167** SH/LL; Temple Keneseth Israel, Elkins Park, Pennsylvania; Lamb Studios, New Jersey; Willet Studios, Pennsylvania **168** Camera Press; Nicholas Servian F.I.I.P., Woodmansterne Ltd; Angelo Hornak; AFK; SH/LL **169** SH/LL **170** SH/LL; Giraudon; Giraudon **171** SH/LL; Private Collection, Montreal; SH/LL **172** Orion Press; Yoshiro Ohyama; Carl Purcell/Colorific **173** Leonard French; Leonard French; David Wright **174** Marte Röling/Photo, Henk Juriaans; Van Tetterode Glasobjekten, Amsterdam; Leifur Breidfjord **175** Shostal Associates; Shostal Associates; Søren C. Olesen; the Rev. Odd Øverland Hansen/Photo, Frank-Tore Melby **176** SH/LL **178** SH/LL **179** Angelo Hornak; SH/LL **180** SH/LL **184** SH/LL **185** SH/LL **186** SH/LL **187** SH/LL **188** SH/LL; SH/LL James Clark & Eaton Ltd/Courtesy of John Lawson, Goddard & Gibbs **189** SH/LL; Angelo Hornak; Angelo Hornak; SH/LL; SH/LL **190** Gottfried Frenzel **191** The Stained Glass Works, Canterbury Cathedral **194** The Stained Glass Works, Canterbury Cathedral.

Photographs on introductory pages:
Thirteenth century, Bourges Cathedral, France
Fifteenth century, Great Malvern Priory, England
Nineteenth century, Heckscher House window, by Louis Comfort Tiffany, now in the Morse Gallery of Art, Florida
Twentieth century, Essen Minster, by Johannes Schreiter

Additional picture research: Jackie Webber

Artists

9 Alan Suttie **10/11** Shireen Fairclough **14** Kevin Maddison **14/15** Peter Morter **15** Alan Suttie **16, 17** Peter Morter **18, 20, 21** Alan Suttie **22** Peter Morter **34** Trianon (Colour) **46/47** Dan Escott **50** Kevin Maddison **54/55** Arthur Barbosa **60** Alan Suttie **64** Anne Winterbotham **69** Alan Suttie **72** Anne Winterbotham **75** Venner Artists **76/77** Gary Hincks **77** Venner Artists **82** Alan Suttie **84** Anne Winterbotham **87** Alan Suttie **88/89** Andrew Farmer **89, 93, 95, 97, 98** Alan Suttie **98** Mike Saunders **100** Anne Winterbotham **102, 106, 109** Alan Suttie **110/111** Gary Hincks **111** Alan Suttie **115** Venner Artists **117** Kevin Maddison **119** Alan Suttie **120/121** Gary Hincks **121** Alan Suttie **123** Mike Saunders **124** Anne Winterbotham **128, 129, 141** Alan Suttie **142, 146, 158** Anne Winterbotham **167** Alan Suttie **168** Venner Artists **178–188** Coral Mula **192/193** Christopher Nichols **194** Alan Suttie **Gazetteer artwork** Kevin Maddison, Alan Suttie, Venner Artists.

文献

The following list of titles is a select bibliography of the books and journals that have been consulted during the preparation of *Stained Glass*.

GENERAL
Anderson, M. D., *History and Imagery in British Churches* 1971. Armitage, E. L., *Stained Glass* 1959. Bushnell, A. J., *Storied Windows* 1914. Ferguson, G., *Signs and Symbols in Christian Art* 1954. Fletcher, Sir Bannister, *A History of Architecture on the Comparative Method* 17th Ed., 1961. Fossing, P., *Glass Vessels Before Glass Blowing* 1940. Hall, J., *Hall's Dictionary of Subjects and Symbols in Art* 1974. Harden, D. B., *Archaeological Journal: Ancient Glass* 1969–72. Jameson, A. B., *Sacred and Legendary Art* 1890. Mâle, E., *The Gothic Image* 1961. Panofsky, E., *Meaning in the Visual Arts* 1955. Piper, J., *Stained Glass: Art or Anti-Art* 1968. Rackham, B., *Victoria and Albert Museum: A Guide to the Collections of Stained Glass* 1936. Rosser Johnson, J., *The Radiance of Chartres* 1964. Rushforth, G. McN., *Medieval Christian Imagery* 1936. Schiller, G., *Iconography of Christian Art I* 1969. Sowers, R., *Stained Glass: An Architectural Art* 1965, *The Lost Art* 1954.

AUSTRIA
Frodl, W., *Glasmalerei in Kärnten 1150–1500* 1950. Frodl-Kraft, E., *Corpus Vitrearum Medii Aevi Österreich—Wien* 1962. Kieslinger, F., *Die Glasmalerei in Österreich* 1947.

CZECHOSLOVAKIA
Matouš, F., *Corpus Vitrearum Medii Aevi/Tschechoslowakei* 1975.

ENGLAND
Baker, J., *English Stained Glass* 1960. Clifton-Taylor, A., *The Cathedrals of England* 1972. Day, L. F., *Windows* 1909. Eden, F. S., *Ancient Stained and Painted Glass* 1933. Knowles, J. A., *The York School of Glass Painting* 1936. Le Couteur, J. D., *English Mediæval Painted Glass* 1926. Nelson, P., *Ancient Painted Glass in England 1170–1500* 1913. Read, Sir H., *English Stained Glass* 1926. Sherrill, C. H., *Stained Glass Tours in England* 1909. Woodforde, C., *English Stained and Painted Glass* 1954, *The Medieval Glass of St Peter Mancroft, Norwich* 1934, *The Norwich School of Glass Painting in the Fifteenth Century* 1950. British Society of Master Glass Painters Journal.

FRANCE
Aubert, M., *Le Vitrail Français* 1958. Aubert, M. and Goubet, S., *Gothic Cathedrals of France and Their Treasures* 1959. Beyer, V., *Das Strassburger Münster* 1969. Beyer, V., Choux, J. and Ledeur, L., *Vitraux de France* 1970. Delaporte, Y., *L'Art du Vitrail aux XII et XIII Siècles* 1963. Gaudin, F., *Le Vitrail* 1928. Henderson, G., *Chartres* 1968. Miller, M. B., *The Cathedral—Chartres* 1968. Oldenbourg, Z., *L'Epopée des Cathédrales* 1972. Perrot, F., *Le Vitrail à Rouen* 1972. Sherrill, C. H., *Stained Glass Tours in France* 1908. Witzleben, Elisabeth von, *French Stained Glass* 1968.

GERMANY
Fischer, J. L., *Handbuch der Glasmalerei* 1914. Gall, E., *Cathedrals and Abbey Churches of the Rhine* 1963. Hatje, U., *Knaurs Stilkunde* 1963. Krummer-Schroth, I., *Glasmalereien aus dem Freiburger Münster* 1967. Paffrath, A., *Altenberg—Der Dom des Bergischen Landes* 1974. Pinder, W., *Deutsche Dome des Mittelalters* 1910. Rode, H., *Die mittelalterlichen Glasmalereien des Kölner Doms, CVMA Deutschland IV, 1* 1974. Sherrill, C. H., *Stained Glass Tours in Germany, Austria, and the Rhine Lands* 1927. Wentzel, H., *Meisterwerke der Glasmalerei* 1954. Wentzel, H. (ed.), *Corpus Vitrearum Medii Aevi Deutschland I* 1958.

ITALY
Berenson, B., *The Italian Painters of the Renaissance* 1959. Brivio, E., *Le Vetrate del Duomo di Milano* 1973. Marchini, G., *Italian Stained Glass Windows* 1957. Sherrill, C. H., *A Stained Glass Tour In Italy* 1913.

LOW COUNTRIES
Helbig, J., *Corpus Vitrearum Medii Aevi: Belgique I* 1961, *Corpus Vitrearum Medii Aevi: Belgique II* 1968. Sherrill, C. H., *Stained Glass Tours in Spain and Flanders* 1924. Troche, E. G., *Painting in the Netherlands—15th and 16th Centuries* 1936. Van de Walle, A. J. L., *Gothic Art in Belgium* 1971. Wilenski, R. H., *Flemish Painters—Vols I and II* 1960.

SCANDINAVIA
Anderson, A., *Corpus Vitrearum Medii Aevi: Skandinavien* 1964.

SPAIN
Alcaide, V. N., *La Vidriera del Renacimiento en España* 1970, *Corpus Vitrearum Medii Aevi: España I* 1969. Berrueta, M. D., *La Catedral de León* 1951. Bevan, B., *History of Spanish Architecture* 1938. Booton, H. W., *Architecture of Spain* 1966. Gade, J. A., *Cathedrals of Spain* 1911. Gomez-Moreno, M., *Catalogo Monumental de España* 1925, *Provincia de León* 1926. Gomez-Moreno, M. E., *La Catedral de León* 1974. Harvey, J. H., *The Cathedrals of Spain* 1957. Jedlicka, G., *Spanish Painting* 1963. Rudy, C., *Cathedrals of Northern Spain* 1946. Sherrill, C. H., *Stained Glass Tours in Spain and Flanders* 1924. Street, G. E., *Some Account of Gothic Architecture in Spain* 1865. Tatlock, R. R., *Spanish Art* 1927.

SWITZERLAND
Beer, E. J., *Corpus Vitrearum Medii Aevi Schweiz I* 1956, *Corpus Vitrearum Medii Aevi Schweiz II* 1965. Dürst, H., *Vitraux anciens en Suisse* 1971. Sherrill, C. H., *Stained Glass Tours in Germany, Austria and the Rhine Lands* 1927. Stettler, M., *Swiss Stained Glass of the Fourteenth Century* 1949.

UNITED STATES
Broderick, R. C., *Historic Churches of the United States* 1958. Connick, C. J., *Adventures in Light and Color* 1937. Lloyd, J. G., *Stained Glass in America* 1963.

NINETEENTH CENTURY AND ART NOUVEAU
Battersby, M., *The World of Art Nouveau* 1968. Harrison, M., *Pre-Raphaelite Paintings and Graphics* 1971. Henderson, P., *William Morris—His Life, Work and Friends* 1967. Holiday, H., *Stained Glass as an Art* 1896. Koch, R., *Louis C. Tiffany—Rebel in Glass* 1964. Sewter, A. C., *The Stained Glass of William Morris and his Circle Vol. I* 1974. Sweeney, J. J. and Sert, J. L., *Antoni Gaudi* 1960. Waters, W., *Burne-Jones: an illustrated life of Sir Edward Burne-Jones 1833–98* 1973. Winston, C., *Inquiry Into Ancient Glass Painting Vols. 1 & 2* 1867.

TWENTIETH CENTURY
Chagall, M., *The Jerusalem Windows* 1968. Gieselmann, R. and Aebli, W., *Kirchenbau* 1960. Kampf, A., *Contemporary Synagogue Art* 1966. Kaploun, U., *The Synagogue* 1973. Marteau, R., *The Stained-Glass Windows of Chagall 1957–1970* 1973. Smith, G. E. K., *The New Churches of Europe* 1964.

HOW A STAINED-GLASS WINDOW IS MADE AND RESTORED
Douglas, R. W. and Frank, S., *A History of Glassmaking* 1972. Metcalf, R. and G., *Making Stained Glass* 1972. Newton, R., *The Deterioration and Conservation of Painted Glass* 1974. Reyntiens, P., *The Technique of Stained Glass* 1967. Schuler, F., *Flameworking: Glassmaking for the Craftsman* 1970. Theophilus (trans. R. Hendrie), *De Diversis Artibus (A Treatise Upon Various Arts)* 1847. Whall, C., *Stained Glass Work* 1905.

著訳者紹介

黒江光彦（くろえ・みつひこ）
1935年山形市に生まれる。東京大学文学部および同大学院修士課程で、吉川逸治教授の許で西洋美術史を専攻。シャルトル大聖堂、サン・ドニ教会堂のステンドグラスなどフランス中世美術を中心に研究してのち、国立西洋美術館の創設スタッフの一員として勤務した。そこで近代美術を学び、油彩画の保存修復技術の研修のために留学したベルギー滞在をきっかけに、ファン・アイクやルーベンスなどのフランドル美術にも興味の対象を広げている。1972年、美術館を退き、現在は日本有数の修復アトリエを構えて絵画保存技術者として業務に専念するかたわら、西洋美術史、絵画技法の著訳にもたずさわり、多産な活動を続けている。

ローレンス・リー
ステンドグラス芸術家として国際的に著名で、20世紀前半にイギリスのステンドグラス界の第一人者であったマーティン・トラヴァースの許で修業し、1948年師の没後、独立した。作品には、有名なコヴェントリーをはじめとする数々の大聖堂や教区教会堂や公共建造物の窓がある。1968年まで王立カレッジ・オブ・アートのステンドグラス科の主任教授を勤め、1974年ロンドン市の栄誉ガラス画家組合の〈マスター〉に選出された。ステンドグラスに関するいくつかの本を著しているが、教会参事会のステンドグラス修復小委員会の座長およびカンタベリー大聖堂のステンドグラス修復委員会の要職にある。

ジョージ・セドン
組合教会派の牧師の家に生まれ、無色のすりガラスをはめた厳粛な礼拝堂の中で育った。若い頃よりステンドグラスに対する興味を抱き、近年では、聖書に関する執筆をすすめるうちに、教会堂の窓があらゆる時代を通じてキリスト教的な立場を解明するものであるという洞察を得るに至っている。「ザ・ガーディアン」「オブザーヴァー」紙上で、ジャーナリストとして活躍してきたが、他にも、農業経営者、書評家、劇評家として、またベストセラーになった『ユア・キチン・ガーデン』を含む園芸関係の著作者として、幅広い活動を行っている。

フランシス・ステファンス
出版とイラストの仕事から王立カレッジ・オブ・アートのステンドグラス科へ転じ、そこでマーティン・トラヴァースの許で修業した。聖職的インテリアデザイナーと自称し、数多くのステンドグラス作品の他に、紋章、衣裳、旗、木やガラス繊維や金属の彫刻などを制作している。英国国教の牧師であるが、多年、イギリス・マスター・グラス・ペインター協会の理事の一員として活動を続けている。

ソニア・ハリデー　ローラ・ラシントン
広く東地中海の諸国を旅行して、ギリシャ、チュニジア、キプロス、そして最重点的にはトルコの風景や文明を撮影した。彼らの豊富な写真資料は、数多くの宗教書や旅行関係の書籍を飾っている。4年以上もの間イギリスやヨーロッパをくまなく廻り、世界で最も美しいステンドグラスの数々を撮影した。これは野心的であるが、多くの窓が高い位置にあるために時として危険な仕事であった。その結実は、一群のすばらしい写真であり、しばしば肉眼では感知されないような豊かな映像を比類なく克明にとらえるものとなった。

Stained Grass 定価はカバーに表示

1980年10月 1 日　初版第 1 刷
2004年 6 月10日　　第 4 刷（普及版）

訳　者　黒　江　光　彦
発行者　朝　倉　邦　造
発行所　株式会社　朝　倉　書　店
　　　　東京都新宿区新小川町6-29
　　　　郵 便 番 号　162-8707
　　　　電　話　03 (3260) 0141
　　　　FAX　03 (3260) 0180
　　　　http://www.asakura.co.jp

〈検印省略〉

© 1980 Asakura Syoten　　　　　　新日本印刷・渡辺製本
Japanese edition rights arranged with Mitchell Beazley publishers Ltd.
through Japan UNI Agency, Inc., Tokyo

ISBN 4-254-68013-9　C 3072　　　　　　Printed in Japan